Reader's Digest
Auswahlbücher

Reader's Digest Auswahlbücher

Verlag DAS BESTE
Stuttgart · Zürich · Wien

Die Kurzfassungen in diesem Buch erscheinen
mit Genehmigung der Autoren und Verleger

486
PRINTED IN GERMANY
ISBN 3 87070 268 0

Inhalt

Eine Kurzfassung des Buches von
NICHOLAS GAGE

Nach der Übersetzung von
Gisela Stege

Mit dokumentarischen Fotos

ELENI

Mit ihren fünf Kindern lebt Eleni Gatzoyiannis in Lia, einem kleinen Dorf in den Bergen Nordwestgriechenlands, und wartet darauf, daß ihr Mann Christos sie zu sich in die Vereinigten Staaten holt.

Da fällt Mussolini 1940 in Griechenland ein. Der griechische Widerstand formiert sich, die Italiener werden zurückgeschlagen. Aber wenig später marschieren die Deutschen ein; Griechenland ist von der übrigen Welt abgeschnitten.

Diesmal sind die Partisanen machtlos und beginnen außerdem, sich in zwei feindliche Lager zu spalten: die nationalistisch-royalistische EDES und die kommunistische ELAS. Plötzlich liegt das Dorf Lia zwischen allen Fronten.

Eleni, eine einfache Frau, die sich immer an die Vorschriften der Tradition und an die Anweisungen ihres Mannes gehalten hatte, steht nun allein da mit ihrer Sorge um die Kinder. Für sie ist Eleni bereit, alles zu opfern – auch das eigene Leben.

1

Im Sommer 1940 nahm Eleni Gatzoyiannis in ihrem Heimatdorf Lia an der Exhumierung ihrer Schwiegermutter teil. Nahezu zehn Jahre lang hatte Eleni mit ihr zusammengelebt, von dem Tage an, da sie als neunzehnjährige Braut von Christos Gatzoyiannis ins Haus seiner Mutter gebracht worden war. Fünf Jahre waren seit ihrem Tod vergangen, und es würde nicht leicht sein zu sehen, wie ihre Knochen aus der Erde gehoben, gewaschen und im Ossarium der Kirche verwahrt wurden; in Griechenland jedoch gab es in einem Gebirgsdorf mit knapp achthundert Einwohnern zuwenig Grabstellen, und diese durften nur vorübergehend belegt werden.

Als Eleni ihre Kinder auf den Friedhof führte, der im Schatten der riesigen Zypressen hinter der St.-Demetrios-Kirche lag, waren die Klageweiber schon eingetroffen.

Der Pope, in schwarzem Talar und mit flachem Hut, schlug das Kreuz. Eleni griff zur Schaufel, denn die Pflicht, die Gebeine auszugraben, fiel den nächsten Verwandten zu. Foto Gatzoyiannis, ihr Schwager, tat es ihr nach.

Ihren kleinen Sohn Nikola reichte Eleni solange ihrer ältesten Tochter, der zwölfjährigen Olga, die ihn sich auf die Hüfte setzte. Alexandra, acht Jahre alt und vom ganzen Dorf nur „Kanta" gerufen, hatte sich geweigert mitzukommen. Kanta war ein nervöses, abergläubisches Kind. Der Anblick eines Skeletts würde bewirken, daß sie noch wochenlang im Schlaf aufschrie.

Die sechsjährige Glykeria dagegen, dick und blond, drängte sich sogar nach vorn, um möglichst als erste einen Blick auf das Skelett ihrer Großmutter zu werfen. In ihrer Aufregung hatte sie ganz vergessen, sich um ihre kleine zweijährige Schwester Fotini zu kümmern, die verlassen auf einem nahen Grabhügel saß.

Bald darauf sah man das schwarze Leichentuch, und ein scharfer, modriger Geruch entströmte dem Grab, als das Tuch geöffnet wurde. Nachdem die Knochen von Erde und letzten Fleischresten befreit und in die Kiste gepackt worden waren, wurde der Schädel wie ein Kelch umgedreht und das Schädeldach mit Rotwein gefüllt. Dieser Pokal ging nun von Hand zu Hand, damit jeder, der das wollte, daraus trinken und dadurch jeglichen Fluch auslöschen konnte, mit dem die Tote ihn etwa zu ihren Lebzeiten belegt hatte.

Elenis Schwager Foto, mit martialischem Schnauzbart und beherzt wie immer, trank in vollen Zügen aus dem Schädel seiner Mutter. Er war ihr Sorgenkind gewesen und hatte als schlechter Vater seiner zehn Kinder, als notorischer Abenteurer und Aufschneider jetzt guten Grund, kräftig zu trinken. Alexo, Fotos hochgewachsene zweite Frau mit dem offenen Gesicht, trank nach ihm. Der Schädel machte die Runde.

Eleni dachte an das runde, von Lachfalten gezeichnete Gesicht ihrer Schwiegermutter, einer einfachen, breithüftigen Bauersfrau, von der nie eine Klage zu hören gewesen war, obwohl das Schicksal ihr viel Leid beschert hatte: den Tod von vier ihrer neun Kinder noch vor dem Erreichen des Erwachsenenalters, Plünderungen und Brandschatzungen durch die Türken, nagenden Hunger.

Fünf Söhne jedoch hatte die Verstorbene großziehen können, fünf Söhne, die nach dem Tod ihres Mannes die Familie ernähren halfen. Christos, ihr Liebling, verließ das Dorf mit siebzehn Jahren, um in das goldene Land Amerika überzusiedeln. Vierzehn Jahre später kehrte er in die Heimat zurück: ein kahlköpfiger, reicher Fremder in Nadelstreifenanzug und mit Strohhut.

Die Ankunft eines so begehrenswerten Junggesellen – einunddreißig Jahre alt, prächtig gekleidet – versetzte die Verwandtschaft der heiratsfähigen Mädchen in hektische Geschäftigkeit. Seine eigene Familie drängte Christos, sich vor seiner Rückkehr in die Neue Welt unter den Mädchen des Dorfes eine Frau auszusuchen. Diejenige, die ihm von seinen Verwandten am häufigsten empfohlen wurde, war Eleni Haidis, siebzehn, Tochter des wohlhabendsten Müllers von Lia, Kitso Haidis. Den Schilderungen nach besaß sie einen makellosen Charakter, die Klugheit ihres gewitzten Vaters sowie das sanfte Wesen ihrer Mutter.

Als Christos zur Kirche ging, nahm er den Weg, der am Grundstück des Müllers vorüberführte, und sah Eleni im Garten arbeiten. Wie er sich später erinnerte, kam es ihm vor, als strahlten ihr goldbraunes Haar und ihre glutroten Wangen wie Sonnenschein.

Eleni hatte Christos Gatzoyiannis in seiner fremdartigen Kleidung zur Kirche gehen sehen. Er war nicht gutaussehend, und er war vierzehn Jahre älter als sie; im Gegensatz zu ihrem tyrannischen Vater jedoch, dessen Haus sie nur als Braut verlassen durfte, stand dieser Mann in dem Ruf, freundlich und großzügig zu sein.

Natürlich fragte ihr Vater sie weder, welche Eigenschaften sie gern an ihrem zukünftigen Ehemann sähe, noch sprach Eleni ein einziges

Wort mit Christos; dennoch war sie nicht unglücklich, als er eines Tages, mit seinem Bruder Foto als Brautwerber, ins Haus kam und der Vater ihr befahl, den Gästen Kaffee zu servieren. Mit keinem Blick streifte sie das Gesicht des Fremden, der die Tasse nahm, eine amerikanische Zwanzigdollarnote auf ihr Tablett legte und sagte: „Das ist für dich." Ihr Schicksal war entschieden, das wußte sie.

Nachdem die Verlobung mit Essen, Wein und einer Salve von Gewehrschüssen gefeiert worden war, durfte Eleni sich mit ihrem Verlobten unterhalten, wenn sie mit ihren Eltern zur Kirche ging. Christos teilte ihr mit, sobald er in etwa einem Jahr aus Amerika nach Lia zurückkehre, werde er die prächtigste Hochzeit ausrichten lassen, die das Dorf je gesehen habe. Eleni liebte es, seinen Erzählungen von den Wundern der Welt jenseits ihrer Berge zu lauschen, und als Christos wieder abgereist war, sagte sie sich, während sie an den letzten Stücken für ihre Aussteuer arbeitete, welch ein unglaubliches Glück sie doch mit ihrem vom Vater gewählten zukünftigen Ehemann habe.

Christos und Eleni Gatzoyiannis

Getreu seinem Versprechen kehrte Christos im November 1926 zurück, und wenige Tage später wurden in der St.-Demetrios-Kirche ihre beiden Hochzeitskronen getauscht.

Noch vor der Hochzeit erklärte Eleni Christos unter Tränen, sie könne nicht mit ihm nach Amerika gehen. Ihre Mutter drohe damit, sich an dem Tag, an dem Eleni das Dorf verlasse, das Leben zu nehmen. Christos war zwar enttäuscht, doch weder ärgerlich noch überrascht. Blutsbande waren in der Dorfgemeinschaft stärker als alles andere, das wußte er. Jede Frau wurde fast ebensosehr an ihrem Pflichtbewußtsein ihren Eltern gegenüber gemessen wie an der Fürsorge für ihre Kinder. Elenis Eltern hatten keinen männlichen Erben, und Nitsa, Elenis ältere Schwester, hatte nicht nur in eine arme Familie eingeheiratet, sondern schien auch keine Kinder gebären zu können. So fiel nach ihrer glanzvollen Hochzeit Eleni die Aufgabe zu, für die Eltern zu sorgen.

Christos beschloß, noch mindestens ein Jahr im Dorf zu bleiben, bis sich die junge Frau im Haushalt seiner Mutter eingewöhnt hatte, ehe er nach Amerika zurückkehrte. Es war nicht ungewöhnlich in diesen Bergdörfern, daß Eheleute lange Zeit getrennt lebten. Die Mehrzahl der Männer von Lia waren umherziehende Kesselflicker und Böttcher, die den größten Teil des Jahres fern der Heimat waren und es den Frauen überließen, die Felder zu bestellen, die Kinder großzuziehen und sich um beider Eltern zu kümmern. Christos war froh, daß Eleni sich auch um seine Mutter kümmern konnte.

Er ließ an das Zweizimmerhaus seiner Mutter zwei zusätzliche Zimmer anbauen, damit es zum größten Haus von ganz Lia würde. Bevor Christos nach Amerika abreiste, brachte Eleni ein Mädchen zur Welt. Nach weiteren ausgedehnten Heimatbesuchen im Laufe der folgenden zehn Jahre wurden die vier anderen Kinder geboren.

Eleni lebte mit ihren fünf Kindern von den Schecks, die sie allmonatlich von ihrem Mann bekam. Wenn dieses Geld einmal ausbleiben und ihr Mann seine griechische Familie vergessen sollte, wie es zuweilen geschah, würden ihre vier Töchter zu Bettlerinnen ohne jede Aussicht auf eine Aussteuer werden, und der kleine Nikola, ihr Sohn, würde niemals das Antlitz des Vaters sehen.

Bei dem Gedanken an Nikola, ihr jüngstes Kind, füllten sich Elenis Augen mit Tränen. So oft hatte die Schwiegermutter mit ihr um einen Enkel gebetet. Aus jedem von Christos' Besuchen entstand jedoch immer nur wieder ein Mädchen. Eleni bedauerte es zutiefst, daß ihre Schwiegermutter die Geburt des Jungen nicht mehr erlebt hatte, der ihr schließlich in Erhörung der Gebete geschenkt worden war.

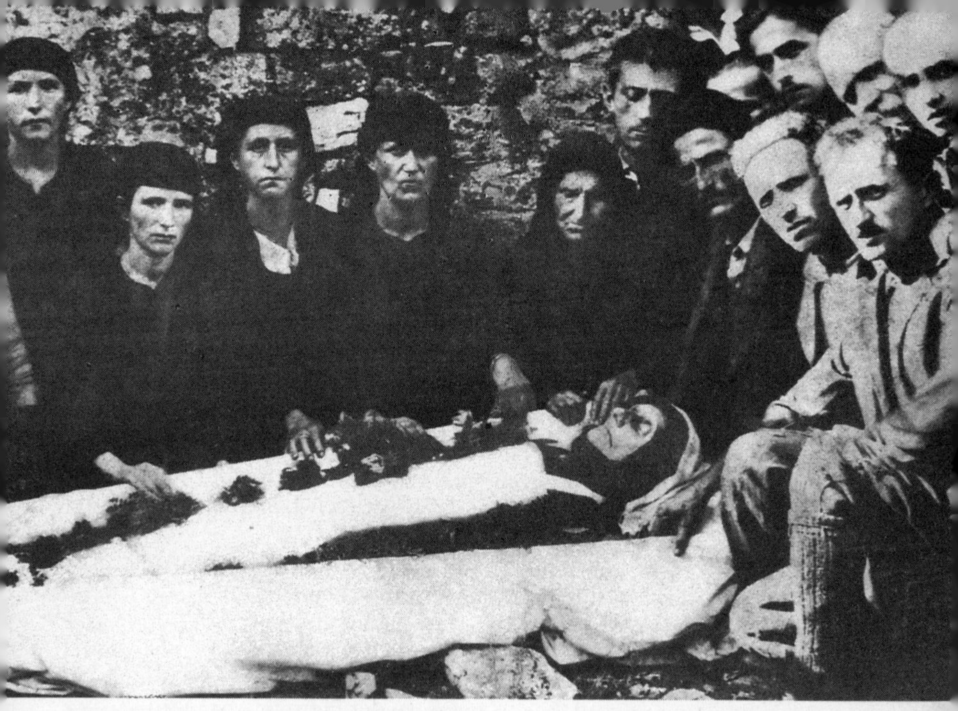

Ein traditionelles griechisches Begräbnis

Man reichte Eleni den Schädel mit dem Rest des Weines. Heute abend würde er zur Linken des St.-Demetrios-Altars ruhen und morgen ins Ossarium unter der Kirche gebracht werden, wo die Knochen der Dorfbewohner aus über zweihundert Jahren die Wände säumten.

Einen Moment lang hielt Eleni den Schädel in beiden Händen und beschloß, nicht zu trinken. Sie brauchte keinen Fluch zu befürchten; die alte Frau war ihre beste Freundin und Beraterin gewesen und hatte ihr ausschließlich Gutes hinterlassen, vor allem das Vorbild ihres eigenen Lebens.

Drei Tage nach der Zeremonie war der Sommer vorbei, und grauer Regen trommelte auf das Schieferdach von Elenis Haus im oberen Teil von Lia, dem Perivoli, was soviel wie Obstgarten heißt.

Lia lag zwischen zwei kahlen Granitgipfeln des Murganagebirges in Nordwestgriechenland, nahe der albanischen Grenze. Die hundertfünfzig einfachen Steinhäuser des Dorfes klammerten sich an die beiden Hänge einer tiefen Schlucht; oben am Westhang lag der

Perivoli, während die Häuser der Ostseite rings um den Dorfplatz mit seiner riesigen Platane, der Dreifaltigkeitskirche und dem Schulhaus das Mitteldorf bildeten. Dort, wo das Gelände sich ein wenig sanfter den Vorbergen zuneigte, umgaben die Häuser des Unterdorfes die uralte Marienkirche. Die Hochfläche hinter dem Unterdorf stieg nach fünfzehn Kilometern wieder gegen Berge an, die die Welt der Dörfler begrenzten: ein weiter Ring aus zerklüfteten Gipfeln. Östlich und westlich von Lia lagen, in die Falten des Murganagebirges geschmiegt und von hier aus nicht zu sehen, zehn weitere Dörfer entlang der Baumgrenze, die nicht mal durch eine Straße mit der Außenwelt verbunden waren. Das tägliche Leben der Bergbauern wurde vom Wechsel der Jahreszeiten beherrscht. Die Menschen kannten nur ein Ziel: den steinigen Berghängen Nahrung abzuringen, indem sie breite Stufenterrassen anlegten, auf denen sie den Boden bebauen konnten.

Von jedem Haus sah man in das darunterliegende. Stimmen trugen kilometerweit in der dünnen Luft, und auf welchen Gebirgspfaden die Lioten auch gingen, überall fühlten sie sich von oben, von unten oder von einer gegenüberliegenden Felsklippe aus beobachtet.

Am 28. Oktober 1940 hatte der strömende Regen die meisten Bewohner von Lia ins Haus getrieben. In der Küche der Gatzoyiannis kämmte die achtjährige Kanta dicht beim Herdfeuer Glykerias maisgelbes Haar nach Läusen durch und flocht es zu zwei langen Zöpfen. Olga saß über ein Hemd gebeugt, das sie für ihre Aussteuer bestickte, und die zweijährige Fotini, die laut weinte, ließ sich mit einer Puppe trösten, die Eleni aus den Blättern des Judasbaumes angefertigt hatte. Nikola lag schlafend in seiner geschnitzten Holzwiege.

Das Prasseln des Regens wurde von drohendem Donnergrollen übertönt. Eleni trat auf die Steinplattenterrasse hinaus, von der aus man bis ins Tal sehen konnte. Im Süden entdeckte sie rote Lichtblitze am Horizont.

Plötzlich drang von unten ein Schrei herauf. Lambrini Fafoutis kam mit flatterndem schwarzem Schal und verrutschtem Kopftuch durch den Regen gelaufen und schrie: „Mein tapferer kleiner Sohn! Das sind seine Kanonen! Er schießt auf die Italiener! Es ist Krieg!"

Eleni drehte sich auf der Türschwelle um und sah ihre Kinder an, die stumm vor Schreck dastanden. „Sie hat recht", bestätigte sie. „Das ist kein Donner, das ist Artillerie! Der Krieg ist da!"

Das Grollen der Kanonen wurde lauter. Eleni betrachtete die

Fotografie von Christos auf dem Kaminsims und fragte sich, was er ihr wohl raten würde: hierzubleiben und das Haus zu schützen oder die Kinder zu nehmen und zu fliehen.

Als Eleni die verängstigten Kinder zu beruhigen suchte, kam ihre Schwester Nitsa wie ein gedrungener schwarzer Bugsierdampfer herangekeucht, mit ihren zwei Ziegen und ihrem mageren, besorgt dreinblickenden Ehemann im Schlepptau.

Abermals schepperte die Hausglocke, und als Eleni öffnete, stand da ihre hagere Mutter, respektvoll „Megali", die Alte, genannt, das schwarze Kopftuch von einer Öltuchkapuze geschützt. Hinter ihr kam Elenis Vater, der weißhaarige Müller Kitso Haidis, der die Schlafteppiche unter dem Arm trug.

Sie schrien durcheinander, diskutierten, was nun zu tun sei, und hielten immer wieder inne, um auf den fernen Kriegslärm zu lauschen. Schließlich legten sich aber doch alle zehn zum Schlafen auf den Fußboden rings um den Küchenherd.

Drei Tage später traf die Nachricht ein, daß die Italiener vorrückten. Die Dorfbewohner mußten fliehen.

Während Megali, Elenis Mutter, und Nitsa, ihre Schwester, den Esel mit Brot und Käse beluden, wanderte Eleni durch die vier Zimmer des Hauses und streichelte die Luxusgegenstände, die Christos ihr im Laufe der Jahre mitgebracht hatte: Wunderdinge fürs ganze Dorf. Die Singernähmaschine und das Grammophon mit dem Trichterlautsprecher waren zu groß zum Verstecken, kleinere Gegenstände jedoch, wie den goldenen Krug aus Konstantinopel und das türkische Kissen, konnte sie in der hohlen Eiche hinter dem Haus verbergen. Aus ihrer hölzernen Aussteuertruhe holte Eleni den Silberschmuck, die große Gürtelschnalle und den Brustschmuck. Dann nahm sie noch Christos' messinggerahmte Fotografie und den Sandelholzkasten mit, in dem sie seine Briefe aufbewahrte.

Auf dem schmalen Pfad, der hinauf zu den Höhlen führte, drängten sich schon die Dorfbewohner mit ihren Ziegen, Lämmern und Eseln. Die menschliche Flut wogte bis zu einer Reihe kleinerer Höhlen im Fels oberhalb des Perivoli. Eleni führte ihre Kinder in eine der Höhlen. Die Menschen waren zu eng gedrängt, um sich hinlegen zu können. Allmählich nahm das Tageslicht ab, und die Luft in der Höhle wurde stickig.

Eleni betrachtete die Gesichter der Frauen um sich herum, die beklommen dreinblickten, weil sie aus ihrem sorgsam geregelten Dasein gerissen worden waren.

Von dem Augenblick an, da ein Mädchen in diesem Dorf zur Welt kam, wurde sein Leben bestimmt durch jahrhundertealte Bräuche, die so tief verwurzelt waren, daß niemand sie jemals in Frage stellte. Einer Frau blieb jegliche Selbstbestimmung versagt. Ein weibliches Kind war eine Belastung, denn die Eltern mußten die Tugend des Mädchens hüten und eine Aussteuer sammeln, damit sie es verheiraten konnten; dann hatte es bis ans Ende seines Lebens für die Familie des Mannes zu arbeiten. Mit elf Jahren mußte das Mädchen ein Kopftuch tragen und durfte von nun an einem nicht zur Familie gehörenden Mann nicht einmal guten Tag wünschen. Pflicht der Frauen war es, den Familiennamen und die Dorftradition zu schützen. Elenis Schwägerin, Foto Gatzoyiannis' erste Frau, zog mit ihrer Schönheit die Aufmerksamkeit eines türkischen Hausierers auf sich. Als Foto hörte, der Türke habe eine Goldmünze für eine Nacht mit seiner Frau geboten, erschoß er ihn. Die Frau starb jung bei der Geburt von Zwillingen. Inzwischen war Foto mit Alexo verheiratet, die ihm weitere Kinder schenkte.

Jede Ehefrau des Dorfes wurde ständig daran erinnert, daß sie *taxidiemni* – das Eigentum des Mannes – war. Vom Tag der Hochzeit an riefen die Dörfler sie nur noch mit der weiblichen Form des Namens ihres Ehemannes: „Nikolina" (Nikolas Frau) oder „Tassina" (Tassos Frau). Ihre Freundinnen nannten Eleni zwar zuweilen „Kitchina" (Christos' Frau), das Dorf aber hatte ihr einen anderen Namen verliehen, der ihr bis zu ihrem Tod bleiben sollte: „die Amerikana" – die Frau des Amerikaners.

Bei seinem letzten Besuch am 17. November 1938 hatte Christos seine Frau auf beide Wangen geküßt und gesagt, sie müsse jetzt tapfer sein; bald aber werde er sie entweder nachkommen lassen oder endgültig heimkehren. Es war das letzte Mal, daß er sie sah.

Der drohende Krieg war zu einer Flutwelle angewachsen, von der bereits Polen, Dänemark, Norwegen, Holland, Belgien und Frankreich überschwemmt worden waren. Jetzt hatte er auch nach Griechenland übergegriffen.

Nachdem die Lioten zwei Tage lang dicht gedrängt in den Höhlen gesessen hatten, wurden die Lebensmittelvorräte knapp. Einige Frauen wagten sich in ihre Häuser hinunter, um frisches Brot zu backen, und kehrten mit der Nachricht zurück, die Italiener seien nicht weitergekommen als bis zu dem Dorf Povla und schienen auch nicht interessiert daran zu sein, über die Vorberge ins Gebirge hinaufzusteigen. Zögernd kehrten die Dörfler in ihre Häuser zurück. Das Leben nahm – ein wenig gespannt – wieder seinen normalen Lauf, obwohl Eleni ihre Schätze noch in der Eiche liegenließ und die alten

Männer des Dorfes ihre Jagdflinten sorgfältig gereinigt bereithielten.

Innerhalb eines Monats nach der Invasion hatten die Griechen die Italiener nach Albanien zurückgetrieben und drängten weiter. Angesichts dieses unfaßbaren griechischen Sieges – der ersten Niederlage der Achsenmächte – schöpfte die gesamte westliche Welt neue Hoffnung. Die Griechen schäumten über vor Stolz und Patriotismus.

Doch der Jubel währte nicht lange. Hitler mußte sich einmischen – nicht um Mussolinis Mißerfolg vergessen zu machen, sondern um seine eigene Südflanke für den Einmarsch nach Rußland zu sichern. Am 6. April 1941 wälzte sich die deutsche Kriegsmaschine über die bulgarische Grenze nach Griechenland hinein. Jeder Widerstand war sinnlos. Innerhalb von Tagen waren sämtliche griechischen Flugzeuge vernichtet worden.

Der griechische König, Georg II., entkam mitsamt seiner Regierung nach Kreta und anschließend nach Kairo, wo er sich für die Dauer seines Exils niederließ. Am 27. April 1941 marschierten die Deutschen in Athen ein und hißten auf der Akropolis die Hakenkreuzfahne.

Der Wagen Mussolinis hat eine Panne. Der Duce (rechts) hilft schieben.

Nach dem Einmarsch der Deutschen war Griechenland vom Rest der Welt isoliert, und das Land, das nur vierzig Prozent seines Nahrungsbedarfs selbst produzieren konnte, mußte ohne die lebenswichtigen Importe auskommen. Eleni Gatzoyiannis sah ihre schlimmsten Befürchtungen bestätigt. Jede Verbindung mit Christos war unterbrochen. Sie würde kein Geld mehr von ihm bekommen. Nicht einmal mehr fragen konnte sie ihn, wie sie sich und die Kinder retten sollte. Von jeher hatte sie sich darauf verlassen, daß die Tradition oder ein Mann ihr sagte, was sie tun sollte. Aber der Krieg hatte alle Gesetze hinweggeschwemmt – bis auf das Urgesetz des Überlebens.

Nun stand Eleni allein da. Mit fünf kleinen Kindern, die völlig von ihr abhängig waren.

2

DAS erste, was in Lia im Frühjahr der deutschen Besatzung an Lebensmitteln nicht mehr zu bekommen war, war Kaffee, Elenis besondere Leidenschaft. Bald gab es auch keinen Reis mehr. Im Sommer 1941 bepflanzten die Dörfler sorgfältig jeden Quadratmeter Boden. Die Familien, die kein Stückchen eigenes Land besaßen, dachten mit wachsender Angst an den nächsten Winter.

Seit dem Beginn der italienischen Invasion hatte Eleni nichts mehr von Christos gehört, und ihr gesamtes Geld war inzwischen verbraucht. Sie schaffte es noch, einen Nachbarn zum Pflügen der familieneigenen Felder zu überreden, aber sie konnte sich keine Hilfe mehr bei der Aussaat oder zum Hüten ihrer Tiere leisten. Also beschloß Eleni, auf den hochgelegenen Feldern selbst Weizen und Mais zu säen und sich dabei von einer ihrer Töchter helfen zu lassen. Die Frage war nur, welches der Mädchen zum Hüten der Schafe und Ziegen geschickt werden sollte. In den Senken und Schluchten hielten sich überall Banditen versteckt, deren Zahl ständig wuchs. Olga, mit ihren dreizehn Jahren, reifte sehr schnell. Schon wenn sie gesehen wurde, wie sie allein mit der Herde in die Berge ging, würde das ihren Ruf ruinieren. Eleni bestimmte Kanta zum Hütemädchen. Kanta, neun Jahre alt, war mager und drahtig. Außerdem war sie klüger als Olga, ja, sie gehörte zu den besten Schülern der Dorfschule. Kanta glich ihrer Mutter nicht nur, was ihre feinen, klaren Züge betraf, sondern auch in ihrem Lerneifer.

Eleni gehörte zu den wenigen Dorfbewohnerinnen ihrer Generation, die lesen und schreiben gelernt hatten. Sie entschied, Glykeria, inzwischen sieben, solle Kanta auf die Weide begleiten. Eleni selbst würde Olga zur Aussaat mitnehmen; Olga sollte nebenbei auf die dreijährige Fotini und auf Nikola aufpassen, der nun beinahe zwei Jahre alt war.

An einem warmen Junimorgen machte sich Eleni mit Kanta auf den Weg, um ihr beizubringen, wie man die Herde richtig versorgte. Als die beiden vor dem Kaffeehaus am Dorfplatz vorbeigingen, entdeckten sie in der grauen Menge plötzlich einen Farbfleck. Wie Pfauen in einer Schar von Krähen saßen an einem Tisch drei junge Männer in weißen Hemden und europäischen Anzügen. Die jungen Herren waren Lehrer – aber zur Zeit arbeitslos.

Der Beruf des Lehrers bildete die alleroberste Sprosse der gesellschaftlichen Leiter von Lia. In der Geschichte des Dorfes war nur eine Handvoll einheimischer Kinder über die Volksschule hinausgelangt.

Daß Minas Stratis, zweiunddreißig, diesen hohen Rang erreicht hatte, wunderte keinen, denn er stammte aus einer der wohlhabendsten Familien von Lia. Die Stratis besaßen eine blühende Firma in Albanien, die Kupfertöpfe herstellte und verkaufte.

Die beiden anderen Lehrer, die Brüder Prokopi und Spiro Skevis, waren dagegen Söhne eines armen Bauern, der seine Familie mühselig von ein paar kleinen Feldern ernährte. Obwohl seine Nägel ständig einen Trauerrand aufwiesen, brannte Vater Skevis vor Ehrgeiz, seinen Söhnen eine Ausbildung zu verschaffen.

Er hatte eines seiner kostbaren Felder verkauft, um Prokopi und Spiro in Filiates zur Schule zu schicken, und ging dann, fest entschlossen, ihnen einen Platz in der Akademie von Vela zu besorgen – einer Kombination von Mittelschule und Lehrerseminar –, mit seinem dunkeläugigen, ernsten Sohn Prokopi zu Bischof Spyridon nach Ioannina.

Vater und Sohn kampierten vor dem Bischofspalast und machten sich täglich mit ihrer Bitte an den Bischof heran, sobald er den Palast verließ, bis dieser endlich nachgab und sich bereit erklärte, Prokopi in Vela einen Platz zu sichern. Zwei Jahre später wurde auch Spiro in die Akademie aufgenommen.

Vater Skevis war ein einfacher Mann und ahnte nicht, daß seine Söhne mit mehr als nur Kenntnissen in Geschichte und Mathematik heimkehren würden. Sie hatten gelernt, den Vater wegen der Kriecherei, zu der er sich ihretwegen erniedrigt hatte, zu verachten und das System zu hassen, das sie gezwungen hatte, sich zu demütigen. Sie hatten eine Ideologie kennengelernt, die sich in der Akademie von Vela breitgemacht hatte: Kommunistische Ideen weckten in den leicht zu beeindruckenden Jungen den Wunsch, ein neues Griechenland ohne Privilegien und soziales Unrecht zu schaffen.

Die in Vela gelegte Saat sollte später tödliche Früchte tragen; im Sommer 1941 jedoch saßen die drei arbeitslosen Lehrer auf dem Dorfplatz von Lia und diskutierten über den Krieg. Niemand hielt die Brüder Skevis für Kommunisten, und Minas Stratis ahnte nicht, welch ein Abgrund sich schon jetzt zwischen ihm und seinen beiden Kollegen aufgetan hatte.

Die Brüder Skevis verbrachten die Tage in seiner Gesellschaft, obwohl sie sich über Minas' Ansehen im Dorf und die Tatsache ärgerten, daß er vor dem Krieg jenes Ziel erreicht hatte, nach dem sie alle drei strebten: die Lehrerstelle an der Schule von Lia. Prokopi Skevis war an die Schule eines armen Dorfes bei Filiates geschickt worden. Und Spiro kam, nachdem er lange auf eine Stelle gewartet hatte, nach Riniasa, einem Dorf fast an der Südspitze der Provinz Epirus.

Die Brüder Skevis glühten zwar beide vor revolutionärer Begeisterung, waren äußerlich und im Temperament jedoch krasse Gegensätze. Prokopi, neunundzwanzig, war so klein und dunkel, daß er durchaus als Zigeuner hätte durchgehen können. Er dachte stets nach, bevor er handelte, und weckte mit seiner Beredsamkeit Vertrauen und Loyalität. Spiro, zwei Jahre jünger, war größer und heller als sein Bruder und sehr schlank. Sein Temperament stürzte ihn manchmal in rasenden Zorn.

Eleni begrüßte die drei jungen Lehrer, wobei sie sich zuerst an Minas Stratis wandte, ihren Vetter zweiten Grades und Kantas Lehrer. Minas erwiderte ihren Gruß und erkundigte sich, wohin sie gingen. Als Eleni ihm erklärte, sie bringe Kanta bei, die Herde zu hüten, fuhr Spiro Skevis zornig dazwischen: „Eine Schande ist das! Die Dorfmädchen verdummen da oben bei den Herden, und Kanta ist die vielversprechendste von allen!“

Eleni erwiderte kühl, in Zeiten wie diesen müsse jeder ein Opfer bringen. Dann setzten Mutter und Tochter ihren Weg fort.

Die drei Lehrer spürten die Unruhe der Dorfbewohner. In der Geschichte Griechenlands waren Rebellionen stets von Gebildeten angezettelt worden, und die Bauern von Lia, voller Bewunderung für ihre Lehrer, erwarteten von ihnen, daß sie etwas gegen ihr Elend taten.

Natürlich sprachen auch diese drei jungen Männer davon, eine Widerstandsbewegung gegen die Besatzer zu gründen, die wie die

Freiheitskämpfer des Unabhängigkeitskrieges gegen die Türken in den Bergen geheime Schlupfwinkel einrichten sollte.

„Sag mal, Minas – wen würdest du in deine Widerstandsgruppe aufnehmen, falls du eine bilden würdest?" erkundigte sich Prokopi.

„Männer wie Foto Gatzoyiannis und den Müller Iorgi Mitros vermutlich", erklärte Minas. „Männer, die sich in den Bergen auskennen und gute Schützen sind."

Prokopi hörte respektvoll zu und schlug vor, Minas solle eine Liste von Kandidaten aufstellen. Nachdem Minas den Tisch verlassen hatte, lachten die beiden Brüder jedoch über die Naivität des jungen Kollegen. Sie wußten genau, daß Männer mit Herden und Familien diese bestimmt nicht verlassen und in die Berge gehen würden. Es waren vielmehr die Jungen, die Hungrigen und die Armen, die für eine Idee zu sterben bereit waren. Das waren die Männer, die sie wollten, die Männer, die die Brüder Skevis im Sommer 1941 heimlich zu rekrutieren begannen. Minas jedoch sagten sie nichts davon.

Als der Herbstregen auf die Hausdächer herabprasselte, ernteten die Bewohner von Lia die letzten Bohnen und Maiskolben und lagerten sie. Im November befahl die Kollaborationsregierung, daß die Schulen wieder geöffnet werden sollten, und die drei Lehrer kehrten auf ihre Posten zurück. Die Dörfler jedoch fragten sich laut, wie man die Kinder zur Schule schicken könne, wenn es nicht mal Geld für Brot, geschweige denn für Schuhe gab.

Spiro Skevis wurde wieder nach Riniasa befohlen und benutzte seine Stellung als Tarnung, um bei der Organisation einer Widerstandsgruppe direkt unter der Nase der Deutschen zu helfen. Prokopi Skevis kehrte an seine Schule bei Filiates zurück. Hin und wieder beobachtete man ihn, wie er in der Gesellschaft von Hausierern von Dorf zu Dorf zog und immer wieder mit Männern sprach, die gegen die Italiener gekämpft hatten.

Minas Stratis hatte seinen Lehrstoff längst vorbereitet und jubelte, als die Regierung endlich beschloß, die Schulen wieder zu öffnen. Er glaubte von ganzem Herzen daran, daß man die Zukunft der Kinder von Lia positiv beeinflussen könne, indem man sie lesen und schreiben lehrte.

Als die Schule wieder anfing, lebten die Gatzoyiannis genau wie alle anderen Lioten fast nur noch von *shilira*, einer Art Brei aus Ziegenmilch, die mit Joghurt und Hefe gedickt wurde. Als es zu schneien begann, wurde die Zahl von Minas' Schülern tagtäglich kleiner, und diejenigen, die noch kamen, hockten sich dicht um den brennenden Holzofen und schliefen ein. Und als der Pope begann, den

Altar der Dreifaltigkeitskirche mit den Weihnachtsfahnen aus weißer Seide zu schmücken, kamen nur noch sechs Kinder zur Schule. Zu jenen, die fortblieben, gehörten Kanta und Glykeria Gatzoyiannis.

In der Küche des Gatzoyiannis-Hauses starrten die Mädchen auf ihre Portion weißer, zähklebriger *shilira,* und Kanta beschwerte sich, allein der Anblick verursache ihr schon Übelkeit. Eleni befahl ihnen, endlich zu essen; während der nächsten zwei Wochen würden sie so etwas nicht mehr bekommen, da jetzt die vorweihnachtliche Fastenzeit der orthodoxen Christen beginne. Von nun an war alles, was von warmblütigen Tieren stammte – Fleisch, Milch, Eier, Käse –, bis zum Weihnachtsfest verboten.

Glykeria jammerte, so grausam könne Gott doch nicht sein, daß er verlange, sie sollten fasten, wo sie doch schon beinahe verhungerten. Während des nun folgenden bedrückenden Schweigens begann sie, sich laut mit Phantasien von dem Ziegenbraten zu trösten, den sie zu Weihnachten essen würde, garniert mit Kartoffeln, gewürzt mit Oregano und Knoblauch und mit viel köstlicher Sauce. Eleni brachte es nicht übers Herz, ihren Kindern zu sagen, daß es zu Weihnachten kein Fleisch geben werde. Sie konnten es sich nicht leisten, für eine einzige Mahlzeit eine von ihren letzten Ziegen zu schlachten, wenn sie das Tier gegen einen zweifachen Wochenvorrat an Maismehl eintauschen konnten.

Olgas Gedanken waren nicht beim Essen, sondern bei jenem anderen Privileg, das das Weihnachtsfest brachte. Die Festmesse am Weihnachtstag war eine der beiden Gelegenheiten im Jahr, während deren die unverheirateten Männer im Dorf die Vorzüge potentieller Ehefrauen abwägen konnten.

„Warum soll ich fasten, wenn ich ohnehin nicht zur Kommunion gehen kann?" stieß Olga hervor. „Du kannst doch nicht von mir erwarten, daß ich mich so im Dorf sehen lasse!" Sie trug ihr einziges Kleid aus schwarzer Wolle, das fadenscheinig und an den Ellbogen geflickt war. Eleni seufzte. Olga, beinahe vierzehn, war fest überzeugt, daß das Leben nicht lebenswert sei ohne ein buntes Samtkleid, das an Mieder und Rock mit drei schwarzen Streifen aus Litze besetzt war, dem Zeichen der Familien von Stand.

Eleni setzte sich neben der hölzernen Wiege auf den Fußboden. Nikola kaute im Schlaf an seiner Faust, sein mageres Gesichtchen wirkte wie das eines verhärmten alten Mannes.

Eleni betrachtete ihren Sohn immer in ehrfürchtigem Staunen. Voll Angst, durch ihre fanatische Liebe zu ihm den bösen Blick auf ihn zu lenken, steckte sie ihm zum Schutz Heiligenbildchen in die Kleidung. Er war ihr ganzer Stolz, und das größte Glück für sie war seine Geburt am 23. Juli 1939 gewesen. Damals hatte sie endlich ihre Pflicht als Frau erfüllt.

In den neunundzwanzig Monaten, die inzwischen vergangen waren, war das winzige Wesen herangewachsen und hatte die Leere in ihrem Leben ausgefüllt, die durch die Abwesenheit ihres Ehemanns und den Tod ihrer Schwiegermutter entstanden war. Als Eleni jedoch im Dezember 1941 ihren Sohn betrachtete und sah, wie dünn seine Ärmchen geworden waren, wurde sie von tiefer Angst ergriffen: Nikola verhungerte.

Der einzige Mensch, an den sie sich um Hilfe wenden konnte, war ihr Vater. Kitso Haidis war seinen Kindern gegenüber stets kalt und abweisend gewesen. Doch er *konnte* sich einfach nicht weigern, wenn es darum ging, seinen einzigen Enkel zu retten. Eleni wickelte sich in ihren Umhang und machte sich auf den Weg hinab zum Haus ihres Vaters.

Kitso Haidis hatte in seiner Jugend sehr gut ausgesehen, mit hohen Wangenknochen, dichtem schwarzem Haar und schweren Brauen über blauen Augen. Als er älter wurde, erschlafften seine Züge nicht, sein Haar und sein Schnauzbart jedoch wurden schneeweiß. Seine Klugheit verschaffte ihm in ganz Lia Respekt, und zweimal wurde er zum Dorfvorsteher gewählt. Obgleich er sich an Festtagen als der großzügigste Gastgeber von ganz Lia zeigte, war er der eigenen Familie gegenüber geizig und despotisch.

Als Eleni an jenem Winterabend 1941 das Haus ihres Vaters betrat, versuchte sie, gelassen und sachlich zu sein. „Wir haben die Milch von den Ziegen“, erklärte sie ihm, „unser Mais reicht aber nur noch für einen Monat. Die Ziegen sind alles, was uns geblieben ist. Ich weiß, daß Onkel Iorgi jetzt die Mühle betreibt, aber vielleicht könntest du ihn überreden, daß er uns ein bißchen Mehl borgt, bis die Post wieder durchkommt und Christos ihn bezahlen kann.“

Kitso lauschte in finsterem Schweigen. Dann schrie er: „Iorgi hat selbst fünf Kinder und muß auch noch sieben Waisen durchfüttern! Vierzehn Haidismäuler wollen vom Gewinn der Mühle gestopft sein, dabei läuft das Geschäft nicht mehr! Als du einen Gatzoyiannis geheiratet hast, ging die Verantwortung für dein Leben an dessen Familie über! Wenn dein Ehemann dir nicht helfen kann, soll doch sein Bruder Foto euch unterstützen!“

Eleni wußte, daß sie geschlagen war. Ihr Vater hatte recht, und von Foto erhoffte sie sich keine Hilfe. Vor einer Woche erst war ihr

Schwager mit einem ganzen Sack voll Wachteln an ihrem Haus vorbeigekommen, und als sie ihn bat, ihr eine davon zu geben, damit sie dem Kleinen Suppe kochen könne, hatte er sie schroff abgewiesen. Ihr Mann hatte seit 1910, als Foto den Mord an dem türkischen Hausierer im Gefängnis büßte, den Bruder und seine ganze große Familie unterstützt, und nun verweigerte er ihr einen Vogel, der nicht viel größer war als ein Spatz!

Eleni überlegte. Es gab noch eine einzige Möglichkeit – falls ihre Kräfte dazu ausreichten. „Ich werde die Sachen nehmen, die Christos mir geschenkt hat, und sie in Albanien verkaufen", erklärte sie trotzig.

Während Griechenland hungerte, war Albanien noch immer recht gut mit Lebensmitteln versorgt, denn Mussolini hatte das Land zum italienischen Protektorat erklärt. Die Albaner hinter den Bergen hatten eine Menge Mais, den sie bereitwillig gegen die Wertgegenstände der Griechen tauschten.

Kitso starrte Eleni erschrocken an, doch dann begann er, die Tochter zu verhöhnen. Sie wolle durch den Schnee über die Berge nach Albanien klettern? Wäre es nicht viel besser, einfach in die Schlucht zu springen, um es möglichst schnell überstanden zu haben?

Je mehr er höhnte, desto entschlossener wurde Eleni. Falls dies die einzige Möglichkeit war, ihren Kindern Nahrung zu verschaffen, würde sie, sobald die Weihnachtsfeiertage vorüber waren, irgendwie die Kraft finden, übers Gebirge zu gehen. Sie legte ihren Umhang um und stürmte, mit Augen, die ebenso hart dreinblickten wie die ihres Vaters, zur Tür hinaus.

Zwei Tage vor Weihnachten erklärte Eleni den Kindern, es werde in diesem Jahr keinen Festtagsbraten geben. Onkel Iorgi, der Müller, habe sich einverstanden erklärt, ihr für die beiden Zicklein Maismehl zu geben. Die Nachricht wurde mit einem allgemeinen Tränenausbruch beantwortet. Fotini jammerte am lautesten, denn die Zicklein waren ihre Lieblinge gewesen, doch Eleni knotete den Tieren mit grimmiger Miene einen Strick um den Hals und führte sie den Berg hinauf zur Mühle.

Früher hatte Eleni am Heiligen Abend immer den Tisch für den nächsten Tag gedeckt, der zugleich der Namenstag ihres Mannes war, an dem das halbe Dorf zum Essen und Gratulieren kam. An diesem Heiligen Abend jedoch sprach niemand von dem bevorstehenden Feiertag.

Als Olga am Weihnachtsmorgen erwachte, hing an ihrem Wandhaken ein leuchtendblaues Kleid, geschneidert aus der einzigen amerikanischen Wolldecke, und auch die so wichtigen drei schwarzen

Streifen – aus Elenis alten Schürzen zusammengestückelt – waren nicht vergessen worden. Sogar neue Kopftücher hatte Eleni für Olga und Kanta aus Leintüchern genäht, mit Fransen versehen und mit Alizarin burgunderrot gefärbt.

Olga riß sich das schwarze Kleid herunter und zog das neue übers Hemd. Es war zwar nicht aus Samt, aber es ließ durch seinen weit schwingenden Rock die Taille schmaler erscheinen. Sie band sich das weinrote Kopftuch über die langen Zöpfe. Die anderen Mädchen bewunderten Olga, die sich drehte, um in dem kleinen Handspiegel die Gesamtwirkung sehen zu können.

„Es ist wunderschön!" verkündete sie und tanzte durchs Zimmer. „In der Kirche werden mich alle anstarren!"

„Deine Füße, vermutlich", warf Kanta ein.

Olga blickte an sich hinab. Durch die Löcher in ihren flachen Lederschuhen – die letzten, die Eleni vor dem Krieg gekauft hatte – lugten die Zehen.

Die Glocken der Dreifaltigkeitskirche riefen die Gläubigen zur Weihnachtsmesse. Den warm eingepackten Nikola auf dem Arm, ging Eleni durch einen heftigen Schneesturm ihren vier Töchtern voraus. Trotz der bösen Szene am Tag zuvor machte sie an ihrem Elternhaus halt, um ihrem Vater Kitso zu gratulieren, denn es war nicht nur Christos' Namenstag, sondern auch gleichzeitig der seine; doch als sie das Haus betrat, berichtete Megali ihr, Kitso sei zwei Tage zuvor zu einer geheimnisvollen Reise nach Lista aufgebrochen, einem Dorf fünf Kilometer in südöstlicher Richtung.

Olga hatte recht behalten: Sie war der Mittelpunkt der allgemeinen Aufmerksamkeit. Männer, die vorn in der Kirche standen, drehten sich um und starrten ihre geröteten Wangen an, die niedergeschlagenen Augen unter dem burgunderroten Kopftuch und ihre weiße, durch das blaue Kleid betonte Haut. Ihr Triumph wurde jedoch sehr bald durch die Ankunft einer Familie überschattet, die den meisten Gläubigen fremd war. Als sie die innere Vorhalle betrat, erhob sich ein Raunen.

An der Spitze der Gruppe schritt eine Frau mittleren Alters, auf den Arm eines mageren jungen Mannes mit bleichem Gesicht gestützt. Das Mädchen, das ihnen folgte, trug ein Kleid aus einem bedruckten, weich fließenden Stoff, der unter dem leichten Tuchmantel hervorlugte. Ihr Haar wirkte besonders aufreizend. Außerhalb der großen Städte hatte kein Dorfbewohner jemals eine Frau mit unbedecktem Haar gesehen; ihre Locken aber schwangen schamlos um ihre Schultern.

Das Mädchen war hübsch und blond und gab die mißbilligenden Blicke der Gemeinde trotzig zurück. Die Gatzoyianniskinder hielten erschrocken den Atem an. Eleni sah, daß die Neuankömmlinge kein festes Schuhwerk trugen, sondern völlig durchweichte Tuchschuhe.

Bevor der Gottesdienst beendet war, wußten alle, daß es sich bei den Fremden um die Witwe Alexandra Botsaris und zwei ihrer fünf Kinder handelte. Der Ehemann der Frau, der Kesselflicker Basilis Botsaris, war mit seiner Familie vor acht Jahren von Lia nach Athen gezogen, wo er fast unmittelbar danach starb. Iorgos, der jetzt zweiundzwanzigjährige Sohn, hatte sich im Kampf gegen die Italiener Tuberkulose geholt und war, als die Lebensmittel knapp wurden, aus dem Lazarett entlassen worden. Die Witwe Botsaris kam nun mit ihren Kindern nach Hause, um der Hungersnot in Athen zu entfliehen, doch hier im Dorf war nichts mehr für sie geblieben; selbst ihr verlassenes Haus wurde inzwischen als Stall benutzt.

Nach der Messe begrüßte Eleni ihre alte Freundin. Iorgos hustete besorgniserregend, und die achtzehnjährige Angeliki zitterte vor Kälte in ihrem dünnen Stadtkleidchen.

Die beiden Familien schlugen gemeinsam den Heimweg ein und machten beim Haus der Botsaris halt. Entsetzt entdeckte Alexandra, daß keine einzige Fensterscheibe mehr heil war. In den Ecken des primitiven Schuppens türmte sich schmutziges Heu. Alexandra berichtete Eleni, daß sie alles – Kleidung, Töpfe, Möbel – in Ioannina zurückgelassen hatten, weil sie von keinem Wagen mehr mitgenommen worden waren und sich gezwungen sahen, die zweitägige Reise von der Provinzhauptstadt bis hierher zu Fuß zurückzulegen. Sie beschrieb die Schrecken der Hungersnot in Athen.

„Aber hier habt ihr doch überhaupt nichts mehr, Alexandra!“ rief Eleni aus. „Das Haus ist nur noch eine Ruine, ihr habt keine Lebensmittel – wie wollt ihr überleben?“

„Es ist mir lieber, daß meine Kinder in Lia sterben als in Athen“, antwortete die Witwe. „Wie ich hörte, gibt es hier Frauen, die den Albanern Salz gegen Mais verkaufen. Wenn ich mich ein bißchen erholt habe, werde ich dasselbe tun.“

Eleni ergriff die Hand ihrer Freundin. „Dann werden wir zusammen über die Berge klettern“, sagte sie.

Als sie Elenis Haus betraten, schlug ihnen aus der Küche köstlicher Duft entgegen. Eleni, die eine Überraschung vorbereitet hatte, ging rasch zum Feuer und schob die glühenden Kohlen beiseite, die sie über die flache Deckelpfanne aus Kupfer gehäuft hatte. Als sie den Deckel hob, entstieg ihr Fleischduft. Die Pfanne war bis obenhin gefüllt mit dampfendem *briami*, einem Eintopf aus reisähnlichem *kofto*, Gebirgskräutern und dicken Leberstücken.

„Fleisch! Woher hast du das bloß?“ jubelte Glykeria.

Eleni lächelte. „Ich habe Onkel Iorgi gebeten, wenn er die Zicklein schlachtet, mir die Leber beiseite zu legen und entsprechend weniger Mais zu geben.“

Die Kinder hockten im Schneidersitz um den niedrigen Tisch und stopften sich das köstliche Eintopfgericht in den Mund. Als sie alles verputzt hatten, war Elenis Teller noch nahezu unberührt.

„Wenn du es nicht willst – ich esse es gern!“ sagten Glykeria und Kanta unisono.

Eleni schüttelte den Kopf. „Heute ist der Tag, an dem in jedem Haus ein Teller für den Fremden bereitsteht, in dessen Gestalt vielleicht das Christkind erscheint“, sagte sie. „Das hier ist sein Anteil, und den werde ich der Familie Botsaris schicken.“

Ein Chor protestierender Stimmen schrie sie nieder. Das erste Fleisch nach einem ganzen Jahr – verschenken, an fremde Menschen?

Mit einem einzigen Blick brachte Eleni sie zum Schweigen. „Olga wird es jetzt sofort rüberbringen“, erklärte sie in einem Ton, der keinen Widerspruch duldete.

Am 6. Januar machte sich Eleni auf, um Namenstagsbesuche zu machen. Sie wollte Foto Gatzoyiannis sowie ihren jungen Vetter zweiten Grades, Fotis Haidis, besuchen. Megali war auch schon da. Kitso habe Nachricht geschickt, berichtete die Mutter; er wolle, daß Eleni sofort zu ihm nach Lista komme.

Eleni ließ die Kinder bei ihrer Großmutter und machte sich auf den Weg, zwei Stunden zu Fuß über Gebirgspfade. Sie fand ihren Vater im größten Kaffeehaus von Lista bei einem alten, ergrauten Mann, den er ihr als einen ehemaligen Müller vorstellte. Kitso Haidis verlangte von Eleni, ihren Plan, nach Albanien zu gehen, aufzugeben. Der Müller sei einverstanden, Kitso gegen hundert Kilogramm Mehl pro Monat seine Mühle am Kefalovrisofluß zu verpachten.

Ganz benommen vor Erleichterung, sank Eleni auf einen Stuhl und dankte dem Alten für seine Freundlichkeit, doch er wehrte den Dank gutmütig ab. „Im Gegenteil – Ihr Vater hat *mir* einen Gefallen getan!“ behauptete er. „Die Mühle steht still, seit die Deutschen hier sind. Die ganze Gegend wimmelt nur so von Banditen.“

Kitso stand unvermittelt auf und befahl Eleni, ihm zu folgen. Er werde sie mitnehmen und ihr einen Sack Maismehl nach Hause mitgeben, erklärte er. Und dann solle sie sich monatlich einmal dieselbe Portion abholen.

Unterwegs versuchte Eleni, ihm ungeschickt zu danken. „Ich gebe keine Almosen", erwiderte Kitso kurz. „Ich werde deine Familie am Leben erhalten, bis der Krieg vorüber ist, und dafür wird dein Ehemann mich und deine Mutter im Alter versorgen."

WÄHREND Partisanen in den griechischen Bergen Widerstandsgruppen bildeten, gelang es Eleni Gatzoyiannis und ihren Kindern, die Hungersnot dank der Säcke voll Maismehl einigermaßen zu überstehen. Die Witwe Botsaris und ihre Kinder überlebten den ersten Winter nur mit Betteln, Borgen und Tauschen von Kupfertöpfen gegen Mais in Albanien. Dort hatte Angeliki Botsaris im Herbst 1942 Arbeit als Olivenpflückerin gefunden. Iorgos, der immer noch an Tuberkulose litt, starb im September 1942.

Eleni beweinte mit der Witwe Botsaris gemeinsam seinen Tod. Ihr Sohn Nikola, inzwischen dreieinhalb, wäre wohl ohne die Hilfe seines Großvaters jetzt tot, das wußte sie. An Lichtmeß schickte sie Olga mit einer ganzen Dose Olivenöl zur Marienkirche, um dort die Lampen anzuzünden und Gott für die Errettung ihrer Familie zu danken.

Olivenöl gab es im Dorf so gut wie überhaupt nicht mehr. Daher hielt Olga die kostbare Dose vorsichtig an ihre Brust gepreßt, als sie sich den Berg hinab auf den Weg machte. Die Kirche lag unterhalb des Dorfes an einem langen Weg, der durch eine tiefe Schlucht führte.

Olga hatte sich gerade in Bewegung gesetzt, als sie von zwei Männern aufgehalten wurde, die aus dem Haus der Familie Bollis kamen. Der ältere der beiden war Mitsi Bollis, ein magerer, fahlblasser Angeber, der anderen Menschen gern boshafte Streiche spielte.

Als Olga versuchte, einen Bogen um ihn zu machen, ohne ihn zu beachten, erkannte sie in dem blonden jungen Mann neben ihm Vangeli Poulos, den Sohn des Kaffeehausbesitzers.

Olga senkte den Kopf und beschleunigte ihre Schritte, Mitsi Bollis jedoch wollte sie nicht vorbeilassen. „Wohin willst du denn, Mädchen, mit einer ganzen Dose Öl?" fragte er sie.

„Das ist für die Lampe der Mutter Gottes."

„Es gibt keine Madonna!" sagte Mitsi. „Übrigens auch keinen Gott, nur noch hungernde Menschen . . . Also gib mir jetzt dieses Öl, damit meine Kinder essen können!"

Er streckte die Hand aus, und Olga, die erschrocken zurückzuckte, bekreuzigte sich bei dieser Blasphemie. „Meine Mutter hat mir befohlen, die Lampen der Mutter Gottes anzuzünden, und das werde ich tun! Dieses Öl gehört dir nicht!"

Mitsi baute sich dicht vor ihr auf. „Es gehört allen!" behauptete er.

Gelangweilt mischte sich Poulos ein. „Laß das Mädchen in Ruhe, Mitsi!“ sagte er. „Wie kannst du erwarten, daß sie dich versteht? Sie weiß es nicht besser.“

Zitternd hastete Olga davon. Als sie von ihrer Verrichtung zurückkam, beschwerte sie sich bei ihrer Mutter.

Eleni schüttelte seufzend den Kopf. „Du weißt nicht, wie sehr sich Männer vom Schlage Mitsis im letzten Jahr verändert haben“, belehrte sie ihre Tochter. „Die Brüder Skevis locken sie mit Waffen und großen Worten, daß sie sich aufblähen wie Ochsenfrösche. Das nächste Mal gehst du Mitsi aus dem Weg, bevor er dich sieht.“

In einer mondlosen Nacht Anfang März, als das Dorf schlief, zogen zwanzig Männer in ihren Häusern im Dunkeln Uniformen aus den verschiedensten Einzelstücken an, luden uralte Gewehre und Musketen, schlichen die Schlucht hinab, kletterten geräuschlos die andere Seite hinauf und kamen unmittelbar hinter dem Dorfplatz bei der aus zwei Räumen bestehenden Polizeiwache heraus.

Während die Männer das Haus umzingelten, stieß Prokopi Skevis einen Ruf aus. Drinnen ging Licht an, und nach wenigen Sekunden kamen die vier Polizisten heraus. Prokopi nahm den Wachtmeister beiseite. Nach kurzer Diskussion schienen die beiden zu einer Übereinkunft gelangt zu sein. Der Wachtmeister kehrte langsam in die Polizeiwache zurück und kam kurz darauf mit vier Gewehren heraus, die er Prokopi aushändigte.

Als Olga am nächsten Morgen die Ziege melkte, Kanta den Hühnern Krumen hinstreute und Eleni in einem Topf Maisbrei fürs Frühstück rührte, begannen plötzlich die Glocken der Dreifaltigkeitskirche ein mächtiges Geläut. Dann trug der Wind ihnen einen Befehl zu, der über Megaphon verkündet wurde: „Einwohner von Lia! Alle sofort auf die Alonia!“

Alonia, wie die Lioten ihren Dorfplatz nannten, bedeutet gewöhnlich „Dreschboden“ und bezeichnet den Platz, der früher zum Dreschen benutzt wurde.

Eleni holte ihre Kinder ins Haus, ermahnte Olga, niemandem die Tür zu öffnen, und schloß sich den verängstigten Nachbarn an, die zum Dorfplatz hinuntereilten.

Auf dem Dorfplatz erwarteten sie weder Deutsche noch Italiener, sondern etwa zwanzig vertraute Gestalten – junge Einheimische der Skevisgruppe, alle mit einer zusammengewürfelten Vielfalt militärischer Uniformen herausgeputzt. Prokopi Skevis trug seine verschossene graue Uniform aus dem Feldzug gegen die Italiener, Vangeli Poulos jedoch eine viel zu große grüne Drillichjacke, die von einem gefallenen Italiener stammte, und Mitsi Bollis hatte sich ein schwarzes italienisches Barett in flottem Winkel schräg auf den Kopf gesetzt.

Die Hälfte der Männer hatte Waffen, einige davon fast Antiquitäten; Mittelpunkt der Aufmerksamkeit jedoch war die von Vangeli Poulos stolz emporgehaltene Fahne. Es war das vertraute weiße Kreuz auf blauem Grund, doch irgend jemand hatte die Buchstaben ELAS in die Mitte gestickt.

Viele Lioten lächelten beim Anblick der grimmig dreinblickenden Gestalten, doch niemand wagte es, laut zu spotten. Inmitten der zerlumpten Rebellen standen die vier Dorfpolizisten.

Prokopi kletterte auf einen Stuhl. „Einwohner von Lia!" schrie er. „Heute haben die tapferen jungen Männer unseres Dorfes zu den Waffen gegriffen, um sich gegen die Invasoren zu wehren. Wir werden unsere Gewehre erst niederlegen, wenn sie aus unserem Land vertrieben und wir alle wieder frei sind!"

Anfangs waren die Zuhörer skeptisch: Dieser bunte Haufen sah kaum aus, als könne er es mit den Deutschen aufnehmen.

Prokopi erklärte ihnen die Ziele der Griechischen Volksbefreiungsarmee und redete von einer neuen, auf Gleichheit und Gerechtigkeit für alle Werktätigen basierenden demokratischen Ordnung. Lia werde jetzt von der ELAS regiert, behauptete er, jeder gesunde Mann im Dorf werde Mitglied ihrer Reservestreitkräfte sein, und sogar die von der verräterischen Kollaborationsregierung ernannten Polizisten hätten die Seiten gewechselt, um ebenfalls für die Freiheit zu kämpfen.

Prokopi musterte die Versammlung und sah, daß noch nicht alle Zweifel ausgeräumt waren. „Wie ihr wißt, bin ich Lehrer!" rief er herausfordernd. „Nach dem Krieg werde ich Beamter mit festem Monatsgehalt und einer Pension im Alter sein. Nicht für mich marschieren wir in diesen Kampf, sondern für euch! Wir kämpfen, weil wir euer Leben verbessern, euch aus der Armut und Demütigung erlösen, euch zu freien Männern machen wollen!"

Einen Augenblick herrschte Stille, dann brandete donnernder Beifall auf. Prokopi sah, daß jetzt alle auf seiner Seite waren. Sein Heimatdorf hatte er mit seinen Worten erobert; das übrige Griechenland würde folgen.

Mit erhobener Hand bat er um Ruhe. „Aber ich warne euch! Wir dulden keine Opposition! Die Bewegung wird gegen alle, die sie verraten, einschreiten! Ihr werdet von Männern hören, die sich auch Widerstandskämpfer nennen, doch das sind Kollaborateure und Verräter!"

Seine Männer, die hinter ihm standen, stampften im Takt mit den

Füßen und schrien dazu: „Nieder mit den Verrätern!" Und obwohl sie nicht wußten, daß er damit die nationalistische, königstreue Partisanentruppe von General Zervas meinte, griffen die Zuhörer die Parole auf, alle getragen von der gemeinsamen Sehnsucht nach Freiheit und dem Abscheu vor jenen, die ihnen Lebensunterhalt, Nahrung und Selbstachtung genommen hatten. Prokopi verlangte wieder Ruhe. „Nun, da die ELAS-Armee Lia befreit hat, werdet ihr von einem Komitee aus euren eigenen Leuten regiert werden, und es erscheint mir angemessen, daß die ehrenvolle Aufgabe, das Komitee zu leiten, meinem Kollegen und eurem Lehrer Minas Stratis übertragen wird."

Er stieg vom Stuhl und drängte sich durch die Menge, um Minas den Arm um die Schultern zu legen. Minas war dem Ruf der Kirchenglocken in so großer Eile gefolgt, daß er Krawatte und Uhrkette vergessen hatte und seine Haare wirr vom Kopf abstanden. Aufgeregt flüsterte er Prokopi zu, er wolle zur Waffe greifen und kämpfen, nicht aber zu Hause bleiben und ein Komitee leiten. Prokopi jedoch wies seinen Protest zurück. „Du wirst hier gebraucht", verkündete er energisch.

Erst später wurde Minas klar, daß Prokopi genau gewußt hatte, daß er als Komiteevorsitzender, der jede Meinungsverschiedenheit zu schlichten hatte, unvermeidlicherweise zu einem der unbeliebtesten Männer des Dorfes werden mußte.

Die Übernahme des Dorfes durch die Partisanen, griechisch *andartes* genannt, gab den Einwohnern von Lia in den dunklen Stunden der Besatzungszeit neue Hoffnung. Dörfler, die nicht einmal lesen und schreiben konnten, hatten auf einmal wichtige Aufgaben: Käse sammeln und verkaufen, um mit dem Geld auf dem schwarzen Markt Waffen zu erwerben; Maultiere für die Partisanen beschlagnahmen; auf die Ernte jedes Bauern Steuern erheben. Es gab Komitees für Verwaltung, Justiz, Versorgung und Rekrutierung, und viele, die niemals daran gedacht hatten, sich dem Widerstand anzuschließen, fühlten sich geschmeichelt, diese Ämter übernehmen zu dürfen. Die Jugendlichen wurden in einer Jugendliga erfaßt, die den Partisanen helfen sollte, und sogar die Kinder trugen Meldungen von Dorf zu Dorf.

Genau wie Prokopi vorausgesagt hatte, wurde mit Kollaborateuren und Verrätern kurzer Prozeß gemacht. Bald wurden überall in den Murganabergen von Kugeln durchsiebte Leichen gefunden. Zum erstenmal seit Jahrhunderten hörten die Banditen auf, Dörfer zu plündern, und die Bauern konnten ohne Angst von einem Ort zum anderen reisen – mit vom jeweiligen ELAS-Komitee des Dorfes ausgestellten Papieren.

Die Skevisgruppe der Andartes half einer zweiten ELAS-Gruppe aus einem benachbarten Dorf, eine Kompanie Italiener zu vertreiben. Dieser Sieg, verbunden mit den Morden an Kollaborateuren und Banditen, entnervte die Italiener so sehr, daß sie sich aus kleineren Stellungen ins regionale Hauptquartier von Filiates zurückzogen. Die Bauern im Murganagebirge sahen sich plötzlich, wenn auch nicht vollständig frei, so doch vom Schatten der Invasoren befreit und hielten das für ein Verdienst der ELAS.

Am Ostersamstag gab es im Unterdorf auf einmal Unruhe. Alle liefen dorthin, woher der Lärm kam, und sahen siebenundzwanzig sauber ausgerichtete Soldaten ins Dorf marschieren. Nach dem ersten Schock erkannten sie in den Invasoren, angeführt von Prokopi Skevis, ihre eigenen Männer, die sich seit der Eroberung des Polizeipostens aufs prächtigste verändert hatten.

Statt der kunterbunten Kleidungsstücke trugen sie neue graue Uniformen, verziert mit glänzenden Patronengurten. Auf ihren Köpfen saßen weiche Schiffchen mit einem kleinen Abzeichen aus Messing, auf dem ELAS stand. Jeder Partisan hatte ein neues Mannlicher- oder Mausergewehr. Begeistert liefen die Dorfkinder den prächtigen Andartes nach: Es war die schönste Parade, die sie jemals gesehen hatten.

Die Dörfler begrüßten die Anwesenheit der Partisanen – nicht nur, weil sie ihrem Leben einen neuen Sinn, eine neue Bedeutung gegeben hatten, sondern auch, weil sie ein wenig Abwechslung in die Monotonie ihres Alltags brachten. Nicht selten verkündeten die Kirchenglocken so gegen fünf Uhr nachmittags ein *synkendrosi*, eine obligatorische Versammlung, auf der Alonia, und die Lioten eilten sofort zum Dorfplatz, um sich von den Partisanen mit Tanz, Gesang und Sketchen unterhalten und über die Ziele ihrer Bewegung unterrichten zu lassen.

Eines Tages Ende Mai jedoch mußten die Lieder, Tänze und Ansprachen einem Drama mit echten Kugeln und echtem Blut weichen. Eleni war mit Olga und Kanta zu den hochgelegenen Feldern in der Nähe der St.-Nikolaus-Kapelle gegangen, um mit der Frühjahrsaussaat zu beginnen. Nikola und Fotini hatte sie in Glykerias Obhut gelassen. So weit oben hörte sie nicht, daß die Kirchenglocken die Einwohner zum Dorfplatz riefen. Es war noch früh am Tag für ein Synkendrosi, die Lioten eilten aber trotzdem zur Alonia, weil sie auf Unterhaltung hofften. Sobald sie eingetroffen waren, merkten sie jedoch, daß etwas passiert war. Vangeli Poulos lief mit vom *raki* gerötetem Gesicht auf und ab. Prokopi Skevis stand mit finsterer Miene da, während die uniformierten Partisanen miteinander flüsterten.

Als der Platz voll war, nahm Prokopi sein Megaphon und rief den versammelten Dörflern zu, die Zeit zum Handeln sei gekommen, nun müsse man sein Leben einsetzen. Die faschistische EDES-Truppe von General Zervas habe den Kalamasfluß überquert; sie sei nur noch fünfzehn Kilometer entfernt. Heute wollten die Andartes zur Sichel greifen und alle niedermähen, die den Weg in die glorreiche Zukunft blockierten. Alle Männer des Dorfes müßten sich zum Kampf bereitmachen. Er werde zwölf Reservisten bestimmen, die die zwölf überzähligen Gewehre bekommen und sich in seine Truppe einreihen sollten; sobald dann weitere Waffen erobert seien, werde er die übrigen Männer nachkommen lassen.

Seit dem Tag, an dem sie die Polizeistation erobert hatte, war Prokopis kleine Truppe auf über hundert Mann aus den verschiedenen Murganadörfern angewachsen. Nicht alle teilten die kommunistische Vision der Skevisbrüder für die Zukunft des Landes, doch viele hatten sich ihnen angeschlossen, weil sie in der Widerstandsbewegung die beste Möglichkeit sahen, Griechenland von den Deutschen zu befreien. Zu den Nichtkommunisten, die an jenem Tag die ELAS-Uniform trugen, gehörten aktive Armeeoffiziere, die Polizisten von Lias Polizeiwache, Lehrer, Anwälte und sogar zwei Priester. In Lia hatte sich nahezu jeder gesunde Mann, ganz gleich, welcher politischen Richtung er anhing, als Reservist gemeldet – insgesamt hundertfünfzig.

Bei Prokopis Erklärung brachen viele Frauen in Wehklagen aus, und als er die zwölf Reservisten bestimmte, die mitgehen sollten, umarmten Mütter und Ehefrauen ihre Männer und flehten den Herrgott an, sie diese Schlacht heil überstehen zu lassen. Die Soldaten schulterten die Gewehre und marschierten in südwestlicher Richtung den Berg hinab.

Das Gefecht bei Keramitsa begann kurz nach zwölf Uhr mittags. Prokopis Leute kämpften tapfer, obwohl ihnen die EDES-Truppe mit ihren viel besseren Waffen weit überlegen war, aber sie wurden unbarmherzig zurückgedrängt. Schließlich gab Prokopi den Befehl zum Rückzug.

Hoch über dem Dorf hatten Eleni, Olga und Kanta ihre anstrengende Feldarbeit beinahe beendet, da wurden sie von Schüssen aus südwestlicher Richtung aufgeschreckt.

Es war das erste Mal, daß Eleni Glykeria mit den Kleinen allein gelassen hatte. Von Angst getrieben, lief sie mit den beiden älteren Töchtern den Berg hinab. Als sie außer Atem im Haus ankam, sah sie Glykeria und Fotini munter Aprikosen essen, die sie bei den Nachbarn stibitzt hatten. „Gott sei Dank!" keuchte Eleni.

Olga Venetis kam mit der Nachricht den Weg herauf, Prokopis Truppe sei bei Keramitsa geschlagen worden und befinde sich auf dem Rückzug; gerade kämen sie durchs Dorf. Eleni blickte auf Nikola hinab. Söhne ihrer Nachbarn wurden dem Banner der Revolution geopfert. Sie aber würde ihren Sohn niemals einer Idee opfern!

Als sich herausstellte, daß Lia nicht von der EDES besetzt werden würde, kehrten Prokopis Männer ins Dorf zurück, und eine Zeit der Unsicherheit und des Wartens begann.

Aus einer Schar von Kesselflickern und Hirten hatte Prokopi eine disziplinierte Kampftruppe geformt. Aber die regionale Führung der Kommunistischen Partei Griechenlands, der die ELAS unterstellt war, konnte ihm die Niederlage nicht verzeihen. Sie befanden,

EDES-Führer General Zervas

Prokopi lasse seiner Gruppe eine Selbständigkeit, die die Parteidisziplin unterminiere. Deswegen beschloß die Partei, die Murganapartisanen stärker an die Leine zu nehmen.

Prokopi mußte die Murganagruppe abgeben. Seine Männer wurden an das 15. ELAS-Regiment überstellt, eine Truppe, die fest in der Hand der Partei war. Aber innerhalb einer Woche packten ein Dutzend der erfahrensten Kämpfer der Einheit, darunter ehemalige Armeeoffiziere und ein Polizeiwachtmeister, ihre Siebensachen und schlichen sich aus Lia fort, um in Keramitsa wiederaufzutauchen, wo sie sich Zervas' EDES anschlossen.

Prokopi mußte noch mehr Demütigungen einstecken. Die Desertionen als Vorwand nehmend, schickte ihn die Partei auf einen Posten in einem winzigen Dorf im Ioanninatal. Als Prokopi Skevis gegen Ende des Sommers 1943 wieder in Lia auftauchte, bemerkte Eleni, daß er härter geworden war und abweisender gegen die Einheimischen. Inzwischen hatte sein Bruder Spiro das Kommando übernommen.

Der Bruderkrieg zwischen linken ELAS- und rechten EDES-Partisanen hatte die gesamte Widerstandsbewegung so sehr gelähmt, daß im Juli auf Drängen der britischen Militärmission zwischen den Partisanentruppen ein Abkommen zur Beendigung der gegenseitigen Feindseligkeiten ausgehandelt wurde und beide sich bereit erklärten, sich unter den Befehl eines gemeinsamen Hauptquartiers zu stellen, das sich aus Vertretern beider Widerstandsgruppen und der britischen Kommandoeinheiten zusammensetzte.

In der Murganaregion hatte sich die EDES in Keramitsa eingegraben, während die ELAS die höher gelegenen Dörfer – Lia, Babouri und Tsamanta – im Griff hatte.

In der Hoffnung, die beiden Seiten vor einem neuerlichen Aufflammen der Feindseligkeiten bewahren zu können, beschloß die britische Militärmission in Griechenland, Abordnungen in die Murganaberge zu entsenden. In Lia erschien das britische Empire in Gestalt der bizarren Person eines hochgewachsenen, nervösen blonden Schotten von ungefähr fünfundvierzig Jahren namens John Anderson. Begleitet wurde der Lieutenant von einem fröhlichen dunkelhaarigen Nordengländer mit einem Funkgerät auf dem Rücken und einem englischen Dolmetscher. Dieser erklärte den Dörflern, die Briten würden in Lia eine Mission der Alliierten einrichten und hätten zu diesem Zweck das Zweizimmerhaus der Fafoutis hinter dem Polizeiposten gemietet.

Niemand konnte voraussehen, daß die Stationierung der Briten die Spannungen zwischen ELAS und EDES nur noch verstärken und den Bürgerkrieg direkt vor die Haustür bringen würde.

3

Noch nie hatte ein Ausländer unter ihnen gelebt, und so beobachteten die Lioten diese drei Engländer wie seltene und faszinierende Lebewesen. So seltsam die Gewohnheiten der Briten aber auch sein mochten, die Lioten rechneten es sich zur Ehre an, daß sie da waren, riefen jedesmal, wenn sie den Offizieren begegneten: „Lang lebe England!", und drückten ihnen Obst und Gemüse in die Hand.

Die Briten beschlossen, Männer von beiden Partisanenorganisationen anzufordern, um sie persönlich für zukünftige Einsätze zu schulen. Während die ELAS sich weigerte, erklärten die EDES-Truppen in Keramitsa sich bereit, ihnen fünfzehn Andartes zu überlassen.

Eine donnernde Explosion, die alle Fensterscheiben zum Klirren brachte, bewirkte, daß Eleni den Teller Bohnen fallen ließ, den sie gerade in der Hand hielt. Ihr erster Gedanke galt Nikola, der draußen spielte. Sie fand ihn im nahen Hof von Foto Bollis, zusammen mit Fotos kleinem Sohn Sotiris. Foto kam aus dem Haus und lächelte über Elenis angstvolles Gesicht, als sie ihren vierjährigen Sohn auf den Arm nahm. „Das sind nur die Briten", sagte Foto, der ein überzeugter Kommunist war. „Die bringen ein paar EDES-Partisanen bei, wie man Löcher in die Berghänge sprengt. Die glauben, sie könnten aus diesen faschistischen Stiefelleckern Kommandosoldaten machen."

„Bei uns im Dorf sind EDES-Andartes?" rief Eleni erstaunt. „Was sagt denn Spiro Skevis dazu?"

Foto zuckte die Achseln. „Hast du denn noch nicht gehört? ELAS und EDES sind jetzt gute Freunde."

Eleni fragte Angeliki Botsaris, was da eigentlich vorgehe. Das junge Mädchen seufzte. „Wenn du mich fragst", antwortete sie, „dann machen die Engländer einen Fehler, daß sie die EDES-Partisanen hierherbringen, aber sie sind fest entschlossen, eine Gruppe im Umgang mit Sprengstoff zu trainieren, und Spiro Skevis wollte ihnen keinen von seinen Männern geben. Ich habe Angst um die Engländer; sie wissen nicht, daß Spiro Unheil plant."

Angeliki sollte recht behalten. Am Abend des 12. Oktober hörten die britischen Offiziere Maschinengewehrfeuer und liefen erschrokken zur Tür hinaus: Ihr Dolmetscher und die Männer der EDES-Einheit wurden mit erhobenen Händen von ELAS-Andartes die Straße entlanggetrieben. Lieutenant Anderson holte den Dolmetscher zurück und erhob mit dessen Hilfe lautstarken Protest: Skevis habe sich doch einverstanden erklärt, die EDES-Einheit in Ruhe zu lassen!

Skevis behauptete kühl, die Männer seien seine Gefangenen, den Dolmetscher werde er freilassen. „Ich führe lediglich die Befehle meiner Vorgesetzten aus", erklärte er gelassen. „Sämtliche EDES-Männer sind zu verhaften." ELAS und EDES hatten, ungeachtet des Waffenstillstands, den sie auf Drängen der Briten unterzeichnet hatten, das Land in einen totalen Bürgerkrieg gestürzt. Und was die britischen Offiziere betraf – deren Autorität erkannte die ELAS nicht mehr an.

Die rechten EDES-Streitkräfte rückten von Keramitsa aus in die Murganaberge vor, die ELAS-Andartes zogen ab, die Dorfbewohner verbarrikadierten sich in ihren Häusern. Major Sarantis, der Kommandeur der EDES, schlug sein Hauptquartier in der Schule von Lia auf, und als die Lioten entdeckten, daß die EDES-Partisanen, entgegen den Voraussagen der Skevisbrüder, nicht brandschatzten, plünderten und vergewaltigten, kamen sie wieder aus ihren Häusern hervor.

Am 14. November um Mitternacht wurde Major Sarantis im Schulhaus von Lia von einem Boten geweckt, der ihn warnte, die ELAS werde angreifen. Sarantis verschwand mit seinen Männern in Richtung Keramitsa.

Am nächsten Morgen entdeckten die Einwohner von Lia, daß die linke ELAS ihr Dorf zurückerobert hatte und die Skevistruppe um mehrere hundert Partisanen verstärkt worden war, die sie noch nie gesehen hatten. Es gab einen Freudenausbruch, weil die einheimischen Partisanen wieder da waren, der jedoch sehr schnell in Angst umschlug, als sich herumsprach, die Partisanen trieben alle Personen zusammen, die sie verdächtigten, mit der EDES zu sympathisieren.

Der erste, der verhaftet wurde, war der achtzehnjährige Vasili Stratis, jüngerer Bruder des Lehrers Minas. Kitso Haidis wollte gerade zu seiner Mühle, als er zwei fremde ELAS-Andartes vor seiner Tür entdeckte, die ihn sogleich ergriffen und wegführten. Elenis Vater, Vasili Stratis, der Böttcher Vasili Nikou und Iorgos Boukouvalas, ein alter Mann, der an zwei Stöcken ging, weil er mit verwachsenen Füßen geboren war, wurden allesamt beschuldigt, Royalisten zu sein, ins Schulhaus gebracht und dort inhaftiert, zusammen mit Dutzenden von Männern aus den Nachbardörfern.

Am nächsten Morgen versammelte sich eine Schar von Dorfbewohnern vor dem Schulhaus. Um die Mittagszeit hatte sich fast ganz Lia eingefunden. Dörfler und Partisanen starrten einander schweigend an, als plötzlich ein grauenhafter Schmerzenschor im westlichen Klassenzimmer der Schule ertönte: Dort stampften die ELAS-Führer durch die enggedrängte Menge der Gefangenen und bearbeiteten sie brutal mit Knüppeln.

Dann wurde die Tür geöffnet, und die Wachtposten traten beiseite. Die vier Gefangenen aus Lia standen in der Öffnung und blinzelten ins Licht. Ein Stöhnen durchlief die Reihen, als die Lioten sahen, was man ihnen an Grausamkeiten zugefügt hatte.

Von den gefolterten Gefangenen wurden nur die vier Lioten freigelassen. Weitere einundzwanzig Männer aus mehreren Nachbardörfern wurden noch eine Woche länger im Schulhaus festgehalten und dann in einem Achttagemarsch in eine Stadt im westlichen Makedonien gebracht, wo sie in ein Gefangenenlager kamen. Zwei von ihnen, ein griechischer Armeeoffizier, der in der EDES gekämpft hatte, und ein Lehrer aus Ieromeri, wurden außerhalb von Lia erschossen.

Der Traum von Revolution und Freiheit, wie er von den Skevisbrüdern geschildert worden war, hatte sich in einen Alptraum verwandelt. Angst legte sich über das Dorf. Die Briten spürten sie ebenso wie die Griechen.

Am 26. Februar 1944, einem kalten, nebligen Morgen, verließen die Briten endgültig das Dorf, und die Einwohner waren mehr als enttäuscht. Denn kaum waren die Soldaten außer Sicht, wurde in Lia gemunkelt, die Briten hätten sie ihrem Schicksal überlassen, weil die Deutschen im Anmarsch seien.

Der Ostersonntag dämmerte strahlend und frisch herauf. Eleni kochte einen großen Topf heißer, nach Dill duftender Zitronensuppe mit den Innereien eines Osterzickleins. Die lange Fastenzeit vor Ostern war beendet. Fotini und Glykeria waren schon seit Donnerstag damit beschäftigt, rotgefärbte Eier mit Olivenöl zu polieren.

Am nächsten Morgen, als der Suppentopf auf dem Herd noch warm war, kam ein ELAS-Andarte auf den Dorfplatz gelaufen, und bald darauf kündigten die Glocken die Nachricht an, vor der alle sich seit langem fürchteten: Ein Bataillon deutscher Soldaten war auf dem Marsch zum Murganagebirge. Überall blieben die Reste des Ostermahls auf dem Tisch zurück, während die Lioten ihre Maultiere mit Decken, Töpfen, Lebensmitteln und Wiegen beluden und sich auf den Weg in die Berge machten.

Vor der drohenden Invasion der Italiener drei Jahre zuvor hatten die Dörfler sich nur bis in die Höhlen zurückgezogen; die Angst vor den Deutschen war aber um so vieles größer, daß sie jetzt über die Berge

Deutsche Soldaten und griechische Partisanen

hinweg bis auf die letzte Lichtung vor der albanischen Grenze flohen.

In der Nacht fiel ein feiner Regen sowohl auf die Flüchtlinge als auch auf die Deutschen herab, die ihr Lager zwischen Babouri und Lia aufgeschlagen hatten, doch am Morgen schien die Sonne. Der deutsche Kommandeur befahl einen zeitigen Aufbruch. Aufgrund seiner Geheimberichte wußte er, daß vor ihnen die Heimat der Skevisbrüder lag, ein Dorf, das so konsequent auf der Seite der ELAS war, daß es „Klein Moskau" genannt wurde.

Im Licht der ersten Sonnenstrahlen sah das Bataillon die grauen Schieferdächer des Dorfes vor sich liegen. Es marschierte ins Dorf und befand sich gerade vor dem Doppelhaus der Familie Haidis, als die Morgenstille vom Stakkato einer Maschinengewehrsalve zerrissen wurde, viel zu weit entfernt, um Schaden anrichten zu können.

Der deutsche Kommandeur brüllte mit aufgeregter Stimme Befehle. Vielleicht wollten die Partisanen sie in die Schluchten und Felswände der Berge hineinlocken, wo sie ihnen überlegen waren; aber sie würden schon sehen, welchen Preis sie für ihre Überheblichkeit bezahlen mußten! Innerhalb von Minuten hatten die Deutschen ein halbes Dutzend Maschinengewehre und die gleiche Anzahl von Mörsern aufgebaut. Die Deutschen nahmen die ganze Bergflanke unterhalb der Kapelle unter Beschuß.

Schließlich befahl der Kommandeur, das Feuer einzustellen. Alle Andartes, die sich noch dort oben befanden, mußten entweder getroffen oder geflohen sein. „Brennt das Dorf nieder!" befahl er.

Flammen verschlangen die Häuser, und Rauch stieg über den Zypressen empor. Dann gab er den Befehl zum Sammeln. Das Bataillon marschierte durchs Dorf und verschwand in Richtung Südosten, an der Stelle vorbei, wo sich Eleni mit ihrer Familie versteckt hatte.

Die Familie wagte sich kaum zu rühren und wartete. Nach wenigen Minuten stieß Elenis Schwester Nitsa einen leisen Schrei aus, und alle blickten zum Himmel auf, wo ein dünner Rauchfinger in die Höhe zeigte. „Sie brennen das Dorf nieder!" stöhnte Megali.

„Ich muß nachsehen, was da passiert", erklärte Kitso Haidis.

„Ich komme mit, Vater", sagte Eleni schnell. Nachdem sie Megali, Nitsa und Olga eingeschärft hatten, bei den Kindern zu bleiben und dafür zu sorgen, daß die Tiere sich ruhig verhielten, kletterten Kitso, Eleni und ihr Schwager Andreas Kyrkas aus dem sandigen Bachbett, wo sie sich versteckt hatten, den Hang empor.

Voller Entsetzen blieben sie stehen. Die ganze untere Hälfte des Dorfes war unter dichtem Rauch verborgen, und die Marienkirche stand in Flammen.

Kitso Haidis bemühte sich, Einzelheiten zu erkennen; da entdeckte er das klaffende Loch, das einstmals sein Haus gewesen war, und brach mit einem Schrei in die Knie. Ein tiefes, qualvolles Schluchzen entrang sich seiner Brust.

Am nächsten Morgen hatte Kitso Haidis nur einen Gedanken: zurück nach Lia. Als er mit Eleni, ihrer Tochter Kanta und ihrem Schwager Andreas, die am besten zu Fuß waren, den Ortsrand von Lia erreichte, war es Nachmittag. Die vier gehörten zu den ersten, die in das abgebrannte Dorf zurückkehrten. Vom Haus der Haidis stand nur noch eine Wand. Als Eleni die ausgebrannte Ruine sah, brach sie in Tränen aus. Ihr Vater, beschämt über seine zuvor gezeigte Schwäche, ließ keine Regung erkennen.

An dem Tag des Jahres 1895, als das Haus fertiggestellt worden war, zählte Kitso Haidis fünfzehn Jahre. Im Schatten der weinumrankten Veranda hatte er fast jeden Sonnenuntergang seines Lebens beobachtet. Auf sein Elternhaus war Kitso stolzer als auf jede Mühle, die er gebaut hatte; nun war es zerstört.

Während Kitso stumm in die Asche starrte, nahm er sich vor, ein neues Haus zu bauen; aber auf keinen Fall würde er mehr sein Herz daran hängen.

Eleni wischte sich mit der Schürze die Augen trocken und befahl Kanta, sich etwas abseits zu setzen, während die anderen die Trümmer durchsuchten.

In der Abenddämmerung traf der Rest der Familie mitsamt den Tieren ein. Megali fiel fast in Ohnmacht, als sie sah, was von ihrem Haus übriggeblieben war. Sie mußten sie den Berg hinauf zu Elenis Haus tragen.

Es war beinahe unfaßbar zu sehen, daß ihr eigenes Haus nach allem, was sich ereignet hatte, völlig unbeschädigt war! Eleni eilte sofort zu der hohlen Eiche im Garten und fand auch ihre Schätze unversehrt. Die Ziegen meckerten vor Freude, als sie ihren vertrauten Stall wiedersahen. Megali wurde behutsam neben das Feuer gebettet und schlief nach einiger Zeit ein, doch Kitso weigerte sich, in Elenis Haus zu kommen. Niemand wußte, wo er die Nacht verbrachte.

Trotz aller tragischen Ereignisse hatte ihre Familie überlebt. Den Nachrichten aus der Außenwelt zufolge würden die Deutschen schon bald aus Griechenland abziehen.

Eleni wünschte, der Krieg möge bald enden, damit sie beginnen konnte, ihr Leben neu aufzubauen. Die Andartes redeten ebenfalls von einem neuen Beginn. Aber wie sie von einer „zweiten Runde" tuschelten, ließ befürchten, daß sie sich nicht auf den Frieden vorbereiteten, sondern auf einen neuen Krieg.

4

ANFANG 1945 schien die aufgehende Sonne der ELAS endlich jenen neuen Morgen zu bescheinen, den Prokopi Skevis so oft verheißen hatte. Das Abkommen von Varkiza jedoch, mit dem sich die besiegte Kommunistische Partei verpflichtete, die ELAS zu entwaffnen, um dafür eine rechtmäßige politische Organisation in Griechenland bleiben zu dürfen, ließ diese Sonne platzen wie einen Heliumballon, und die ELAS-Partisanen mußten geschlagen und ihrer Waffen beraubt – die sie hatten abliefern müssen – in ihre Heimatdörfer zurückhumpeln.

Während das Abkommen von Varkiza für die ELAS-Kämpfer Niederlage und Verrat bedeutete, markierte es für Dorfbewohner wie Eleni Gatzoyiannis und ihre Familie das Ende des Krieges und den

Beginn einer Phase der Hoffnung. Zum erstenmal nach vier Jahren waren sie in der Lage, die Trümmer ihres Lebens wieder zusammenzufügen und ihre Felder zu bestellen.

Nachdem Athen nun nicht mehr vom Bürgerkrieg erschüttert wurde, erwartete Eleni, daß die Post bald wieder funktionieren und Briefe aus Amerika bringen würde: Nachricht von Christos, Geld für das dringend benötigte Saatgut zur Frühjahrsaussaat und vielleicht bald schon die kostbaren Papiere, die ihnen die Auswanderung nach Amerika ermöglichen würden.

Olga war inzwischen siebzehn, und die Frauen des Dorfes hatten begonnen, Eleni Besuche abzustatten, um das junge Mädchen mit erfahrenen Blicken als potentielle Schwiegertochter zu taxieren. Sobald die Post wieder in Gang kam, würde es genug Geld geben, um Olga eine Aussteuer zu kaufen. Tagtäglich fand Eleni einen Vorwand, um zur Alonia zu gehen und den Kaffeehausbesitzer zu fragen, ob der Postbote einen Brief aus Amerika für sie gebracht habe.

Der internationale Postverkehr war wiederaufgenommen worden, von Christos jedoch kam kein Wort. Die Angst, er könne während der vier Jahre, da sie ohne Nachricht voneinander gewesen waren, gestorben sein, nagte immer stärker an Eleni, und sie bemühte sich, die wenigen Lebensmittel, die sie noch hatten, möglichst zu strecken.

Das Land war durch die Jahre der Besatzung und die Monate des Bürgerkriegs verheert worden; über hunderttausend Häuser waren zerstört, fünfhunderttausend Griechen ermordet worden oder verhungert, und die Staatskasse war leer. Der erste Beistand kam von einer Hilfsorganisation der UNO, der „United Nations Relief and Rehabilitation Administration" (UNRRA), die Schiffsladungen von Lebensmitteln und Kleidung schickte.

Zur Verteilung dieser Hilfsgüter bediente sich die UNRRA regionaler Regierungsbeamter, die wiederum Dorfkomitees aus bekannten Antikommunisten einsetzten. In Lia gab es nur wenige Rechtsgerichtete zur Auswahl, fünf jedoch wurden trotzdem gefunden, darunter drei, die von der ELAS im Schulhaus gefangengehalten worden waren: der Böttcher Vasili Nikou, der Krüppel Boukouvalas und Elenis Vater, Kitso Haidis.

Jeden Monat wurde in Igumenitsa – einer Hafenstadt an der Westküste – eine Schiffsladung Hilfsgüter ausgeladen und nach Filiates transportiert. Dorthin begaben sich die Komiteemitglieder von Lia, um den Anteil für ihr Dorf auszusortieren und ihn anhand ihrer Liste an die Familien zu verteilen.

Zunächst erschien es den fünf Männern als eine Ehre, zu Mitgliedern des UNRRA-Komitees ernannt worden zu sein, doch innerhalb weniger Wochen wurden die Mitglieder dieses Komitees die meistgehaßten Menschen im Dorf. Wer immer die Ration seiner Familie abholen kam, beschuldigte das Komitee, andere Dorfbewohner zu bevorzugen.

Kitso erwiderte jedesmal vollkommen wahrheitsgemäß: „Jeder bekommt dieselbe Menge!“ Doch niemand glaubte ihm, und je mehr der Haß wuchs, desto fester wurde die Überzeugung im Dorf, Kitsos Keller müsse eine Schatzkammer voll gestohlener UNRRA-Waren sein. Dieser Verdacht rankte sich um die Familien aller fünf Komiteemitglieder und sollte zuletzt tödliche Folgen haben.

Im Mai 1945, zum Zeitpunkt der ersten UNRRA-Verteilung, ermahnte Kitso Eleni, auf gar keinen Fall mit ihm zusammen nach Filiates zu gehen, denn dann würde man ihm vorwerfen, er bevorzuge seine Familie. So beschloß sie, den achtstündigen Marsch mit ihrer Schwägerin Alexo, Foto Gatzoyiannis' Frau, anzutreten. Elenis Tochter Kanta drängte und bettelte, bis sie schließlich mitkommen durfte.

Alexo, die sechs Kinder zu Hause hatte und deren Mann Foto ein äußerst unzuverlässiger Ernährer war, brauchte die UNRRA-Lebensmittel noch dringender als Eleni. Mit ihrer nie versiegenden guten Laune war Alexo Eleni schon lieb und wert geworden, lange bevor sie ihr bei Nikolas Geburt geholfen hatte. Als sie sahen, daß es ein Junge war, hatten sie einander lachend und weinend in den Armen gelegen, und Alexo war für Eleni inzwischen eher wie eine Schwester als wie eine Schwägerin.

Die beiden Frauen und das Mädchen gingen in südwestlicher Richtung durch die Schluchten und kamen bald in die Vorberge, über denen schwerer Frühlingsduft lag. Die dreizehnjährige Kanta pflückte die Federkronen des Löwenzahns und blies sie in alle Winde. Am frühen Nachmittag trafen sie in Filiates ein und fragten sich zur Verteilungsstelle durch.

Den ganzen Vormittag und bis weit in den Nachmittag hinein blieben die Türen des Ausgabebüros geschlossen, und die Schlange der Wartenden rückte nicht weiter. Eleni, Alexo und Kanta saßen in der heißen Sonne, Eleni an die Schulter der Schwägerin gelehnt, als sie einen Mann ihren Namen rufen hörte.

Als sie den Kopf hob, sah sie ihren Vetter Costa Haidis. Costas mageres Gesicht war vor Aufregung gerötet. Atemlos blieb er vor ihr stehen.

„Hallo, Costa! Ich dachte, du hättest dich mit den Skevisleuten oben in den Bergen versteckt“, sagte Eleni. Costa Haidis war eine Zeitlang ein einflußreicher kommunistischer Funktionär in Lia gewesen.

„Uns ist nicht erlaubt, uns zu verstecken!“ empörte er sich. „Die Parteipolitik lautet, sich der Polizei zu stellen und ihren Terror durch Konfrontation zu brechen. Genau das habe ich getan. Sie können uns nicht alle einsperren.“

„Und sie haben dich laufenlassen?“

„Diese Schweine haben mich verprügelt und mir viele Fragen gestellt, aber schließlich haben sie mich entlassen. Hier kann die Polizei machen, was sie will, in Athen aber muß sie vorsichtig sein, weil sie vom Ausland beobachtet wird. Deswegen gehe ich jetzt dorthin. Übrigens habe ich gute Nachrichten für dich!“

Er zeigte ihr einen Packen Briefe und Postkarten, bedeckt mit der sauberen, altmodischen Schrift, die Eleni so vertraut war. Sie flüsterte: „Ja, aber wieso hast *du* meine Post?“

Er grinste. „Als ich hierherkam, habe ich dem Genossen bei der Post gesagt, er soll alle Briefe für dich zurückhalten, damit ich sie dir persönlich bringen und deine Freude miterleben kann. Eben jedoch habe ich erfahren, daß du hierhergekommen bist.“

Heißer Zorn flammte in ihr auf, sie sprang hoch und riß ihm das Päckchen aus der Hand. „Du wolltest nur eine Belohnung kassieren!“ schrie sie ihn an. „Weißt du, wie viele Jahre meines Lebens du mich gekostet hast?“ Dann brach sie zusammen, und Costa machte sich verlegen davon.

Fünfzehn Briefe enthielt das Päckchen, jeder mit derselben unbekannten Absenderadresse.

Christos schrieb:

> Meine geliebte Eleni,
> ich sende Dir Grüße und bete zu Gott, daß Du und meine lieben Kinder alle gesund seid und nicht von den furchtbaren Dingen betroffen, die wir hier lesen – Hungersnot und Tod. Mein Bruder Foto ist Dir sicher eine Hilfe, genauso, wie ich ihm immer geholfen habe.

Christos lebte inzwischen im New Yorker Stadtteil Staten Island und war Koch in einem kleinen Restaurant, das dem Schwiegersohn eines griechischen Priesters aus Epirus gehörte.

> Es sind nette Menschen hier. Ich verdiene neunzig Dollar pro Woche und wohne in einem Zimmer in der Nähe des Restaurants. Ich lege ein Kuvert mit meiner Adresse bei. Sobald ich von Dir höre, werde ich Dir

über die Bank von Ioannina Geld schicken. Wie geht es unserem Sohn? Fragt er nach seinem Daddy? Ich küsse Deine Augen und die meiner Engelskinder.

Als sie nacheinander seine Briefe öffnete, wurde Eleni so aufgeregt, daß sie die tanzenden Worte nicht mehr entziffern konnte und Kanta bitten mußte, ihr vorzulesen. Nachdem sie jede Zeile gehört hatte, ging sie zu einem nahen Kiosk, um sich ein Blatt Briefpapier und einen Bleistift zu kaufen. „Mein lieber Mann", begann sie, auf dem Pflaster sitzend, und krauste vor angestrengtem Nachdenken die Stirn.

Ich danke Gott, daß es Dir gutgeht! Mein Herz zerbrach fast, weil ich dachte, Du bist tot. Wenn ich Dir nur von Angesicht zu Angesicht berichten könnte, welch ein Elend wir in den letzten fünf Jahren gelitten haben! Foto hat uns überhaupt nicht geholfen, aber mein Vater hat uns genug Maismehl verschafft, daß wir nicht verhungern mußten. Die Deutschen haben die untere Hälfte des Dorfes niedergebrannt, auch das Haus meiner Eltern. Unsere Kinder sind so zerlumpt wie die der Ärmsten im Dorf, aber mit Gottes Hilfe haben wir alle überlebt.

Sie erklärte ihm, daß sie dringend Geld brauchten und soviel Kleidung, wie er nur schicken könne; und dann setzte sie mit festerer Hand darunter, er möge sofort beginnen, die Papiere für ihre Auswanderung zu besorgen.

Auf den Brief Elenis an Christos folgte postwendend eine Antwort, überquellend vor Erleichterung über die Nachricht, daß sie noch lebten. Vier große Schrankkoffer mit Kleidung und Geschenken seien bereits an sie unterwegs, schrieb er. Leider hätten eine plötzliche Blinddarmoperation sowie die Kosten für die vielen Sachen, die er ihnen schicke, sein Bankkonto total erschöpft, doch sobald er wieder genug gespart habe, um den gesetzlichen Vorschriften für das Nachholen der Familie zu entsprechen, werde er Eleni die Einwanderungspapiere schicken.

Die Hauptsorge ihres Mannes galt der Tugend seiner Töchter. „Du hast keine Ahnung, wie frei die Mädchen sich hier benehmen, sie laufen schon sehr frühzeitig mit fremden Jungen herum, ohne einen Bruder, der sie beschützt!" schrieb er. „Am besten wäre es, wenn Du für Olga eine Verbindung mit einem Mann guten Namens im Dorf herstellst und sie verheiratest. Dann ist sie in Sicherheit, und sobald Ihr anderen bei mir in den Staaten seid, kann sie mit ihrem Ehemann nachkommen."

Noch eine Verantwortung mehr, dachte Eleni.

Während sie den Sommerweizen droschen, die Kartoffeln ausbuddelten und das dreitägige Fest des Propheten Elias begingen, wartete die ganze Familie gespannt auf das Eintreffen der Kisten. Endlich kam Nachricht aus Ioannina, sie könnten abgeholt werden. Eleni machte sich mit Andreas und dem Maultier auf den Weg, und als sie bei der Heimkehr das Gatzoyiannishaus erreichten, wimmelte es davor von neugierigen Nachbarn. Staunend standen sie um die Kisten herum. Es gab Kleidung für jeden, nur die Familie von Foto Gatzoyiannis wurde nicht ganz so reichlich bedacht wie vor dem Krieg. Bunte Kleider und Stoffbahnen kamen zum Vorschein, extravagante Schuhe, Halstücher und Seidenstrümpfe. Der ganze Reichtum Amerikas entquoll diesen Kisten.

Für jeden Besucher fand Eleni ein Geschenk: ein Paar Strümpfe, ein Taschentuch, ein Stück Stoff oder einige von den kostbaren Aspirintabletten. Tagelang kamen die Leute, um alles zu bestaunen.

Einige Wochen später, an einem heißen Sommertag, setzte Eleni ihren Sohn Nikola auf das Muli und machte sich auf den Weg ins Dorf, um mit dem Geld, das Christos geschickt hatte, einige Vorräte zu kaufen. Als sie dort eintraf, wurde ihr vom Kaffeehausbesitzer zugerufen, der Postbote habe für sie einen Brief aus Amerika gebracht.

Als Eleni Christos' Brief las, ein Schreiben voll bitterer Vorwürfe und Zorn, war ihr Glücksgefühl plötzlich verschwunden. Kitso, ihr Vater, habe von ihrem Mann schriftlich fünfhundert englische Sovereigns als Bezahlung dafür verlangt, daß er die Familie während der Besatzungszeit ernährt habe. „Ich war bereit, Deine Eltern bis zu ihrem Tod zu versorgen", schrieb Christos. „Und das hattest Du, wie Du mir sagtest, mit Deinem Vater vereinbart. Voll Dankbarkeit habe ich ihnen all diese Geschenke und Kleider geschickt, und nun verlangt er ein Vermögen in Goldmünzen! Was für ein Trick ist das? Wenn ich ihn bezahle, bin ich pleite und kann's mir nicht leisten, Dich und die Kinder herzuholen!"

Elenis Gedanken wirbelten. Wie konnte ihr Vater einen solchen Brief schreiben, ohne ihr etwas davon zu sagen? Das Einkaufen war vergessen; statt dessen lenkte sie das Maultier mit Nikola zur Mühle ihres Vaters.

Kitso zeigte sich von ihrem Zorn unberührt. Jawohl, er habe den Brief geschrieben, antwortete er achselzuckend. Der Wiederaufbau des Hauses fresse alles auf, was er besitze. Er sei zu alt, um weiterhin in der Mühle zu arbeiten. Er wolle ein eigenes Geschäft gründen, und deswegen brauche er die Sovereigns. „Dein Mann schuldet mir etwas für das, was ich für dich getan habe", schloß er.

Tapfer schluckte Eleni ihre Tränen hinunter und warf ihrem Vater vor, ein geldgieriger, egoistischer alter Mann zu sein, der ausschließlich an sein eigenes Wohl denke.

Nikola sah seine Mutter mit einem harten, fremden Ausdruck auf dem Gesicht aus dem Haus des Großvaters herausstürmen und heftig mit der Gerte auf das Muli einschlagen. Das Maultier setzte sich schwerfällig in Trab. Auf dem Weg ins Dorf sprach Eleni kein Wort.

Im Juli wurde Eleni von einer erstaunlichen Nachricht aus ihrer von dem Streit mit ihrem Vater ausgelösten deprimierten Stimmung gerissen: Stavroula Yakou hatte sich verlobt.

Stavroula war das hübscheste Mädchen im Dorf, und doch glaubte niemand, daß sie je heiraten werde, denn ihre Familie „Kesselflicker" stand ganz am Fuß der gesellschaftlichen Leiter, und sie hatte keine anständige Aussteuer zu erwarten. Aber Stavroula war nicht nur schön, sondern auch energisch, und sie war entschlossen, einen Ausweg aus ihrem Dilemma zu finden.

Die Rettung erschien in Gestalt von Dimitri Dangas, der in einem Haus nur fünfhundert Meter von Stavroulas Elternhaus entfernt aufgewachsen war, jetzt aber in Chalkis, achtzig Kilometer nördlich von Athen, in einer Bäckerei arbeitete. Dimitri, hochgewachsen, höflich und gut aussehend, war jünger als Stavroula, hatte schwarzes, gelocktes Haar und hohe Wangenknochen. Bei einem Besuch in seinem Heimatdorf verliebte er sich unsterblich in die schöne Stavroula.

Da Stavroula wußte, daß Dimitris Eltern gegen ihre Verbindung sein würden, riet sie ihm, ihre Mutter persönlich um ihre Hand zu bitten, statt einen Heiratsvermittler einzuschalten. Er tat dies, und die arme Anastasia Yakou war trotz der außergewöhnlichen Tatsache, daß der Bräutigam für sich selber sprach, nur allzu froh, ihre zweiundzwanzigjährige Tochter diesem gutverdienenden Mann zu versprechen, der mit keinem Wort die Aussteuer erwähnte.

Vor die Tatsache der Verlobung gestellt, begann Alexandra Dangas, Dimitris Mutter, zu weinen und zu flehen. Doch Dimitri drohte, sein Mädchen zu nehmen und für immer fortzugehen, wenn seine Eltern der Heirat nicht zustimmten. Da zwang sich die Mutter, die positive Seite der Situation zu sehen: Stavroula war groß und kräftig. Sie würde prachtvolle Enkel gebären und sich im Haus nützlich machen. Es wurde Zeit, daß sie nach den vielen Jahrzehnten der Sklaverei den Lohn erntete, der einer Schwiegermutter zukam. Die Schwiegermutter war das Kreuz, das jede dörfliche Braut in Griechenland tragen mußte.

Eine griechische Hochzeit

Mit dem Kochen wurde schon eine Woche vor der Hochzeit begonnen. Der Hochzeitstag dämmerte klar und mild herauf, als die Familie und die Freundinnen der Braut Stavroula in das Brautkleid mit dem weiten Rock halfen. Alle staunten über Stavroulas Gelassenheit und stellten fest, sie sei die erste Braut, die an diesem wichtigsten Tag ihres Lebens nicht weinte. Stavroula erwartete den Bräutigam, strahlend wie eine Ikone. Selbst ihre zukünftige Schwiegermutter mußte zugeben, daß sie noch nie eine so schöne Braut gesehen hatte. Bei dem Fest, das im Haus der Eltern des Bräutigams stattfand, feierte das ganze Dorf ausgelassen nicht nur Stavroulas Hochzeit, sondern das Ende von Hunger, Not und Krieg.

5

DIE Wiederaufnahme des Bürgerkriegs begann damit, daß die Kommunistische Partei Griechenlands ihre Politik änderte. Obwohl die Partei legal war, konnte sie unter der rechten Regierung in Athen durch politische Aktionen keinen Einfluß nehmen. Am 21. Januar 1946 verurteilte Rußland im Sicherheitsrat der Vereinten Nationen die Verfolgung der Linken in Griechenland – 1219 von ihnen waren seit dem Varkiza-Abkommen getötet, 18 767 verhaftet worden –, und die griechischen Kommunisten nahmen dies als Beweis dafür, daß Rußland einen neuen bewaffneten Aufstand im Land unterstützen würde. Ein Boykott der ersten griechischen Nachkriegswahlen durch die Kommunisten und ein bewaffneter Überfall am Vorabend der Wahlen in der Stadt Litochoron waren der Funke, der die dritte und blutigste Runde des griechischen Bürgerkriegs auslöste. Als sich die Nachricht von diesem Überfall verbreitete, gruben die ELAS-Andartes in ganz Griechenland ihre Waffen aus.

In Lia wurden die Überfälle der wiederaufgestellten Armee der Andartes auf makedonische Dörfer diskutiert wie Siege der einheimischen Fußballmannschaft auf fremdem Boden. Obwohl die Dörfler für die Partisanen waren, lag Makedonien doch weit entfernt, und sie waren mehr als kriegsmüde.

Weitaus interessanter fanden die Lioten im Frühling 1946 die Auseinandersetzungen zwischen Stavroula Yakou und ihrer Schwiegermutter, die darin gipfelten, daß Stavroula nach Hause lief, um der Mutter ihr Herz auszuschütten, die sie jedoch umgehend zurückschickte.

Im September 1946 stimmten 68,7 Prozent der griechischen Wähler für König Georg. Die Rückkehr des Monarchen am 27. September ließ Zahl und Grausamkeit der Partisanenüberfälle auf makedonische Dörfer ansteigen. Örtliche Polizeiposten wurden überfallen, die Beamten umgebracht, der Kommandeur verstümmelt und Royalisten erschossen.

Im Herbst 1946 stieg die Zahl der unter General Markos Vafiadis kämpfenden Partisanen, zum Teil aufgrund von Zwangsrekrutierungen unter den Dorfbewohnern, auf 13 000 an, und im Dezember hatte der General seine Armee in regionale Kommandos eingeteilt, unter anderem eines für Epirus. Diese Partisanentruppen wurden umbenannt in „Demokratische Armee Griechenlands“.

Wie die Lioten erfuhren, gehörten auch Spiro Skevis und seine Anhänger zu diesen Kampftruppen, doch die anderen ehemaligen ELAS-Sympathisanten, die im Dorf geblieben waren, gingen völlig in ihrem Friedensleben auf und zeigten sich nicht bereit, wieder zu Spiro in die Berge zu gehen.

Im März 1947 verkündete Präsident Harry Truman, die Vereinigten Staaten wollten Griechenland mit dreihundert Millionen Dollar unter die Arme greifen bei der Bekämpfung der kommunistischen Aufständischen, die von den kommunistischen Nachbarländern aus unterstützt würden. Das weckte in Lia antiamerikanische Gefühle, die auch die „Amerikana“ in ihrer Mitte zu spüren bekommen sollte.

Diese Amerikafeindlichkeit verminderte jedoch keineswegs den Strom der Bewerber um Olgas Hand, und Olgas Weigerung, auch nur einen einzigen von ihnen in Betracht zu ziehen, trieb Eleni zur Raserei. Wenn sie nur ja sagen würde! Dann könnte man alles in Bewegung setzen: die Aussteuer kaufen, die Hochzeit organisieren und Olga bei einer Familie in Athen oder Lia gut untergebracht wissen. Dann könnte Eleni mit den anderen Kindern beruhigt auswandern. Aber Olga hatte beschlossen, sich als Ehemann auf keinen Fall etwas Geringeres zu suchen als einen Lehrer, einen Arzt oder einen Anwalt. Eleni machte sich Vorwürfe, weil sie es zuließ, daß Olga Einspruch gegen die Wahl eines Bräutigams erhob, aber sie hatte ein zu weiches Herz, um ihre Älteste zur Heirat mit einem Mann zu zwingen, den sie nicht wollte.

Eines Tages brachte der Postbote einen braunen Umschlag für Eleni, den er persönlich ablieferte. Sie mußte unterschreiben, bevor er ihn ihr aushändigte. Das Kuvert trug das Adlerwappen der Botschaft der Vereinigten Staaten in Athen. Eleni öffnete den dicken Umschlag und starrte wortlos auf die vielen bedruckten Seiten voll griechischer und ausländischer Buchstaben. Diese Dokumente besaßen die Macht, ihre Familie ins Gelobte Land zu bringen.

In dem beigefügten Brief wurde ihr mitgeteilt, für sie und ihre Kinder sei ein Einwanderungsantrag gestellt worden, und nun müsse sie diese Papiere ausfüllen, vom Notar beglaubigen lassen und der Botschaft zusammen mit Dokumenten vorlegen, die die Geburt und den Verwandtschaftsgrad jedes einzelnen Familienmitglieds mit dem amerikanischen Staatsbürger Christos Gatzoyiannis belegten. Bei dem Gedanken daran, daß sämtliche offiziellen Dokumente des Dorfes verbrannt waren, als die Deutschen das Schulhaus in Brand gesteckt hatten, begann Eleni heftig zu zittern. Doch als sie den Bürgermeister von Lia aufsuchte, versicherte er ihr, daß er Ersatzpapiere ausstellen könne. Als diese fertig waren, machte sie sich auf den weiten Weg nach Filiates, um sich alles vom dortigen Notar ausfüllen und beglaubigen zu lassen.

Er war ein Mann mittleren Alters, mit einem blankgewetzten Anzug, schütterem Haar, Goldrandbrille und einem kleinen, herabhängenden Schnauzbart. „Seit wann lebt Ihr Mann in Amerika?“ fragte der Notar.

„Zum erstenmal ist er 1910 hingegangen", antwortete Eleni unsicher.

„Aha", sagte er. Nach einer Pause verkündete er: „Das wird Sie zweitausendfünfhundert Drachmen kosten."

Eleni stieß einen erstaunten Ruf aus. Hastig begann sie zu rechnen. Um die wahnwitzige Inflation zu stoppen, war im Jahr zuvor neues Geld herausgegeben und der Wechselkurs willkürlich sehr niedrig auf zwölf Drachmen pro Dollar angesetzt worden. Das Honorar würde also über zweihundert Dollar ausmachen. Und sie hatte nur die dreihundert Dollar, die Christos für Olgas Aussteuer geschickt hatte.

„Soviel kann ich nicht bezahlen", stieß sie zitternd hervor.

„Das ist der Preis. Es liegt bei Ihnen. Wollen Sie nach Amerika oder nicht?"

Eleni preßte die Lippen zusammen und erwog die anderen Möglichkeiten. Das wichtigste war, Olga zu verheiraten. Das Geld für das Ausfüllen der Papiere konnte Christos ihr später schicken. Eleni erhob sich und nahm das kostbare Kuvert vom Schreibtisch. „Ich werde im Herbst wiederkommen, wenn ich genug Geld habe", erklärte sie.

Draußen, als Eleni wie blind durch die Kopfsteinpflasterstraßen auf den Marktplatz zustolperte, hörte sie plötzlich ihren Namen. Sie wandte sich um und entdeckte den Lehrer Minas Stratis, prächtig herausgeputzt mit einem nagelneuen Tweedanzug und der altvertrauten goldenen Uhrkette quer über dem Bauch.

Eleni war froh, nach der Enttäuschung im Büro des Notars ein freundliches Gesicht zu sehen. „Du siehst aus, als wärst du ins Parlament gewählt worden!"

„Nicht ganz", erwiderte er. „Neben meinem Beruf als Lehrer in Ioannina arbeite ich noch für den militärischen Geheimdienst, und ich bin mit einem Ermittlungsauftrag hier. Aber was führt *dich* hierher?"

Sie sprudelte heraus, was aus ihrem Traum von der Auswanderung nach Amerika geworden war, und Minas bestand darauf, sie zu einem Kaffee einzuladen. Als sie in einem Café saßen und Eleni sich ein wenig beruhigt hatte, beugte er sich vor und sagte leise: „Wenn du nicht auswanderst, Eleni, höre bitte auf meinen Rat und zieh mit deinen Kindern aus Lia fort! Die linken Partisanen rücken schon wieder gegen das Murganagebirge vor. Und falls du noch da bist, wenn sie kommen, wird es dir alles andere als gut ergehen. Alle nennen dich Amerikana, dein Vater ist Royalist. Überall in Nordgriechenland bringen sie Polizisten und Rechte um."

„Wir sind eine Familie von Frauen und Kindern", wandte sie ein. „Wir haben ihnen nichts getan!"

„Verkauf deinen Anteil an dem Geschäft in Ioannina, das Christos und meinem Vater gemeinsam gehört. Von dem Erlös solltest du mit deiner Familie nach Ioannina ziehen, bis die Papiere für Amerika fertig sind. Mein Vater hat ohnehin von Verkaufen gesprochen, daher weiß ich, daß er nichts dagegen haben wird."

Eleni schüttelte den Kopf. „Wenn ich, eine Frau mit vier unverheirateten Töchtern und ohne Ehemann, nach Ioannina ginge, würden uns alle als Huren bezeichnen! Wir werden unsere Papiere im Herbst ausfertigen lassen, und ich werde dafür sorgen, daß Olga bis dahin mit einem Jungen aus einer guten Liafamilie verlobt ist."

Doch Minas' Worte hatten sie beunruhigt; deswegen schrieb Eleni, sobald sie wieder zu Hause war, einen besorgten Brief an Christos, in dem sie ihn bat, so bald wie möglich das Geld für den Notar zu schicken. Sie berichtete auch von ihrem Zusammentreffen mit Minas Stratis, der sie vor den Kommunisten gewarnt und ihr geraten habe, mit den Kindern nach Ioannina zu gehen.

Einen Monat darauf, im Juni 1947, erhielt sie die Antwort ihres Mannes. Er verbot ihr, aus dem Dorf wegzuziehen. Diese Andartes seien schließlich Griechen, die für ihre Rechte kämpften. Er habe sein Lebtag für seinen Lebensunterhalt gearbeitet und nie jemandem etwas getan. Warum sollten sie seiner Familie etwas antun?

Im heißen Juli wuchs Elenis Unzufriedenheit im gleichen Maße wie der Mais auf den Feldern, und das Monatsende brachte einen neuen und noch schlimmeren Streit mit ihrem Vater.

Eines Tages kam eine Tochter von Foto Gatzoyiannis zu Eleni. Sie war mit Dimitri Stratis verheiratet, dem Besitzer des Kaffeehauses und Bruder von Minas Stratis. Sie berichtete Eleni, ihr Schwiegervater, dem mit Christos zusammen der Laden in Ioannina gehörte, habe seine Hälfte an den Mieter verkauft, der wegen der strengen Mietkontrollgesetze nur eine winzige Miete zahlte. Eleni war sich sofort darüber klar, daß Christos' Anteil an dem Geschäft durch diesen Verkauf praktisch wertlos wurde, weil man, da der Mieter auch Mitbesitzer war, keinerlei Aussicht hatte, die Miete zu erhöhen, und sich auch niemand finden würde, der sich dort einkaufen wollte.

Plötzlich fiel Eleni ein, daß Christos ihrem Vater Vollmacht gegeben hatte, seine Geschäftsinteressen zu vertreten. Sie eilte zum Haus ihres Vaters hinab, das auf dem Fundament des niedergebrannten errichtet worden war. Kitso war damit beschäftigt, Dachschindeln zurechtzuschlagen.

Aufgeregt sprudelte Eleni heraus, was sie soeben gehört hatte. Stur schwang Kitso den Hammer. „Und was soll ich dagegen tun?" fragte er. „Soll ich mein ganzes Leben damit verbringen, mich um eure Angelegenheiten zu kümmern?"

Christos habe ihm die Verantwortung übertragen, schrie Eleni. Er hätte ihre Interessen vertreten müssen. Nun aber sei der Anteil am Laden wertlos.

Kitso hielt inne, um sich den Schweiß abzuwischen. „Während des ganzen Krieges habe ich mich um seine Familie gekümmert, und was hab ich dafür gekriegt?" fragte er. „Gar nichts. Einen Dreck schulde ich ihm! Ich habe Stratis gesagt, von mir aus könne er tun, was er wolle."

„Ich bin nach meiner Heirat nur hiergeblieben, um mich um dich und Mutter zu kümmern! Ich habe meine Kinder hier großgezogen, damit ihr nicht allein bleiben mußtet. Jetzt aber gehe ich mit ihnen nach Amerika, weil sie dorthin gehören, zu ihrem Vater. Ich werde dafür sorgen, daß du jeden einzelnen Sovereign bekommst, den wir dir schulden, wie du behauptest. Aber sterben wirst du ganz allein – mit deinen Goldmünzen!"

Schweigend und mit grimmiger Verbissenheit hämmerte Kitso weiter und sah auch nicht auf, als sie sich umdrehte und davonlief.

Dieser letzte und schlimmste Streit mit ihrem Vater erschütterte Elenis inneres Gleichgewicht in seinen Grundfesten. Sie verbot ihren Kindern, den Großvater zu besuchen, obwohl die Großmutter Megali fast täglich zu ihnen kam. Oftmals überraschten Nikola und die Mädchen die Mutter dabei, wie sie weinte, wenn sie sich unbeobachtet fühlte.

Gegen Ende des Sommers war Olgas Truhe in der guten Stube bis zum Rand gefüllt mit Kleidern, bestickten Hemden und Strümpfen, alles mit Nähmaschine und flinken Nadeln von Olga und ihrer Mutter gefertigt. Als Anfang August endlich der Tag kam, an dem sie nach Ioannina, der Hauptstadt der Provinz Epirus, reisen wollten, um dort den Rest der Aussteuer zu kaufen, bat Eleni ihren Schwager Andreas, sie zu ihrem Schutz und aus Gründen des Anstands zu begleiten, weil sie mit ihrem Vater kein Wort mehr sprach. Olga, trunken vor Begeisterung, hatte noch nie eine Großstadt gesehen. Für dieses aufregende Ereignis wählte sie ein blaues Kleid mit den obligaten zwei schwarzen Streifen am unteren Saum und dazu die traditionelle lange, schwarze, ärmellose Tunika. Um den Kopf hatte sie sich ein schwarzes Tuch mit roten und rosa Blumen gebunden, die guten Schuhe trug sie in der Hand.

Wo die geteerte Straße begann, hielten sie einen Lastwagen an, der sie nach Ioannina mitnahm. Offenen Mundes bestaunte Olga die

Zigeuner mit ihren Tanzbären, die alten Frauen, die Lotterielose verkauften, und die kleinen Jungen, die Kaugummi feilboten.

Mit festem Griff packte Eleni Olgas Hand und führte sie durch das Gewimmel von Pferden, Maultieren, Lastwagen und Karren die Venizelosstraße hinauf zu einem Gasthaus, wo die Lioten bei ihren Ausflügen in die Großstadt gewöhnlich abstiegen. Während Andreas ihre Habseligkeiten in die Zimmer trug, warteten Eleni und Olga in einem Gartenlokal. Eleni wappnete sich in Gedanken für das bevorstehende Einkaufsabenteuer. Die dreihundert Dollar, fest in ihr Taschentuch geknotet, lasteten schwer auf ihrer Brust.

Sie waren nach Ioannina gekommen, um die „Außenaussteuer" zu kaufen: Schlafteppiche, Wolldecken, Kissen, Bettwäsche und eine Matratze. Die „Innenaussteuer" – ausreichend Kleidung für ein Jahr – war fertig.

In jedem Laden prüfte Eleni mit erfahrenem Griff die Qualität der Teppiche, strich über den Flor, untersuchte die Unterseite auf Fehler und stellte Fragen über die Farben.

Bevor sie einen Lastwagen mieteten, um ihre Schätze zurückzuschaffen, kehrten Eleni, Olga und Andreas auf eine letzte Mahlzeit ein. Als sie gerade mit einem Teller voll Krebsen beschäftigt waren, entstand draußen Unruhe. Von ihrem Tisch aus sahen sie eine dichtgedrängte Menge Dörfler in Bauerntracht, die voll Aufregung auf etwas warteten. Als dann zwei offene Militärlastwagen die Venizelosstraße entlanggerollt kamen und hielten, brachen die Zuschauer in Weinen und Klagen aus.

Die Lastwagen waren besetzt mit Mädchen in Olgas Alter, die ebenfalls weinten; ihre Gesichter waren zerkratzt, die Haare wirr und ungepflegt und nicht von Kopftüchern bedeckt. Eleni stand auf, um nachzusehen, was das bedeutete. Nach einer Weile kehrte sie mit sorgenvoller Miene zurück.

„Sie gehören zu einer Gruppe von Mädchen aus der Umgebung", berichtete sie. „Sie wurden vor zwei Monaten von den Partisanen geholt und gezwungen, die Uniform anzuziehen und zu kämpfen. Die da draußen sind einige von jenen, die es geschafft haben, zur Nationalarmee zu fliehen." Sie musterte Olga. Wie ihre Tochter waren auch die *Andartinas* noch die reinsten Kinder, hatten aber die Augen von alten Frauen. Eleni konnte die Gesichter der Mädchen nicht vergessen. Minas Stratis hatte mit seinen Voraussagen recht gehabt, doch sogar er hatte ihr nicht gesagt, daß die Andartes auch Mädchen zwangsrekrutierten. Wenn sie nun auch ihre eigenen Töchter zu holen versuchten? Aber Christos hatte ihr strengstens befohlen, das Haus nicht zu verlassen. Während der ganzen Rückfahrt dachte Eleni über diese neue Bedrohung nach.

Für Olga glichen die Auswirkungen der Reise nach Ioannina einer endlosen Namenstagsfeier. Jedes weibliche Wesen von Lia kam vorbei, um die neue, auf der Truhe aufgestapelte Aussteuer zu begutachten. Als Stavroula Yakou kam, kümmerten sich die Gatzoyiannismädchen besonders liebevoll um sie, denn ihr kleiner Sohn war einige Monate zuvor tot geboren worden. Stavroula bewegte sich längst nicht mehr mit ihrer früheren Grazie, und unter ihren Augen lagen dunkle Ringe.

Wenn Olga in späteren Jahren an ihre Aussteuer dachte, sagte sie seufzend: „Ich hatte nur drei Monate lang Zeit, mich daran zu freuen." Denn Ende November spülte die Flut des Bürgerkrieges die Partisanen nach Lia zurück, und mit dem Feiern der normalen Festtage war es endgültig vorbei.

Am 27. November 1947 wurden die sechs in Lia stationierten Polizisten von Filiates aus benachrichtigt, daß Partisanentruppen anrückten. Sie erhielten Befehl, sämtliche Waffen und wichtigen Dokumente mitzunehmen, die sie tragen konnten, den Rest zu verstecken und sich sofort nach Filiates zurückzuziehen.

Während zwei von ihnen in einer Ecke des Feldes hinter der Polizeistation im Schutz einer Hecke ein Loch für die Waffen schaufelten, blickte der eine plötzlich auf und sah das magere, sonnenverbrannte Gesicht des siebzehnjährigen Andreas Michopoulos, das über die Mauer zwischen der Polizeiwache und dem ehemaligen Quartier der Briten hinweg auf sie herabgrinste. Andreas Michopoulos war das schwarze Schaf unter den Jungen von Lia, derjenige, den man sofort verdächtigte, wenn irgendwo ein Aprikosenbaum geplündert oder mit einem wohlgezielten Steinwurf eine Herde in wilde Flucht gejagt worden war.

Die Männer waren alles andere als erfreut darüber, daß Andreas sie beobachtete. Bei diesem jungen Unruhestifter mußte man darauf gefaßt sein, daß er den Partisanen aus reinem Trotz das Waffenversteck verriet.

„Du solltest lieber mit uns nach Filiates kommen, Andreas!" rief der Wachtmeister. „Du hast gerade das richtige Alter, um von den Partisanen zwangsrekrutiert zu werden."

„Ich lass' es darauf ankommen", gab Andreas in überheblichem Ton zurück.

„Komm lieber mit", wiederholte der Wachtmeister eindringlich.

„Sonst müssen wir in Filiates melden, daß du darauf bestanden hast, hierzubleiben und den Partisanen zu helfen."

Ins Gefängnis gesteckt zu werden wollte Andreas nun doch nicht riskieren; also zuckte er die Achseln und machte sich mit deutlichem Widerwillen mit den Polizisten auf den Weg nach Westen.

Im Dorf herrschte allgemeine Aufregung, weil die Partisanen praktisch vor der Tür standen. Zusammen mit den Gegnern der Kommunisten flohen auch einige ehemalige ELAS-Sympathisanten, da sie nicht zwangsrekrutiert werden wollten.

Eleni überlegte hektisch, wie sie Olga, inzwischen neunzehn, und Kanta, fünfzehn, vor der Zwangsrekrutierung retten könnte. Sie war so sehr daran gewöhnt, in einer Krise den Rat eines Mannes einzuholen, daß sie in ihrer Angst die letzte bittere Auseinandersetzung mit ihrem Vater völlig vergaß. So lief sie zum Haidishaus hinunter.

Dort fand sie Megali ganz allein und verängstigt in einer Ecke kauernd. „Er ist fort, Eleni", wimmerte die Mutter. „Er ist mit deinem Schwager Foto und vielen anderen Männern nach Filiates gegangen. Mir hat er befohlen hierzubleiben. Die Andartes würden den Frauen nichts tun, hat er gesagt, aber ich hab so große Angst!"

Eleni konnte es kaum fassen, daß der Vater ohne ein Lebewohl einfach verschwunden war, obwohl Christos ihm die Verantwortung für die Sicherheit seiner Familie übertragen hatte.

Eilig machte Eleni sich auf den Weg zu ihrem Schwager Andreas und entdeckte ihn vor der Polizeiwache, wo er ein Maultier mit Aktenkisten belud. „Nimm Olga und Kanta mit, wenn du fortgehst", bat sie ihn. „Ich habe Angst vor dem, was die Andartes mit ihnen machen werden! Und Nikola möchte ich dir auch mitgeben. Glykeria und Fotini werde ich bei mir behalten, damit sie nicht denken, ich hätte all meine Kinder fortgeschickt."

„Ich nehme euch alle mit oder gar keinen!" sagte Andreas. „Es ist doch sinnlos, wenn die halbe Familie unten in Filiates sitzt und sich um dich und die anderen hier oben Sorgen macht."

„Aber Christos hat mir befohlen, das Haus nicht zu verlassen!" rief Eleni. „Wenn wir alle fliehen, werden sie es in Brand stecken. Doch einer Frau mit zwei kleinen Töchtern werden sie nichts tun."

Andreas nickte. „Du hast recht. Aber behalt alle Kinder bei dir im Haus. Dann werden sie dich nicht belästigen. Und wenn ich jetzt nicht sofort aufbreche, bin ich ein toter Mann." Er versetzte dem Maultier einen Schlag auf die Flanke.

Eleni nahm eine Abkürzung den Berg hinauf. Unterwegs holte sie

Tassos Bartzokis ein, der gerade aus Ioannina zurückkehrte. Er hastete nach Hause, um ein paar Kleider zu holen und sich dem Exodus der Männer nach Filiates anzuschließen. Er fürchtete, daß seine Schwägerin Rano sowie ihre Freundinnen, Elenis beide ältere Töchter, auch zwangsrekrutiert werden könnten. „Mach Olga und Kanta reisefertig", riet ihr Tassos. „Ich verlasse das Dorf sofort und werde Rano und deine Töchter mitnehmen."

Eleni lief los, aber je näher sie ihrem Haus kam, desto eindringlicher erinnerte sie sich an das, was Christos ihr geschrieben hatte: „Du hast kein Recht, aus dem Dorf wegzuziehen ... Bleib mit den Kindern in Deinem Haus ..."

Sie verlangsamte ihre Schritte. Was würde Christos sagen, wenn er erfuhr, daß sie die ältesten Mädchen mit einem Mann fortgeschickt hatte, der nicht mit ihnen verwandt war? Olga und Kanta durften ja nicht einmal mit Tassos reden, geschweige denn die ganze Nacht hindurch allein mit ihm reisen! Als sie schließlich das Haus erreichte, wußte Eleni mit Sicherheit, daß sie sie nicht fortschicken konnte. Also bog sie zum Bartzokishaus ab, wo sie Tassos anrief, der gerade einen Sack mit seinen Sachen packte.

„Für dein Angebot, die Mädchen mitzunehmen, werde ich dir ewig dankbar sein, Tassos", erklärte sie, „aber ich habe beschlossen, sie doch lieber nicht fortzuschicken. Ich werde sie hier irgendwo versteckt halten, bis die Partisanen wieder abmarschiert sind."

Als Rano dies hörte, entschied sie sich ebenfalls zum Bleiben. Olga Gatzoyiannis sei ihre beste Freundin, sie könnten sich zusammen verstecken, meinte sie. Außerdem wolle sie ihre Schwester nicht allein lassen, weil die wieder schwanger sei. Tassos verschwendete keine Zeit mit Diskussionen. Er brach auf, um die Männer des Dorfes, die schon vorausgegangen waren, möglichst schnell einzuholen.

Knapp zwei Stunden waren seit der ersten Nachricht vom Anrücken der Partisanen vergangen, und innerhalb dieses Zeitraums hatten alle Männer – bis auf ein paar, die zumeist zu alt waren, um rekrutiert zu werden – das Dorf verlassen.

Eleni kehrte nach Hause zurück. Als sie dasaß, die Wange auf den Kopf ihres Sohnes gelegt, und zusah, wie das Feuer niederbrannte, wurde sie ganz krank vor Zorn. Ihr Vater hatte sie ohne ein Wort verlassen, um sich in Sicherheit zu bringen, während seine Frau, seine Tochter und seine Enkel ohne Schutz zurückblieben. Ihr Schwager Andreas hatte die Verantwortung für ihre Kinder nicht übernehmen wollen. Sie selbst hatte, nur weil sie automatisch auf Anstand bedacht war, Tassos Bartzokis' Hilfsangebot ausgeschlagen. Wenn ihre

Töchter mit Tassos zusammen das Dorf verlassen hätten, wären sie kompromittiert gewesen, doch hier bei ihr konnten ihnen weit schlimmere Dinge zustoßen. Und für sich hatte sie automatisch jeden Gedanken an eine Flucht der gesamten Familie zurückgewiesen, weil Christos ihr befohlen hatte, zu bleiben und das Haus zu hüten. Er war seit zehn Jahren fort und lebte siebentausend Kilometer weit entfernt. Sie hatte ihm gegenüber stets den Gehorsam bewiesen, den sie ihm als Ehefrau schuldete, und dennoch fragte sie sich jetzt, ob sie, da es um die Sicherheit der Kinder ging, nicht endlich einmal gegen ihn und die traditionellen Anstandsregeln des Dorfes, nach denen sie sich immer gerichtet hatte, hätte rebellieren sollen.

Als es stockdunkel war, kamen Rano und ihre Schwester Tassina zu Eleni. Gleich darauf klopfte es noch einmal, sehr leise. Diesmal war es Grigori Tsavos, der fünfundsechzigjährige Feldhüter aus dem Haus oberhalb von Elenis.

„Ich komme gerade von der Alonia", erklärte Tsavos den Frauen. „Als die Andartes aus den Bergen kamen, tauchte plötzlich Andreas Michopoulos auf und sagte, er sei den Polizisten unterwegs entwischt. ‚Gebt mir eine Uniform und ein Gewehr, und ich zeige euch, wo alles versteckt ist!' rief er den Partisanen zu. Und er werde ihnen alle Stellen zeigen, wo sie Posten aufstellen müßten, damit sich niemand heimlich ins Dorf hinein- oder hinausschleichen könne."

„Wir sollten jetzt gleich fortgehen, bevor diese Posten aufgestellt werden!" rief Tassina angstvoll aus.

„Wie willst du bei Nacht und in deinem Zustand einen Siebenstundenmarsch bis nach Filiates durchhalten?" gab Rano zurück.

Eleni starrte in die erkaltende Glut des Feuers. „Es ist zu spät", sagte sie dumpf. „Spiro Skevis kennt dieses Dorf bis in den hintersten Winkel. Wir sind schon in den Krallen des Löwen."

6

NOCH in derselben Nacht, in der die Partisanen in Lia eintrafen, hämmerten sie an die Türen der Häuser und verlangten von den verschreckten Bewohnern Brennholz, Brot und Unterkunft. Wenige Tage später ließ Spiro Skevis durch die Glocken der Kirche eine Versammlung auf dem Dorfplatz ankündigen. Er faßte sich kurz. Die Demokratische Armee Griechenlands stehe mitten im Kampf für die Unabhängigkeit des Landes und die Rechte des Volkes. „Und ihr alle werdet die Ehre haben, an diesem großen Kampf teilzunehmen." Er musterte die ängstlichen Gesichter – fast ausschließlich Frauen und Kinder. „Unsere Freunde, die sich uns anschließen, haben nichts zu befürchten", fuhr er fort. „Doch unsere Feinde, die sich davongemacht haben, um mit den Nationalisten, Royalisten und Faschisten zusammenzuarbeiten, werden ihrer Strafe nicht entgehen."

Jeder Dorfbewohner bekam eine Aufgabe zugewiesen. Jedes Haus beherbergte Partisanen, jede Frau kochte für die Andartes, jedes Kind sammelte Brennholz für sie. Spiro belohnte die wenigen Männer, die im Dorf geblieben waren, indem er mehrere von ihnen in den Verwaltungsausschuß des Dorfes berief. Und zum Vorsitzenden dieses Komitees bestimmte er Spiro Michopoulos.

Michopoulos gehörte zu den wenigen Lioten, die sich die in den Gebirgsdörfern am meisten gefürchtete Krankheit zugezogen und sie überstanden hatten: die Tuberkulose. Während der Jahre, in denen er wegen seiner Krankheit wie ein Aussätziger behandelt worden war, hatte Spiro ein unterwürfiges Verhalten angenommen. Jetzt zum Dorfvorsteher ernannt zu werden war für ihn eine Ehre, von der er nicht einmal zu träumen gewagt hätte.

Das Haus von Elenis Freundin Olga Venetis wurde beschlagnahmt und zur Verpflegungsstelle bestimmt, während das Nachbarhaus als Schlachterei benutzt wurde; die Familien, denen die Häuser gehörten, wurden kurzerhand vor die Tür gesetzt.

Wie Eleni fand, konnte sie sich im Vergleich zu den meisten Nachbarn noch glücklich schätzen, weil ihr Elias Gagas, ein Lehrer aus einer benachbarten Stadt, mit seiner Familie zur Einquartierung zugeteilt wurde. Als Gagas in Begleitung seiner Frau, zweier halbwüchsiger Töchter und eines kleinen Sohnes erschien, packte Eleni alles, was ihrer Familie gehörte, in die Küche und den anschließenden Vorratsraum um. So hatten die Gäste die gute Stube sowie das Zimmer daneben zur Verfügung.

Elias Gagas faßte die Dorfkinder unter zehn Jahren in einer Klasse zusammen, die er in einem Haus am Dorfplatz unterrichtete, da das Schulhaus abgebrannt war. Es machte Nikola Spaß, die Lieder der Kommunisten zu lernen und Geschichten über die russischen Brüder zu hören.

Die Gerüchte über die UNRRA-Vorräte, die Kitso versteckt haben sollte, waren auch den Partisanenführern zu Ohren gekommen, und sie schickten zwei Mann, die sie beschlagnahmen sollten. Diese rissen sämtliche Lebensmittel aus der Speisekammer und trugen alles Eßbare hinaus. Dann stiegen die Männer in den Keller hinab und leerten die handgefertigten Fässer und Kisten von allem, was Kitso für den

Winter eingelagert hatte. Anschließend gruben sie sogar den Lehmboden des Kellers auf.

Die Andartes kehrten wieder nach oben zurück und machten sich daran, die Strohsäcke aufzuschneiden, das Futter aus den Kleidungsstücken zu reißen und sogar das Kerosin mitzunehmen, das zum Feuermachen gebraucht wurde. Megali hockte in einer Ecke, doch als einer der Männer ein halb vergessenes Stück Brot einsteckte, kreischte sie los: „Wollt ihr mir nicht mal eine Brotkruste lassen?" Der größere von beiden ohrfeigte sie mit solcher Wucht, daß sie mit dem Kopf hart gegen die Wand schlug.

Eleni sah das verschwollene Gesicht der Mutter und brach in Tränen aus. Sie beschloß, daß Megali zu ihr und den Kindern ziehen sollte. Kanta und Glykeria wurden hinuntergeschickt, die ungebackenen Brote zu holen.

Als die Mädchen wiederkamen, ging Eleni ihnen entgegen und sah entsetzt, daß aus einem Haus eine Rauchsäule aufstieg. Es gehörte dem Priester, der das Amt in Lia übernommen hatte, nachdem der alte Pope gestorben war. Der Priester war mit den anderen Männern aus Lia geflohen.

Spiro Skevis hielt also auch den zweiten Teil seines Versprechens: die Feinde der Demokratischen Armee zu bestrafen. In Dörfern wie Lia waren die einflußreichsten Einwohner immer der Priester, der Ortsvorsteher und der Lehrer.

Eleni erschauerte, als sie das Haus des Priesters brennen sah, und fragte sich, wen von den Dörflern die Rache der Partisanen als nächsten treffen werde. Es war das Haus des Lehrers Minas Stratis.

Spiro Skevis war persönlich anwesend. Minas hatte Frau und Kinder lange vor dem Anmarsch der Partisanen in Sicherheit gebracht, denn er wußte, daß Skevis alles tun würde, um ihn dafür zu strafen, daß er ihm letztesmal entkommen war.

Bevor sie im Stratishaus Feuer legten, ging Spiro Skevis durch alle Räume und betrachtete mit zufriedenem Lächeln den Besitz des Mannes, der immer schon sein Rivale gewesen war. Minas hatte die einzige Bibliothek zusammengetragen, die die Dörfler jemals gesehen hatten: eine ganze Bücherwand. Diese Bibliothek wollte Spiro in Flammen aufgehen sehen. „Brennt es nieder!" rief er den Partisanen zu, die mit Fackeln in der Hand auf seine Befehle warteten.

Nachdem sie die Häuser von vier Dorfbewohnern in Brand gesteckt hatten, begannen die Partisanen, die Mitglieder der zivilen Sicherheitstruppe herauszusuchen, zu der auch Nitsas Mann gehört hatte. Nitsa hatte ihre Sachen gepackt und bei ihrer Schwester Eleni Zuflucht gesucht. Jetzt waren sie ein Haushalt aus drei Frauen und fünf Kindern, in zwei Räumen zusammengepfercht.

Einige Tage später geriet das ganze Dorf in Aufregung, als ungefähr hundert weibliche Guerillas in einer langen Reihe vom Gipfel des Prophitis Elias herabgestiegen kamen und mit Andartes an der Spitze und zu beiden Seiten durch den Perivoli zogen. Die Andartinas marschierten, ihre Gewehre auf dem Rücken, unmittelbar am Haus der Gatzoyiannis vorbei, ohne das aufgeregte Stimmengewirr der Dorfbewohner zu beachten, die zusammenströmten, um sie zu bestaunen.

Andartinas unterwegs

Die Andartinas waren Dorfmädchen zwischen fünfzehn und zwanzig, mit dicken Zöpfen, die ihnen auf den Rücken hingen, doch angetan waren sie mit Khakiuniformen, zu denen – die Dorfbewohner konnten es kaum fassen – Männerhosen gehörten! Nicht einmal nackt hätten sie eine größere Sensation sein können. Der kleine Nikola war völlig verwirrt; er hielt diese Uniformierten für halb männliche und halb weibliche Fabelwesen.

Dicht unterhalb des Gatzoyiannishauses gaben die Andartes das Kommando zum Halten und befahlen den Mädchen, wegzutreten und sich in den Gärten zwischen den Häusern auszuruhen.

Eleni scheuchte ihre Kinder ins Haus zurück und eilte den Pfad hinab, dorthin, wo ihre Nachbarinnen den Andartinas Wasser zum Trinken brachten.

Diese lagen völlig erschöpft auf der Erde. Eleni setzte sich zu einer Gruppe von Mädchen, die nicht älter wirkten als Olga. Sie wandte sich an ein Mädchen mit rundem Kindergesicht. Die Kleine sagte, sie komme aus dem Dorf Vatsounia.

„Du siehst so jung aus!" sagte Eleni. „Hast du gar keine Angst? Ich habe zwei Töchter ungefähr in deinem Alter. Wenn die zur Armee gehen wollten, würde ich es ihnen verbieten. Deine Mutter muß sich doch furchtbare Sorgen machen!"

„Glauben Sie denn, meine Mutter hätte eine andere Wahl gehabt?"

„Man hat euch gewaltsam geholt?" fragte Eleni. „Alle?"

„Alle Mädchen über fünfzehn, die unverheiratet sind", flüsterte das Mädchen. „Und jetzt gehen Sie! Wenn sie merken, daß wir miteinander sprechen, bringen sie uns beide um!"

Sobald die Andartinas den Befehl zum Weitermarsch erhielten, lief Eleni nach Hause zurück. Sie holte Olga und Kanta zu sich in die Küche, und als sie ihnen ins Gesicht sah, brach sie in Tränen aus. „Sie werden euch holen! Ich wußte es!" schluchzte sie.

Kurz darauf stürmte die Nachbarin Tassina Bartzokis herein. Sobald sie Olga sah, rief sie weinend: „Lieber sähe ich dich und meine Schwester Rano im Bewässerungsteich ertrinken, als daß ihr geholt werdet wie diese armen Mädchen!"

Die ganze Nacht blieben Eleni und ihre Töchter auf und versuchten, einen Plan zu entwerfen, wie sie der Zwangsrekrutierung entgehen könnten. Gegen Morgen war Eleni zwar bleich, aber gefaßt. „Geht Rano holen!" befahl sie ihnen. „Wir werden euch so verstecken, daß sie euch niemals finden. Bald ziehen sie wieder ab, dann seid ihr in Sicherheit."

Das Versteck, für das sie sich entschieden hatte, lag auf dem Kastro, einem der beiden Gipfel über dem Dorf, auf dem vor 2200 Jahren die Akropolis, eine Festung, gebaut worden war, in der die Bewohner der umliegenden Siedlungen bei feindlichen Überfällen Unterschlupf fanden.

Bis zum Gipfel des Kastro brauchten sie eine gute Stunde. Die Akropolis war ursprünglich von einer hohen Mauer umgeben gewesen, und auf einer Seite fielen die Felsen senkrecht ab und waren unmöglich zu erklettern. Doch wenn ein Kletterer sich an der Steilwand vorsichtig fünfzehn Meter hinabließ, erreichte er einen natürlichen Balkon, den die Alten mit einer kleinen Mauer befestigt hatten. Dieser winzige Vorsprung war von Krüppelkiefern überwuchert.

Olga, Kanta und Rano glitten über die Kante und ließen sich voller Angst, daß sie durch einen einzigen Fehltritt in die gähnende Tiefe stürzen würden, langsam auf ihn hinab. Eng zusammengedrängt auf diesem Balkon, der gerade ausreichend Platz für sie bot, waren sie so gut wie unsichtbar.

In dieser Nacht jaulte der Wind um ihren Hochsitz. Die Luft war schneidend kalt. Dort oben kauerten sie drei Tage lang und schliefen im Sitzen, den Rücken an die Felswand gelehnt, die Beine vom Gestrüpp zerkratzt.

Jeden Tag kletterte entweder Glykeria oder Angeliki Botsaris auf den Kastro und warf nach einem Zuruf Brot und Käse, die in ein Tuch geknotet waren, hinab. Die drei Mädchen hatten zwar Wolldecken gegen die Kälte, doch ihre Lippen waren blau. Sie weinten viel und sprachen davon, wie warm es zu Hause am Feuer sei. Schließlich rebellierte Kanta. „Sollen sie mich doch holen!" rief sie. „Immer noch besser, als zu erfrieren!" Und sie begann langsam, sich an Felsvorsprünge und Sträucher klammernd, emporzuklettern. Da verließ auch die beiden älteren Mädchen der Mut, und sie stiegen ihr nach.

Als es dunkel war, schlich Kanta sich nach Hause zurück und klopfte leise an die Hintertür. Eleni zog sie sofort herein. „Sie sind gekommen und haben nach euch beiden gefragt", berichtete sie ihr. „Ich habe gesagt, ihr wärt mit der Herde auf der Weide. Ihr könnt hier nicht bleiben!"

Sie ging in dem schmalen Flur auf und ab, bis ihr ein anderes Versteck einfiel: die Grube im Garten vor Ranos Haus. Es war eine riesige Grube, die die Familie in der Besatzungszeit gegraben hatte, um Kisten mit Wertsachen darin zu verstecken. Nach dem Krieg waren die Kisten ausgegraben worden, aber die Grube war geblieben und so zugewachsen, daß sie inzwischen nahezu unsichtbar war.

Die drei Mädchen krochen in die Grube, nur hundert Meter vom Haus der Gatzoyiannis entfernt, und Eleni versorgte sie mit noch mehr Decken und einem Topf würziger gekochter Linsen. Anfangs schien es hier viel besser zu sein: Sie waren vor dem Wind geschützt, und ihre Körper spendeten Wärme. Endlich schliefen sie ein, und es fing an zu regnen. Obwohl der Dezemberniederschlag in dieser Höhe nicht zu Schnee wurde, wirkte er kälter als auf dem Kastro. Die Grube stank wie ein Grab, und in der Nacht kroch ihnen schleimiges Getier über die Füße. Ihre Entschlossenheit ließ nach.

Zwei Tage vergingen, doch als Glykeria am dritten die Abendmahlzeit zur Grube brachte, baten sie sie, Eleni nach einem besseren Versteck zu fragen.

Eleni brachte sie in den unterirdischen Stall der Familie Botsaris, zwei Häuser oberhalb des ihren, bewohnt von drei samtäugigen Ziegen, die sie verdutzt anglotzten, als sie ihre Füße in den Dunghaufen steckten, der wohlige Wärme ausstrahlte.

Hier war es weit besser als auf dem Kastro und in der Grube, und doch verbrachten die drei hier nur einen Tag und eine Nacht, ständig im Schlaf gestört vom Husten der Ziegen, bis Eleni heraufgerannt kam und rief, die Mädchen müßten sofort nach Hause kommen, oder sie würden alle erschossen.

Olga und Kanta liefen nach Hause. Da Olga die Älteste war, machte Eleni sich um sie größere Sorgen als um die anderen. Olga war immer verwöhnt und verhätschelt worden, und nun sollte sie ihr genommen werden, um Partisanin zu spielen. Ihr Körper besaß bereits weibliche Formen, während Kanta, inzwischen fünfzehn, überhaupt noch nicht reif und für ihr Alter relativ klein war. Dafür war ihr eine Klugheit eigen, die Olga leider fehlte.

Elenis Gedanken rasten. Sie überlegte, was aus Olga werden würde, wenn sie in die Berge getrieben wurde, um dort neben den Partisanen zu schlafen und mit der Waffe in der Hand zu kämpfen. Und kam schließlich zu einem grausigen Entschluß: Lieber wollte sie ihre Tochter verkrüppelt, aber lebendig haben als tot oder vergewaltigt! Sobald sie diesen Entschluß gefaßt hatte, rief Eleni die Familie zusammen – sogar Nikola und Fotini, die zwar hörten, was sie sagte, es aber noch nicht begriffen.

Wenn Olga nicht gehen konnte, würden die Partisanen sie nicht holen, erklärte Eleni. Olga nickte – verängstigt, aber stolz darauf, Mittelpunkt der Aufmerksamkeit zu sein. Sie würden ihr kochendes Wasser über den Fuß gießen, fuhr Eleni grimmig fort, und den Partisanen gegenüber behaupten, es sei ein Unfall gewesen.

Als die Mutter den Kessel aufs Feuer stellte, versuchte Olga sich zu wappnen. Das Wasser kochte, und Eleni reichte Olga ein Tuch und befahl ihr, es in den Mund zu nehmen, damit sie nicht schrie und die Nachbarschaft alarmierte. Dann legte sie Olgas nackten rechten Fuß auf einen Schemel und stellte einen großen Topf zum Auffangen des Wassers darunter. Olga war immer sehr stolz gewesen auf ihre zierlichen Hände und Füße. Eleni nahm den Topf mit beiden Händen und schloß die Augen.

Dann holte sie tief Luft und goß das Wasser über den ausgestreckten Fuß, während Nitsa das Bein festhielt, damit Olga es nicht fortziehen konnte. Sekundenlang herrschte Stille, bis Olga trotz des Lappens gellende Schreie ausstieß.

Alle standen da und starrten den Fuß an. Obenauf wurde die Haut sofort tiefrot und bekam dicke Blasen. Nach einer Weile tauschten Eleni und Nitsa einen Blick, denn sie merkten, daß ihr Plan fehlgeschlagen war: Olgas Füße waren vom Barfußgehen so hart geworden, daß die Verbrühung nicht schlimm genug wirkte. Die Partisanen würden sie trotzdem mitnehmen.

Eleni ließ sich schwerfällig auf einem Stuhl nieder; sie sah elend aus. Ihr Blick wanderte zum Kamin hinüber, neben dem ein Schürhaken an der Wand lehnte. Sie stand auf, holte den Haken von der Wand und hielt ihn ins Feuer. Olga begann leise zu weinen. Als die Spitze des Schürhakens glutrot war und die Mutter auf Olga zukam, kniff diese die Augen zu. Eleni beugte sich über den Fuß. Ihr Gesicht schien plötzlich zu altern; sie wandte sich ab und ließ den Schürhaken fallen. „Ich kann's nicht", flüsterte sie stöhnend.

In die Stille hinein sagte Großmutter Megali: „Aber ich kann's. Wenn ich damit meine Enkelin rette, kann ich's." Alle drehten sich verblüfft zu der zierlichen Alten um, die sonst immer so hilflos wirkte. Sie nahm den Schürhaken, erhitzte ihn noch einmal im Feuer und steckte ihn in die Dose mit der Salzsäure, die zum Reinigen angebrannter Töpfe benutzt wurde. Dann wandte sie sich heftig zitternd zu Olga um, die langsam vom Stuhl rutschte. Ihre Tante Nitsa drückte sie mit beiden Händen an den Schultern zu Boden. Eleni packte den blasenbedeckten Fuß beim Knöchel und wandte den Blick ab. Die Geschwister hatten das Gefühl, einen Alptraum zu erleben: So etwas konnten sie doch unmöglich tun!

Die Luft wurde erfüllt vom Zischen des Schürhakens, der sich in das Fleisch brannte. Olga begann zu schreien, aber ihr Schrei wurde sofort von der Tante erstickt, die ihr das Tuch auf den Mund preßte. Von Eleni kam ebenfalls ein tiefes Stöhnen, als die Großmutter den Schürhaken, an dem ein Hautfetzen klebte, von Olgas Fuß löste. Er hinterließ deutlich sichtbar rohes Fleisch, in das glänzendweiße Sehnen gebettet waren. Ein stechender Gestank herrschte im Zimmer, der den kleinen Nikola noch lange im Traum verfolgte.

Als Olga ihren Fuß besah, begann sie abermals zu schreien, doch Eleni drehte den Kopf ihrer Tochter sanft in die andere Richtung und kühlte ihr mit einem feuchten Tuch die Wangen. Megali eilte hinaus und kehrte mit einem Kohlkopf zurück. Vorsichtig packte sie den Fuß in Kohlblätter, damit er anschwoll, denn die frischen Blätter wirkten auf die offene Wunde wie Alkohol. Olga wand sich stöhnend vor Schmerz, während Eleni und Nitsa sie festzuhalten versuchten. Als sie ihr Werk beendet hatte, wickelte Megali den Fuß in ein weißes Tuch.

Fast die ganze Nacht lag Olga schluchzend auf dem Schoß ihrer Mutter. Kanta konnte ebensowenig schlafen. Sie wußte, daß die Mutter beschlossen hatte, Olga zu retten und sie, Kanta, fortzuschikken, weil sie jünger und weniger gefährdet war, vergewaltigt zu werden. Sie fühlte sich unendlich einsam.

Als Olga am nächsten Morgen der Verband und die Kohlblätter

abgenommen wurden, schrie sie abermals. Der Fuß war so geschwollen, daß er nicht mehr wie ein Fuß aussah. Die Wunde eiterte, und bösartige rote Striche liefen an ihrem Bein empor. Nicht einmal sitzen konnte Olga, geschweige denn stehen. Behutsam machten sie ihr einen frischen Verband um den Fuß und ließen sie auf dem Strohsack liegen.

Später am selben Tag ging Eleni zu Tassinas Haus hinüber, das von den Partisanen als Sanitätsstation benutzt wurde. Sie fragte den Partisanenarzt, ob er wohl so freundlich sein und sich den Fuß ihrer Tochter ansehen würde. Ein Küchenunfall, erklärte sie, ein Stück Kohle sei aus der Feuerstelle gerollt und habe ihr die Oberseite des Fußes verbrannt. „Wir haben sofort Mäuseöl darauf getan" – Eleni meinte die im Dorf übliche Behandlung von Brandwunden mit Öl, in das eine tote Maus gehängt worden war –, „aber der Fuß ist fürchterlich geschwollen."

Als der Arzt den Verband abnahm, sah man den Schock auf seinem Gesicht. „Der Fuß ist entzündet, sie kann ihn verlieren!" sagte er. „Ich werde Ihnen eine Salbe geben – Schluß mit diesen unsinnigen Hausrezepten! Sie müssen die Wunde sauberhalten und täglich den Verband wechseln. Sie darf mindestens einige Wochen lang nicht auftreten. In ein paar Tagen komme ich wieder."

Eleni hatte ihre Rolle so gut gespielt, daß der Arzt keinen Verdacht zu schöpfen schien. Am darauffolgenden Tag jedoch erschienen zwei Andartes mit einer Liste aller unverheirateten Mädchen über fünfzehn im Dorf. Der Arzt hatte ihnen Olgas „Unfall" gemeldet, und nun verlangten sie, daß der Verband abgenommen wurde. Als Eleni sie beim Anblick des Fußes zusammenzucken sah, wußte sie, daß ihre Tochter gerettet war. Die Partisanen jedoch schienen wütend zu sein und befahlen, bevor sie wieder verschwanden: „Sorge dafür, daß deine Tochter Alexandra morgen früh zum Abmarsch mit der Demokratischen Armee bereit ist!"

7

Ende Dezember 1947 beherrschten die kommunistischen Partisanen das gesamte Murganagebirge, das sich zweiunddreißig Kilometer weit an der Grenze zwischen Griechenland und Albanien entlangzieht, sowie die Grammosberge am Nordende des Pindosgebirges, wo die Provinzen Epirus und Makedonien aneinanderstoßen. Von diesen Stützpunkten aus vermochten sie die gesamte Nordwestregion

Griechenlands zu bedrohen, darunter die Hauptstadt von Epirus, Ioannina.

Die Regierungstruppen versuchten mit ihrer überlegenen Mannschaftsstärke, die Partisanenstellungen anzugreifen. Unversehens lagen die besetzten Dörfer im Murganagebirge, wie Lia, mitten im Mahlstrom des Bürgerkriegs.

Der Tag, an dem die Partisanen Eleni befahlen, ihre Tochter Alexandra für den Abmarsch mit der Demokratischen Armee bereitzumachen, war der 14. Dezember 1947, elf Tage vor Weihnachten. Eleni hatte Olga zwar retten können, doch Kanta, das wußte sie, war verloren.

Olga und Glykeria hatten die gerundeten Konturen und weichen Züge ihres Vaters geerbt, Kanta jedoch war eckig und schlank, mit den gleichen hohen Wangenknochen, dem scharf gezeichneten Mund und den tiefliegenden, empfindsamen Augen ihrer Mutter. Zwei Tage vor der Eroberung des Dorfes durch die Partisanen war sie fünfzehn geworden, wirkte aber immer noch sehr kindlich, zierlich und flachbrüstig wie ein Knabe.

Mutter und Tochter saßen zusammen, konnten beide nicht schlafen, und Eleni streichelte Kantas Haar. „Wenn du in Ohnmacht fällst, so tust, als ob du krank wärst, und vorgibst, zu dumm zu sein, um etwas zu begreifen, wirst du ihnen vielleicht lästig fallen, und sie lassen dich gehen", riet sie ihr. „Sag ihnen, du hast Angst vor Gewehren."

Von klein auf hatte Kanta Anfälle von Alpträumen, Schlafwandeln, nervösen Magenschmerzen und Ohnmachten gehabt. In der Erinnerung an all das fragte sich Eleni, wie die Kleine das Leben als Andartina aushalten sollte. Sie konnte nur darum beten, daß die Intelligenz und die Hartnäckigkeit, die in diesem kleinen Körper verborgen lagen, Kantas Rettung sein würden.

Als Kanta schließlich doch einschlief, deckte Eleni sie behutsam zu. Dann ging sie im Zimmer umher und legte zwei warme Wolljacken bereit, die sie gestrickt hatte, dazu ein Paar dicke, handgestrickte Wollstrümpfe. Als der Himmel sich im Osten aufhellte und Kanta erwachte, begann Eleni, sie anzuziehen, als ob sie ein Baby wäre.

Sie wickelte die Reste des Essens vom Vortag in ein Tuch und legte noch Käse und getrocknete Feigen dazu. Dann nahm sie ein rautenförmiges, perlenbesticktes Bild des heiligen Nikolaus und befestigte es unter Kantas Kleid an ihrem Hemd.

Während Kanta bei einer Tasse Tee saß, zerriß plötzlich ein Schrei die eisige Morgenluft. Die Partisanen hatten mit der Rekrutierung der

Mädchen oben auf dem Perivoli begonnen. Eleni lief hinaus und entdeckte, daß die Männer mehrere junge Frauen mit ihren Gewehrkolben den Pfad hinabstießen, während die Mütter der Mädchen hinterherliefen und dabei klagten wie für die Toten. Hastig eilte sie ins Haus zurück, wo Kanta blaß und still mit ihrem Paket auf dem Schoß dasaß und wartete.

Die Schreie kamen näher. Die Partisanen waren im Nachbarhaus und schleppten Rano Bartzokis heraus; ihre Schwester Tassina, die jetzt im achten Monat war, folgte ihr weinend. Die Partisanen befahlen Tassina, ins Haus zurückzukehren. Dann stürmten sie ins Haus der Gatzoyiannis.

Olga lag auf einem Strohsack, den verletzten Fuß auf einem Schemel, während Nikola und Fotini sich in die Ecken verkrochen. Der Rest der Familie drängte sich um Kanta, doch sie stand auf und sagte gelassen zum Anführer der Partisanen: „Ich bin bereit. Ihr braucht mich nicht zu schlagen." Obwohl ihre Unterlippe zitterte, schüttelte Kanta die Hände ihrer Lieben und nahm ihr Paket. Flankiert von zwei Partisanen, verließ sie mit unbedeckten Haaren das Haus.

Die Familie folgte ihr, am Tor jedoch versperrte ihnen einer der beiden Partisanen mit seinem Gewehr den Weg. „Hör auf zu weinen, Mama", sagte Kanta, „mir wird schon nichts passieren."

Fast vierzig unverheiratete Mädchen und junge Frauen wurden auf den Dorfplatz hinuntergetrieben. Sie wurden in das ehemalige Kaffeehaus gebracht, das von den Partisanen beschlagnahmt worden war, und hockten dort den ganzen Vormittag, während immer mehr Mädchen aus anderen Dörfern zu ihnen stießen.

Kanta saß, ihr Paket auf dem Schoß, neben Rano. Die beste Freundin von Kantas Schwester war fünfundzwanzig, hatte dunkles Haar und ein hübsches, kluges Gesicht. Da ihre Mutter gestorben war, als sie ganz klein war, und ihr Vater kränkelte, hatte das Leben Rano stark gemacht, und Kanta suchte instinktiv bei ihr Schutz.

Um Mittag waren die Räume des Kaffeehauses mit nahezu achtzig neu ausgehobenen Andartinas gefüllt. Von einer Handvoll Partisanen bewacht, saßen sie überall auf dem Boden. In dieser Nacht schliefen sie jeweils zu mehreren unter einer Decke auf dem Fußboden. Wegen der außerordentlich niedrigen Dezembertemperatur trug Kanta beide Strickjacken über ihrem Kleid und schmiegte sich eng an Rano, die eine der wenigen war, die sich nicht in den Schlaf weinten.

Am nächsten Morgen wurden sie vor Tagesanbruch von einem Signalhorn geweckt und für zwei Stunden Frühsport im Gänsemarsch den Berg hinabgeführt. Danach bekamen sie ein Frühstück aus

Wintergrüntee in Blechtassen und Maisbrei, der auf Blechteller geschöpft wurde. Als sie die karge Mahlzeit beendet hatten, begannen die Mädchen, das Geschirr zum Abwaschen zu sammeln. Ein Andarte gebot ihnen jedoch Einhalt. „Das Kochgeschirr wird gereinigt, indem man einen Strumpf auszieht und es damit auswischt", erklärte er. „In der Demokratischen Armee wird kein Geschirr gespült."

Angeekelt betrachtete Kanta die angetrockneten Breireste in ihrem Kochgeschirr. Während sie langsam einen ihrer Strickstrümpfe auszog, wurde ihr übel. Diese Übelkeit verstärkte sich noch, als fünf Stunden später das Mittagessen ausgeteilt wurde: ein riesiger Topf Suppe mit seltsam aussehenden Fleischstückchen in einer fettigen Brühe. Sie drückte sich in eine Ecke und aß die Reste, die ihr die Mutter mitgegeben hatte.

Die ersten Tage ihrer militärischen Ausbildung waren erfüllt von der Qual schmerzender Muskeln, von Anfällen trockenen Würgens aufgrund des ständigen Hungergefühls und so totaler Erschöpfung, daß Kanta nur noch benommen zitterte. Die Andartinas durften nur sechs Stunden schlafen – von Mitternacht bis zum Wecken – und wurden sofort zum Frühsport geschickt. Nach dem Frühstück mußten sie ihre ungeladenen Gewehre und Maschinengewehre so lange reinigen und wieder zusammensetzen, bis sie jeden Handgriff im Schlaf beherrschten. Kanta kämpfte vergeblich mit den Metallstücken und wurde nie rechtzeitig fertig.

Sie lernten, eine Anhöhe zu stürmen, während die Partisanen über ihre Köpfe hinwegschossen, damit sie sich beim Robben tief an die Erde preßten. Und jeweils vormittags gab es Schießausbildung. Beim erstenmal ließ Kanta bei dem Knall des Schusses und dem schmerzhaften Rückstoß das Gewehr fallen und brach in Tränen aus.

Sie lernten Mörser zusammensetzen und abfeuern, Handgranaten werfen, Hindernisse überwinden und Schützenlöcher graben. Zu Kantas Erstaunen wurde hier die stille, mollige achtzehnjährige Milia Drouboyiannis zum großen Star. Bisher war Milia stets schüchtern und verdrossen gewesen und hatte sich in der Schule nicht besonders intelligent gezeigt. Jetzt jedoch verwandelte sie sich in eine fanatische kleine Partisanin, brüllte laut, wenn sie mit dem Bajonett einen Hügel emporstürmte, um es einem Feind in den Bauch zu rammen, gewann jedes Wettschießen und warf drei Handgranaten hintereinander mitten ins Ziel. Milia war die erste von ihnen, die den Rat des Ausbilders befolgte und sich die langen Zöpfe abschnitt, während die anderen schaudernd zusahen.

Von sechs Uhr früh bis Mitternacht durften die Mädchen sich nur während der halbstündigen Mittagspause und der zwei politischen Unterweisungen vormittags und nachmittags hinsetzen, bei denen sie über Ziele und Philosophie der Demokratischen Armee und der Kommunistischen Partei Griechenlands aufgeklärt wurden.

Während der ersten Ausbildungstage lief Eleni im Dorf herum und versuchte in Erfahrung zu bringen, wie es ihrer Tochter erging. Sie hoffte, die Partisanen würden sie sofort zurückschicken, wenn sie sahen, um wieviel kleiner sie war als die anderen, aber sie wartete vergebens.

Mehrere Tage nach Kantas Zwangsrekrutierung wurde die Familie vom plötzlichen Auszug des Lehrers Elias Gagas und seiner Familie überrascht sowie von der Nachricht, das Gatzoyiannishaus solle als Quartier und Büro des Obersten Chronis Petritis dienen, der dem Oberbefehlshaber des gesamten Epiruskommandos in Babouri unmittelbar unterstand.

Am nächsten Morgen erschien Oberst Petritis mit seinem Adjutanten und seinem Burschen, begleitet von einem halben Dutzend Partisanen, die seine Ausrüstung trugen, darunter einen Schaltkasten für die Feldtelefone.

Petritis war ein kleiner, stämmiger, gepflegter Mann mit dunklen Locken und selbstgefälliger Miene. Eleni brachte dem Obersten in aller Eile Brennholz, Decken, Walnüsse in Honig und etwas von ihrem kostbaren Kaffeevorrat.

In dem Moment, da Petritis ihr Haus betrat, war ein Funke Hoffnung in Elenis Brust aufgeflammt. Dieser Mann war mächtig genug, Kanta vom Militärdienst befreien zu lassen, und sie war entschlossen, ihn für sich zu gewinnen.

Eleni hatte keine Ahnung, daß er jener ELAS-Kommandeur war, der während der Okkupation die Verhaftung der rechten EDES-Sympathisanten angeordnet hatte, bei der ihr Vater Kitso verprügelt, Vasili Stratis fast totgeschlagen und ein junger Mann aus Tsamanta ermordet worden war, als ihm ein Nagel am Ende eines Knüppels ins Gehirn drang.

Eleni überschüttete Petritis mit kleinen Aufmerksamkeiten. Bei erster Gelegenheit zeigte sie ihm den letzten Brief ihres Mannes. Petritis las ihn und reichte ihn ihr mit beifälligem Nicken zurück.

Als Eleni eines Tages über dem Brottrog weinte und Petritis hinzukam, nahm sie all ihren Mut zusammen und erzählte ihm, daß Kanta als Andartina konskribiert worden sei. „Sie ist loyal, aber sie ist noch so jung – gerade erst fünfzehn – und so mager und anfällig!“ schluchzte Eleni.

„Keine Angst, es wird ihr schon gutgehen", gab Petritis zurück, und Eleni vermeinte, eine Spur Mitgefühl herauszuhören.

Aber es ging Kanta gar nicht gut; sie hungerte, weil sie sich nicht überwinden konnte, aus dem gemeinsamen Topf zu essen. Rano wußte, wie sehr sie litt, und steckte ihr manchmal eine Kleinigkeit zu, die sie einem Partisanen abgeschwatzt hatte: eine Zwiebel, eine Gurke oder ein Ei.

Sehr schnell stellte sich heraus, daß Petritis der Gatzoyiannisfamilie durch seine Gegenwart das Leben nur schwerer machte. Nacht für Nacht wurden sie von Petritis gestört, der in sein Telefon schrie, und von den schweren Schritten seiner Kuriere geweckt. Waren die Meldungen über die Kämpfe schlecht, ließ er alle in seiner Umgebung dafür büßen. Eleni wurde ständig ermahnt, dafür zu sorgen, daß die Kinder Ruhe hielten, weil diese sonst bestraft würden.

Durch einen Streich Nikolas, der einige Sachen aus dem persönlichen Besitz des Obersten versteckt hatte und nur knapp einer strengen Bestrafung entging, war auch die Chance vertan, den Partisanenführer zu bewegen, sich für die Rückkehr Kantas von den Andartinas einzusetzen.

Am Weihnachtstag absolvierten die Andartinas ihr gewohntes Ausbildungsprogramm, aber die Ausbilder waren nicht bei der Sache. Die Mädchen ahnten, daß etwas Wichtiges bevorstand, wenn ihnen auch niemand erklärte, daß die Partisanen an diesem Vormittag bei Konitsa die erste große Schlacht des Bürgerkriegs geschlagen hatten und die Front näher rückte.

Als die Einwohner von Lia am Morgen des 27. Dezember erwachten, hörten sie, wie der Gefechtslärm sich von Süden näherte. Vormittags kam Glykeria ins Haus gelaufen und schrie: „Die Andartinas sind nicht mehr da! Heute nacht haben sie Kanta weggebracht!"

Die Mütter standen in erregt flüsternden Gruppen zusammen, voll Angst, ihre Töchter könnten in die Schlacht geschickt worden sein, die sie da unten toben hörten. Gegen Mittag jedoch erreichte sie die beruhigende Nachricht, die Mädchen seien gesehen worden, wie sie in die entgegengesetzte Richtung, nach Nordosten, marschierten.

Es dauerte die ganze folgende Nacht, bis die Andartinas das acht Kilometer entfernte Vatsounia erreicht hatten, wo sie in der Schule kaserniert wurden. Völlig durchfroren und erschöpft fielen sie zu Boden und schliefen die wenigen Stunden, die ihnen noch blieben, bis der Weckruf sie bei Morgengrauen aufscheuchen würde. Kanta fühlte sich elender und einsamer denn je, weil sie wußte, daß ihre Mutter keine Ahnung hatte, wo sie war.

Während die unverheirateten Frauen von Lia zu Partisaninnen ausgebildet wurden, bürdete man den verheirateten, je mehr sich der Krieg dem Dorf näherte, immer mehr Lasten auf. Da es im Gatzoyiannishaus vier erwachsene Frauen gab – Eleni, ihre Mutter Megali, ihre Schwester Nitsa und ihre Tochter Olga –, wurde nahezu jeden Tag eine von ihnen zum Arbeitsdienst befohlen. Doch Olga war immer noch durch die Brandwunde an ihrem Fuß behindert, und Megali erklärte weinend, sie sei zu alt dafür. Dann verkündete Nitsa eines Abends Ende Dezember, sie werde nun auch keine Schwerarbeit mehr verrichten können, sie sei schwanger.

Alle lächelten unsicher, fest überzeugt, es sei ein Scherz. Für Nitsa jedoch war das Thema Schwangerschaft alles andere als ein Scherz. Seit fünfundzwanzig Jahren betete sie Tag für Tag um ein Kind. Sie hatte geweihte Kerzendochte und Stücke von Nabelschnüren verschluckt, ihren Strohsack mit dicken Knoblauchknollen vollgestopft. „Die Heilige Jungfrau hat an mir ein Wunder vollbracht, sie hat ein Kind in meinen Leib gepflanzt, und ich weigere mich, etwas zu tun, das eine Fehlgeburt herbeiführen könnte", verkündete Nitsa.

Nitsas Schwangerschaft wurde zum Hauptgesprächsthema im Perivoli. Alle Frauen waren sich einig darin, daß sie tatsächlich danach aussehe, und ihr Bauch nahm so schnell an Umfang zu, daß schon von Zwillingen geredet wurde.

So wurde Eleni zur einzigen Frau im Haus, die noch in der Lage war, den der Familie aufgezwungenen Anteil am Arbeitsdienst zu leisten. Kaum ein Tag verging, an dem sie nicht von morgens bis abends für die Partisanen arbeitete, kochte, Brennholz sammelte, Nachschub oder Meldungen transportierte, Uniformen flickte und Befestigungsanlagen baute.

Am achten Tag der Ausbildung in Vatsounia verkündete Leutnant Alekos den Mädchen: „Eure Ausbildung ist nun fast beendet, und ihr werdet in wenigen Tagen zu Kompanien an beiden Fronten abkommandiert werden. Der Zeitpunkt ist da, jene unter euch auszusondern, denen es an Kraft und Engagement zum Kampf an der Seite unserer tapferen Soldaten fehlt. Die folgenden Mädchen vortreten!"

Von einer Liste las er ab: „Athanassiou, Rano – Ziaras, Marianthe – Gatzoyiannis, Chrysoula." Kanta zuckte zusammen, doch es war ihre Kusine, die aufgerufen wurde. Acht weitere Namen. Kanta wartete mit trockenem Mund. Alekos' Blick wanderte über die schweigenden Mädchen und blieb an ihr hängen. „Gatzoyiannis, Alexandra."

Langsam erhob sich Kanta und trat zu der Reihe verängstigter

Mädchen. Sekundenlang musterte Alekos sie verächtlich. „Holt eure Sachen!" befahl er. „Ihr marschiert sofort ab. Nach Hause!"

Kanta begann zu zittern. War es möglich, daß man sie wirklich gehen ließ, einfach so? Dann merkte sie, daß Alekos immer noch sprach. „... vielleicht nächstes Jahr, wenn ihr älter seid. Von heute an gehört ihr zur Reserve, und wenn die Armee euch braucht, werdet ihr gerufen."

Eleni kniete gerade am Ufer des Waschteichs und schlug nasse Wäsche, als sie jemanden rufen hörte und sah, daß eine Nachbarin wild gestikulierend auf sie zugelaufen kam. „Schnell, Eleni!" schrie die Frau. „Ein paar Andartinas kommen von den Bergen herab!"

Eleni ließ ihre Wäsche liegen und lief die Schlucht hinauf. Ungefähr ein Dutzend Gestalten konnte sie ausmachen, noch zu weit entfernt, um sie zu erkennen. Mitten durch Gestrüpp hastete sie weiter. Als die Mädchen gerade am gegenüberliegenden Rand einer Lichtung erschienen, durchquerte Eleni so schnell den eiskalten Bach, der sie von ihnen trennte, daß ihr das schwarze Tuch vom Kopf flog, und lief mit ausgestreckten Armen auf die Gruppe zu, bis sie die Tochter an ihre Brust drücken konnte.

Auf dem ganzen Heimweg streichelte Eleni ungläubig immer wieder Kantas Gesicht und wischte ihr die Tränen ab, während die eigenen ihr ungehindert über die Wangen strömten.

8

DIE Tatsache, daß es der Demokratischen Armee nicht gelungen war, Konitsa zu erobern, erwies sich als ein verheerender Schlag für die Partisanen. Sie weckte so große Zweifel an der geplanten Zukunft ihrer Revolution, daß kein einziges Land, nicht einmal im Ostblock, ihre provisorische Regierung, die in den Bergen saß, anerkennen wollte.

Die Partisanen versuchten nun gar nicht mehr, größere Orte anzugreifen, sondern beschränkten sich darauf, die Bergfestungen, die sich in ihrer Hand befanden und deren Mittelpunkt Lia darstellte, mit allen Mitteln zu verteidigen. Im Dorf schossen an jenen Stellen, die einen guten Blick auf die Vorberge boten, Bunker mit einem Sehschlitz in Richtung Süden aus dem Boden, und die gesamte Murganakette war mit über 2500 Befestigungsanlagen bestückt. Den Bewohnern von Lia war klar, daß die Partisanen eine Belagerung ihrer Festung erwarteten.

„Unternehmen Pergamos", der sorgfältig vorbereitete Angriff der Regierungstruppen auf die „uneinnehmbare Festung Murgana", sollte am 25. Februar 1948 beginnen. An jenem Tag rückten die Regierungssoldaten von Norden und Süden vor und drängten die Partisanen entweder nach Albanien hinein oder in Richtung Lia.

Drei Tage lang wehrten sich die Partisanen verzweifelt. Doch ganz langsam schloß sich die Zange von beiden Richtungen her. Die in Babouri stationierten Befehlshaber der kommunistischen Streitkräfte beschlossen, ihr Hauptquartier hoch in die Berge oberhalb Lias zu verlegen, wo sie besser geschützt waren.

Am Morgen des 1. März kamen die drei höchsten Führer des Partisanenkommandos, flankiert von ihrem Stab und ihrer Ausrüstung, am Haus der Gatzoyiannis vorbeigeritten, um in den Bergen oberhalb des Perivoli Schutz zu suchen. Oberst Petritis beeilte sich, seinen Vorgesetzten in die Berge zu folgen, und verschwand, um niemals wiederzukommen.

Eleni schmiedete einen Plan. Sobald feststand, daß die Regierungstruppen den Ortsrand von Lia erreichen würden, wollte sie mit ihrer Familie ins leere Haus ihrer Mutter im Unterdorf umziehen, um näher bei den Regierungssoldaten und weiter vom Partisanenhauptquartier entfernt zu sein. Von dort aus könnten sie fliehen.

Am 3. März wurde die beginnende Dämmerung plötzlich von grünen Leuchtkugeln erhellt. Dies war das Signal an die Verstärkungen der Regierungsarmee, daß Skitari erobert worden war. Die Partisanen wurden von einer wilden Hektik erfaßt. Sie begriffen, daß die Nationalisten ihre Linien durchbrochen hatten und sie von Norden her angriffen, während sie sich auf den Süden konzentrierten. Ein verzweifeltes Wettrennen begann: Aus dem ganzen Murganagebiet hasteten die Partisanen nach Skitari, um die Kommandotruppen der Regierung auf der Höhe zu umzingeln und abzuschneiden, bevor Verstärkung eintreffen konnte. Selbst die Leibwächter der drei Befehlshaber wurden nach Skitari geschickt.

Eleni rüttelte die Kinder wach und befahl ihnen, sich zum Umzug in Megalis Haus im Unterdorf fertigzumachen. Gerade als sie gehen wollten, klopfte es an die Tür. Draußen stand ein Partisan mit einem schweren Sack Mehl auf dem Rücken. „Wohin wollt ihr?" fragte er.

„In das Haus meiner Mutter im Unterdorf; dort sind wir sicherer vor den Granaten", erklärte Eleni.

Er stieß unwirsch hervor: „Wir kämpfen hier um unser Leben! Die Männer brauchen Lebensmittel und Munition, und jedes Haus im Perivoli muß heute noch Brot liefern. Also los, an die Arbeit!"

Sobald er fort war, schickte Eleni den Rest der Familie voraus ins Haidishaus. Wenn sie mit dem Backen fertig sei, werde sie nachkommen. Nach Einbruch der Dunkelheit könnten sie dann fliehen. Mit Megali und Nitsa an der Spitze machten sich die Kinder auf den Weg.

Im Keller des Haidishauses, wo sie auf ihre Mutter warteten, schmiegten sich die Gatzoyianniskinder eng aneinander. Sie versuchten, dem Pfeifen der Granaten über sich keine Aufmerksamkeit zu schenken, das sich von einem fernen, leisen Singen zu einem ohrenbetäubenden Kreischen steigerte, bevor der Einschlag den Boden unter ihren Füßen erschütterte.

Ein donnerndes Poltern an der Kellertür jedoch ließ sie alle erschrocken aufspringen. Als Olga öffnete, standen draußen zwei aufgeregte, schmutzverkrustete Partisanen mit Gewehren. „Wir räumen das Unterdorf!" riefen sie. „Die Bewohner müssen ihre Häuser verlassen und weiter oben Schutz suchen. Die Faschisten sind schon fast da! Macht euch sofort auf den Weg!"

Die Tür wurde zugeworfen, und die Frauen und Kinder blieben in erregter Unentschlossenheit zurück. Schließlich fanden sie eine Lösung: Sie wollten zu den Botsaris gehen und dort um Obdach bitten, jene Familie, die einst – ohne Vater – abgerissen am Weihnachtstag in der Kirche erschienen war. Deren Haus lag unmittelbar über ihnen, direkt hinter dem Pfad, der das Oberdorf vom Unterdorf trennte.

Hand in Hand rannten sie durch das höllische Pfeifen und Krachen der Artilleriegeschosse auf das matte Licht zu, das im Kellerfenster der Botsaris schimmerte.

Angeliki Botsaris saß zusammen mit ihrer hysterischen Mutter im Keller. Glücklich, für die bevorstehenden Stunden Gesellschaft zu haben, zog sie die Verängstigten herein. Sie habe das Gefühl, ihr Mann sei bei den Angreifern und werde sie holen kommen, sagte Angeliki.

„Wir gehen auch fort!" rief Olga. „Aber zuerst müssen wir Mama finden. Die Partisanen haben sie gezwungen, oben im Perivoli Brot zu backen."

Als die Artillerie den Perivoli zu beschießen begonnen hatte und rings um sie herum Granaten explodierten, war Eleni zur Tür hinausgestürzt und die fünfzehn Meter zum Haus ihrer Nachbarin hochgelaufen, die ebenfalls Brot backen mußte. Die beiden Frauen umklammerten einander, überließen das Brot seinem Schicksal und zwängten sich in den Vorratskeller unter der Falltür in der Küche.

In der Dunkelheit kämpften Partisanen und Regierungstruppen im

Ostteil des Dorfes, von Haus zu Haus, Mann gegen Mann. Eleni wartete bis eine Stunde nach Sonnenuntergang auf eine Kampfpause; doch länger durfte sie nicht warten, wenn sie ihre Kinder im Haidishaus holen und mit ihnen fliehen wollte. Sie ignorierte die Warnungen ihrer Freundin, wickelte sich das schwarze Tuch um den Kopf und huschte die terrassierten Felder hinunter. Als sie das Haidishaus erreichte, fand sie es leer und verschlossen. In panischer Angst lief sie ums Haus herum und hämmerte an alle Fenster, doch ihre Schläge hallten nur hohl in der Dunkelheit wider.

Da entdeckte Eleni ein schwaches Licht im Kellerfenster des Nachbarhauses. Sie hastete hinüber und pochte an die Tür. Als ihr geöffnet wurde, sah sie, daß der winzige Raum gefüllt war mit Menschen, doch von ihren Kindern fand Eleni keine Spur.

„Die Partisanen haben das ganze Unterdorf evakuiert“, berichtete ihr eine der Frauen. „Die Regierungssoldaten hätten schon die Marienkirche erobert, sagen sie. Deine Schwägerin wohnt unterhalb der Kirche, also sind deine Kinder vielleicht bei ihr untergekommen.“

Das erschien Eleni vernünftig: Sie waren ganz unten ins Dorf gegangen, um dort mit ihrer Schwägerin Alexo auf sie zu warten. Sogar im Dunkeln fand Eleni den Weg in die Schlucht hinab und auf dem kleinen Holzsteg über den Bach.

Das Licht im Fenster von Alexos Haus lockte sie mit der Verheißung, daß dort ihre Kinder warteten. Kaum schaffte sie es, ihren Namen zu rufen. Jemand öffnete, und sie sah in das freundliche, beunruhigte Gesicht ihrer Schwägerin. „Aber Eleni, wie kommst du denn hierher?“ rief Alexo erstaunt. „Und wo sind die Kinder?“

Eleni wäre fast zusammengebrochen, aber Alexo fing sie auf und führte sie zu einem Stuhl. Müde sah sich Eleni im Keller um. Außer Alexos elfjähriger Tochter Niki war ein halbes Dutzend Nachbarn hier. Endlich stieß sie mühsam heraus: „Ich dachte, meine Kinder wären hierhergekommen, damit wir alle zusammen fliehen könnten.“

Alexo brachte ihr ein winziges Glas Raki und hielt es ihr an die Lippen. „Eleni, bleib lieber bei uns bis morgen früh. Dann sind die Partisanen fort, und du kannst deine Kinder suchen.“

Schließlich hatte Eleni den Schwächeanfall überwunden und wollte wieder ins Dunkel hinausgehen.

Alexo sah, daß sie Eleni nicht zurückhalten konnte, und brachte ihr eine Fackel. Sie riet ihr, die Fackel zu schwenken, damit die Soldaten merkten, daß sie nicht zum Feind gehörte.

Als Eleni, die Fackel vor sich haltend, den Rückweg über den gefährlichen Pfad antrat, kam sie nicht weit. Eine dunkle Silhouette trat ihr in den Weg, und eine Stimme fragte: „Wer sind Sie? Wohin wollen Sie?“ Im Schein der Fackel sah Eleni auf dem Hang über sich weitere dunkle Gestalten.

„Eleni Gatzoyiannis aus dem Perivoli“, antwortete sie. „Ich suche meine Kinder.“

Die Gestalt kam näher, bis sie die Kroninsignien an der Mütze sah. „Sie können nicht weitergehen. Morgen früh haben wir das ganze Dorf erobert“, versicherte der Soldat. „Warten Sie bitte solange.“

Eleni machte kehrt, erreichte den Bach und begann stromaufwärts zu waten. Hilflos sah sie sich um, bis sie unmittelbar über sich einen Lichtschein im Keller des Botsarishauses entdeckte.

Unter Tränen der Erschöpfung schleppte sich Eleni zur Kellertür der Botsaris und klopfte. Sie hörte Schritte; dann wurde die Tür einen Spaltbreit geöffnet. Ein Schrei, und die Tür wurde ganz aufgerissen: Eleni sah Olga vor sich und brach zusammen.

Später saß Eleni zitternd da, während Nikola sich in den Schutz ihrer Arme schmiegte.

„Jetzt bist du da, und wir können alle zusammen fort!“ sagte Olga.

Eleni schüttelte den Kopf. „Das ist unmöglich! Wir alle zusammen werden es niemals schaffen, durch die Linien der Partisanen zu kommen. Alexo sagt, daß die Soldaten bis morgen früh das ganze Dorf erobert haben werden. Dann können wir fort.“

Um zwei Uhr früh wendete sich das Schlachtenglück, und die Regierungstruppen befanden sich auf dem Rückzug.

Als die Lioten sich im ersten Tageslicht hinauswagten, hing Pulvergestank in der Luft, und der Berghang unterhalb ihres Dorfes war mit Leichen und Kampftrümmern übersät. Die Soldaten waren bis in die Vorberge getrieben worden, wo sie noch immer von der Partisanenartillerie beschossen wurden.

Die Entwarnung kam bei Morgengrauen, als die Partisanen durchs ganze Dorf marschierten und über Megaphone verkündeten, die Faschisten seien triumphal in die Flucht geschlagen worden und alle könnten in ihre Häuser zurückkehren.

Im Laufe der nächsten Tage wurde gemunkelt, daß drei Frauen im Durcheinander der Schlacht das geschafft hatten, was den Gatzoyiannis mißlungen war: Sie hatten sich davongeschlichen. Obwohl die Partisanen offiziell nichts über die Flucht verlauten ließen, wurden die Beobachtungsposten rings ums Dorf verdoppelt, um weitere Desertionen unmöglich zu machen. Eleni dachte, daß es nun keine Chance mehr gebe, ihre Familie aus Lia hinauszubringen.

9

Der beinahe erfolgreiche Angriff auf das Murganagebiet Anfang des Monats und die Flucht dreier Dorfbewohnerinnen waren den Besatzern von Lia eine Lehre gewesen. Sie waren entschlossen, die Murganadörfer so fest wie einen verkorkten Weinkrug zu verschließen. Sämtliche potentiellen Anmarschwege durch die Vorberge und die Schluchten wurden vermint.

Kostas Koliyiannis, der politische Kommissar für das Murganagebiet, fand jedoch, Tretminen und verstärkte Wachtposten genügten nicht, um die „Mitarbeit" der Bewohner von Lia zu garantieren. Er beschloß, im Dorf eine Dienststelle der Sicherheitspolizei einzurichten. Dafür brauchte er ein Haus, das groß genug war für ein Büro, mehrere Verhörzimmer und einen sicheren Keller als Gefängnis. Und das einzige Haus in Lia, das die entsprechende Größe besaß, gehörte der Amerikana.

Kostas Kolyiannis

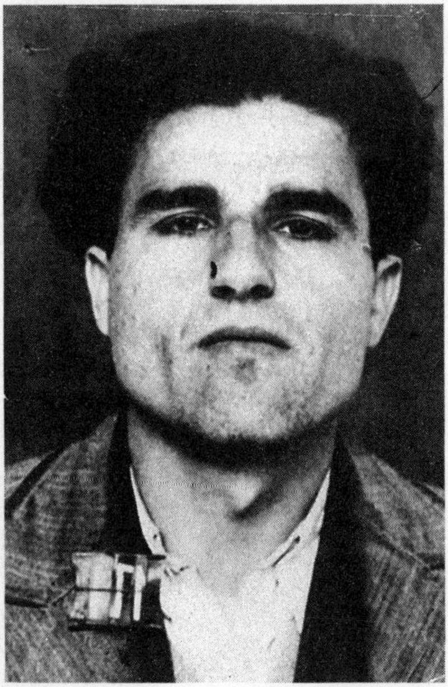

Eines Morgens Mitte März sah sich Eleni vor ihrem Haus Sotiris Drapetis gegenüber, der die Sicherheitspolizei im Dorf leitete. Sotiris teilte Eleni mit, die Demokratische Armee benötige ihr Haus als neue Polizeiwache. Sie habe vierundzwanzig Stunden Zeit, um eine andere Bleibe für ihre Familie zu finden.

Es gab nur einen einzigen Ort, an dem sie Zuflucht suchen konnte: das Haidishaus, das Zweizimmerhaus ihrer Eltern. Über Nacht bereitete die Gatzoyiannisfamilie sich auf den Umzug vom Perivoli ins Unterdorf vor. Außer den Ziegen, den Schlafteppichen, den Kleidern und etwas Mais gab es nicht viel, was zu retten war. Auf Sotiris' Befehl ließ Eleni Nähmaschine und Grammophon zurück: die brauche die Demokratische Armee. Das Foto von Christos und den vergoldeten Krug aus Konstantinopel wickelte sie in ein paar Kleidungsstücke und nahm dann stumm von dem Haus, in dem sie zweiundzwanzig Ehejahre verbracht hatte, Abschied. Zum letztenmal sah sie zum Fenster hinaus auf die Täler und Berge im Süden des Dorfes.

Der Dorfklatsch war bislang relativ harmlos gewesen, in der neuen Polizeiwache jedoch stieß er auf offene Ohren. Bis zum Eintreffen der Polizei hatte niemand den gegenseitigen Beschuldigungen der Dörfler Gehör geschenkt. Jetzt konnte jeder zur Polizei gehen und sich darüber beschweren, daß der Nachbar Kisten und Kästen voll Mais besaß, während die anderen hungern müßten, und am nächsten Tag schon drang eine Gruppe Partisanen bei dem Nachbarn ein, um den gesamten Mais zu beschlagnahmen. Wurde einer Frau der ständige Arbeitsdienst zuviel und ärgerte sie sich darüber, daß ihre Nachbarin weniger oft geholt wurde, ging sie zur Sicherheitspolizei und behauptete, die andere habe ihrem Maultier einen Stein in den Huf gedrückt, damit es lahme. Die Nachbarin wurde prompt verhaftet und abgeführt.

Da die einheimischen Männer geflohen waren und Lia zu einem Dorf der Frauen und Kinder gemacht hatten, waren die meisten Denunzianten weiblichen Geschlechts. Gewisse Frauen wurden verdächtigt, sich eine bevorzugte Behandlung zu erkaufen – nicht nur durch Denunzieren der Nachbarinnen, sondern indem sie das Bett mit den Partisanen teilten. Zwei Frauen wurden am häufigsten der Kollaboration dieser Art bezichtigt. Die eine war Calliope Bardaka, die hübsche, mollige junge Witwe und gläubige Kommunistin, deren Mann von der EDES erschossen worden war. Immer wieder wurde sie als Zeugin präsentiert, wenn Dörfler zum Verhör geholt wurden. Die andere war Stavroula Yakou Dangas, die Dorfschönheit, deren Ehemann Dimitri kurz nach dem Tod ihres neugeborenen Söhnchens zu seiner Bäckerei in Chalkis zurückgekehrt war und sie auf Gnade und Ungnade ihrer Schwiegermutter ausgeliefert hatte. Calliope Bardaka und die ehrgeizige und rachsüchtige Stavroula Yakou waren schon bald die meistgefürchteten Frauen von Lia.

Alle ihre Kinder gehorchten Eleni meist aufs Wort. Eleni hatte ihnen verboten, jemals wieder zum Perivoli hinaufzusteigen. Als ehrbare junge Mädchen durften Olga und Kanta das Haus ohnehin nicht verlassen. Nur die vierzehnjährige Glykeria war unheilbar neugierig. Für sie war Elenis Verbot eine Herausforderung. An einem sonnigen Nachmittag, als die anderen Siesta hielten, schlich sie sich durch die Gärten bis hinter ihr altes Haus hinauf, kam an die Stützmauer, die das untere Ende ihres Grundstücks begrenzte, und spähte hinüber.

Die Luft war süß vom Duft der Mandelbäume, und der leichte Wind trug ihr das rhythmische Geräusch gleichmäßigen Grabens zu. Als sie den Kopf über die Mauer streckte, sah Glykeria einen uniformierten Partisanen, der in einer tiefen Grube stand und Erde herausschaufelte. Auf der anderen Seite der Grube standen zwei Männer mit den Händen auf dem Rücken. Blitzartig begriff sie, was die Szene vor ihr bedeutete: Die gefesselten Gefangenen sollten hingerichtet werden, und der Partisan schaufelte vor ihren Augen das Grab. Sie sah sich um. Überall glänzten Rechtecke von frisch umgegrabener Erde: Gräber.

Glykeria lief, so schnell ihre Füße sie tragen wollten, zum Haidishaus zurück. Drinnen nahm sie sich schuldbewußt einen Besen und begann die Vortreppe zu fegen, doch ihre Miene und ihr ungewohnter Eifer verrieten sie. Eleni musterte sie nachdenklich und sagte dann: „Na schön, du Tunichtgut! Was hast du wieder angestellt?"

Glykeria sprudelte die ganze Geschichte heraus. Eleni kniff die Lippen zusammen, bis sich ein weißer Rand um sie herum bildete – eine Gewohnheit von ihr, wenn sie zornig war. Ihr Haus war zu einem Gefängnis gemacht worden und zu einer Hinrichtungsstätte. Mit dieser Entweihung löste sich, das spürte sie, ihre letzte gefühlsmäßige Bindung an das Dorf.

Bis der Frühling die Judasbäume erblühen ließ, waren die Exekutionen genausosehr Teil des Dorflebens geworden wie früher die Propagandaversammlungen.

PEDOMASOMA ist ein zusammengesetztes Wort, das „Einsammeln der Kinder" bedeutet. Es wurde im März 1948 in den griechischen Wortschatz aufgenommen, als die Provisorische Kommunistische Regierung eine neue Maßnahme über den Rundfunk verkündete: Alle Kinder in den besetzten Gebieten Nordgriechenlands zwischen drei und vierzehn Jahren sollten gesammelt und in jene „Volksdemokratien" hinter dem Eisernen Vorhang geschickt werden, die sich erboten hatten, sie aufzunehmen. Es hieß, diese Entscheidung sei getroffen worden, um die Kinder in den Kriegsgebieten vor den Grausamkeiten der faschistischen Soldaten zu schützen: vor dem Hunger durch Vernichtung der Ernte, vor Bombardierungen und Plünderungen.

Außerdem würde die Tatsache, daß ihre Kinder als Geiseln in Ländern des kommunistischen Ostblocks lebten, die Loyalität der in den Gebirgsdörfern zurückgebliebenen Eltern garantieren.

Die Entführung der Kinder war der Tropfen, der das Faß zum Überlaufen brachte: Die Bewohner der besetzten Dörfer wandten sich gegen die Partisanen, und diese verloren die breite Basis der Unterstützung durch das Volk.

Bis Ende 1948 waren über 28 000 griechische Kinder ihren Eltern entrissen und in auf den ganzen Ostblock verteilten Lagern untergebracht worden. Aus den Murganadörfern wurden dreihundert Kinder nach Albanien, Bulgarien und Jugoslawien geschickt. Viele kehrten nie zurück.

Das Programm war anfangs tatsächlich freiwillig; nach einem Monat jedoch waren aus ganz Griechenland nur 1100 Kinder von ihren Eltern freiwillig in die Lager hinter dem Eisernen Vorhang geschickt worden. Die Partisanen hatten nicht mit der tief verwurzelten Tradition der griechischen Familiensolidarität gerechnet. Sogar nach acht Jahren Krieg und Hungersnot konnte man die Frauen der Gebirgsdörfer nicht dazu überreden, ihre Kinder fremden Menschen in fremden Ländern zu überlassen. Schließlich beschlossen die Partisanen, beim Einsammeln der Kinder müßten strengere Maßnahmen getroffen werden.

Anfang April 1948 verkündete der Ausrufer in Lia über sein Megaphon eine Aufforderung, die bei den Dörflern Erregung auslöste: „Alle Mütter mit Kindern zwischen drei und vierzehn Jahren haben sich sofort in der Dreifaltigkeitskirche einzufinden!"

Im Gegensatz zur Wärme des sonnigen Frühlingstags draußen war es im Innenraum der Kirche dumpfig und kühl. Seit der Priester geflohen war, hatte es keinen Gottesdienst mehr gegeben. Die Frauen drängten sich in der Frauenabteilung im Hintergrund zusammen, doch eine junge Andartina in Uniform winkte die Frauen zu sich nach vorn.

„Mütter von Lia", rief sie ihnen zu, „wir haben euch hier zusammengeholt, weil eure Kinder sich in Gefahr befinden!"

Ganz still wurde es in der Kirche. „Die Angriffe der Faschisten auf dieses Dorf werden weitergehen", fuhr die Andartina fort. „Wenn eure Kinder nicht durch eine Kugel oder eine Bombe sterben, werden sie langsam verhungern." Sie machte eine dramatische Pause. „Wir haben euch hier zusammengerufen, um euch mitzuteilen, daß alle Volksdemokratien, darunter unsere Nachbarn Albanien, Jugoslawien und Bulgarien, sämtliche Kinder aufnehmen werden, deren Eltern dieses Papier unterschreiben. Sie werden für sie sorgen, ihnen zu essen geben, sie neu einkleiden und sie ausbilden, damit sie Ärzte, Ingenieure, Offiziere werden. Und wenn der Krieg aus ist und im ganzen Land die rote Fahne weht, werden sie zu euch zurückkehren, gesund, glücklich und bereit, ihren Platz im neuen Griechenland einzunehmen."

Es dauerte einen Moment, bis die Dörflerinnen begriffen, was die Andartina da sagte. Dann tauschten sie erschrockene Blicke.

Die Andartina fuhr voll Begeisterung fort: „Ich möchte euch bitten, einzeln vorzutreten und mir die Namen und das Alter eurer Kinder zu nennen. In einem Monat ungefähr werden sie dann ihr neues Leben beginnen. Also, wer kommt zuerst?"

Eleni zwang sich, ruhig zu bleiben. Ihre Kinder waren zu Hause, unter der Aufsicht von Nitsa und Megali, und diese junge Frau hatte lediglich nach Freiwilligen gefragt. Wenn sich keine meldeten, würde sie ihren Irrtum einsehen und sie heimgehen lassen.

„Warum zögert ihr?" fragte die junge Frau. „Ihr dürft euch nicht an eure Kinder klammern und sie aus Sentimentalität dem Tod ausliefern! Ich werde euch jetzt einzeln aufrufen." Ihr am nächsten stand Xantho Venetis, die Frau des Böttchers, die ihren dreijährigen Sohn an der Hand hielt. „Genossin Xantho, wirst du deinen Kindern die Chance zu einem Leben ohne Angst geben?"

Die verhärmte Frau antwortete spontan: „Keine von uns wird ihre Kinder hergeben!" Ein erschrockenes Gemurmel ging durch den Raum: Xantho hatte sich voreilig angemaßt, für die gesamte Gruppe zu sprechen. Die Andartina musterte sie und notierte etwas auf ihrem Zettel.

Die Frauen warteten in der Hoffnung, Xanthos trotziger Widerstand werde nicht den Zorn der Partisanen auf sie alle herabbeschwören. Ein lautes Schluchzen durchbrach die Stille, und als sie sich umdrehten, sahen sie Calliope Bardaka, die sich eilig nach vorn drängte.

„Ich bin die erste!" rief Calliope weinend. „Mein Mann ist von den Faschisten umgebracht worden, und ich will nicht, daß meinen Kindern dasselbe geschieht. Ich will die erste Mutter sein, die sie dem Schutz unserer Partei unterstellt!"

Die junge Andartina legte ihr den Arm um die Schultern, notierte die Namen der beiden Bardakakinder und zeigte Calliope, wo sie unterschreiben mußte.

Als Calliope an ihren Platz zurückkehrte, ertönte eine andere Stimme, rauh vor Verzweiflung: „Nehmt meine Kinder – alle, bis auf das kleinste!" Die Frauen erkannten, daß Nakova Daflaki gesprochen hatte, die letzte, von der sie diesen Schritt erwartet hätten. Nakovas Mann war beim Anrücken der Partisanen vor der sicheren Exekution geflohen. Diese rächten sich, indem sie Nakova mitsamt ihren vier kleinen Kindern aus ihrem Haus vertrieben und all ihre Lebensmittel beschlagnahmten. Seither schlief die Familie in einem Heuschuppen. Und jetzt lieferte Nakova ihre Kinder ebenden Männern aus, die sie verfolgt hatten.

Nachdem Nakova das Papier unterschrieben hatte, trat ein gespanntes Schweigen ein. „Diese selbstlosen Genossinnen haben euch ein Beispiel gegeben", erklärte die Andartina. „Wer will ihm folgen?"

Die Frauen traten von einem Bein aufs andere; die junge Partisanin wurde immer ungeduldiger. „Geht jetzt nach Hause und denkt gründlich darüber nach, was das beste für eure Kinder ist", sagte sie schließlich. „Wenn ihr sie aufrichtig liebt, werdet ihr sie gehen lassen."

Beim Verlassen der Kirche mieden die Frauen betont die beiden, die ihre Kinder hatten eintragen lassen. In dieser Nacht wachte Eleni mehrmals auf und streckte im Dunkeln die Hand aus, um sich zu vergewissern, daß Nikola noch an ihrer Seite lag.

Trotz aller Hausbesuche der Partisanenpropagandisten waren bis Ende April nur ein Dutzend Kinder freiwillig für das Verschickungsprogramm gemeldet worden. Das war recht peinlich für die Politkommissare, und wenn das Zentralkomitee die Zahl der gemeldeten Kinder aus dem Murganagebiet zu sehen bekam, würde es noch peinlicher für Kostas Koliyiannis werden, den Politkommissar für das Epiruskommando, dem die letzte Verantwortung für die reibungslose Mitarbeit der Zivilisten zufiel.

Eines Tages saß Nikola in seinem Geheimversteck, dem Bohnenfeld unterhalb des Haidishauses, als er plötzlich den Hufschlag von Pferden hörte. Neugierig spähte er zwischen den Bohnenstangen hindurch und sah vom Dorfplatz her zwei Reiter den Pfad entlangkommen, der am Bohnenfeld vorbeiführte.

Als sich die Reiter näherten, erkannte er in dem einen Sotiris Drapetis, den Chef der Sicherheitspolizei mit dem kalten Blick, der sie aus ihrem Haus vertrieben hatte. Der andere Mann war Nikola fremd; an der unterwürfigen Art, mit der Sotiris ihm zuhörte, erkannte er jedoch, daß es ein hoher Offizier sein mußte.

Der Offizier schien Sotiris Vorwürfe zu machen. „Ein Dutzend Kinder aus Lia ist einfach nicht genug", sagte er gerade. „Der Erfolg dieses Programms ist von höchster Bedeutung! Das Prestige sämtlicher Ostblockstaaten hängt davon ab."

„Wir haben alles versucht und ihnen als Anreiz sogar Essen unter die Nase gehalten", verteidigte sich Sotiris. „Aber es handelt sich hier um primitive Bauersfrauen, die sich von vernünftigen Argumenten nicht beeinflussen lassen."

„Ob sie die Kinder freiwillig aufgeben oder nicht, ist gleichgültig", gab der Offizier barsch zurück. „Sie *werden* sie aufgeben. Und du hast die Aufgabe, sie dazu zu zwingen – wie, ist mir egal."

Als sich der Hufschlag langsam entfernte, lief Nikola hastig zum Haus hinauf.

„Sie wollen mich holen, Mama", weinte er und warf sich in Elenis Arme. „Ich habe es gehört! Sie wollen mich holen, ob du mich hergeben willst oder nicht!"

Es dauerte eine Weile, bis Eleni ihn so weit beruhigt hatte, daß sie verstehen konnte, was er sagte. Er klammerte sich an sie, den Kopf an ihrer Brust verborgen. Als sie schließlich begriff, was Nikola von den beiden Reitern gehört hatte, wußte sie, daß ihre Gebete nicht erhört worden waren. Stets hatte sie versucht, die Partisanen freundlich zu stimmen, doch jetzt wurde ihr klar, daß sie alle vernichtet werden würden.

Jetzt konnte sie ihnen nicht mehr nachgeben, sondern mußte ihnen trotzen.

links: Eleni, Nikola und sein Onkel Foto; rechts: (obere Reihe) Glykeria, Tante Nitsa, Kanta, Olga; (untere Reihe) Fotini, Eleni, Nikola (v.l.n.r.)

Eleni drückte ihren Jungen an sich. In ihren Augen stand Entschlossenheit. „Still, mein Liebling", murmelte sie. „Du brauchst keine Angst zu haben. Niemand wird dich mir je wegnehmen."

10

Eleni beschloß, ihrer aller Leben aufs Spiel zu setzen, indem sie versuchen wollte, die Familie aus der besetzten Zone hinauszubringen, bevor die Partisanen sie auseinanderrissen. Also begann sie etwas zu planen, was sonst kein Mensch in dem halben Dutzend Murganadörfer wagte: die Flucht der gesamten Familie.

Es war ihr klar, daß sie das Dorf mit ihrer Familie nicht verlassen konnte, ohne von den Partisanen gesehen zu werden oder in ein Minenfeld zu geraten, wenn sie nicht irgendwie Hilfe bekam. Sie mußte einen Mann in ihren Plan einweihen, der alles über die Partisanenpatrouillen in Erfahrung bringen konnte, ohne Verdacht zu erregen; einen Mann, der mit den Wegen durch die Vorberge vertraut war und der wußte, wo die Minenfelder lagen. Aber es mußte auch ein Mann sein, dem Eleni vertrauen konnte.

Es lebten nur noch wenige Männer im Dorf, und diese hielten entweder treu zu den Partisanen oder waren alt und gebrechlich. Nach langem Überlegen kam Eleni zu der Erkenntnis, daß der einzige Mann im Dorf, der alle Anforderungen zu erfüllen schien, Lukas Ziaras war. Lukas galt zwar als Taugenichts, aber er war mit einer Kusine von Eleni verheiratet und dadurch mit ihr verwandt. Und sie hatte das Gefühl, daß er sie trotz seiner Geschwätzigkeit nicht an die Sicherheitspolizei verraten würde.

Wie Eleni wußte, hatte sich Lukas stets über sein ärmliches Dasein als Kesselflicker geärgert, und sie vermutete, die Vorstellung, eine Flucht zu leiten, würde ihm schmeicheln; denn wenn der Versuch gelang, würde er in allen Murganadörfern berühmt werden. Außerdem wußte sie, daß Lukas trotz seiner Fehler seine sechs Kinder liebte und sie nicht durch die Pedomasoma verlieren wollte.

Vor allem eignete sich Lukas aber zum Führer bei der Flucht, weil er mit seiner Familie in einem der südlichsten Häuser des Dorfes lebte, unmittelbar neben der Ruine der Marienkirche, wo sich ein Beobachtungsposten der Partisanen befand. Dadurch kannte er die Pfade, die durch die Vorberge führten, und hatte zweifellos gesehen, wo die Minen gelegt worden waren. Auch konnte er gegen Abend, ohne Verdacht zu erregen, einen Spaziergang zur Kirche machen, die

Partisanen in ein Gespräch verwickeln und sie aushorchen, wohin sie die Patrouillen in dieser Nacht schicken würden.

Was Lukas' Frau betraf, so vertraute Eleni ihr vorbehaltlos. Soula Haidis Ziaras war eine gutmütige, geduldige Frau, die ganz in der Sorge für ihre Kinder aufging. Eleni machte sich auf den Weg zum Haus der Ziaras und betete stumm, daß Lukas ihrem Plan zustimmen werde.

Lukas hielt sich im Garten auf, wo er lustlos einen Topf flickte. Er war erstaunt über Elenis Besuch und sprang auf, um sie zu begrüßen. Als Eleni ihm erklärte, sie wolle mit ihm und seiner Frau allein sprechen, drückte seine Miene Argwohn, Angst und Neugier aus.

In der Küche bereiteten Soula und ihre Tochter Marianthe Gemüse zu. Lukas befahl Marianthe, die Erwachsenen allein zu lassen.

„Ich werde euch mein Herz öffnen, weil wir eines Blutes sind", begann Eleni leise. „Doch ganz gleich, was ihr von dem haltet, was ich euch jetzt sagen werde, ihr müßt das Kreuz küssen und mir versprechen, mit niemandem darüber zu reden, denn das könnte für mich und meine Kinder der Tod sein."

Das Ehepaar hörte schweigend zu, als Eleni das Gespräch wiederholte, das Nikola belauscht hatte. „Sie werden uns die Kinder mit Waffengewalt nehmen, ob wir es wollen oder nicht", schloß Eleni. „Ich will mit meiner Familie fliehen, aber ich brauche einen Mann, der uns führt und der die Gewohnheiten der Partisanen und die Wege durch die Minenfelder kennt." Sie wandte sich an Lukas. „Deswegen bin ich zu euch gekommen."

„Wir haben auch schon daran gedacht, Eleni", flüsterte Soula, doch Lukas bedachte sie mit einem vernichtenden Blick. Der kleine Mann schritt stumm auf und ab und tat großspurig, als denke er nach.

Eleni setzte hinzu: „Wenn du es schaffst, uns alle zusammen lebend auf die andere Seite zu bringen, werde ich von Filiates aus an Christos telegrafieren, daß er dir tausend Dollar überweisen soll."

Bei dieser Summe wurden die kleinen Augen des Kesselflickers groß. Er blieb stehen und reichte Eleni die Hand. „Unsere Kinder sind das einzige, was zählt", flüsterte er. Er werde sich um alles kümmern. Man müsse eine Nacht mit abnehmendem Mond wählen. Bis dahin sei es vor allem wichtig, daß die Familien nichts täten, was Verdacht erregen könne. Eleni dürfe nicht noch einmal zu ihnen kommen. Sie müsse jeden Vormittag auf ihrem Bohnenfeld arbeiten, wo Soula sie aufsuchen werde, um ihr das von ihm festgesetzte Datum des Fluchttages mitzuteilen. An dem Tag müsse Eleni dann, sobald es dunkle, ihre Familie jeweils zu zweit auf verschiedenen Wegen zu der inzwischen verlassenen Haidismühle in die Schlucht hinabschicken, wo sie sich im Keller treffen würden. Wenn alle versammelt seien, würden sie die Schlucht entlangschleichen und von dort, wo sie in die Vorberge einmünde, geradewegs zum großen Bergrücken hinübermarschieren.

Lukas redete hektisch. Eleni hörte ihm mit wachsender Besorgnis zu. Schließlich ermahnte sie ihn streng: „Vergiß nicht, Lukas, dies betrifft ausschließlich unsere beiden Familien! Du darfst keinem anderen etwas davon erzählen, weder deinem Bruder noch deinen Eltern oder deiner Schwägerin. Ein einziges unbedachtes Wort könnte die Katastrophe für uns bedeuten."

Lukas sah sie vorwurfsvoll an. Er war schließlich ein Mann, nicht wahr, und der Leiter der Expedition.

Später rief Eleni ihre Familie zusammen und erklärte allen den Plan. Daß Nikola und Fotini sie verraten könnten, befürchtete sie nicht: Die Kinder in den griechischen Dörfern begriffen schon sehr früh, daß das Leben die Familie gegen den Rest der Welt stellte, und hüteten Familiengeheimnisse genauso eifrig wie die Eltern.

Niemand hatte Einwände gegen Elenis Plan. Sogar Großmutter Megali sah ein, daß ihnen keine andere Wahl blieb, obwohl sie weinte, weil sie ihr Haus verlassen mußte. Nitsa jammerte, das Trauma der Flucht werde bestimmt zu einer Fehlgeburt führen, wies aber Elenis Vorschlag, doch hierzubleiben, hastig zurück.

Im Lauf der folgenden Tage wurden sie alle aufgrund der Nervenbelastung immer reizbarer. Eleni ging jeden Morgen aufs Bohnenfeld, aber von Soula Ziaras war nichts zu sehen. Während sie arbeitete, rekapitulierte sie immer wieder den Ablauf der Flucht. Sie wünschte sich einen besonnenen und zuverlässigen Menschen, mit dem sie ihre Verantwortung teilen konnte, und sie dachte an ihre Schwägerin Alexo. Seit Alexos Ehemann Foto vor den Partisanen nach Filiates geflohen war, lebte sie mit ihrer elfjährigen Tochter allein im Haus. Zwei von Alexos verheirateten Töchtern, Athena und Arete, wohnten anderswo im Dorf, und die übrigen sechs erwachsenen Kinder lebten im von den Partisanen unbesetzten Teil Griechenlands.

Eleni beschloß, Alexo auf die Flucht mitzunehmen. Als sie Alexos Haus erreichte, ihr herzliches Begrüßungslächeln sah und von ihren starken Armen umfangen wurde, wußte sie, daß ihre Entscheidung richtig gewesen war. Doch nachdem Alexo sie angehört hatte, schüttelte sie den Kopf. „Ich kann Athena nicht allein hier im Dorf lassen. Sie ist im achten Monat schwanger", erklärte sie. „Und in diesem Zustand würde sie den anstrengenden Marsch nicht überstehen." Einen Moment schwieg Alexo bedrückt. „Nimm doch an meiner Stelle Arete mit!" flüsterte sie. Arete war ihre älteste, kinderlose Tochter. „Die werden sie bestimmt als Andartina rekrutieren, wenn sie nicht fortgeht. Ich werde bleiben und Athena bei der Geburt beistehen – einer alten Frau wie mir werden sie nichts tun."

Eleni zögerte. Arete war leicht erregbar und nervös; außerdem war sie nicht das intelligenteste von Alexos Kindern. Aber, überlegte Eleni, sie war jung und stark und konnte unterwegs Megali oder einem der Kinder helfen.

Am Sonntag trugen Eleni, Olga und Nitsa drei riesige Kupferwaschkessel voll Kleider auf das Haidis-Bohnenfeld zu einem kleinen Graben, der das Wasser der nahe gelegenen Quelle zum Bewässern der Felder auffing. Unter den Kleidern hatte Eleni einen Teil der Familienschätze versteckt: einzelne Stücke von Olgas Aussteuer, einige von Christos' besten Anzügen, den goldenen Krug und das Taftkissen aus Konstantinopel.

Eleni nahm die alten Kleider herunter und trug sie zum Bewässerungsgraben. Olga und Nitsa nahmen Hacke und Schaufel, begaben sich zwischen die Reihen der Bohnenstangen und taten, als lockerten sie den Boden, während sie in Wirklichkeit Löcher gruben, die groß genug für die Kessel waren. Eleni wusch die Kleider. Als alles bereit war, versenkten die drei Frauen die Kessel mit dem Familienschatz in die Löcher, legten wasserdichte Segeltuchplanen darüber, schaufelten die Löcher zu und pflanzten wieder Bohnen darauf.

Als Eleni ungefähr eine Woche nach ihrem Besuch bei den Ziaras auf dem Bohnenfeld arbeitete, sah sie Soula den Weg heraufkommen. Ihr wurde der Mund trocken.

Aus einiger Entfernung rief Soula ihr zu: „Hast du noch Bohnen übrig? Ich hab nichts zu essen für die Kinder."

„Es sind noch reichlich Bohnen da!" rief Eleni zurück. „Komm und hol dir, soviel du willst." Während die beiden Frauen sich nach den Bohnen bückten, wisperte Soula: „Heute abend, sobald es dunkel wird! Sei vorsichtig, daß dich niemand sieht, wenn du zur Mühle runtergehst."

Nach der endlosen Qual des Wartens schien jetzt die Zeit plötzlich nicht mehr zu reichen. Eleni schickte Glykeria zu Arete. Und bevor das letzte Licht im Westen erlosch, mußte Olga im Keller die Tiere füttern, damit sie die Nacht hindurch ruhig blieben.

Nitsa, Megali und Glykeria gingen als erste los. Während die drei in der kühlen, sternklaren Nacht durchs Bohnenfeld und hinab in die

Schlucht liefen, begann Eleni stumm bis hundert zu zählen und schickte dann Olga, Kanta und Fotini auf den Weg. Eleni selbst ergriff Nikolas Hand und spürte, wie kalt und winzig sie war. Sie sah ihn an, und er erwiderte ihren Blick ruhig.

Eleni schloß die Haustür ab. Ihre Augen gewöhnten sich rasch an die Dunkelheit. Links lag das undurchdringliche Schwarzgrün der Schlucht. Als Eleni schon fürchtete, sie hätte sich verlaufen, tauchte vor ihnen plötzlich die rechteckige Masse der Haidismühle aus der Dunkelheit auf.

Im finstersten Teil der Schatten hörte Eleni einen Laut, erkannte jedoch sofort Arete, die bereits auf sie wartete. Megali, Nitsa und Glykeria näherten sich unüberhörbar von der anderen Seite. Eleni seufzte: Es lag in Gottes Hand.

Sie zog einen Schlüssel aus der Tasche, öffnete die Tür zum Keller der Mühle und scheuchte ihre Familie hinein. Dort hockten sie eng aneinandergeschmiegt im Dunkeln, bis es an die Tür klopfte: zweimal laut und zweimal leise. Als erste kam Soula, ihr Baby im Tragbeutel auf dem Rücken, anschließend folgte der Rest der Familie. Den Schluß bildete Lukas, der vor Erregung sichtbar zitterte.

Eleni entzündete die einzige Kerosinlampe in diesem riesigen fensterlosen Raum und betrachtete die verängstigten Gesichter der Flüchtlinge. Lukas belehrte sie im Flüsterton, die erste Marschetappe sei die gefährlichste, denn da seien sie noch in Hör- und Sichtweite der Partisanenwachtposten. Sobald sie die Vorberge erreicht hätten, brauchten sie sich nur noch vor umherstreifenden Partisanenpatrouillen und Tretminen in acht zu nehmen. Eleni bekreuzigte sich, und die anderen machten es ihr nach. Sie waren bereit.

Lukas bestimmte, daß Kanta und seine Tochter Marianthe als ehemalige Andartinas die Vorhut bilden und bei den Feldern von Foto Gatzoyiannis warten sollten. Der Rest der Gruppe verließ ein paar Minuten später gemeinsam die Mühle. Lukas übernahm die Führung, die anderen folgten im Gänsemarsch.

Als sie in die Schlucht hinabstiegen, fuhr ihnen ein heftiger Windstoß entgegen, der das Baby weckte. Es fing an zu schreien. Soula begann hastig an den Knöpfen ihres Kleides zu zerren, weil sie ihm die Brust geben wollte, aber es ließ sich dadurch nicht ablenken und schrie mit jedem Atemzug lauter. Lukas kam zu ihnen zurückgehetzt. „Frau", zischte er, „halt ihm den Mund zu!" Soula gehorchte, und auf einmal herrschte Stille. Sie hatte Mühe, das Kind zu halten. Der Junge wand sich wie ein Aal.

„Ich kann's nicht tun, er stirbt mir weg!" schluchzte Soula und ließ los. Sekundenlang nur dauerte die Spannung – bis der Junge wieder Luft geholt hatte und doppelt so laut losschrie wie zuvor.

„Rasch, alle in die Mühle zurück!“ keuchte Lukas.

Sie hasteten die Schlucht hinauf und wähnten schon die Partisanen auf ihren Fersen. Als sie wieder im Keller waren, zündeten sie die Lampe an und starrten auf das winzige Bündel Mensch, das es sich in den Kopf gesetzt hatte, sie zu vernichten.

„Gib ihn her, ich erwürge den Kerl!“ Jeden Zwischenfall hatte Lukas vorgesehen, nur diesen nicht, und nun raubte der eigene Sohn ihm Freiheit, Geld und Ruhm. Er griff nach dem Baby, doch Soula wich zurück und hielt das Kind schützend an sich gepreßt. „Wir müssen an die anderen denken!“ sagte Lukas fast unter Tränen. „Was ist *ein* Leben gegen fünfzehn?“

„Wie können wir weiterleben, wenn wir den Tod des Jungen auf dem Gewissen haben?“ hielt Eleni ihm vor. „Wir werden umkehren! Der Junge wird jetzt doch nicht mehr aufhören. Nichts ist verloren, solange wir nach Hause zurückkehren können, ohne daß jemand unsere Abwesenheit bemerkt hat. In ein bis zwei Tagen werden wir's noch mal versuchen, und dann werden wir ihm vorher etwas zum Schlafen geben.“

Ihre Worte brachen den Bann, der die anderen gelähmt hatte. „Aber natürlich!“ riefen sie. Sie würden nach Hause gehen und es später noch einmal versuchen.

Beim zweiten Fluchtversuch, zwei Wochen später, waren Eleni und ihre Familie kaum zur Haustür hinausgeschlüpft, als sie feststellen mußten, daß das Wetter umschlug. Die Luft war kalt und klamm, und von den Vorbergen wälzte sich Nebel herauf. Die ganze Welt schien in Watte gepackt zu sein. Sich an der Hand seiner Mutter festklammernd, stolperte Nikola in die Schlucht hinab. Endlich stießen sie auf die Hausmauer der Mühle und tasteten sich vorsichtig bis zur Tür.

Sie waren die ersten, doch gleich darauf klopfte es. Schemenhafte Gestalten erschienen im Türrahmen und brachten weiße Schwaden herein, die ihnen an Kleidern und Haaren hafteten: Lukas Ziaras mit Frau und Kindern und schließlich Arete. Nikola spürte, wie seine Mutter erstarrte, als noch weitere Gestalten in der Tür auftauchten, die nicht zu ihrer Gruppe gehörten. Es war eine Frau mittleren Alters mit zwei jungen Mädchen, die beide vor Angst weinten. Eleni erkannte sie. Es war die leicht erregbare Alexandra Drouboyiannis. Eleni sagte: „Lukas, ich muß dich draußen sprechen!“

Nikola schlich den beiden in dem dichten Nebel nach. „Was haben

Alexandra und ihre Töchter hier zu suchen?" fragte Eleni. „Du hast mir versprochen, niemandem etwas davon zu sagen!"

Lukas keuchte vor Schuldbewußtsein. „Ihr Mann ist mein bester Freund!" winselte er. „Seine älteste Tochter haben sie schon zu den Andartinas geholt, und nun wollen sie die anderen beiden für die Pedomasoma. Wenn ich seine Familie zurückließe, könnte ich ihm nie mehr ins Gesicht sehen!"

„Damit hast du uns vielleicht ins Grab gebracht. In diesem Nebel können wir unmöglich gehen. Wir müssen es noch einmal aufschieben. Alexandra hat eine Tochter bei den Partisanen; und die anderen beiden sind hysterisch. Glaubst du wirklich, man kann ihnen vertrauen, nachdem sie jetzt so viel wissen?"

„Vielleicht ist es uns nicht bestimmt davonzukommen, Eleni", sagte Lukas. „Bis jetzt ist alles schiefgelaufen. So ist es mir immer ergangen im Leben. Das ist mein gottverdammtes Pech!"

Nikola trat zu seiner Mutter. Er zitterte. Eleni, die seine Angst spürte, zog ihn fest an sich.

„Du kannst bleiben oder gehen, ganz wie du willst", erklärte sie. „Ich aber werde es weiter versuchen – bis wir in Freiheit sind oder tot."

Lukas schwieg lange; dann antwortete er demütig: „Ich habe versprochen, daß ich euch führe, Eleni, und mein Versprechen halte ich!"

„Wie du willst", gab Eleni zurück. „Wir müssen es nur bald wieder versuchen, sonst ist es zu spät. Das nächstemal wirst du die Drouboyiannisfrauen nicht mitbringen. Du sagst ihnen nicht mal was davon, daß wir gehen! Du siehst doch selbst, daß sie uns verrückt machen, noch ehe wir überhaupt aufgebrochen sind."

Aus dem weißen Nebel kam Lukas' Antwort: „Ich werde ihnen nichts sagen." Er kehrte in die Mühle zurück, um die anderen nach Hause zu schicken. Eleni beugte sich zu ihrem Sohn hinab und flüsterte ihm ins Ohr: „Das nächstemal schaffen wir's. Das verspreche ich dir!"

Am nächsten Morgen kam Angeliki Botsaris mit der Nachricht, daß die Partisanen im Schutz des Nebels ein halbes Dutzend Stoßtrupps ausgeschickt hatten, um Stellungen der Regierungsarmee zu überfallen. Eleni hob den Blick zum Hausaltar in der Ecke. Wären sie nicht umgekehrt, sie wären ihnen zweifellos in die Arme gelaufen. Dies mußte ein Zeichen sein, daß Gott sie beschützte.

Gegen Mittag erschien ein zweiter Besucher. Es war der alte, etwas einfältige Ausrufer von Lia. Er war in Begleitung von zwei Partisanen und teilte Eleni mit, die Volksarmee brauche aus jedem Haushalt eine Frau zum Arbeitsdienst. Spiro Michopoulos, der Dorfvorsteher, habe vierzig Frauen angefordert, die in den umliegenden Dörfern bei der Heu- und Weizenernte helfen sollten. Die Frauen hätten sich innerhalb von drei Stunden bei der Verpflegungsstelle zu melden.

Eleni versuchte, ihre Panik zu verbergen. „Warum so schnell?" fragte sie. „Unser eigener Weizen ist auch so weit, daß wir ihn ernten müssen, und jene, die zum Arbeitsdienst gehen, müssen sich doch erst darauf vorbereiten. Ist morgen denn nicht früh genug?"

„Nein, heute!" sagte einer der Partisanen.

Eleni erklärte ihrer Familie, was die Partisanen verlangten, und sah von einem tiefernsten Gesicht zum anderen. Ihr Blick blieb an der schwerfälligen Figur ihrer Schwester hängen. „Wenn du gehst", wandte sie sich an Nitsa, „werden sie dich zurückschicken, sobald sie deinen Zustand entdecken, und wir können immer noch alle zusammen fliehen."

„Ha!" fuhr Nitsa erbost auf. „Fünfundzwanzig Jahre lang habe ich um ein Kind gebetet, und im Herbst meines Lebens hat Gott an mir ein Wunder getan. Soll ich das Leben meines ungeborenen Kindes aufs Spiel setzen, nur damit du die Deinen retten kannst?"

„Ich werde gehen!" sagte Olga. „Mein Fuß ist inzwischen wieder gesund, und ich könnte allein von dort fliehen."

„Auf gar keinen Fall!" rief Eleni. „Wenn du gehst oder Kanta, werden sie euch nie wieder fortlassen. Sobald die Ernte vorbei ist, werden sie euch zu den Andartinas stecken. Und überlegt doch mal, was die Partisanen euch antun würden, wenn wir fliehen!"

Alle saßen schweigend da, bis eine kleine Stimme piepste: „Laß mich gehen, Mutter."

Alle wandten sich der vierzehnjährigen Glykeria zu.

„Ich bin zu jung für die Andartinas und zu alt für die Pedomasoma", fuhr Glykeria fort. „Kein Partisan würde mir Gewalt antun wollen, und wie Olga schon sagte, könnte ich allein von dort fliehen." Sie schluckte, als sie daran dachte, wie sie sich immer beschwert hatte, wenn sie bei der Ernte helfen sollte.

Die anderen starrten sie verblüfft an, doch Eleni wußte, daß sie recht hatte. Glykeria, knapp ein Meter fünfzig groß, war noch zu jung, um die Partisanen zu interessieren. Und bei körperlichen Arbeiten war sie so hoffnungslos ungeschickt, daß sie bestimmt sofort als unbrauchbar nach Hause geschickt würde. Beide Arme streckte Eleni nach der Tochter aus, die ihr immer die größten Sorgen gemacht hatte. „Mein Kind!" rief sie gerührt. „So wäre es tatsächlich am besten. Du bist ein tapferes Mädchen! Keine Angst, wir gehen nicht ohne dich. Wir warten, bis du wieder da bist."

Eilig begann Eleni mit den Vorbereitungen für den langen Marsch ihrer dritten Tochter. Sie kämmte ihr das Haar und flocht es zu zwei goldblonden Zöpfen. Anschließend packte sie ein paar Lebensmittel in einen Stoffbeutel, zog die Tochter vor den kleinen Altar und besprengte sie mit Weihwasser. Eleni flehte den heiligen Athanasios an, ihre Tochter bald wieder zu ihr zurückzugeleiten.

WÄHREND der ersten Juniwochen wurde das drohende Verhängnis der Pedomasoma für die Einwohner von Lia traurige Wirklichkeit: Die erste Kindergruppe wurde verschickt. Eines Tages, als die Berghänge mit Krokussen übersät waren, wurden die Kinder, die von ihren Eltern freiwillig gemeldet worden waren, in einem bunten Festzug davongeführt.

Es waren über zwanzig Kinder im Alter von drei bis vierzehn Jahren in Begleitung von zwei „Aufsichtspersonen", die sie nach Albanien bringen sollten. Bei diesen Aufsichtspersonen handelte es sich ebenfalls um Dorfkinder, die kaum älter waren, sich in ihren Partisanenuniformen aber sehr wichtig vorkamen. An der Spitze des Zuges schritt Lias berühmtester Partisan, Spiro Skevis. Und den Schluß bildete ein Schwarm weinender Frauen. Es ging das Gerücht, daß in den nächsten Tagen schon ein zweiter Zug zusammengestellt und fortgeschickt werden sollte.

Zu denen, die durch diese Ereignisse verbittert waren, gehörte auch Tassi Mitros. Die Mühle des alten Tassi war die einzige, die noch arbeitete. Die Partisanen zwangen seine Familie, tagtäglich bis in die Nacht hinein das Mehl zu produzieren, das sie für ihre Truppe brauchten.

Tassis siebzehnjähriger Sohn Gakis war als Andarte rekrutiert worden, hatte es aber geschafft, wegen einer Rückenverletzung vorläufig entlassen zu werden. Nun erfuhr der Müller, daß sein Sohn die nächste Kindergruppe begleiten und dann, sobald er Albanien erreichte, vermutlich wieder rekrutiert werden sollte. Und Tassis jüngster Sohn Niko, der zwölf Jahre alt war, sollte mit der nächsten Kindergruppe verschickt werden.

Tassi fahndete nach einer Möglichkeit, die Jungen zu retten. Er vertraute sich seinem Schwager Lukas Ziaras an, der ihm die beiden mißlungenen Fluchtversuche sofort in allen Einzelheiten schilderte.

„Sei froh, daß sie mißlungen sind!" fuhr Tassi auf. „Es wäre nämlich idiotisch, die Schlucht als Fluchtweg zu benutzen. Denn an der Stelle, wo sie ausläuft, müßtet ihr die frisch abgeernteten Felder überqueren, und die Wachtposten würden euch sofort entdecken!"

„Und welchen Ausgangspunkt solltet wir deiner Meinung nach nehmen – den Dorfplatz?" gab Lukas zurück.

„Euer eigenes Haus!" erwiderte der Müller.

„Aber das ist nur fünfzig Meter vom Hauptbeobachtungsposten entfernt!"

„Unmittelbar unterhalb deines Hauses liegt ein Stück Land voller Gestrüpp, das von Gräben durchzogen ist. Und darunter ein noch nicht abgeerntetes Weizenfeld. Sobald ihr dieses Feld hinter euch habt, seid ihr praktisch schon im Wald – außer Sicht- und Schußweite. Das nächstemal werde ich euch mit meiner Familie begleiten und dir zeigen, wo's lang geht."

Lukas mußte zugeben, daß Tassis Plan besser war als der seine.

Während die beiden Männer die Einzelheiten dieses neuen Plans ausarbeiteten, machte sich Soula Ziaras zu Eleni auf, um ihr zu sagen, daß sie nicht länger auf Glykerias Rückkehr warten könnten. Sie müßten in spätestens drei Tagen aufbrechen. „Wie Lukas hörte", flüsterte sie Eleni im Bohnenfeld zu, „werden die Kinder in der nächsten Woche abgeholt."

Elenis Hände zitterten so sehr, daß sie die Bohnen fallen ließ, die sie gepflückt hatte. Sie konnte es nicht ertragen, Glykeria zurückzulassen, die aus Rache für die Flucht ihrer Familie geschlagen und ins Gefängnis geworfen oder in die vorderste Kampflinie geschickt werden würde.

„Kommt ihr nun mit oder nicht?" wollte Soula wissen. „Wir müssen am Sonntag aufbrechen!"

Eleni nickte nur.

„Gut! Wir haben einen neuen Plan. Wir werden von unserem Haus aus aufbrechen. Sobald es dunkel wird, schickst du deine Familie – immer zwei und zwei – zu uns hinunter. Lukas hat alles genau überlegt."

Während der nächsten beiden Tage wartete Eleni voller Verzweiflung auf die Rückkehr ihrer Tochter, während die Familien Ziaras und Mitros bereits ihre Vorbereitungen trafen.

Am frühen Samstagmorgen, dem Tag vor ihrer Flucht, ging Soula mit ihrer Tochter Marianthe aufmerksam den Pfad entlang, den sie durch ihre Felder einschlagen würden. Sie räumten jeden Stein und Zweig aus dem Weg, über den jemand stolpern und dadurch Lärm machen konnte.

Als sie nach Hause zurückkehrten, warteten schon zwei Partisanen auf sie.

Eleni glaubte nicht mehr daran, Glykeria rechtzeitig wiederzusehen, da weckte ein Klopfen an der Tür neue Hoffnungen in ihr. Doch draußen stand nur dümmlich grinsend wieder der Ausrufer vor ihr. „Tut mir leid, Eleni, aber ich muß dir mitteilen, daß wir noch eine Frau aus deinem Haushalt brauchen", verkündete er. Die Partisanen verlangten vierzig zusätzliche Frauen zum Dreschen, die eine Hälfte aus Lia, die andere aus Babouri. „Die Lioten müssen heute schon gehen", ergänzte er.

Eleni machte die Tür zu und sank auf einen Stuhl. Sie versuchte, ihrer Angst Herr zu werden, die ihr die Gedanken vernebelte. Dann rief sie die Familie zusammen, unterrichtete sie von dem Befehl und wandte sich dann an Nitsa. „Dieses Mal wirst du gehen müssen, Schwester", sagte sie. „Du kannst Glykeria suchen und mit ihr zusammen fliehen."

Nitsa begann zu kreischen: „Du hast fünf Kinder! Wenn du eines oder zwei verlierst – was macht das schon? Du verlangst, daß ich mich selbst und das Kind in meinem Leib opfere, damit deine Familie gerettet wird! Du hast es immer leichter gehabt als ich."

„Deine Schwester hat recht, Eleni", schalt Megali sie mit ihrer zittrigen Stimme. „Nitsa besitzt weder deine Kraft noch deine Klugheit. Sie würde niemals den Mut aufbringen, mit Glykeria zu fliehen."

Eleni ließ den Kopf hängen. Ihr Leben lang hatte man von ihr erwartet, daß sie stark war; jetzt war das Maß voll. Sie hatte zuviel Rücksicht auf die Eltern und die Schwester genommen. Die Bande, die sie an diese Menschen fesselten, die Bande der Liebe, der Schwäche und der Not, waren zu Ketten geworden, die sie und ihre Kinder vernichteten. Nach langem Schweigen wandte Eleni sich an Olga. „Ich werde zu Glykeria gehen", erklärte sie matt. „Du nimmst Nikola und deine Schwestern und gehst mit Lukas Ziaras." Für Nitsa hatte sie keinen Blick.

Die Kinder begannen zu weinen. „Wir gehen nicht ohne dich!" protestierte Olga. „Wir bleiben hier und warten, bis du zurückkommst."

„Dann wird diese Familie zerstört werden", gab Eleni zurück. „Nikola und Fotini werden zur Pedomasoma geschickt, und ihr beiden, du und Kanta, werdet zwangsrekrutiert. Wenn ihr nicht gehen wollt, werde ich unseren Plan verraten, und sie werden mich vor euren Augen umbringen." Elenis Gesicht war schmerzverzerrt und bis auf zwei rote Flecken auf den Wangen knochenbleich.

Sobald sie ihre Entscheidung getroffen hatte, kam ein unerwarteter

Friede über Eleni. Als letzte Pflicht jedoch, bevor sie sich ihrem Schicksal auslieferte, mußte sie ihre Kinder so gut wie möglich beraten. Zuerst nahm sie Olga beiseite und ging mit ihr in die gute Stube. Als der Ältesten, fast einundzwanzig, würde ihr die Verantwortung für die anderen vier Kinder zufallen. Eleni blickte tief in die großen braunen Augen der Tochter, die vor Angst weit aufgerissen waren, und wünschte, Olga wäre ein bißchen ernsthafter, ein bißchen klüger und weniger unerfahren in den Dingen des Lebens. Doch Olga würde die Jüngeren wie eine Glucke beschützen, das wußte sie.

„Bevor ihr morgen abend aufbrecht", sagte Eleni, „mußt du mir einen Brief schreiben und ihn in die Nische neben dem Kamin legen, wo die Andartes ihn mit Sicherheit finden. Darin schreibst du, daß Lukas und Megali euch zum Mitgehen gezwungen haben, weil sie Geld von eurem Vater haben wollen. Daß ihr nicht fortgehen wolltet und daß ich mir keine Sorgen um euch machen soll. Ihr hättet keine andere Wahl gehabt."

Sie hielt einen Moment inne und fuhr dann fort: „Morgen, wenn feststeht, daß ihr geht, gibst du einer von den Frauen, die sie von Babouri hierherholen, eine mündliche Nachricht für mich mit. Wenn du sagst: ‚Der Weizen ist reif zur Ernte', heißt das, daß ihr am selben Abend aufbrecht, und ich werde versuchen, mit Glykeria zu fliehen. Wenn du sagst: ‚Der Weizen ist noch nicht reif', weiß ich, daß die Flucht aufgeschoben ist, und ich werde warten. In Filiates treffen wir uns dann alle. Wenn ich aber nach einigen Tagen noch nicht in Filiates sein sollte, wirst du deinem Vater telegrafieren und ihn bitten, euch so schnell wie möglich nach Amerika zu holen. Ihr müßt nach Igumenitsa oder Ioannina weiterreisen und dort auf eure Papiere warten, denn es ist möglich, daß die Partisanen Filiates angreifen."

Forschend musterte sie Olgas Gesicht. „Von nun an trägst du die Verantwortung für deine Geschwister, bis du sie eurem Vater übergibst", sagte sie eindringlich.

Olga brach in Tränen aus.

Während Eleni von ihren Kindern Abschied nahm, fand eine ähnliche Szene am unteren Dorfende im Haus der Ziaras statt. Zwei Partisanen hatten auch hier eine weitere Erntehelferin angefordert. Sobald sich die Tür hinter den beiden Partisanen geschlossen hatte, wanderte Lukas wie ein gefangenes Tier hin und her. Es ist alles so glatt gelaufen, dachte er – und nun dies! „Marianthe wird zum Arbeitsdienst gehen!" sagte er. „Sie ist jung und stark und klug genug, um allein fliehen zu können."

Marianthe bebte vor Zorn. Ihr ganzes Leben hatte sie damit verbracht, sich um die endlose Reihe von Babys zu kümmern, hatte so unermüdlich gearbeitet wie ihre Mutter, und nun schickte der Vater sie fort, als sei sie keinen Pfifferling wert. Aber sie wußte, daß auch Proteste ihr nicht helfen würden. Er würde sie höchstens verprügeln. Mürrisch begann sie, ihre Sachen zusammenzusuchen.

Lukas beschloß, seine Tochter zur Partisanenverpflegungsstelle zu begleiten. Als sie am Haidishaus vorbeikamen, machte er halt und klopfte an. Eleni kam heraus und fragte: „Zu euch sind sie also auch gekommen, wie?"

Lukas nickte. „Marianthe wird gehen", erklärte er.

„Ich gehe auch", antwortete Eleni. „Meine Schwester hat sich geweigert. Aber ich hoffe, mit Glykeria zusammen von dort oben fliehen zu können. Um Marianthe werde ich mich natürlich kümmern. Aber du, Lukas, mußt wie geplant mit den anderen gehen." Eleni betrachtete den kleinen, nervösen Mann, der ihre Kinder durch hundert Gefahren bringen sollte, und ihr Herz schien einen Augenblick stillzustehen. Sie sagte leise: „Ich vertraue dir meine Kinder an, Lukas, und werde dich zur Rechenschaft ziehen – wenn nicht in diesem Leben, dann im nächsten."

Es war Eleni klar, daß sie nur noch wenige Minuten für ihre Kinder hatte, und die verwendete sie darauf, zum letztenmal Fotinis honigfarbene Zöpfe zu flechten. Sie befahl Kanta und Nikola, sie zur Verpflegungsstelle zu begleiten, damit sie bis zum letzten Moment mit ihnen zusammensein konnte. Olga und Fotini sollten im Haus bleiben und so tun, als sei nichts geschehen.

Plötzlich reichte die Zeit nicht mehr. Mit fühllosen Fingern legte Eleni die Schürze ab, holte die lange, schwarze, ärmellose Tunika vom Haken und zog sie über das braune, vom Waschen verblichene Wollkleid. Sie gab Fotini, Olga und Megali einen letzten Kuß; dann band sie sich hastig das schwarze Kopftuch um. Von ihrer Schwester trennte Eleni sich ohne Abschied. Fotini und Olga folgten der Mutter nach draußen und streckten sehnsüchtig die Hände aus, um sie noch einmal zu berühren. Eleni, Kanta und Nikola stiegen schweigend zum ehemaligen Haus der Venetis hinauf, in dem jetzt die Verpflegungsstelle untergebracht war. Entsetzt sah Eleni, daß auch ihre Schwägerin Alexo sich in der Gruppe befand. Die beiden Frauen tauschten angstvolle Blicke.

Eleni setzte sich auf die Vortreppe des Hauses, zog Nikola auf ihren Schoß, schmiegte ihr Gesicht an seine Wange, atmete seinen vertrauten Geruch und spürte seine Wärme an ihrer eiskalten Haut.

Ein Partisan ging herum, notierte die Namen der Frauen und gab jeder ein Stück Brot mit einer dicken Scheibe Fruchtgelee. Eleni teilte das Gelee und gab Nikola und Kanta jeweils die Hälfte. Den Brotkanten steckte sie in ihre Tasche.

Dann setzte sie Nikola wieder neben sich, damit sie ihn ansehen konnte. Er trug eine gestreifte, selbstgenähte Kniehose mit Hosenträgern über dem langen weißen Strickhemd. Er war barfuß. Sein Haar war, wie im Dorf üblich, kurz geschnitten und leuchtete goldbraun in der Sonne. Eleni suchte sich seine Züge tief ins Gedächtnis einzuprägen. Seine Mundwinkel waren herabgezogen, als werde er gleich anfangen zu weinen. Sie dachte daran, wie oft sie seine unaufhörlichen Fragen zurückgewiesen hatte. Wer würde sie ihm jetzt beantworten?

Eleni atmete tief durch und wandte sich an Kanta. „Ab morgen wirst du die Verantwortung für Nikola tragen", erklärte sie. „Olga hat genug Sorgen; deswegen übergebe ich ihn deiner Obhut. Beschütze ihn wie deinen Augapfel."

Kanta war genauso blaß wie ihre Mutter. „Ich verspreche es dir, Mama", sagte sie. „Nur komm wieder zu uns zurück!"

„Wenn ich nicht komme", gab Eleni mit rauher Stimme zurück, „vergiß eines nicht: Jeder von euch, der in Griechenland bleibt, jeder, der nicht nach Amerika geht, ist von mir verflucht!"

Kanta nickte und schluckte. Eleni wandte sich wieder dem Jungen zu, zog ihn an sich. Er schmiegte sich in ihre Arme, und so blieben sie einen Moment sitzen: Eleni mit dem Kinn auf seinen Haaren, während sie bergauf zu dem Haus hinaufblickte, in dem sie ihn geboren hatte. „Morgen abend", flüsterte sie, „mußt du ganz fest Kantas Hand halten und mir zuliebe sehr tapfer sein." Sie spürte, wie er nickte.

„Alles auf!" rief ein Partisan so laut, daß die drei erschrocken zusammenzuckten. „Wir starten vom Makoshaus."

Die ganze Gruppe setzte sich bergaufwärts in Bewegung. Eleni hielt Nikolas Hand. Als sie das Haus von Athena Makos erreichten, blickte Eleni von Kanta zu Nikola. Sie umarmte Kanta. Dann fiel ihr etwas ein. Sie löste eine lange Kette von ihrem Hals, an der ihr zauberkräftigstes Besitztum hing: ein kreuzförmiges, mit einer grob gestalteten Christusfigur verziertes kleines Behältnis, das den Knochensplitter eines Heiligen barg. Diese Kette streifte sie ihrem Sohn über den Kopf und strich ihm dabei mit einer schnellen, zärtlichen Geste über die Haare. Nikola krauste verlegen die Stirn.

„Küß mich, nur dieses eine Mal!" bat sie, und er kam bereitwillig in ihre Arme. „Mein Blut und mein Herz", flüsterte sie.

Dann fügte sie Kantas Hand in die seine und wandte sich ab.

11

Die Frauen verbrachten die erste Nacht in den verlassenen Häusern einer Ortschaft und setzten ihren Weg am frühen Morgen fort. Gegen Mittag rasteten sie in Granitsopoula, einem Dorf mit uralten zweistöckigen Steinhäusern rings um einen von breitkronigen Platanen überschatteten Platz. In der Nähe plätscherte ein breiter, seichter Wasserlauf, ein Nebenfluß des Kalamas, der unten in den Vorbergen undeutlich zu erkennen war. Der Kalamas bildete die Grenze des von den Partisanen besetzten Territoriums.

Eine leichte Brise trug ihnen vom Flußufer her den Klang von Frauenstimmen zu: Sie hatten die erste Arbeitsgruppe aus Lia eingeholt. Eleni ging auf die Frauen zu und rief immer wieder Glykerias Namen, bis sich aus der Gruppe auf dem Feld eine Gestalt im roten Kleid löste. Ungläubig starrte Eleni ihre Tochter an. Glykeria hatte den Babyspeck verloren, ihre sonnenverbrannten Wangen waren eingefallen, und unter den Augen lagen dunkle Ringe. Gesicht und Arme waren zerkratzt und bluteten, an Haaren und Kleid klebte die stachelige Spreu des Weizens. Ihr Kiefer war an einer Seite geschwollen, jetzt aber lächelte sie trotz allem glücklich.

„Mein armes Kind!" rief Eleni und breitete liebevoll die Arme aus.

„Ach, mir geht's ganz gut, Mama. Du bist ja jetzt bei mir", antwortete Glykeria erleichtert. „Ich hatte Angst, daß ich dich nie mehr wiedersehe." Gleich darauf entdeckte sie ihre Tante Alexo und lief auf sie zu, um sie ebenfalls zu umarmen.

Die Erntehelferinnen machten Mittagspause, und so setzte Eleni sich mit ihrer Tochter außer Hörweite der anderen in den Schatten. Flüsternd teilte sie ihr mit, daß die Familie mit den Fluchtvorbereitungen begonnen habe und daß sie beide allein von hier oben fliehen müßten. Glykeria wäre am liebsten sofort aufgebrochen. „Ich kenne sämtliche Pfade hier", flüsterte sie aufgeregt. „Bis zum Kalamas schaffen wir's leicht. Laß uns gleich heute losgehen!"

„Nein, morgen", gab die Mutter zurück. „Zuerst müssen wir sicher sein, daß die anderen unterwegs sind. Olga wird mich durch eine der Frauen aus Babouri benachrichtigen, ob sie aufgebrochen sind."

In dieser Nacht streckten die drei sich auf dem blankgebohnerten Holzboden eines der leeren Häuser in Granitsopoula zum Schlafen aus. Eleni und Alexo nahmen Glykeria in die Mitte: Sie lagen alle unter einer Decke und flüsterten lange miteinander.

Als die Frauen sich am nächsten Vormittag unter der weißglühenden Sonne ans Kornschneiden machten, arbeiteten Eleni und Glykeria Seite an Seite. Immer wieder beobachtete Eleni die Bergpfade und wartete auf die Babourifrauen. Kurz vor Mittag trafen dann zwanzig Frauen ein. Schließlich kam eine von ihnen auf sie zu und sagte: „Ich habe gestern, als wir durch Lia kamen, ganz kurz mit Olga gesprochen. Ich soll dir ausrichten, sie werde den Weizen ernten."

Die Frau war verblüfft, als Eleni dankbar ihre Hände ergriff und dann davonlief, um mit Glykeria zu sprechen. Mit neuer Kraft schwangen sie ihre Sicheln. In dieser Nacht konnten sie den Kalamas überschreiten und, so Gott wollte, am anderen Ufer die Kinder finden.

Die Erntehelferinnen saßen im Schatten eines Wäldchens und aßen ihre Mittagsmahlzeit aus Käse und Brot, als vom nahen Dreschplatz zwei Partisanen zu Pferd herüberkamen. Die beiden Partisanen saßen ab, und einer von ihnen bat um die Aufmerksamkeit der Frauen. „Die Hälfte von euch geht nach Vistrovo, denn da sind noch nicht alle Felder abgeerntet!" rief er.

Krank vor angstvoller Erwartung, sah Eleni, wie der Partisan umherging und wahllos Frauen für den Weg nach Vistrovo bestimmte. Als er zu ihr und Glykeria kam, ruhte sein Blick ein bißchen zu lange auf ihnen beiden. Dann sagte er: „Das Mädchen geht."

„Bitte, Genosse!" flehte Eleni. „Laß meine Tochter hier bei mir! Ich habe sie drei Wochen lang nicht gesehen."

„Nein, sie geht", erwiderte er scharf.

Verzweifelt sahen Mutter und Tochter einander an: Die letzte Hoffnung auf Freiheit war dahin. Kaum hatten sie Zeit für einen Abschiedskuß, da zerrte der Partisan Glykeria weg, und die Gruppe setzte sich in Marsch.

Den ganzen Nachmittag arbeitete Eleni mechanisch. Als die Sonne unterging und die Frauen von den Feldern zurückkehrten, kam Alexo zu ihr gelaufen. „Ihr habt eine klare Nacht heute", flüsterte sie. „Sobald die anderen schlafen, könnt ihr euch in die Vorberge hinabschleichen."

„Jetzt kann ich nicht mehr gehen", erklärte Eleni. „Stell dir doch vor, was sie Glykeria antun würden, wenn ich fliehe."

An diesem Abend überließ Eleni ihre Essensration der Schwägerin. Sie selbst ging hinaus und setzte sich auf die Treppe des nach Süden gewandten Hauses, um die Silhouette des großen Bergrückens zu beobachten.

Den Anweisungen der Mutter entsprechend, gingen Olga und Kanta frühmorgens zum Weizenernten auf die Felder der Familie. Den ganzen Tag schwankten sie zwischen der Furcht, die Flucht könnte abgesagt werden, und der Hoffnung, daß sie tatsächlich abgesagt würde. Mit einem Bleistiftstummel schrieb Olga in ihrer kindlichen Krakelschrift:

> Mama, wir gehen fort. Lukas Ziaras und Großmutter nehmen uns mit nach Filiates, weil sie uns nach Amerika zu Vater schicken wollen. Sei nicht böse – wir wollten Dich nicht allein zurücklassen, aber Lukas sagte, wir müßten mitkommen, sonst würde er Vater schreiben, daß wir nicht zu ihm wollten. Bitte, verzeih.

Sie legte den Zettel in die Mauernische neben dem Kamin.

Eine ganze Weile vor Sonnenuntergang sollte Kanta mit Nikola und Fotini die beiden Milchziegen ihres Onkels Foto zum Grasen auf die Wiesen ganz unten im Dorf führen. Nach Sonnenuntergang sollten sie die Ziegen zurücklassen und sich zum Ziarashaus hinüberschleichen, während Megali und Nitsa das Haidishaus verließen. Olga würde den Schluß bilden, weil sie warten mußte, bis die Schafherde der Familie von der alten Hirtin Vasilo Barka zurückgebracht wurde.

Verunsichert durch die schwere Verantwortung, die auf ihren Schultern lastete, blieb Olga am Fenster stehen und beobachtete die Sonne, bis sie fand, es sei an der Zeit, Kanta, Nikola und Fotini auf den Weg zu schicken. Als die Sonne auf dem Grat des großen Bergrückens stand, wies Olga Megali und Nitsa an, auf einem Umweg zum Ziarashaus zu gehen.

Auch die Familie des Müllers Tassi Mitros verbrachte den Tag mit Fluchtvorbereitungen. Sie mußten besonders vorsichtig sein, denn bei ihnen war einer der Partisanenköche einquartiert.

Tassis Frau Calliope hatte den Nachbarn seit Tagen erzählt, das Baby ihrer Schwester sei ernsthaft erkrankt. Nachdem sie dem Koch erklärt hatte, das Baby liege jetzt im Sterben, brach sie schon früh am Morgen zum Haus der Ziaras auf. Ihr Mann Tassi und die beiden Söhne Niko, zwölf, und Gakis, siebzehn, wollten unter demselben Vorwand gegen Abend nachkommen. Bis dahin wurde der jüngere Sohn mit der familieneigenen Herde auf die Weide ganz oben im Perivoli geschickt.

Am Spätnachmittag traf im Mitroshaus ein Bote der Partisanen ein und meldete dem entsetzten Müller, er müsse vor dem Dorfrat erscheinen und sich dafür verantworten, daß er sich geweigert hatte, nach Tsamanta zu gehen, um dort eine Mühle zu reparieren. Außer

Hörweite des neugierigen Partisanenkochs erklärte Tassi seinem ältesten Sohn, er werde versuchen, rechtzeitig von der Anhörung fortzukommen, doch wenn ihm das nicht gelinge, solle Gakis Niko von der Weide abholen, und beide sollten ohne ihn zu den Ziaras gehen.

Als die Sonne tief am Himmel stand, stieg Gakis zu der Weide hinauf, wo Niko seine Schafe hütete. Es waren noch zwei weitere Kinder mit Herden dort.

„Komm mit, wir müssen gehen!" zischte Gakis Niko zu. „Vater kommt nicht rechtzeitig zurück."

„Aber was soll ich mit den Schafen machen?" fragte Niko.

„Die läßt du hier!" befahl Gakis. Als er seinen Bruder den Pfad hinabzog, hörte er nicht mehr, daß ihm die beiden anderen Kinder nachriefen: „Wo wollt ihr hin? Ihr habt eure Schafe vergessen!"

Die Gatzoyiannisfamilie hatte befürchtet, von neugierigen Nachbarn oder scharfäugigen Partisanen verraten zu werden, doch der Alarm und die Verfolgung durch die Kommunisten wurden nicht davon ausgelöst, sondern durch die beiden Kinder. Neidisch, weil Niko einfach seine Tiere zurücklassen durfte, folgten die beiden seinem Beispiel und kehrten allein nach Hause zurück. Woraufhin ihre verblüfften Mütter so wütend wurden, daß ein Partisan nachsehen kam, was dieser Lärm zu bedeuten hatte. Als er vom seltsamen Verhalten der Mitrosjungen erfuhr, lief er zum Haus des Müllers hinauf, wo er nur den verdutzten Partisanenkoch vorfand.

Kanta, Nikola und Fotini trafen noch vor Sonnenuntergang bei den Ziaras ein. Verblüfft sah Kanta, daß sich dort mit Soula Ziaras zusammen auch Calliope Mitros über die Kinderwiege beugte. Calliope versuchte, dem Baby mit einem Löffel *tsipuro*, den klaren, scharfen Selbstgebrannten, einzuflößen, bis es endlich aufhörte zu schreien und ihm die Augen zufielen.

Der Vater saß nervös rauchend in einer Ecke. Kanta ging zu ihm und erkundigte sich ärgerlich, was Calliope Mitros hier wolle. Ob er ihr etwa von der Flucht erzählt habe. Lukas Ziaras zuckte die Achseln. Schließlich, erklärte er, sei Calliope die Schwester seiner Frau, und die Partisanen drohten ihre beiden Söhne zu holen. Außerdem sei es sicherer, einen zweiten Mann mitzunehmen, und Tassi Mitros kenne die Vorberge fast ebenso gut wie er.

„Du hast Mama versprochen, keinem Menschen etwas davon zu sagen!" meinte Kanta vorwurfsvoll. Nun aber klopfte es leise an die Tür. Atemlos kamen Gakis und Niko Mitros herein, und als sie ihrer Mutter berichteten, daß Tassi noch immer nicht aus der Ratsversammlung zurückgekommen war, jammerte Calliope: „Ohne ihn können wir nicht gehen, sonst werden sie ihn morgen hängen!"

Kurz nach Sonnenuntergang erschienen Megali und Nitsa. Ihre Angst wirkte so ansteckend auf die anderen, daß Kanta beinahe aufschrie, als sich die Tür öffnete und völlig unerwartet noch drei Personen hereinkamen: eine Frau und zwei Mädchen, die sich mit ihren in Säcke gestopften Habseligkeiten in das verräucherte Zimmer drängten. In der hochgewachsenen, grauhaarigen Amazone, die Lukas Ziaras um einen ganzen Kopf überragte, erkannten alle Chrysoula Drouboyiannis, einundvierzig, eine Schwägerin der Frau, die Lukas beim zweiten Versuch mitgenommen hatte. Wütend fuhr Kanta zu Lukas herum und warf ihm vor, dem halben Dorf ihren Plan verraten zu haben. Ihre Kusine Arete jedoch, die hinter den Neuankömmlingen das Haus betrat, beschwichtigte sie und gestand, daß sie Chrysoula zum Mitkommen aufgefordert hatte. Arete und Chrysoula waren seit ihrer Kinderzeit befreundet. Beide litten unter dem Schicksal, unfruchtbar zu sein, und wußten, daß sie Gefahr liefen, als Andartinas zwangsrekrutiert zu werden, weil ihre Ehemänner weit weg auf Kreta lebten. Chrysoula hatte ihre beiden Nichten mitgebracht, deren Mutter Constantina sie ihrer Obhut überlassen hatte, als sie mit derselben Gruppe zur Erntehilfe geholt worden war wie Eleni.

Lukas begann auf und ab zu gehen. „Wo zum Teufel bleibt nur Tassi?" murmelte er. „Wir müssen los!"

„Olga ist auch noch nicht da", hielt Kanta ihm vor.

„Es kommt jemand von der Kirche herunter!" rief Lukas erschrokken. „Mit einem Gewehr. Alle sofort in den Stall!"

Lukas und Gakis Mitros schoben die Gatzoyiannisfamilie, die Drouboyiannisfrauen und Arete in den kleinen Lehmbodenkeller, der die Tiere beherbergte, und schlossen die Falltür. Die Familien Ziaras und Mitros blieben oben, um so zu tun, als pflegten sie das Baby, das jetzt in seinem Alkoholschlaf tatsächlich krank aussah.

Die im Keller Versteckten konnten alles mit anhören. „Ach, mein armer Kleiner! Süße Jungfrau, rette ihn!" rief Soula flehend, als der Partisan an die Tür klopfte. Lukas ging öffnen.

Draußen stand ein junger Mann vom nahen Beobachtungsposten mit einer Handvoll getrockneter Tabakblätter. Zu ihrer Erleichterung hörten die Flüchtlinge, daß er lediglich zum Ziarashaus gekommen war, weil er ein Brett und ein Messer suchte, um seinen Tabak schneiden zu können.

Als er die weinenden Frauen sah, erkundigte sich der Partisan teilnahmsvoll nach dem Ergehen des Kleinen. Sein Sohn werde die

Nacht wohl nicht überleben, antwortete Lukas. Der Andarte verlieh seinem Mitgefühl Ausdruck. „Wie steht der Kampf, Genosse?" fragte Lukas.

„Noch leisten wir Widerstand", berichtete der junge Mann, „aber lange wird's wohl nicht mehr dauern. Das nächste Angriffsziel ist wohl dieses Dorf. Wir werden uns bald nach Albanien zurückziehen, aber wir nehmen alles mit, was Beine hat."

Endlich drückte der Partisan seine Zigarette aus und verschwand. Alle, die sich unten versteckt hatten, kletterten wieder aus dem Keller. Es war inzwischen lange nach Sonnenuntergang. Minuten später klopfte es an die Tür. Olga stürzte herein und hätte fast aufgeschrien, als sie in den gedrängt vollen Raum kam.

„Dein verdammter Mann!" sagte Lukas zu Calliope Mitros, denn die Erkenntnis, daß er die Gruppe ohne Tassis Hilfe führen mußte, schreckte ihn immer mehr. „Wir können nicht länger warten. Die Kinder sollten jetzt gehen." Lukas betrachtete die verängstigten Gesichter um sich herum und fragte sich, wie er sich je auf dieses leichtsinnige Unternehmen hatte einlassen können.

Alle zuckten zusammen, als ein wahrer Trommelwirbel an die Tür geklopft wurde. Lukas öffnete sie einen Spalt und schwankte fast vor Erleichterung: Der Müller stand draußen. „Wir müssen sofort los!" keuchte Tassi. „Ich wollte zum Haus zurück, um unsere Sovereigns zu holen, und da stand dieser Koch vor der Tür und wollte wissen, wo alle sind. Er war so mißtrauisch, daß ich ihm sagen mußte, ich würde Calliope und die Jungen gleich holen. Es wird nicht lange dauern, bis er Alarm schlägt."

Die Kinder liefen zu den Gräben voraus. Nacheinander trafen auch die Frauen in der Senke ein. Als letzte kamen Tassi und Lukas, beide nervös. Lukas ließ weitersagen, sie müßten die Schuhe ausziehen, um möglichst wenig Lärm zu machen. Alle sollten ihm im Gänsemarsch folgen. „Tief bücken!" zischte er.

Lukas schlich als erster los, auf einem Pfad, den er tagsüber getrampelt hatte. Nach ihm kamen die anderen; den Schluß bildete, hinter den Drouboyiannisfrauen, Tassi Mitros.

Während die Flüchtlinge das Weizenfeld hinter sich brachten, eilten drei Partisanen der Sicherheitspolizei unter Führung von Sotiris Drapetis zum Haus der Ziaras. Als sie es erreichten, waren die Fenster dunkel, und auf ihr Klopfen wurde nicht geöffnet. „Aufbrechen!" befahl Sotiris. Unter den Tritten der Nagelstiefel flog die Tür auf, und die drei starrten stumm in den leeren Hauptraum des Hauses.

„Sie haben's tatsächlich gewagt!" murmelte Sotiris.

Innerhalb weniger Minuten waren sie beim nahe gelegenen Beobachtungsposten; Sotiris schrie ins Feldtelefon. Wie er feststellte, war nur eine kleine Notbesatzung anwesend, zu der auch ein junger Partisan gehörte, der schwor, die Familien Mitros und Ziaras noch eine halbe Stunde zuvor gesehen zu haben, wie sie an der Wiege des sterbenden Babys weinten. „Vielleicht sind sie mit dem Kleinen zum Arzt gegangen", meinte der junge Mann, aber Sotiris hatte das sichere Gefühl, daß es sich um eine sorgfältig geplante Fluchtaktion handelte, also genau das, was er hätte verhindern sollen. Sotiris brüllte ins Feldtelefon: „Zwei Patrouillen zu je fünf Mann sofort ausschwärmen!" Er drehte sich zu den verängstigten Partisanen um. „Morgen werden Leichen an der Platane auf dem Dorfplatz hängen", sagte er. „Entweder die der Verräter oder eure."

Völlig erschöpft stolperten die Flüchtlinge indessen durchs Niemandsland der Vorberge. Sie traten in Nesseln und Dornsträucher und rissen sich ihre bloßen Beine und Füße auf. Sie wußten nicht mehr, wie weit weg von Lia sie waren und wie lange sie schon so dahinwankten, als Lukas plötzlich stolperte und in eine flache Mulde fiel.

Alle erstarrten, als sie entdeckten, daß das Gelände vor ihnen mit seltsamen Kratern übersät war. „Da sind Minen!" rief Olga.

„Nein, das sind Granattrichter", erklärte Lukas. „Hierher schießen die Soldaten, wenn sie versuchen, die nächtlichen Partisanenstoßtrupps aufzuscheuchen. Seht doch!"

Sie blinzelten in die Dunkelheit und sahen die riesige Masse des großen Bergrückens, der düster vor ihnen aufragte.

„Wir müssen hierbleiben und auf den Morgen warten", flüsterte Lukas. „Wenn wir jetzt ins freie Gelände treten, werden die Soldaten auf uns schießen, weil sie uns für Partisanen halten."

Alle sanken inmitten der dichten Büsche zu Boden und rückten wegen der Kälte eng zusammen. Kanta hielt Fotini und Nikola an sich gepreßt. Soulas Baby begann sich zu bewegen, weil die Wirkung des Alkohols nachließ. Die Kinder schliefen in den Armen der Erwachsenen ein; für diese aber war dieses Warten schlimmer als der lange Marsch. Schweigend saßen sie da, schickten Gebete zum Himmel und warteten auf den Sonnenaufgang.

Die von Vasili Bokas geführte Partisanenpatrouille folgte der Schlucht bis ganz ans Ende und eilte weiter, bis auch sie sich dem großen Bergrücken gegenüber befand. Im Schatten der Büsche spähten sie zu dem Gebirgszug hinüber.

„Weiter können wir nicht, ohne gesehen zu werden", sagte einer der

Partisanen. „Die Verräter haben es wahrscheinlich zur anderen Seite geschafft."

„Nein, sie sind hier irgendwo versteckt und machen genau dasselbe wie wir – sie warten", entgegnete Bokas. „Sie können es ebensowenig riskieren, sich sehen zu lassen, weil sie sonst erschossen würden. Ich möchte, daß wir hier alles absuchen. Wenn wir sie nicht finden, müssen wir bis zum Morgen warten."

Als Nikola erwachte, lag er mit dem Kopf auf Kantas Schoß. Er hatte geträumt, die Mutter rufe nach ihm. Er richtete sich auf und hörte von rechts Männerstimmen und das Geräusch knackender Zweige. Die anderen hatten es auch gehört und lauschten erstarrt. Dann entfernten sich die Stimmen. Schicksalsergeben flüsterte Tassi Mitros: „Jetzt können wir überhaupt nichts tun. Was geschehen soll, wird geschehen." Alle beobachteten, wie die Silhouette des großen Bergrückens vor dem allmählich aufdämmernden Himmel Gestalt annahm. Als das Licht heller wurde, entdeckten sie große, wirre Drahtverhaue, die ihnen den Weg zu den Höhen versperrten, von denen Lukas gesagt hatte, sie seien vermint: Sie waren genau am beabsichtigten Punkt herausgekommen.

Lukas begann eifrig zu überlegen. Sie mußten die Aufmerksamkeit der Soldaten erregen und sie überzeugen, daß es sich nicht um einen Hinterhalt der Partisanen handelte. Er bestimmte, daß Megali Haidis und Calliope Mitros, die beiden ältesten Frauen der Gruppe, mit einer weißen Fahne hinausgehen sollten. Doch beide weigerten sich, den Schutz der Büsche zu verlassen. Dann diskutierte Lukas mit Nitsa und Arete, aber auch sie waren nicht dazu bereit. Schließlich erhob sich Chrysoula Drouboyiannis. „Ich habe keine Kinder", sagte sie. „Wenn ihr versprecht, euch um meine Nichten zu kümmern, bin ich bereit, das Risiko auf mich zu nehmen." Sie bat Olga mitzukommen. Olga erklärte sich zögernd einverstanden.

Beide Frauen traten hinter einen Busch, zogen ihre Unterröcke aus, zerrissen sie, brachen Zweige ab und befestigten die Fetzen an den Zweigen. Dann traten sie, die improvisierten Fahnen schwenkend, aus dem Wald hervor und schrien aus vollem Hals: „Soldaten! Brüder! Rettet uns! Wir sind aus Lia geflohen! Bitte kommt her, wir brauchen Hilfe!" Von den steilen Hängen des riesigen Bergrückens kam keine Antwort.

Vorsichtig gingen die beiden weiter. Nach einigen Schritten machten sie halt und verdoppelten die Lautstärke ihrer Rufe. Endlich sahen sie auf einem Vorsprung in halber Höhe eine winzige Gestalt auftauchen. „Stehenbleiben!" rief der Mann. „Wer seid ihr?"

„Wir sind Frauen aus Lia!“ schrie Olga. „Wir sind vor den Partisanen geflohen!“

„Niemand wird zu euch runterkommen. Ihr müßt hier heraufkommen!“ rief der Mann.

„Aber wir haben Angst vor den Minen!“ rief Chrysoula.

„Kommt nur geradeaus durch die Lücke im Drahtverhau auf mich zu, dann passiert euch nichts!“ rief der Mann.

Chrysoula und Olga machten einige unsichere Schritte nach vorn. Hinter ihnen tauchte Lukas Ziaras auf, ihm folgte seine Frau mit dem Baby auf dem Rücken und drei kleinen Kindern. Als nächste kam Kanta, die zwei weitere Kinder an der Hand führte; ihnen auf den Fersen schlurfte Megali neben Arete, die den Drouboyiannismädchen voranging; Nitsa kroch den Hang auf allen vieren empor; Gakis und Niko Mitros gingen zu beiden Seiten ihrer Mutter. Und schließlich erschien Tassi Mitros, ein knorriger Riese. Es war ein verblüffender Anblick. Hinter jedem Felsbrocken des großen Bergrückens tauchten die Köpfe von Soldaten auf, denen vor Staunen der Mund offenstand. Als Olga näher kam, erkannte sie, daß es sich wirklich um Soldaten handelte: Sie trugen alle das Schiffchen mit dem Abzeichen der griechischen Krone.

Aber es gab noch andere Zuschauer. Die fünf Partisanen starrten dem seltsamen Zug in fassungslosem Staunen nach. Der Patrouillenführer Bokas erschrak, als er sich die Reaktion der Offiziere vorstellte: eine Massenflucht – und die angesehenen Familien Gatzoyiannis und Mitros waren dabei!

Der Mann neben ihm legte die Maschinenpistole an. Aber Bokas schüttelte den Kopf. „Sie sind zu weit entfernt, und die Faschisten werden uns innerhalb von Sekunden mit einem Dutzend Bazookas eindecken“, flüsterte er.

Insgeheim sei er erleichtert gewesen, daß er die Flüchtlinge nicht erwischt habe, vertraute er dreißig Jahre später, kurz vor seinem Tod, einem guten Freund an. Obwohl der Partei treu ergeben, hätte er es nicht ertragen, Frauen und Kinder aus seinem Heimatdorf umbringen zu müssen.

Lukas Ziaras ging auf die Regierungssoldaten zu. Es war der stolzeste Moment in seinem Leben. Er schilderte, wie er die Flüchtlinge dank seiner Geländekenntnis und seines sorgfältig ausgearbeiteten Fluchtplans persönlich mitten durch die Partisanenpatrouillen in die Freiheit geführt hatte. Tassi Mitros lauschte spöttisch grinsend.

Als die Gruppe auf dem Grat des großen Bergrückens eintraf,

wurde sie von einem Major und sämtlichen Offizieren des Bataillons erwartet, die sie mit argwöhnischer Miene musterten. Sie notierten sich die Namen der Flüchtlinge und führten dann die drei Männer – Lukas Ziaras, Tassi und Gakis Mitros – beiseite, um sie zu vernehmen. Wenige Minuten darauf ließen sie auch Kanta holen, weil sie von den Männern erfahren hatten, daß sie Andartina gewesen war.

Während diese vier ausgefragt wurden, umringten die Soldaten den Rest der Gruppe. Einige Soldaten, die den Hunger und die Erschöpfung in den Gesichtern der Kinder lasen, kochten ihnen auf kleinen Feuern Wintergrüntee. Als Nikola eine der schweren Blechtassen in den Händen hielt und gierig trank, gab ihm ein Soldat ein Stück weiches Weißbrot, eine Delikatesse, an die er sich kaum noch erinnern konnte. Der Junge verschlang sofort die Hälfte, steckte den Rest aber in die Tasche, weil er ihn mit der Mutter teilen wollte, sobald sie nach ihnen in Filiates eintraf.

Den ganzen Tag verbrachten die zwanzig Flüchtlinge im Lager der Regierungsarmee auf dem großen Bergrücken, und in der Nacht schliefen sie in den Zelten der Soldaten. Am nächsten Morgen kam eine Nachricht aus dem Armeehauptquartier: Die Flüchtlinge aus Lia sollten zu dem Dorf Aghies Pantes gebracht werden. Von dort sollten Militärlastwagen sie zu den Flüchtlingslagern von Filiates transportieren.

AM DIENSTAG, dem 22. Juni, ging im Flüsterton die Nachricht durch die Reihen der Erntehelferinnen, daß eine ganze Gruppe von Lioten aus dem Dorf geflohen sei. Eleni merkte, daß die Wachtposten sie beobachteten, und zwang sich, in gleichmäßigem Rhythmus weiterzuarbeiten.

An diesem Abend, als sich die Frauen zum Schlaf auf dem Fußboden des größten Hauses von Granitsopoula bereitmachten, kam ein Partisan zu ihnen herein. „Du, du und du!“ sagte er. „Ihr werdet morgen nicht mit aufs Feld gehen.“ Dabei deutete er auf Eleni, Marianthe Ziaras und Alexo Gatzoyiannis. Die drei sahen sich an; sie wußten, daß sie für die Freiheit der geliebten Menschen bezahlen mußten.

Früh am nächsten Morgen verließen Eleni, Marianthe und Alexo, bewacht von drei Partisanen, das Dorf und legten die acht Kilometer zum Nachbarort im Eilschritt zurück. Während des zweistündigen Marsches fragten die Frauen nur, ob sie jetzt anderswo bei der Ernte helfen sollten. Als sie jedoch in den Hauptraum der örtlichen Polizeiwache gestoßen wurden und sich zwei finster dreinblickenden

Offizieren hinter einem Schreibtisch gegenübersahen, konnten sie ihre Angst kaum noch verbergen.

Einer der Offiziere stand auf und schrie: „Warum seid ihr nicht mit den anderen gegangen?"

„Welchen anderen?" fragten die Frauen im Chor zurück.

„Das wißt ihr genau!" fuhr er sie an. Dann deutete er auf Eleni. „Am Sonntagabend haben deine Mutter, deine Schwester und deine Kinder das Dorf Lia ohne Erlaubnis verlassen." Rasch wandte er sich an Marianthe. „Dein Vater hat sie geführt, deine Familie war auch dabei." Zuletzt war Alexo an der Reihe. „Und deine Tochter ebenfalls!"

Seit dem Abend zuvor hatten die Frauen ihre Angst unter Kontrolle gehalten. Jetzt war es leicht, ihr durch Tränen Ausdruck zu verleihen. Sie begannen zu weinen. „Wer hat Lukas Ziaras das Recht gegeben, meine Kinder mitzunehmen?" schluchzte Eleni.

„Du wußtest, daß sie fliehen wollten, Amerikana", behauptete der Offizier. „Du hast es ihnen befohlen."

Eleni trocknete sich die Augen. „Wie hätte ich das tun können? Wir waren doch alle seit Tagen bei der Ernte! Wäre ich bei meinen Kindern zu Hause gewesen, hätte Lukas Ziaras, dieser Narr, sie mir niemals nehmen können."

„Er war allerdings ein Narr", erwiderte der Partisan grinsend, „aber er hat für seine Torheit bezahlen müssen. Wir haben sie in den Vorbergen gestellt. Sie sind alle erschossen worden. Sobald wir nach Lia kommen, werden wir euch die Leichen zeigen."

Das bärtige Gesicht des Offiziers begann vor Elenis Augen zu verschwimmen; ihre Knie gaben nach, doch als ihr Kopf auf den Holzboden schlug, war sie schon bewußtlos.

12

AM MORGEN des 21. Juni hatte sich die Nachricht von der Flucht der zwanzig Zivilisten aus dem Dorf Lia wie ein Lauffeuer durch das Murganagebiet verbreitet und war sogar bis zur obersten Führung des Epiruskommandos der Volksarmee gelangt.

Die Flüchtlinge gehörten zu den einflußreichsten Familien von Lia. Tassi Mitros und Lukas Ziaras waren mit wenigen anderen Männern im Dorf geblieben, um die Partisanen bei ihrer Ankunft willkommen zu heißen. Es war schlechthin unmöglich, daß die Flüchtlinge ohne Unterstützung – aus den Reihen der Partisanen oder von außen –

unbehelligt durch die Partisanenpatrouillen und Minenfelder gekommen waren, folgerten die kommunistischen Offiziere. An dem Morgen, da sich das Verschwinden der Flüchtlinge bestätigte, erteilten Sotiris und die drei Polizeioffiziere hysterisch Befehle, die sie im nächsten Augenblick widerriefen. Dann befahlen sie jeden Partisanen, der in jener Nacht Dienst gehabt hatte, zu sich und verhörten ihn.

Das Mitroshaus, das Ziarashaus und das Haidishaus wurden intensiv durchsucht. Die Partisanen fanden den Brief, den Olga für ihre Mutter in die Wandnische gelegt hatte, und im Mitroshaus entdeckten sie die vierundzwanzig Goldsovereigns, die Tassi Mitros hatte zurücklassen müssen. Von diesem Tag an war es für jeden Bewohner des Unterdorfes verboten, nach Einbruch der Dunkelheit zu Hause zu bleiben. Konnten sie nicht bei Verwandten weiter oben am Berg unterkommen, mußten sie in den Höhlen über dem Perivoli übernachten.

Während Eleni, Alexo und Marianthe nach Lia gebracht wurden, holte man sämtliche weiteren Verwandten der Flüchtlinge zum Verhör.

Sobald der Militärlastwagen mit den Flüchtlingen in Filiates einfuhr, wurde er von einer aufgeregten Menge begleitet. Die Nachricht von der Flucht war den entkommenen Lioten vorausgeeilt.

Als der Wagen vor dem Armeehauptquartier hielt, lief jemand Kitso Haidis und Nitsas Ehemann Andreas holen. Nacheinander wurden die Erwachsenen der Gruppe hineingeführt, um ausführlich befragt zu werden. Alle kamen innerhalb weniger Minuten wieder heraus, Lukas Ziaras jedoch, der sich unter den bewundernden Blicken der Zuschauer eitel spreizte, blieb über eine Stunde. Als er herauskam, fragte Olga flüsternd: „Was hast du gesagt?"

„Was sollte ich sagen?" gab er zurück. „Die Wahrheit natürlich! Daß alle im Dorf die Nase voll haben, sogar der Dorfvorsteher Spiro Michopoulos. Daß mein Plan nach zwei gescheiterten Fluchtversuchen schließlich doch perfekt geklappt hat." Sein Gesicht war gerötet. Noch nie in seinem Leben war etwas, das er unternommen hatte, so erfolgreich verlaufen.

Olga schüttelte mißbilligend den Kopf. „Weißt du nicht mehr, daß Mutter gesagt hat, leichtsinnige Bemerkungen schadeten denen, die zurückbleiben mußten?"

„Sei nicht albern!" fuhr Lukas sie an. „Dies ist der militärische Geheimdienst. Glaubst du, die Offiziere hier tauschen Geheiminformationen mit den Partisanen aus! Alles, was ich gesagt habe, kann ihnen nur helfen, die Kommunisten zu vertreiben!"

Nikola lehnte sich, von der langen Reise erschöpft, schutzsuchend an Kanta. Seine wunden Füße schmerzten. Dann sah er plötzlich, daß sich sein dürrer Onkel Andreas einen Weg durch die Menge bahnte, um zu ihnen zu gelangen. Linkisch legte Andreas dem Neffen die Hand auf die Schulter, musterte seine unförmige Frau und stammelte: „Ihr seid da." Olga und Kanta begannen zu weinen.

Nikola umarmte den Onkel. Nitsa zog errötend ihr schwarzes Kleid eng um ihren Bauch. „Gott hat uns ein Wunder geschenkt, Mann!" verkündete sie. „Wir bekommen ein Kind. Ich bin schon im siebten Monat!"

Andreas wurde blaß. Dann ertönte ein Schrei, und Nikola sah seinen Großvater durch das Gedränge kommen. Das zerfurchte Gesicht unter dem weißen Haar blickte so wild wie eh und je. Kitso umarmte weder seine Frau noch Nitsa oder seine Enkel. Finster blickte er von einem zum anderen. Dann äußerte er lediglich drei Worte: „Wo ist Eleni?"

Sofort begannen alle auf einmal zu erklären, daß man Eleni und Glykeria gezwungen habe, zurückzubleiben und in den Dörfern am Kalamas bei der Ernte zu helfen. „Aber Mama und Glykeria werden von dort aus gemeinsam fliehen, Großvater", sagte Olga. „Sobald sie Nachricht von uns erhalten, daß wir fort sind."

Das Licht in Kitsos Augen erlosch. Er hatte das Dorf verlassen, ohne mit Eleni zu sprechen. Der Bruch mit seiner Tochter hatte ihn die ganze Zeit über gequält. Kitso wandte seinen Enkeln den Rücken zu, während er wieder nur drei Worte sagte: „Eleni ist verloren."

Erst zwei Tage nach der Flucht waren die Bewohner von Lia sicher, daß die Flüchtlinge tatsächlich entkommen waren: als sie sahen, wie Eleni, Alexo und Marianthe, begleitet von bewaffneten Partisanen, in Fesseln zu Fuß ins Dorf zurückgebracht wurden. Die schweigende Gruppe zog durch die Dorfmitte und dann zum Perivoli hinauf, wo sich die Tür der Polizeiwache hinter den drei Frauen schloß.

Während der folgenden Tage verhörten die Partisanen sie einzeln. Sotiris Drapetis führte das Verhör. Die Frauen sollten gestehen, daß sie von dem Fluchtplan Kenntnis gehabt hatten. Manchmal wurden sie mit einer Waffe bedroht, die man ihnen an die Schläfe hielt; manchmal wurden sie geohrfeigt, oder man drehte ihnen die Ohren um. Systematische Prügel oder Folterungen gab es anfangs jedoch noch nicht.

Eleni deutete an, Ziaras habe die Kinder vielleicht wegen des Geldes mitgenommen, das er, wie er wußte, von ihrem Mann dafür kassieren konnte. Hilflos breitete sie die Hände aus. „Woher soll ich wissen, was er zu ihnen gesagt, wie er sie überredet hat, mich zu verlassen? Ich habe für euch Weizen geschnitten. Ich hatte keine Ahnung von diesem Plan."

„Deine Tochter Olga schreibt aber etwas ganz anderes", erwiderte Sotiris.

„Du hast doch gesagt, sie sei tot."

Sotiris zeigte ihr ein Blatt Papier. „Sie hat dir diesen Brief geschrieben. Wir haben ihn in deinem Haus gefunden. Ich werde ihn dir vorlesen." Und er fügte beim Lesen Sätze ein, die Olga, wie Eleni genau wußte, niemals geschrieben hätte: „Mama, wie geplant, gehen wir mit Lukas Ziaras und Megali, um zu unserem Vater zu reisen."

Eleni zuckte die Achseln. „Wenn sie das geschrieben hat, dann ist das Unsinn. Ich habe nichts von einem Fluchtplan gewußt."

Marianthe Ziaras beharrte darauf, daß ihre Familie sie im Stich gelassen habe. „Meine Eltern haben mich am wenigsten von ihren Kindern geliebt, deswegen haben sie mich zurückgelassen", wiederholte sie immer wieder weinend.

Alexo behauptete stur, ihre Tochter Arete habe sich ihr nie anvertraut. „Sie ist seit fünfzehn Jahren verheiratet! Sie hat kaum einmal mit mir gesprochen."

Trotz der Verhöre, Drohungen und Ohrfeigen merkten Eleni, Alexo und Marianthe, daß sie weit besser behandelt wurden als die anderen Gefangenen in der Polizeiwache. Zusammen mit Tassi Mitros' Tochter Giorgina Bardake und ihrem Baby waren die drei Frauen in den oberen Räumen des Hauses eingesperrt. Wenn sie das Toilettenhäuschen aufsuchten, schraken sie zurück vor dem Anblick und dem Gestank der Gefangenen im Keller, deren geisterhafte Gesichter durch die kleinen, vergitterten Fenster zu ihnen herausstarrten. Sie vernahmen Schreie, wenn diese geschlagen wurden. Bei Nacht hörten sie immer wieder, wie Gefangene hinausgeführt und hinter den Häusern erschossen wurden.

Zuweilen wurden Eleni und die anderen drei Frauen von Lia unter Bewachung ausgeschickt, um Wasser von der Quelle bei der Mühle von Tassi Mitros zu holen. Auf einem dieser Wege wurde Eleni von Vasili Bokas angesprochen, dem Partisanenhauptmann, der die Flüchtlinge in jener Nacht verfolgt hatte. Er beugte sich nieder, um aus der Quelle zu trinken, und flüsterte Eleni zu, daß ihre Familie in Wahrheit sicher auf die andere Seite gelangt sei; er habe es selbst gesehen. Eleni sah den Partisanen voll Dankbarkeit an und kehrte mit neuer Widerstandskraft gegen Sotiris' Verhöre in ihr Gefängnis zurück.

Eines Tages brachten die Partisanen Alexos elfjährige Tochter Niki, ein mageres, ernsthaftes Kind, in die Polizeiwache und verhörten sie im Garten.

Niki hatte alles über die Fluchtpläne gewußt. Sie hatte sogar zugesehen, wie ihre Schwester Arete und ihre Mutter auf einem einsamen Feld unterhalb von Alexos Haus eine sieben Kilogramm schwere Rolle Lötzinn vergruben, den größten Reichtum von Aretes Mann, einem Kesselflicker.

Niki erwartete, daß Sotiris sie über die Flucht ihrer Schwester vernehmen würde, aber er fragte sie, wo Arete das Lötzinn vergraben habe. Niki begriff, daß irgendjemand gesehen haben mußte, wie sie es versteckten, aber sie schüttelte einfältig den Kopf. Dann wollte Sotiris wissen, wie oft ihr Vater sich ins Dorf zurückgeschlichen habe, um Geheiminformationen über die Aktivitäten der Partisanen zu sammeln. Niki leugnete, irgend etwas über Lötzinn, Fluchtpläne und Besuche ihres Vaters zu wissen. Sotiris' Augen loderten, und er ohrfeigte sie, daß ihr Kopf dröhnte.

„Alles, was du kannst, ist immer nur nein sagen!" schrie er. „Wir werden dich da unten einsperren" – er deutete auf den Keller –, „dann wirst du uns sicher bald viel zu erzählen haben!" Nach mehrstündigem Verhör entließ Sotiris die Kleine jedoch mit der Warnung: „Denke gut über unsere Fragen nach. Wir werden dich noch einmal holen, und dann verlangen wir die Wahrheit von dir."

Am folgenden Morgen ließ Sotiris Alexo holen und teilte ihr mit: „Deine Tochter Niki hat uns alles über das Lötzinn berichtet, das du auf deinem Grundstück vergraben hast. Doch es gehört, wie der Besitz von allen Verrätern, rechtmäßig der Volksarmee. Wirst du uns zeigen, wo es versteckt ist, oder müssen wir die Information aus deiner Tochter herausprügeln?"

Schicksalsergeben nickte Alexo. Wenn sie das Lötzinn preisgab, würde sie ihre Behauptung widerlegen, von dem Fluchtplan nichts gewußt zu haben; aber sie mußte es tun, um ihre Tochter zu retten. „Ich werde euch hinbringen", sagte sie, und zum erstenmal seit Tagen lächelte Sotiris.

Als Leiter der Sicherheitspolizei von Lia wußte Sotiris Drapetis, daß die Massenflucht nicht nur ein unauslöschlicher Makel in seiner Personalakte war, sondern womöglich sogar sein Leben in Gefahr brachte. Denn das Epiruskommando hatte einen Mann, der „Katis" genannt wurde, nach Lia geschickt, der in der Rechtsabteilung sowohl Richter als auch Untersuchungsbeamter war. Katis hatte den Sicherheitsoffizier zu sich ins Büro kommen und berichten lassen, was er in Erfahrung gebracht habe.

„Ich bin überzeugt", begann Sotiris, „daß die Flucht von Faschisten organisiert wurde, die aus Filiates gekommen sind und ihre Verwandten herausgeholt haben. Und sie werden es abermals versuchen. Wir *könnten* von den inhaftierten Frauen natürlich Geständnisse bekommen, wenn wir sie stärker unter Druck setzen. Doch sie sind nur die Spitze des Eisbergs. Die Faschisten, die die anderen rausgeholt haben, würden wir dadurch nicht schnappen."

„Bist du sicher, daß man die zwanzig Verräter herausgeholt hat?"

„Alle meine Informanten im Dorf sind fest davon überzeugt", erwiderte Sotiris. „Sie meinen, es seien Kitso Haidis, der Vater der Amerikana, und Foto Gatzoyiannis, ihr Schwager, gewesen. Beide Männer sind altbekannte Faschisten. Wenn wir sie ergreifen könnten, würden wir jeden weiteren Gedanken ans Überlaufen im Keim ersticken."

„Gehst du freiwillig nach Filiates und holst sie her?" erkundigte sich Katis ironisch.

„Wir könnten sie hierher zurücklocken. Die beiden Personen, die sie am dringendsten holen wollten, die Gatzoyiannisfrauen, sind noch in unserer Hand, weil sie am Abend der Flucht bei der Erntearbeit waren. Wenn wir die Frauen als Köder freilassen und sie überwachen, werden wir schließlich alle auf einmal erwischen: die Faschisten, die Frauen und die anderen Leute im Dorf, die vorhaben, mit ihnen zu fliehen!"

„Es gibt noch mehr Leute, die fliehen wollen?"

„Ungefähr dreißig, vermuten meine Informanten."

„Na schön, laß sie laufen", entschied Katis. „Wenn's eine Verschwörung von außen ist und andere sich ihr anschließen, müssen sie alle zusammen vernichtet werden."

Am achten Tag ihrer Gefangenschaft wurden Eleni, Alexo und Marianthe zu Sotiris gebracht. Er überreichte ihnen je eine Zusammenfassung ihrer Aussagen – daß sie von einem Fluchtplan nichts gewußt hätten –, die sie unterschreiben mußten. Dann erklärte er ihnen, sie würden entlassen; jede werde von Wachtposten zu ihrem Haus begleitet; von nun an dürfe keine mehr mit der anderen sprechen. Sie dürften sich nicht der Dorfgrenze nähern. Und jeder persönliche Besitz ihrer geflohenen Verwandten müsse abgeliefert werden.

Als Eleni den Pfad hinabgeführt wurde, wappnete sie sich gegen den Augenblick, da sie ihr Haus betreten würde – alles still und leer ohne die Kinder. Doch auf das, was sie hinter der aufgebrochenen Tür antraf, war sie nicht gefaßt: Kleidungsstücke auf dem Boden, aufgeschlitzte Strohsäcke, selbst die Ikone in eine Ecke geworfen. Sie stand in der Tür und starrte auf das Chaos, während die Partisanen Gegenstände einzusammeln begannen. Bis auf ein paar Pfund Mehl nahmen sie sämtliche Vorräte mit, bis auf Elenis braunes Kleid sämtliche Kleider und bis auf zwei Ziegen und vier Schafe sämtliche Tiere. Eleni tröstete sich mit dem Gedanken, daß sie ja noch die Felder hatte – den Mais und die Bohnen, die noch nicht geerntet waren.

In einer Ecke entdeckte sie Nikolas braunen Ranzen. Beim Anblick des Ranzens wurde Eleni erst richtig klar, daß ihr Sohn tatsächlich fort war. Sobald die Partisanen abgezogen waren, sank sie auf den Fußboden, drückte den Ranzen an ihre Brust und ließ den Tränen freien Lauf.

Die elfjährige Niki Gatzoyiannis war zu Hause, als sie ihre Mutter, der zwei Partisanen mit einem Maultier folgten, heimkommen sah. Sie lief hinaus und umarmte sie; Alexo jedoch ging schweigend am Haus vorbei auf das Feld darunter und deutete auf eine Stelle. Die Partisanen hatten rasch die Rolle Lötzinn entdeckt, die Arete vor ihrer Flucht versteckt hatte. Nikis Herz raste. Sie wußte, daß ihre Mutter sich selbst belastete. Dann stand Alexo, die Hände auf den Schultern der Tochter, schweigend dabei, wie die Partisanen das Maultier beluden und wieder abzogen. Als sie außer Hörweite waren, flüsterte Niki: „Aber Mutter, warum hast du ihnen das Lötzinn gezeigt?"

„Hast du ihnen nicht davon erzählt? Sie haben das nämlich behauptet."

„Ich habe ihnen kein Wort gesagt! Nicht einmal, als sie mich geschlagen haben."

Alexo begriff, daß man sie überlistet hatte. Sie legte Niki den Arm um die Schultern und kehrte mit ihr ins Haus zurück. „Was macht das schon!" sagte sie. „Sollen sie doch das Lötzinn haben. Wenigstens haben sie mich gehen lassen."

Giorgina Bardake, Tassi Mitros' Tochter, war nicht mit den anderen drei Frauen entlassen worden. Da sie die einzige war, die sich am Abend der Flucht im Dorf aufgehalten hatte, argwöhnte Sotiris trotz ihrer Klagen, ihre Familie habe sie im Stich gelassen, daß sie von dem Plan gewußt habe.

Am zwölften Tag ihrer Gefangenschaft wurde Giorgina mit ihrem Baby aus dem Gefängnis geholt. Aus dem Keller wurden anschließend noch zwei andere Frauen heraufgebracht, die sie nicht kannte. Drei Partisanen mit Schaufeln auf der Schulter führten die Gefangenen zum Friedhof.

Eine der fremden Frauen war Anfang Vierzig; die andere war älter, fünfzig vielleicht, und wurde als erste angewiesen, ihr eigenes Grab zu schaufeln. Sie arbeitete stumm, mit schwieligen Händen, die zitterten.

Als sie einen schmalen, ungefähr dreißig Zentimeter tiefen Graben geschaufelt hatte, der lang genug war für ihren Körper, befahlen die Partisanen ihr, sich hineinzusetzen. Einer von ihnen schoß ihr aus wenigen Metern Entfernung mit dem Gewehr in den Hinterkopf.

Dann war die Reihe an der jüngeren Frau. Die ganze Zeit, während sie grub, weinte sie und rief: „Michalaki! Mein Sohn, wo bist du?" Sie mußten sie zwingen, sich in ihr Grab zu setzen, und sie schrie immer noch „Michalaki!", als ihr die Kugel den Schädel zerfetzte.

Nun wandten die Partisanen sich an Giorgina Bardake und befahlen ihr, das Baby in den Schatten eines nahen Baumes zu legen. Dann reichten sie ihr eine Schaufel, und einer von ihnen sagte: „Du kannst dein Leben immer noch retten, wenn du uns die nennst, die die Flucht organisiert haben."

Völlig benommen vor Entsetzen nahm Giorgina die Schaufel und ritzte ein paar Kratzer in den Erdboden. Ein furchtbarer Schmerz schoß ihr durch die Brust, und sie wurde ohnmächtig. Als sie wieder zu sich kam, zogen die Partisanen sie hoch und sagten: „Du kannst von Glück sagen, daß du ein Baby hast." Sie trugen sie dorthin, wo ihre Tochter lag; auf dem Weg zu ihrem Haus mußten sie Giorgina stützen.

Als Eleni am Morgen nach ihrer Entlassung aus dem Gefängnis das Haus zum Wasserholen verließ, entdeckte sie eine Menge Zigarettenkippen neben der Tür. Irgend jemand hatte die ganze Nacht hier Wache gehalten. Das Gefühl des Eingesperrtseins quälte sie mit jedem Tag mehr. Häufig stieg sie tief hinab zu den südlichen Feldern und blickte zu den fernen Bergen hinüber, wo ihre Kinder in Sicherheit waren.

Nach der aufregenden Ankunft in Filiates verbrachten die Gatzoyiannis zwei Nächte im Haus eines dort lebenden Verwandten und hofften auf Nachricht von Eleni und Glykeria. Sie wußten, daß sie nicht lange bleiben konnten. Eleni hatte sie gewarnt, Filiates liege zu nahe am Kampfgebiet, und hatte darauf bestanden, daß sie in Ioannina oder Igumenitsa auf sie warteten. In der Hafenstadt Igumenitsa wurden bereits Lager für heimatlose Flüchtlinge aus der besetzten

Zone eingerichtet, und die Familie beschloß, dorthin zu gehen, sobald sie sich mit dem Nötigsten versorgt hatte.

In der Hoffnung, er werde eine Möglichkeit finden, Eleni das Geld zukommen zu lassen, hatte Christos Gatzoyiannis an seinen Bruder Foto in Filiates fünfhundert Dollar geschickt. Einen Teil davon gaben die Kinder und Onkel Foto für Lebensmittel, neue Kleider und Schuhe aus. Vor der Weiterreise hatte sich die Familie noch fotografieren lassen, um Christos diesen Beweis für die gelungene Flucht schicken zu können.

In Begleitung von Kitso und Onkel Andreas ließ die Familie Filiates hinter sich und fuhr mit dem Bus nach Igumenitsa an der Westküste. Wegen ihrer großen Zahl wurden sie im oberen Stock eines unfertigen Hauses untergebracht, das für Beamte gebaut wurde. Die Zimmer waren leer, die Wände unverputzt.

Sobald sie sich eingerichtet hatten, ging Nitsa auf Drängen ihrer Mutter zu dem Arzt, der die Flüchtlinge betreute. Nitsa war inzwischen unförmig dick. Der junge Arzt mit dem verkniffenen Gesicht wußte Bescheid darüber, daß hysterische Schwangerschaften bei Frauen vorkamen, die sich so sehr ein Baby wünschten, daß ihr Körper jedes Symptom bis zu den Wehen im neunten Monat produzierte. Geduldig versuchte er, Nitsa zu erklären, daß sie gar nicht schwanger war. Schließlich verstand Nitsa, und sie bekreuzigte sich.

Am nächsten Morgen hatte ihr Bauch bereits abzuschwellen begonnen. Als Andreas nach zwei Tagen verwirrt fragte, was denn aus der wunderbaren Schwangerschaft geworden sei, errötete Nitsa und behauptete, ihr dicker Bauch sei eine Folge davon gewesen, daß sie im Dorf immer nur Bohnen zu essen gehabt habe.

ENDE Juli waren Eleni, Alexo und Marianthe nun schon fast einen ganzen Monat frei; die Partisanen, die sie überwachten, hatten jedoch nicht den geringsten Beweis dafür entdeckt, daß sie ein Komplott schmiedeten oder sich im geheimen mit Faschisten trafen. Sotiris verdoppelte seine Bemühungen, die Verschwörungstheorie zu rechtfertigen, indem er noch mehr Informanten im Dorf warb. An Frauen, die bereit waren, gegen die Amerikana auszusagen, gab es keinen Mangel. Sie ärgerten sich, weil Eleni unbehelligt im Dorf herumlief, obwohl es ihrer ganzen Familie gelungen war, den Partisanen durch die Finger zu schlüpfen. „Die hat immer Privilegien, hat's immer leicht gehabt", tuschelten die Dörflerinnen, „nun ist es Zeit, daß sie von ihrem hohen Roß herunterkommt."

Sotiris notierte verbissen jede Andeutung, wußte aber, daß alles zusammen nicht genügte, um die Amerikana zu verurteilen oder seinen guten Ruf bei seinen Vorgesetzten und bei Katis wiederherzustellen. Doch eines Tages hörte Sotiris munkeln, die Drouboyiannisfrauen wüßten etwas.

Die drei Schwägerinnen lebten alle im selben Teil des Dorfes. Eine von ihnen, Chrysoula, war mitsamt ihren zwei Nichten geflohen. Sotiris befahl, Constantina und Alexandra Drouboyiannis zum Verhör zu bringen.

Seit dem Tag der Flucht hatten die beiden in Angst vor der Verhaftung gelebt. Verärgert über Sotiris' Versagen, beschloß Katis, das Verhör der Drouboyiannisfrauen persönlich zu leiten. Constantina wußte, daß sie nicht sehr intelligent war, und fürchtete, sich in ein Netz von Lügen zu verstricken. So beschloß sie, mit den Partisanen zusammenzuarbeiten und alles zu sagen, was sie wußte, ausgenommen natürlich die Tatsache, daß sie Chrysoula gebeten hatte, ihre Töchter mitzunehmen, weil sie selbst zur Erntehilfe eingeteilt war.

Wenige Stunden später ließ der Untersuchungsrichter eiligst Sotiris holen. Dieser begegnete den beiden Drouboyiannisfrauen, die blau geschlagen und weinend ins Gefängnis gebracht wurden. Die Wachtposten berichteten ihm, Katis habe befohlen, sie von den anderen Gefangenen getrennt in den oberen Zimmern unterzubringen. Sotiris fluchte innerlich. Falls es Katis gelungen war, etwas auszugraben, das ihm selbst entgangen war, saß er tief in der Patsche.

Er ging ins Büro des falkengesichtigen Katis. Der schien in Gedanken versunken; dann richteten sich seine Augen mit einem winzigen Funkeln der Genugtuung auf Sotiris, und er sagte: „Du läßt so schnell wie möglich Milia, die Tochter von Alexandra Drouboyiannis, holen, die unserer Kompanie oben in Skitari zugeteilt wurde." Katis ließ ein Lächeln sehen, bei dem es Sotiris kalt überlief. „Es hat anscheinend zwei fehlgeschlagene Fluchtversuche gegeben, bevor es den Verrätern gelang zu entkommen", verkündete er. „Zweimal sind sie direkt vor eurer Nase losgegangen und wieder zurückgekommen, und ihr habt nichts davon gemerkt!" Er hielt kurz inne. „Und jedesmal war die Amerikana dabei! Sie hat das Ganze organisiert. Wenn wir Zeugen finden, die das öffentlich unanfechtbar bestätigen, reichen die Beweise aus, um sie und alle, die mit ihr zu tun haben, zu erledigen!"

13

Es DAUERTE nicht lange, bis jeder im Dorf wußte, daß Eleni wieder verhaftet worden war. Unmittelbar vor Einbruch der Dunkelheit kam ein Partisan, um auch ihre Schwägerin Alexo ins Hauptquartier zu holen. Er war jung, und es tat ihm leid, als er sah, wie Niki sich weinend an ihre Mutter klammerte. „Keine Angst", sagte er tröstend, „sie wird nur für ein paar Stunden gebraucht." Doch Mutter und Tochter wußten, daß er sie belog. Als der Partisan sie davonführte, wandte Alexo sich noch einmal zu ihrer Tochter um, die an der Tür stand, und seufzte: „Ich werde mein Haus nie wiedersehen."

Während der letzten Tage hatte die Sicherheitspolizei das Gefängnis mit immer mehr liotischen Häftlingen gefüllt, darunter auch Dina Venetis. Dina war erst achtundzwanzig, eine schlanke Frau mit hohen Wangenknochen und schön geschwungenen schwarzen Brauen. Von allen, die im Keller des ehemaligen Gatzoyiannishauses festgehalten wurden, gehörte Dina zu den wenigen, die die Behandlung der Gefangenen im Sommer 1948 überlebten und sie beschreiben konnten.

Jeder verhaftete Dörfler wurde zunächst isoliert in einem der oberen Zimmer untergebracht. Nach ein paar Tagen banger Erwartung wurde der Gefangene in den Garten geführt, wo man ihn verprügelte und verhörte. Schließlich wurde er in das verdreckte, unterirdische Gefängnis geworfen, in dem es mit jedem Tag enger wurde.

Genau wie die anderen wurde auch Eleni hinausgeführt und mit Gerten geschlagen, während Sotiris sie anschrie, sie habe die Flucht ihrer Kinder organisiert und sei eine Rädelsführerin der Verschwörung.

Trotz aller Tritte und Schläge blieb Eleni bei ihrer Behauptung: Lukas Ziaras und ihre Mutter hätten die Kinder entführt, während sie ahnungslos bei der Erntearbeit war.

Wenige Tage nach ihrer Verhaftung wurde Eleni den Pfad hinab zum Haus von Kostina Thanassis geführt, das Katis als Büro diente. Katis bedeutete Eleni mit übertriebener Höflichkeit, sie dürfe sich setzen. „Amerikana", sagte er, „du hast die Flucht deiner Kinder aus diesem Dorf geplant, zusammen mit dem Verräter Lukas Ziaras, und hast andere Frauen im Dorf überredet, sich der Flucht anzuschließen."

Der einzige Mensch, dem sie sich anvertraut hatte, war Alexo, und

Alexo würde sie niemals verraten. „Das ist eine Lüge“, behauptete sie.

„Und wenn ich dir nun sage, daß zu den Frauen, die du überredet hast, ihre Kinder fortzuschicken, auch Constantina Drouboyiannis gehört?“

Eleni riß erstaunt die Augen auf. Erst lange nach der Flucht hatte sie gehört, daß Constantinas Töchter mit ihrer Tante Chrysoula geflohen waren, während Constantina sich mit Eleni zusammen bei der Ernte befand. Wie die drei und die Mitrosfamilie dazu gekommen waren, am dritten – erfolgreichen – Versuch teilzunehmen, war ihr ein Rätsel. Ihre Gedanken überschlugen sich. Hätte nur Lukas auf sie gehört und die Flucht als Geheimnis behandelt, das ausschließlich ihre beiden Familien anging!

Katis riß sie aus ihren Gedanken. „Antworte!“ schrie er. „Hast du Constantina Drouboyiannis überredet, ihre Töchter fortzuschicken, oder nicht?“

„Natürlich nicht! Das ist nicht wahr!“

„Würdest du das beschwören?“

Eleni sah offen in seine spöttisch dreinblickenden Augen. „Ja.“

Katis erhob sich und öffnete die Tür. Zu dem Wachtposten draußen sagte er: „Geh sofort ins Haus der Amerikana hinauf und bring mir die Ikone, die in der Stube hängt.“

Mit der hölzernen Ikone der Jungfrau mit dem Kind stand Katis wie ein Priester vor ihr. „Schwörst du, daß du Constantina Drouboyiannis niemals aufgefordert hast, ihre Töchter mit deiner Familie zusammen zu den Faschisten zu schicken?“

Eleni legte die Hand auf das Bild der Jungfrau und spürte, wie die Angst ihren Körper heiß durchzuckte. „Ich schwöre es auf mein Leben.“

„Schwöre es auf das Leben deines Sohnes!“ befahl Katis.

„Ich schwöre es auf das Leben meines Sohnes Nikola.“ Als sie seinen Namen aussprach, brach sie in Tränen aus und sank auf ihren Stuhl zurück.

Katis legte die Ikone auf seinen Schreibtisch und ging zur zweiten Tür des kleinen Zimmers. Er öffnete sie und sagte barsch: „Komm her!“

Verblüfft sah Eleni Constantina Drouboyiannis zögernd ins Zimmer treten. Constantina war klein und einige Jahre älter als Eleni; ihr schlichtes, rundes Gesicht war von Lachfältchen durchzogen, aber jetzt lächelte sie nicht. Ihr Gesicht war grün und blau und verschwollen, ihr Haar unter dem Kopftuch zerzaust. Katis deutete auf einen Stuhl; Constantina nahm Platz.

„Hat die Amerikana mit ihrer Familie zweimal zu fliehen versucht, bevor die Flucht schließlich gelang?“ fragte Katis.

„Ja“, murmelte Constantina mit gesenktem Blick.

„Sind sie das erstemal umgekehrt, weil das Baby der Ziaras schrie? Und das zweitemal, weil der Nebel zu dicht war?“

Constantina schwieg, bejahte aber mit einer Kopfbewegung. Starr vor Entsetzen sah Eleni sie an. Sie wußten von den ersten beiden Versuchen! Wenn sie Beweise dafür hatten, war sie verloren. Doch wieso hatte Constantina Drouboyiannis ihm davon erzählen können? Sie war kein einziges Mal dabeigewesen. Die Einzelheiten konnte sie nur durch den Dorfklatsch erfahren haben. Eleni richtete sich auf. Jetzt stand ihr Wort gegen Constantinas.

„Warum versuchst du mich zu töten?“ fragte Eleni.

„Ich hab's ihnen doch nicht gesagt, Eleni!“ stieß Constantina unter Tränen hervor. „Sie wußten schon alles. Jemand anders hat es ihnen gesagt, Eleni. Es war nicht meine Schuld!“

Eleni wandte sich an Katis. „Ich habe niemals, zu keiner Zeit mit dieser Frau über irgendeinen Fluchtplan gesprochen“, erklärte sie. „Wenn sie das behauptet, lügt sie, um sich zu retten. Ich habe auf die Ikone der Jungfrau und das Leben meines Sohnes geschworen.“

Katis lächelte. Er stand auf und öffnete die Tür. „Bringt die Amerikana zur Sicherheitspolizei zurück!“ befahl er den Wachtposten. „Ich denke, sie ist jetzt so weit, daß sie uns die Wahrheit sagt.“

Als Eleni zu ihrem früheren Haus, dem Gefängnis, zurückgeführt wurde, dröhnte ihr der Kopf. Wer konnte etwas von den ersten beiden Fluchtversuchen verraten haben? Bestimmt nicht Alexo oder Marianthe. Constantina Drouboyiannis mußte durch ihre Schwägerin Alexandra von den beiden mißlungenen Versuchen erfahren haben, denn die war beim zweiten dabeigewesen; doch Alexandra hätte sich niemals ans Messer geliefert und den Partisanen diese Geschichte bestätigt. Und solange es keine Augenzeugen gab, die gegen sie aussagen konnten, überlegte Eleni, konnte niemand beweisen, daß sie daran teilgenommen hatte.

Als sie das Gatzoyiannisgrundstück betrat, kam eine Frau in Partisanenuniform aus dem Haus. Sie war untersetzt, ihr dunkles Haar trug sie kurz geschnitten. Milia Drouboyiannis! Eleni erinnerte sich, wie Milia vor dem Abmarsch in die Kampfzone gerufen hatte: „Leute von Lia, die Demokratische Armee hat meinem Leben einen Sinn gegeben! Ich habe keine Mutter, keinen Vater, keine Geschwister mehr; meine Familie ist die Demokratische Armee!“

Doch Milia hatte eine Mutter: Alexandra Drouboyiannis, die zur

Zeit im Gefängnis saß. Auf einmal war Eleni klar, wer von den ersten beiden Fluchtversuchen wissen und bereit, ja sogar begierig sein konnte, sie der Sicherheitspolizei zu verraten. Als die kleine, affenartige Milia mit dem Gewehr über der Schulter an ihr vorbeikam, trafen sich ihre Blicke, und in dieser Sekunde wußte Eleni, daß sie verloren war.

Eleni wurde, getrennt von den anderen, in die kleine Vorratskammer neben der Küche gesperrt. Anschließend begann die systematische Folterung. Katis befahl Sotiris, der Amerikana ein Geständnis abzupressen.

Während Sotiris ihr Fragen stellte, wurde Eleni von sich abwechselnden Partisanen gefoltert. Ein Mann stand hinter ihr, drückte ihr ein Knie ins Kreuz und legte ihr einen Arm um den Hals; dann stieß er sein Knie kräftig nach vorn und zog gleichzeitig ihren Körper nach hinten, bis ihre Wirbelsäule zu brechen drohte. Der Schmerz schoß hinauf und hinab durch Elenis Rückgrat, und der Arm um ihren Hals drosselte ihr die Luftzufuhr, so daß sie ständig das Gefühl hatte, ersticken zu müssen. Zuweilen erbrach sie sich. Sie sehnte sich nach Bewußtlosigkeit, aber die Partisanen achteten darauf, daß ihr diese Erleichterung nicht zuteil wurde.

Wenn die Folter für den Tag beendet war, warfen sie sie in den Vorratsraum neben der Küche zurück. Dort gab es kein Licht, aber Eleni, die zusammengekrümmt in einer Ecke lag, nahm weder die Dunkelheit noch die vorbeihuschenden Ratten wahr.

Wahrscheinlich waren mehrere Folterungen nötig, um Eleni zu brechen. Die Begegnung mit Milia Drouboyiannis hatte ihr deutlich ihr Schicksal vor Augen geführt. Sie war verloren, doch ihre Kinder waren in Sicherheit. Es hatte wenig Sinn, weiterhin ihre Kenntnis des Fluchtplans zu leugnen, wenn sie durch ein Geständnis erreichte, daß die Folterungen aufhörten. Schließlich gab sie alles zu: Jawohl, sie habe die Flucht mit Lukas Ziaras zusammen geplant. Jawohl, sie hätten es zweimal versucht und seien wieder umgekehrt. Falsche Geständnisse machte sie nicht: Sie habe niemals versucht, andere Personen zur Flucht zu überreden. Der einzige Grund, warum sie ihre Kinder fortgeschickt habe, sei gewesen, daß sie nicht mehr genug zu essen hatten. Auf der anderen Seite der Kampflinie würden die Kinder ausreichend Geld von ihrem Vater bekommen können, um satt zu werden und zu überleben.

Sotiris war zufrieden mit ihrem Geständnis. Er ließ eine Niederschrift aller Punkte anfertigen, zu denen Eleni sich schuldig bekannt hatte. Die Feder in Elenis Hand zitterte, als sie unterschrieb. Von da an ließen sie sie unbehelligt auf dem Lehmboden des kleinen Vorratsraums liegen.

Außer Dina Venetis ist Marianthe Ziaras die einzige überlebende Zeugin für das, was in jenen ersten Augusttagen im Hauptquartier und im Kellergefängnis der Sicherheitspolizei vorging. Marianthe besaß trotz ihrer achtzehn Jahre eine größere Willenskraft als die meisten erwachsenen Frauen. Als sie vor dem Gefängnis unter den Steineichen geschlagen und verhört wurde, hielt sie stur an ihrer Aussage fest, ihre Familie habe sie zurückgelassen, weil keiner von ihnen sie liebe.

Marianthe fand Halt an ihrem unerschütterlichen Glauben. Eines Abends wurde sie aufgerufen und nach oben gebracht. Sie wurde in den kleinen, dunklen Vorratsraum hinter der Küche gestoßen, in dem auch Eleni gewesen war, doch Eleni war nicht mehr da.

Marianthe stürzte inmitten von klappernden Töpfen und Pfannen zu Boden, und als ihre Augen sich an die Dunkelheit gewöhnten, erkannte sie Andreas Michopoulos, der – ebenfalls mit gefesselten Händen – in einer Ecke der Kammer saß. Er war furchtbar verprügelt worden; seine Augen waren schwarz-verschwollen, sein Gesicht blutüberströmt. Andreas hatte am Fluchtabend in der Patrouille Dienst gehabt. Marianthe und Andreas musterten einander schweigend; ihnen beiden war klar, daß man sie hier heraufgebracht hatte, um sie zu erschießen.

Marianthe zerrte so lange an ihren Fesseln, bis die Haut an ihren Handgelenken Blasen bekam, doch schließlich hatte sie eine Hand frei und kurz darauf die andere. Sie ging zu Andreas hinüber und befreite auch ihn. „Sie werden uns umbringen", flüsterte sie. „Wir müssen hier raus!"

„Aber wie?" antwortete er zweifelnd. „Wenn sie uns schnappen, machen sie etwas viel Schlimmeres mit uns als einfach hinrichten."

„Wir sind ohnehin schon tot!" zischte Marianthe zornig. „Gib mir deinen Gürtel!"

Mühsam löste Andreas den Gürtel von seiner blutgetränkten Uniform. Marianthe nahm ihn, knüpfte das eine Ende um einen der Gitterstäbe, die in den morschen Fensterrahmen eingelassen waren, und forderte Andreas auf, ihr ziehen zu helfen. Mit dem Knirschen von brechendem Holz kam eine Stange frei und hinterließ ein mehr als dreißig Zentimeter breites Loch. Andreas machte sich trotz seiner Wunden daran hindurchzuschlüpfen. Da er sehr mager war, schaffte er es; er fiel tief und landete auf einem Müllhaufen. Marianthe schob eine Kiste unters Fenster und schlüpfte ebenfalls hindurch.

Andreas stand benommen da. Marianthe hielt den Atem an, doch niemand verfolgte sie. Sie duckten sich ein paar Sekunden in den Schatten und lauschten auf die Stimmen der Partisanen im Haus. Dann nahm Marianthe Andreas bei der Hand und lief mit ihm in der Dunkelheit über die Felder. Es war nicht mehr lange bis zum Morgengrauen. Als sich der Himmel im Osten zu lichten begann, suchten sie in einem winzigen Vorratsschuppen Zuflucht, wo sie sich in einen Haufen frisch geernteter Maiskolben eingruben.

Die Flucht der beiden wurde von den verblüfften Partisanen gegen Morgen entdeckt und löste eine gewaltige Unruhe aus, die den Gefangenen im Keller nicht entging. Um sechs Uhr früh war das gesamte Dorf damit beschäftigt, gruppenweise das Gebüsch zu durchstöbern, während die Partisanen in dichte Baumkronen und Heuschober hineinfeuerten. Andreas und Marianthe hockten den ganzen Tag in ihrem drückendheißen Maiskolbenhaufen, wo sie vor Durst und Hitze beinahe ohnmächtig wurden. Nach Einbruch der Dunkelheit krochen sie aus ihrem Versteck und trennten sich.

Sechs Stunden lang wanderte Marianthe, ohne gesehen zu werden. Als sie schließlich am großen Bergrücken herauskam und zu den Regierungssoldaten hinüberrief, die auf dem Gipfel kampierten, wollten die Männer zuerst nicht glauben, daß dieses Mädchen keine Andartina war. Nur mit erhobenen Armen durfte sie weitergehen. Oben angekommen, brachte Marianthe erst keinen Ton heraus, und die Tränen strömten ihr über die Wangen. Schließlich hatte sie sich so weit gefangen, daß sie erklären konnte, sie sei die Tochter von Lukas Ziaras und aus dem Partisanengefängnis von Lia entflohen.

Andreas dagegen wurde noch am selben Morgen von einem Suchtrupp gefunden, als er fast besinnungslos vor Hunger und Durst eine Salatgurke verschlang. Die Partisanen schleppten ihn ins Gefängnis zurück. Einige Tage wurde er erbarmungslos gefoltert.

Am vierten Tag nach Marianthes Flucht erschien sehr früh am Morgen Sotiris an der Kellertür und rief die Namen der Häftlinge aus Lia auf: Dina Venetis, Alexo Gatzoyiannis, Andreas Michopoulos, Spiro Michopoulos und Vasili Nikou. Während sie einander entsetzt anstarrten, befahl er, sie alle nach oben zu bringen. Noch nie war ein Gefangener am Morgen zur Exekution geholt worden.

Sotiris und die Wachtposten führten die fünf die Treppe zum Polizeibüro empor. In diesem Zimmer erwarteten sie zwei weitere Dorfbewohner: Eleni Gatzoyiannis und Constantina Drouboyiannis. Eleni lief auf Alexo zu und umarmte sie.

Auf Befehl von Sotiris fesselten die Partisanen die Häftlinge zu

Paaren: Eleni mit Alexo, Spiro Michopoulos mit seinem Neffen Andreas, Vasili Nikou mit Dina Venetis. Die einzige, die nicht gefesselt wurde, war Constantina Drouboyiannis.

Sotiris räusperte sich. „Heute“, erklärte er feierlich, „wird euer Schicksal in die Hand der Volksjustiz gelegt. Ihr habt die Ehre, in einem öffentlichen Prozeß vor all euren Mitbürgern abgeurteilt zu werden. Beweise gegen euch werden vorgebracht, Zeugen aufgerufen werden, und man wird euch gestatten, euch selbst gegen die Anklagen zu verteidigen. Ihr werdet sehen, daß die Demokratische Armee keinen Unschuldigen bestraft, nur die Schuldigen.“ Er winkte den Wachen. „Und jetzt kommt. Die Richter sind eingetroffen.“

14

Es WAR zehn Uhr vormittags am Donnerstag, dem 19. August, einem strahlendschönen Sommertag, als die Dorfbewohner durch die Kirchenglocken und die Megaphone der Partisanen zum Dorfplatz gerufen wurden. Niemand trödelte, denn sie waren gespannt auf das Drama, dem sie beiwohnen sollten: den ersten öffentlichen Prozeß gegen Zivilisten aus ihrem Dorf.

Schauplatz war das Geviert unter der riesigen Platane in der Südostecke der Alonia; dort war ein kleiner Tisch mit drei Stühlen dahinter aufgestellt worden. Die Angeklagten mußten auf einer Art Plattform aus den knorrigen Wurzeln des Riesenbaumes Platz nehmen, während die drei Richter auf ihren Stühlen mit dem Gesicht zum Publikum sitzen würden. Als Katis, Iorgos Anagnostakis und Grigori Pappas, alle drei in Zivil, ihren Einzug hielten, beeindruckten sie die Zuschauer allein schon durch ihre überdurchschnittlich hohe Gestalt.

Schweigen legte sich über den Platz: Katis, ein hochgewachsener Mann mittleren Alters mit schütterem Haar, kantigem, ovalem Gesicht, großer Nase, vorspringendem Kinn und stechenden Augen, stand auf. Seine Miene verriet keine Nervosität, wie auch seine Stimme ganz ruhig war; innerlich aber war er gespannt wie eine Feder. Von Koliyiannis, dem politischen Kommissar der Region Epirus, persönlich mit der Bearbeitung dieses Falles betraut, hatte er eine schwere Aufgabe vor sich.

Es war wichtig, die Loyalität der Zivilisten zurückzugewinnen, die in den letzten Monaten spürbar nachgelassen hatte. Die Dörfler hatten zwar zunächst mit überwältigender Begeisterung hinter der Demokratischen Armee gestanden, inzwischen aber hatten sie die Nase voll von Arbeitsdienst, Beschlagnahmungen und Grausamkeiten von seiten der Partisanen. Sie wollten ihre Töchter nicht zu den Andartinas gehen lassen und weigerten sich fast einhellig, ihre Kinder zur Pedomasoma zu schicken.

Wie Katis wußte, war es seine Pflicht, die zuschauenden Lioten durch die Art seiner Prozeßführung einzuschüchtern. Und durch die Aufzählung aller Beweise gegen die Angeklagten mußte er erreichen, daß die Dörfler die Gefangenen verachteten und sich vereint hinter die Partisanen stellten.

Gleichzeitig wollte Katis auf die beiden anderen Richter einen guten Eindruck machen. Sein Mitrichter Anagnostakis war Katis' direkter Vorgesetzter. Anagnostakis war nicht nur Oberst der Demokratischen Armee, sondern er hatte auch im Zivilleben richterliche Erfahrung, während Katis nur Friedensrichter in Konitsa gewesen war. Außerdem wußte Katis, daß Anagnostakis sich der Hochachtung und Freundschaft des dritten Richters, Grigori Pappas, erfreute.

Katis wandte sich in leichtverständlicher Rede an die Zuhörer. Er erklärte, die Einwohner von Lia würden nun Zeugen eines Prozesses gegen sieben Angeklagte aus ihrem eigenen Dorf werden. Der Geheimdienst der Partisanen habe die Existenz einer Organisation von Sympathisanten der Faschisten im Dorf aufgedeckt, die dem Feind wichtige Informationen über die Verteidigungsstellen der Partisanen übermittelt hätten. Überdies habe die Organisation es Anhängern der Faschisten ermöglicht, zum Feind überzulaufen. Den Angeklagten werde vor den Augen ihrer Nachbarn der Prozeß gemacht, weil die Partisanen wüßten, daß jeder echte Patriot im Dorf diesen Verrat verabscheue, der die tapferen Männer gefährde, die ihr Leben aufs Spiel setzten, um Griechenland zu befreien. „Der Verrat ist eindeutig", setzte er hinzu, „weil sämtliche Beweise für die Verbrechen dieser Angeklagten von ihren Dorfgenossen stammen, die der Revolution treu sind." Unter den Zuschauern entstand Unruhe, und jeder mied den Blick seiner Nachbarn.

Den Gefangenen werde zunächst die Anklageschrift verlesen, fuhr Katis fort, anschließend würden dann Zeugen aufgerufen. Nun wandte er sich den Angeklagten zu. „Vasili Nikou", begann er, und der grauhaarige Böttcher erhob sich mühsam. „Dieser Mann ist ein alter Faschist", erklärte Katis. „Er ist im Dorf geblieben, um dem Feind Informationen zu liefern. Er war Hauptorganisator der Flucht der zwanzig Verräter."

„Spiro Michopoulos!" rief Katis, und die zappelige Vogelscheuchengestalt klappte auf wie ein Springmesser. „Dieser Mann gab vor, unseren Kampf zu unterstützen. Er ließ sich sogar zum Dorfvorsteher ernennen", dozierte Katis. „In Wahrheit aber gehörte er zur Gruppe der Verräter in unserer Mitte und war ungerecht bei der Verteilung der Arbeitsdienste, um die Anhänger der Faschisten zu schützen und unter unseren treuen Gefolgsleuten Feindseligkeit gegeneinander zu provozieren. Während seine Nachbarn hungerten, hortete Spiro Michopoulos Lebensmittel für den eigenen Verbrauch." Der Ausdruck gekränkter Unschuld auf Spiros hagerem Gesicht vertiefte sich, doch Katis befahl ihm, sich zu setzen.

„Andreas Michopoulos!" rief er dann. Der junge Partisan versuchte aufzustehen, schaffte es aber nicht, bis ihn sein Onkel an dem Strick, der sie zusammenfesselte, emporzog. „Dieser Verräter meldete sich zur Demokratischen Armee, damit er uns verraten und Informationen an die weitergeben konnte, die fliehen wollten", erklärte Katis. „Ohne seine Hilfe wäre ihnen die Flucht auf keinen Fall gelungen."

„Constantina Drouboyiannis." Die rundgesichtige kleine Frau mit den tomatenroten Wangen stand auf. „Diese Frau wird beschuldigt, ihre beiden Töchter mit den anderen Faschisten auf die Flucht geschickt zu haben, während sie selbst bei der Erntearbeit war", las Katis von den Unterlagen auf seinem Tisch ab.

„Dina Venetis", fuhr er fort, und Dina stand auf, mit den Händen an Vasili Nikou gefesselt. „Diese Frau, deren Ehemann Offizier der monarcho-faschistischen Armee ist, wird beschuldigt, ihre Flucht aus dem Dorf geplant zu haben."

Nun war Elenis Schwägerin an der Reihe. „Alexo Gatzoyiannis!" rief Katis jetzt lauter. „Diese Frau sorgte nicht nur dafür, daß ihre älteste Tochter mit den Verrätern fliehen konnte, sondern hat darüber hinaus die Revolution verraten, indem sie Geheimnisse an ihren Ehemann weitergab, der sie mindestens dreimal heimlich besuchte, um Informationen über die Aktivitäten der Volksarmee zu holen." Alexo warf ihm einen Blick tiefster Verachtung zu, sprach aber kein Wort.

Katis wartete einen Moment, um die aufmerksamen Gesichter der Zuschauer zu mustern. „Eleni Gatzoyiannis", verkündete er dann. Eleni stand auf. „Diese Frau ist die Tochter eines bekannten Faschisten und die Ehefrau eines amerikanischen Kapitalisten", erklärte er. „Ihr wird vorgeworfen, die Flucht ihrer Mutter, ihrer Schwester, ihrer Nichte und vier ihrer Kinder sowie dreizehn weiterer Faschistenanhänger organisiert zu haben, die geflohen sind, um dem Feind unsere Geheimnisse zu verraten."

Eleni stand still wie eine Statue, bis er sie anwies, sich wieder zu setzen. „Wir werden fünfzehn Zeugen der Anklage aufrufen", verkündete Katis, „die aufzeigen, wie die Angeklagten die Revolution verraten haben. Außerdem werden wir bestätigende Aussagen anderer Dorfbewohner verlesen. Anschließend ist es den Delinquenten gestattet, sich zu verteidigen."

Katis verlas die Namen der fünfzehn Dorfbewohner auf der Zeugenliste. Zu den Zeugen gehörten unter anderen Stavroula Yakou, der blonde Liebling der Partisanen, sowie Alexandra Drouboyiannis, die dunkle, scharfzüngige Schwägerin von Constantina, und deren älteste Tochter Milia, die Uniform trug und sich ihr Gewehr umgehängt hatte.

Katis begann nun die Aussagen zu verlesen, die er gegen den ersten Angeklagten, Vasili Nikou, zusammengetragen hatte. Es waren Aussagen von zweiundzwanzig Dorfbewohnern, die den Verrat und die Untreue des alten Böttchers gegenüber dem revolutionären Kampf in allen Einzelheiten bestätigen sollten. Als Katis ihre Namen verlas, wurden die Dörfler, die der Sicherheitspolizei ihre Aussagen unter dem Eindruck zugeflüstert hatten, daß sie vertraulich behandelt würden, leichenblaß und duckten sich, um möglichst in der Menge zu verschwinden. Der erste und wichtigste Zeuge gegen Nikou war der Kesselflicker Foto Bollis, der jetzt Gelegenheit hatte, sich an den Dorfbewohnern dafür zu rächen, daß sie ihn all die Jahre lang so geringgeschätzt hatten.

„Er ist bis in die Fingerspitzen vom Faschismus vergiftet!" rief Bollis laut. Er erzählte, daß er bei früheren Kämpfen in der Nähe von Filiates immer wieder gesehen habe, wie die Faschisten von Vasili Nikou Informationen über die Aktivitäten der Partisanen in den Murganadörfern erhielten.

Die zweite Zeugin war Stavroula Yakou, die die kalten Blicke der Dorffrauen trotzig erwiderte. „Er ist der Bruder meiner Schwiegermutter, aber die Wahrheit darf man nicht verschweigen", verkündete sie mit einem triumphierenden Blick zu ihrer verhaßten Schwiegermutter hinüber. Eleni sah, daß Stavroulas Mutter, ihre alte Freundin Anastasia, den Kopf abwandte. „Wenn Vasili Nikou den Arbeitsdienst einteilte, bestimmte er schwache alte Frauen zum Verwundetentransport", behauptete Stavroula unverfroren, „so daß die Verwundeten fallen gelassen wurden oder starben, bevor sie ärztliche Hilfe bekamen."

Die nächste Zeugin gegen Nikou war eine seiner Mitgefangenen, Constantina Drouboyiannis. Katis las Constantinas Aussage über einen Zwischenfall vor, der sich ereignet hatte, als sie Vasili Nikou einmal bat, das Schloß an einer Tür ihres Hauses zu reparieren. Während er arbeitete, hatte er laut Constantina zu ihr gesagt: „Du hast Glück. Du hast es geschafft, deine Töchter fortzuschicken und sie dadurch zu retten. Aber was ist mit meinen Töchtern? Was soll ich tun?"

„Hat der Angeklagte Nikou das zu dir gesagt?" fragte Katis. Die Frau schlug die Augen nieder und nickte kaum merklich.

Katis ließ Nikou aufstehen. „Trifft es zu, daß du fortwolltest von hier, um uns zu verraten, und daß du mehrmals Fluchtpläne gemacht hast?" fuhr er ihn an.

Vasili Nikou musterte ihn gelassen. „Nein, Genosse Katis", antwortete er, „das trifft nicht zu. Spiro Skevis, mein Verwandter, gehört zu euren ruhmreichen Kommandeuren. Warum sollte ich die Revolution verraten, für die wir doch alle kämpfen? Als ich hörte, daß ihr gekommen seid, war ich auf dem Weg nach Filiates; ich bin sofort umgekehrt und zurückgekommen. Und letzten März, als der Feind an unserer Dorfgrenze stand, sagte Spiro Michopoulos zu mir: ‚Laß uns jetzt fliehen. Eine so günstige Gelegenheit kommt nie wieder.' Aber ich ging nicht mit."

Plötzlich richteten sich alle Augen auf den mageren, blassen ehemaligen Dorfvorsteher. Katis schrie ihn an: „Ist das wahr, Michopoulos? Hast du das gesagt?"

„Ja, das habe ich", antwortete Spiro Michopoulos. „Aber nur, um ihn zu prüfen! Er hat während der Besatzungszeit niemals unsere Seite vertreten, und ich konnte nicht glauben, daß er jetzt tatsächlich zu uns gehört. Wäre er mit meinem Vorschlag einverstanden gewesen, hätte ich ihn sofort zu euch gebracht."

Die beiden Häftlinge starrten einander haßerfüllt an. Jeder versuchte sich jetzt zu retten, indem er den anderen opferte, aber Michopoulos' Trick funktionierte nicht.

„Warum hast du uns deinen Verdacht nicht mitgeteilt?" schrie Katis. „Ich werde es dir sagen: Weil du selbst fliehen wolltest! Setz dich, Michopoulos! Wir werden gleich feststellen, wie fleißig du die Revolution unterstützt hast."

Er rief Chrysoula Kouka nach vorn, eine alte Frau, deren Grundstück an den Besitz von Spiro Michopoulos grenzte. Chrysoula, fünfundsechzig Jahre alt, stritt ständig mit anderen Dörflern um Feldgrenzen und Wasserrechte. Während sie zitternd dastand, las Katis eine Aussage Chrysoulas vor, in der sie Spiro Michopoulos vorwarf, ein Feind der Revolution zu sein, der Sympathisanten der

Faschisten bei der Einteilung des Arbeitsdienstes bevorzuge, um sich beim Feind lieb Kind zu machen für den Fall, daß die Regierungstruppen das Dorf zurückeroberten. Ihre am schwersten belastende Aussage gegen den Nachbarn jedoch lautete, sie habe gesehen, wie er einen großen Lebensmittelvorrat aus seinem Gemischtwarenladen in seinem Keller versteckt habe, den er mit den Kämpfern der Demokratischen Armee hätte teilen müssen. Triumphierend verkündete Katis, man habe diese Lebensmittel tatsächlich unter Michopoulos' Kellerboden gefunden.

Jedesmal, wenn er einige Zeilen gelesen hatte, hielt Katis inne, um zu fragen: „Trifft das zu, Genossin Kouka?"

Die Alte nickte nachdrücklich. „Jawohl, was du da vorgelesen hast, ist wahr", bestätigte sie und sah ihren Nachbarn an, den sie endlich richtig gedemütigt hatte.

Die letzte Zeugin gegen Spiro war Dina Venetis. Jahre später behauptete sie, sich nicht erinnern zu können, was sie bei dem Prozeß gesagt habe; sie sei viel zu verängstigt gewesen. Andere Dorfbewohner erinnern sich jedoch deutlich an ihre Aussage.

„Hast du einige Tage nach der Flucht der zwanzig den Dorfvorsteher Spiro Michopoulos aufgesucht?"

„Ja", antwortete Dina leise. „Ich bat ihn um etwas Mais aus den Vorräten des Dorfes für meine drei kleinen Kinder."

„Und was hat er dir geantwortet?" drängte Katis.

„Er sagte: ‚Ich habe keinen Mais mehr. Du hättest mit den anderen gehen sollen.'"

„Das genügt", erklärte Katis.

Als sämtliche Aussagen gegen Spiro Michopoulos verlesen waren, verkündete Katis, die Verhandlung werde jetzt unterbrochen und am folgenden Morgen fortgesetzt.

Der erste Angeklagte, der am nächsten Tag aufgerufen wurde, war Andreas Michopoulos. Der Junge stand, immer noch von der Folter geschwächt, unsicher da, während Katis sich an die Zuschauer wandte.

„Vor zwei Monaten flohen zwanzig Zivilisten aus diesem Dorf. Damit so viele Personen auf einmal unbemerkt entkommen konnten, mußten sie in Erfahrung bringen, in welchem Bereich sich unsere Patrouillen bewegten und wo die Tretminen gelegt waren. Alle diese Informationen erhielten sie von Andreas Michopoulos. Zweifel hinsichtlich seiner Beteiligung an der Fluchtplanung", fuhr Katis fort, „wurden durch seinen Fluchtversuch ausgeräumt. Andreas Michopoulos ist bereit, seine Verbrechen zu gestehen."

Katis wandte sich an Andreas. „Ist der Verräter Lukas Ziaras zu dir gekommen, während du Wache gestanden hast, und hat dich mehrmals vor seiner Flucht über die Bewegungen der Patrouillen und die Lage der Minenfelder ausgefragt?"

„Ja", antwortete Andreas. „Wir haben geplaudert. Ich dachte, er gehört zu uns. Ich erzählte vom Patrouillendienst. Ich hatte keine Ahnung, daß er fortwollte."

„Wenn du gewußt hättest, daß er fliehen wollte – hättest du uns dann informiert?"

„Aber ja, Genosse, selbstverständlich!"

„Hat Dina Venetis dir gegenüber jemals geäußert, daß sie das Dorf verlassen will?"

„Ja", murmelte der Junge.

Katis lächelte. „Dina Venetis – aufstehen! Trifft es zu, daß du zu Andreas Michopoulos gegangen bist und ihn gefragt hast, wie man aus dem Dorf fliehen kann?" fragte Katis.

Dinas schwarze Augen blitzten. „Das ist eine gemeine Lüge! Ich kenne alle Wege hinaus besser als jeder andere. Diesen Jungen habe ich niemals um Rat gefragt!"

„Du leugnest also, daß du zu deinem Mann fliehen wolltest, der bei den monarcho-faschistischen Truppen ist?"

„Ich leugne nicht, daß ich das Dorf gern mit meinen Kindern verlassen hätte, um meinen Mann wiederzusehen", antwortete Dina. „Aber ich leugne, die Flucht tatsächlich geplant zu haben. Es wäre mir wohl auch unmöglich gewesen, mit drei kleinen Kindern ungefährdet auf die andere Seite zu gelangen. Andreas Michopoulos lügt, und wieweit ihr ihm trauen könnt, hat er euch ja gezeigt, indem er selbst fliehen wollte."

Unbeeindruckt von dieser Aussage erklärte Katis den beiden anderen Richtern voll Stolz, Andreas habe noch dreiundzwanzig weitere Lioten genannt, die er verdächtige, die Flucht geplant zu haben.

Damit bestätige sich der Verdacht der Sicherheitspolizei, daß es eine Verschwörung im Dorf gebe.

Als nächste wurde Constantina Drouboyiannis aufgerufen, der man vorwarf, ihre beiden Töchter mit ihrer Schwägerin auf die Flucht geschickt zu haben.

„Wußtest du, daß deine Töchter fliehen wollten?" fragte Katis.

„Nein", antwortete sie unglücklich. „Als sie fortgingen, war ich bei der Erntearbeit für die Demokratische Armee."

Katis verzichtete auf weitere Fragen. Rasch ging er zu den

Anschuldigungen gegen Alexo Gatzoyiannis über, die ihre älteste Tochter auf die Flucht geschickt habe.

Alexo stand auf und sah ihn an. „Meine Tochter Arete ist seit fünfzehn Jahren verheiratet und steht nicht mehr unter meiner Aufsicht", erklärte sie. „Die Tochter, die mit mir zusammenlebt, ist noch hier. Das sollte ausreichen als Beweis dafür, daß ich keine Ahnung hatte, was die anderen planten. Hätte ich davon gewußt – hätte ich meine Jüngere nicht auch mitgeschickt?"

„Und wenn du keine Ahnung hattest, daß Arete fortwollte, warum hast du dann geduldet, daß sie auf dem Feld hinter deinem Haus Lötzinn vergrub, und hast uns später gezeigt, wo es versteckt war?"

„Das Lötzinn lag schon monatelang dort, seit Aretes Mann fortging und lange bevor die Partisanen ins Dorf kamen", entgegnete Alexo.

„Du antwortest sehr gewandt auf unsere Beschuldigungen", sagte Katis, „aber wir haben Beweise dafür, daß du dich eines weit schwereren Verbrechens gegen die Demokratische Armee schuldig gemacht hast. Dein Mann hat sich zu wiederholten Malen durch unsere Linien geschlichen, um dich zu besuchen und Informationen über unsere Verteidigungsstellungen zu sammeln."

Jetzt verlor Alexo die Beherrschung. „Sogar in Friedenszeiten war mein nichtsnutziger Ehemann niemals zu Hause! Wieso sollte er jetzt kommen? Und wie sollte er das anstellen, ohne von jemandem gesehen zu werden?"

„Aber er *ist* gesehen worden!" gab Katis triumphierend zurück. Er rief eine etwa dreißigjährige Frau auf, die man beschuldigt hatte, Geheiminformationen der Partisanen weitergegeben zu haben, und die viele Tage lang in der Polizeiwache festgehalten wurde, während ihre drei Kinder, alle unter sieben Jahren, bei den Nachbarn um Essen bettelten.

„Ich hörte, daß Foto Gatzoyiannis sich auf dem Maisfeld unterhalb seines Hauses mit seiner Frau Alexo traf", sagte diese. „Und ich sah, wie sie mit ihm sprach."

Plötzlich stand Richter Anagnostakis auf. „Hast du sein Gesicht gesehen?" fragte er.

Eine lange Pause entstand, in der sie unsicher zu Katis blickte. Dann murmelte sie: „Sein Gesicht habe ich nicht gesehen, aber ich weiß, daß es ihr Ehemann war, der sich im Maisfeld versteckt hatte. Wer hätte es sonst sein sollen?"

Rasch entließ Katis die Frau. Während er verstohlen Anagnostakis' Miene betrachtete, hieß er Foto Bollis vortreten.

„Als du auf der anderen Seite warst, auf dem großen Bergrücken, bevor du in dieses Dorf zurückkehren konntest – wen hast du da den Monarcho-Faschisten helfen sehen?" fragte ihn Katis.

„Foto Gatzoyiannis", verkündete Bollis. „Er schilderte den Soldaten das Gelände und die Partisanenbefestigungen in und um das Dorf herum."

„Und woher konnte Foto Gatzoyiannis so etwas wissen?"

„Er kam heimlich hierher, nach Hause."

„Woher weißt du das?" bohrte Katis nach.

Foto Bollis grinste. „Weil er es selbst erzählt hat. Überall hat er sich damit großgetan."

Katis sah Alexo an. „Du hast diese Aussage gehört. Willst du jetzt immer noch abstreiten, daß dein Mann dich besucht hat?"

Alexo reckte stolz das Kinn. „Ich habe es dir gesagt: Ich habe Foto seit letztem November nicht mehr gesehen."

Katis befahl ihr, sich zu setzen. Mit der Vernehmung von Alexo Gatzoyiannis endete der zweite Tag der Verhandlung. Jetzt war nur noch über eine Angeklagte zu verhandeln: Eleni Gatzoyiannis. Für ihre Vernehmung jedoch wollte Katis eine besondere Zeugin aufrufen, die sich gerade auf dem Weg zum Dorf befand.

Während das Gericht in Lia tagte, arbeitete Elenis Tochter Glykeria noch als Erntehelferin in der Nähe des Dorfes Vatsounia. Seit sechzig Tagen war sie jetzt von ihrer Mutter getrennt. Von Rano Athanassiou, der besten Freundin ihrer Schwester Olga, hatte sie erfahren, daß Eleni mit einigen anderen Frauen nach Lia zurückgeholt worden war; mehr wußte sie nicht.

Eines Morgens kam ein Partisan zu Pferde, rief Rano und erklärte ihr, sie müsse mit ihm ins Dorf zurückkehren. Niemals wäre Rano auf die Idee gekommen, daß Stavroula Yakou sie als diejenige bezeichnet hatte, der alle Einzelheiten des Verrats bekannt waren, den die Amerikana begangen hatte, und daß man sie holte, damit sie gegen Eleni aussagte.

Am 21. August, dem dritten Prozeßtag, wußten alle, daß die Vernehmungen abgeschlossen und die Urteile verkündet werden sollten. Die einzige Angeklagte, über die noch verhandelt werden mußte, war die Amerikana.

Eleni stand still, als ihre Anklageschrift verlesen wurde. Das Hauptgewicht der Anklage gegen sie lag auf dem Vorwurf, sie habe zwei mißlungene Fluchtversuche organisiert, ihre Kinder fortgeschickt und andere Frauen im Dorf überredet, dasselbe zu tun. Mit ihren Handlungen habe sie der Demokratischen Armee in ihrem Heimatdorf schwer geschadet.

Katis fügte hinzu, die Amerikana sei zu Hause geblieben, um weitere Fluchtgruppen zu organisieren, sie habe das Programm zur Verschickung der Dorfkinder sabotiert, sie habe die Partisanenkämpfer verleumdet und sowohl Lebensmittel als auch Kleidungsstücke versteckt, die die Armee dringend benötigt hätte.

Während er sprach, musterte Eleni die versammelten Zeugen. Erschrocken sah sie ein neues Gesicht unter ihnen: Rano Athanassiou.

Stavroula Yakou hatte Katis genau erklärt, welche Fragen er Rano stellen mußte. Rano war eben erst angekommen. Sie hatte keine Ahnung, was man sie fragen würde und wie sie antworten sollte.

„Rano Athanassiou, du hast jahrelang neben Eleni Gatzoyiannis gewohnt und warst häufig in ihrem Haus", begann Katis. „Trifft es zu, daß zu einer Zeit, da all ihre Nachbarn ihr Hab und Gut mit der Demokratischen Armee teilten, Eleni Gatzoyiannis Luxusgegenstände hortete, die kein anderer im Dorf jemals zu erwerben hoffen konnte?"

Rano räusperte sich. „Sie hat Kleider versteckt, ja."

„Das genügt", fuhr Katis auf und schlug zufrieden mit der flachen Hand auf den Tisch. Zwei Partisanen traten vor und führten Rano ab. Sie konnte gerade noch ihren kranken Vater zum Abschied küssen, als sie an ihrem Elternhaus im Perivoli vorbeikamen. Dann wurde sie nach Tsamanta gebracht, wo sie dem Bataillon von Spiro Skevis als Andartina zugeteilt wurde.

„Stavroula Yakou", ertönte Katis' Stimme. Die große blonde Frau stand auf und trat vor den Richtertisch. Stavroulas Mutter, Elenis Freundin Anastasia, stieß einen herzzerreißenden Seufzer aus. Der Laut schien die junge Frau zu treffen, und als sie Elenis Blick begegnete, errötete sie.

Katis begann eine lange Erklärung von Stavroula zu verlesen, in der diese aussagte, Eleni sei eine bekannte Faschistin, sie habe ihrer ältesten Tochter absichtlich den Fuß verbrannt, damit sie nicht zu den Andartinas geholt wurde, und außerdem habe sie sich hartnäckig geweigert, ihre Kinder in eine Volksdemokratie verschicken zu lassen. Dann hielt er inne und fragte Stavroula, die mit gesenktem Kopf zuhörte: „Trifft das zu, Genossin?" Aber Stavroula antwortete nicht.

Katis wiederholte seine Frage; doch als er merkte, daß sie entschlossen war, nicht zu antworten, verlor er die Geduld. Als er sie allein verhört hatte, hatte Stavroula sich nicht genugtun können mit den Vorwürfen gegen die Nachbarin. „Keine Angst vor Eleni Gatzoyiannis, Mädchen!" donnerte Katis. „Sie hat hier keine Macht mehr!"

Aber Stavroula wollte nicht sprechen. Die Zuschauer saßen wie angewurzelt, als sie die meistgefürchtete Frau im Dorf zittern sahen. Katis war am Ende seiner Geduld. „Antworte!“ schrie er. „Hast du diese Dinge über die Angeklagte gesagt oder nicht?“

Die Spannung stieg, bis Stavroulas Mutter Anastasia es nicht länger ertragen konnte. Jahrelang hatte sie schweigend gelitten, während das eigensinnige Mädchen sich über die Traditionen des Dorfes hinweggesetzt, sich ihren Ehemann selbst gesucht und ihn dann entehrt hatte, indem sie Kollaborateurin der Partisanen geworden war: eine Frau, deren Name mit spöttischem Grinsen ausgesprochen wurde. Und nun wurden ihre Aussagen gegen die Frau verwendet, die ihnen in den Jahren der Armut die freundlichste aller Nachbarinnen gewesen war. Anastasia sprang auf und schrie ihre verwirrte Tochter an: „Jawohl, Stavroula – antworte! Sprich es laut aus! Laß uns alle hören, was du ihnen über Eleni zugeflüstert hast!“

Stavroula blickte mit feuchten Augen auf und schüttelte stumm den Kopf. Dann setzte sie sich, ohne ein Wort gesagt zu haben.

Hastig fuhr Katis mit der Verhandlung fort, bevor diese peinliche Szene einen zu tiefen Eindruck auf die anderen Richter machen konnte.

„Amerikana“, begann er, dem Wort eine sarkastische Betonung verleihend, „du hast deine Verachtung für die Revolution zum Ausdruck gebracht, indem du die Flucht deiner Familie und anderer Zivilisten aus diesem Dorf organisiertest. Hör zu, was die entflohene Gefangene Marianthe Ziaras über deine Rolle bei dem Verrat zu sagen hatte:

‚Ich war in der Küche und kochte gerade, als Eleni Gatzoyiannis kam. Mein Vater befahl mir, den Raum zu verlassen, aber ich lauschte unter dem Küchenfenster. Dort hörte ich, wie die Amerikana meinem Vater erklärte, sie werde ihm tausend Dollar geben, wenn er ihre Familie auf die andere Seite bringe. Als die ersten beiden Versuche mißlangen und sie zum Arbeitsdienst auf die Dreschplätze mußte, sagte sie zu meinem Vater: „Ich werde dorthin gehen, wo Glykeria ist, und wenn wir eine Möglichkeit finden, ebenfalls zu fliehen, werden wir das tun. Aber du mußt meine Familie mitnehmen und nicht an uns denken.“‘“

Er legte die Papiere hin und sah Eleni an. „Was hast du dazu zu sagen?“

Eleni seufzte. „Zu schade, daß Marianthe nicht mehr hier ist, um für sich selbst zu sprechen.“

„Wir haben aber eine Zeugin, die anwesend und bereit ist, dir diese

Dinge ins Gesicht zu sagen", gab Katis zurück. „Ich rufe Milia Drouboyiannis."

Die untersetzte junge Andartina trat mit ihrem Gewehr über der Schulter nach vorne. Sie sagte aus, die Amerikana habe die Fluchtversuche organisiert und Lukas Ziaras habe ihre Mutter, Alexandra Drouboyiannis, zu überreden versucht, sich ihnen mit zwei Töchtern anzuschließen. Sie beschrieb die ersten beiden Fluchtversuche in überzeugenden Details. „Der Faschist Lukas Ziaras hat meine Mutter und meine Schwestern zur Flucht überredet", behauptete Milia, „aber dann erfuhr ich von ihrem Plan und erklärte ihnen, sie könnten hingehen, wo sie wollten, die Demokratische Armee werde sie überall finden. Ich schwöre bei der Waffe in meiner Hand, daß meine Mutter und meine Schwestern jeden Gedanken an eine gemeinsame Flucht mit der Amerikana aufgaben, nachdem ich mit ihnen gesprochen hatte!" Milias Mutter saß in den Zuschauerreihen und nickte zustimmend.

Katis fuhr zu Eleni herum. „Du bist eine Anhängerin der Faschisten!" schrie er sie an. „Du warst von Anfang an darauf aus, die Einwohner dieses Dorfes gegen uns aufzuhetzen!"

Elenis Gesicht war aschgrau, aber sie blieb ruhig. „Das ist nicht wahr", antwortete sie. „Zeige mir eine Mutter, die erklärt, ich hätte ihr geraten, ihre Kinder nicht fortzugeben."

Katis blickte in die Runde. „Nun, wer will antworten? Steht ruhig auf und sprecht!"

Vollständige Stille trat ein. Nach einer Weile wandte sich Katis wütend an Eleni. „Du hast keine Worte brauchen müssen, um die Frauen im Dorf zu beeinflussen", behauptete er. „Indem du deine Kinder zu den Faschisten schicktest, hast du Verrat an uns allen geübt."

Eleni sagte ruhig: „Ich habe eine Tochter, die bei den Andartinas war, aber zurückgeschickt wurde. Eine andere Tochter drischt gegenwärtig Weizen für die Demokratische Armee. Meine Kinder habe ich dorthin geschickt, wo ihr Vater ihnen helfen kann, weil es mir hier nicht mehr möglich war, sie zu ernähren. Aber ich habe niemandem geschadet und wünsche auch niemandem Schaden, ich wollte nur meine Kinder in Sicherheit bringen."

Ein Murmeln lief durch die Zuschauerreihen, und Anagnostakis runzelte die Stirn. Sogar das dunkle Gesicht des dritten Richters, Grigori Pappas, der bis jetzt unbeteiligt dabeigesessen hatte, zeigte Besorgnis.

Unsicher geworden, sagte Katis: „Bevor sich das Gericht nunmehr zur Beratung zurückzieht, frage ich euch: Möchte sich noch jemand zu den Anklagepunkten äußern?“

Zuerst schien sich keiner der verängstigten Dorfbewohner zu Wort melden zu wollen. Dann rappelte sich ein alter Mann in der ersten Reihe mühsam auf. Es war der fünfundsechzigjährige Grigori Tsavos, ehemals Feldhüter des Dorfes.

Er stellte sich vor Katis hin, eine bärenhafte, tolpatschige Gestalt, Nase und Wangen von Alkohol gerötet, und sagte mit fester Stimme: „Ich kenne Eleni Gatzoyiannis seit ihrer Geburt. Und ich weiß, daß sie niemandem im Dorf ein Leid zugefügt hat. Im Gegenteil, sie hat stets alles geteilt, was sie hatte. Außerdem besitzt sie einen Brief ihres Mannes, der deutlich beweist . . .“

Donnernd krachte Katis' Faust auf den Tisch. „Genug! Setz dich!“ brüllte er.

Während Tsavos gehorchte, erhob sich ein anderer alter weißhaariger Mann, ein bekannter Kommunist, hochgeachtet bei den Partisanen.

„Sprich, Genosse“, forderte Katis ihn auf.

Der Alte richtete sich hoch auf. „Was Tsavos sagt, trifft zu“, knurrte er. „Ich hatte nur einen einzigen Sohn, und der ist für die Revolution gefallen, und ich spreche die Wahrheit. Eleni Gatzoyiannis hat kein Unrecht begangen. Keiner von ihnen hat etwas getan, das ein Todesurteil rechtfertigen würde.“

Katis konnte es kaum glauben, daß ihm so offen getrotzt wurde. „Setz dich!“ brüllte er erneut.

Aber noch drei weitere Dorfbewohner sprachen für die Angeklagten.

Katis sah ein, daß es ein Fehler gewesen war, die Lioten zu Wort kommen zu lassen. „Wenn ihr Beweise anzuführen habt, meldet euch, andernfalls haltet den Mund!“ rief er schließlich.

Nun meldete sich niemand mehr. Nach kurzem Schweigen nickte Katis. „Das Gericht wird jetzt über das Urteil beraten.“

Erregtes Gemurmel erhob sich, als die drei Richter den Tisch verließen und sich an den Rand des Platzes zurückzogen. Wenige Minuten lang, die jedoch weit länger wirkten, blickten die Zuschauer von der Stelle, an der die Richter miteinander flüsterten, zu den Gesichtern der Angeklagten, die wie versteinert dasaßen. Als die Richter zurückkehrten und ihre Plätze wieder einnahmen, richteten sich die Gefangenen auf. Katis stand in der Mitte, mit dem Gesicht zur Menge.

„Nach sorgfältigem Abwägen aller Beweise“, sagte er, „verkündet das Gericht folgende Urteile: Im Fall der beiden Angeklagten Dina Venetis und Constantina Drouboyiannis waren die Beweise nicht schlüssig – nicht schuldig. Die Beweise gegen die anderen fünf – Spiro Michopoulos, Andreas Michopoulos, Vasili Nikou, Alexo Gatzoyiannis und Eleni Gatzoyiannis – sind überwältigend. Sie wurden in allen Punkten für schuldig befunden und zum Tode verurteilt."

Es gab keinen Aufschrei, nur hier und da ein ersticktes Stöhnen von den Verwandten der Verurteilten, ein Flattern von Händen, die das Kreuz schlugen. Die Gefangenen selbst saßen da wie gelähmt.

Mit erhobener Hand heischte Katis Ruhe. „Nicht wir verurteilen heute, nicht wir strafen heute!" rief er laut. „Die loyalen Bewohner dieses Dorfes haben uns sämtliche Beweise gegen die Gefangenen geliefert. Dies ist euer Urteil. Doch die Verurteilten werden Gelegenheit erhalten, Gnadengesuche an den Präsidenten der Provinzverwaltung, Markos Vafiadis, zu richten. Wir werden mit der Vollstreckung warten, bis er über die Gnadengesuche entschieden hat."

Das Drama, dem die Dorfbewohner drei Tage lang beigewohnt hatten, war in Wahrheit keine Gerichtsverhandlung gewesen, sondern ein sorgfältig inszeniertes Propagandastück, in dem die Urteile schon lange vorher gefällt worden waren. Bei derartigen Zivilprozessen in den Murganadörfern, die im August und September 1948, als die Partisanen den Krieg zu verlieren begannen, immer zahlreicher stattfanden, wurden die Akten eines jeden Falles vor der öffentlichen Verhandlung an Kostas Koliyiannis, den politischen Kommissar des Oberkommandos Epirus, gesandt. Von seinem Hauptquartier in Babouri aus schickte er der Sicherheitspolizei jedes Dorfes seine Urteilssprüche, zu denen dann die Richter nach Anhörung aller Zeugen angeblich gelangten.

Während seiner zehnmonatigen Machtausübung schickte Koliyiannis über dreihundert Männer und Frauen vor die Gewehre der Exekutionskommandos, darunter mindestens fünf Zivilisten aus jedem von den Partisanen besetzten Dorf der Region.

15

DIE sieben Leidtragenden des Dramas wurden durch die schweigende Menge der Zuschauer davongeführt. Im Garten vor dem Gefängnis der Sicherheitspolizei wurden die beiden freigesprochenen Frauen, Dina Venetis und Constantina Drouboyiannis, von den anderen getrennt. Sie konnten nach Hause gehen.

Die fünf Verurteilten wurden ins Gefängnis gebracht. Es war das erste Mal, daß Eleni mit den anderen zusammen in dem verdreckten Keller saß.

Die Zuschauer, die sich nach dem Urteilsspruch auf den Heimweg machten, gingen schweigend, mit gesenktem Kopf. Wie eine Kerze sich an der anderen entzündet, verbreitete sich Scham durchs ganze Dorf. Nicht einmal die fanatischen Kommunisten unter den Lioten hatten geglaubt, daß fünf ihrer Mitbürger zum Tode verurteilt werden würden.

Die Richter waren erschrocken über die einhellige Verteidigung der Angeklagten durch die Dorfbewohner, die sich zu Wort gemeldet hatten. Vor allem Iorgos Anagnostakis war von dem Prozeß beunruhigt. Er machte sich auf zum Hauptquartier in Babouri, um Kostas Koliyiannis seine Bedenken vorzutragen.

Die Gatzoyiannisfamilie, die mit anderen Flüchtlingen in dem unfertigen Haus in Igumenitsa lebte, hatte keine Ahnung von dem Prozeß. Während alle darauf warteten, daß Nachricht von Eleni durchsickerte, nahm ihr Leben relativ normale Formen an. Obwohl es Sommer war, wurde für die Flüchtlingskinder Schulunterricht gegeben. Fotini und Nikola, die seit der Besetzung ihres Dorfes durch die Partisanen kein Klassenzimmer mehr betreten hatten, gingen tagtäglich hin. Olga und Kanta waren die meistbegehrten jungen Mädchen von Igumenitsa geworden, belagert von Frauen, die eine Heirat zwischen einem männlichen Verwandten und einem der Gatzoyiannismädchen vermitteln wollten. Die Ehe mit einer der beiden würde einem jungen Mann die Möglichkeit bieten, Auswanderungspapiere zu erlangen, mit denen er das bankrotte, vom Krieg verheerte Griechenland verlassen und in Amerika ein Vermögen verdienen könnte.

Obwohl die Familie keine Miete zahlte, gab es Ausgaben für den Haushalt. Olga beschloß, mit dem Bus nach Filiates zu fahren und sich den Rest des Geldes geben zu lassen, das der Vater ihrem Onkel Foto geschickt hatte.

Als Olga ihren Onkel nach dem Geld fragte, verdrehte Foto die Augen. „Hab ich euch allen nicht neue Schuhe und Kleider und Bleistifte und Schulhefte und Pfannen und Gott weiß was sonst noch gekauft?" rief er. „Das Geld ist weg, aufgebraucht! Wofür haltet ihr mich – für eine Bank?"

Olga errötete; sie werde ihrem Vater schreiben, was er gesagt habe, erklärte sie ihrem Onkel. Doch Foto, der so gerissen war wie Olga naiv, konnte ihr das leicht ausreden. „Deine Mutter wird jetzt jeden Tag kommen; dann werde ich das mit ihr besprechen. Siehst du denn nicht, was sich hier abspielt? Sie planen einen Angriff auf die Murganaberge – mit so viel Gerät und so vielen Truppen, daß er unmöglich fehlschlagen kann. Die Partisanen werden bis nach Albanien laufen! Dann ist deine Mutter frei, und ich kann die Sache mit ihr bereden."

Freudig erregt kehrte Olga nach Igumenitsa zurück und berichtete den anderen von dem gewaltigen militärischen Unternehmen, das organisiert wurde, um ihr Dorf und ihre Mutter zu befreien.

Die gutgemeinten Einwände gegen den Prozeß, die Richter Anagnostakis bei Kommissar Koliyiannis im Hauptquartier des Oberkommandos Epirus vorgebracht hatte, schlugen unerwartet hart auf die Verurteilten zurück.

Da es unpopulär war, die fünf Lioten hinzurichten, schrieb Koliyiannis an Katis, er habe die Verurteilten in Mißkredit zu bringen und das ganze Dorf davon zu überzeugen, daß die fünf für den Verrat an ihren Mitbürgern den Tod verdient hätten. Vor allem das Ansehen der Amerikana solle geschädigt werden.

Als Katis diesen Befehl erhalten hatte, setzte er sich an seinen Schreibtisch und dachte nach. Am einfachsten, so überlegte er, könnte man den guten Ruf der Amerikana untergraben, indem man die Dorfbewohner überzeugte, daß ihr das Geld ihres Mannes sowie die Vorräte ihres faschistischen Vaters Kitso Haidis ein Leben in Luxus erlaubt hätten.

Katis rief die Verhörspezialisten der Sicherheitspolizei zusammen. Er befahl ihnen, sämtliche Foltermethoden anzuwenden, die notwendig waren, um die Amerikana zu dem Geständnis zu zwingen, sie habe Wertgegenstände und Geld versteckt. Dieselben Methoden sollten auch bei den anderen Verurteilten angewandt werden, vor allem bei dem ehemaligen Dorfvorsteher Spiro Michopoulos.

Es bedurfte vermutlich einiger Tage intensiver Folter, bis Elenis Wille so weit gebrochen war, daß sie nicht nur gestand, Olgas Aussteuer und andere Wertgegenstände auf dem Bohnenfeld vergraben zu haben, sondern jede Beschuldigung zugab, die Katis gegen sie aufstellte.

Dann verließ Eleni eines Tages auf einem Maultier den Vorhof des Gefängnisses. Von der selbstbewußten Frau, die gelassen vor Katis gestanden hatte, war nichts mehr zu erkennen. Elenis Haar hing lose herab, ihr Kleid stand offen. Ihre nackten Beine, zum doppelten

Umfang angeschwollen, waren mit Lumpen umwickelt. Sie konnte sich auf dem Holzsattel kaum aufrecht halten. Drei Partisanen gingen vor dem Maultier her, einer mit einer Schaufel, ein anderer mit einer Spitzhacke; zum Schluß folgten zwei reiterlose Packpferde.

Am Haidisgrundstück machte der Zug halt. Eleni stieg nicht aus dem Sattel, ihre Füße waren zu geschwollen. Sie saß einfach da und deutete auf das Bohnenfeld. „Da unten ist es, unter den vertrockneten Bohnen", erklärte sie den Partisanen.

Als die Partisanen mit Hacke und Schaufel arbeiteten und die verdorrten Bohnen herausrissen, schlich eine Nachbarin dicht an das Maultier heran. „Eleni, Kind!" flüsterte sie. Die Gefangene hob mühsam den Kopf. Dann gab sie der Frau mit zitternder Hand ein Zeichen, sie solle fortgehen. Die geschwollenen, geplatzten Lippen formten nur schwer verständlich die Worte: „Geh! Sonst machen sie mit dir dasselbe."

Aber die Nachbarin blieb noch lange genug in der Nähe, um sehen zu können, was die Partisanen zutage förderten: mehrere große Kupferkessel voll Kleider und Wäsche – Olgas sorgfältig gehütete Aussteuer. Doch sämtliche Kleider und Wäschestücke waren vermodert und mit graugrünem Schimmel überzogen. Irgendwie war Wasser in die Kessel gedrungen.

Der Schatz, den die Partisanen suchen sollten, bestand also aus einigen Kupfertöpfen und -pfannen, einem verrosteten Krug, einer gerahmten Fotografie und ein paar Dosen mit Fleisch und Milchpulver. Die Partisanen machten ein großes Theater beim Einsammeln der Sachen, waren aber sichtlich enttäuscht. Ärgerlich packten sie alles auf die beiden Pferde, um ihre Beute zur Verpflegungsstelle zu bringen, wo sie im Garten ausgestellt wurde, damit alle Dörfler sehen konnten, was die Amerikana in ihrem Garten vergraben hatte.

Katis war zutiefst enttäuscht über die vermoderte Wäsche und die paar Lebensmittelkonserven, die im Haidisgarten ausgegraben worden waren. Er befahl, Eleni abermals zu foltern.

Während der letzten sieben Tage war der Anker, den Eleni benutzte, um sich an ihr letztes bißchen Verstand zu klammern, der Gedanke an ihre Kinder.

Kurz nach dem Prozeß, vermutlich als man sie vor ihrer ersten Folterung in ihr Haus brachte, fand sie eine Möglichkeit, ihnen eine Nachricht zu hinterlassen, die sie nach ihrem Tod erreichte, ihr einziges schriftliches Testament.

Man ließ Eleni kurze Zeit allein in dem Raum, der jetzt als Polizeibüro diente. Automatisch suchte ihr Blick den Hausaltar mit der Familienikone. Sie ging hinüber und betrachtete das vertraute gerahmte Bild der Heiligen Jungfrau mit dem Kind. Eleni wußte, daß sie sterben mußte und dann wahrscheinlich in irgendeiner Schlucht oder ihrem eigenen Garten verscharrt wurde, und sie stellte sich vor, wie ihre Kinder nach dem Krieg zurückkehrten und nach ihr suchten. Sie wollte ihnen von ihrem Schicksal berichten und sie gleichzeitig mit der Bestätigung trösten, daß sie unter dem Schutz der Heiligen Jungfrau Frieden gefunden habe.

Rasch nahm Eleni die Ikone, trat an den Tisch, den die Polizei als Schreibtisch benutzte, griff sich einen Füllfederhalter und schrieb hastig auf die Papprückseite des Heiligenbildes: „Holde Jungfrau, beschütze meine Mutter dort, wo wir zusammen sind – Eleni Ch Gat".

Falls die Partisanen die Nachricht fanden, würden sie nicht merken, daß sie sich selbst gemeint hatte, ihre Kinder aber würden ihre Handschrift erkennen und wissen, daß sie tot war. Sie schrieb mit kleineren Buchstaben, damit es noch Platz hatte: „Macht Euch keine Sorgen. Mir geht es gut." Und anschließend in winzigen Buchstaben: „Mama".

Als sie die Ikone schon zurückstellen wollte, dachte Eleni plötzlich an Alexo, deren Kinder ebenfalls nicht wissen würden, was aus ihrer Mutter geworden war. Also kritzelte sie mühsam eine letzte Zeile rings um den unteren Teil ihrer Nachricht: „Gott erbarme sich auch der Seele von Alexandra."

WÄHREND Elenis letzter Lebenswoche arbeitete Glykeria in Macrohori und Vatsounia; seit nahezu drei Monaten trug sie dasselbe Wollkleid; ihr vierzehnjähriger Körper verkraftete die Anstrengungen des Weizenschneidens und des Steineschleppens für die Bunker der Andartes kaum noch.

Am frühen Morgen des 28. August erschien der ehemalige Ausbilder der Andartinas aus Lia bei Glykerias Arbeitsgruppe. Er sah sie merkwürdig an. „Du gehst mit den unverheirateten Frauen von Lia in dein Dorf zurück."

Glykeria wußte, daß sie erleichtert sein müßte – ihre sommerliche Qual war endlich vorbei –, doch sie verspürte eine unbestimmte Angst.

Der Rückmarsch nach Lia dauerte über zwei Stunden. Glykeria ging unter der glühenden Sonne mit einigen der anderen unverheirateten Mädchen des Dorfes, darunter auch Xanthi Nikou, die sechzehnjährige Tochter des zum Tode verurteilten Vasili Nikou. Oberhalb ihres Heimatdorfes trafen sie auf eine Gruppe Partisanen, die schwer an einer großen, rechteckigen Grube am tiefsten Punkt eines Feldes arbeitete, das Tassi Mitros gehörte. Die Mädchen eilten an ihnen vorbei, ohne zu überlegen, wofür die Grube wohl gedacht sei.

Mit den anderen zusammen rannte Glykeria fast den Pfad zum Perivoli hinab. Bei der Mühle von Tassi Mitros begegnete ihnen Tassina Bartzokis. Angesichts der verdreckten Mädchen begann Tassina zu weinen und umarmte Glykeria. Von Tassina erfuhren Glykeria und Xanthi, daß Eleni und Xanthis Vater zum Tode verurteilt worden waren und bis zur Hinrichtung im Gatzoyiannishaus gefangengehalten wurden.

Die beiden Mädchen liefen zum Tor der Polizeiwache, wo sie weinend die Wachtposten baten, Mutter und Vater sehen zu dürfen. Kurz darauf gesellten sich auch Xanthis Schwestern Chrysoula und Olga zu ihnen, die erfahren hatten, daß Xanthi und Glykeria vom Ernteeinsatz heimgekehrt waren. Alle vier riefen den Wachen zu: „Wir gehen nicht nach Hause, bis wir mit ihnen gesprochen haben! Ihr müßt uns einlassen!"

In der Polizeiwache hörte auch Katis das Geschrei. Verärgert ließ er den Posten am Tor ausrichten, sie sollten die Mädchen hereinbringen, sie dürften die beiden Häftlinge sehen. Die vier verängstigten Mädchen wurden in die Stube geführt. Katis gab den Wachen ein Zeichen, und kurz darauf wurden Eleni und Vasili Nikou hereingebracht, beide von den Partisanen gestützt.

Die beiden Häftlinge nahmen kaum ihre Umgebung wahr. Selbst als die Mädchen bei ihrem Anblick aufschrien, erkannten sie ihre Töchter nicht. Beide Gefangenen rutschten, an einer Wand lehnend, langsam zu Boden.

Sowohl Vasili Nikou als auch Eleni hatten schwere Blutergüsse im Gesicht, geschwollene Lippen, von den Schlägen grün und blau verfärbte Lider.

Glykeria kniete vor Eleni auf dem Boden und umarmte sie. „Mama, was haben sie mit dir gemacht?" rief sie weinend.

Glykerias Berührung und der Klang ihrer Stimme belebten Elenis Wahrnehmung, und sie erkannte die Tochter, für die sie Tag um Tag gebetet hatte.

„Mein Kind!" wiederholte sie einige Male. Dann flüsterte sie langsam: „Mach dir keine Sorgen um mich. Sieh dich an! Dünn wie ein Strich bist du!"

Glykeria schmiegte ihr Gesicht an die Brust der Mutter und weinte. „Ich habe mich so nach dir gesehnt! Was haben sie mit den anderen gemacht?" fragte sie schluchzend.

„Deine Geschwister sind fort", antwortete Eleni und streichelte ihr das Haar. „Sie sind in Sicherheit, darum ist es mir gleich, was jetzt aus mir wird. Du darfst nicht weinen. Ich möchte nur, daß es dir gutgeht. Ich will dich nicht weinend in Erinnerung behalten."

Auch Vasili Nikou hatte seine Töchter endlich erkannt und umarmte sie. Es war ihm peinlich, daß sie ihn in diesem elenden Zustand sahen und daß sie weinten. „Geht nach Hause, Mädchen", sagte er ruhig. „Kehrt zu eurer Mutter zurück." Sie gehorchten.

Eleni und Glykeria saßen beisammen und hielten sich an den Händen. Glykeria fragte die Mutter immer wieder, was sie denn für sie tun könne.

„Ruh dich erst aus", verlangte die Mutter. „Dann kannst du nachsehen, ob es im Garten Tomaten gibt, und mir eine bringen. Geh zu Eugenia Petsis – sie hat unsere Tiere – und sieh, ob sie dir Milch für mich mitgeben kann." Die Wange ihrer Tochter streichelnd, fuhr sie fort: „Für den Notfall habe ich ein wenig Mais und Weizen für dich im Haus zurückgelassen; außerdem hast du das Feld und die Tiere." Sie hielt inne. Dann winkte sie Katis, der ganz in der Nähe stand.

„Genosse Katis", bat Eleni höflich, „könnte ich unter vier Augen mit dir sprechen?"

„Selbstverständlich", antwortete er.

Auf die Schulter ihrer Tochter gestützt, richtete sich Eleni mühsam auf. Dann schleppte sie sich in den Flur, wo sie mit Katis flüsterte und auf ihre Tochter deutete. Glykeria hatte den Eindruck, daß Eleni Katis darum bat, die Tochter vor Folter und Tod zu bewahren. Der Beamte nickte, dann kehrten sie zurück.

„Geh jetzt, Kind!" befahl Eleni erschöpft. „Geh, ruh dich aus und komm dann wieder. Ich möchte dich wiedersehen."

Glykeria betrachtete das hagere Gesicht ihrer Mutter, so leidvoll wie das der Madonna auf der Familienikone. Sie griff nach Elenis Hand und preßte sie an ihre Wange, fühlte die rauhen Finger auf ihrer tränennassen Haut. Sie küßten sich; dann wandte Glykeria sich ab und ging hinaus.

Als sie sich noch einmal umdrehte, sah sie die Mutter, haltsuchend an den Türpfosten geklammert, auf der Schwelle des Hauses stehen und ihr nachblicken, als wolle sie sich ihr Bild fest einprägen. Zum Abschied hob Eleni die Hand. „Keine Angst", rief Glykeria ihr zu, „ich komme wieder!"

Glykeria fand das Haidishaus verschlossen; etwas zu essen fand sie nicht. Sie lief zu Eugenia Petsis hinunter, die in der zerstörten Mühle wohnte, und die freundliche Alte bestand darauf, daß sie sich hinsetzte und etwas Maisbrei aß, während sie einen Teller für Eleni füllte. Eugenia versuchte das erschütterte Mädchen zu beruhigen: Ihre eigene Tochter habe Eleni fast täglich Essen ins Gefängnis gebracht. „Bevor du deiner Mutter den Teller bringst, mußt du unbedingt ein bißchen schlafen", sagte Eugenia.

Glykeria dankte der Alten und nahm den gefüllten Teller mit zum Haidishaus. Unterwegs fand sie im Garten noch zwei reife Tomaten. Im Haus war es im Vergleich zu der Mittagshitze draußen angenehm kühl. Sie legte sich auf den einzig vorhandenen Strohsack, auf dem ihre Mutter geschlafen hatte. An einem Haken hing Elenis dunkelbraunes Wollkleid an der Wand. Der Anblick vermittelte dem Mädchen das tröstliche Gefühl, die Mutter sei irgendwo in der Nähe. Nur eine halbe Stunde die Augen zumachen, dachte sie, dann werde ich ihr das Essen ins Gefängnis bringen. Sie zitterte noch immer von der Anstrengung des langen Marsches und dem Schock, die Mutter von der Folter so furchtbar zugerichtet zu sehen. Schließlich fiel sie in einen unruhigen Schlaf.

Etwa um zwei Uhr nachmittags erschien Glykeria mit dem Maisbrei und den Tomaten wieder vor dem Gefängnis. Als sie näher kam, sah sie sofort, daß etwas nicht stimmte: Alle Türen, auch die zum Kellergefängnis, standen weit offen. Die Wachen draußen saßen lässig auf dem Boden und plauderten.

„Wo ist meine Mutter?" rief Glykeria voll Angst. „Wo sind denn die Häftlinge?"

„Denen geht's gut, man hat sie in ein anderes Gefängnis gebracht, ein größeres in Mikralexi hinter den Bergen", antwortete einer der Männer.

„Ich sollte ihr etwas zu essen bringen", sagte Glykeria.

„Keine Angst, sie hat es jetzt besser", behauptete der Partisan, um sie zu trösten. „Sie haben sie gerade eben geholt. Sieh doch, da oben!" Er zeigte hinauf. Glykerias Blick folgte seinem Arm und sah eine Reihe dunkler Gestalten oberhalb des Dorfes, die schon zu weit entfernt waren, als daß sie sie hätte erkennen oder noch einholen können.

Glykeria stieg zu dem kühlen, grünen Platz neben Tassi Mitros' Mühle hinauf und saß dort den ganzen Nachmittag lang im Schatten, das unberührte Essen auf ihrem Schoß. Einige Zeit später kam Giorgina Venetis den Pfad von oben herab und sah das weinende Mädchen dort sitzen.

Giorgina war selbst leichenblaß und zitterte. „Was ist los, Kind?" fragte sie.

„Sie haben meine Mutter und die anderen nach Mikralexi gebracht,

oben: Dorfplatz; rechts: Elenis Botschaft auf der Ikonenrückseite; unten: Hinrichtungsstätte

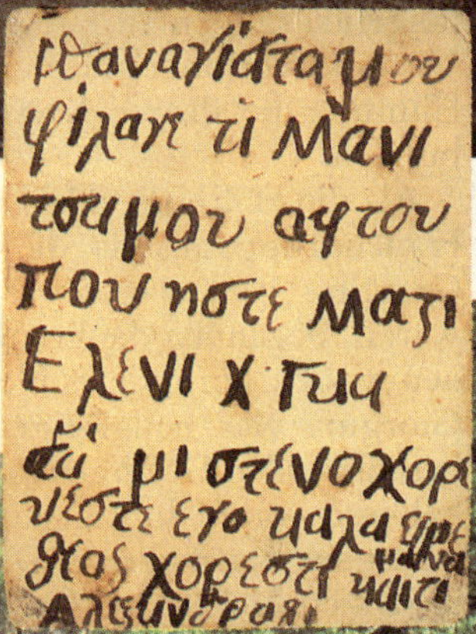

Αθανασία μου
φίλαγε τι Μανι
του μου αυτου
που ηστε μαζι
Ελενι Χ. Γκα
εγω μι στενοχωρ
ιεστε εγω καλα ημε
θαι χορεστι μανα
και τι Αλεξανδρα

und ich konnte ihr nicht mal Lebewohl sagen", antwortete Glykeria. „Wer weiß, wie lange sie sie dort behalten."

Giorgina Venetis murmelte ein paar tröstende Worte und eilte weiter. Sie wußte, wohin die Häftlinge gebracht worden waren; die Nachricht hatte sich bereits im Dorf herumgesprochen. Glykeria jedoch fühlte sich wohler, kehrte zum Haidishaus zurück, aß alles auf, was sie ihrer Mutter nicht mehr hatte geben können, und verbrachte die Nacht auf dem Strohsack, das braune Kleid ihrer Mutter zum Trost an sich gedrückt.

An diesem 28. August, kurz nach zwölf Uhr mittags, waren dreizehn Häftlinge, darunter die fünf aus Lia, aus dem Keller des Gatzoyiannishauses geholt worden. Man sagte ihnen, sie würden in das Gefängnis von Mikralexi verlegt, drei Marschstunden über die Berge entfernt. Es war ein anstrengender Marsch bergauf, doch alle Gefangenen gingen zu Fuß, bis auf Spiro Michopoulos, der völlig den Verstand verloren hatte und nur noch zitterte wie ein von Schüttellähmung befallener Kranker. Er war auf einem Maultier festgebunden.

Als die Häftlinge den Dorfplatz überquerten, begegneten sie einer Frauengruppe aus Lia, die vom Arbeitsdienst zurückkehrte und zu der Giorgina Venetis gehörte. Nachdem die Häftlinge vorbeigezogen waren, begannen die Frauen darüber zu diskutieren, ob die Gefangenen wohl in ein anderes Dorf gebracht oder ob sie erschossen würden. Giorgina war neugieriger und wagemutiger als die anderen. Sie beschloß, den Gefangenen zu folgen.

Diese waren hinter einer Anhöhe verschwunden. Von hier aus sahen sie das mehrere Quadratmeter große Massengrab auf einem terrassierten Feld neben dem Bach. Der Marsch der Verdammten endete, als ihnen klar wurde, daß ihr Ziel nicht Mikralexi, sondern dieses Grab war. Im selben Moment kamen nahezu dreißig Partisanen den gegenüberliegenden Hang herab auf sie zu.

Die Gefangenen wurden unmittelbar vor dem Massengrab aufgereiht. Sie mußten sich ganz dicht an die Kante stellen. Da Spiro Michopoulos nicht stehen konnte, wurde er hingesetzt.

Sechsundzwanzig Partisanen waren zur Hinrichtung der dreizehn Gefangenen abkommandiert worden, für jeden zwei. Giorgina Venetis erklomm gerade die kleine Anhöhe, die ihr den Blick auf die terrassierten Felder versperrte, und blieb wie angewurzelt stehen, weil sie einen Schrei hörte: eine Frauenstimme, den schrecklichsten Ton, den sie jemals gehört hatte. Der heisere Ruf kündete von allen

Schmerzen und Qualen der Welt und endete in den Worten: „Meine Kinder!" Dann folgte eine Salve von Schüssen.

Giorgina Venetis, Augenzeugin der Hinrichtung, war wie gelähmt. Irgendwie sammelte sie ihre letzten Kräfte und fing an zu laufen; sie lief, bis sie oberhalb des Perivoli war, außer Atem und immer noch schaudernd von dem entsetzlichen Schrei. Dort bei Tassi Mitros' Mühle fand sie die weinende Glykeria Gatzoyiannis. Giorgina sprach ein paar Worte mit ihr und eilte dann weiter, ohne etwas von dem zu sagen, was sie gesehen und gehört hatte.

Die Hinrichtung dauerte nur Minuten; die Leichen wurden zusammen ins Grab geworfen und so hoch mit Steinen bedeckt, daß sie nicht mehr zu sehen waren. Dann kehrten die Partisanen des Exekutionskommandos in ihren Schlupfwinkel im Gebirge zurück.

16

Im Spätfrühling 1949 waren die Regierungstruppen soweit, den Kommunisten den Todesstoß zu versetzen. Zuerst begannen sie, den Peloponnes, die handförmige Halbinsel im Süden, von den Partisanenbanden zu säubern. Dann rückten sie gegen die Aufständischen in den Bergen Zentralgriechenlands vor und zwangen sie im Sommer 1949 zum Rückzug nach Nordosten, wo die letzte Schlacht geschlagen werden sollte.

Um die Verluste wettzumachen, die sie im Winter und Frühling erlitten hatten, konskribierten die Partisanen jeden, den sie nur finden konnten, darunter Jungen und Mädchen von vierzehn Jahren. Zu den jugendlichen Zwangsrekrutierten, die die Partisanenstellungen in den Bergen verteidigen sollten, gehörte Eleni Gatzoyiannis' fünfzehnjährige Tochter Glykeria.

Glykeria, die mit dem Kleid ihrer Mutter im Arm auf dem Strohsack im Haidishaus lag, erwachte durch ein Klopfen an der Haustür, und als sie öffnete, sah sie einen Partisanen mittleren Alters vor sich.

„Du darfst es mir nicht übelnehmen, daß ich dir die Nachricht bringe", sagte er. „Gestern nachmittag haben wir deine Mutter hingerichtet. Ich habe die Schüsse selbst abgefeuert." Er holte Luft und fuhr hastig fort: „Es war nicht recht, sie umzubringen, aber uns blieb keine Wahl! Wir hatten unsere Befehle. Ihre eigenen Mitbürger haben sie verraten."

Glykeria hielt sich die Ohren zu, um seine Worte nicht hören zu müssen. Dann fiel sie auf die Knie, griff nach dem braunen Kleid und begann zu klagen – so laut und so voller Qual, daß ihre Nachbarn die Fensterläden schlossen und einander nicht ins Gesicht sehen konnten. Der Partisan trat einen Schritt näher. „Du mußt jetzt mitkommen zur Sicherheitspolizei, um einige Fragen zu beantworten", sagte er.

Glykeria weinte den ganzen Weg zum Perivoli hinauf, und die wenigen Frauen aus dem Dorf, denen sie begegneten, wichen ihr hastig aus. Sie wurde in die kleine Vorratskammer geführt, wo Sotiris Drapetis sie erwartete. Er fragte sie, wo ihre Mutter und ihr Großvater die Wertsachen versteckt hätten. Glykeria antwortete weinend, sie wisse es nicht, sie sei seit drei Monaten bei der Erntehilfe. Sotiris riet ihr, gründlich zu überlegen; er werde sie immer wieder holen lassen.

Am anderen Tag kam Eugenia Petsis herüber zu Glykeria. „Komm zu mir, Kind", flüsterte sie. „Deine Mutter hat mich gebeten, mich um dich zu kümmern, und das werde ich tun. Aber du mußt mir versprechen, keinen Fluchtversuch zu machen, sonst bringen sie uns alle um."

Glykeria nickte. Bevor sie das Haus verließ, zog sie das rote Kleid aus, das sie seit drei Monaten trug, und legte dafür das braune Kleid ihrer Mutter an.

Am nächsten Morgen stöberte Stavroula Yakou das junge Mädchen in der Petsismühle auf und befahl ihr, sich abermals zum Verhör ins Haus der Sicherheitspolizei zu begeben. Stavroula hatte Freude daran, die Tochter der Amerikana, eines der Mädchen, die sie stets heiß beneidet hatte, als ihre eigene Familie von Speiseresten der Gatzoyiannis lebte, zu drangsalieren.

Im Verlauf der nächsten zwei Wochen holte sie Glykeria regelmäßig zum Verhör durch die Sicherheitspolizei und verpflichtete sie jeden Nachmittag zum Arbeitsdienst: zum Transport von Verwundeten und Versorgungsgütern nach Tsamanta. Wenn Glykeria auf dem Rücken des Maultiers zurückkehrte, war sie oft so müde, daß sie einschlief und aus dem Sattel fiel. Doch sie wurde von Stavroula mit den Worten empfangen: „Und jetzt gehst du noch einmal los, diesmal für Olga, das nächstemal für Kanta."

Als die Nachricht von dem geplanten Angriff auf die Murganaberge zu der Flüchtlingsgemeinde von Igumenitsa durchsickerte, lebte die Gatzoyiannisfamilie in täglich wachsender Spannung. Marianthe Ziaras, die nach ihrer Flucht zu ihrer Familie in Filiates gestoßen war, erzählte, daß Eleni und Alexo im Gefängnis säßen, aber noch nicht vor Gericht gestellt worden seien. Dann hörten sie, daß eine junge Andartina aus Lia schwer verwundet in ein Lazarett in Filiates gebracht werde. Das junge Mädchen war mit derselben Gruppe rekrutiert worden wie Kanta. Sie mußte wissen, wie es in Lia aussah. Kitso Haidis beschloß, selbst nach Filiates zu fahren, um Näheres herauszufinden. Nitsa begleitete ihn

Die Andartina starb auf dem Transport nach Filiates, nannte jedoch vor ihrem Tod die Namen von fünf in Lia hingerichteten Zivilisten. Als Kitso im Lazarett von Filiates eintraf, erfuhr er dort vom Tod seiner Tochter. Wahnsinnig vor Kummer, stürzte er sich auf einen verwundeten Partisanen und wollte ihn erwürgen. Soldaten rissen ihn zurück.

Nitsa brach schreiend auf dem Fußboden zusammen. Die ganze Nacht setzte sie ihr Klagegeschrei um die Schwester vor dem Lazarett fort, bis sie keine Stimme mehr hatte und nur noch krächzte. Am nächsten Morgen bestieg sie einen Armeelastwagen, der sie nach Igumenitsa zurückbrachte; dort aber verließ sie der Mut, und sie erklärte den Kindern flüsternd, sie habe sich eine Erkältung zugezogen.

„Sie wußte die ganze Zeit von den Hinrichtungen und hat kein Wort gesagt“, zürnte Olga später.

Kitso blieb in Filiates zurück, um mit seiner Trauer allein fertig zu werden und auf die Befreiung seines Heimatdorfes zu warten. Er war besessen von der Idee, nach Lia zurückzukehren und die Wahrheit mit eigenen Augen zu sehen.

Der Angriff begann am 10. September, zwei Wochen nach Elenis Hinrichtung. Am 12. September alarmierten gereizte, kampfmüde Andartes das Dorf und befahlen allen Zivilisten, sich zum Abmarsch nach Tsamanta bereitzumachen. Eine einzige alte Frau blieb zurück, als das Dorf evakuiert wurde: die uralte, blinde Sophia Karapanou. Als rings um sie her die Granaten explodierten, legte Sophia sich zum Schlafen auf ihren Strohsack. Zu tief wurzelte sie in der Erde von Lia, um das Dorf jetzt noch zu verlassen. Sie wollte nicht auf dem Weg in ein fremdes Land sterben.

Um Mitternacht setzte sich die Masse der Dorfbewohner, angetrieben von den berittenen Partisanen, langsam in Bewegung. Glykeria trottete, wie ein Lastesel mit Stavroula Yakous Besitztümern beladen, neben dieser her. Sie selbst verließ Lia mit keinem anderen Besitz als dem braunen Kleid, das sie auf dem Körper trug – ohne Wolldecke, ja sogar ohne Schuhe und Strümpfe. Sie umgab das Geräusch Hunderter schlurfender Füße, das Stöhnen der Verwundeten, die verzweifelten Laute der verlassenen Hunde und Ziegen. Als sie sich umdrehte, wirkte das Dorf unheimlich leblos, nirgends stand eine Kerze im Fenster.

Dort blieb der Leichnam ihrer Mutter zurück, ihre Geschwister waren weit, weit fort, und nun wurde sie von den Mördern ihrer Mutter verschleppt.

Tsamanta lag fünf Kilometer westlich von Lia, anderthalb Kilometer vor der albanischen Grenze. Die Lioten, die es kurz vor Tagesanbruch erreichten, stellten fest, daß sich hier zahlreiche Flüchtlingszüge aus anderen Dörfern zu einem breiten Strom von Menschen vereinigten. Als sie die Grenze überquerten, endete an jenem Septembertag 1948 für sie das Leben, wie sie es gekannt hatten, und alle sollten Griechenland erst nach vielen Jahren wiedersehen.

Die Regierungssoldaten betraten Lia unmittelbar nach dem Abzug der Partisanen am 18. September, doch es war niemand mehr da, den sie befreien konnten. Zusammen mit den Soldaten kamen einige von jenen Männern, die fast ein Jahr zuvor aus Lia geflohen waren. Einer der ersten, die heimkehrten, war Foto Gatzoyiannis. Er läutete die Glocken, um zu sehen, ob er doch ein paar Dorfbewohner, die sich vielleicht versteckt hielten, hervorlocken konnte. Die einzige Reaktion jedoch war das langsame Tappen von Sophia Karapanous Stock, als sie aus ihrer Hütte hervorkam. Foto packte sie bei den Schultern und wollte wissen, wo die Dörfler geblieben seien. „Ich weiß es nicht, mein Junge", krächzte die Alte.

Bald jedoch kam eine weitere Frau aus ihrem Versteck. Sie hatte sich am Abend der Evakuierung in einem Maisfeld verborgen. Wie sie Foto berichtete, hatte sie zu den Frauen gehört, die am Tag der Hinrichtung vom Arbeitsdienst zurückgekehrt waren, und hatte gesehen, wie die Gefangenen zum Exekutionsplatz geführt wurden. Sie erklärte sich bereit, ihm die Stelle zu zeigen, wo er die Leichen seiner Frau Alexo und seiner Schwägerin Eleni finden würde.

In jener Nacht schlief Foto in seinem leeren Haus und erhielt am folgenden Tag Gesellschaft von mehreren anderen Männern des Dorfes: Kitso Haidis und Dimitri Stratis, ein Schwiegersohn von Foto und Alexo.

Nur Stunden später traf Costas Gatzoyiannis ein, Fotos siebzehnjähriger Sohn, der ebenfalls aus Filiates kam und Näheres über das Schicksal seiner Mutter erfahren wollte. Foto, Costas, Kitso Haidis und Dimitri Stratis beschlossen, mit ihrer Führerin sofort aufzubrechen und das Massengrab zu suchen.

Die Frau führte sie bergaufwärts. Sie deutete auf ein Feld hinunter und sagte: „Ihr findet sie irgendwo da unten."

Da es seit der Exekution nicht mehr geregnet hatte, führten getrocknete Blutspuren zum Grab. Am Platz der Hinrichtung fanden sie Patronenhülsen, und als sie sich dem Steinhaufen näherten, ließ der Gestank sie innehalten. Der junge Costas wandte sich ab. Foto begann die Steine aufzuheben. Sie blickten hinab auf den Leichnam des grauhaarigen Böttchers Vasili Nikou, der in seiner vertrauten braunen Jacke mit dem Gesicht nach unten lag. Seine Hände waren mit Draht gefesselt. Foto Gatzoyiannis fand bei ihm einen Beutel mit etwas Tabak und einen offiziellen Hinrichtungsbefehl, unterzeichnet von Kostas Koliyiannis.

Neben Nikou erkannten sie Spiro Michopoulos und seinen Neffen Andreas; schließlich fanden sie Eleni und Alexo. Die Leichen lagen alle mit dem Gesicht nach unten, alle mit Draht aneinandergefesselt. Eleni erkannten die Männer an ihrem kastanienbraunen Haar. Foto identifizierte seine Frau anhand des schwarzen handgewebten Rocks und eines kleinen Flickens auf ihrem schwarzen Pullover. Fotos Wangen waren tränennaß, aber er hatte schon einmal eine Frau verloren und gelernt, Tragödien nicht an sich heranzulassen. Sein Sohn Costas begann beim Anblick seiner toten Mutter zu schreien.

Kitso Haidis wurde von schmerzhaftem Schluchzen geschüttelt, als er vor dem Leichnam seiner Tochter stand. Der Anblick ihres zerschlagenen Körpers löste all jene Tränen, die er für seine vier anderen Töchter, die tot in ihren puppenkleinen Särgen gelegen hatten, nicht vergossen hatte. Um sie trauerte er jetzt und um sein Kind, das er im Zorn und ohne Abschied verlassen hatte.

Es gab keine Möglichkeit, die Toten umzubetten. Die Männer errichteten eine kleine Stützmauer aus Steinen und Erde unterhalb der Grabstelle, damit der Bach den Boden nicht fortspülen konnte; sie entfernten die Steine und bedeckten die Leichen mit Erde. Dann machten sie sich auf den Rückweg ins Dorf.

Zwei Tage nach der Befreiung Lias kam ein Flüchtling mit der Nachricht für die Gatzoyianniskinder nach Igumenitsa, daß ihr Großvater am selben Nachmittag aus dem Dorf zurückkehren werde. Erwartungsvoll trugen Olga und Kanta Stühle auf den schmalen Betonbalkon hinaus, damit sie ihn sofort sahen, wenn er von dem Militärlastwagen stieg.

Nikola setzte sich am Ortsrand an die Straße und wartete auf den Großvater. Es war Spätnachmittag, als einer der mit Planen bedeckten Militärlastwagen an ihm vorbeiratterte. Hinten auf der Ladefläche entdeckte Nikola die weiße Haarmähne seines Großvaters. Er lief dem rumpelnden Fahrzeug nach, aber als es hielt und die Fahrgäste abstiegen, sah er, daß sein Großvater davonging. Stolpernd, um Atem ringend, holte Nikola ihn ein und packte seinen Arm. „Was ist, *Papou?*" fragte er ihn. „Wo ist Mama?"

Kitso sah ihn nicht an, griff aber in die Tasche und zog zwei Hundertdrachmenscheine heraus. „Nimm das, lauf zum Hafen und kauf Gebäck für viele Personen", sagte er mit erstickter Stimme. Dann ging er davon und ließ seinen Enkel stehen. In Nikola breitete sich eine große Leere aus. Sein Großvater hatte es auf die einzige Art und Weise gesagt, die ihm möglich war. Niemals hatte Kitso Haidis Geld für nutzlose Dinge ausgegeben. Mit diesen beiden Hundertdrachmenscheinen sollte Nikola Gebäck für die Trauergäste kaufen, die kondolieren kommen würden.

So schnell er konnte, lief Nikola zum Bäckerladen und wartete zitternd, bis die riesige weiße Pappschachtel gefüllt und mit einem goldenen Band verziert worden war. Er packte es am Knoten und rannte nach Hause. Aus der Wohnung drang ein steigender und fallender Schmerzenschor, die Totenklage seiner Schwestern. Die Schachtel fiel in den Staub. Sein Magen verkrampfte sich, und er lief los, ohne zu wissen, wohin, bis er sich neben einem Baumstumpf ins kühle Gras warf.

Lange hatte Nikola im Gras gelegen, bis er schließlich merkte, daß er nicht allein war. Sein Onkel Andreas, Nitsas Mann, saß auf der Kante des großen Baumstumpfs.

Er nahm Nikola in seine drahtigen Arme und trug ihn wie ein Baby zum Haus zurück. Im Zimmer war die Luft erfüllt von mitfühlendem Gemurmel, Weinen und Schluchzen. Nikola bemerkte, wie eine Nachbarin sich am Herd über einen Bottich mit brodelnder schwarzer Flüssigkeit beugte und behutsam die bunten Kleider seiner Schwestern hineintauchte.

Olga und Kanta hatten auf dem Balkon gestanden und die gebeugte Gestalt ihres Großvaters den Berg heraufkommen sehen. Beide erkannten gleichzeitig, daß er einen Stoppelbart hatte, ein Zeichen der Trauer für den Tod eines Familienmitglieds. Als er zur Tür hereinkam, liefen sie auf ihn zu und riefen: „Was ist mit Mama?"

„Sie haben Glykeria nach Albanien verschleppt", sagte Kitso tonlos. „Aber es geht ihr gut."

„Hör auf von Glykeria!" fuhr Kanta ihn an. „Was ist mit Mama?"

„Glykeria lebt. Es geht ihr gut", sagte der alte Mann. Da begriffen die beiden Mädchen.

Kanta schrie: „Du hättest sie retten können, aber du hast es nicht getan!"

Christos Gatzoyiannis erhielt die Nachricht vom Tod seiner Frau durch einen Brief, der in Athen von Ianni Gatzoyiannis, Alexos ältestem Sohn, aufgegeben wurde. Als Christos den Umschlag öffnete, fiel ein winziger Zeitungsausschnitt heraus.

> Ioannina – Ein Partisan, der sich im Murganagebiet den Nationaltruppen ergeben hat, berichtete, daß ein improvisiertes Partisanengericht in den Murganadörfern Todesurteile verhängt hatte über Alexandra Gatzoyiannis, Vasili Nikou, Spiro und Andreas Michopoulos und Eleni Gatzoyiannis, Ehefrau eines amerikanischen Staatsbürgers.

In dem Brief hieß es mit wenigen Worten, daß die Todesurteile vollstreckt worden seien. „Ich war ganz allein, als ich das las, und bin fast verrückt geworden“, erinnerte sich Christos Jahre später. „Ich blieb zu Hause, trauerte um meine Frau, schrieb zahllose Briefe, um Einzelheiten in Erfahrung zu bringen, bekam aber lange Zeit keine Antwort.“

Sechs Monate lebte Glykeria mit anderen Flüchtlingen in einer Kaserne hinter der albanischen Grenze. Die tägliche Essensration bestand aus einem Löffel Bohnen und einem Stück steinhartem Brot pro Person. Noch nie in ihrem Leben war Glykeria so hungrig gewesen.

Im März 1949, als ein eisiger Wind durch die Kaserne pfiff, verbreitete sich ein Gerücht unter den Flüchtlingen, daß alle unverheirateten Frauen als Andartinas nach Griechenland auf die Schlachtfelder von Makedonien geschickt werden sollten. Als die Eltern zusehen mußten, wie ihre Töchter davongeführt wurden, und dabei genau wußten, wie wenig Überlebenschancen sie hatten, erhoben sich ihre Stimmen in einem ungeheuren Ausbruch der Trauer. Der Chor wurde jedoch plötzlich von einem hysterischen Geheul übertönt.

Stavroula Yakou wurde von den Partisanen mit Gewalt zum Lastwagen geschleppt. „Das ist ein Irrtum! Ich bin verheiratet! Ihr braucht mich hier!“ kreischte sie, während sie sich im Griff der Männer wand. Die Partisanen warfen Stavroula auf den Lastwagen; ihre Schreie verloren sich in der Ferne. Den Lioten war es eine Genugtuung, diese verhaßte Kollaborateurin gedemütigt zu sehen.

Während Glykeria nach Makedonien transportiert wurde, warteten die anderen vier Gatzoyianniskinder in schwarzer Trauerkleidung auf die Papiere, die ihnen den Weg nach Amerika ermöglichen sollten. Christos hatte seine Kinder endlich schriftlich erreicht und gefragt, ob sie bei ihren Großeltern im Dorf leben, sich in Athen niederlassen oder zu ihm nach Amerika kommen wollten. Kitso, ihr Großvater, hatte versucht, sie durch düstere Prophezeiungen am Auswandern zu hindern.

Die Kinder blieben jedoch eisern bei ihrem Entschluß, dem Befehl der Mutter zu folgen und auszuwandern. Kanta schrieb ihrem Vater: „Wir sind stark. Wir werden in der Fabrik arbeiten und Dir den Haushalt führen."

Da ihr Vater seit 1920 die amerikanische Staatsbürgerschaft besaß, wurden die Papiere trotz des Kriegszustandes in Griechenland schnell ausgefertigt. Kurz nach dem Neujahrstag 1949 wurden die Kinder von der amerikanischen Botschaft in Athen benachrichtigt, sie brauchten sich nur noch ihren Paß abzuholen.

Olga erklärte ihrem Großvater, bevor sie Griechenland verlasse, wolle sie noch einmal ins Dorf zurückkehren und die sterblichen Überreste ihrer Mutter aus dem Massengrab in eine Kirche umbetten. Widerwillig stimmte Kitso zu. Sie machten sich nach Lia auf, wo sie das Dorf von einem halben Dutzend Männer bewohnt fanden, die auf die Rückkehr ihrer Familien warteten.

Die Nacht verbrachten Olga und Kitso im Haidishaus; als Olga jedoch am folgenden Morgen erwachte, war ihr Großvater verschwunden. Nach mehrstündigem Warten ging sie zu Foto Gatzoyiannis' Haus hinunter, wo sie ihn auch nicht antraf. Foto war ebenfalls fort.

Das Mädchen lief zu der Stelle, wo sie das Massengrab vermutete. Dort hatten die beiden Männer Elenis und Alexos sterbliche Überreste bereits in eine kleine Kiste gebettet, die vorn die mit weißer Farbe hastig aufgepinselte Inschrift trug: „Eleni C. Gatzoyiannis, 41, und Alexandra F. Gatzoyiannis, 56, ermordet von kommunistischen Verbrechern." Olga schrie: „Ich will meine Mutter sehen!" und wollte die Kiste öffnen, aber ihr Großvater hielt sie zurück.

Auf dem Rückweg nach Igumenitsa empfand Olga endlich eine Art inneren Frieden. Ihre Mutter lag in der St.-Demetrios-Kirche unmittelbar neben ihrer geliebten Schwiegermutter Fotini, und so konnte Olga sich nun mit reinem Gewissen der Reise mit ihren Geschwistern zuwenden und dem Schicksal, das Eleni sich für sie gewünscht hatte.

Der Abschied von Igumenitsa war tränenreich, denn als die vier Kinder die Fähre bestiegen, die sie nach Korfu brachte, von wo aus sie ein größeres Schiff zum Hafen von Athen nehmen mußten, ließen sie ihre Großmutter und Nitsa zurück. Der Großvater begleitete sie bis in die Hauptstadt, um sie sicher an Bord des Ozeandampfers zu bringen, mit dem sie nach New York fahren sollten. Kurz nach ihrer Ankunft in Athen ging Kitso mit den Kindern zur amerikanischen Botschaft, wo sie einen Paß auf Olgas Namen erhielten, die gerade einundzwanzig geworden war.

Am letzten Februartag brachte Kitso die Kinder nach Piräus, und als die Barkasse kam, um sie zu dem umgebauten Truppentransporter *Marine Carp* zu bringen, begann Kitsos Unterlippe unter dem weißen Schnauzbart zu zittern. „Seht euch den Himmel noch einmal gut an; ihr werdet ihn nie wiedersehen!“ knurrte er und wischte sich mit dem Ärmel über die Augen.

Die *Marine Carp* brauchte einundzwanzig Tage bis nach New York. Nikola benutzte die Reise dazu, sich das lateinische Alphabet und die englischen Zahlen einzuprägen, weil er den Vater beeindrucken wollte, der sie in New York erwartete.

Am Morgen des 21. März 1949 lief die *Marine Carp* in den New Yorker Hafen ein. Die meisten Einwanderer eilten an Deck, um die Freiheitsstatue zu bewundern, Nikola jedoch betrachtete voller Verzweiflung das Land, wo schmutziggrauer Schnee lag. Er begriff, daß er ein Land, in dem Orangen und Zitronen jetzt unter strahlendblauem Himmel reiften, gegen diese unwirtliche, trostlose Küste eingetauscht hatte.

An der Pier entdeckten die aufgeregten Passagiere eine dichte Menschenmenge, die sie erwartete. Ganz vorn stand ein kleiner, behäbiger Mann mit einem modischen Filzhut auf dem Kopf und einem dreiteiligen Anzug unter dem Mantel.

Christos Gatzoyiannis beschrieb die Szene später: „Ich stand auf der Pier und beobachtete die Passagiere. Olga erkannte mich. Und ich winkte. Dann sah ich zum ersten Male meinen Sohn und brach in Tränen aus.“

Nikola war weniger bewegt vom Anblick seines Vaters, der viel kleiner war als der Patriarch, den er sich immer vorgestellt hatte. Verlegen stand der Junge dabei, als Christos mit seinen Töchtern tränenreich Wiedersehen feierte. Doch als er den Mietwagen sah, mit dem sie zu ihrem neuen Zuhause fahren würden, war Nikola doch von der Bedeutung seines Vaters beeindruckt. Und als sie unterwegs zum Tanken anhielten und er hörte, wie Christos mit dem Tankwart sprach, entschied er, sein Vater müsse ein Mann von außerordentlicher Intelligenz sein, um eine so rauh klingende Fremdsprache zu beherrschen.

An der Front demonstrierte Glykeria rasch, daß sie als Andartina ein hoffnungsloser Fall war. Sie schlief beim Wachdienst ein, händigte ihr Gewehr einer anderen Partisanin aus, obwohl das ein Schwerverbrechen war, und suchte laut schreiend Deckung, sobald die Regierungsarmee ihre Stellung unter Beschuß nahm. Schließlich beschloß man, sie als Telefonistin einzusetzen, damit sie in der relativen Sicherheit eines unterirdischen Bunkers arbeiten konnte.

Eines Tages erhielt Glykeria einen Brief, der weitergeleitet worden war, nachdem die Partisanenzensoren ihn kontrolliert hatten. Er kam von Olga und enthielt ein Foto ihrer Familie vor dem neuen Zuhause in Amerika. Olga schrieb, sie beteten jeden Tag, daß Glykeria zu ihnen nach Amerika kommen könne.

Am 10. August 1949 saß Glykeria mit einer der drei anderen Telefonistinnen zusammen im Bunker. Trotz der Kopfhörer konnte sie die Explosionen der Granaten und Bomben draußen hören und wußte, daß die Regierungsarmee vordrang.

Plötzlich vernahm sie eine fremde Männerstimme im Kopfhörer, die fragte: „Wer ist da?“

„Wie lautet die Parole?“ fragte Glykeria automatisch zurück.

Pause. „Keine Ahnung“, sagte die Stimme.

Glykeria sah sich verstohlen um, aber Marika, ihre Kollegin, sprach eifrig in ihren Apparat hinein. Glykeria überlegte einen Moment. Sie war fast sicher, daß die Stimme am anderen Ende einem Regierungssoldaten gehörte und nicht einem Partisanen, der ihr eine Falle stellen wollte.

„Hören Sie gut zu“, flüsterte sie. Und dann beschrieb sie, wo sich der Befehlsstand der Partisanen und die gut getarnten Einmannbunker befanden, und lenkte so das feindliche Feuer direkt auf die Genossen. Als die Granaten zielsicher einschlugen und sich ihrer eigenen Stellung näherten, kam ein Andarte in den Bunker gestürzt und rief den Telefonistinnen den Befehl zum Rückzug zu.

Die Nacht war vom roten Glühen der Granaten erleuchtet. Als die beiden Mädchen eine Stelle erreichten, von der aus sie zurückblicken konnten, sahen sie, daß ihnen die Regierungstruppen schon dicht auf den Fersen waren. Marika verschwand in der Dunkelheit. Da rannte auch Glykeria davon, bis sie in eine nahe Schlucht stolperte. Sie kauerte sich hinter einen Felsen und wagte nicht aufzublicken, bis sie das Geräusch laufender Füße vernahm. Dann hörte sie eine Stimme sagen: „Hier entlang, Herr Leutnant.“ Ein Partisan hätte „Genosse Leutnant“ gesagt. Als sie vorsichtig über den Felsblock hinwegspähte, entdeckte sie die Silhouette eines Mannes, der die Uniform der

Regierungsarmee trug. Verdutzt zuckte der Offizier zusammen, als sie ihm in den Weg sprang, in einer Hand das Foto ihrer Familie schwenkte und aufgeregt schrie: „Herr Leutnant, ich ergebe mich! Die Kommunisten haben meine Mutter umgebracht! Mein Vater ist in Amerika! Ich bin auf eurer Seite!“

Plötzlich ertönte überall in der Schlucht der Ruf: „Ich ergebe mich!“ Es waren die Andartinas, die sich dem Rückzug nicht angeschlossen hatten.

Die Soldaten trieben ihre Gefangenen unfreundlich in ihr Lager, wo sie auf einem umzäunten Platz gesammelt wurden. Im ersten Tageslicht hatten sie von dort aus einen einzigartigen Blick auf die Schlacht, die über ihnen tobte, als die Soldaten die Partisanen die mit Toten übersäten Hänge hinauftrieben. Die Zahl der Gefangenen im Lager wuchs.

Glykeria sah einen griechischen Offizier in der Uniform eines Obersten auf sich zugeritten kommen. Unmittelbar vor ihr zügelte er seinen Schimmel – vermutlich, weil ihn ihr helles Haar, ihre roten Wangen und ihre hohe Stirn inmitten der vielen dunkleren Gesichter ringsum an seine Heimatprovinz erinnerten.

Der Offizier musterte das Kind und sagte: „Hallo, Kleine! Bist du aus Epirus?“ Er selbst war aus Vrosina, einem Dorf nur fünfundzwanzig Kilometer von Lia entfernt. Als er hörte, daß Glykeria aus Lia war, fragte er sie, ob sie Kitso Haidis kenne. „Das ist mein Großvater!“ rief sie.

Der Offizier lächelte. „Ich habe in seinem Haus geschlafen“, erklärte er. Und nachdem er sie über ihre Familie ausgefragt hatte: „Warte hier, bis ich zurückkomme. Ich werde dich herausholen.“ Tatsächlich veranlaßte der Offizier, daß sie ins Lager von Kastoria gebracht wurde, wo sich auf seine Empfehlung hin Christos Tatsis aus Lia um sie kümmern sollte, der in Kastoria mehrere Geschäfte besaß.

Christos Tatsis, ein hochgewachsener, grauhaariger Mann mit großer Nase und gutmütigem Grinsen, kam Glykeria mehrmals besuchen; es dauerte zwei Wochen, bis er die Militärbehörden überredet hatte, sie ganz seiner Obhut anzuvertrauen.

Mit Hilfe seiner Mutter und seiner Schwester verwandelte der Ladenbesitzer die zerlumpte kleine Partisanin wieder in ein normales Mädchen. Sie verbrannten ihre Uniform, kauften ihr neue Kleider und fütterten sie, bis ihr Gesicht wieder seine frühere runde Form annahm. Und schließlich schickte Christos Tatsis seinem Vetter Leo Tatsis in Amerika ein Telegramm: Leo solle sich mit Christos Gatzoyiannis in Verbindung setzen.

Christos mit seinen Kindern, dem Schwiegersohn und Enkel in Amerika

Am 28. August 1949 eroberte die Regierungsarmee den höchsten Grammosgipfel, und die Partisanen wurden vernichtend geschlagen. Das war auf den Tag genau ein Jahr nach Eleni Gatzoyiannis' Hinrichtung. Zwei Tage später wurden die Kämpfe zwischen den Partisanen und der Armee eingestellt.

Der Bürgerkrieg war vorüber.

Am 10. Februar 1950 lief der Dampfer *La Guardia* in den New Yorker Hafen ein, wo Christos Gatzoyiannis das letzte seiner fünf Kinder erwartete. Er fuhr mit Glykeria auf kürzestem Weg nach Hause. Glykerias Geschwister hatten das Trauerschwarz abgelegt und trugen wieder farbige Kleider. Trotz der Einwände ihres Vaters hatte Kanta sich einen Bubikopf schneiden lassen.

Ein Dutzend griechischer Einwanderer aus Lia drängten sich in dem kleinen Wohnzimmer. Reporter von der Lokalzeitung warteten darauf, Glykerias Ankunft in der neuen Heimat schildern zu können. Lächelnd, eine Puppe in griechischer Nationaltracht im Arm, wurde sie fotografiert. Ihr Vater erklärte den Reportern, sie werde noch einmal ganz von vorn lernen müssen, jung und unbeschwert zu sein.

An diesem Abend blieben die Kinder lange auf und erzählten sich lachend und weinend von den Abenteuern der einundzwanzig Monate, die seit ihrer Trennung vergangen waren. Über den Tod der Mutter sprachen sie nicht: Diese Wunde war noch zu frisch.

Obwohl der Vater ihnen drei Betten gekauft hatte, schliefen sie alle zusammen, eng aneinandergeschmiegt, in einem Bett ein, genau wie sie auf dem Perivoli neben der Mutter vor dem Kamin geschlafen hatten. Eleni war nicht bei ihnen, aber sie hatte das Ziel erreicht, für das sie zehn Kriegs- und Bürgerkriegsjahre hindurch gekämpft hatte und für das sie gestorben war: Ihre Kinder waren vereint und lebten ungefährdet in dem Land, das sie nicht mehr hatte sehen dürfen.

Epilog

In eigener Sache

Unmittelbar nach Beendigung der Feindseligkeiten im Sommer 1949 wurden die Kommunisten, die nicht hinter den Eisernen Vorhang geflohen waren, mit alldem Haß, der sich im Laufe der Kriegsjahre aufgestaut hatte, verfolgt und eingesperrt. Allmählich jedoch ließ der Druck, unter dem sie lebten, nach. Im Jahr 1954 durften die ersten Exilanten aus Ungarn heimkehren. Als die Kommunistische Partei 1974 in Griechenland legalisiert und das Gesetz über die Verjährung von Kriegsverbrechen nach dreißig Jahren verabschiedet wurde, kamen die griechischen Kommunisten aus dem Exil zurückgeströmt.

Nachdem ich meine Anstellung bei der *New York Times* aufgegeben hatte, widmete ich mich ausschließlich der Aufklärung der Ereignisse, die zum Tod meiner Mutter Eleni Gatzoyiannis geführt hatten. Ich reiste durch Griechenland. Als meine Ermittlungen abgeschlossen waren, hatte ich über vierhundert Personen befragt: ehemalige Dorfbewohner und Soldaten, die auf beiden Seiten gekämpft hatten, britische Kommandosoldaten, nationalistische und kommunistische Offiziere, Mörder, Folterer und die Überlebenden unter ihren Opfern.

Zwei von den Männern, die hauptsächlich für den Tod meiner Mutter verantwortlich waren, galt meine Suche im besonderen: Kostas Koliyiannis, der Mann, der die größte Verantwortung für die

Hinrichtungen in den Murganadörfern trug, war zur Spitze der Parteileitung aufgestiegen. Seine Erfolge nahmen aber schließlich ein Ende, und er wurde von Moskau entmachtet. Geächtet von der Partei, der er sein Leben gewidmet hatte, starb Koliyiannis 1979 als verbitterter alter Mann in Ungarn.

Als ich von seinem Tod erfuhr, hatte ich bereits zwei Jahre in Griechenland mit der Suche nach der Wahrheit zugebracht. Koliyiannis' Schicksal bereitete mir zwar einige Genugtuung, aber noch suchte ich den anderen Mann: Katis, der mit richtigem Namen Achilleas Lykas hieß.

Meine Bemühungen, den Richter Katis zu finden, endeten anfangs mit Enttäuschungen. Nur allmählich erhielt ich die Informationen, die ich benötigte, um Katis' Spur zu verfolgen. Zeugenaussagen belegten eindeutig, daß Katis der Hauptschuldige am Tod meiner Mutter war. Kostas Koliyiannis, an der Spitze der Partisanenführung in Epirus, war es gewesen, der befohlen hatte, in jedem Dorf Zivilisten vor Gericht zu stellen und hinzurichten, um die Bevölkerung durch Terror zum Gehorsam zu zwingen. Aber Männer wie Katis hatten bestimmt, welche Personen in jedem Dorf zu diesem Zweck ausgewählt und für die politischen Ziele des Kommissars geopfert werden sollten.

Nun mußte ich allerdings eine Antwort auf die Frage finden, die mich peinigte: Was sollte ich mit Katis machen – falls ich ihn ausfindig machte? Vielleicht stieß ich auf die Lösung, wenn ich die letzten Kapitel der Geschichte meiner Mutter schrieb: ihre Gerichtsverhandlung, ihre Folterung und ihre Hinrichtung. Während ich diese Geschehnisse zu Papier brachte, hoffte ich mir darüber klarzuwerden, was ich tun wollte.

Es waren einsame, schmerzliche Monate, in denen ich die Qual ihrer letzten Tage nachvollzog.

Alle anderen Verantwortlichen für den Tod meiner Mutter waren inzwischen tot, oder es waren Schwächlinge, die von den Partisanen manipuliert worden waren und nicht Strafe, sondern Verachtung verdienten.

Doch Katis hatte sich eindeutig als der einzige Hauptverantwortliche für die Leiden meiner Mutter erwiesen, der noch am Leben war. Soviel ich wußte, hatte er für seine Verbrechen nicht gebüßt und würde für sie wohl auch nicht mehr büßen müssen, falls ich nicht etwas gegen ihn unternahm.

Im März erfuhr ich, daß Katis wieder in Konitsa wohnte, wo er ursprünglich herkam.

Zum Glück hatte ich dort einen Bekannten, den ich anrief und fragte, ob er Achilleas Lykas alias „Katis" kenne. Wie mein Freund mir berichtete, wohnte Lykas tatsächlich dort, und zwar in einem neu erbauten Haus mit Frau, Tochter und Schwiegersohn, einem in Konitsa stationierten Berufsoffizier. „Doch falls du Lykas aufsuchen willst", setzte er noch hinzu, „der ist im Augenblick nicht hier. Er ist geschäftlich in Athen."

Katis allein, ohne seine Familie in Athen – das paßte großartig in meine Pläne. Ich mußte herausfinden, wo er abgestiegen war. Ich rief einen Verwandten an, der wie Katis' Schwiegersohn Offizier in Nordgriechenland war, und bat ihn, den jungen Mann anzurufen und ihm zu sagen, ein Freund aus Amerika, der an einem Buch über den Bürgerkrieg schreibe, sei in Athen im Hotel Caravel und wolle seinen Schwiegervater interviewen. Kurz darauf rief mein Verwandter zurück. Der Schwiegersohn wisse nicht, wo Katis abgestiegen sei, habe aber versprochen, dem Schwiegervater meine Bitte auszurichten, sobald er sich zu Hause melde.

In meinem Hotelzimmer holte ich die unregistrierte Pistole aus dem Koffer, eine Walther PPK, die ich vor Jahren, aus den USA nach Griechenland kommend, eingeschmuggelt hatte. Dann konnte ich nichts weiter tun, als zu warten.

Während die Zeit verging, begann mein Plan wie von selbst Gestalt anzunehmen. Wenn Katis mich anrief, würde ich ihn auffordern, gegen Abend zu mir ins Hotel zu kommen. Ich wollte ihm Fragen stellen über den Bürgerkrieg und den Prozeß gegen die vier bei Povla gefangengenommenen Offiziere, den wichtigsten all seiner Prozesse. Ich würde die Fragen so formulieren, daß sie ihm schmeichelten und jeden Argwohn beseitigten. Dann wollte ich mich erbieten, ihn dahin zurückzufahren, wo er in Athen abgestiegen war.

Saß Katis erst einmal im Wagen, war es nur eine Frage von wenigen Minuten, bis wir am Stadtrand waren. In der einsamen Gegend bei Nacht würde ich Katis nach seiner Rolle bei der Hinrichtung meiner Mutter fragen.

Und dann wollte ich ihn töten und seinen Leichnam, mit Steinen und Ästen bedeckt, in einer Schlucht liegenlassen, wie man es mit meiner Mutter gemacht hatte. Anschließend würde ich direkt zum Flughafen fahren und die erstbeste Maschine irgendwohin ins Ausland nehmen. Bis der Tote gefunden wurde, hätte ich Griechenland weit hinter mir gelassen.

Aber ich wartete umsonst. Katis meldete sich nicht. Nun mußte ich ihn in seinem eigenen Revier stellen. Ich flog nach Ioannina, wo ich gegen zehn Uhr vormittags eintraf. Sofort fuhr ich weiter nach Konitsa.

Am Ortsrand von Konitsa hielt ich an und steckte mir die Pistole auf dem Rücken in den Gürtel, wo sie unter dem Jackett nicht zu sehen war. Außerdem schob ich mir ein Tonbandgerät von der Größe einer Zigarettenschachtel in die rechte Socke. Es war ein hochempfindliches Gerät mit einer Laufzeit von einer Stunde. Ich wollte mein Gespräch mit Katis aufzeichnen.

Sein Haus lag fast am höchsten Punkt des Dorfes, ein schneeweißes, zweistöckiges Gebäude mit Steinmauern und einer Holztür mit Rundbogen als Haupteingang. Als ich klingelte, zeigte sich eine hübsche, dunkelhaarige Frau in den Dreißigern an einem Fenster des ersten Stocks.

Geöffnet wurde mir von einer molligen älteren Frau in einem schlichten, aber eleganten braunen Kleid. Sie begrüßte mich gastfreundlich und führte mich eine Marmortreppe hinauf ins Wohnzimmer im Oberstock.

Die Frau kredenzte mir Ouzo und eine Tasse Kaffee. Von irgendwoher drang das Geplapper eines Kleinkindes herüber. Ich verfluchte mein Pech, Lykas alias Katis in Gesellschaft seiner Frau, seiner Tochter und seiner Enkel anzutreffen. Der Wunsch, Katis Schmerz zuzufügen, fraß an mir wie ein Geschwür, doch Frauen und Kinder quälen wollte ich nicht.

Lykas' Auftritt war beeindruckend. Er war größer, als ich erwartet hatte, und trug trotz der Hitze einen schweren grauen Anzug. Sein Blick wirkte sehr wach; sein Haar war schlohweiß, er trug es in militärischem Bürstenschnitt. Am auffälligsten war immer noch seine Hakennase. Seine Haltung jedoch war die eines alten Mannes.

Er stellte sich betont würdevoll vor und gab mir die Hand. Dann setzte er sich auf einen Stuhl mir gegenüber und begann mich über meine Nachforschungen auszufragen, als wolle er feststellen, ob ich wirklich seriös arbeite. Meine Auskünfte schienen ihn zu befriedigen.

„Und was kann ich für Sie tun?" erkundigte sich Katis. Zunächst erklärte ich ihm, daß mir seine Erfahrungen von Nutzen sein könnten für ein Buch, das ich gerade über das Thema der Demokratischen Armee Griechenlands schriebe. Ich fragte ihn nach der Verhandlung gegen die vier bei Povla gefangenen und in Tsamanta vor Gericht gestellten Offiziere. Er gab zu, dabei der vorsitzende Richter gewesen zu sein. „Hören Sie", sagte er mit ernster Miene. „Ganz gleich, wen wir vor Gericht gestellt haben – jedesmal wurden die Akten in der

Hoffnung zum Hauptquartier geschickt, daß das Urteil gemildert würde. Von diesem Augenblick an waren wir nicht mehr verantwortlich. In dem von Ihnen erwähnten Fall gab es vier Richter und einen Ankläger, den inzwischen verstorbenen Iorgos Anagnostakis. Und Grigori Pappas, den Untersuchungsrichter. Er ist in Taschkent gestorben."

Seine Frau hob den Kopf. „Der muß genauso ein Schlaumeier gewesen sein wie du!" sagte sie erregt.

„Laß uns in Ruhe, ja?" fuhr Lykas sie an und erklärte mir sogleich: „Sie ist nervös. Wir waren zu lange getrennt. Zwölf Jahre."

„Zwölf?" rief seine Frau wütend. „Siebzehn waren es! Meine Tochter war erst einen Monat alt. Die Welt befreien wollte er, mein großer Held!" ergänzte sie verächtlich.

„Wirst du mich endlich mit diesem Mann reden lassen?" schimpfte Katis.

Ich brachte ihn auf das Thema der vier hingerichteten Offiziere zurück, und er wiederholte, als vorsitzender Richter habe er sie in der Hoffnung verurteilt, man werde sie begnadigen. „Wir haben nur das Urteil verkündet, das man uns vorgeschrieben hat", ergänzte er. „Die Verantwortung für das Schicksal der vier Männer lag bei Koliyiannis."

Schließlich sagte ich: „Es gab da in Lia einen Prozeß gegen Zivilisten, an dem Sie auch teilgenommen haben –"

„Nein, nein!" unterbrach er mich. „Gegen Zivilisten habe ich nicht verhandelt."

„Aber es waren dreihundert Einwohner dabei", wandte ich ein. „Das ganze Dorf erinnert sich an Katis. Alle Partisanen, mit denen ich gesprochen habe, erklärten mir, Sie seien Katis genannt worden. Ihre Freunde haben mir bestätigt, daß ‚Katis' der Name für Achilleas Lykas aus Konitsa gewesen sei."

Er lehnte sich zurück. „Ich habe nichts mit einem Katis zu tun", sagte er. „Tatsache ist, daß all jene Fälle im Hauptquartier von Koliyiannis entschieden wurden. Wir haben nur unsere Pflicht getan." Unvermittelt stand er auf. „Das wär's", erklärte er. „Haben wir sonst noch etwas zu besprechen?"

„In Lia wurden fünf Personen verurteilt und hingerichtet", fuhr ich hartnäckig fort. „Drei Männer und zwei Frauen. Und ich weiß, daß Sie lügen, weil –"

„Sie werden mir nichts mehr erzählen, denn unser Gespräch ist jetzt beendet! Es ist erledigt. Vorbei!"

„Für mich ist es noch nicht vorbei", gab ich zurück.

Seine Frau blickte erstaunt von ihm zu mir.

„Sie haben meine Mutter verhaftet und sie vor den Augen des ganzen Dorfes zum Tode –"

„Hören Sie", unterbrach mich Katis. „Warum gehen Sie nicht vor Gericht? Warum beschreiten Sie nicht den Rechtsweg –"

„Sie wissen genau, daß jene Verbrechen nach dreißig Jahren verjährt sind – sogar Mord."

Katis trat einen Schritt vor. „Das ist Ihre Sache", gab er eiskalt zurück.

Vor Wut begann ich zu stottern. „Man hat meine Mutter und die andern in die Schlucht geführt. Dort hat man alle fünf erschossen und in ein Massengrab geworfen. Und als mein Großvater ihren Leichnam fand ..." In diesem Moment ließ mich meine Stimme im Stich, und ich brachte kein Wort mehr heraus. Meine Hand suchte den Griff der Pistole, und während ich sprach, schossen mir Bilder durch den Kopf: das Gesicht meiner Mutter und das Gesicht meines Sohnes, der jetzt so alt war wie ich damals, als meine Mutter erschossen wurde.

Jetzt wußte ich endgültig, daß ich Katis umbringen mußte. Aber während wir diskutierten, hatte ich Zeit gehabt zu überlegen. Mein Verstand sagte mir, daß nur eine einzige Straße aus Konitsa hinausführte. Um eine Fluchtchance zu haben, würde ich also auch Katis' Frau umbringen müssen, die mir voll Mitgefühl zugehört hatte, und seine Tochter, die sich mit ihrem Kind irgendwo in der Nähe aufhielt. Denn tötete ich nur ihn allein, würden die Frauen die Polizei rufen.

Ich brauchte einen Anstoß, damit mein Verstand aussetzte, so daß ich nur noch meinen Haß spürte. Die Vorstellung, wie mein Großvater den Leichnam meiner Mutter vorgefunden hatte, machte mich rasend, und nun wichen die Worte endlich den Taten: Ich sprang auf und spie ihn an. Mein Speichel traf sein verzerrtes Gesicht und tropfte auf sein fleckenloses Hemd samt Weste. Jemanden anzuspukken ist in Griechenland die allerschlimmste Beleidigung, schlimmer noch als selbst die scheußlichste verbale Beschimpfung, schlimmer als eine Ohrfeige.

Katis' Gesicht war zornig. „Sie haben mich angespuckt! Mich! Wissen Sie eigentlich, wer ich bin?" brüllte er.

Ich wartete auf seinen Fausthieb, um ihn mit meiner Pistole beantworten zu können. Doch seine Frau warf sich dazwischen. Vielleicht hatte sie gesehen, daß meine Hand hinten am Gürtel lag.

„Achilleas! Halt! Rühr dich nicht!" schrie sie entsetzt.

Ganz langsam öffnete er die Fäuste und sank auf seinen Stuhl zurück.

Der Augenblick war vorüber. Er war wieder ein alter, in sich zusammengesunkener Mann, während seine Frau erregt gestikulierend vor ihm stand. Von dem Lärm angelockt, erschien die Tochter. „Was geht hier vor?" rief sie neugierig.

Ich wandte mich zu ihr um. „Meine Mutter wurde ermordet", erklärte ich ihr. „Und Ihr Vater war dafür verantwortlich."

Ich ging zur Tür. Der Augenblick war vorbei, und ich hatte ihn nicht genutzt.

Auf meinem Tonband ist kein anderes Geräusch mehr zu hören als der eilige Takt meiner Schritte auf dem Kies . . .

Als ich nach Ioannina zurückfuhr, war ich krank vor Enttäuschung. Hätte er sich auf mich gestürzt, ich hätte ihn erschossen, das wußte ich. Jetzt aber war ich um die Genugtuung betrogen worden, die ich seit so langer Zeit suchte.

Ich zweifelte nicht im geringsten daran, daß Katis den Tod verdient hatte, und war fest überzeugt, daß er sich in den Jahren seit dem Todesurteil gegen meine Mutter kein bißchen verändert hatte. Ich hatte seine Arroganz erlebt und in seinen Augen die kalte Gleichgültigkeit gesehen.

So schwor ich mir, ihn noch einmal zu stellen, sobald es mir wieder möglich war, emotionslos und ohne Angst vor dem Eingreifen seiner Familie zu handeln. Und das tat ich.

Es WAR vier Monate später, im Hafen von Igumenitsa, wo Katis, wie ich herausgefunden hatte, zusammen mit seiner Familie am Meer eine Ferienwohnung für den Sommer gemietet hatte. Ich wartete vor dem Haus, bis seine Frau, seine Tochter, sein Schwiegersohn und zwei Enkel die Wohnung verließen und sich an den Strand begaben. Ich hatte inzwischen meinen einige Monate alten Bart abrasiert, und seine Frau ging an mir vorbei, ohne mich zu erkennen.

Mit Hilfe eines Dietrichs verschaffte ich mir Zutritt zu seiner Wohnung. Und da saß er vor mir in einem Sessel, schlafend. Im harten Sonnenlicht sah ich, daß sein zahnlückiger Mund offenstand und sein Kopf auf die Schulter gesunken war. Die Schlafanzugjacke, die er weit klaffend über der Hose trug, entblößte eine eingefallene Brust und einen faltigen Bierbauch. Seine Haut war grau.

Er rührte sich nicht, während ich ihn aus wenigen Metern Entfernung musterte. Ich empfand keinerlei Mitleid mit ihm, seinem Alter und seiner Hilflosigkeit – nur Haß und Ekel. Die Pistole steckte auf meinem Rücken im Gürtel, aber ich überlegte, daß ich ihn auch umbringen konnte, indem ich ihn einfach mit einem Kissen erstickte.

Wenn seine Familie nach Hause kam, würde sie feststellen, daß Katis im Schlaf gestorben war. Kein Mensch würde auf den Gedanken kommen, daß ich dort gewesen sein könnte.

Minutenlang stand ich da und starrte auf den Mann hinab, der meine Mutter umgebracht hatte. Dann machte ich kehrt, ging hinaus und zog leise die Tür hinter mir ins Schloß. Diesmal wußte ich, daß endgültig alles vorüber war. Ich hatte die Gelegenheit gehabt, ihn zu töten, aber ich hatte es nicht gekonnt. Am Ende meiner langen Suche mußte ich einsehen, daß ich mich nicht für die Blutrache eignete.

Seit meiner Abreise aus Igumenitsa habe ich nicht mehr aufgehört, mich zu fragen, warum ich ihn nicht getötet habe. Ich weiß, daß es Angst war, die mich zurückhielt; Angst, Ereignisse in Gang zu setzen, durch die das Töten und Leiden bis in künftige Generationen fortgesetzt werden würde. Aber es war auch etwas anderes: das Verständnis für meine Mutter, das ich bei der Suche nach ihrem Leben gewonnen hatte.

Im Rahmen meiner Ermittlungen hatte man mir einige ihrer letzten

Katis, heimlich fotografiert in Konitsa

Worte weitergegeben. Glykeria gegenüber hatte Mutter vom Glück der Constantina Drouboyiannis gesprochen, der es gelungen sei, sowohl ihre Töchter als auch sich selbst zu retten; aber Eleni hat kein Wort von Haß oder Vergeltung gesagt. Und ihr letzter Schrei, bevor sie von den Kugeln des Exekutionskommandos getroffen wurde, war nicht ein Fluch für ihre Mörder, sondern eine Liebeserklärung an jene, für die sie sterben mußte: „Meine Kinder."

Hätte ich Katis umgebracht, hätte ich, genau wie er, jeglicher Menschlichkeit zuwidergehandelt. Katis zu töten wäre für mich die Befreiung von dem Schmerz gewesen, der mich seit vielen Jahren quält.

Doch sosehr ich mich nach dieser Genugtuung sehne – sie würde jenes Band zerreißen, das mich mit meiner Mutter Eleni immer noch verbindet: die Liebe zu ihren Kindern.

Foto: Anders/Stern

Nicholas Gage

Nicholas Gage, so nennt sich Nikola Gatzoyiannis seit seiner Einbürgerung in die USA, wurde als fünftes Kind von Christos und Eleni Gatzoyiannis 1939 in Lia in Nordwestgriechenland geboren. Nach der geglückten Flucht aus Lia wanderte er mit seinen Schwestern nach Amerika aus, wo ihm sein Vater eine Universitätsausbildung ermöglichte. Bei der angesehenen *New York Times* machte er Karriere und kehrte 1977 als Auslandskorrespondent nach Griechenland zurück. Dort begann er neben der journalistischen Arbeit Nachforschungen über das Schicksal seiner Mutter Eleni anzustellen. Um sich dieser Aufgabe ganz widmen zu können, gab er 1980 seine Tätigkeit für die Zeitung auf.

1983 erschien die amerikanische Ausgabe von *Eleni*, wurde zum „Buch des Jahres" gewählt, erhielt in England den Preis der „Royal Society of Literature" und ist bereits in vierzehn Sprachen übersetzt.

Noch im Erscheinungsjahr der amerikanischen Originalausgabe wurden die Filmrechte für umgerechnet etwa 2,4 Millionen Mark verkauft; Nicholas Gage war Koproduzent; der Film ist bereits fertiggestellt und für die Oscar-Verleihung nominiert.

Nicholas Gage ist verheiratet und hat zwei Töchter und einen Sohn. Er lebt in North Grafton im US-Bundesstaat Massachusetts, wo er an einem neuen Tatsachenroman arbeitet. Darin schildert er die Geschichte der Gatzoyiannis-Kinder und ihres Vaters Christos nach ihrer Ankunft in der Neuen Welt.

Nicholas Gage hat jahrelang die Gelegenheit gesucht, sich an dem Mann namens „Katis" für die Ermordung seiner Mutter zu rächen. Er hat diese Rache auf eindrucksvolle Weise vollzogen – nicht mit einer Pistolenkugel, sondern mit seinem international erfolgreichen Buch, durch das weltweit unzählige Menschen Anteil nehmen am Schicksal seiner Mutter Eleni.

BIS ANS ENDE DER FÄHRTE

Eine Kurzfassung des Buches von Werner J. Egli

Illustrationen von Michael Mänz

Luke Prestridge erkennt die drei Männer sofort, die aus dem Dickicht auftauchen: Es sind Dogrib-Joe und seine Söhne Bill und Jim.

Aber Luke weiß nicht, warum diese drei seinen Vater, Tom Prestridge, mit unbändigem Haß verfolgen. Was meint Dogrib-Joe mit seinen düsteren Andeutungen über Lukes Mutter?

Bis jetzt hatte der Junge nie gewagt, seinen Vater danach zu fragen.

Nach dieser unangenehmen Begegnung mit Dogrib-Joe brennt Luke stärker denn je darauf, die Wahrheit zu erfahren. Während er seinen Vater zum Reden drängt, überstürzen sich die Ereignisse: Ein Grislybär kreuzt ihren Weg und wandelt sich zur reißenden Bestie; ein Schneesturm bricht los, der alles unter sich begräbt; und was hat das grollende Beben aus dem Erdinnern zu bedeuten? Allmählich erkennt Luke, daß er erst am Ende der Fährte die Antwort auf all seine Fragen findet.

Der erste Schuss

Luke bewegte sich vorsichtig. Mit einer Hand teilte er die kahlen Äste des Gestrüpps, mit der anderen hielt er sein neues Gewehr, das ihm sein Vater kürzlich zum Geburtstag geschenkt hatte. Der Wind stand günstig, er wehte Luke ins Gesicht. Es war ein steifer Nordwest, der Schneewolken brachte.

Seit drei Tagen waren Tom Prestridge und sein Sohn Luke unterwegs. Allen Warnungen zum Trotz. Sie hätten viel weiter unten im Tal einen Elch schießen können, obwohl dort schon andere Jäger gejagt hatten.

Luke erreichte die Kuppe eines Hügels. Er sah die Elchkuh sofort. Sie stand in einem seichten Tümpel, an dessen Rändern eine dünne Eisschicht glitzerte.

Luke gab seinem Vater ein Zeichen, leise heranzukommen. Tom Prestridge glitt so leise durch das kahle Unterholz, daß nicht einmal Luke etwas hörte. Als Tom bei seinem Sohn anlangte, kauerte er sich nieder. „Gut gemacht", sagte er leise.

Luke war stolz. Es war nicht einfach gewesen, die Niederung mit den kleinen Tümpeln zu umgehen, um in den Wind zu gelangen. Die Elchkuh war wachsam. Lange Zeit hatte sie in den Wind gewittert, bevor sie schließlich in das Wasser hinausgewatet war.

Jetzt fraß sie. Sie holte Grünzeug vom Grund des Tümpels.

Luke hatte den ersten Schuß. Kaum je zuvor hatte ihm sein Vater den ersten Schuß gelassen. Und nie, wenn es darum ging, Fleisch für ein ganzes Jahr zu machen.

Luke spürte, wie seine Hände in den Handschuhen feucht wurden. Solange die Elchkuh im Wasser stand, würde er nicht zum Schuß kommen. Das war eine Regel, an die sich jeder anständige Jäger hielt. Das Blut hätte einen Frischwassertümpel übel verseucht.

Die Elchkuh war groß und stämmig. Tom Prestridge schätzte ihr Gewicht auf über vierhundert Kilogramm.

Noch war es früh am Tag. Im ersten Morgengrauen hatten sie ihr Lager jenseits der Hügel abgebrochen. Ihr alter Ford-Transporter stand noch dort, wo die Straße aufhörte; das war weiter unten, im Tal des Tasekobachs. Vom Lager aus hatten sie ungefähr zwölf Kilometer zu Fuß zurückgelegt. Luke rechnete damit, daß sie den ganzen Tag damit beschäftigt sein würden, den Elch auszuweiden, zu zerlegen und die ersten Stücke zurück zur Straße zu transportieren. Den Rest würden sie am nächsten Tag zu Tal bringen.

Fast drei Stunden lang mußten sie warten, bis die Elchkuh satt war. Luke hielt das neue Jagdgewehr so, daß er es rasch an die Schulter heben, zielen und abdrücken konnte. Er konnte kaum atmen, sein Gaumen war trocken.

Lukes Vater stand bereit, der Elchkuh den Fangschuß zu geben, falls Luke fehlte oder die Kuh nicht auf der Stelle zusammenbrach. Die Entfernung betrug vielleicht hundertfünfzig Meter. Die Elchkuh drehte sich um und ging auf das Ufer zu, dort, wo die Böschung flach war und die kahlen roten Ruten von Weidenbüschen aus der dünnen Eisdecke ragten. Sie war noch nicht am Ufer, als sie plötzlich stehenblieb und ihren überlangen Kopf herumschwang. Ihre großen Ohren stellte sie in die Richtung, aus der der Wind kam. Irgend etwas stimmte nicht mehr.

„Wir sind nicht allein, Luke", sagte Tom leise. „Paß auf, daß du zum Schuß kommst!"

Luke hob das Gewehr an die Schulter. Der Hammer war gespannt. Der Finger lag am Abzug. Mit langen, stelzigen Bewegungen sprang die Elchkuh aus dem seichten Wasser. Luke folgte ihr mit dem Gewehrlauf, und er hatte Druckpunkt, als sie festen Boden unter die Hufe bekam. Der Schuß löste sich fast von selbst. Noch im Zielfernrohr sah Luke, wie er traf. Die Elchkuh brach am Rande des Tümpels zusammen.

Tom senkte sein Gewehr. Er legte Luke die Hand auf die Schulter. „Feiner Schuß", sagte er.

Erst jetzt merkte Luke, daß er die ganze Zeit den Atem angehalten hatte. Er wollte aufspringen, aber sein Vater hielt ihn zurück und zeigte durch das Geäst auf drei Männer, die jenseits des Tümpels aus dem Dickicht auftauchten. Luke erkannte sie sofort. Dogrib-Joe und seine Söhne, Bill und Jim. Jim hatte eine Narbe, die von der Nasenwurzel schräg über die Wange führte. Und Bill war ein Tölpel. Sie standen alle drei an der Böschung und starrten herüber.

„Die haben uns gerade noch gefehlt", hörte Luke seinen Vater voll Grimm sagen. Der Junge stand langsam auf und trat aus dem Dickicht. „Lade dein Gewehr!" sagte Tom halblaut.

Luke holte eine Patrone aus der Tasche seines Parkas und legte sie sorgfältig in die Kammer. Die geladene Waffe schußbereit, folgte er seinem Vater die Böschung hinunter.

Dogrib-Joe hatte ein paar Wolfsfelle um die Schultern gehängt. Jim trug eine rote Schirmmütze mit Ohrenklappen, und Bill hatte sich mit einem Wollschal vermummt, auf dem die olympischen Ringe eingestickt waren.

Als Luke und sein Vater unten in der Senke ankamen, standen die drei immer noch unbeweglich am gleichen Fleck. Luke konnte jetzt Dogrib-Joes dunkles, schartiges Gesicht deutlich erkennen, und ihm entging nicht, wie der Alte hämisch grinste.

„Behalte sie im Auge", raunte Tom, während sie nebeneinander durch die Senke gingen. Als sie bei der toten Elchkuh ankamen, lehnte Tom sein Gewehr gegen den Rücken des Tieres. Er zog sein Häutemesser aus der Scheide und stieß der Elchkuh die Klinge tief in den Hals, so daß das Blut schnell ausfließen konnte.

Auf der anderen Seite des Tümpels setzten sich die drei Gestalten in Bewegung. Sie kamen am Ufer entlang durch das Weidengestrüpp.

„Jetzt kommen sie", sagte Luke. Zuerst trat der Alte, dann Jim und hinter ihm Bill aus dem Gestrüpp.

„Gut. Geh ein paar Schritte zurück, Luke!"

Luke gehorchte. Er sah alle drei zum erstenmal aus der Nähe, und er spürte, wie ihm flau im Magen wurde. Bill konnte man deutlich ansehen, daß er nicht richtig im Kopf war. In seinem Gesicht zuckte es fortwährend, und er hatte einen dümmlichen Ausdruck in den Augen, als ob er nicht ganz da wäre.

Lukes Vater schlitzte der Elchkuh den Bauch auf. Etwa zwanzig Schritte entfernt, am Ufer des Tümpels, blieben Dogrib-Joe und seine Söhne stehen. Eine Weile schauten sie Lukes Vater bei der Arbeit zu. „He, Tom Prestridge", krächzte Dogrib-Joe schließlich los, „was denkst du dir dabei, eine Elchkuh im Wasser zu schießen?"

Ohne ein Wort zu sagen, begann Tom seine Jacke aufzuknöpfen. Die Arbeit machte ihn warm.

Dogrib-Joe lachte auf. „Du willst nicht mit mir reden, was? Du denkst, daß alles vorbei und vergessen ist und daß dein Junge die Wahrheit nie erfahren wird."

Tom griff mit beiden Händen tief in den aufgeschlitzten Bauch der Elchkuh und begann, vorsichtig die Eingeweide zu lösen. Einige Minuten vergingen. Niemand redete. Tom zog die Eingeweide heraus und schleifte sie ein Stück weit weg. Die Wölfe würden kommen und hier aufräumen.

„Ich meine, daß du uns etwas von diesem guten Fleisch abgeben solltest, Tom Prestridge", fuhr der Alte fort. „Wir sind seit zwei Tagen unterwegs, ohne etwas zu essen."

„Wir jagen nicht für andere“, erwiderte Tom. „Das Fleisch gehört uns.“

„Wir sind dieser Elchkuh zwei Tage lang gefolgt. Ein anständiger Mann teilt mit denen, die nichts haben, Prestridge.“

Lukes Vater bückte sich, und anstatt mit dem Abhäuten anzufangen, griff er nach seinem Gewehr und richtete es auf die drei Männer. „Verschwinde, und nimm deine Söhne mit!“ schrie er.

Dogrib-Joe blickte Tom haßerfüllt an. „Du hast auch noch nicht vergessen, Tom Prestridge. Das ist gut so, denn eines Tages werde ich dich vielleicht doch noch töten. Zehn Jahre bist du mir ausgewichen. Zehn Jahre lang hast du nicht den Mut gehabt, mir zu begegnen. Vielleicht ist jetzt die Zeit gekommen, Prestridge!“

Tom schwieg. Da lachte Dogrib-Joe auf. Er stieß seinen Sohn Jim an, der mit unbewegtem Gesicht neben ihm stand. „Schau ihn dir an! Er hat Angst vor uns. Er weiß, daß er noch nicht bezahlt hat. Sein Junge kennt nicht einmal die Wahrheit. Vielleicht hat er ihn die ganze Zeit angelogen. Junge, hast du ihn nie nach deiner Mutter gefragt? Tom, sag deinem Sohn, er soll aufpassen mit seinem Abzugsfinger. Das Gewehr könnte leicht losgehen.“

„Keine Sorge, er kann mit dem Gewehr umgehen“, gab Tom kalt zurück.

„Hat er den Elch geschossen?“

„Ja.“

„Guter Schuß, Junge!“ meinte der Alte anerkennend. Luke wurde es gleichzeitig heiß und kalt.

„Nimmst du die Leber mit, Tom?“ fragte der Alte dann.

Tom überlegte kurz. „Hol dir die Leber“, antwortete er schließlich.

Der Alte nickte. „Du hast ein gutes Herz“, sagte er höhnisch. Jim zog sein Messer, kauerte bei den Innereien nieder und trennte die blutige Leber ab.

Dogrib-Joe und seine Söhne teilten die Leber unter sich auf und verschlangen die Stücke auf der Stelle roh.

Luke spürte, wie Ekel in ihm hochkam. Sie unterschieden sich kaum von Tieren. Sie hausten irgendwo am Fuße eines Vulkanberges, des Slocan. Am Ufer eines kleinen Sees, den die Indianer Geistersee nannten, hatten sie eine kleine Hütte.

Der Alte wischte sich das Blut vom Kinn. Er nahm Bill das Gewehr weg, legte es quer über seine Arme und verbeugte sich in die Richtung von Lukes Vater. „Meinen Dank, Tom. Und falls du mal in die Nähe vom Geistersee kommst, laß dich nur nicht von einem Besuch bei uns abhalten. Wir sind gastfreundliche Leute. Und frag deinen Vater mal nach deiner Mutter, Junge." Ohne eine Antwort abzuwarten, drehte er sich um und ging davon. Seine beiden Söhne folgten ihm.

Tom sah ihnen nach, bis sie im Gestrüpp verschwunden waren. Erst dann ließ er das Gewehr sinken. „Mach dir keine Gedanken, Luke", sagte er und lehnte das Gewehr wieder gegen den Rücken der Elchkuh. Er griff nach seinem Häutemesser und schlitzte der Elchkuh an der Innenseite ihrer Schenkel die Haut auf.

Luke schnallte seinen Rucksack ab und entnahm ihm eine kleine Säge. Während sein Vater sorgfältig die Fellhaut von den Beinen und vom Körper der Elchkuh löste, trennte ihr Luke die sehnigen Unterschenkel ab. Sie arbeiteten lange Zeit schweigend. Luke half nicht zum erstenmal, ein Tier fachgerecht abzuhäuten und zu zerlegen. Sein Vater hatte früher weiter unten im Tal Fallen ausgelegt und das wenige Geld, das sie zum Leben brauchten, mit Fuchsfellen verdient. Das war mehrere Jahre her, und bereits damals war es zwischen Tom Prestridge und Dogrib-Joe zu unangenehmen Zwischenfällen gekommen. Sie kannten sich schon lange; das war sicher. Aber niemand in Cedar Creek wußte, was zwischen ihnen vorgefallen war. Luke erinnerte sich noch genau an einen Tag, an dem sein Vater halb erfroren nach Hause kam. Er war eine Woche lang einer Fallenstrecke gefolgt, nur um festzustellen, daß jede Falle von jemand mit einem Stock ausgelöst und damit nutzlos geworden war. Ein heftiger Schneesturm hatte die Spuren des Übeltäters verweht, aber in der Nähe einer Falle, im Schutz schneebeladener Äste, entdeckte Lukes Vater in einer gelöschten Feuerstelle zwei Sardinendosen, die jemand mit dem Messer geöffnet hatte. Zwei Wochen zuvor war in dem Gemischtwarenladen von Cedar Creek eingebrochen worden, und unter anderem hatten die Diebe eine ganze Kiste Sardinendosen mitgenommen. Der Verdacht war sofort auf Dogrib-Joe und seine Söhne gefallen, da diese am gleichen Tag vom Postfahrer an der Straße zwischen Cedar Creek und Redstone gesehen worden waren.

Luke wurde von seinem Vater aus den Gedanken gerissen. „Schau nur, dort drüben warten die ersten Wölfe darauf, daß wir hier fertig werden und weggehen."

Luke sah durch das Geäst hindurch zwei Wölfe am Hang. Beide waren mager, hatten aber dickes Winterfell. Luke war sicher, daß bald noch andere vom Geruch des Blutes und des warmen Fleisches angelockt werden würden. Es war deshalb notwendig, jene Stücke der Elchkuh, die sie nicht beim erstenmal bis zu ihrem Kleinlaster transportieren konnten, im Geäst eines Baumes unterzubringen. Luke fällte mit der Handaxt zwei kleine Kiefern und schlug die Äste von den dünnen Stämmen. Mit einem Seil und einem Stück Lastwagenplane stellte er eine Trage her, auf der mindestens ein Drittel der Elchkuh Platz hatte. Mehr konnten sie ohnehin nicht schleppen.

Es war fast Mittag, als Luke auf einen abgestorbenen Ahornbaum kletterte und ein Seil über den ersten Ast zog. Dann half er seinem Vater, die Stücke der Elchkuh einzeln hochzuziehen und im Geäst zu verstauen. Den Wölfen blieben die Innereien, der Kopf und die Glieder. Das Fell wollte Tom einem Chilcotin-Indianer geben, der zu Hause, in Cedar Creek, in der Sägemühle arbeitete und dessen Frau daraus Mokassins nähen konnte.

Bevor sie sich auf den Marsch zurück zur Straße machten, brachte Luke auf ihrem kleinen Gaskocher Wasser zum Sieden und schüttete Pulverkaffee hinein. Sie aßen einige Streifen geräucherten Lachs, gesalzene Cracker und tranken dazu den Kaffee. Die Wölfe hatten sich inzwischen näher herangewagt.

Es schneite leicht, als Luke und sein Vater zum Abmarsch bereit waren. Die Elchstücke auf der Trage wogen mehr als fünfzig Kilo. Mit zusammengebissenen Zähnen schleppten die beiden das Tier in den Wald.

Früher, als Luke noch zu klein gewesen war, hatte Vater den alten Chuck Henson zur Jagd mitgenommen. Inzwischen war Henson gestorben, aber Luke dachte noch oft an ihn und seine wilden Geschichten aus den alten Zeiten, lange bevor es in Cedar Creek eine Sägemühle gab. Jetzt lebten in Cedar Creek schon fast dreihundert Menschen. Die meisten arbeiteten in der Sägemühle. Früher hatte es nur in Redstone eine Schule gegeben. Jetzt gab Jennifers Mutter im Bretterverschlag hinter der Kirche Unterricht. Luke hatte von Mrs. Fortier Lesen und Schreiben gelernt und auch Rechnen. Sie war früher Lehrerin gewesen. Dann war sie die Frau eines Mannes geworden, der für die Sägemühle Holztransporte fuhr. Der Mann war im letzten Winter verunglückt, als sein Transporter auf der verschneiten Straße schleuderte und in einen Abgrund stürzte. Eigentlich hatten alle in Cedar Creek damit gerechnet, daß Jennifers Mutter weggehen würde. Aber sie blieb. Das lag vielleicht auch ein bißchen an Tom Prestridge.

„Bei euch Prestridges gehört eine Frau ins Haus, bevor ihr noch ganz verwildert“, sagte Reverend Lyman, der Gemeindepastor, einmal mit einem Augenzwinkern, als Luke im Gemischtwarenladen einkaufte. Nur gut, daß nicht auch noch Jennifers Mutter im Laden gewesen war.

An seine eigene Mutter erinnerte sich Luke nicht mehr. Sie war gestorben, als er noch keine zwei Jahre alt war. Lungenentzündung, hatte ihm sein Vater gesagt. Aber das war nicht die Wahrheit. Die Wahrheit kannte niemand im Dorf. Trotzdem redeten die Leute. Tausendmal hatte Luke seinen Vater schon fragen wollen, was damals passiert war. Ihr Aussehen kannte er nur von einem Bild, das lange Zeit im Wohnzimmer auf der Kommode gestanden hatte. Irgendwann hatte er bemerkt, daß es verschwunden war, und er hatte seinen Vater nie nach dem Bild gefragt. Sie redeten nie über seine Mutter. Nur der alte Henson hatte einmal gesagt, daß sie eine wunderschöne Frau gewesen sei.

Im Wald hielt Tom an. Schweiß rann ihm über das Gesicht. „Machen wir eine Pause, Luke. Wir sind ein gutes Stück vorangekommen“, stieß er schnaufend hervor. „Bald haben wir den Wald hinter uns.“

Luke setzte die Trage ab und gab seinem Vater die Feldflasche mit Wasser, die an seinem Rucksack baumelte. Während er trank, fragte Luke nach dem Bild.

Sein Vater sah ihn erstaunt an. „Denkst du oft an deine Mutter?“

„Nein. Nicht oft. Manchmal, wenn ich allein bin. Und auf der Jagd. Du hast mir nie von meiner Mutter erzählt. Und warum sie dich hassen, Dogrib-Joe und seine Söhne. Jemand hat einmal gesagt, daß sie dich wegen Mama hassen.“

Tom schraubte den Verschluß auf die Flasche und gab sie Luke zurück. Luke erschrak über den finsteren Ausdruck auf dem Gesicht seines Vaters. „Die Leute reden viel“, sagte er. „Du solltest nicht darauf achten, Luke.“

„Es waren nicht die Leute“, entgegnete Luke. „Es war Chuck Henson, kurz bevor er starb.“

„Chuck war ein alter Schwätzer.“ Tom bückte sich und griff nach den Stangen der Trage. „Komm, es ist noch ein gutes Stück bis zur Straße.“

Auf dem Weitermarsch verlor er kein Wort mehr darüber. Sie folgten einem ausgetretenen Wildpfad durch den Wald talwärts. Unten, wo der Wald lichter wurde, hielt Tom plötzlich an. Er deutete mit dem Kopf zum Stamm einer Kiefer hinüber. In Höhe von mindestens drei Metern war die Rinde aufgerissen.

Luke sah sich nach allen Seiten um. Die frischen Schrammen am Baumstamm waren ein deutliches Zeichen. Obwohl sein Vater nichts gesagt hatte, wußte Luke, daß sie nur von einem Grislybären stammen konnten. Kein Schwarzbär war groß genug, um in drei Meter Höhe die Rinde eines Baumes aufzureißen. Außerdem befanden sich die

Schwarzbären längst im Winterschlaf. Auch für einen Grisly war es ungewöhnlich, sich um diese späte Jahreszeit noch herumzutreiben.

Nachdem sie ein kleines Stück weitergegangen waren, blieb Tom plötzlich wieder stehen. Mit einer Kopfbewegung deutete er zu einer Böschung hinüber. Eine Spur führte durch das nasse, zerwühlte Laub schräg am Hang hoch, ziemlich genau in die Richtung, aus der Luke und sein Vater gekommen waren. „Die ist noch keinen halben Tag alt."

Luke dachte sofort an das Fleisch, das sie auf dem Baum zurückgelassen hatten. Die Wölfe kamen nicht ran, aber ein Grisly brauchte sich nicht einmal ganz zu strecken, um die Fleischstücke aus dem Geäst zu angeln. Luke blickte seinen Vater an, und als er dessen Miene sah, wußte er, daß er dem Grisly folgen würde, um ihn nach Möglichkeit von dem schwer erkämpften Elchfleisch fernzuhalten.

„In zwei Stunden wird es dunkel, Luke", sagte Tom. „Wenn ich mich beeile, bin ich bis dahin zurück." Sie ließen die Trage zu Boden gleiten. „Es ist schon eine ganze Weile her, seit in dieser Gegend ein Grisly gesichtet wurde." Tom nahm das Gewehr von seiner Schulter.

„Zwei Jahre." Luke erinnerte sich noch genau an den Tag, als ein Hubschrauber aus Williams Lake in Cedar Creek landete, weil zwei Studenten aus Vancouver auf einer Bergwanderung von einem Grisly erschreckt worden waren. Der Grisly war so alt gewesen, daß er mit seinen stumpfen Krallen und Zähnen kaum mehr große Beute machen konnte. Oberleutnant Vince Edwards von der Royal Canadian Mounted Police, der paramilitärischen kanadischen Schutzpolizei, fragte Lukes Vater, ob er ihn auf der Jagd nach dem alten Grisly begleiten würde. Noch am gleichen Abend spürte ihn Tom Prestridge in der Nähe der alten Hackett-Farm auf, und sie schossen ihn auf der Stelle nieder. Seither hatte man nur einmal eine Bärin mit zwei Jungen gesehen. Tom hatte keine Ahnung, wo dieser Grisly herkam. Luke hätte seinen Vater gern begleitet, aber er wußte, daß jemand das Fleisch bewachen mußte.

„Ich bin bestimmt zurück, bevor es dunkel ist", sagte Tom noch einmal. Er nahm die Fährte an der Böschung auf.

Der Grisly

Der Grisly konnte nicht mehr als eine halbe Stunde Vorsprung haben. Die Fährte war ganz frisch.

Der Grisly hatte Hunger. Weiter oben am Hang stieß Tom auf eine

Stelle, wo das mächtige Tier den Boden mit seinen krallenbewehrten Pranken so lange durchgeackert hatte, bis er offenbar auf einen Bau von Waldmäusen gestoßen war, die Nüsse, Beeren und eßbare Wurzeln gehortet hatten. Ein hungriger Grisly war ein gefährliches Raubtier. Tom machte sich nichts vor. Falls er dem Bären unversehens zu nahe kam, war es gut möglich, daß sich dieser aus einem friedlichen Meister Petz in eine wütende Bestie verwandelte. Normalerweise wich ein Grisly dem Menschen genauso aus wie jedes andere freilebende Raubtier. Aber er war unberechenbar, und der Jäger, der dann in Panik geriet und falsch reagierte, war einem ausgewachsenen Grisly nicht einmal mit einer mehrschüssigen Jagdwaffe gewachsen.

Tom konnte den Grisly riechen, als er noch gut fünfhundert Meter von ihm entfernt war. Außerdem hörte er das Gekläff der Wölfe, die den Grisly entdeckt hatten. Er erreichte die Hügelkuppe. Im schwächer werdenden Tageslicht war die Fährte des Grislys nicht mehr so gut auszumachen. Sie führte durch ein Gestrüpp.

Tom hoffte, der Grisly würde den Baum mit dem Elchfleisch außer acht lassen. Dann brauchte er ihn nicht zu töten, obwohl es sich bei ihm um einen Eindringling handelte, der für die Leute im Tal im Laufe der kalten Monate zu einer Gefahr werden konnte, weil er keinen Winterplatz mehr fand und ihm die Jagd in einem ihm fremden Revier erschwert war.

Tom schlug sich durch das kahle Gestrüpp. Das wütende Gekläff der Wölfe wurde lauter. Und plötzlich erscholl das furchterregende Gebrüll des Grislys. Tom spannte den Hammer seines Gewehrs, kurz bevor er den Rand des Abhanges erreichte. Jetzt konnte er den Grisly durch das Geäst hindurch sehen. Er stand unten am Rand der Niederung, wo sie die Elchkuh erlegt hatten, und brüllte die Wölfe an, die ihn in gebührendem Abstand umzingelt hatten und sich nicht an ihn heranwagten.

Der Grisly war ein Prachtkerl. Tom schätzte seine Länge auf zweieinhalb Meter. Über dem muskelbepackten Buckel war das zottige Fell fast weiß. Tom konnte die riesigen Pranken mit den langen Krallen erkennen, als sich der Bär zu seiner vollen Größe aufrichtete und den Wölfen die Seite zudrehte. Dies war ein Zeichen dafür, daß er nicht unbedingt an einem Streit interessiert war.

Die Wölfe waren schlau. Sie selbst hatten sich vergeblich abgemüht, an die Beute im Geäst heranzukommen, nachdem sie die umherliegenden Innereien gefressen hatten. Jetzt erkannten sie ihre Chance und ließen dem Grisly nur die Richtung zu dem Baum offen, auf dem das Fleisch untergebracht war. Der Grisly war hungrig. Und er war kräftig genug, um den Baum zu entwurzeln. Außerdem konnte er die unteren Äste mit den Pranken erreichen.

Teils voll Bewunderung, teils mit der Sorge eines Jägers, der seine Beute bedroht sieht, schaute Tom zu, wie der Grisly schließlich genau das tat, was die Wölfe beabsichtigten: Er trottete auf den Ahornbaum zu. Die Wölfe folgten ihm in sicherem Abstand. Tom hob langsam das Gewehr, als der Grisly die Fleischstücke im Geäst des Baumes entdeckte. Die Wölfe hatten ihn jetzt völlig umzingelt. Er brüllte und richtete sich langsam wieder auf den Hinterbeinen auf.

Tom drückte den Kolben gegen die Schulter. Er hatte keine Wahl. Er mußte den Grisly mit dem ersten Schuß möglichst gut treffen. Daß er ihn nicht mit einer Kugel zur Strecke bringen konnte, wußte er. Und daß sich dieser hungrige Grisly niemals von einem Warnschuß in die Flucht jagen lassen würde, das war ihm auch klar.

Einen Moment lang dachte Tom daran, ihm das Elchfleisch zu überlassen, aber dann entschloß er sich doch, das zu tun, was jeder Jäger an seiner Stelle getan hätte. Er zielte und schoß.

Es WAR schon fast dunkel unter den Bäumen, wo Luke auf die Rückkehr seines Vaters wartete. Über ihm rauschten die Wipfel der Tannen und Kiefern. Manchmal trieb der Wind vereinzelte Schneeflocken in den Wald hinein.

Luke hatte sich einen windgeschützten Platz gesucht, Holz zusammengetragen und ein Feuer entfacht. Einmal hörte er im Wald ein Geräusch, das ihn hochschrecken ließ. Er wußte nicht, was es war. Lange horchte er, aber außer dem verwehten Gekläff einiger Wölfe war nichts mehr zu vernehmen.

Bis zum Schuß. Luke glaubte erst, seine Sinne hätten ihn getäuscht, aber dann fiel ein zweiter Schuß. Der Junge sprang auf. Dem Geräusch nach waren es Schüsse, die sein Vater mit seinem Remington-Jagdgewehr abgegeben hatte. Luke kannte den Knall. Er wartete auf den nächsten Schuß, aber der kam nicht. Hatte Vater den Grisly eingeholt? War er von ihm angegriffen worden? Normalerweise konnte man einen Grisly mit zwei Schüssen nicht zur Strecke bringen, es sei denn, einer davon hätte ihn direkt ins Herz getroffen. Vater war ein sehr guter Schütze. Aber bei diesem schwachen Licht war ein Fehlschuß leicht möglich. Bange Minuten vergingen. Luke stellte sich vor, wie der Grisly von beiden Kugeln verletzt worden war und sich auf seinen Vater stürzte.

„Mach dich jetzt nur nicht verrückt“, sagte Luke leise zu sich selbst. Er kauerte sich nieder und wartete. Eine Stunde verstrich. Zwei. Sein

Vater kehrte nicht zurück. Lukes Sorge um seinen Vater wuchs. Vielleicht war tatsächlich etwas passiert, und er brauchte Hilfe.

Luke löschte das Feuer, nahm seinen Rucksack und sein Gewehr. Ohne sich um die Trage mit dem Elchfleisch länger zu kümmern, begann er in der Dunkelheit der Spur zu folgen, der sein Vater nachgegangen war. Da er kaum etwas sehen konnte, nahm er die Taschenlampe zu Hilfe. Ein bretterharter Nordwest ging gegen ihn an. Der Lichtstrahl reichte im dichter werdenden Schneegestöber nicht weiter als etwa zehn Schritte. Nach zwei Stunden hatte Luke ungefähr sechs Kilometer zurückgelegt und wußte nicht mehr, wo er sich befand. Also entschied er sich, einen Signalschuß abzufeuern. Der Knall des Schusses klang im Schneegestöber gedämpft. Danach war es still. Luke wollte schon wieder den nächstgelegenen Hang hinauf, als nicht sehr weit von ihm entfernt ein Schuß aus dem Gewehr seines Vaters krachte.

Er lief in die Richtung, aus der der Schuß gekommen war, und schlug sich durch verschneites Gestrüpp. Ganz in der Nähe begann ein Wolf zu kläffen. Ein anderer antwortete. Nach etwa dreißig Metern konnte Luke die Umrisse einer Gestalt sehen, die aus dem Schneegestöber auftauchte.

„Luke!“ rief die Stimme seines Vaters.

Luke rannte auf ihn zu. „Ich . . . ich habe die Schüsse gehört“, stieß er hervor. „Ich dachte, du kommst nicht zurück. Was ist passiert?“

„Der Grisly versuchte, an unser Fleisch heranzukommen“, erklärte Tom. „Es war schon fast dunkel. Eigentlich hätte ich versuchen sollen, näher an ihn heranzugehen. Ich traf ihn mit zwei Kugeln, aber anstatt daß er sich mir gestellt hätte, machte er sich davon. Ich kam nicht mehr zu einem weiteren Schuß und ging ihm nach. Es wurde dunkel, und es schneite immer dichter. Der Bär ist verletzt und verliert Blut. Einige Male hörte ich ihn brüllen, und ich habe gehofft, daß er anhalten und sich zur Wehr setzen würde. Nach einer Stunde mußte ich aufgeben.“

„Vielleicht hast du ihn gut genug getroffen, und er stirbt noch in dieser Nacht“, meinte Luke.

„Das könnte sein. Ein Wolfsrudel folgt ihm. Wir bleiben die Nacht über hier und versuchen morgen, die Fährte aufzunehmen. Ich will wissen, woran ich mit ihm bin, bevor wir von hier weggehen.“

Luke wußte, was das bedeutete. Sie würden den Rest der Nacht in einem notdürftigen Unterschlupf verbringen, um am nächsten Tag der Schweißfährte des Grislys zu folgen, den die Verletzung in eine reißende Bestie verwandelt hatte. Er war zu einer Gefahr für andere

Jäger und für die Chilcotin-Indianer am Tasekosee geworden. Es war sogar möglich, daß ihn der Hunger irgendwann talwärts treiben würde, in die Nähe von Cedar Creek. Und so wie Luke seinen Vater kannte, würde dieser nicht eher ruhen, als bis er den Grisly zur Strecke gebracht hatte.

DOGRIB-JOE und seine beiden Söhne hörten den Grisly nicht. Er kam, als es noch stockdunkel war. Sie schliefen fest. Es war ein guter, windgeschützter Platz am Fuße eines Überhangs, etwa zehn Schritte vom Ufer eines fast ausgetrockneten Baches entfernt. Über ihnen ragten die knorpeligen Arme eines Wurzelstockes aus dem Hang und bildeten ein natürliches Dach. Aus Steinen hatten sie einen Windfang gebaut. Die Wärme des Feuers hatte sich unter dem Überhang und der alten Plane gestaut, die sie an den Wurzelarmen befestigt hatten, so daß sie wie ein Vordach schräg nach unten aufgespannt war. Das Feuer in der Erdmulde glimmte nur noch.

Der Grisly war den Bach entlanggekommen. Das Blut aus den Wunden gefror in seinem Pelz. Manchmal hatte er sich hingehockt und gebrüllt, weil es in seinem Innern brannte.

Er wußte nicht, wo er sich befand. Die Gegend war ihm fremd. Dort, wo er herkam, hatten Menschen auf ihn geschossen. Sie hatten ihn nie getroffen. Aber er hatte von seiner Mutter gelernt, daß ihm von nichts eine größere Gefahr drohte als von den Menschen. Er hatte gelernt, sich vor ihnen zu verstecken oder wegzulaufen. Sie hatten seinen Bruder getötet. Und sie hatten seine Mutter getötet.

Der Grisly kühlte seine Wunden im Bach. Er war durstig und hungrig und müde. Er trottete den Bach entlang. Manchmal hörte er die beiden Menschen, die ihm folgten. Wenn er still stand und den Kopf in den Wind drehte, konnte er sie riechen. Es war dieser unangenehme Geruch, der ihm Angst einjagte und ihn zugleich wütend machte. Und plötzlich waren da noch andere Gerüche. Es roch nach Rauch und Menschenschweiß. Der Grisly brüllte und begann zu laufen. Er lief über die Uferböschung, und was ihm in den Weg geriet, schlug er zur Seite. Er stürzte auf die Zeltplane zu, die an dem Überhang aufgespannt war, und riß sie nieder. Er hörte Menschen schreien. Er roch Blut. Er wütete, wie er nie zuvor gewütet hatte. Er war wie von Sinnen.

LANGE bevor der Tag graute, wachte Luke auf. Sie hatten die Nacht in einem kleinen Erdloch verbracht, das sie leicht mit Zweigen abgedeckt hatten. Steif kletterte Luke aus dem Loch und kauerte beim

Feuer nieder, das sein Vater die ganze Nacht in Gang gehalten hatte. Tom gab ihm ein Stück geräucherten Lachs aus dem Rucksack. Luke kaute lustlos darauf herum.

Nachdem Luke warm geworden war, löschten sie das Feuer. Für einen Moment war es stockdunkel. „Bleib dicht hinter mir, Luke", hörte er den Vater sagen. Sie gingen ostwärts. Nach knapp einer Stunde erreichten sie das Tal des Buck, eines breiten, zum Teil zugefrorenen Baches. Im Osten zeigte ein fahler Schimmer den neuen Tag an.

Sie folgten dem Lauf des Wassers. Manchmal knipste Tom die Taschenlampe an, um sich zu vergewissern, daß sie sich auf der Fährte des Grislys befanden. Sie war an einigen Stellen von verwehtem Schnee zugedeckt.

Nach etwa zwei Stunden hörten sie den Grisly brüllen. Sie liefen hintereinanderher, und plötzlich krachten Schüsse. Jemand schrie. Noch einmal krachten Schüsse. Dann war es still. Luke sah, wie sein Vater im Laufen das Gewehr von der Schulter nahm. Er tat dasselbe. Als sie um die nächste Krümmung des Baches herumkamen, sahen sie Dogrib-Joe, der im dünnen Eis einbrach, als er den Buck durchqueren wollte.

Von einer ausgespülten Höhlung am Ufer her wankte der schwachsinnige Bill. Sein Gesicht war blutverschmiert, der Mantel über seiner Brust aufgerissen. Er stolperte zum Ufer des Buck und ließ sich auf die Knie fallen. Mit einer Hand packte er den Alten und zog ihn an Land.

Tom und Luke blieben stehen. „Wo ist der Bär?" hörte Luke seinen Vater rufen. Erst jetzt wurde Dogrib-Joe auf sie aufmerksam. Er zeigte zu den Felsen am anderen Ufer und schrie, daß der Grisly Jim erwischt hätte.

Ohne langes Überlegen durchquerte Tom, von Stein zu Stein springend, den Bach. Luke rannte hinterher. Er kroch an dem eisglatten Ufer hoch und jagte auf die Felsen zu, zwischen denen sein Vater verschwunden war. Es war jetzt hell genug, daß er der Spur folgen konnte – einer gräßlichen Blutspur.

Nach etwa zweihundert Metern sah er seinen Vater zwischen den Felsen stehen. Die Mündung seines Gewehres zeigte zu Boden. Vor ihm, in einem kahlen Gestrüpp, lag etwas, was Luke aus der Entfernung zuerst für ein Tier hielt. Nach Atem ringend, das Gewehr schußbereit in den Händen, näherte sich Luke dem Gestrüpp. Als er noch etwa zwanzig Schritte entfernt war, drehte sich sein Vater um. „Bleib weg von hier, Luke", sagte er. „Das ist nichts für dich."

Luke blieb stehen. Der Körper im Dickicht war kein Tier. Luke schnürte es die Kehle zusammen. Zögernd ging er auf seinen Vater zu. Der packte ihn an den Schultern und schob ihn weg.

„Jim ist tot“, sagte er düster. „Der Grisly hat ihn übel zugerichtet.“

Langsam gingen sie zurück. Auf halbem Weg zum Buck begegneten sie Dogrib-Joe und Bill. Ein Blick aus den dunklen Augen des Alten streifte Tom. Dogrib-Joe blieb keuchend stehen. In seinem Gesicht war blanker Haß. Für einen Moment schien es, als ob er etwas sagen wollte, aber dann hastete er weiter. Wenig später konnten sie ihn in seiner Verzweiflung schreien hören.

Die Warnung

Es war fast Mittag, als der Hubschrauber über den Baumwipfeln auftauchte. Hinter dem Kabinenfenster konnte Luke das gerötete Gesicht von Reverend Lyman sehen, der aufgeregt herunterzeigte. Der Hubschrauberpilot war Oberleutnant Vince Edwards von der Schutzpolizei, und an der offenen Seitentür stand Lukes Vater, der ins Tal gelaufen war und von einer vollautomatischen Wetterbeobachtungsstation aus über Funk Hilfe herbeigeholt hatte. Die Rotorblätter wirbelten Wolken von Schnee auf, als der Hubschrauber niederging und schließlich aufsetzte.

Außer Reverend Lyman befanden sich noch zwei Männer im Hubschrauber, die beide ihre Jagdausrüstung bei sich hatten. Der eine war James Carter, ein Vormann im Sägewerk, und der andere George Bent, der für die Waldaufsichtsbehörde von Britisch-Kolumbien arbeitete, ein hagerer Mann, dessen Augen tief in den Höhlen lagen. Zu Lukes Überraschung half Reverend Lyman zuletzt Jennifers Mutter aus dem Hubschrauber. Sie war ein bißchen verlegen, als Luke sie verwundert anblickte.

„Ich habe mir Sorgen gemacht“, sagte sie schnell und kam mit einer Thermosflasche und einem dampfenden Becher auf ihn zu. „Hier, da ist heißer Tee drin.“

„Du siehst wirklich durchfroren aus, Junge“, meinte auch Reverend Lyman. Sein Gesicht war von der Aufregung noch mehr gerötet als sonst.

„Wo ist der Alte?“ fragte James Carter. Tom zeigte zur Böschung hinüber. Dort sah es aus, als hätten Berserker gewütet. Von dem Wurzelstock hingen Fetzen der Zeltplane. Der Boden war aufgewühlt, der Windfang bei der Feuerstelle eingestürzt. Sie folgten Tom zu der verwüsteten Lagerstelle. „Sie haben geschlafen. Der Bär kam am Bachufer entlang. Er riß die Plane nieder und trampelte auf ihnen herum. Wahrscheinlich trat er in die Glut des Feuers. Das hat ihn vielleicht noch wütender gemacht. Er packte Jim und schleppte ihn durch den Buck auf die andere Seite. Dogrib erwischte einen abgebrochenen Ast. Er rannte hinterher und schleuderte ihm das Holzstück nach. Der Grisly ließ Jim daraufhin wohl fallen. Da lief Dogrib wahrscheinlich zum Lager zurück, um sein Gewehr zu holen, das er im Durcheinander nicht hatte finden können. Plötzlich hörte er Jim schreien. Der Grisly war zurückgekommen, Dogrib schoß in die Richtung des Bären, der Jim wieder mit sich schleppte, traf ihn aber nicht. Der Grisly schleifte Jim mindestens zweihundert Meter weit weg, bevor er endgültig von ihm abließ."

Luke sah, wie Ann Fortier, Jennifers Mutter, schauderte. Reverend Lyman faltete die Hände und murmelte ein Gebet. Für einen Moment blickten alle zu Boden. Dann fragte Oberleutnant Edwards noch einmal nach Dogrib-Joe, und Luke führte sie über den Bach, wo der Bär das zurückgelassen hatte, was von Jim übriggeblieben war.

Der Alte kauerte in der Nähe am Boden. Er war ganz grau im Gesicht. Neben ihm hockte Bill und stierte trübsinnig vor sich hin. Bill sah furchtbar aus. Der Bär hatte ihm mit den Krallen die Kopfhaut aufgerissen. Die linke Hälfte seines Gesichtes war blutverkrustet. Außerdem hatte er eine Wunde an der Schulter und am Oberschenkel.

Tom blieb in einiger Entfernung von den beiden stehen. Der verstümmelte Leichnam von Jim war mit einem Stück der zerfetzten Zeltplane zugedeckt worden.

„Ich bin zur Wetterstation gegangen und habe über Funk Oberleutnant Edwards benachrichtigt", erklärte Tom mit rauher Stimme. „Damit alles seine Ordnung hat."

Dogrib-Joe spuckte aus. „Alles seine Ordnung hat", hörten sie ihn leise wiederholen. „Prestridge hat den Grisly angeschossen, und die weidwunde Bestie ist über uns hergefallen."

Tom nickte. „Das stimmt", sagte er.

„Ich glaube nicht, daß man Mr. Prestridge Vorwürfe machen kann, Joe", sagte Oberleutnant Edwards bestimmt. „Im Gegenteil. Er ist dem verletzten Bären sofort gefolgt. Und dann ging er fast zwanzig Kilometer zu Fuß, um Hilfe zu holen."

„Hilfe?" Dogrib-Joe lachte gehässig auf. „Für Jim kommt jede Hilfe zu spät, Edwards. Wollt ihr sehen, was die Bestie mit ihm gemacht hat?" Er riß die Zeltplane vom Leichnam. „Hier!" schrie der Alte heiser. „Das ist es, was von meinem Sohn übriggeblieben ist, und der Teufel soll mich holen, wenn ich dafür nicht den Mann verantwortlich machen kann, der einen Bären anschießt und ihn laufenläßt!" Er warf die zerfetzte Plane achtlos auf den verstümmelten Körper und wandte sich mit geballten Fäusten Tom zu. „Wozu hast du all die Leute hergeholt? Damit sie dich von deiner Schuld freisprechen?"

„Ich bin hergekommen, um Trost zu spenden", erwiderte Reverend Lyman ruhig.

Dogrib-Joe schüttelte den Kopf. „Ich brauche keinen Trost!" schrie er. „Das ist eine Sache zwischen Tom Prestridge und mir!"

„Wenn du willst, nehmen wir euch mit nach Cedar Creek", meinte Oberleutnant Edwards. „Du kannst Jim dort auf dem Friedhof beerdigen. Reverend Lyman wird alles vorbereiten, und ..."

„Bill und ich bringen Jim zurück zum Geistersee. Dort sind wir zu Hause, Edwards." Die Stimme des Alten zitterte.

„Trotzdem will ich diese Gelegenheit nutzen, dich zu warnen. Wir haben gestern abend Nachricht aus Seattle erhalten, daß erneut eine Reihe leichter Erdbeben registriert wurde. Das Zentrum liegt in unserer Gegend. Dieses Mal könnte der Vulkan ausbrechen, Joe, und nach den Berechnungen der Fachleute würden der Geistersee und dein Tal von einem Strom glühender Lava zugedeckt werden."

Dogrib-Joe schüttelte den Kopf. „Wie oft hat man schon versucht, uns und die Chilcotin-Indianer aus den Bergen zu locken, Edwards? Glaubst du im Ernst, daß ich ausgerechnet jetzt auf eure Tricks hereinfalle? Das Hochtal da oben ist mein Land. Solange ich lebe, wird keine Straße gebaut und kein Baum gefällt. Solange ich lebe, bleibt alles, wie es ist!"

Ann Fortier schüttelte energisch den Kopf. „Sie bringen sich und Ihre Familie in Gefahr. Wenn der Vulkan ausbricht, werden Sie keine Zeit mehr haben, sich in Sicherheit zu bringen."

„Wenn der Vulkan ausbricht, geht die Welt unter, Gnädigste", entgegnete Dogrib-Joe. „Fragen Sie die Indianer am Tasekosee. Seit sie dort leben, fürchten sie die Ausbrüche des Slocan, in dem die Erdgeister wohnen."

„Man wird die Indianer am Tasekosee wahrscheinlich evakuieren, Joe", wandte Oberleutnant Edwards ein.

„Ihr kriegt die Indianer genausowenig weg, wie ihr mich wegkriegt", stieß Dogrib-Joe voll Grimm hervor. „Wir lassen uns nicht vertreiben. Schon gar nicht durch Drohungen!"

„Das war keine Drohung", wandte Oberleutnant Edwards kühl ein. „Das war eine gutgemeinte Warnung." Er faßte Mrs. Fortier am Arm. „Kommen Sie, ich glaube nicht, daß wir hier noch gebraucht werden. Von uns hat niemand schuld an dem, was hier passiert ist."

Dogrib-Joe spuckte aus. Mit einer Kopfbewegung deutete er auf James Carter, den Sägewerksmann, und George Bent, den Waldhüter. „Was ist mit euch?“

„Ein verletzter Grisly ist jedermanns Verantwortung“, erklärte George Bent ruhig. „Wir nehmen seine Fährte auf, und vielleicht gelingt es uns, ihn zu erlegen, bevor er noch mehr Unheil anrichtet.“

Dogrib-Joe musterte die beiden Männer aus Cedar Creek geringschätzig. „Viel Glück“, spottete er und zeigte über die Hügel hinweg nach Norden, wo sich über mächtigen Bergzacken schwarze Wolken ballten. „An eurer Stelle würde ich mir weniger Sorgen um den Slocan machen als um diese Wolken dort.“

„Es könnte Schnee geben“, sagte James Carter. „Wir sind dafür ausgerüstet.“

Dogrib-Joe verzog das Gesicht. Es war ihm anzusehen, daß er den beiden Männern nicht viel zutraute. Er wandte sich noch einmal an Tom. „Es ist dein Bär! Ich erwarte dich dort, wo die Fährte endet.“ Die beiden Männer starrten sich einige Sekunden lang an. Dann setzte Dogrib-Joe hinzu: „Und laß deinen Sohn besser zu Hause, Tom Prestridge!“ Er drehte sich um und begann, die Plane um den verstümmelten Leichnam zu wickeln.

Oberleutnant Edwards führte Mrs. Fortier zum Hubschrauber zurück. Dort zog er eine Schreibmappe hervor und machte sich ein paar Notizen über das Geschehen.

James Carter und George Bent holten ihre Rucksäcke und die Schneeschuhe aus dem Helikopter. Beide kannten sich in diesem Gebiet aus. Carter machte mit Oberleutnant Edwards einen Treffpunkt aus. „Übermorgen mittag sind wir am Tasekosee. Du kannst uns dort abholen, Vince. Punkt zwölf. Denk daran, wir haben nur Proviant für drei Tage. Notfalls vier.“

Mrs. Fortier blickte besorgt in die Ferne, wo der Himmel fast schwarz war. „Und wenn daraus tatsächlich ein Schneesturm wird?“

„Wir schlagen uns auf jeden Fall bis zum Tasekosee durch“, sagte George Bent. „Es gibt dort eine Hütte, in der wir Unterschlupf finden können.“

Die beiden Männer machten sich sofort auf den Weg. Tom hätte sie gern begleitet, aber Oberleutnant Edwards überredete ihn, zuerst seinen Kleinlaster ins Tal zu fahren. Am nächsten Tag wollte er mit ihm die ganze Gegend überfliegen, und vielleicht gelang es ihnen, den Grisly aus der Luft zu entdecken, falls Carter und Bent ihn bis dahin nicht eingeholt hatten.

Am darauffolgenden Tag schneite es. Oberleutnant Edwards flog mit Tom und Luke von Cedar Creek aus in großen Schleifen bis zum Tasekosee. Es schneite immer dichter. Trotzdem konnte Tom die Vertiefung erkennen, durch die der Hackberry floß. Links und rechts dehnten sich Wälder aus, in denen ein Grisly aus der Luft niemals entdeckt werden konnte. Sie flogen bis zu einer Halbinsel, die in den Tasekosee hinausragte. Der See war noch nicht zugefroren, aber von den Rändern her bildete sich bereits eine dünne Eisschicht. Am Ufer des Sees stand eine kleine, unbewohnte Trapperhütte.

Auf dem Rückflug entdeckten sie einige Gestalten, die im dichten Schneetreiben eine baumlose Ebene überquerten. Oberleutnant Edwards ging mit dem Hubschrauber tiefer. Luke spähte mit dem Fernglas hinunter und konnte einige Indianer mit zwei Hundeschlitten erkennen. Auf dem hinteren Schlitten saß Dogrib-Joe und blickte zu ihnen hoch. Dann entriß er einem der Indianer, die neben dem Schlitten herliefen, ein Gewehr, richtete es auf den Hubschrauber und feuerte. Innen im Hubschrauber war der Knall des Schusses nicht zu hören, aber Luke konnte das Mündungsfeuer sehen und wie die Hunde scheuten.

Oberleutnant Edwards zog den Hubschrauber hoch. „Dieser alte Schuft hat vor nichts Respekt", stieß er wütend hervor. „Der hat den Teufel im Leib, und an deiner Stelle würde ich mich vorsehen, ihm noch einmal in die Quere zu kommen."

„Ich laufe ihm nicht nach", entgegnete Tom knapp.

„Er hat gesagt, daß er am Ende der Fährte auf dich wartet, Tom."

Tom Prestridge sagte nichts darauf.

„Es ist eine Sache von früher, nicht wahr?" fragte Edwards. „Du weißt ja, daß die Leute im Dorf reden."

„Ich kann sie nicht daran hindern."

„Was war früher?"

Tom gab keine Antwort.

Oberleutnant Edwards fing über Funk eine Wettermeldung auf. Eine arktische Front näherte sich ihrem Gebiet. Die Temperaturen im Norden waren in den letzten zwei Stunden über zwanzig Grad gesunken. In den Bergen tobte bereits ein gewaltiger Schneesturm.

Sie flogen jetzt über die Anhöhe zwischen dem Flüßchen Hackberry und dem Buck. Edwards flog den Helikopter tiefer, und Tom blickte auf die Anhöhe hinunter. Der Wald war schon tief verschneit. Irgendwo dort unten befand sich der Grisly.

Vor dem endgültigen Heimflug holten Vince Edwards und Tom Prestridge die restlichen Stücke des Elchs vom Baum. Tom zeigte dem Oberleutnant, von wo aus er auf den Grisly geschossen hatte. Es war dunkel, als Oberleutnant Edwards den Hubschrauber auf dem Platz hinter dem Blockhaus der Royal Canadian Mounted Police absetzte.

Als die Rotoren stillstanden, wagten sich ein paar Neugierige aus den Häusern und eilten zum Landeplatz, um zu sehen, was es gab. Aber die eisige Kälte trieb sie rasch in die warmen Stuben zurück. Edwards half Tom beim Ausladen der Elchstücke.

Luke lief nach Hause und kam mit dem Kleinlaster wieder. Die alte Karre hatte nur noch einen Scheinwerfer, und Luke besaß keinen Führerschein. Aber darum kümmerte sich hier draußen niemand. Nicht einmal die Polizei. Luke und sein Vater luden die Elchstücke auf den Wagen, während Edwards im Blockhaus telefonierte. Dann stiegen die beiden in die Fahrerkabine des alten Ford. Als Tom nach dem Zündschlüssel griff, kam Oberleutnant Edwards aus dem Blockhaus gelaufen.

„Man schickt von Williams Lake aus ein halbes Dutzend Armeelastwagen hierher, um die Leute zu evakuieren, die Cedar Creek wegen der Erdbeben verlassen wollen, Tom. Allem Anschein nach wird es Ernst. Aus den USA sind Experten unterwegs nach Williams Lake."

„Und wer garantiert, daß wir in Williams Lake sicher sind?" fragte Tom ruhig.

„Niemand. Aber Williams Lake ist weit genug weg vom Berg. Hier könnte es sein, daß wir direkt vom Ausbruch betroffen würden." Tom betätigte den Anlasser. „Was ist?" fragte Oberleutnant Edwards durch das offene Fenster. „Bringst du Luke nach Williams Lake?"

Tom schüttelte den Kopf. „Wenn der Sturm nachläßt, suche ich den Grisly, Vince. Und ich denke, daß Luke sich nicht davon abhalten lassen wird, mit mir zu kommen."

„Das habe ich mir gedacht!" Edwards blickte Luke kurz an. „Ihr könnt mitfliegen, wenn ich morgen James und George am Tasekosee abhole. Ich setze euch ab, wo immer ihr wollt."

„Bis morgen", sagte Tom und gab sachte Gas.

Luke kratzte fortwährend Eis von der Windschutzscheibe. Er hatte natürlich gewußt, daß sein Vater Jagd auf den Grisly machen würde. Aber daß er ihn mitnehmen würde, das hatte er nicht erwartet. Luke war aufgeregt, ließ sich aber nichts anmerken.

Daheim brannte Licht. Als sie vor dem Haus anhielten, kam Ann Fortier auf die Veranda. Sie hielt Jennifer an der Hand. Offenbar hatte sie hier auf die Rückkehr von Luke und seinem Vater gewartet. Die beiden trugen Wollmäntel und dicke Pelzmützen. „Habt ihr schon gehört? Morgen werden wir alle nach Williams Lake fahren", rief Jennifers Mutter.

Luke stieg aus. Er wuchtete ein Stück Elchfleisch auf seine Schultern und trug es keuchend in den kleinen Bretterverschlag neben dem Wohnhaus. Dort hängte er das Fleisch an einen Haken. Als er wieder ins Freie trat, standen sich sein Vater und Jennifers Mutter auf der Veranda gegenüber. „Laß uns heute abend darüber reden", hörte Luke seinen Vater sagen, und so, wie es klang, konnte es zwischen ihm und Ann Fortier an diesem Abend zur ersten ernsthaften Auseinandersetzung kommen.

Im Blizzard unterwegs

Den ganzen Abend wurden im Radio Warnmeldungen durchgegeben. Luke versuchte sich vorzustellen, wie es sein würde, wenn der Slocan sich tatsächlich in einen feuerspeienden Vulkan verwandelte. Der Berg ragte etwa dreißig Kilometer entfernt über den dunklen Wäldern südöstlich von Cedar Creek auf. Den Leuten war der Slocan nie ganz geheuer gewesen. In Cedar Creek erzählte man sich immer wieder Geschichten von merkwürdigen Begebenheiten, die sich in seiner Umgebung zugetragen hatten. Gruselige Geschichten von Menschen, die dort in finsteren Tälern einfach verschwunden waren, von einem Leichnam, der eines Frühlings in einem Schmelzwassertümpel aufgetaucht war, und von einem Flugzeug, das seit zehn Jahren verschollen war. Die meisten Geschichten kamen von den Chilcotin-Indianern, die am Tasekosee wohnten, und oft spöttelten die Leute in Cedar Creek über diese Berichte. Niemand mochte so recht an die Erdgeister glauben, die im Berg hausen sollten, und niemand rechnete ernstlich damit, daß dieser alte Vulkan eines Tages ausbrechen und Tod und Verderben ausspucken könnte. Aber jetzt war es anscheinend soweit. Die Leute fingen an sich zu fürchten, auch wenn viele es nicht zugeben wollten.

An diesem Abend war Ann Fortier, Jennifers Mutter, da, und sie blieb noch lange. Während Luke einzuschlafen versuchte, hörte er sie in der Küche mit seinem Vater reden. Jennifer schlief unterdessen in der Wohnstube. Sie war fünf Jahre alt. Insgeheim hielt Luke Jennifer für eine Ziege. Letztes Weihnachten hatte sie ihm absichtlich das neue Fahrrad umgeworfen und ihm einmal beim Essen mit der Gabel in den Finger gestochen. Ebenfalls mit voller Absicht.

Luke hörte jetzt, wie sein Vater und Jennifers Mutter über das diskutierten, was im Radio gesagt wurde. Dann kam noch Oberleutnant Edwards zu Besuch. Luke vernahm, daß er morgen vielleicht nicht zum Tasekosee hinausfliegen könne, wenn es so weiterschneie. James Carter und George Bent hatten aber nur Proviant für vier Tage.

Luke war so müde, daß er irgendwann trotz des Radios und der Stimmen in der Küche einschlief. Als er früh am Morgen erwachte, stand die Tür zu Vaters Schlafzimmer einen Spaltbreit offen. Drinnen brannte Licht, und Luke sah seinen Vater auf dem Bettrand sitzen. Er rieb sich das stoppelbärtige Gesicht.

Luke machte die Gasheizung an. Draußen heulte der Wind. Alle Fensterscheiben des Hauses waren so dick zugefroren, daß man nicht hindurchsehen konnte. Luke machte die Tür auf, aber der Schnee wirbelte so heftig, daß er sie schnell wieder zuzog, bevor der Wind die Flocken ins Haus blasen konnte. Vater kam aus dem Schlafzimmer und machte das Radio an.

Luke setzte Kaffee auf und bereitete das Frühstück vor. Das tat er jeden Morgen. Dafür kochte Vater am Abend. Mittags kam er nicht nach Hause, wenn er in der Sägemühle arbeitete. Jetzt hatte er acht Tage Urlaub. Für die Jagd. Vier Tage waren schon vorbei.

Die Sechsuhrnachrichten brachten Neuigkeiten. Der Schneesturm hatte viele Dörfer im Hinterland von der Außenwelt abgeschnitten. So war zum Beispiel die Telefonverbindung zwischen Cedar Creek und Redstone unterbrochen. Die Straße nach Williams Lake war gesperrt. An einigen Stellen war der Schnee über fünf Meter hoch angeweht, so daß nicht einmal Schneepflüge durchkamen. In Seattle hatte man über Nacht weitere schwache Beben registriert.

Kurz nach den Nachrichten klopfte Oberleutnant Edwards an die Tür. Luke öffnete ihm.

Edwards schüttelte den Schnee von seiner Jacke, bevor er eintrat. „Ich mache mir Sorgen um James und George“, begann er. „Du kennst dich dort draußen im Tasekogebiet besser aus als ich, Tom. Glaubst du, daß sie es bis zur Hütte geschafft haben?“

Tom bot dem Oberleutnant eine Tasse Kaffee an. Sie setzten sich an den Eßtisch. „Schwer zu sagen, Vince. Es sind erfahrene Männer. Ich nehme an, daß sie die Suche nach dem Grisly aufgegeben haben, als es anfing, dichter zu schneien, und daß sie auf dem schnellsten Weg zur Hütte gegangen sind.“

„Gut, daß sie ihre Schneeschuhe mithaben“, meinte Edwards. Er schlürfte den heißen Kaffee.

Tom erhob sich mit entschlossenem Gesichtsausdruck. „Wenn du nicht fliegen kannst, Vince, mach ich mich zu Fuß auf den Weg. Es hat keinen Sinn, hier auf besseres Wetter zu warten. Ich kann ihnen zumindest Proviant rausbringen."

Edwards schüttelte den Kopf. „Dort draußen siehst du nicht die Hand vor den Augen, Tom. Du würdest dich verirren."

„Nicht, wenn ich den Tasekofluß entlanggehe", gab Tom mit Bestimmtheit zurück.

„Und Luke?"

„Luke bleibt hier. Er kann in ein paar Tagen mit dir fliegen, wenn das Wetter besser wird. Bis dahin können wir drei in der Hütte am Tasekosee ausharren. Bringt genügend Proviant mit, damit ich mich anschließend gleich an die Fersen des Grislys heften kann."

Vince Edwards erhob sich und rieb die Hände. „Ich gehe jetzt", sagte er. „Luke, wir fliegen, sobald der Schneesturm etwas nachläßt."

Luke erwiderte nichts und starrte zu Boden. Als Edwards draußen war, kam sein Vater um den Tisch herum. Er legte die Hände auf Lukes Schultern. „Wann hast du das letztemal nachgeschaut, ob deine Schneeschuhe in Ordnung sind, Luke?"

„Letzten Winter", antwortete Luke, ohne aufzublicken.

„Dann bringst du sie besser herein. Wir können es uns auf diesem Ausflug nicht erlauben, nachlässig zu sein."

Jetzt hob Luke den Kopf. „Soll das heißen, daß du mich mitnimmst?"

Tom lächelte. „Ich weiß nur nicht, wie ich es Ann erklären soll. Ich habe ihr versprochen, daß ich dich hierlasse."

„Warum?"

„Du weißt ja, wie sie ist. Sie macht sich immer gleich Sorgen."

„Sie ist nicht meine Mutter."

„Nein, sie ist nicht deine Mutter, Luke. Aber dennoch . . ."

An diesem Tag wurde es überhaupt nicht richtig hell. Als Tom und Luke aufbrachen, war es zehn Uhr. Der große Schneepflug von der Sägemühle war vor McBains Laden in einer Wehe steckengeblieben. Ein halbes Dutzend tief vermummter Gestalten versuchte, den Pflug freizuschaufeln. Reverend Lyman streute Kies. Die Männer beim Pflug blickten auf. Luke erkannte unter ihnen auch Edwards. Der Oberleutnant winkte herüber. „Dachte mir schon, daß du ihn doch mitnimmst, Tom", rief er. Tom winkte zurück. Er ging Luke voran. Obwohl es in diesem Winter das erste Mal war, daß sie Schneeschuhe trugen, bewegten sie sich leicht. Luke hatte die Hüftbewegungen von Chuck Henson gelernt, als er noch keine drei Jahre alt war. Es gab nicht mehr viele Leute in Cedar Creek, die sich auf Schneeschuhen so geschickt bewegen konnten.

Luke und Tom waren bestens ausgerüstet. Jeder trug einen Rucksack mit Proviant für mehrere Tage, mit dicken Daunenschlafsäcken, Regenumhängen, einem Igluzelt und dünnen Thermoschlafmatten, die sich selbst aufbliesen. Außerdem hatten sie Seile mit, ein Paar Ersatzschuhe, Ersatzhemden und Unterzeug, eine große Axt, einen Gaskocher, Streichhölzer, die auch noch benutzt werden konnten, wenn sie naß waren, eine Leuchtspurpistole und einen Haufen anderen Kram. Luke schätzte das Gewicht seines prall gefüllten Rucksacks auf fast zwanzig Kilo, während der seines Vaters bestimmt dreißig wog.

Hinzu kamen die beiden Jagdgewehre und die Munition, je ein Messer und eine Notapotheke, die Tom in einer Außentasche seines großen gelben Rucksacks untergebracht hatte.

Als sie hintereinander an dem Haus vorbeigingen, wo Ann Fortier und Jennifer wohnten, kam Mrs. Fortier auf die Veranda. Sie hatte eine dicke Steppdecke um die Schultern geschlagen.

„Es hat wohl keinen Sinn, wenn ich noch einmal an deine Vernunft appelliere, Tom Prestridge!“ rief sie herüber.

„Wir sind in vier, fünf Tagen zurück“, erwiderte Tom.

„Du hast mir versprochen, daß wenigstens Luke dableibt.“

„Ich gehe mit, Mrs. Fortier!“ rief Luke. „Keine Sorge, uns passiert schon nichts.“

Tom winkte zum Abschied. Dann marschierte er wieder los. Luke folgte ihm in einigem Abstand. Als sie am alten Feuerwehrschuppen am Rand der kleinen Stadt vorbeigingen, konnten sie die Häuser von Cedar Creek hinter sich schon nicht mehr sehen.

Es schneite so dicht, daß Luke sich wunderte, wie es seinem Vater gelang, sich zu orientieren. Irgendwie folgten sie dem Taseko, ohne daß dessen Lauf zu sehen war. Nur manchmal glaubte Luke im Schnee Vertiefungen erkennen zu können, die vermutlich das Flußbett waren. Die Ufer waren tief verschneit, der zugefrorene Fluß mit Schneewehen bedeckt. Am frühen Nachmittag rasteten sie. Tom holte den Gaskocher aus dem Rucksack. Im Windschutz ihrer Rucksäcke füllte Luke einen kleinen Leichtmetalltopf mit Schnee, der durch die Hitze der kleinen Gasflamme zu Wasser schmolz. Tom schüttete Suppenpulver hinein.

Luke merkte erst jetzt, während er darauf wartete, daß die Suppe heiß wurde, wie kalt es eigentlich war. Während des Marsches hatte er geschwitzt. Nun aber drang der Wind durch seine dicken Wintersachen, und der Schweiß auf seiner Haut ließ ihn frieren. Nach dem Essen ging es ihm wieder etwas besser, und er spürte neue Kraft in den

Beinen. Der Sturmwind fegte nach wie vor von den Hängen herunter, und am Himmel jagten sich dunkle, schwere Wolken. Bei Einbruch der Dunkelheit schlugen sie ihr Lager auf.

In der Nacht ließ der Sturm nach. Dafür wurde es so kalt, daß im Wald die Bäume krachten. Luke schlief schlecht. Er dachte an James Carter und George Bent, die nicht gut genug ausgerüstet waren, um der Kälte und dem Sturm lange zu trotzen. Nur wenn sie die Hütte am Tasekosee noch vor Einbruch der Dunkelheit erreicht hatten, waren sie in Sicherheit. Luke hoffte, daß ihnen nichts zugestoßen war. Man würde seinem Vater die Schuld geben, falls ihnen etwas passiert war, weil er ihnen den Bären überlassen hatte, der eigentlich auf seiner Abschußliste stand. So lautete ein ungeschriebenes Gesetz hier in der Wildnis. Wer ein Tier verletzt, muß dafür sorgen, daß es nicht lebend entkommt.

Die Schmerzen wurden stärker, wenn er sich schnell bewegte. Am Abend, als der Sturm etwas nachließ und die Wölfe ihn auf die Probe stellten, hatte er Mühe, ihnen zu zeigen, daß er noch immer unbesiegbar war. Das Rudel folgte ihm durch ein weites Tal. Es waren elf Wölfe. Ein großer grauer Rüde führte sie an. Er war schlau und erfahren. Manchmal schickte er einen seiner jungen Gefährten aus, damit der Grisly nicht dazu kam, sich auszuruhen. Diese jungen Wölfe hatten nichts anderes zu tun, als dem Bären klarzumachen, daß sie in seiner Nähe waren und ihn beobachteten. Der Grisly wußte das. Die Wölfe waren genauso hungrig wie er. Sie folgten ihm, weil sie wußten, daß er verletzt war, und sie wären über ihn hergefallen, wenn er ihnen nicht gezeigt hätte, wie stark er war.

So entschloß er sich, einen der jungen Wölfe zu töten. Es waren drei, die ihm lästig fielen. Er konnte sie riechen, und er konnte sie hören. Der Grisly warnte sie nicht. Er trottete auf allen vieren ganz langsam voran. Der Schnee war so tief, daß er manchmal völlig in ihm versank. Deshalb konnten ihn die Wölfe nicht immer im Auge behalten, und so kamen sie stetig näher.

Der Grisly blieb am Waldrand stehen. Rechts von ihm glitt einer der Wölfe durch den Schnee. Ein anderer kam von der gegenüberliegenden Seite. Plötzlich sprang er über eine Schneewehe hinweg. Mehr als einen Schatten konnte der Grisly nicht wahrnehmen, aber er warf sich herum und fuhr mit seinen Pranken darauf zu. Seine Krallen bohrten sich durch das Fell des Wolfes, rissen ihm die Seite auf und hakten sich an seinen Rippen fest. Der Wolf jaulte und versuchte den Bären zu beißen, aber seine Fänge schnappten ins Leere. Trotzdem ließ ihn der

Grisly los und schleuderte ihn durch die Luft. Der Wolf landete im kahlen Geäst eines Busches, der am Waldrand aus dem Schnee ragte. Er wollte aufspringen und zurück zum Rudel laufen, aber der Grisly war im nächsten Moment über ihm. Die Reißzähne des mächtigen Bären gruben sich tief in den Nacken des Wolfes und zermalmten ihm die Halswirbel.

Die anderen beiden Wölfe jagten in panischer Angst davon. In dieser Nacht blieb der Grisly lange ungestört. Er hatte so viel Wolfsfleisch gefressen, daß er satt war. Da er nirgendwo einen guten Lagerplatz fand, kroch er unter die kreuz und quer liegenden Stämme einiger Bäume, die der Sturm umgerissen hatte. Dort konnte er in Ruhe seine Wunden lecken, die wieder zu bluten angefangen hatten.

Der Tag war furchtbar gewesen, und als es dunkel wurde, mußten sie sich eingestehen, daß sie sich verirrt hatten. Erschöpft und durchfroren krochen sie in die Vertiefung, die sich im Windschatten eines mächtigen Felsbrockens gebildet hatte. Seit dem Mittag wußten sie nicht mehr, in welche Richtung sie eigentlich gingen. Der Sturm machte sie blind. Zuerst war James Carter, der Sägewerksarbeiter, vorangegangen. Stunde um Stunde waren sie durch den immer höher werdenden Schnee gestapft. Seit einiger Zeit fror Carter erbärmlich, und er merkte, wie seine Kräfte schnell nachließen. Irgendwann am Nachmittag blieb er einfach stehen. George Bent, der Waldhüter, stieß ihn von hinten an.

„Weiter, James!“ rief er in den Sturm. „Es wird bald dunkel.“

Carter schüttelte den Kopf. „Wir haben uns verlaufen! Vielleicht sind wir so weit weg vom See, daß sie uns nie mehr finden.“

„Wir müssen weiter, James. Hier draußen im offenen Gelände können wir unmöglich die Nacht verbringen. Komm!“

Von da an ging George Bent voran. Aber auch er wußte nicht, wo sie sich befanden. Alles sah gleich aus. Es gab keine Orientierungspunkte mehr.

Den besten Schutz für die Nacht schien die Vertiefung bei dem Felsbrocken zu bieten. Als sie tiefer hineinkrochen, gelangten sie am Fuße des Felsens in eine kleine Höhle, die groß genug war, daß sie bequem darin Platz fanden. Der Boden war sogar schneefrei. Carter redete kein Wort. Er spürte seine Finger und die Zehen nicht mehr. Bent holte den Gaskocher hervor. Viel Proviant hatten sie nicht, und so aßen sie nur eine dünne Erbsensuppe mit Speckwürfeln. Carters Augen glänzten, als hätte er Fieber. Er verschüttete einen Teil der Suppe, als er versuchte, den Blechbecher zum Mund zu führen.

Den ganzen Abend kümmerte sich George Bent um seinen Gefährten. Er rieb ihm die Füße, bis die Blutzirkulation wieder in Gang kam. Und als Carter schlotternd in seinem Schlafsack lag, versuchte Bent ihm einzureden, daß sie morgen wieder in Cedar Creek sein würden. „Edwards wird sich nicht aufhalten lassen, James. Du kennst ihn ja. Der fliegt bei fast jedem Wetter."

„Fast", sagte James Carter nur.

„Ich geh raus und versuche Holz zu finden. Ein kleines Feuer wärmt dich schnell wieder auf."

George Bent kroch aus dem Loch. Draußen versank er bis zu den Knien im Schnee. Es war dunkel, und es schien, als hätte der Sturm nachgelassen. Er leuchtete mit seiner kleinen Taschenlampe umher. Es blieb ihm wohl nichts anderes übrig, als die kahlen unteren Äste einiger nicht weit entfernt stehender Tannen abzuschlagen. Mit einem Armvoll solcher Stöcke kehrte er in den Unterschlupf zurück und machte ein Feuer. Der Fels wurde naß vom schmelzenden Schnee.

George Bent war todmüde. Trotzdem schlief er nicht ein. Und irgendwann in der Nacht vernahm er ein dumpfes, leises Grollen, das nicht länger als zwei, drei Minuten anhielt. Es kam nicht von oben durch das Loch. Es kam aus dem Boden unter ihm.

SOBALD es hell war, brachen Tom und Luke auf. Als sie ihre Schneeschuhe anschnallten, machte Tom Luke auf die Stille aufmerksam, die sich während der Nacht über dem weißen Land ausgebreitet hatte. Es wehte kein Wind mehr. Die weißen Flocken fielen leicht und leise auf die Schneedecke nieder.

„Die Ruhe vor dem Sturm", sagte Tom. „Wir müssen uns beeilen, Luke."

„Wie weit ist es bis zum Tasekosee?"

„Etwa fünfundzwanzig Kilometer."

„Das schaffen wir nicht bis zum Einbruch der Dunkelheit."

„Wir gehen so lange, bis wir dort sind", entgegnete sein Vater. Er wuchtete seinen Rucksack auf den Rücken, zog die Riemen zurecht und setzte sich in Bewegung. Luke merkte sogleich, daß er ein scharfes Tempo anschlug.

Vor ihnen tauchten die Umrisse verschneiter Bäume auf. Und aus dem Schnee ragten Felsbrocken, die sich wie die versteinerten Rückenwirbel eines ungeheuer großen Fabeltieres über einen Hügel hinwegzogen.

Luke prallte beinahe auf seinen Vater auf, als dieser plötzlich vor ihm stehenblieb und das Gewehr von der Schulter nahm.

„Siehst du den Felsbrocken dort, der drei Zacken hat?" Der Felsen war fast ganz von einer verharschten Schneewehe umgeben. Vom schwarzen Gestein hingen bizarr geformte Eisgebilde. Es fiel Luke auf, daß dieser Felsen der einzige war, an dem soviel Eis hing. „Wenn du genau hinsiehst, kannst du erkennen, wie sich vor dem Felsen über einer Mulde die Luft bewegt."

Tatsächlich konnte Luke dort, wo der Fels tief im Schnee verschwand, ein kaum wahrnehmbares Flirren erkennen. Wärme, die aus der Mulde aufstieg.

Der Grisly!

Luke zog hastig das Gewehr von der Schulter. Sein Vater gab ihm ein Zeichen, sich nicht zu rühren. Mit schußbereitem Gewehr ging Tom auf den Felsen zu. Langsam näherte er sich der kleinen Mulde. Als er sie erreichte, nahm er Rauchgeruch wahr, und er sah sofort, daß der Schnee in der Tiefe der Mulde gelblich gefärbt war, rund um ein Loch herum, das offenbar zum Fuße des Felsbrockens führte. Nicht die Körperwärme eines Grislys bewegte die Luft über dem Loch, sondern ein Feuer in einer Schneehöhle. Kein Laut drang aus der Höhle. Tom beugte sich etwas vor. Er konnte nichts sehen außer den dünnen Rauchschleiern, die am Fels hochkrochen.

„Jemand da unten?" rief Tom.

Es kam keine Antwort aus der Tiefe. Er ließ den schweren Rucksack vom Rücken gleiten, bückte sich und schnallte die Schneeschuhe ab. Als er sich aufrichtete und sich nach Luke umblickte, zeigte dieser zu den Bäumen hinüber. An einigen Tannen hatte jemand die untersten Äste abgeschlagen. Tom rutschte in die Mulde hinein bis zum Loch. Dort kniete er sich hin und beugte sich so weit vor, daß er in das Halbdunkel hinuntersehen konnte. In einer kleinen Feuerstelle glimmte etwas Glut. Daneben, halb durch einen vorspringenden Felsen verdeckt, lag ein Mensch in einem dunkelgrünen Schlafsack. Es war James Carter. Er hatte sich mit den Ellbogen aufgestützt und starrte aus geweiteten Augen zu der Öffnung über ihm. Das schüttere Haar klebte an seiner Stirn. Er hatte Frostbeulen an Nase und Kinn.

„Bist du das, Tom Prestridge?" fragte er mit rauher Stimme. „Bist du das wirklich?"

„Ich bin's", erwiderte Tom. „Wo ist George?"

„Hilfe holen", stieß James Carter hervor. „Am Tasekosee. Edwards fliegt doch dorthin, Tom."

Tom nickte. „Das Wetter ist besser geworden", sagte er, obwohl er wußte, daß ein schlimmer Schneesturm im Anzug war. Er richtete sich so weit auf, daß er Luke herbeiwinken konnte. Dann ließ er sich sachte durch die Öffnung in die Höhle hineingleiten. Auch wenn es hier unten ziemlich dunkel war, konnte er sogleich erkennen, daß es mit Carter nicht gut bestellt war. Er hatte Fieber und fror erbärmlich. Tom fachte sofort das Feuer wieder an, und als sich Luke am Loch über der Höhle zeigte, schickte er ihn Holz holen.

Nach einer Weile ging es Carter etwas besser. Er hatte eine Tasse Tee getrunken und zwei Aspirin genommen. Mehr konnte Tom im Moment nicht für ihn tun, auch wenn Carter über Schmerzen im Rücken und in der Brust klagte. Tom fürchtete, daß Carter eine Rippenfell- oder sogar eine Lungenentzündung hatte, was bedeutete, daß man ihn nicht von hier wegbringen konnte, es sei denn mit dem Hubschrauber.

Noch mehr Sorgen machte sich Tom aber um George Bent, der auf dem Weg zum Tasekosee leicht von dem Schneesturm überrascht werden konnte. Bent hatte keine Ahnung gehabt, wo sie sich befanden. Er wollte sich auf sein Gefühl verlassen und auf seine langjährige Erfahrung als Waldhüter in der kanadischen Wildnis.

„Wie weit sind wir vom Weg abgekommen, Tom?“ fragte Carter leise.

„Überhaupt nicht“, erwiderte Tom. „Von diesen Felsen hier sind es knapp zwölf Kilometer zum See. Wann ist George weggegangen?“

„Am Mittag. Vor etwa drei Stunden.“

„Dann schafft er es nicht.“ Tom griff nach seinem Gewehr und nach Lukes Rucksack, der weniger Gewicht hatte als sein eigener. „Du bleibst hier, Luke! In dieser Höhle seid ihr sicher, auch wenn der Sturm eine Weile anhalten sollte.“

Luke sah am entschlossenen Gesichtsausdruck seines Vaters, daß jeder Einwand zwecklos gewesen wäre.

„Du bringst dich auch noch um, Tom“, preßte Carter mühsam hervor. „Wenn es George nicht schafft, dann schaffst du es erst recht nicht, weil er dir drei Stunden voraus hat.“

Tom schob den Rucksack nach draußen, die Schneeschuhe hinterher. „Ich komme viel schneller voran als er. Bis es dunkel wird, habe ich ihn längst eingeholt.“

„Falls der Schneesturm nicht schon früher losbricht“, wandte Carter ein. „Es ist verdammt unvernünftig, was du tun willst, Tom.“

„Ich habe eine gewisse Verantwortung George gegenüber. Was meinst du, was die Leute sagen würden, wenn er ums Leben käme.“

Carter erwiderte nichts darauf. Er wußte selbst, daß man Tom Prestridge die Schuld geben würde.

Luke schaute seinem Vater nach, als er hinauskroch. Tom drehte sich noch einmal um. „Luke, schaff einen genügend großen Vorrat Holz herbei, und versuche, mit dem Proviant sparsam umzugehen. Und verlaß diese Höhle auf keinen Fall, wenn der Sturm tobt."

„Dein Vater ist ein ganz gehöriger Dickschädel, Junge", bemerkte Carter, als Tom weg war. „Klug werd ich nicht aus ihm."

„Ich auch nicht", sagte Luke. „Jetzt geh ich erst mal Holz holen." Er kroch aus dem Loch und ging in seiner eigenen Spur zum Wald hinüber. Dabei erhaschte er eine Bewegung am Waldrand. Nicht mehr als ein huschender Schatten im Weiß. Lange Zeit rührte Luke sich nicht, aber der Schatten tauchte nicht wieder auf. War es ein Wolf gewesen? Oder hatte er sich nur etwas eingebildet? Luke ging langsam am Waldrand entlang. Dort, wo er den Schatten hatte auftauchen sehen, stieß er auf eine einzelne frische Wolfsfährte. Die Abdrücke waren deutlich zu sehen. Der Wolf hatte nur drei Beine.

Tom Prestridge holte George Bent am Little Lake ein, dem winzigen Quellsee des Hackberry. Der See war zugefroren, und Bent hockte im Schnee an der Uferböschung. Als Tom neben ihm stehenblieb, hob er den Kopf. Ungläubiges Staunen breitete sich in seinem Gesicht aus. „Wo kommst du denn her, Tom?" fragte er mit krächzender Stimme.

„Wir haben Carter gefunden. Luke ist bei ihm."

„Luke?" Bent schüttelte verständnislos den Kopf. „Hat euch Edwards hergeflogen?"

„Nein. Wir sind zu Fuß unterwegs." Tom deutete mit einer Kopfbewegung auf die hochgebogenen Spitzen der Schneeschuhe, die ein wenig aus dem Schnee ragten. „Carter sagte mir, daß du keine Ahnung hast, wo du bist. Da dachte ich, ich geh dir nach, bevor die Hölle losbricht."

„Der Schneesturm, ich weiß." Bent blickte nach Norden. Dort war der Himmel teils gelblich, teils dunkelgrau gefärbt. „Lange dauert es nicht mehr, Tom. Weißt du denn überhaupt, wo wir hier sind?"

„Das ist der Little Lake, der Quelltümpel des Hackberry."

„Ich dachte es mir, aber ich war nicht sicher. Tom, ich bin froh, daß du hier bist. Ich bin ziemlich schlapp. Keine Kraft mehr. Und eiskalt bis in die Knochen."

„Hier können wir nicht bleiben." Tom sah sich um. „Weißt du, daß du ein Rudel Wölfe auf deiner Fährte hast?"

George Bent nickte. „Der Grisly hat einen von ihnen erwischt. Er steckt irgendwo dort hinten im Wald. Wahrscheinlich hat er sich längst verkrochen. Seit er den Wölfen gezeigt hat, was noch in ihm steckt, hat der Leitwolf die Jagd auf ihn abgeblasen. Und jetzt sind sie hinter mir her, weil sie glauben, daß ich eine leichtere Beute bin." Bent grinste.

„Komm, George, steh auf, und schnall dir deine Schneeschuhe wieder an."

„Wohin willst du? Bis zum Wald sind es noch mindestens drei Kilometer. In einer halben Stunde ist es dunkel."

„Wenn nicht schon früher", gab Tom hart zurück. Und kaum hatte er ausgesprochen, vernahmen sie beide ein Rauschen. Es kam die Täler herauf, und ganz leicht begannen sich die Wipfel der Tannen zu bewegen. Sanft strich der Wind über die Hänge hoch und berührte die Gesichter der beiden Männer, die regungslos verharrten, lauschten und dabei merkten, wie jenes beklemmende Gefühl in ihnen wach wurde, das sich schnell in Angst verwandelte.

„Wir haben nicht mehr genügend Zeit, um uns in Sicherheit zu bringen, Tom", stieß Bent hastig hervor.

Tom blickte umher. Weiter unten im Tal hob sich der Schnee vom Boden und breitete sich zu dünnen Schleiern aus, die die Wälder entlangglitten wie ein eisiger Hauch. Und über den Wipfeln der Bäume wühlten unsichtbare Kräfte in den Wolken, ballten sie, schoben sie durcheinander, rissen sie zu Fetzen und stießen sie über die Hänge hinweg das Tal hoch. Und das Rauschen wurde lauter, vermischte sich mit einem hohen, dünnen Pfeifen.

„Zieh die Schneeschuhe an!" drängte Tom. „Beeil dich! Wir haben noch ein paar Minuten, bis es richtig losgeht."

Ein paar Minuten! Tom blickte sich um. Nirgendwo in der Nähe bot sich ihnen Schutz. Und Bent schaffte es nicht mehr, beide Schneeschuhe anzuziehen. Der erste Windstoß traf sie mit einer Wucht, der nicht einmal Tom standhalten konnte. Er taumelte, stürzte und hatte Mühe, wieder auf die Beine zu kommen. Von einem Moment auf den anderen verwandelte sich die Luft in etwas, was er nicht einatmen konnte. Er hatte das Gefühl, ersticken zu müssen. Es wurde schnell dunkel. Nicht so dunkel wie in der Nacht. Deshalb konnte er die Umrisse einer taumelnden Gestalt wahrnehmen, die jäh ein paar Schritte von ihm entfernt auftauchte. Im nächsten Moment war sie im Schneegestöber verschwunden. Tom brüllte nach George Bent. Er stemmte sich rückwärts gegen den Sturm, machte einen Schritt, einen zweiten und einen dritten, bevor er gegen George stieß. Der hatte beide Hände vor das Gesicht geschlagen. Er schrie etwas. Tom hörte ihn, aber es klang, als käme die Stimme von weit her. Er packte Bent beim Arm und zerrte ihn mit sich. Tom hatte keine

Ahnung, in welche Richtung sie sich bewegten. Der Sturm drang von allen Seiten auf sie ein. Er war ein Ungeheuer aus Wind und Eis, aus Gebrüll und Geheul, aus Finsternis und Schnee. Er hatte keine Gestalt, keine Pranken und Krallen. Er war nichts als ein Rachen mit spitzen Zähnen aus Eis, mit frostigem Atem und mit der unbändigen Kraft jener Gewalten, die ihn gezeugt hatten. Es gab kein Entkommen mehr. Die beiden Männer konnten nur versuchen, so lange wie möglich durchzuhalten.

Der Wolf

Luke kroch aus der Höhle. Es war Tag. Sacht fiel der Schnee, es wehte kein Wind. „Siehst du was?" fragte James Carter.

Luke blickte sich um. Er konnte nichts Ungewöhnliches entdecken. „Nichts", meldete er nach unten.

„Wie ist das Wetter?"

„Es schneit."

„Glaubst du, daß Edwards fliegen kann?"

„Möglich. Die Sicht ist aber nicht besonders gut."

Luke versuchte, einen Schritt zu machen. Er versank bis zu den Hüften im tiefen Schnee. Es dauerte eine Weile, bis er sich wieder so weit befreit hatte, daß er auf dem Bauch zu einer aus dem Schnee ragenden Felskante kriechen konnte. Dort fand er festen Grund. Er stand auf und blickte das Tal entlang. Graue Wolken verhüllten die Berge. Luke wollte gerade zur Mulde zurückkriechen, als er bemerkte, wie sich keine fünf Schritte entfernt hart am Fels etwas im Schnee rührte. Er verharrte auf der Stelle. Wie gebannt starrte er auf den Punkt, wo die Kruste unter dem Neuschnee aufbrach. Etwas Dunkles wurde sichtbar. Fellhaar. Ein Kopf. Luke fiel sofort die Spur des Wolfes ein, der nur drei Beine hatte. Luke wollte zurückweichen, rutschte aber in eine Vertiefung hinein. Er kam halb auf die Seite zu liegen. Über den Rand der Vertiefung hinweg sah er, wie der Wolf freikam. Er entdeckte Luke sofort. Und der Anblick dieses hilflos im Schnee liegenden Menschen überraschte ihn. Luke rührte sich nicht. Der Wolf duckte sich etwas. Er richtete seine engstehenden Augen auf Luke, stellte die Ohren wachsam hoch und zog die Lefzen etwas zurück. An seinem linken Vorderbein fehlte die Pfote. Wahrscheinlich war der Wolf erst vor wenigen Wochen in eine Falle geraten. Der Beinstumpf war frisch vernarbt.

Trotz seiner Verkrüppelung sah der Wolf gesund und stark aus. Es

war ein junger Rüde, noch nicht einmal ganz ausgewachsen. Entweder hatte ihn das Rudel ausgesetzt, oder er war freiwillig gegangen. Auf jeden Fall war er ein Außenseiter.

Er gab nicht den geringsten Laut von sich, sondern starrte Luke nur abschätzend und mißtrauisch an. Luke verharrte weiterhin bewegungslos. Eine Minute verstrich. Lukes Unsicherheit schwand. Sein Gefühl verriet ihm, daß dem Wolf die Begegnung genausowenig behagte wie ihm selbst.

„Wir haben beide Glück gehabt, nicht wahr?" sprach Luke leise vor sich hin. „Wenn es diesen Felsen hier nicht gäbe, hätte uns der Schneesturm längst begraben." Luke hielt es nicht gerade für intelligent, mit einem dreibeinigen Wolf eine Unterhaltung anfangen zu wollen. Trotzdem glaubte er erkennen zu können, wie sich der Ausdruck in dessen hellen Augen veränderte. Der Wolf merkte anscheinend, daß ihm von diesem Menschen keine Gefahr drohte. Das Mißtrauen schwand.

Luke versuchte, den Oberkörper etwas aufzurichten. Aber sobald er sich bewegte, duckte sich der Wolf. „Ich tu dir nichts", sagte Luke so ruhig wie möglich. „Schau her, ich habe kein Gewehr bei mir. Ich bin nur aus dem Loch gekommen, um nach meinem Vater zu sehen. Und ob der Hubschrauber nach uns sucht."

Der Wolf lauschte Lukes Stimme. Er legte dabei den Kopf schief. Luke redete weiter. „Ich habe nichts gegen Wölfe. Schon gar nichts gegen dreibeinige." Während er sprach, zog Luke ganz langsam ein Knie an. Es gelang ihm, sich zu drehen. Der Wolf begann zurückzuweichen. Luke richtete sich auf. Langsam begann er rückwärts zu kriechen; der Wolf machte keine Anstalten, ihn anzufallen. Eine Weile stand er noch regungslos im Schnee, dann wandte er sich um und humpelte davon. Beim Waldrand drehte er sich noch einmal um. Dann verschwand er im Gestrüpp.

„Paß auf dich auf!" rief ihm Luke nach. „Hier draußen ist ein hungriger Grisly unterwegs!"

Luke kroch in die Schneehöhle zurück. Carter lag in seinem Schlafsack. Er hatte Fieber und schlimme Schmerzen im Rücken. „Ich habe dich draußen reden gehört", sagte er. „Redest du oft mit dir selbst?"

Luke zündete den kleinen Gaskocher an und stellte einen Topf darauf, den er mit Schnee gefüllt hatte. „Ich habe nicht mit mir selbst geredet", erklärte er, „sondern mit einem Wolf."

„Mit einem Wolf? Du hast mit einem Wolf geredet?"

Luke nickte. „Er ist in den Wald gegangen."

„War er allein?"

„Ja. Er hatte nur drei Beine."

„Ah, einer von denen." Carter sank zurück. „Ich dachte schon, du drehst mir durch, Luke", keuchte er mühsam. „Das erzählt man sich nämlich von deiner Mutter, verstehst du? Man sagt, daß sie krank war da oben und daß deshalb alles passiert ist, was passiert ist."

„Was ist passiert?" fragte Luke. Seine Stimme zitterte.

„Man sagt, daß deine Mutter eine schöne Frau war, Luke", erzählte Carter. „So schön, daß sich Männer im Kampf um sie töteten."

„Ich glaube nicht, daß mein Vater jemanden umgebracht hat", stieß Luke hervor. „Das ist es doch, was die Leute sich heimlich erzählen, nicht wahr? Sie behaupten, daß Vater jemanden umgebracht hat, weil er meine Mutter zur Frau haben wollte."

James Carter drehte den Kopf und blickte herüber. „Dein Vater hat dir nie etwas gesagt, nicht wahr?"

Luke schüttelte den Kopf. „Nein."

Carter verzog das Gesicht vor Schmerzen. „Okay, Junge, dann halte ich besser auch den Mund."

Am Nachmittag vernahm Luke ein Geräusch, das leise durch den Schnee in die Höhle drang. Er lauschte, aber das Geräusch war nicht mehr zu hören. So glaubte er, einer Sinnestäuschung erlegen zu sein. Er hockte sich auf seinen Schlafsack und lehnte sich gegen den nassen Fels. Er dachte an das, was Carter am Morgen gesagt hatte. Daß irgend etwas mit seiner Mutter nicht gestimmt hatte. Die Gedanken ließen ihn nicht mehr zur Ruhe kommen, und er nahm sich vor, seinen Vater bei der nächstbesten Gelegenheit zu fragen. Es war allerhöchste Zeit, fand Luke, daß er die Wahrheit erfuhr. Er hatte die Elchkuh immerhin mit dem ersten Schuß niedergestreckt. Und Vater hatte ihn auf diese Rettungsexpedition mitgenommen, obwohl Mrs. Fortier dagegen gewesen war. Das bedeutete vielleicht, daß sein Vater bereit war, ihm zu vertrauen. Luke war derart mit seinen Gedanken beschäftigt, daß er das ratternde Dröhnen erst vernahm, als es schon so laut war, daß James Carter aufwachte und fragte, was los sei.

Luke sprang auf. „Der Hubschrauber!" rief er und kroch, so schnell er konnte, aus der Höhle. Tatsächlich tauchte im hellen Grau des Schneegestöbers der Hubschrauber auf. Er flog den Hügelkamm entlang, etwa zwanzig Meter über den Felsen. Das Rattern des Motors erfüllte die Luft. Der Hubschrauber drehte leicht ab und neigte sich dabei zur Seite. Luke konnte hinter der gebogenen Kabinenverglasung schwach die Umrisse zweier Gestalten erkennen.

„Hierher!" rief Luke und schwenkte beide Arme, während er

versuchte, aus der Mulde zu laufen. Er fiel hin und kroch auf allen vieren durch den Schnee, bis zu dem Felsen, wo er den Wolf gesehen hatte. Eilig zog er seinen Parka aus und wirbelte ihn über dem Kopf durch die Luft. „Hierher! Hierher!" schrie er dabei immer wieder, aber das Rattern und Dröhnen des Hubschraubers übertönte ihn. Schon sah es aus, als ob der Hubschrauber mit einem kleinen Aufwärtsschwung davonfliegen wollte, als er plötzlich beidrehte. Das Gesicht von Oberleutnant Edwards erschien dicht am Glas. Der Hubschrauber sank tiefer. Die Seitentür öffnete sich, und Mrs. Fortier winkte herüber.

„Alles in Ordnung, Luke?" rief sie. Er bedeutete ihr durch Kopfnicken, daß er wohlauf war.

Oberleutnant Edwards flog eine verschneite Hügelkuppe an und ließ den Hubschrauber genau darüber in der Luft stehen, bis die Rotorblätter den Schnee ziemlich weggefegt hatten. Dann setzte er auf.

Luke kroch zur Höhle zurück. James Carter blickte aus fiebrigen Augen zu ihm auf.

„Ist dein Vater zurück?" fragte er keuchend.

„Es ist Oberleutnant Edwards, Mr. Carter", frohlockte Luke. „Keine Sorge, jetzt bringen wir Sie nach Cedar Creek."

„Danke, Junge", stieß Carter leise hervor. Luke langte nach den Schneeschuhen, die neben dem Eingang zur Höhle im Schnee steckten, und zog sie hastig an. Dann stapfte er zu dem Hubschrauber hinüber, wo Oberleutnant Edwards Jennifers Mutter heraushalf.

„Luke!" rief Ann Fortier, als sie ihn herankommen sah. „Gott sei Dank, daß wir euch gefunden haben! Wo ist dein Vater?"

Luke blieb stehen und schluckte. „Ich dachte, er hat Ihnen gesagt, wo Sie uns finden können . . ." Sie hatten seinen Vater in der Hütte am Tasekosee also nicht angetroffen. Luke senkte den Kopf.

„Wir sind kreuz und quer über dieses Gebiet geflogen. Ich dachte, daß euch die Felsen hier Schutz bieten könnten, und da sah ich die Spuren, die zum Wald hinüberführen. Wo ist dein Vater, Luke?"

„Er ist Mr. Bent nachgegangen", stieß er stockend hervor. „Er wollte vor dem Dunkelwerden die Hütte am Tasekosee erreichen."

Oberleutnant Edwards und Mrs. Fortier wechselten kurz einen Blick. Edwards kam auf seinen Schneeschuhen herüber und legte einen Arm um Lukes Schultern. „Luke", sagte er sanft. „Es stieg kein Rauch aus dem Schornstein der Hütte. Deshalb bin ich nicht gelandet. Es kann gut sein, daß sie irgendwo in der Nähe waren. Vielleicht haben sie es inzwischen geschafft. Wir fliegen gleich zur Hütte."

„Mr. Carter braucht einen Arzt“, sagte Luke heiser. Seine Kehle war vor Angst wie zugeschnürt. „Er hat Fieber und schlimme Schmerzen. Deshalb ist Mr. Bent allein weitergegangen. Vater wollte ihm nachgehen, damit er sich nicht verirrt.“

Oberleutnant Edwards nahm seinen Arm von Lukes Schultern. „Gut, Luke, kümmern wir uns um Carter, und dann suchen wir nach deinem Vater, bis wir ihn finden. Und wenn er den Sturm überlebt hat, dann finde ich ihn. Darauf kannst du dich verlassen.“

Luke verbiß sich die Tränen und ging zurück zu der Schneehöhle. Unten saß James Carter aufrecht in seinem Schlafsack. Sein Gesicht war leichenblaß, aber seine Augen leuchteten auf vor Freude, als er Oberleutnant Edwards erkannte.

Halb schleifte er ihn, halb trug er ihn. Manchmal brach er unter der schweren Last zusammen. Und dann kamen die Wölfe.

Irgendwo hatte Tom den Rucksack zurückgelassen. Dann das Gewehr. Vielleicht hätte er das Gewehr doch behalten sollen. Er hätte sich damit zur Wehr setzen können. Er hätte einen von ihnen töten können oder auch zwei. Die anderen hätten dann aufgegeben. Aber jetzt wurden sie immer frecher. Sie kamen ihm oft so nahe, daß sie nach den Füßen von George Bent schnappten, den er durch den Schnee schleifte. Und wenn er vor Erschöpfung nicht mehr weiterkonnte, umkreisten sie ihn. Ihre Kreise wurden immer enger, und wenn er nicht aufpaßte, versuchten sie, ihn zu beißen.

Es waren nicht einmal mehr sieben Kilometer bis zum Tasekosee, aber Tom erschienen sie endlos. Oft wollte er aufgeben. Einfach liegenbleiben. Bent hätte vom Sterben kaum etwas gemerkt. Er war die meiste Zeit ohnmächtig.

Tom wußte nicht, wie lange Bent im Schnee begraben gewesen war. Er hatte zuerst nur einen Handschuh gefunden. Dann die rote Mütze, die Bent unter der Kapuze seines Parkas getragen hatte. Schließlich, es war gegen Mittag, stieß er auf Bent selbst, knapp einen Meter unter der Schneeoberfläche, steif wie ein Brett, schon beinahe erfroren.

Wenig später hörte Tom den Hubschrauber. Er nahm seine Leuchtpistole aus dem Futteral und schoß einen roten Lichtball in das Schneegestöber hinaus. Der Leuchtball verglühte, und niemand sah ihn, nicht einmal er selbst. Und das Rattern des Hubschraubers wurde leiser, bis es schließlich erstarb.

Tom glaubte, es später noch einmal zu hören. Weit entfernt. Das war, als er den Uferwald am Tasekosee erreichte. Dort ließ er George liegen und grub im Schnee herum, bis er einen dicken abgebrochenen Ast fand, der ihm als Knüppel dienen konnte. Damit drang er auf die Wölfe ein, die über Bent herfallen wollten, und er traf einen von ihnen so hart ins Kreuz, daß er Knochen brechen hörte.

Jetzt ließen die Wölfe von ihm ab, und er schleifte Bent weiter durch den Wald. Irgendwo in der Nähe mußte sich die alte Trapperhütte befinden. Tom entschied sich, nordwärts zu gehen, und schließlich gelangte er an eine Halbinsel, die weit in die glatte, blendendweiße Schneedecke hinausragte, die über dem zugefrorenen Tasekosee lag. Unberührt, so schien es erst. Aber als sich Tom keuchend aufrichtete, erkannte er eine halbverwischte Linie, die sich von der Uferböschung in den See hinauszog. Er lehnte den bewußtlosen Bent gegen einen Baumstamm und kroch am Ufer entlang bis zu der Stelle am Waldrand, wo die Spur begann. Dort kniete er nieder. Ungläubig blickte er die leicht verschneite Fährte entlang, die über die Uferböschung hinunterführte und weit draußen im glatten Weiß verschwand. Es war die Fährte des Grislys. Tom erkannte sie an den Abdrücken der mächtigen Pratzen.

Die Wölfe stoben in alle Richtungen auseinander, als Oberleutnant Edwards den Hubschrauber so tief über den Tasekosee flog, daß die Kufen beinahe den Schnee berührten. Er zog den Hubschrauber wieder hoch, und Ann Fortier hielt den Atem an. Erst als Edwards in eine weite Kurve ging, tauchte zur Rechten eine lange, dünn bewaldete Landzunge auf.

„Dort drüben befindet sich die Trapperhütte", erklärte Edwards und deutete mit dem Daumen hinüber.

Aber Luke hatte unterdessen etwas anderes entdeckt. Nahe am Ufer des Sees, dort, wo einige kahle Espen schräg auf der Böschung standen, lag ein Tier, das sich nicht bewegte. Luke ergriff das Fernglas und traute seinen Augen nicht. Das war kein Tier dort unten. Das war George Bent, der halb aufgerichtet an einem Baum lehnte.

„Mr. Bent ist dort unten!" rief Luke. „Bei den Espen."

Jetzt entdeckte ihn auch Edwards. „Dort drüben ist eine Spur, Luke", rief er. „Sie führt auf den See hinaus." Luke blickte in die angegebene Richtung. Schwach konnte er die Fährte sehen. Keine Menschenfährte. Dazu war sie zu breit.

„Tom!" rief Mrs. Fortier. „Dort ist dein Vater, Luke! Dort unten! Und er lebt." Luke entriß ihr beinahe das Glas. Sein Vater stapfte langsam durch den tiefen Schnee das Ufer entlang, und jetzt hob er den Kopf und die Hände. Er winkte und verlor dabei beinahe das

Gleichgewicht. Luke sah, wie sich sein Gesicht zu einem breiten Lachen verzog, während er wie ein Betrunkener schwankte. Luke kamen vor Freude die Tränen. Er konnte es kaum erwarten, bis der Hubschrauber auf der Eisdecke landete, sprang als erster hinaus und rannte in einer Wolke von Schnee zum Ufer hinüber. Sein Vater stützte sich keuchend auf ihn, als Ann Fortier herüberkam und Oberleutnant Edwards.

„Was ist mit Carter?“ fragte Tom mit krächzender Stimme.

„Er liegt im Hubschrauber und braucht dringend einen Arzt, Tom“, erklärte Mrs. Fortier. Sie blickte ihn besorgt an. Tom Prestridge löste sich von Luke und deutete das Ufer entlang. „George ist halb tot“, keuchte er. „Ich habe ihn im Sturm verloren. Heute morgen fand ich ihn unter dem Schnee. Ich würde ihn nach Williams Lake fliegen, Vince.“

„Das war ohnehin meine Absicht. Komm, Luke, wir tragen Mr. Bent zum Hubschrauber. Ehrlich gesagt, Tom, ich habe nicht mehr damit gerechnet, euch lebend anzutreffen.“

Luke folgte dem Oberleutnant zu der Stelle, wo George Bent am Baum lehnte. Sie hoben ihn vorsichtig hoch und trugen ihn zum Hubschrauber. Er erwachte nicht aus seiner Ohnmacht. Mrs. Fortier umhüllte ihn mit Decken. James Carter konnte es nicht fassen, daß Bent noch lebte.

Edwards beugte sich aus dem Hubschrauber und streckte Tom die Hand entgegen. „Steig ein, Tom“, forderte er ihn auf.

Dieser blickte den Oberleutnant schweigend an, dann öffnete er den Mund. „Hast du die Fährte des Grislys gesehen, die auf den See hinausführt, Vince?“ fragte er.

Edwards kniff die Augen leicht zusammen. „Tom, wir verlieren zuviel Zeit, komm!“

„Ich bleibe hier, Vince. Hast du Proviant mitgebracht?“

Luke, der schon eingestiegen war, hörte die Worte seines Vaters. Er blickte kurz Mrs. Fortier an, und diese schüttelte fassungslos den Kopf. „Du bist verrückt, Tom Prestridge!“ rief sie und drängte sich an Luke vorbei zum Eingang. „Du brauchst selbst Hilfe. Es hat keinen Sinn mehr, hinter dem Bären herzulaufen! Entweder verendet er in den Bergen, oder er verkriecht sich irgendwo für den Rest des Winters.“

„Er ist verletzt und hat Schmerzen“, sagte Tom ruhig. „Außerdem ist er hungrig. Frag Vince, was passiert, wenn er ahnungslosen Menschen begegnet. Dort drüben, auf der anderen Seite des Sees, ist ein Dorf.“

„Das Dorf der Chilcotin-Indianer. Ich weiß. Die Leute sehen ihn vielleicht und erlegen ihn."

„Sie schießen keinen Bären. Ein Bär ist für sie tabu. Sie halten ihn für einen Schutzgeist. Ich bleibe einen Tag in der Hütte. Dann bin ich ausgeruht. Außerdem wird das Wetter vielleicht besser. Alles, was ich brauche, ist Proviant, ein Gewehr und Schneeschuhe. Luke, reich mir dein Gewehr heraus!"

Luke ergriff sein Gewehr und den großen Rucksack, der seinem Vater gehörte. Mrs. Fortier wollte ihn zurückhalten, aber er drängte sich an ihr vorbei. Er warf den Rucksack hinunter und sprang hinterher. „Versuch lieber nicht, mich wegzuschicken", sagte er zu seinem Vater, nachdem er sich aufgerichtet hatte und den Rucksack an einem Schulterriemen aus dem Schnee zog.

Edwards schüttelte ärgerlich den Kopf. „Ich kann euch nicht daran hindern hierzubleiben", stieß er grimmig hervor. „Tom, man hat die letzten Beobachtungsposten vom Slocan abgezogen, weil der Vulkan jeden Moment ausbrechen kann. Sobald das Wetter es zuläßt, wird man versuchen, die Chilcotin-Indianer zu evakuieren und Cedar Creek zu räumen. Überlaß den Grisly Dogrib-Joe. Der wird ohnehin inzwischen Jagd auf ihn machen. Tom, je näher du den Bergen kommst, desto gefährlicher wird es für dich."

„Ich weiß."

Vince Edwards sah ein, daß er Tom Prestridge nicht umstimmen konnte. „Ich habe Proviant mitgebracht", sagte er. „Das Zeug werfe ich bei der Hütte ab. Wenn das Wetter es zuläßt, fliege ich jeden Mittag Punkt zwölf über die Hütte hinweg, Tom. Es könnte allerdings sein, daß ich den Befehl kriege, außer Reichweite des Slocan zu bleiben. Dann bist du auf dich allein gestellt." Er reichte Tom Prestridge ein Gewehr. „Paß auf dich und deinen Jungen auf, Tom!"

Edwards warf Lukes Schneeschuhe hinaus, bevor er die Tür zumachte und verriegelte. Tom und Luke brachten sich am Ufer in Sicherheit und schauten zu, wie die Rotorblätter anfingen sich zu drehen und der Motor aufheulte. Schnee wirbelte hoch und hüllte den Hubschrauber ein. Erst als er schon hoch über dem See schwebte, konnten sie ihn wieder sehen. Luke winkte. Edwards nahm Kurs auf die Hütte, wo er den Proviant abwarf.

Die Hütte hatte einen gemauerten Kamin, und obwohl durch die Ritzen in den Wänden der Wind in den kleinen Raum drang, wurde es schnell warm, nachdem sie ein Feuer entfacht hatten.

Zu zweit hatten sie vorher die beiden Kisten hereingeschleppt, die Oberleutnant Edwards abgeworfen hatte. Sie mußten sie aus dem

Schnee graben, und in einer davon fand Tom zwei Feldflaschen aus Blech, die Whisky enthielten. Draußen wurde es schnell dunkel. Die Wölfe heulten.

Auf dem roh gezimmerten Tisch stand eine alte Petroleumlampe. Die Hütte wurde ab und zu von Jägern benutzt, die immer dafür sorgten, daß genug Feuerholz vorhanden war und Petroleum für die Lampe, Kochgeschirr und ein paar Blechbecher.

Die Mäuse hatten Fußbodenbretter und Wände durchgenagt. Selbst die Bettstellen hatten Löcher. An den Dachbalken hingen Drähte, an denen man Kleidungsstücke und Proviantbeutel aufhängen konnte, damit sie über Nacht von den Mäusen verschont blieben.

Die Hütte hatte nur ein kleines Fenster zum Seeufer hin. Es war aber innen und außen faustdick mit Eis bedeckt, und obwohl es in der Hütte allmählich wärmer wurde, taute nicht einmal im Innern das Eis.

Nach dem Essen verließ Luke kurz die Hütte. Es schneite nicht mehr, und der Mond schien schwach durch die lichte Wolkendecke. Am Rand der Lichtung sah Luke einen Schatten auftauchen. Es war der dreibeinige Wolf. Im fahlen Mondlicht verharrte er und blickte herüber. Luke konnte seine Augen leuchten sehen.

Er ging in die Hütte zurück. Sein Vater hockte auf einem der Betten und rieb seine Füße mit Whisky ein. Seine Zehen waren weiß. In einigen hatte er kein Gefühl mehr.

Minuten vergingen. Es war für sie beide noch nie einfach gewesen, miteinander zu reden. Tom Prestridge war mit seinen Füßen beschäftigt. Luke hängte den Rucksack auf.

„Könnte gut sein, daß George es nicht schafft", sagte Tom plötzlich, ohne aufzublicken. „Ich habe ihn mindestens fünf Kilometer weit geschleppt. Die Wölfe hofften wohl, daß ich ihn liegenlassen würde."

„Ich habe einen Wolf gesehen, der unter einem Felsen, dicht bei unserer Höhle, die Nacht verbracht hatte", sagte Luke. „Er hat nur drei Beine."

„Ein Außenseiter", meinte Tom und hob den Kopf. „Ist es der, der draußen herumschleicht?"

Luke hatte keine Ahnung, wie sein Vater wissen konnte, daß der dreibeinige Wolf draußen war. Vielleicht hatte er ihn schon gesehen, als sie die Kisten in die Hütte schleiften.

„Ich stand einige Schritte vom Eingang der Höhle entfernt, als er sich plötzlich aus dem Schnee befreite", erzählte Luke. „Der Wolf fürchtete sich. Und ich redete mit ihm. Dann drehte er sich um und trottete davon. Mr. Carter dachte, ich wäre durchgedreht und hätte mit mir selbst geredet. Er hat gesagt, daß das leicht möglich wäre, weil schon bei meiner Mutter etwas nicht gestimmt hätte. Ist das wahr?"

Tom massierte seine Füße so sorgfältig und konzentriert, daß Luke für einen Moment nicht sicher war, ob ihm sein Vater überhaupt zugehört hatte.

Luke erhob sich, ging zum Rucksack und nahm ein Stück Trockenfleisch heraus. Er öffnete die Tür und verließ die Hütte. Der dreibeinige Wolf stand am Waldrand. Luke kauerte sich nieder und streckte die Hand mit dem Fleischstück aus. „Wie kommt es, daß du mich gefunden hast, obwohl ich keine Fährte hinterlassen habe?" fragte Luke halblaut.

Der Wolf rührte sich nicht.

Irgendwie hatte Luke ein merkwürdiges Gefühl in der Magengegend. Der Wolf war ein außergewöhnlicher Wolf. Er war nicht nur ein Außenseiter, er schien sogar die Nähe der Menschen zu suchen. Oder seine Nähe?

„Mein Vater weiß auch, daß du da bist", sagte Luke. „Woher kommst du?"

Der Wolf bewegte sich nicht. Er schien eher darauf zu warten, daß Luke sich erheben und zu ihm kommen würde. Als Luke jedoch aufstand, trottete er am Waldrand entlang davon. Luke ging zurück und legte das Fleischstück auf einen Baumstumpf, der neben der Hüttentür aus dem Schnee ragte. Dann betrat er die Hütte. Sein Vater lag mit geschlossenen Augen im Schlafsack. Die Petroleumlampe auf dem Tisch war ausgegangen. Luke begann, sein Lager zurechtzumachen.

Als Luke sich hingelegt hatte, lauschte er nach draußen. Ganz leise vernahm er ein kratzendes Geräusch an der Tür. Der Wolf war da. Luke spürte seine Nähe.

„Der Wolf ist vor der Tür, Luke", sagte sein Vater mit einemmal.

Luke gab keine Antwort. Das Feuer knisterte. Es war warm in der Hütte. Da durchbrach Tom plötzlich das Schweigen.

„Weißt du, Luke, wir kamen damals alle zusammen in dieses Land", begann er zu erzählen, „deine Mutter, Joe und ich. Und Chuck. Wir waren die ersten hier. Da gab es noch keine Straße. Es war lange, bevor die nächsten kamen und anfingen Holz zu hauen. Chuck Henson war der älteste von uns, fast zehn Jahre älter als Joe. Deine Mutter war damals noch sehr jung. Gerade erst sechzehn." Tom hielt einen Moment inne, und Luke schwieg voller Spannung. Er konnte es kaum erwarten, daß sein Vater mit dem Erzählen fortfuhr.

„Joe und ich, wir wollten eigentlich zur See fahren. Wir trampten westwärts nach Vancouver und mußten dabei aufpassen, daß uns die

Zugleute nicht erwischten. Manche ließen uns mitfahren. Manche jagten uns davon. Unterwegs trafen wir Chuck Henson und blieben eine Weile in der Nähe von Winnipeg. Chuck fand nirgendwo Arbeit, weil er es im Kreuz hatte, aber Joe und ich kriegten einen Job auf einer Farm, Feldarbeit. Nach dem ersten Monat, als wir den Lohn wollten, schickte der Farmer seine Frau, um uns zu sagen, daß er knapp an Bargeld sei und wir uns noch einen Monat gedulden sollten. Wir arbeiteten noch einen Monat für ihn, aber als es dann ans Bezahlen ging, wollte sich der Farmer erneut drücken. Da prügelte Joe ihn windelweich, drang in das Haus ein und nahm eine Kassette mit, die Geld enthielt. Wir erwischten den nächsten Zug. In Brandon, der nächsten Stadt, wartete schon die Polizei auf uns. Wir wurden alle drei verhaftet, und man brachte uns nach Winnipeg zurück. Da nichts gegen Chuck vorlag, ließ man ihn frei. Joe wurde zu drei Monaten Haft verurteilt und ich zu einem Monat, weil ich mich bei der Verhaftung widersetzt hatte. Ich hatte einem der Polizisten mit einem Fausthieb zwei Zähne ausgeschlagen."

Wieder hielt Tom inne, und einige Minuten verstrichen. Dann fuhr er fort: „Deine Mutter war ein hübsches Mädchen, Luke. Als ich sie das erstemal sah, dachte ich, daß sie das schönste Mädchen auf der Welt sei. Und Joe dachte dasselbe. Es kam der Tag, als unser Zug in Vancouver einlief, wohin wir Chuck nach Joes Entlassung nachgereist waren. Ich werde diesen Tag nie vergessen. Chuck kam auf den Bahnsteig und hielt das Mädchen an der Hand, als wäre es seine Tochter. Das Mädchen hüpfte neben ihm her, und seine Zöpfe tanzten bei jedem Sprung über seinen schmalen Schultern. Sie trug ein weißes Kleid und weiße Kniestrümpfe, die ihr auf die Knöchel heruntergerutscht waren. Und in der einen Hand schwenkte sie die alte Seemannsmütze, die Chuck gehörte. ‚Ich wußte gar nicht, daß Chuck hier Verwandte hat', flüsterte Joe, und ich konnte mich auch nicht erinnern, daß Chuck jemals Verwandte erwähnt hätte. Als Chuck mit dem Mädchen vor uns stehenblieb, da grinste er uns an und sagte: ‚Das ist Tony.' Eigentlich heiße sie Antoinette.

Tony war nicht verwandt mit Chuck. Sie hatte keinen Vater und keine Mutter; das Waisenhaus hatte sie an eine Fabrik ausgeliehen, wo sie keinen Lohn erhielt, weil jemand vom Waisenhaus das Geld direkt kassierte und ihr nie etwas davon abgab. Eines Tages ist sie davongelaufen. Sie hatte sich als Junge verkleidet und wollte sich gerade als Matrose anheuern lassen, als sie Chuck kennenlernte. Chuck überredete sie, lieber wieder ein Mädchen zu sein, und war mit ihr in die Stadt gegangen, um ihr ein Kleid und Schuhe und Strümpfe zu kaufen. Weil Tony jetzt bei uns blieb, entschieden wir uns, nicht zur See zu fahren, sondern nordwärts ins Hinterland zu gehen, wo wir uns als Holzfäller oder als Arbeiter in einer der großen Papiermühlen verdingen konnten. Unterwegs, in Williams Lake, trafen wir dann einen alten Trapper, der aus der Gegend des Tasekosees kam, und der erzählte uns von seinem Leben und von der Wildnis, und Chuck sagte, daß er seine ganze Barschaft darum geben würde, ebenfalls ein Trapper zu sein. Er wollte unbedingt dorthin, wo der Trapper herkam. Der Trapper wollte sowieso seine ganze Ausrüstung verkaufen, und da kratzten wir alles Geld zusammen, das wir hatten. Wir erhielten dafür achtundzwanzig Schlageisen mit Ketten, eine Landkarte, die der alte Trapper selbst gezeichnet hatte, und einen Sack voll guter Ratschläge. Ich wollte eigentlich weiter nach Prince George, aber Joe entschied sich, bei Chuck zu bleiben. Und Chuck meinte, daß es vielleicht ganz gut wäre, wenn ich allein weiterginge, weil ich sowieso dabei wäre, dem Mädchen den Kopf zu verdrehen. Da sagte ich okay, nahm meinen Rucksack und ging hinunter zum Bahnhof. Ich versteckte mich in einem Güterwagen und gelangte unentdeckt nach Prince George. Dort blieb ich den Sommer und den Winter hindurch und arbeitete in der großen Papiermühle.

Aber Tony ging mir nicht aus dem Sinn, und als der Frühling kam, fuhr ich zurück, und man sagte mir in Williams Lake, daß da draußen in der Nähe des Tasekosees drei Verrückte überwintert hätten und daß es ein Wunder wäre, wenn sie noch am Leben wären, weil ihnen im Herbst niemand auf Kredit Proviant verkaufen wollte. Mit dem Geld, das ich mir vom Lohn gespart hatte, kaufte ich ein Maultier mit Packsattel, Lebensmittel, ein paar Flaschen Whisky und das schönste Kleid, das es in Williams Lake gab. Dann machte ich mich auf den Weg zum Tasekosee, und als ich dort ankam, fand ich die Hütte und Tony. Joe und Chuck waren nicht da. Sie waren mit der Winterbeute unterwegs nach Prince George, da sie mit den Händlern in Williams Lake keine Geschäfte mehr machen wollten. Tony erzählte mir, wie sie den Winter verbracht hatten. Sie hatten Mäuse gegessen und Eichhörnchen und alles, was sie erwischen konnten. Die Fallen blieben meistens leer, weil Chuck und Joe mit Fallenstellen keine Erfahrung hatten. Die Wölfe und die Füchse waren schlauer als sie. Trotzdem hatten sie ein paar gute Felle, die sie nach Prince George bringen wollten. Sie waren zu Fuß nach Williams Lake aufgebrochen, von dort wollten sie mit dem Zug weiter. Wir warteten eine Woche auf ihre Rückkehr. Zwei. Es wurde noch einmal kalt. Es schneite. Chuck und Joe kamen nicht zurück. Für deine Mutter und mich war es eine gute Zeit. Wir hatten genug zu essen. Das Kleid, das ich ihr mitgebracht hatte, war ihr zu klein. Erst damals sah ich, wie schön sie wirklich war.

Und dann kam ein Tag, an dem die Sonne warm schien und wir durch den Wald liefen, hinunter zu der Niederung, wo jetzt die Sägemühle steht. Und dort, im frischen Gras, legten wir uns hin und blickten zu den Wolken auf, die hoch am Himmel über die Berge hinwegzogen."

Tom brach ab. Luke hörte, wie er sich auf seinem Lager bewegte. „Luke", sagte er leise, und sein Sohn hielt den Atem an. „Luke, das war der Tag, an dem dein Leben begann."

Luke merkte, wie ihm heiß wurde. Er legte die Hände vor das Gesicht und schloß die Augen. So konnte er seine Mutter sehen, das Bild, das so lange auf der Kommode gestanden hatte; ein schmales hübsches Gesicht mit dunklen Augen, die wie seine eigenen waren.

„Als Joe zurückkehrte, gab es Streit", fuhr Tom fort. „Chuck hielt Joe davon ab, mich zu töten, Joe verlor für einige Zeit den Verstand, und als er wieder bei Sinnen war, nahm er sein Gewehr und verschwand. Wir wußten nicht, wohin er ging. Wir hörten lange nichts von ihm. Ein Jahr verging. Eines Tages erfuhren wir von einem Chilcotin-Jäger, daß ein weißer Mann in den Bergen lebte, den sie Dogrib nannten. Die Indianer wichen ihm aus, weil sie ihn für einen Freund der Erdgeister hielten. Wir vermuteten natürlich gleich, daß es sich bei dem Mann nur um Joe handeln konnte. Chuck machte sich sofort auf den Weg zum Geistersee. Als Joe ihn sah, schoß er mit dem Gewehr auf ihn, und Chuck zog es vor, die Gegend schleunigst zu verlassen. Im darauffolgenden Sommer brachte deine Mutter ein Mädchen zur Welt, das kurz nach der Geburt starb. Für deine Mutter war das ein furchtbares Unglück. Irgend etwas geschah damals mit ihr. Sie redete nicht mehr. Sie aß kaum noch. Sie wurde mager und krank, und in dieser Zeit kam Joe zum erstenmal aus den Bergen. Er verließ das Land und ging, das erfuhr ich erst später, ins Yukon-Territorium. Als er zurückkam, brachte er Jim und Bill mit. Aber das ist eine andere Geschichte, Luke. Ich erzähl sie dir später. Nachdem Joe zurückgekehrt war, tauchte er eines Tages plötzlich in der Nähe von unserem Blockhaus auf. Und dann verschwand deine Mutter. Wir suchten den ganzen Tag und die Nacht nach ihr, und am nächsten Morgen fanden wir sie auf dem alten Indianerpfad, der nach Williams Lake führte. Als sie uns sah, lief sie davon, bis sie so erschöpft war, daß sie hinfiel. Wir brachten sie zurück zur Hütte, aber sie war nicht mehr sie selbst. Ich wollte sie nach Williams Lake zu einem Arzt bringen.

Unterwegs lauerte uns Joe auf. Er hielt mir sein Gewehr unter die Nase und drohte mir, mich zu töten, falls Tony etwas passierte."

Luke lag stocksteif im Bett. Als sein Vater schwieg, hörte er sein eigenes Herz schlagen.

„Der Arzt in Williams Lake konnte nicht helfen, deshalb nahm ich deine Mutter wieder zurück in unser Blockhaus. Aber es war unmöglich, sie Tag und Nacht zu bewachen, Luke", vernahm er seinen Vater wieder. „Chuck versprach mir, sie nicht aus den Augen zu lassen, solange ich die Fallenstrecke abging. Aber eines Tages im Winter ging sie weg, ohne daß Chuck es merkte. Ich kam am Abend nach Hause, und wir suchten die ganze Nacht hindurch nach ihr. Am nächsten Tag trug ich dich auf den Schultern durch den Wald, kreuz und quer. Es hat dir viel Spaß gemacht, Luke. Du hast nicht gewußt, daß wir durch die Wälder hetzten, weil deine Mutter weggelaufen war."

Luke fröstelte. „Wir haben sie nicht gefunden, nicht wahr?" fragte er stockend.

Sein Vater nickte. „Ja, Luke, wir haben sie nicht gefunden. Ich ging bis zum Tasekosee. Ich wollte zum Geistersee weiter, durch das Tal der Toten. Ich wollte Joe in die Augen sehen und nach deiner Mutter fragen. Ich dachte, daß er etwas mit ihrem Verschwinden zu tun haben könnte. Der Tasekosee war zugefroren. Ich traf Joe am anderen Ufer im Dorf der Chilcotin-Indianer. Er mußte auf mich gewartet haben. Er sagte mir, daß er mich töten würde, wenn ich zum Geistersee käme. Da fiel ich über ihn her, und ich versuchte, ihn zu töten, aber er war stark, und er hatte Freunde bei sich. Sie entrissen mir das Gewehr, und dann jagten sie mich davon."

„Und Mutter?"

„Wir haben sie nie mehr gesehen. Keine Spur von ihr gefunden. Sie muß wohl bei der Kälte ums Leben gekommen sein, Luke. Es steht fest, daß sie nie im Dorf der Chilcotin war. Die Indianer hätten darüber geredet. Sie ist auch nie in Williams Lake aufgetaucht und nirgendwo sonst. Chuck und ich, wir haben überall nach ihr gefragt, und wir haben Vermißtenanzeigen aufgegeben. Auch die Schutzpolizei hat wochenlang nach ihr gesucht."

„Trotzdem weißt du nicht sicher, daß sie tot ist?" fragte Luke leise.

„Nein. Aber jede andere Möglichkeit ist ausgeschlossen."

Lukes Augen füllten sich mit Tränen. „Warum hast du mir das nie erzählt", stieß er mit erstickter Stimme hervor.

Tom lächelte schwach. „Du hast mich erst heute danach gefragt, Luke. Vor drei Tagen, als wir das Fleisch zu Tal trugen, hast du dich nach dem Bild erkundigt. Aber nicht nach deiner Mutter. Jetzt kennst du die Wahrheit, Luke. Du bist der einzige, der sie kennt. Chuck ist tot. Und Joe hat sich eine Lüge eingeredet. Viel Zeit ist vergangen, Luke, und Joes Wunden waren vielleicht vernarbt, bis der Grisly Jim tötete. Jetzt ist alles wieder so wie früher."

„Bist du deswegen nicht mit dem Hubschrauber nach Williams Lake geflogen?"

Tom blickte auf. „Es ist mein Grisly, Luke. Ich bin für ihn verantwortlich. Vielleicht habe ich die ganze Zeit nach einer Ausrede gesucht, um Joe noch einmal hier oben in den Bergen zu treffen. Jetzt habe ich eine Fährte, der ich folgen kann. Ich weiß, daß im Leben alles seinen Sinn hat, Luke. Nichts ist Zufall. So kann es auch kein Zufall sein, daß wir Joe und seinen Söhnen ausgerechnet an dem Tag begegneten, als du deinen ersten Elch erlegt hast. Und es ist kein Zufall, daß ich den Grisly anschoß, daß er Jim tötete und dann in die Berge floh. Das ist meine Fährte, Luke. Niemand und nichts wird mich daran hindern, ihr bis ans Ende zu folgen, was immer mich dort erwarten mag."

Luke schloß die brennenden Augen. Sein Vater stand auf, um noch einmal Holz aufs Feuer zu legen, bevor er wieder in seinen Schlafsack schlüpfte. Luke schlief irgendwann ein.

Am nächsten Morgen, als er erwachte, ging er leise zur Tür und öffnete sie einen Spalt. Der Tag graute. Es schneite leicht. Der dreibeinige Wolf war nirgendwo zu sehen. Luke machte die Tür zu, ging zum Kamin und stocherte mit einem Stock in der Asche herum, bis er auf ein Glutnest stieß. Vorsichtig legte er Holzspäne darüber und blies sachte hinein. Nach einer Weile züngelten Flammen hoch. Sein Vater erwachte. Er setzte sich auf und streckte sich gähnend. „Was macht dein Wolf, Luke?" fragte er.

Luke erhob sich. „Ich habe ihn draußen nicht gesehen", sagte er. „Vielleicht ist er weggegangen."

„Das glaube ich nicht", erwiderte Tom.

Der Zorn der Erdgeister

An diesem Morgen hatte sich dünner Eisnebel über dem See ausgebreitet. Es fielen kaum Schneeflocken, und es war windstill.

Luke und sein Vater waren am frühen Morgen aufgebrochen. Ihre Rucksäcke waren prall gefüllt, ihre Kleider trocken.

Luke ging vorne. Nie zuvor hatte ihn sein Vater vorangehen lassen, aber an diesem Morgen, als sie dabei waren, die Schneeschuhe anzuschnallen, sagte er: „Luke, du gehst voran." Mehr nicht.

Luke folgte der Fährte des Grislys, die nur noch schwach zu erkennen war. Sie mochten etwa zwei Stunden über den See marschiert sein, als sie den dreibeinigen Wolf sahen, der hinter ihnen in ihrer Fährte ging. Sie hatten angehalten, und als Luke sich umblickte, tauchte der Wolf im Eisnebel auf, blieb aber sofort stehen.

„Das ist er", sagte Luke. „Er folgt uns."

Der Wolf stand still, und Tom beobachtete ihn eine Weile. „Ich habe ihn nie zuvor in dieser Gegend gesehen. Da von unserem Dorf niemand Fallen ausgelegt hat, muß es ihn hier oben erwischt haben. Vielleicht ist er in eine Falle der Chilcotin geraten."

„Sieht aus, als ob er sich in unserer Nähe sicher fühlt." Luke hob die Schultern. „Manchmal scheint es sogar, als wollte er mir etwas sagen." Sein Vater blickte ihn forschend an. Luke grinste. „Keine Angst, ich bin nicht verrückt. Vielleicht weiß der Wolf etwas, was er mir sagen möchte. Er könnte aus dem Tal der Toten kommen. Vielleicht ist er einer der Schutzgeister."

„Er ist ein Wolf, Luke."

„Manchmal ist er ein Wolf", entgegnete Luke. „Manchmal ist er ein Geist." Er nahm sein Gewehr von der Schulter und legte an. Der Wolf drehte sofort um und lief davon. Innerhalb von Sekunden war er im Eisnebel verschwunden, und Luke hängte sich das Gewehr wieder über die Schulter. „Jetzt ist er ein Geist", sagte er ruhig.

Tom nickte. „Möglicherweise hast du recht, Luke", meinte er. „Nicht alles ist so, wie es zu sein scheint."

Sie gingen weiter. Die Luft auf dem See war so kalt, daß das Atmen schmerzte. Trotzdem kamen sie gut voran. Am Mittag machten sie halt. Luke blickte sich nach dem Wolf um. Er tauchte nicht mehr auf.

Tom packte den Gaskocher aus und bereitete eine Suppe, in die er ein Stück Fleisch hineinlegte. Sie aßen schweigend. Für die Rast nahmen sie sich etwa eine Stunde Zeit, dann machten sie sich wieder auf den Weg. Es begann stärker zu schneien. Lukes Vater sagte, daß sie am Abend das andere Ufer erreichen würden.

Luke merkte, wie er allmählich müde wurde. Seine Glieder erschienen ihm immer ungelenker, der Rucksack schwerer. Sie legten öfter als am Morgen Marschpausen ein, um neue Kräfte zu schöpfen.

Am Spätnachmittag kam Wind auf, und der Schnee fiel dichter. Heftige Böen trieben Eiswolken über den See. In einiger Entfernung glaubte Luke ein paar Gestalten zu erkennen, die über der verschneiten Eisdecke zu schweben schienen. Sie kamen genau auf ihn zu. „Da . . .“, stieß er hervor.

„Chilcotin-Indianer“, sagte Tom. „Ich glaube, Nathoka ist unter ihnen, einer vom Rat des Dorfes. Er hat im Sägewerk gearbeitet.“

„Was wollen sie von uns?“

„Keine Ahnung. Vielleicht sind sie auf der Jagd.“

Die Gestalten waren bald so nahe herangekommen, daß Luke sie nun auseinanderhalten konnte. Es waren tatsächlich neun Chilcotin-Indianer. Zwei von ihnen trugen dicke Fellkleider, die anderen waren wie Weiße gekleidet, mit gefütterten Gummistiefeln, Parkas und Mützen, die Ohrenklappen hatten. Sie hatten Gewehre bei sich.

Sie blieben in einiger Entfernung von Luke und Tom stehen. Einer der beiden, die in Felle gekleidet waren, hob die Hand.

Tom trat neben Luke und hob ebenfalls die Hand.

„Sei gegrüßt, Nathoka, du alter Schurke“, sagte Tom.

„Ich grüße dich, Tom Prestridge, du krummer Hund“, erwiderte der Mann, der die Hand erhoben hatte. Luke konnte jetzt deutlich erkennen, daß er nur ein Auge hatte. Die linke Augenhöhle war leer und mit schrumpelig vernarbter Haut überzogen. „Der Junge, den du bei dir hast, muß dein Sohn sein.“

„Es ist Luke, mein Sohn. Wir sind auf der Jagd.“

„Ich weiß, Tom Prestridge. Die Leute vom Dorf schicken uns. Wir sollen dich warnen. Wir sollen dir raten, dorthin zurückzugehen, wo du mit deinem Sohn hergekommen bist.“

Tom lächelte. „Und ich hielt euch für ein Empfangskomitee. Aber es freut mich, dich zu sehen, Nathoka.“

„Ich freue mich, daß du wohlauf bist, mein Freund“, erwiderte Nathoka. „Es ist lange her, seit wir uns zum letztenmal gesehen haben.“

„Drei Winter. Damals hat dir der Holzspan das Auge ausgeschlagen. Paß auf dein anderes Auge auf!“

„Ich passe auf. Du weißt, daß ich einer der Wächter bin. Als Wächter und als Mann vom Dorfrat bin ich hier, mein Freund. Die Leute fürchten sich.“

„Wovor?“

„Die Erdgeister sind zornig.“

Tom nickte. „Ja, ich weiß. Habt ihr denn den Grisly gesehen?“

„Wir wissen, daß er da ist, aber wir haben ihn nicht gesehen. Er tötete den alten Kiwan. Gestern abend. Der alte Kiwan war allein auf dem See. Er hat sich ein Loch in das Eis gemacht und ein kleines Zelt darüber aufgeschlagen. Er fischte, als der Grisly kam.“

Luke hatte ein Gefühl, als ob ihm das Blut in den Adern erstarrte. Der Grisly hatte einen zweiten Menschen getötet! Er sah seinen Vater von der Seite an. Dessen Miene wirkte völlig versteinert.

„Der Grisly ist verletzt", erklärte Tom. „Deshalb bin ich hinter ihm her."

„Auch das wissen wir, Dogrib kam zu uns. Er brachte seinen Sohn. Wir haben ihn im Tal der Toten den Geistern überlassen."

„Hat euch Dogrib gesagt, daß wir kommen?"

„Er hat gesagt, daß du kommst. Von deinem Sohn hat er nichts gesagt. Aber auch wenn wir von ihm nichts erfahren hätten, wir hätten trotzdem gewußt, daß du kommst, Tom Prestridge."

„Warum?"

„Hast du schon wieder vergessen, daß die Erdgeister zornig sind? Sie sind zornig, weil du da bist und den Grisly töten willst, der einer von unseren Schutzgeistern ist. Du solltest wissen, daß so etwas Unglück über uns bringt, Tom Prestridge. Wir erwarten von dir, daß du umkehrst, bevor es zu spät ist."

Tom schüttelte den Kopf. „Der Grisly ist kein Schutzgeist. Er hat bereits zwei Menschen getötet, weil er hungrig ist, verletzt und schmerzgeplagt. Außerdem ist er fremd in der Gegend, und deshalb wird er den ganzen Winter hindurch keine Ruhe finden."

„Er weiß, wohin er geht", widersprach der Indianer.

Tom wußte sofort, was Nathoka meinte. Obwohl der Grisly einen alten Mann aus dem Dorf getötet hatte, hielten ihn die Chilcotin für ein übernatürliches Wesen, das zum Tal der Toten unterwegs war, um die dort lebenden Geister der „wahren Menschen" zu bewachen. So nannten sich die Chilcotin selbst. Und nie hätten sie es gewagt, auf den Grisly zu schießen oder ihn davonzujagen. Die alten Bräuche und Traditionen hatten noch immer starken Einfluß auf ihr Dasein. Viele glaubten an Gott und gleichzeitig an die Macht der Tiergeister. Es gab nur eine Macht, gegen die sich niemand zu schützen vermochte, ganz gleich, welchen Tiergeist er sich angeeignet hatte: die Macht der Erdgeister. Diese winzigen Wesen, die angeblich aussahen wie Schrumpelzwerge, wohnten im Innern des Slocan. Sie hatten die Macht, den Himmel und die Erde zu vernichten.

„Wir haben eine Warnung der Erdgeister bekommen", sagte Nathoka mit unbewegtem Gesicht. „Eines Nachts zitterte die Erde, und wir vernahmen ein böses Grollen, das tief aus ihrem Innern kam."

„Es war ein schwaches Erdbeben", versuchte Tom den Indianer zu beruhigen. „Die Wissenschaftler haben es sogar vorausgesagt. Es stand in allen Zeitungen. Weißt du denn nicht, daß man euch von hier wegholen will, Nathoka, bevor der Slocan sich in einen feuerspeienden Vulkan verwandelt?"

„Alles bleibt, wie es ist, wenn du weggegangen bist", gab Nathoka zurück. „Du bist es, der die Erdgeister erzürnt hat."

„Und wenn ich nicht weggehe?"

„Dann mögen die Wissenschaftler recht behalten, Tom Prestridge. Und die Schamanen werden ebenfalls recht behalten, denn die Welt wird zerstört werden im Feuer, das aus ihrem Innern kommt."

„Ich kenne euren Glauben, Nathoka", erwiderte Tom. „Und ich respektiere ihn. Trotzdem werde ich die Jagd nicht abbrechen. Ich werde diesem Grisly nachgehen und versuchen, ihn zu töten. Und niemand wird mich dieses Mal daran hindern können, der Fährte bis ans Ende zu folgen."

„Dann wirst du wahrscheinlich irgendwo in den Bergen sterben, Tom Prestridge. Und dein Sohn, der dich begleitet, wird auch sterben, obwohl er jung und kräftig ist."

Luke merkte, wie sich die Haare in seinem Nacken sträubten. Gleichzeitig hatte er aber auch noch die Worte seines Vaters im Ohr, der dem Indianer mit einem beinahe drohenden Unterton in der Stimme gesagt hatte, daß er sich dieses Mal nicht aufhalten lassen werde. So als ob er schon einmal zu früh aufgegeben hätte.

„Dann gehen wir jetzt, Tom Prestridge." Damit verabschiedete sich Nathoka, drehte sich um und stapfte auf seinen Schneeschuhen davon. Die anderen folgten ihm, und bald waren sie im wirbelnden Schnee verschwunden.

Luke holte tief Luft. „Unheimliche Gesellen sind das", meinte er.

„Früher waren sie sehr gastfreundliche Leute, Luke", erklärte sein Vater. „Ohne ihre Hilfe hätten Chuck und Joe und deine Mutter den ersten Winter hier nicht überlebt."

„Dieser Nathoka, war er damals dabei, als man dich davon abgehalten hat, zum Geistersee zu gehen?"

„Nein, er war nie ein Freund von Dogrib-Joe."

„Bist du sicher, daß meine Mutter damals weglief, weil sie zu Joe gehen wollte?"

„Nein! Aber dort oben war der einzige Ort, wo man sie hätte verstecken können. Im Tal der Toten oder am Geistersee." Tom starrte auf die gleichmäßig fallenden Flocken. „Komm, wir müssen uns beeilen. Es dämmert schon." Er setzte sich in Bewegung, und Luke folgte ihm dichtauf. Endlich kam das Ufer in Sicht.

Sie hatten ein kleines Nylonzelt bei sich, das sie im Windschatten der Uferböschung aufschlugen. Obwohl es längst dunkel war, machte sich Luke auf die Suche nach Brennholz. Der Schneefall hatte nachgelassen. Sein Vater bereitete das Abendessen zu. Luke stapfte durch kahles Unterholz, schlug hier und dort einen Ast von den Büschen und Bäumen, bis er einen Armvoll beisammenhatte. Als er mit dem Holz zum Ufer zurückkehren wollte, vernahm er ein monotones Summen, das leise durch den Wald drang, so als käme es aus weiter Ferne. Es klang, als hätten sich irgendwo viele Leute versammelt, die alle die gleiche Melodie summten. Luke blickte sich um. Nirgendwo war ein Licht zu sehen. Und doch, plötzlich leuchteten in der tiefsten Finsternis des Unterholzes zwei kleine glühende Punkte auf. Die Augen des Wolfes. Luke merkte, wie ihm das Herz stehenbleiben wollte. Ganz schwach löste sich ein Schatten aus der Finsternis, glitt durch den Schnee und verschwand lautlos.

Luke holte tief Luft. Er war sicher, daß es der dreibeinige Wolf gewesen war. Er machte sich eilig auf den Weg zurück zum Seeufer. Erst als er das blaue Licht der kleinen Gasflamme sah und die dunkle Gestalt seines Vaters, der in einem Aluminiumtopf herumrührte, verlangsamte Luke den Schritt.

Sein Vater blickte auf. „Ist alles in Ordnung, Luke?“

„Ich habe den dreibeinigen Wolf gesehen“, berichtete Luke. „Hörst du das Summen?“

„Ja. Das ist der Totengesang der Chilcotin für Kiwan. Der Rabe soll erscheinen und seine Seele wegtragen, bevor sie den Erdgeistern in die Klauen gerät.“

Luke warf das Holz auf einen Platz an der Böschung und machte ein kleines Feuer. Er schrak hoch, als ein langgezogener gellender Schrei die Stille der Nacht zerriß. „Was ..., was war das?“ fragte er mit angehaltenem Atem.

„Dein Wolf hat ein Tier gerissen, Luke. Einen Schneehasen vielleicht.“

Luke schwieg. Es konnte gut sein, daß es ein Hase gewesen war. Manche Tiere schrien wie Menschen, wenn sie starben.

Die Wärme des Feuers drang durch seinen Parka. Der Lichtschein, der die Lagerstelle einhüllte wie eine schützende Kuppel, gab ihm ein Gefühl der Sicherheit.

„Gibt es wirklich Erdgeister?“ fragte er.

Sein Vater blickte herüber. „Wenn du deine inneren Ängste überwinden kannst, Luke, dann gibt es sie nicht mehr“, sagte er. „Denk daran, daß wir der Fährte eines Grislys folgen und keineswegs darauf aus sind, irgendwelche überirdischen Mächte herauszufordern.“

„Und die Warnung Nathokas?“

„Die nehme ich ernst. Aber es werden nicht Geister sein, die uns daran hindern wollen, den Grisly zu erlegen. Ich könnte mir denken, daß Dogrib-Joe inzwischen weiß, wie nahe wir dem Grisly gekommen sind.“

Sie aßen beide aus dem Topf. Ihr Eintopf schmeckte nicht schlecht. Ganz leise hörte Luke wieder das Summen.

„Morgen tragen sie Kiwans Leichnam zum Tal der Toten.“

„Wirst du dem Grisly folgen, wenn seine Fährte ins Tal der Toten führt?“

Tom blickte auf. Er schaute seinen Sohn einen Moment schweigend an. „Was würdest du tun, Luke?“ fragte er schließlich.

Luke hob die Schultern. „Umsonst sind wir nicht hierhergekommen, nicht wahr? Du hast Nathoka gesagt, daß du dich nicht aufhalten lassen wirst. Und ich glaube, er hat es begriffen.“

In dieser Nacht machte der Grisly einen großen Bogen um das Dorf. Die Hunde kläfften, als sie ihn witterten, aber sie hüteten sich, in seine Nähe zu kommen. Der Grisly ging in das Tal hinein, das sich vor ihm auftat. Nicht weit vom Dorf entfernt richtete er sich an einem Baum auf und riß Rindenstücke herunter. Auch hier sollten alle wissen, daß er da war.

Das Tal war ziemlich schmal, und ein Bach floß unter dem Schnee und Eis. Lange noch konnte der Grisly das Gekläff der Hunde hören und die Stimmen der Menschen, die ihm zuwider waren. Je weiter sich der Grisly vom Dorf entfernte, desto stiller wurde es um ihn herum. Und dann, irgendwann in der Nacht, als er anhielt, hörte er nur noch seinen eigenen Atem, den Herzschlag und das Rauschen seines Blutes. Er war müde. Und die Schmerzen in seinem Körper waren stärker geworden.

Der Grisly folgte dem vereisten Bachlauf zwischen großen Bäumen hindurch bis zu einer engen Stelle mit steilen Felshängen zu beiden Seiten und einem völlig vereisten Wasserfall. Dort, wo die Schlucht am schmalsten war, ragten mehrere Pfähle aus dem Boden, an denen die Schädel von Tieren festgemacht waren.

Der Grisly ging zwischen den Pfählen hindurch und fand am Ende der Schlucht einen geschützten Platz, wo er sich den Rest der Nacht ausruhen konnte. Er verkroch sich unter einem vorspringenden Felsgrat, von dem mächtige Eisgebilde hingen, und versuchte zu schlafen. Aber der Schlaf kam nicht. Statt dessen beschlich ihn eine merkwürdige Unruhe. Es schien ihm, als wäre er nicht allein. Er nahm aber nicht den leisesten Geruch von Tieren oder Menschen auf. Und er hörte kein Geräusch.

Als es Tag wurde, erhob sich der Grisly. Er hatte nicht geschlafen. Mit der Pranke hämmerte er gegen das Eis, das von den Felsen hing. Es zersplitterte wie Glas. Brüllend schlug er um sich, tobte im Schnee, wühlte den Boden darunter auf und rannte schließlich blindlings durch die Schlucht, die sich zu einem Tal weitete. Es war ein sinnloser Wutanfall. Es dauerte eine Weile, ehe er sich besser fühlte und in einem kleinen Birkenhain zur Ruhe kam.

Außer Atem, mit brennenden Schmerzen im Leib und vollkommen erschöpft, hockte sich der Grisly am Rande des Wäldchens in den Schnee und blickte in die Nebelwolken hinaus, die die Talhänge entlangkrochen. Die Luft war schneidend kalt.

Der Grisly bemerkte das Blut, das aus seinem Fell in den Schnee sickerte. Während er gewütet hatte, waren die Wunden aufgebrochen und schmerzten nun schlimmer als zuvor. Müde war er, als er schließlich weiterging. Vor ihm tauchten alte knorpelige Bäume auf. Im kahlen, von Wind und Wetter blankgenagten Geäst waren Bretter befestigt, auf denen Tote lagen. Stoffetzen und farbige Bänder hingen herunter und bewegten sich leicht im Wind.

Zwischen den Bäumen, von Schnee beinahe zugedeckt, standen kleine Hütten, die nur aus einem Dach und vielen Stützpfosten bestanden. Der Grisly suchte sich einen Weg zwischen diesen kleinen Hütten hindurch. Er stapfte zum Wald hinüber. Unter den schneebeladenen Ästen einer Tanne legte er sich hin. Er war zu müde, um seine blutenden Wunden zu lecken.

DIE Leute vom Dorf trugen die Leiche des alten Kiwan ins Tal der Toten. Ein langer Zug klagender Menschen folgte den Trägern der Bahre. Der Tote war mit einer alten Segeltuchplane umhüllt. Fast das ganze Dorf befand sich auf dem Weg zum Tal der Toten.

Luke und sein Vater standen regungslos im Wald und ließen die lange Reihe vermummter Gestalten im Nebel vorbeiziehen. Niemand entdeckte sie. Erst als die letzten Chilcotin-Indianer vorbei waren, traten Vater und Sohn aus dem Wald heraus und folgten der tief ausgetretenen Spur.

Während die Chilcotin-Indianer im Tal der Toten die Bahre mit Seilen im Geäst eines verkrüppelten Baumes festmachten, fing es an zu schneien. Nach der Totenzeremonie zogen die Chilcotin im dichten Schneetreiben wieder zurück in ihr Dorf. Vom Waldrand aus beobachteten Tom und Luke allerdings, wie sich drei Männer von den anderen trennten. Einer von ihnen war Nathoka. Die anderen beiden kannte Tom nicht, aber es handelte sich wahrscheinlich ebenfalls um Dorfbewohner. Alle drei hatten ihre Jagdgewehre bei sich und einen Proviantbeutel.

Tom und Luke warteten, bis der Trauerzug nicht mehr zu sehen war. Sie durchquerten das Tal der Toten und stießen am gegenüberliegenden Hang auf die Fährte des Grislys. Sie führte aus einem lichten Birkenwäldchen heraus und in die Berge hinein. Tom folgte der Bärenfährte zurück bis zum Platz, wo der Grisly gewütet hatte. In der Schlucht kauerte er sich nieder und wischte mit der Hand Neuschnee zur Seite. Darunter befand sich an einigen Stellen gefrorenes Blut. Tom machte seinen Sohn darauf aufmerksam. „Während der Bär hier gewütet hat, sind die Wunden wieder aufgebrochen. Er verliert ziemlich viel Blut. Der Grisly ist jetzt schwächer als zuvor."

„Dann könnte es gut sein, daß er noch in der Nähe ist."

„Ja. Er muß sich ausruhen. Und er braucht Futter. In den Bergen findet er keinen Schutz. Es überrascht mich, daß er nicht schon umgekehrt ist."

„Sag mal", begann Luke und blickte zu den Bäumen hinüber, die im Schneegestöber kaum zu erkennen waren, „wenn die Chilcotin-Indianer Mutter irgendwo tot aufgefunden hätten, wäre ihr Leichnam dann hier, im Tal der Toten, bestattet worden?"

Tom sah Luke lange schweigend an. Dann zuckte er die Achseln. „Ich wollte damals hier nach ihr suchen. Die Chilcotin hielten mich davon ab. Ich dachte später oft daran, heimlich herzukommen, aber ich tat es nie."

„Und was war mit Dogrib-Joe?" fragte Luke.

„Luke, deine Mutter war krank, als sie weglief. Ich weiß nicht, ob Joe etwas mit der Sache zu tun hatte. Er trieb sich oft genug in der Nähe unserer Hütte herum, wenn ich nicht da war. Ich dachte erst, daß er deine Mutter weggeholt hat. Deshalb ging ich zu den Chilcotin hinauf, und wenn sie mich gelassen hätten, wäre ich damals durch das Tal der Toten zum Geistersee weitergegangen."

„Und später hast du nie mehr nach ihr gesucht?"

„Nein. Als der Winter vorbei war, packte ich alle unsere Sachen zusammen. Ich hatte mich entschlossen wegzugehen. Wir luden alles auf den alten Ford, den Chuck im Sommer zuvor gekauft hatte. Damit fuhren Chuck und ich durch die Wälder bis nach Williams Lake. Dort verkauften wir unsere Fallen und den größten Teil unserer Ausrüstung. Danach fuhren wir nach Prince George weiter. Ich wollte wieder in der großen Papiermühle arbeiten, und Chuck fragte in der

Brauerei um Arbeit nach. Chuck erhielt sofort eine Anstellung. Bei mir war es etwas schwieriger. Die Papiermühle hatte genug Arbeiter. Eines Tages traf ich in der Stadt einen Mann aus Williams Lake, der extra meinetwegen nach Prince George gekommen war. Er erzählte mir von einem Deutschen, der im Tasekogebiet ein Sägewerk mit einer Reihe von Holzfällerlagern aufbauen wollte, das durch eine neue Straße mit Williams Lake verbunden werden sollte. Der Mann suchte jemand, der sich in der Gegend auskannte. Ich brauchte dringend Arbeit, denn ich mußte ja auch für dich sorgen. Chuck und ich kehrten also entgegen unseren ursprünglichen Absichten hierher zurück. Die Straße wurde gebaut, auch das Sägewerk, und so entstand Cedar Creek. Seither sind mehr als zehn Jahre vergangen, Luke. Ich dachte, zehn Jahre genügten, um vieles zu vergessen, was damals passiert ist. Aber ich habe mir die ganze Zeit selbst etwas vorgemacht."

„Du hast mir nie erzählt, wer Dogrib-Joe wirklich ist", sagte Luke.

„Dogrib-Joe hat früher Joe Prestridge geheißen. Ja, er ist mein Bruder. Als Joe damals entdeckte, daß ich Tony, deine Mutter, liebte, ging er in die Berge und später ins Yukon-Territorium. Dort trat er in den Dienst der Royal Canadian Mounted Police. Er heiratete eine Indianerin des Dogrib-Stammes, die ihm zwei Söhne gebar, Jim und Bill. Als er einmal von einer Patrouille zurückkehrte, war seine Frau tot. Trapper, die an seiner Hütte vorbeigekommen waren, hatten die Frau ermordet und die Vorratskammer ausgeraubt. Joe machte sich sofort auf die Suche nach den beiden Mördern. Er stellte sie ein halbes Jahr später in Whitehorse und tötete sie auf offener Straße. Die Polizei fahndete nach ihm. Überall im Nordwesten hing sein Steckbrief. Joe kam zurück und versteckte sich mit seinen Söhnen wieder am Geistersee."

Luke starrte seinen Vater ungläubig an. War Dogrib-Joe wirklich sein Onkel? Ein Mann, den alle Leute fürchteten und verachteten. Ein Mann, der wie ein Tier lebte – Onkel Joe? Er schüttelte den Kopf. „Wenn er dein Bruder ist, wie kommt es, daß er soviel älter aussieht als du?"

„Er ist zehn Jahre älter als ich, Luke."

„Zehn Jahre? Er scheint fünfzig Jahre älter zu sein."

„Er hatte Gründe, mit dem Schicksal zu hadern. Er war ein guter Polizeibeamter, dort oben im Norden, Luke, und hätte es zu etwas bringen können. Die Leute respektierten ihn. Aber er sann auf Rache und gab dafür alles her. Er tötete die beiden Mörder selbst und wurde dadurch zum Verbrecher."

„Und dann war das mit . . . meiner Mutter passiert."

„Ja. Von dem Moment an fraß der Haß an ihm, und er trachtete nur noch danach, mein Leben zu zerstören ... Komm, es wird Zeit, daß wir dem Grisly den Fangschuß geben."

Während Luke hinter seinem Vater herstapfte, ließ er sich die ganze Geschichte noch einmal durch den Kopf gehen. Zwei Brüder und ein alter Tramp, der eines Tages ein Mädchen traf, das aus einem Waisenhaus weggelaufen war. Als er darüber nachdachte, was aus diesen vier Menschen geworden war, wurde ihm ganz klamm zumute. Er war froh, daß sein Vater sich nach ihm umblickte. Er war froh, in seiner Nähe zu sein.

Mit der Dämmerung und dem Nebel, der grau und feucht an den Hängen herunterkroch, kamen die Wölfe. Wie Schatten glitten sie durch das Zwielicht und waren im nächsten Moment wieder verschwunden.

Wenig später, Tom und Luke waren dabei, das kleine blaue Zelt aufzurichten, hörten sie den Grisly brüllen. Es war das erste Mal seit langer Zeit, und sie hielten inne und lauschten in den Nebel hinaus. Die Wölfe begannen zu kläffen. Es klang bösartig, so als hätten sie sich dazu entschlossen, den Grisly anzugreifen.

„Sie merken, daß er keine Kraft mehr hat", erklärte Tom. Wenig später drang Kampflärm zu ihnen. Irgendwo im Nebel, einige hundert Meter von ihrem Lagerplatz entfernt, kämpfte der Grisly um sein Leben. Sein Brüllen übertönte das Gebell der Wölfe. Dann krachte ein Schuß. Luke, der dabei war, seinen Schlafsack zurechtzumachen, kroch aus dem Zelt. „Dogrib", sagte er und blickte seinen Vater an. Noch einmal peitschten Schüsse auf, und nach einer Weile wurde es still.

In dieser Nacht bebte die Erde. Luke und sein Vater saßen am Feuer vor dem kleinen Zelt, als sie einen heftigen Stoß spürten, der die Bäume erzittern ließ. Schnee fiel von den Ästen auf ihr Zelt nieder. Ein geheimnisvolles Ächzen und Rauschen ging durch den Wald. Irgendwo heulte der dreibeinige Wolf. Luke kannte inzwischen seine Stimme.

Noch einmal, später in der Nacht, erwachte Luke. Sein Vater saß bereits aufrecht in dem kleinen Zelt. Draußen waren Stimmen zu hören. Jemand rief nach Tom Prestridge.

Luke sah, wie sein Vater nach dem Gewehr griff. Dann zog er den Reißverschluß des Zeltes auf. Die Strahlen mehrerer Taschenlampen blendeten Luke. Aus dem gleißenden Licht kam Nathokas Stimme, rauh und drängend.

„Ich habe dich gewarnt, Tom Prestridge. Du wolltest mir nicht glauben, und jetzt ist es für dich und deinen Sohn zu spät umzukehren. Die Erdgeister werden euch töten."

„Macht die Taschenlampen aus", entgegnete Tom scharf. „Ihr blendet mich!"

Nathoka sagte etwas in seiner Sprache, und die Indianer richteten ihre Taschenlampen in den Schnee. Jetzt konnte Luke drei dunkle, dick vermummte Gestalten sehen.

„Dogrib hat gesagt, daß er auf dich und deinen Sohn wartet", stieß Nathoka hervor. „Er hat gesagt, daß der Grisly dich fressen wird und deine Gebeine im Geistersee versinken werden, wenn der Frühling kommt."

„Hast du den Grisly gesehen, Nathoka?"

„Ja."

„Wo ist er?"

„Nicht weit von hier. Einige Wölfe haben versucht, ihn zu töten. Er mußte kämpfen, und als er keine Kraft mehr hatte, schoß Dogrib ein paar Wölfe nieder. Die Wölfe ließen von dem Bären ab. Jetzt liegt der Grisly unten beim See und ruht sich aus. Dogrib wollte ihn töten. Aber dann fiel ihm ein, daß es besser ist, wenn der Bär am Leben bleibt und die Erdgeister beruhigt sind. Er hat begriffen, worum es geht und was passieren wird."

„Und was wird passieren?"

„Dogrib weiß, daß es besser ist, wenn der Grisly am Leben bleibt, damit er dich fressen kann. Er dachte ja schon jahrelang daran, dich zu töten. Jetzt ist es soweit, Tom Prestridge. Und sag nur nicht, daß ich dich nicht gewarnt habe."

„Du hast mich gewarnt, Nathoka."

„Gut. An deiner Stelle würde ich mit uns kommen. Wir gehen in unser Dorf zurück. Wir müssen uns beeilen. Kommst du, oder kommst du nicht?"

„Ich komme nicht."

„Das habe ich mir gedacht. Du bist ein Dickschädel, Tom Prestridge. Ich werde im Frühling zum See kommen und an dich denken." Er sagte etwas zu seinen Begleitern. Sie knipsten die Taschenlampen aus, und ohne ein weiteres Wort zu verlieren, gingen sie alle drei davon.

Tom Prestridge zog den Reißverschluß des Zeltes zu. „Er verläßt sich darauf, daß der Grisly am Leben bleibt", sagte er zu Luke. „Es sieht aber alles danach aus, als ob wir morgen am Ende der Fährte ankommen würden."

Am Ende der Fährte

Als der Tag graute, bebte die Erde erneut. Luke war sofort hellwach und kroch aus dem Schlafsack. Er zog seine pelzgefütterten Stiefel an und verließ das kleine Zelt. Draußen war der Eisnebel so dicht, daß Luke nur wenige Meter weit sehen konnte. Es wehte kein Wind, und es war totenstill.

Luke füllte einen Aluminiumtopf mit Schnee, zündete den kleinen Gaskocher an und bereitete das Frühstück vor. Als sein Vater ebenfalls aus dem Zelt kroch, sah er müde aus. Die Frostbeulen in seinem Gesicht waren etwas abgeschwollen, sahen aber aus wie Blutergüsse. Luke und Tom beeilten sich nicht an diesem Morgen. Fast schien es, als ob Tom den Weitermarsch absichtlich verzögerte.

Nach dem Frühstück brachen sie das Lager ab und machten sich auf den Weg. Es fiel Tom schwer, sich zu orientieren. Um sie herum war nichts als undurchdringlicher Nebel. Manchmal tauchten graue Silhouetten von Bäumen auf. Sonst nichts.

Tom folgte der Bärenfährte. Sie erreichten die Stelle, wo die Wölfe den Grisly angefallen hatten. Der Schnee war zertreten, rot von Blut. An Gestrüppzweigen hingen Haarbüschel aus dem Fell des Grislys. Der zerfetzte Kadaver eines Wolfes lag steif gefroren im Schnee.

Tom hatte Abdrücke von Schneeschuhen entdeckt, wie sie nicht von Chilcotin-Indianern hergestellt wurden. Dies waren Rahmenschneeschuhe, wie sie von Stämmen weiter im Osten und Nordosten angefertigt wurden, von Dogrib-Indianern und von den Naskapi.

Tom zeigte Luke ein paar Messinghülsen. „Von hier aus hat Joe auf die Wölfe geschossen."

„Warum tötete er den Grisly nicht?"

„Dafür gibt es nur einen Grund, Luke. Hier soll nicht das Ende der Fährte sein."

„Wo dann?"

„Auf dem Geistersee. Er hat doch Nathoka gesagt, daß unsere Gebeine im Frühling im See versinken werden."

„Falls der Slocan tatsächlich ausbricht, haben wir die besten Aussichten, in einer Million Jahren als Versteinerung entdeckt zu werden." Luke grinste schief.

„Wir könnten jetzt sofort umkehren, Luke", sagte Tom ernst. „Der Grisly lebt noch, aber die Gefahr, daß er ins Tal zurückkehrt, ist nicht mehr sehr groß."

Luke dachte an den Mann, der auf seinen Vater wartete. Er dachte an seine Mutter. Seit sie die Hütte am Tasekosee verlassen hatten, hoffte er, hier in diesem Tal ein Geheimnis zu entdecken, das alle seine Fragen beantworten würde. Ein Grab vielleicht. Ein Totengerüst. Irgend etwas. Luke schüttelte den Kopf. „Es kann nicht mehr weit sein bis zum Geistersee", erwiderte er mit Nachdruck. „Und ich fürchte mich nicht vor dem Berg und auch nicht vor Dogrib-Joe."

Damit war die Entscheidung gefallen. Sie gingen weiter. Es war elf Uhr, als sie die erste Rast einlegten. Luke fragte seinen Vater, wo ungefähr sich der Slocan befand.

Tom zeigte in den Nebel hinaus, durch den jetzt gleißendes Sonnenlicht sickerte. „Er müßte dort drüben aufragen", erklärte er. „Da unten im Tal ist der Geistersee."

Das Gebrüll des Grislys ertönte plötzlich aus dem milchigen Dunst. Der Bär konnte nicht weit entfernt sein. „Er weiß, daß wir ihn eingeholt haben", sagte Tom. „Ich glaube, jetzt wird er sich dem Kampf stellen." Er ließ den Rucksack von den Schultern gleiten. Luke tat das gleiche. Von hier aus würden sie ohne Rucksäcke gehen, um leichter voranzukommen. Die Rucksäcke hängten sie an einen Baum. Die Taschen ihrer Parkas füllten sie mit Proviant. Tom gab Luke eine Schachtel mit Munition. Dann überprüften sie ihre Gewehre. Der erste Sonnenstrahl brach durch den Nebel. Luke blickte auf, und zu seiner Überraschung entdeckte er direkt vor sich, hoch im gleißenden Licht, die verschneite Kuppe eines Berges. Er deutete mit der Hand auf den Gipfel. „Das muß er sein!" rief er. „Das ist der Slocan."

„Ja, das ist er, Luke", bestätigte Tom ruhig.

Es war ein gewaltiger Anblick, der sich ihnen bot. Windstöße rissen den Nebel weiter auf. Himmel wurde sichtbar, ein Stück gezackter Felsen, hinter denen sich der erloschene Krater befand. Und deutlich konnten sie erkennen, daß Rauchfahnen im Wind von den Felswänden weggetrieben wurden. Unter ihnen erzitterte die Erde. Lukes Rucksack fiel vom Baum. Das Zittern hielt minutenlang an, und das Rumpeln, das aus dem Erdinnern drang, klang bedrohlich.

Tom pfiff leise durch die Zähne. „Wir sollten uns jetzt beeilen, Luke", mahnte er.

Luke hängte seinen Rucksack erneut auf, befestigte ihn aber dieses Mal besser. Dann machten sie sich auf den Marsch hinunter in den Talkessel, in dem noch dichter Nebel lag. Sobald sie tiefer kamen, verschwand die Sonne, und der Berg war nicht mehr zu sehen. Nach einer knappen halben Stunde erreichten sie einen steilen Abhang. Unten lag der See. Sie blieben stehen. An einigen Stellen hatte der

Wind die Eisdecke blank gefegt. An anderen hoben sich bizarr geformte Schneewächten. Obwohl Luke noch nie hier gewesen war, wußte er, daß unter dieser Eis- und Schneedecke der Geistersee mit all seinen Geheimnissen schlummerte, bis im Frühling das Eis brach und die warmen Winde den Schnee von den Berghängen schmelzen ließen.

Die Fährte des Grislys führte durch das Ufergestrüpp in den See hinaus. Von ihrem erhöhten Standpunkt aus konnten Luke und sein Vater auch die Spuren von Dogrib-Joes Schneeschuhen sehen. Wo die Böschung etwas flacher war, führte die Schneeschuhfährte ebenfalls auf den See hinaus, fast parallel zu den Spuren des Grislys.

Luke starrte lange auf die Eisfläche hinaus. Irgendwo dort draußen waren der Grisly und der Mann, der vielleicht wußte, was mit seiner Mutter passiert war.

Die Sonne brach durch den Nebel, als sie vom Ufer aus etwa einen halben Kilometer auf den See hinausgegangen waren. Der Schatten des Slocan lag über einer Hälfte des Sees. Die andere lag schon im gleißenden Licht.

Luke blickte zum Gipfel auf. Weiße Wolkenfetzen zogen an den gezackten Felsrändern vorbei, hinter denen immer mehr Rauch aufstieg. Er wollte seinen Vater darauf aufmerksam machen, aber in diesem Moment tauchte keine fünfzig Schritte von ihnen entfernt aus einer Nebelschwade eine Gestalt auf, bei deren Anblick das Blut in Lukes Adern gefror. Ungläubig starrte er zu der Gestalt hinüber, die sich hinter einer Schneewehe langsam aufrichtete, mit blutigem Fell, das lose an ihr herunterhing. Es war nicht der Grisly, der ein paar wankende Schritte durch den Schnee machte und dann stehenblieb. Es war Dogrib-Joe, der sich das zottige Bärenfell übergelegt hatte, ohne den Kopf. Das Gewehr hielt er in den Händen. Schüttere graue Haarsträhnen hingen ihm ins Gesicht. Er wirkte hagerer, als Luke ihn in Erinnerung hatte, verschlagen und gefährlich.

„Ich dachte, du kommst früher, Tom", krächzte er. Seine kleinen Rattenaugen funkelten. Er stand leicht geduckt da und warf einen krummen Schatten auf die Schneewehe, hinter der er sich verborgen gehalten hatte.

„Der Schneesturm hat uns aufgehalten", sagte Tom. Er stand neben Luke, aufgerichtet und mit dem Gewehr in der rechten Hand. Die Mündung zeigte in den Schnee.

„Ich glaubte schon, du seist im Sturm vor die Hunde gegangen", stieß Dogrib-Joe haßerfüllt hervor. „Aber dann kam Nathoka und berichtete, daß du es geschafft und seine Warnungen in den Wind geschlagen hast."

„Der Grisly wurde von mir angeschossen! Du wußtest, daß ich ans Ende der Fährte kommen würde."

„Und dein Sohn? Warum hast du ihn mitgenommen?"

„Weil es Zeit ist, daß er die Wahrheit erfährt."

„Die Wahrheit? Welche Wahrheit, Tom? Deine Wahrheit oder meine? Du hättest ihn besser unten im Tal gelassen. Ich bin allein hier. Ich habe Jim begraben und Bill nach Hause geschickt."

„Ich sehe, daß du das Fell des Grislys trägst", stellte Tom ruhig fest.

Das zerfurchte Gesicht des Mannes im Bärenfell verzog sich zu einem Grinsen. „Der Grisly ist tot", sagte er. „Für ihn bist du zu spät gekommen. Ich habe ihn getötet. Ich habe ihn mit meinem Messer getötet, als er im Schnee lag und nicht mehr weiterkam. Er war müde, und er wollte nicht mehr leben, aber er hat noch einmal gekämpft." Dogrib-Joe bleckte seine Stummelzähne. „Jetzt habe ich die Kraft von ihm! Jetzt habe ich seine Macht!"

„Hast du nicht Nathoka versprochen, den Bären am Leben zu lassen?"

„Ich bin der Bär, Tom." Dogrib-Joe lachte gehässig auf. „Warum schießt du nicht auf mich?"

„Warum sollte ich das tun?" gab Tom scharf zurück. „Es gibt etwas, was mir wichtiger ist als dein Leben!"

„Ich wußte, daß du deswegen herkommst. Es hat lange gedauert. Ich dachte schon, du hättest nie den Mut dazu. Hast du wenigstens deinem Sohn gesagt, wie du seine Mutter in den Tod gejagt hast?"

Tom schüttelte den Kopf. „Joe, seine Mutter war krank. Sie war nicht bei Verstand, als sie weglief."

„Sie wollte zu mir kommen", sagte Dogrib-Joe, und sein Blick schweifte in die Ferne.

Tom schüttelte den Kopf. „Sie lief einfach weg. Sie lief immer davon, schon als Mädchen. Erinnerst du dich, als Chuck sie mitbrachte?"

„Sie war glücklich bei uns." Dogrib-Joe wankte vorwärts. Er trug keine Schneeschuhe mehr, und bei jedem Schritt brachen seine Füße durch die dünne Eiskruste. Er atmete schwer. „Schick den Jungen weg!" verlangte er.

„Er bleibt", erwiderte Tom bestimmt und hob das Gewehr etwas an. „Er will wissen, was mit seiner Mutter passiert ist."

„Deine Mutter ist tot, Junge!" belferte Dogrib-Joe.

Luke starrte den Mann im blutigen Bärenfell unverwandt an. „Ist sie damals gestorben, als sie von zu Hause weggelaufen ist?" fragte er leise.

Dogrib-Joe schüttelte den Kopf. „Sie starb sechs Wochen später, im Frühling. Als das Eis dünn wurde. Sie lief von meiner Hütte weg. Jim war in der Nähe und schlug Alarm. Wir versuchten, sie einzuholen. Dort drüben war es." Dogrib-Joe zeigte über den See hinweg zum dunklen Waldufer hinüber. „Das Eis war dünn", fuhr er heiser fort. „Ich rief ihr nach, daß sie nicht auf den See hinausgehen sollte. Sie mußte mich gehört haben. Sie lief ein Stück am Ufer entlang. Jim hatte sie schon fast eingeholt. Als ich aus dem Wald herauskam, drehte sie sich um und lachte. Dann rannte sie auf den See hinaus. Ich dachte erst, vielleicht hat sie Glück. Jim und ich standen am Ufer. Wir riefen ihr nach, baten sie zurückzukehren. Sie lief weiter, und plötzlich krachte die Eisdecke unter ihr, und sie fiel in das eiskalte Wasser. Wir sahen ihre Hände; sie versuchte, sich an Eisschollen festzukrallen. Jim kroch auf das Eis hinaus, aber er kam zu spät."

Luke stand stocksteif neben seinem Vater. Er blickte zu der Stelle hinüber, auf die Dogrib-Joe gezeigt hatte. Die Eisdecke dort drüben war glatt und weiß im Licht der Sonne.

„Tja, Tom, sie starb nicht in jener Nacht, als sie von dir weglief. Ein indianischer Eisfischer hatte sie damals unten am Tasekosee gefunden, der alte Kiwan. Nathoka sagte mir, daß der Grisly auch ihn jetzt getötet hat. So schließt sich der Kreis, Tom, und alles hat seinen Sinn, nicht wahr? Damals hatte Kiwan einen Wolf in der Falle. Einen jungen Wolf. Er ging mit der Axt hin und wollte ihm den Schädel einschlagen. Da sah er die Frau, die dir weggelaufen war, im Gestrüpp liegen. Sie war halb tot, beinahe erfroren. Kiwan brachte sie sofort in sein Dorf. Ich nahm sie dann zu mir und pflegte sie gesund. Als Kiwan zu seiner Falle zurückkehrte, war der Wolf weg. Nur die eine Vorderpfote hing noch im Schlageisen."

Tom und Luke wechselten einen Blick. Luke schüttelte heftig den Kopf. „Der dreibeinige Wolf ist jung, Vater", stieß er hervor. „Vielleicht zwei oder drei Jahre alt. Der Eisfischer entdeckte Mutter vor wenigstens zehn Jahren."

„Ist der Wolf noch in der Gegend, Joe?" wollte Tom wissen.

„Nein. Das Rudel, das den Grisly gestern nacht angegriffen hat, das ist das Rudel von Sitka."

„Und ist da ein dreibeiniger Wolf dabei?"

„Nein. Es gibt keinen dreibeinigen Wolf hier. Seit Jahren nicht mehr. Der Wolf, der aus Kiwans Falle entkommen ist, verließ die Gegend. Ich habe ihn nie mehr gesehen. Kiwan hat lange nach ihm gesucht. Zwei oder drei Winter. Genug palavert." Dogrib-Joe spannte den Hammer seines Gewehrs. Das metallische Klicken war gut zu hören. „All die Jahre wollte ich dich dafür bestrafen, daß du mein Leben zerstört hast, Tom", sagte er heiser. „Ich wollte dein Leben zerstören."

Tom holte tief Luft. „Manchmal hast du es fast geschafft, aber jetzt ist es genug! Die Fährte des Grislys hat mich hierhergeführt, und dafür gibt es einen Grund."

„Welchen Grund?" Dogrib-Joe legte den Kopf schief und grinste herausfordernd. „Entweder du oder ich, Tom", sagte er heiser. „Das ist der einzige Grund. So war es doch auch damals. Entweder du oder ich!" Er lachte bellend auf, hob blitzschnell sein Gewehr und feuerte. Die Kugel traf. Tom wurde so heftig herumgestoßen, daß er das Gleichgewicht verlor und schwer in den Schnee stürzte. Luke starrte den Mann im Bärenfell ungläubig an. Rauch kräuselte sich aus der Mündung des Jagdgewehrs, das Dogrib-Joe noch immer auf Tom gerichtet hielt. Sein dunkles Gesicht war verzerrt, die Augen voll Haß. „Du hättest deinen Sohn nicht mitbringen sollen!" stieß er krächzend hervor. „Das war eine Sache zwischen dir und mir!"

Luke sah aus den Augenwinkeln, wie sein Vater versuchte, sich auf den Ellbogen aufzurichten. Dogrib-Joe kam langsam herüber. Luke sprang ihm in den Weg. Er riß das Gewehr hoch. „Bleib stehen!" befahl er scharf.

Der Mann im Bärenfell gehorchte. „Geh mir aus dem Weg, Junge", sagte er leise.

Luke rührte sich nicht. Er hatte den Finger am Abzug, aber in dem Moment, als er ihn krümmen wollte, heulte der Wolf.

„Dort ist der Wolf, Joe!" keuchte Tom und zeigte zum Seeufer hinüber. Tatsächlich stand dort, umhüllt von grauen Nebelschwaden, der dreibeinige Wolf. Er hatte sich dem Slocan zugewandt und jaulte laut. Aus dem Berg quollen mächtige, dunkle Rauchwolken. Kaum war der langgezogene Heullaut verklungen, vernahm Luke wieder das polternde Grollen. Dieses Mal war es lauter. Es klang, als würde tief unter ihnen eine Reihe von Explosionen stattfinden. Das Poltern wurde lauter, lauter, lauter ... Tom versuchte sich aufzurichten. In diesem Moment zersprang die Eisdecke des Geistersees. Wie von gewaltigen Kräften hochgestoßen, hoben sich spitze Eisschollen aus dem Wasser, kippten durcheinander und versanken in tosenden Fluten.

„Der Vulkan bricht aus!" brüllte Tom. Luke ließ sein Gewehr fallen und warf sich neben seinem Vater nieder. Rund um sie herum verwandelte sich alles von einer Sekunde auf die andere in ein Inferno. Das aufspritzende Wasser des Sees erstarrte in der Kälte augenblicklich

wieder zu Eis. Der Gipfel des Slocan barst auseinander. Mit einem gewaltigen Krachen stürzten seine mächtigen Felswände in sich zusammen. Die Sonne verschwand hinter dunklen Wolken, in denen glühendes Feuer tobte.

Luke hörte Dogrib-Joe schreien. Er sah ihn zwischen Eisschollen, die aus dem See herausgeschleudert wurden, noch immer das Gewehr in den Händen. Er wankte auf Luke und Tom zu. Als er nur noch wenige Schritte von ihnen entfernt war, tat sich vor ihm das Eis mit dröhnendem Krachen auf. Für Sekunden hüllte Wasserdampf den taumelnden Mann ein. Das Gewehr entfiel seinen Händen. Vergeblich suchte er nach einem Halt, als das Eis unter ihm nachgab. Er versank im schäumenden Wasser. Wild schlug er um sich. Seine Schreie gingen im Tosen der Elemente unter, und Luke sah, wie seine Hände ins Leere griffen, während ihn die geheimnisvollen Mächte des Geistersees in die schwarze, eisige Tiefe zogen.

Die Eisscholle, auf der sich Luke und sein Vater befanden, kippte plötzlich zur Seite. Luke rutschte weg, ergriff aber gerade noch den Parka seines Vaters. Er warf sich herum und langte mit der freien Hand nach einem großen Stück Eis, das schaukelnd im schwarzen Wasser trieb. Daran wollte er sich abstützen, um wieder auf die Eisscholle zu kriechen. Da glitt ihm der Parka seines Vaters aus den Fingern. Luke schrie vor Entsetzen, als er sah, wie sein Vater von der Scholle glitt. Luke warf sich hinter ihm her. Sofort wurde er von einer starken Strömung erfaßt, abgetrieben und untergetaucht. Sekunden später hatte er die Wasseroberfläche wieder erreicht. Dicht neben ihm klammerte sich sein Vater an einem Eisbrocken fest. Er streckte eine Hand nach Luke aus und erwischte ihn an der Kapuze. Luke drehte sich im Wasser. Über ihm war der Himmel. Ein Himmel aus Feuer und Eis. Die Erdgeister waren dabei, den Berg zu zerstören.

DER Hubschrauber befand sich über dem Tal der Toten, als sich der tiefverschneite Krater des Slocan plötzlich öffnete und Flammen in den Himmel spuckte. Nie zuvor hatte Oberleutnant Vince Edwards etwas Ähnliches gesehen, und für einige Sekunden starrte er entgeistert zum Berg hinüber, alle seine Instrumente außer acht lassend. Es war ein ungeheures Schauspiel. Ann Fortier brachte keinen Ton heraus.

„Passen Sie auf, die beiden müssen irgendwo da unten sein", rief ihr der Oberleutnant zu. Dann schaltete er das Funkgerät ein und meldete der Welt als erster den Ausbruch des Slocan. Seine Nachricht wurde in Cedar Creek und in Redstone aufgefangen und weitergegeben. Der

Vulkanausbruch ereignete sich am ersten klaren Tag nach dem Schneesturm, der den Flug in das Gebirgsmassiv zugelassen hatte.

In Cedar Creek war vor Stunden bereits ein Lastwagenkonvoi des Militärs eingetroffen, um die Einwohner zu evakuieren. Die Straße nach Redstone war wieder offen, und zwei Transportflugzeuge aus Williams Lake waren zum Tasekosee unterwegs, um die Bewohner des Chilcotin-Dorfes in Sicherheit zu bringen.

Oberleutnant Edwards hatte am Morgen von seinem Hauptquartier den Befehl erhalten, seinen Beobachtungsflug auf das Gebiet um den Tasekosee zu beschränken und danach wieder nach Cedar Creek zurückzukehren, um die Evakuierung zu überwachen.

Anstatt jedoch zum Tasekosee zurückzufliegen, war Edwards beim Chilcotin-Dorf gelandet. Die Indianer waren in heller Aufregung. Die ganze Nacht hindurch hatte die Erde gezittert, und der Zorn der Geister war nicht mehr zu beschwichtigen. Oberleutnant Edwards drängte Nathoka, seine Leute über den wahren Sachverhalt aufzuklären, damit sie sich widerstandslos evakuieren ließen. Nathoka wandte jedoch ein, daß die alten Leute niemals weggehen würden. Er erzählte dem Oberleutnant, was hier in den letzten Tagen vorgefallen war und daß Tom Prestridge und Luke inzwischen wahrscheinlich schon den Geistersee erreicht hätten. Jetzt zögerte Edwards keinen Moment mehr. Er flog vom Chilcotin-Dorf aus das Tal der Toten hinauf und hinein in den Schatten des Slocan, als dieser sich in einen feuerspeienden Vulkan verwandelte.

Edwards steuerte den Hubschrauber so tief über eine Anhöhe hinweg, daß Mrs. Fortier dünne Linien im Schnee erkennen konnte. „Dort sind Spuren!" rief sie aufgeregt. Sie deutete in einen Talkessel hinein, in dem, von Wasserdunst eingehüllt, furchtbare Gewalten tobten.

„Das ist der Geistersee!" rief Edwards. „Oder besser gesagt, das war der Geistersee!"

Mit angehaltenem Atem starrte Ann Fortier hinunter. Es schien, als hätten sich die Pforten der Hölle geöffnet. Eine gewaltige Wasserflut hatte die Ufer überspült. Die Berghänge waren ins Rutschen geraten. Felsen stürzten in die Tiefe, walzten die Wälder nieder und versanken im See. Aus dem Krater des Slocan, der nun im dichten Qualm und Rauch nicht mehr zu sehen war, floß glühende Lava, suchte sich Wege durch Felsspalten und bildete ein Netz verzweigter brandroter Adern, die sich weiter talwärts zu einem immer breiter werdenden Strom vereinten.

Dieser Lavastrom wälzte sich unaufhaltsam durch die brennenden

Wälder auf das Ufer des Geistersees zu, dessen Wasser zu kochen schien.

„Wir müssen von hier weg!“ rief Oberleutnant Edwards. „Wenn Tom da unten war, können wir nichts mehr für ihn tun. Da unten lebt niemand mehr.“ Die Temperatur im Hubschrauber stieg von Minute zu Minute an. „Bald ist die Sichtweite hier gleich Null. Die Wolken dort drüben bestehen aus heißer vulkanischer Asche. Wenn wir das Zeug in den Luftfilter kriegen, setzt der Rotor aus, und wir stürzen ab.“

Edwards hatte den Hubschrauber herumgezogen. In diesem Moment entdeckte Ann Fortier auf der brodelnden Seeoberfläche zwei Gestalten auf einer schaukelnden Eisscholle.

„Dort unten sind sie! Das sind Tom und Luke!“

Edwards blickte in die Richtung, die Mrs. Fortier ihm angab. Tatsächlich konnte er in einem Gewirr kleinerer und größerer Eisschollen zwei Gestalten erkennen, von denen eine zu ihnen heraufwinkte. Das war Tom Prestridge. Er hielt Luke fest, der ohnmächtig zu sein schien.

„Teufel noch mal!“ entfuhr es Edwards. „Wir sind im letzten Moment gekommen.“ Er meldete über Funk, daß er im Begriff war, eine Rettungsaktion durchzuführen. Niemand antwortete. Aus dem Funkgerät kamen nur krächzende Geräusche. „Machen Sie die Seitentür auf!“ rief er Ann Fortier zu. „Wir müssen versuchen, sie mit dem Netz aufzunehmen.“

Mrs. Fortier hob den Riegel der Seitentür an und öffnete sie. Ein Schwall feuchtheißer Luft drang ins Innere des Hubschraubers. Edwards schien Schwierigkeiten mit der Steuerung zu haben. Er betätigte eine Reihe von Schaltern und rief, daß mit der Luftzufuhr für den Rotor etwas nicht stimmte, jedenfalls lief er deutlich langsamer und unregelmäßiger.

„Machen Sie das Netz fertig!“ befahl Edwards. „Los, jede Sekunde ist kostbar!“

Ann Fortier nahm das rote Nylonnetz vom Haken neben der Tür. Sie legte es vorsichtig am Boden aus; ihre Hände zitterten.

Der Hubschrauber drehte sich langsam um seine eigene Achse. Plötzlich tauchten an der Türöffnung mächtige Eisschollen auf. Für Sekunden sahen sie Tom Prestridge auf dem Eis knien, dann sackte der Hubschrauber zur Seite weg, und der Rotor begann auszusetzen.

„Ich kann ihn nicht halten!“ brüllte Edwards. „Passen Sie auf, verdammt noch mal! Sie hätten das Netz werfen sollen!“

Ann Fortier legte sich auf den Bauch und kroch dicht an die

Öffnung heran. Der Hubschrauber drehte, hob sich und sackte erneut ab. Ann Fortier langte nach einem Handgriff an der Tür und zog sich daran hoch. Zum zweitenmal konnte sie jetzt Tom Prestridge deutlich sehen. Sein Gesicht war schmerzverzerrt. Er rang nach Atem. Sie packte das Netz mit beiden Händen und warf es durch die Tür hinaus.

Es öffnete sich in der Luft, und für einen Moment konnte sie Tom und Luke nicht mehr erkennen, weil der Hubschrauber abgetrieben wurde. Die Spitzen von Eisschollen schlugen gegen die Kufen. Die Hitze war jetzt schier unerträglich. Edwards strömte der Schweiß über das Gesicht. „Schluß jetzt!“ rief er keuchend. „Wir müssen weg!“

Er zog den Hubschrauber hoch. Der Rotor quälte sich. Die Nadel des Drehzahlmessers tanzte. Es gab ein paar laute Knalle: Fehlzündungen. Im nächsten Moment sackte der Hubschrauber nach vorne weg. Er stürzte.

Mrs. Fortier schlug gegen die Rücklehne eines Sitzes und klammerte sich daran fest. Der Rotor lief nicht mehr. Der Hubschrauber schlingerte. Durch die Scheiben hindurch sah Ann Fortier Eis und Wasser auf sich zuschießen. Sie schloß die Augen und erwartete im nächsten Moment den Aufprall.

Erst als sie ein Zittern spürte, das durch den Hubschrauber lief, öffnete sie die Augen wieder. Die Nase des Hubschraubers hob sich. Der Rotor lief stockend und erzeugte gerade genug Kraft, den Hubschrauber hochzutreiben. Aber wenigstens lief er. Nur langsam gewannen sie an Höhe.

Ann Fortier kroch zur Seitentür und beugte sich weit hinaus. Direkt unter dem Hubschrauber, im brandroten Netz, hingen Tom Prestridge und Luke. Das Netz schwang über dem schäumenden Wasser und den Eisschollen hin und her.

Edwards flog den Hubschrauber über den See. Je weiter sie sich von den brennenden Wäldern entfernten, desto schneller drehte sich der Rotor. Am unteren Ende des Geistersees bog der Hubschrauber ab. Jetzt konnte Ann Fortier noch einmal den mächtigen Lavastrom sehen, der schon fast das Ufer des Sees erreicht hatte. Der ganze Talkessel war nur noch ein einziges Flammenmeer.

„Davor haben sich die Chilcotin-Indianer immer gefürchtet“, rief ihr Edwards zu, der den Hubschrauber nun wieder unter Kontrolle hatte. „Für sie ist das der Weltuntergang.“

Edwards flog über die Anhöhe hinweg, und unter ihnen befand sich jetzt das Tal der Toten. Bis auf die Fährte des Grislys und der

Menschen, die ihm gefolgt waren, war der Schnee unberührt. Mrs. Fortier sah nur noch einen einzelnen Wolf dort unten. Er ging aus dem Tal heraus und hinterließ eine dünne Fährte im Schnee. Ann Fortier konnte aus der Höhe nicht erkennen, daß er nur drei Beine hatte.

LUKE erwachte, weil ihm Jennifer die Nase zuhielt.

„Er ist aufgewacht, Mama!" rief sie. „Jetzt ist er endlich aufgewacht."

Luke dachte, daß Jennifer eine furchtbar blecherne Stimme hatte. Außerdem saß sie nicht etwa auf dem Bettrand, sondern rittlings auf seinem Bauch, einen roten Lutscher im Mund und ein paar bunte Plastikspangen im Haar. Sie sah verwegen aus.

„Geh runter von meinem Bauch, Jennifer!" fauchte Luke.

Jennifer grinste schief. „Er hat geredet, Mama. Er hat gesagt, daß ich runter soll von seinem Bauch." Sie nahm den Lutscher aus dem Mund und streckte ihm die Zunge heraus. Luke knirschte mit den Zähnen, aber bevor er Gelegenheit bekam, ihr eine Kopfnuß zu verpassen, beugte sich ihre Mutter über ihn.

„Wie fühlst du dich, Luke?" fragte sie.

„Müde", antwortete Luke. „Wo bin ich?"

„In Williams Lake. Wir bleiben ein paar Tage hier. Dein Vater liegt im Krankenhaus. Er hat eine Schußverletzung. Erinnerst du dich?"

Luke schloß die Augen. Und ob er sich daran erinnerte. Er hatte nur keine Ahnung, wie er nach Williams Lake gekommen war. Und er wußte nicht, warum man es Jennifer erlaubte, auf seinem Bauch zu sitzen und ihm die Zunge herauszustrecken.

„Wie geht es Vater?" fragte er.

„Den Umständen entsprechend gut. In ein paar Tagen wird er wieder auf den Beinen sein, so wie ich ihn kenne. Er weiß gar nicht, wieviel Glück ihr beide hattet. Es ist Oberleutnant Edwards zu danken, daß ihr noch am Leben seid."

„Hat er uns mit dem Hubschrauber aufgenommen?"

„Ja. Im allerletzten Moment. Wir haben das Netz runtergeworfen, und dein Vater hat dich zuerst hineingelegt, und dann ist er selbst hineingekrochen. Wir flogen euch runter nach Cedar Creek. Dort holten wir euch in den Hubschrauber hinein und flogen sofort hierher. Du warst die ganze Zeit bewußtlos, Luke."

„Ich kann mich an nichts erinnern", bestätigte Luke. „Könnten Sie vielleicht Jennifer von meinem Bauch heben, Mrs. Fortier?"

„Jennifer, setz dich auf den Bettrand. Du kannst Luke auch von da aus sehen."

„Von hier kann ich ihn besser sehen“, gab Jennifer trotzig zurück.

„Geh vom Bett runter, Jennifer!“ befahl ihre Mutter.

Jennifer gehorchte widerstrebend. Sie ging zum Fenster und blickte hinaus. Der Tag war grau. Asche flog wie Schnee im Wind. Asche vom Slocan.

Jennifers Mutter fragte Luke nach der Schußwunde. „Dein Vater hat mir nicht gesagt, wer ihm die Schußwunde zugefügt hat, Luke.“

Luke schloß die Augen. Er erinnerte sich an das Gesicht des Mannes, der sich ein blutiges Grislyfell übergezogen hatte. Luke sagte nichts. Ein paar Augenblicke verstrichen. Dann hörte er Mrs. Fortier flüsternd zu Jennifer sagen, daß er jetzt Ruhe brauchte, und die beiden verließen das Zimmer auf Zehenspitzen. Als die Tür hinter ihnen zu war, richtete sich Luke auf. Er betastete mit den Händen sein Gesicht. Es war mit Salbe eingeschmiert. Trotzdem spürte er die Schwellungen und die blutverkrusteten Schnittwunden vom Eis.

Die Wissenschaftler hatten zwar den Ausbruch des Slocan vorausgesagt, aber ihre Berechnungen stimmten nicht ganz. Nur anderthalb Tage lang quoll heiße Lava aus dem Krater des Vulkans. Der Lavastrom erstarrte noch, bevor er den Tasekosee erreichte. Aber er hatte das Tal des Geistersees völlig zugedeckt. Der See existierte nicht mehr.

Die Talhänge waren kahl und bedeckt mit grauer Asche, aus der verkohlte Baumstämme ragten. Weiter unten im Tal brannten noch lange die Wälder. Der erstarrte Lavastrom füllte das Tal der Toten und begrub alle Begräbnisstätten der Chilcotin-Indianer unter sich. Im weiten Umkreis war der Schnee geschmolzen, und als die Hitze nachließ, vereisten Büsche und Bäume, und die ganze Landschaft verwandelte sich in ein bizarres Märchenland.

Die Zeitungen brachten Bilder, die aus Beobachtungsflugzeugen aufgenommen worden waren. Im Krater des Slocan formte sich langsam ein wulstiger Lavadom. Noch lange fiel Asche vom Himmel, aber die Leute von Cedar Creek kehrten trotzdem bald in ihr kleines Dorf zurück. Die Gefahr war vorerst vorbei. Die Experten rechneten nicht damit, daß der Vulkan in nächster Zeit noch einmal ausbrechen würde. Die Erdbeben verlagerten sich nordwärts.

Auch die Chilcotin kehrten in ihr Dorf zurück. Die Erdgeister hatten sich beruhigt. In der Asche auf dem Eis des Tasekosees stieß Nathoka auf die Fährte eines dreibeinigen Wolfes. Er wunderte sich, woher der Wolf kam, aber er versuchte nicht, ihm zu folgen. Es konnte ebensogut ein Geist sein.

Oberleutnant Edwards flog Luke und seinen Vater nach einigen Tagen nach Cedar Creek zurück. Die Leute redeten über das, was am Geistersee vorgefallen war, obwohl niemand genau Bescheid wußte. Es machte Luke nichts mehr aus. Er kannte die Wahrheit, und sie war ein Geheimnis, das er nur mit seinem Vater teilte.

Der Winter blieb lange im Land. Als es endlich Frühling wurde, heiratete Tom Prestridge Jennifers Mutter. Jennifer trug ein blütenweißes Kleid. Auf dem Weg zur Kirche stolperte sie und fiel in eine Pfütze. Luke wollte ihr heraushelfen, aber sie brüllte, daß er sie gestoßen hätte, was eine unverschämte Lüge war. Trotzdem wurde es ein guter Tag. Das ganze Dorf feierte. Am Abend ging Luke allein in den Wald hinaus. Er setzte sich auf einen Baumstamm. Es war Vollmond. Luke wartete lange, aber der Wolf kam nicht. Luke war nicht mehr sicher, ob er ihn überhaupt jemals gesehen hatte.

Werner J. Egli

Reine Abenteuerlust hat den Schweizer Werner J. Egli schon als Jugendlichen aus seiner Heimatstadt Luzern nach Amerika verschlagen. Mit „Amerika" sind hierbei nicht nur die Vereinigten Staaten gemeint, sondern der gesamte Kontinent. Neugier und ein gerüttelt Maß an produktiver Unrast haben Egli kreuz und quer durch den riesigen Erdteil getrieben. Würde man Werner Egli nach seinem Beruf fragen, so fiele die Antwort des heute Dreiundvierzigjährigen wahrscheinlich folgendermaßen aus: Während der ersten Hälfte meines Lebens war ich Reisender, danach Schriftsteller.

Natürlich war Werner Egli nie einer jener Touristen, die mit vier oder fünf Koffern in komfortablen Hotels absteigen. Bei ihm, als Angehörigem der Beat generation, würde man eher sagen: Er war „auf Achse". Dabei ist ihm kein Winkel zu entlegen gewesen, kein Abenteuer zu verstiegen. Werner Egli kennt sich aus: Die Urwälder des Amazonas, das regenreiche Feuerland, die Hochebenen der Anden, die endlosen Prärien des nordamerikanischen Mittelwestens und die tiefverschneiten Wälder Kanadas – alles hat er gesehen, kann er aus eigener Anschauung beschreiben.

Heute lebt Werner Egli als freier Autor in Tucson in den USA, wo die Staatsuniversität von Arizona ihren Sitz hat. Hier im Südwesten der Vereinigten Staaten, dessen großartige Landschaft als „Kulisse" für unzählige Wildwest- und Indianerfilme gedient hat, entdeckte Egli seine zweite große Leidenschaft, die amerikanische Siedlungsgeschichte. Mittlerweile ist er auf diesem Gebiet zu einem Experten geworden und hat vor allem den Anteil, den deutsche und Schweizer Einwanderer an der Eroberung Amerikas hatten, ausführlich beschrieben.

Illustrationen von Peter Klaucke

Schritt
für
Schritt
Eine Kurzfassung des Buches von JOYCE STRANGER
Ins Deutsche übertragen von Wolfgang Rhiel

Niemand kann zufriedener sein als ich, denkt Steve Drake, der als Schafzüchter Erfolg hat, mit seinen Eltern auf der Nachbarfarm glänzend auskommt und obendrein mit dem – wie er findet – hübschesten Mädchen Schottlands verlobt ist.

Am wohlsten fühlt sich Steve, wenn er mit Lig, seinem Collie, über die Hügel wandert, tief unter sich die gischtgesäumte Bucht. Er genießt die Schönheit einer fast unberührten Natur und das Gefühl, völlig unabhängig zu sein …

Es ist ein ganz gewöhnlicher Tag, als Steve in sein Auto steigt, um ins Dorf zu fahren. Doch am Abend dieses Tages ist nichts mehr, wie es war, und niemand glaubt, daß je wieder Glück und Zufriedenheit auf der kleinen Farm einkehren könnten.

– 1 –

STEVE DRAKE stieg pfeifend den Berg hinauf. Er war rundum zufrieden und hätte mit niemandem auf der Welt tauschen mögen. Lig, sein Collie, drehte den Kopf, um zu sehen, ob man etwas von ihm wollte, aber jetzt, in der Mittagsstunde, hatte Steve frei, erholte sich von seinem geschäftigen Alltag. Lig jagte weiter, eine vorwärts stürmende schwarzweiße Gestalt, die sich dunkel gegen die grauen Felsen und das spärliche Gras abhob und der Fährte eines Fuchses folgte, die sich den Berg hinaufwand.

Steve lächelte, während er dem Hund zusah. Lig war der beste Collie, den er je gehabt hatte, ein kluger, ausgeglichener, ihm treuergebener Bursche.

Ein abgeschliffener Findling lud zum Sitzen ein. Steve packte die mitgebrachten Brote aus und aß mit gutem Appetit. Er war ein großer, kräftiger Mann, und sein Gesicht war vom ständigen Wind auf dem Hügel gegerbt. Seine grauen Augen waren ausdrucksvoll und verrieten oft, was er empfand, während er mit Worten eher sparsam umging.

Voll Genugtuung schaute er hinunter zur Farm, während der Wind sein dichtes, lockiges Haar zerzauste. Auf der größten Weide seines Anwesens tummelten sich Mutterschafe mit ihren Lämmern. Es gab ein paar Drillinge und eine Rekordzahl Zwillinge. Sein Blick suchte sein kleines Häuschen, das sich dort unten an den Hang schmiegte. Es war einmal eine Pachthütte gewesen auf dem Land seines Vaters, bis dieser sie ihm mit der Hälfte des Besitzes überschrieben hatte. Sein Vater mußte das Leben jetzt etwas gemächlicher angehen, aber ganz würde Andrew sich nie zur Ruhe setzen. Sein Leben lang war er Farmer gewesen, und dies war das Leben, das ihm gefiel.

Dunkle Bäume bedeckten den Berg bis hinunter zur tief ins Land einschneidenden Bucht. Silbern glitzerte der Sand im Sonnenlicht, und auf der fernen Insel ragte, von einer Wolke beschattet, die Ruine einer alten Burg in den Himmel. Die Wolken flogen vorbei, getrieben von einem ungestümen Wind, der das Wasser in der Bucht kräuselte. Steve wünschte, er könnte malen, um die sich ändernden Farben und atemberaubenden Konturen der Landschaft festzuhalten. Nach ihnen sehnte er sich, wenn die langen Winterabende kamen und ihn in seine vier Wände sperrten.

Wieder blickte er hinunter auf seine Weiden und Felder. Die kleinen, kerngesunden Lämmer tollten umher. Sie jagten sich und sprangen, spielten Fangen und erinnerten sich dann urplötzlich, daß sie noch Babys waren und die Nähe der Mutter brauchten.

Das helle Geblök der Lämmer wurde von den dunklen Rufen der Muttertiere erwidert. Steve war es nie müde, das Wiedersehen zu beobachten, zuzusehen, wie jede Mutter ihr eigenes Kind wiedererkannte, einige von ihnen die Beine spreizten, um den Lämmern das Saugen zu erleichtern, die an den prallen Eutern zerrten und dabei emsig mit dem Schwänzchen wedelten.

Der Frühling war das vollkommene Glück. Steve hätte nie an einem Schreibtisch im Büro sitzen oder einer Beschäftigung nachgehen können, die ihn von der Natur mit ihrem ständigen Wechsel von Werden und Vergehen abschnitt.

Lig hatte sich ausgetobt. Er kam zurück und legte sich hechelnd neben seinen Herrn.

Steve fuhr ihm mit der Hand über den Kopf.

Der Collie war in blendender Verfassung. Sein dichtes Fell glänzte, die spitzen Ohren waren aufgerichtet, und die Augen funkelten vor Tatendurst.

Erst vor kurzem hatte Steve von der Fernsehgesellschaft BBC das Angebot bekommen, mit seinem in vielen Hütewettbewerben erfolgreichen Collie für die Sendung „Ein Mann und sein Hund“ porträtiert zu werden. Im September sollten die Aufnahmen gemacht werden, und Steve freute sich schon jetzt darauf.

Überhaupt lag ein ereignisreiches Jahr vor ihm. Im Herbst würde Mara, seine Verlobte, aus Amerika zurückkehren. Die Pläne für die Hochzeit waren schon weit gediehen. Der Pfarrer war bestellt, die Gästeliste stand fest, und seine Mutter nähte an einem prächtigen Hochzeitskleid für Mara. Die Vorbereitungen für die Hochzeit hielten Steves Mutter in Trab und halfen ihr, ihren schlechten Gesundheitszustand zu vergessen.

Mara war klein, schlank und zierlich mit dunklem Haar und dunklen Augen, die immer lachten. Sie war Lehrerin, und in diesem Jahr hatte man ihr eine Austauschstelle an einer Schule in Texas angeboten. Die Hochzeit hatte ursprünglich im Frühjahr stattfinden sollen, aber Steve hatte darauf bestanden, daß sie die einmalige Chance wahrnahm. Gemeinsam beschlossen sie, die Trauung um einige Monate zu verschieben. Ihr letzter Brief an ihn steckte jetzt in seiner

Tasche. Er enthielt unzählige unterhaltsame Einzelheiten aus ihrem Leben und dem ihrer Schützlinge.

Hoch über ihm kreiste ein Adler. Sein Schatten huschte über den Boden, und Lig erhob sich und bellte herausfordernd – eine Warnung für den Raubvogel, daß er auf der Hut war und seine Schafe verteidigen würde.

Steve hoffte, daß der Adler es nicht auf eines seiner Lämmer abgesehen hatte. Es gab Hasen und Kaninchen genug, um ihn, das Weibchen und die Jungen satt werden zu lassen, die drüben in den Felsen des Drachenbergs horsteten.

Einmal war Steve dort hinaufgeklettert und hatte gehört, wie die Jungen nach Futter schrien. Aber dann hatte er schneller, als ihm lieb war, wieder absteigen müssen, denn das Adlerpaar hatte sich, zornig mit den Schwingen schlagend und mit dem Schnabel nach seinen Augen zielend, auf ihn gestürzt. Steve hatte keine Lust, sein Augenlicht einer Gefahr auszusetzen. Er konnte sich kein schlimmeres Schicksal vorstellen, als blind zu sein.

Jetzt war es fast schon Zeit, wieder hinab zum Hof zu gehen. Steve las noch einmal Maras Brief. Er sah sie deutlich vor sich. Das Häuschen, das den ungewöhnlichen Namen „Das Kloster“ trug, war fast fertig für sie. Steve hatte, unterstützt von Andrew, seinem Vater, das ganze Jahr daran gearbeitet. Sie hatten an das alte Gebäude mit seinen je zwei Zimmern oben und unten zwei weitere Zimmer angebaut. Diese dienten als Bad und Schlafzimmer. Zusätzlich hatte er die alte Scheune umgebaut und so Platz für einen Hauswirtschaftsraum mit Tiefkühltruhe und Waschmaschine gewonnen. Durch den Umbau war auch ein langes, niedriges Wohnzimmer entstanden, durch dessen Fenster man auf die Berge blickte. Hier würden sie abends sitzen und sich am Sonnenuntergang erfreuen können, an den leuchtendrot geränderten Wolken, wenn die Sonne in einem Meer aus Farben versank. Es gab nichts, was den Sonnenuntergängen an der Westküste Schottlands gleichkam.

Steves Hochzeitsgeschenk für Mara würde ein Garten sein. Mara liebte Blumen. Er hatte einen Teil des Feldes mit einer Backsteinmauer eingefaßt, die die Sonnenwärme hielt. Vor dem Fenster des neuen Wohnzimmers hatte er einen Steingarten angelegt und verschiedene Nadelbäume als Windschutz gepflanzt. Er hatte schon immer ein Auge für Farben, Formen und die Harmonie einer Landschaft gehabt.

Das Häuschen hatte er weiß gestrichen. Einen alten Türklopfer fand er auf dem Hof eines Trödlers, einen Pferdekopf in einem Hufeisen. Jetzt war er blank poliert und blinkte, wenn sich die Sonne in ihm fing.

Lig war plötzlich unruhig geworden und stand mit wedelndem Schwanz da. Er wußte, daß es Zeit war, zum Hof zurückzugehen. Steve packte die Reste seines Mittagsmahls zusammen, pfiff den Hund bei Fuß und ging den Hang hinunter mit der Gewißheit, daß das Leben schön war.

Das Telefon läutete, als er das „Kloster“ betrat. Er nahm den Hörer ab und hörte die Stimme seiner Mutter.

„Steve? Tut mir leid, daß ich dich störe, Junge, aber ich fühl mich nicht besonders. Ich habe Vater versprochen, das Fleisch zum Einfrieren zu holen, aber ich glaube, ich fahre besser nicht. Hast du Zeit, es für mich zu tun? Vater hat sich jetzt nämlich doch zum Viehmarkt aufgemacht.“

Steve lachte. Noch gestern hatte sein Vater betont, er werde keinesfalls zum Markt gehen. Heute sah das offenbar anders aus. Andrew Drake war manchmal so wetterwendisch wie der Hahn auf dem Kirchturm. Steve hatte zwar nicht viel Zeit, aber er würde die Sache erledigen. Nach den Lämmern konnte er später schauen. Es gab immer wieder Jungtiere, die dornige Zweige im Fell hatten. Sie versuchten, durch die Hecken zu kriechen, und merkten zu spät, was sie sich damit einhandelten.

Er blieb am Tor stehen, um ein paar Worte mit Jack Farthing von der Autowerkstatt im Dorf zu reden. Jack hatte eine neue junge Hündin, einen Golden Retriever. Sie haschte nach Ligs Schwanz. Lig wich ihr würdevoll aus.

„Was hältst du von ihr?“ fragte Jack, begierig auf ein Lob für seine Neuerwerbung, obwohl er schon ahnte, was Steve sagen würde.

Steve tätschelte sie und lachte. „Du solltest dir mal ’n Hund anschaffen“, sagte er. „Es gibt nur eine Rasse. Du kennst mich, ich bin durch und durch ein Collie-Mann. Was anderes würde ich nicht mal geschenkt nehmen. Aber sie sieht nicht schlecht aus“, fügte er hinzu, als er merkte, daß er ziemlich taktlos wurde.

„Ein Collie taugt nicht zur Büchsenjagd“, erwiderte Jack. „Aber jeder nach seinem Geschmack. Es ist sinnlos, dich umstimmen zu wollen. Du warst schon immer ein Dickschädel.“ Jack pfiff Lig zu sich und tätschelte ihn. „Ich würde ihn dir trotzdem abkaufen, zu jedem Preis, den du mir nennst.“

„Es gibt auf der Welt keinen Menschen, der mir genug für ihn geben könnte“, sagte Steve. Er machte dem Hund ein Zeichen. Lig, der wußte, daß er dazubleiben und den Hof zu bewachen hatte, legte sich auf die Treppe und sah Steve zu, wie er in seinen alten Kombi kletterte, der fast schon ein Museumsstück war.

Steve fuhr los, den Hügel hinunter, schaltete vor der Kurve herunter und wußte, daß Lig ihm mit den Augen folgte. Der Hund mochte ganz und gar nicht, wenn man ihn nicht mitnahm, aber Steve wollte den Collie nicht im Wagen haben, wenn er frisches Fleisch holte. Selbst für einen Hund wie Lig war das eine zu große Versuchung.

Steve fuhr an der Werkstatt von Jack Farthing vorbei und hielt vor der Metzgerei. Das Fleisch zum Einfrieren war schon vorbereitet. Der Metzger half Steve, die Behälter hinten in den Wagen zu packen.

„Fast hätt ich's vergessen", sagte er, als sie an der Ladentür standen und Steve das Geld aus seiner Brieftasche nahm. „Bei der Landwirtschaftsschau im Herbst wird ein Preisrichter für die Schafe gebraucht. Alec McGregor sollte das machen, aber er hat einen Herzanfall gehabt, und man hat ihm geraten, es jetzt langsam angehen zu lassen. Es ist gut drei Wochen nach deiner Hochzeit. Einen ganzen Monat wirst du ja wohl nicht Flitterwochen halten, oder?"

„Ich hab's noch viel länger vor", sagte Steve und grinste. „Aber dazu brauche ich keine Hochzeitsreise, und Preisrichter mache ich gerne. Bei Schafen kann ich nicht nein sagen, und ich bin sowieso dort. Mara kann mir helfen. Wird ohnehin Zeit, daß ich ihr was über Schafe beibringe."

„Prima", sagte der Metzger. Er steckte die Scheine ein und sah Steve zu, der in den Kombi kletterte. „Der hat gute Dienste geleistet, was? Ist doch fast schon ein Oldtimer."

„Stimmt", erklärte Steve. „Deshalb muß ich ihn wohl bald ausrangieren. Vor kurzem hatte ich ein bißchen Ärger mit den Bremsen, aber Jack hat nachgesehen und meinte, es sei nichts Schlimmes. Also bis dann."

Er legte den Gang ein und fuhr los. Die Kinder kamen aus der Schule und liefen ausgelassen die Dorfstraße hinunter. Er schaltete zurück wegen des starken Gefälles vor der Schule und der scharfen Kurve dahinter.

In diesem Augenblick bog ein kleiner Personenwagen vom Schulhof in die Straße ein, und er stieg auf die Bremse.

Nichts geschah.

Er griff nach der Handbremse und riß sie hoch, aber die Straße war zu steil für die schwache Bremse. Er sah die Gesichter der Kinder im Fenster des winzigen Minis, sah das entsetzte Gesicht der Frau, die versuchte zu beschleunigen. Aber er wußte, daß das Verhängnis nicht mehr abzuwenden war. Er riß das Steuer herum.

Der Wagen schleuderte und prallte krachend gegen eine Mauer, daß es in der ganzen Dorfstraße widerhallte. Die junge Mutter bedeckte schaudernd ihr Gesicht, unfähig, sich aufzuraffen, aus dem Wagen zu steigen und nachzusehen.

Das letzte, was Steve hörte, war das Schreien eines Kindes. Dann wurde es dunkel.

– 2 –

ANNA LEIGH stand auf den Hof ihrer Farm und blickte über die Felder. Mit den Jahren war sie immer rundlicher geworden, und in dem einst blauschwarzen Haar schimmerte es grau.

Der Winter war endlich vorüber. Gelbe Kätzchen sprossen an den Haselsträuchern, die in ihren sich wiegenden Zweigen die Sonne einzufangen schienen. Lisa, die größte der Enten, saß auf ihren Eiern; sie war eine von Johns gepriesenen Moschusenten.

Anna wandte sich dem Haus zu, auf das hohe Bäume ihren Schatten warfen. Setter-Tal. Es war ein Name, der hier im Süden Manchesters unter Hundefreunden einen guten Klang hatte; nicht nur wegen der schönen Schäferhunde, die sie aufgezogen hatte, sondern vor allem wegen der vielen Würfe Blindenhunde, die für das Rehabilitationszentrum in der nur acht Kilometer entfernten Stadt bestimmt waren.

Dave Masterson, der Ausbildungsleiter des Zentrums, hatte ihr einst die erste Hündin gebracht. Damals hatte im Zentrum niemand Zeit gehabt, sich um eine werfende Hündin und einen neuen Wurf zu kümmern, und Anna hatte sich bereit erklärt, diese Aufgabe zu übernehmen.

Setter-Tal nahm jetzt ihre gesamte Zeit in Anspruch. Vor sechs Monaten war John, erschöpft vom Zureiten einer neuen Stute, nach Hause gekommen. Es war schwere Knochenarbeit gewesen, und John, der sich ganz zerschlagen fühlte, legte sich hin. Sie brachte ihm eine Tasse Tee, machte sich aber weiter keine Sorgen. Er klagte oft, daß er müde sei, aber schließlich ging er auf die Sechzig zu, und in der Landwirtschaft wurde einem nichts geschenkt. Als sie ins Schlafzimmer kam, war er tot.

Nur ein Augenblick, und alles war zu Ende, einfach so.

Irgendwie überstand sie die Wochen, die folgten, klammerte sich an Routinearbeiten und versuchte sich auf den Beinen zu halten, so gut es eben ging. John hatte sich nie um seine Gesundheit gesorgt, hatte nie daran gedacht, einen Arzt aufzusuchen. Wie viele Pläne hatte Anna noch für ihr gemeinsames Leben geschmiedet. Jetzt mußte sie lernen, allein zurechtzukommen.

Sam, ihr Golden Retriever, kam zu ihr und drängte sich an sie. Er haßte es, nicht beachtet zu werden. Er brachte ihr die Handschuhe und forderte sie dadurch auf, mit ihm spazierenzugehen.

Vom Zaun her rief jemand ihren Namen. Susan, das blinde Mädchen vom unteren Ende der Straße, das ebenfalls im Zentrum arbeitete, hatte ein paar Tage frei.

Sie öffnete das Tor. Ihr Blindenhund Zanta zog, denn er wollte Anna begrüßen, die die Hündin in ihrem Zwinger aufgezogen hatte – eine der ersten aus den Würfen für Dave Masterson, der ein guter Freund von John gewesen war. Susan ließ Zanta los, die davonrannte, um mit Sam herumzutollen.

„Ich komme auf eine Tasse Kaffee", sagte Susan.

„Wie schön." Man konnte Anna anhören, wie sehr sie sich über den Besuch freute. Sie kannte Susan seit fünfzehn Jahren und konnte es immer noch nicht richtig glauben, daß das Mädchen schon siebenundzwanzig war. Susan war bildhübsch. Man konnte es sich kaum vorstellen, daß ihre lebhaften blauen Augen nichts wahrnahmen. Aber Susan hatte trotz ihrer Behinderung Freude an vielen Dingen. Sie kam sehr gerne zu Anna, spielte mit den jungen Hunden und Kätzchen, lief auf dem Hof umher und beschäftigte sich voller Hingabe mit den Jungtieren, kniete nieder, um den Duft einer Blume zu riechen, die zarten Blütenblätter anzufassen.

„Komm mal mit zu dem neuen Wurf für Dave", sagte Anna. Sie ging voran zu den windgeschützten Zwingern, wo in der letzten Box Mellie, eine schöne junge Hündin, einen Wurf säugte, dessen Vater Sam war.

Die Jungen waren jetzt drei Wochen alt. Alt genug, um ins Haus zu kommen und mit sozialem Umgang zu beginnen, so daß sie lernten, den Menschen von Anfang an zu trauen. Bald würden sie zu den Ausbildern junger Hunde kommen, alle bis auf einen, der für einen kürzlich erblindeten Mann bestimmt war, einen schottischen Farmer. Dave hatte Anna vor ein paar Tagen von ihm erzählt.

Im Wassertrog blinkte etwas auf. Anna beugte sich vor. Im Wasser lag ihre neue Brille. Sam, der merkte, daß sie ihn ansah, hielt es für klüger, sich zu verdrücken. Der Apportierhund schleppte alles herum, was er tragen konnte. Trotz seiner sechs Jahre war er noch immer ein ausgemachter Kindskopf.

„Eines von diesen Jungen ist ganz goldig", schwärmte Anna und bückte sich, um den kleinen, zarten Kopf zu streicheln. „Es ist eine

Hündin, und ich werde sie behalten. Ich habe sie Gemma genannt. Sie ist den anderen aus dem Wurf weit voraus und kann schon stehen. Und sie ist immer als erste an der ‚Milchbar'."

Sie nahm das Junge und gab es Susan in den Arm. Susan wiegte die kleine Hündin liebevoll.

„Anna, bitte", sagte sie, und ihre Stimme war sehr eindringlich. „Geh nie von hier weg, hörst du? Ich kann mir einfach nicht vorstellen, daß jemand anderer hier wohnt! Und ich hänge doch so an den Hunden."

Mellie winselte nach ihrem Jungen. Susan hockte sich hin, tastete nach den anderen Jungen und legte die kleine Gemma vorsichtig wieder zu ihnen.

„Ich kann mich nicht daran gewöhnen, daß John nicht mehr da ist", gestand Anna plötzlich. „Erst wenn man allein ist, merkt man, wieviel der andere getan hat. Es gibt so vieles, was ich nicht kann."

Sie sagte nicht, daß die einsamen Abende so trostlos waren. Sie wollte Susan nicht mit ihren eigenen Sorgen belasten. Susan hatte selbst genug Probleme mit ihrer Arbeit und ihrer Mutter, die sich jetzt, da ihre Tochter groß war, in ständiges Kranksein geflüchtet hatte, um Susan zu zwingen, bei ihr wohnen zu bleiben.

Susan schirrte ihre Hündin Zanta wieder an. Zanta, die wußte, daß sie drüben im Haus von Anna ein Stück Käse bekommen würde, begann zu ziehen.

„Sie weiß, was es gibt", sagte Susan. „Ich sollte ihr das Ziehen eigentlich nicht durchgehen lassen, aber das hier ist die einzige Gelegenheit, bei der sie das tut. Was meinst du, Anna, schaffst du es, das Ganze hier ohne John weiterzuführen?"

Niemand außer Susan sprach je über John. Die meisten Freundinnen Annas wechselten, wenn sie ihn erwähnte, ängstlich das Thema; sie merkten nicht, daß Anna das Bedürfnis hatte, über die Vergangenheit zu reden.

Susan verstand das offenbar, aber die Blindgeborenen hatten ja oft ein besonderes Gespür für Menschen.

Anna holte den Käse für Zanta und ging daran, Kaffee zu kochen. Susan, die auf dem Platz am Fenster die Wärme der hereinscheinenden Sonne genoß, saß geduldig da. Sie war gewohnt zu warten.

„Ich bin mir noch nicht sicher", erklärte Anna. „Die Nachfrage nach großen Hunden ist im Moment ziemlich gering. Ich müßte kleinere züchten. Shelties vielleicht. Jedenfalls muß ich mir irgendwas einfallen lassen, um mein Einkommen aufzubessern. Scott hat mir geraten, einen kleinen Trakt für kranke Tiere einzurichten. Als Tierarzt kennt er eine ganze Reihe Leute, die froh wären, wenn ihnen jemand die Pflegearbeit abnähme."

Susan ergriff ihre Kaffeetasse, tastete nach dem Tisch neben sich und sorgte dafür, daß die Tasse weit genug vom Rand entfernt stand, so daß sie sie nicht versehentlich umwerfen würde. Anna sah ihr dabei zu und bewunderte die geschickten Bewegungen.

„Können die Welpen nicht reinkommen?" fragte Susan. Die Kleinen würden Anna ablenken und sie zum Lachen bringen.

Anna ging mit dem großen Hundekorb nach draußen und brachte ihn mit den fiependen Jungen beladen zurück. Mellie folgte ihr besorgt und schnupperte an jedem ihrer Sprößlinge, als würde sie sie zählen, während Anna den Korb auf den mit Zeitungen belegten Teppich neben den wärmenden Elektroradiator stellte.

Susan kniete sich auf den Boden, spielte mit den Welpen und streichelte sie.

Die meisten, so hoffte sie, würden Blindenhunde werden, und als solche brauchten sie viel mehr Zuwendung als andere Hunde. Sie mußten von Anfang an zu zufriedenen, umgänglichen Tieren erzogen werden, die überall hingehen konnten und an Menschen gewöhnt waren.

„Auf den Wiesen neben unserem Haus sind Lämmer", erzählte Susan. „Ich höre ihnen so gerne zu."

„Viele mit schwarzem Gesicht und schwarzen Knien dieses Jahr; Tom muß einen neuen Bock gekauft haben", meinte Anna. „Ich habe draußen im Stall eine von seinen Waisen, die bald die Flasche haben muß."

„Laß mich das nachher machen", sagte Susan. „Zanta braucht noch etwas Auslauf."

Sie nahm das Geschirr ab, und Anna ließ den Hund aus der Küche, der sogleich mit Sam losraste.

Susan hatte durch Tasten den besten Welpen aus dem Wurf ausgesucht und hielt ihn hoch. „Ist das Gemma? Scott hat mir von ihr erzählt. Er hält sie für einen der intelligentesten Welpen, den er je gesehen hat."

„Er hat recht", sagte Anna. „Gemma ist ein lustiges kleines Ding und fängt gerade an, wie ein Hund auszusehen. Sie hat ein Gesicht wie ein altes Fräulein, blickt sehr weise und hat zwei Falten auf der Stirn. Und sie schaut zu mir hoch, als wollte sie herausfinden, was ich denke."

Anna verstummte. Überall waren Erinnerungen an John. Er hätte diese Welpen untersucht und mit ihr über Gemmas altkluges

Aussehen gelacht. Sie ging zum Fenster und blickte auf den Hof. Sam und Zanta lagen erschöpft und hechelnd nebeneinander im Sonnenschein. Im Zwinger war Marcus, der große Zuchtrüde, mit einem riesigen Markknochen beschäftigt, während sein zwölf Wochen alter Sohn Orry hinter ihm den Zwingerbesen über den Beton schleppte. Mit dem sperrigen Besen hatte er sich sichtlich übernommen und torkelte, um sein Gleichgewicht bemüht, umher. Anna mußte lachen und schilderte Susan die Szene.

Gemma hatte sich vom übrigen Wurf abgesetzt, hockte neben Annas Fuß und sah mit einem komischen Gesichtsausdruck zu ihr hoch. Es war noch nicht recht zu erkennen, ob sie Sam ähneln und wie ein Retriever aussehen würde oder ob sich Mellies Labradormerkmale durchsetzen würden.

Die Hundemutter kam bedachtsam heran, packte Gemma im Genick und trug sie nach draußen.

„Mellie ist der Meinung, daß die Rasselbande jetzt lange genug hier gewesen ist", erklärte Anna. „Sie geht mit Gemma zurück zum Stall. Wie lange hast du denn frei, Susan? Die Welpen brauchen bald eine Menge Training, und ich hab ohnehin schon alle Hände voll zu tun."

„Ich hab noch bis Ende der Woche frei. Wo ist die Flasche von Racket? Das Lamm heißt doch Racket, oder? Scott hält mich auf dem laufenden."

Scott Lewis, der Tierarzt, hatte es sich zur Gewohnheit gemacht, hin und wieder bei Susan und ihrer Mutter hereinzuschauen, um sich zu vergewissern, daß mit Zanta alles in Ordnung war. Susan konnte schließlich nicht sehen, wenn die Hündin einen Dorn im Fuß oder ein kleines Geschwür im Maul hatte; und wenn Zanta krank würde, wäre sie in einer schlimmen Klemme. Susans Mutter war zu sehr mit ihren eigenen Wehwehchen beschäftigt, um sich noch um den Hund zu kümmern.

Susan nahm die Flasche und ging hinaus. In der Umgebung des Hauses fand sie sich ohne Schwierigkeiten auch ohne Zanta zurecht. Sie öffnete die Stalltür und wurde von einem stoßenden Kopf und einem lauten Blöken begrüßt. Dann gab es nur noch ein geräuschvolles Saugen und den kleinen Körper des Lamms, das sich liebebedürftig an sie drängte, weil ihm die Mutter fehlte.

Anna hörte, wie Susan dem Kleinen gut zuredete. Susan lebte in absoluter Dunkelheit. Doch wenn sie Gesellschaft hatte, war sie fröhlich, und sie erlaubte sich nie auch nur eine Spur von Selbstmitleid, obwohl ihre Mutter sie wie eine Sklavin hielt. Susans Mutter war schon immer besitzergreifend gewesen. Sie war von ihrem Mann verlassen worden, als er erfahren hatte, daß seine Tochter blind sei. Er konnte den Anblick des Babys nicht ertragen.

Susan brachte die Flasche wieder ins Haus und ging zur Spüle, um sie auszuwaschen. „Dave möchte, daß ich im Zentrum wohne", sagte sie. „Und du weißt ja, wie gern ich in seiner Nähe wäre. Aber Mutter will davon nichts hören. Sie käme allein nicht zurecht. Sie ist nicht so wie du, Anna."

Zanta kam herbei, um sich das Geschirr anlegen zu lassen. Sie wußte, daß Susan aufbrechen wollte. Geduldig stand der Hund da, die Augen auf Susans Gesicht gerichtet.

„Ich komme morgen wieder her", versprach Susan und umarmte Anna. Berührung war wichtig für sie. „Kopf hoch, Anna. Sei nicht so traurig."

Dann war sie fort, und Anna wünschte sich, ihre Gefühle besser verbergen zu können. Allen anderen konnte sie ihre Mutlosigkeit verheimlichen, aber nicht Susan. Das Mädchen spürte Stimmungen mit instinktiver Sicherheit; so wie Sam sie spürte, der die Abende damit verbrachte, ihr Geschenke zu bringen. Die Geschenke wurden immer seltsamer. Ein kleiner Berg wuchs neben ihrem Stuhl, wenn er daranging, seine Spielsachen und Knochen zu ihr zu schleppen, ihr Portemonnaie und ihr Brillenetui, und dem Haufen dann ein kleines Kissen hinzufügte, ihre Haarbürste und eine alte Strumpfhose, bis sie schließlich lachen mußte.

Dann stellte er sich erfreut mitten ins Zimmer und wedelte wie ein Welpe mit dem Schwanz.

Jetzt kam er herein, den Kopf schräg gelegt, und bellte. Zeit für das Fressen. Mit aufgerichteten Ohren und leuchtenden Augen saß er erwartungsvoll da, während sie Fleisch und Schrotmehl vermengte und Brühe dazugoß. Sie hatte auch noch die größeren Welpen zu füttern, einen Wurf Schäferhunde, die fast so weit waren, daß man sie verkaufen konnte.

Die Sorgen stellten sich wieder ein, als sie das Fressen für die Hunde zubereitete. Sie wußte nicht, wie sie finanziell über die Runden kommen sollte. Sicher, sie verkaufte Hundefutter, Leinen, Kämme und Bürsten. Aber das brachte nicht viel ein, obwohl es dazu beitrug, daß Leute zu ihr kamen und ihre Einsamkeit erträglicher gestalteten.

Ihr letzter täglicher Gang führte sie mit Mellies Fressen zum Welpenzwinger. Mellie brauchte bei den vielen Jungen, die sie säugen mußte, sehr viel mehr als die anderen Hündinnen. Die Welpen würden erst in knapp einer Woche entwöhnt sein. Mellie säugte ihre

Jungen mit größter Zufriedenheit. Anna zählte. Es hätten acht Welpen sein müssen, aber es waren nur sieben. Gemma, der Stolz des Wurfes, fehlte.

Sie stellte den Napf ab. Mellie erhob sich und schüttelte die Jungen ab. Ihr eigener Hunger machte sie ungeduldig. Anna sah hinter der Hütte nach. Da lag das Junge ausgestreckt in der Ecke, unregelmäßig atmend und würgend, das kleine Maul geöffnet in dem Bemühen, Luft zu bekommen.

Erschrocken hob Anna das Junge auf und rannte ins Haus, um Scott anzurufen und ihn zu bitten, sofort zu kommen.

Wenige Minuten später hielt Scott vor dem Tor und rannte die Zufahrt entlang. Anna hatte die Tür offenstehen und hielt den Welpen in eine Decke gewickelt im Arm.

Scott nahm das winzige Wesen. Der keuchende Atem ging schnell; noch immer rang die junge Hündin nach Luft. Scott ging mit ihr zum Tisch unter die Lampe und öffnete ihr weit das Maul. Aus seiner Tasche holte er eine kleine Pinzette, griff ihr damit in den Hals, faßte vorsichtig zu und förderte ein Stück Radiergummi zutage.

„Sie muß das auf der Erde gefunden und darauf herumgekaut haben. Es geht ihr schon besser."

Das Keuchen hatte aufgehört. Anna nahm Gemma und setzte sie auf den Kaminvorleger ans Feuer. An der Hintertür hörte man plötzlich ein Winseln und Scharren.

„Mellie hat die Kleine vermißt", sagte Anna und ließ die Hündin in die Küche. Mellie packte das Junge, beroch es, und Gemma fing an zu trinken.

„Sie ist wieder putzmunter", meinte Scott sichtlich zufrieden.

„Sie ist ein Prachtkerlchen", bemerkte Anna. „Ich hatte solche Angst, sie zu verlieren. Wie wär's mit einer Tasse Tee, Scott?"

„Danke. Aber zu Hause wartet meine Frau mit dem Abendessen", antwortete er und ging zur Tür. Lächelnd winkte er dem Mann zu, der eben den Weg zum Haus entlangkam. „Hallo, Dave. Nach den Welpen sehen?"

„Das, und Anna um einen Gefallen bitten", erklärte Dave.

„Heute wollen aber auch alle was von mir", sagte Anna und bat Dave ins Haus.

Dave war inzwischen ein alter Freund. Und er war ein ebenso leidenschaftlicher Hundezüchter wie sie.

„Ich habe eine Idee", begann Dave, als er gemütlich am Feuer saß und Mellie und die Welpen hereingebracht worden waren, damit er sie sehen konnte. Die Jungen waren satt und schläfrig. Sie rollten sich ein und steckten die Köpfe zusammen. Mellie lag daneben und paßte auf. Sam hatte seinen Kopf auf Daves Knie gelegt.

Anna brachte ein Tablett mit Kaffee und Gebäck herein. Dave, klein und stämmig, mit dunklem Haar und einem frischen runden Gesicht, das ihn wesentlich jünger als zweiundvierzig aussehen ließ, liebte selbstgemachtes Gebäck über alles.

„Du weißt, daß wir die Zahl derer, denen wir Braillelesen beibringen wollen, wegen des Feuers im letzten Jahr vermindern mußten“, sagte Dave.

Anna nickte, während sie Kaffee eingoß. Der Brand hatte einen Flügel des alten Gebäudes vollständig zerstört.

„Anna, würdest du einen Blinden bei dir aufnehmen? Wir würden dir die Summe zahlen, die wir für ihn aufwenden müßten, wenn er im Zentrum lebte. Auf diese Weise haben wir Platz für eine weitere Person. Und du kommst zu etwas Geld. Natürlich bringt es auch eine ganze Menge Arbeit mit sich. Es wird jemand sein, der als Erwachsener erblindet ist, und es kann räumlich und psychisch Probleme geben.“

„Ich weiß nicht, ob ich damit zurechtkomme, Dave“, gab Anna zu bedenken.

„Sicher, es ist keine leichte Aufgabe, und ich weiß, daß du sehr unter Johns Tod leidest. Aber du würdest jemand eine Chance geben, auf die er sonst monatelang warten müßte. Und wenn es hinhaut, könnten wir es zu einer ständigen Einrichtung machen und immer wieder jemand bei dir unterbringen. Du bist durch Susan an Blinde gewöhnt und weißt, wie man mit ihnen umgeht. Wir haben auch schon daran gedacht, dir eine Stelle im Zentrum anzubieten, aber du würdest sicher ungern hier weggehen.“

„Ich muß mir das überlegen“, sagte Anna. „Jemand, der neu erblindet ist, könnte zum Beispiel Probleme mit den Tieren hier haben. Er würde über sie stolpern.“

„Dann muß er lernen, dies zu vermeiden“, erwiderte Dave. „Unser Ziel ist, die Menschen wieder in ein normales Leben zu führen, und nicht, sie irgendwo einzusperren, wo es keinerlei Risiken gibt. Es eilt nicht, denn der Mann, an den ich denke, kann noch gar nicht kommen. Er muß noch mehrere Wochen seine Knochenbrüche ausheilen, bevor wir ihm helfen können. Übrigens hat die Sache hier noch einen Vorteil. Wenn der Fahrer vom Zentrum morgens Susan zu Hause abholt, können wir auch deinen Gast gleich mitnehmen.“

Anna lauschte, als Dave wegfuhr, hörte das Geräusch des Motors in der Ferne verklingen. Sie lehnte sich in ihren Sessel zurück. Wenn sie auf Daves Angebot einging, hätte sie abends Gesellschaft. Aber was für eine Gesellschaft? Jemand, der verbittert war und mit seinem Schicksal haderte? Jemand, der bemuttert werden mußte und ihre eigenen Wunden wieder aufbrechen ließ?

Sie war tief in Gedanken versunken, als sie Mellie und die Jungen in den Zwinger brachte.

Sam folgte ihr zurück ins Haus. Die Leere traf sie wie ein Schlag. Automatisch blickte sie hinüber zu Johns Sessel. Wenn dort nur jemand säße. Irgend jemand.

Anna ging in die Küche und bereitete sich ihr Abendessen. Sie aß und sah dabei fern, wozu John und sie kaum einmal Zeit gehabt hatten. Es hatte soviel zu tun gegeben; so vieles war zu planen gewesen, zu besprechen. Jetzt war alles ganz anders.

Die Sendung war zu Ende. Anna hatte ihren Gedanken nachgehangen und kaum etwas mitbekommen.

Sie schaltete das Gerät aus. Sam lief nach oben in seine Ecke. Als Anna aus dem Badezimmer kam, waren seine braunen Augen fest auf sie gerichtet, bis sie das Licht ausknipste. Sie lag da und lauschte auf das Ticken der Uhr.

Sie würde den zahlenden Gast nehmen. Alles war besser als das hier. Kaum hatte sie diesen Entschluß gefaßt, da schlief sie ein und merkte nicht einmal, daß sie einen ersten Schritt getan hatte, daß sie angefangen hatte, Pläne zu machen.

Sie wachte früh auf, sah, daß es erst fünf Uhr war, konnte aber wie immer nicht mehr einschlafen. Sie würde die Möbel im Gästezimmer umstellen müssen, dafür sorgen müssen, daß es möglichst wenig Tücken für einen Menschen gab, der nicht sehen konnte. Es würde jemand dasein, für den sie kochen konnte; Schluß mit der kalten Küche, den paar Butterbroten, die nur gegessen wurden, weil der Mensch sich eben ernähren mußte. Sie würde wieder anfangen, Kuchen zu backen; gute Rezepte kannte sie genug.

Sie stand auf und spielte mit Sam, bevor sie mit der täglichen Arbeit draußen begann, beim ersten Tageslicht und in der kühlen Morgenluft. Sam rannte hinter seinem Wurfring her und kam dann umständlich zu ihr zurückgetrollt. Den ganzen Tag über schleppte er den Ring mit sich herum. Es war das erste Mal seit Monaten, daß Anna wieder mit ihm gespielt hatte.

Anna war trotz der harten Arbeit zufriedener, merkte, daß sich ihr Leben ändern würde. Wie es sich ändern würde, hätte aber auch sie nicht zu sagen vermocht.

– 3 –

STEVE befand sich in einer dunklen Welt voller Schmerzen. Er wußte nicht, daß sein Vater zwei Wochen lang täglich an seinem Bett saß, wußte nicht, daß ein Telefonat Mara über den Atlantik zurückgerufen hatte. Neben einer Reihe anderer Verletzungen hatte er eine schwere Gehirnerschütterung.

Er wußte nicht, daß seine Mutter, als sie von seinem Unfall erfahren hatte, einen Herzanfall erlitten hatte und jetzt im selben Krankenhaus lag.

Andrew teilte seine Zeit zwischen beiden auf. Nettie erholte sich zwar, aber sie würde Ruhe brauchen, wenn sie nach Hause kam. Wenn Andrew einmal Zeit zum Nachdenken blieb, überkam ihn die Verzweiflung. Ohne Nettie und Steve konnte er sich ein Leben nicht vorstellen.

Steve wußte nicht, daß er ein Held war und sein Bild, das ihn zusammen mit Lig zeigte, von allen Zeitungen veröffentlicht worden war. Die Blätter erzählten seine Geschichte, sie berichteten über das Versagen der Bremsen und wie er gegen die Mauer gefahren war, um die Kinder vor dem sicheren Tod zu bewahren. Der alte Wagen hatte keine Sicherheitsgurte gehabt. Steve war durch die Windschutzscheibe und gegen die Mauer geschleudert worden. Er konnte von Glück sagen, daß er überlebt hatte.

Neben seinem Bett standen Blumen. Blumen von den Kindern und ihren Eltern, Blumen von Leuten, die Steve bei der Arbeit mit Lig auf nationalen und internationalen Wettbewerben getroffen hatten. Steve war beliebt und bekannt. Blumen auch vom Produzenten der Sendung „Ein Mann und sein Hund“, der seine Anteilnahme zum Ausdruck brachte.

Die Schmerzen wurden sein ständiger Begleiter. Schmerzen in den Armen, dem Brustkorb und den Beinen, heftige Schmerzen im Kopf, die nur nachließen, wenn Steve Beruhigungsmittel bekam. Er konnte sich nicht einmal daran erinnern, wer er war. Er war sich der Stimme Andrews bewußt, aber die Stimme sagte ihm nichts. Es gab keine Wirklichkeit. In der ersten Zeit war auch Mara täglich gekommen und hatte an seinem Bett gesessen, aber er erkannte sie nicht, und Andrew ließ sie nicht wieder hingehen.

Erst am dritten Tag der dritten Woche im Krankenhaus erlangte Steve das Bewußtsein wieder. Er konnte ein Bein nicht bewegen. Es war fest eingegipst und wurde von einem Flaschenzug hochgehalten. Auch ein Arm war in Gips. Um die Rippen hatte er einen Verband. Er fuhr sich mit der linken Hand ans Gesicht und spürte Bandagen am Kopf und über den Augen. Er wußte nicht, ob es Tag oder Nacht war.

Sein Vater, der das Tasten der Hand bemerkte, sprach ihn vorsichtig an. „Steve?"

Sein Gedächtnis setzte ein. Steve sah wieder den kleinen Wagen vor sich, erinnerte sich an das Versagen der Bremsen, an die Mauer, die drohend auf ihn zuraste.

„Die Kinder. Was ist mit ihnen?" Es war von größter Wichtigkeit zu wissen, daß keines der Kinder durch ihn zu Tode gekommen war.

„Es geht ihnen gut", beruhigte Andrew ihn. „Sie haben dir Blumen geschickt."

„Ist es Tag oder Nacht?" fragte Steve.

„Tag", erwiderte Andrew. Voller Angst wartete er auf die nächste Frage.

„Wann nehmen sie mir den Verband von den Augen?"

„Bald", sagte die klare Stimme einer Frau dicht bei ihm. Die Schwester glättete das Laken und rückte die Kissen zurecht. „Das ist genug geredet für jetzt. Hier, das lindert die Schmerzen. Tut der Kopf noch sehr weh?"

„Ja", antwortete Steve matt. Der Schmerz in den Augen war das schlimmste. Eine vage Angst kam in ihm auf, aber er wagte nicht, sie auszusprechen. Der Schlaf gewann wieder die Oberhand.

„Er ist jetzt außer Gefahr", sagte der Arzt, der ein paar Minuten später eintrat. „Gehen Sie nach Hause, Mr. Drake, und ruhen Sie sich etwas aus."

„Wann werden Sie's ihm sagen?" fragte Andrew.

„Ich sag's ihm, wenn die Zeit dazu gekommen ist", antwortete der Arzt.

Andrew Drake sah auf die bandagierte Gestalt im Bett. Von Steves Gesicht war nur das Kinn zu sehen. Die Windschutzscheibe war gesplittert, und Steve hatte am Gesicht und auch an den Augen operiert werden müssen. Ein winziges Teil in einem Auto hatte in einem kritischen Augenblick versagt, und das Leben war völlig aus den Fugen geraten.

Auf dem Parkplatz stand ein Polizist, der im Krankenhaus gewesen war, um die Aussage eines anderen Unfallopfers aufzunehmen.

„Wie geht es Ihrem Sohn, Mr. Drake?" erkundigte er sich.

Andrew lehnte sich erschöpft an seinen Wagen. „Er ist jetzt außer

Gefahr", erwiderte er. „Aber er ist blind." Noch nie hatte er diese Worte laut zu jemandem gesagt.

„Ich fahre Sie heim", erklärte der Mann. „Sie sind ja vollkommen erschöpft. Man kann einen Wagen zu Ihrem Haus schicken und mich abholen. Ich rufe an, wenn wir dort sind."

Auf der Heimfahrt schlief Andrew. Er war dem Polizeibeamten dankbar, der ihn ins Haus führte, wo Mara mit dem Essen wartete.

„Es wird schon wieder gehen. Ich kümmere mich um ihn", beschied sie dem Polizisten.

Sie sah Andrew beim Essen zu. Er schien wie in Trance. „Weiß Steve es schon?" fragte sie beklommen.

„Nein, noch nicht. Ich habe keine Ahnung, wie er es aufnehmen wird. Er war nie ein geduldiger Mensch, wenn es um Krankheiten ging, denn er hat ja vorher nie etwas Ernsthaftes gehabt."

Andrew ging nach oben, um sich auszuruhen. Mara beschäftigte sich, kochte, machte sauber, besorgte das Melken. Sie zwang sich, nur an das zu denken, was sie gerade tat, um nicht über Steve ins Grübeln zu kommen. Lig lief hinter ihr her, er schien völlig verloren.

ALS Steve wach wurde, hatten die Schmerzen etwas nachgelassen. Sie waren zwar noch da, aber erträglich, solange er nicht versuchte, sich zu bewegen. Er wußte jetzt, daß er im Krankenhaus lag. Er roch die Desinfektionsmittel. Er nahm Geräusche wahr. Vor dem Fenster sang eine Amsel. Es war also Tag. Die Wärme auf seiner Wange mußte von der Sonne herrühren, die auf sein Gesicht schien. Schritte hallten wider, näherten sich der Tür, seinem Bett.

Eine tiefe Stimme sprach ihn an. „Aufgewacht?"

„Ja", antwortete Steve.

„Gut. Es wurde Zeit, daß Sie wieder zu sich kommen." Eine kräftige Hand umfaßte sein Handgelenk. Er konnte das schnelle Ticken einer Armbanduhr hören. Sein Puls wurde gemessen. Leichtere Schritte liefen durch das Zimmer. Ein Thermometer berührte seine Lippen.

„Wann kommt denn dieser Verband weg?" fragte Steve. „Es ist furchtbar, wenn man nichts sehen kann."

Ein längeres Schweigen trat ein. Wären nicht die Hand an seinem Puls und das rasche Atmen der Schwester neben ihm gewesen, hätte er denken können, daß alle gegangen wären. Seine Augen schmerzten, brannten stechend, als ob sie voller Sand wären. Er wollte sie reiben. Er hob eine Hand und zerrte ungeduldig am Verband, aber sie wurde sofort gepackt und festgehalten.

„Nicht!" befahl die Stimme. Es war eine geduldige, volltönende Stimme, die wohl einem älteren Mann gehörte. „Es tut mir leid", fuhr die Stimme fort. „Sie werden nicht sehen können, auch nicht, wenn der Verband weg ist. Ihre Augen sind voller Glassplitter. Wir haben operiert, aber es ist nichts mehr zu machen. Sie werden einige Zeit behandelt werden müssen, ein Jahr, vielleicht zwei, bis die Entzündung abgeklungen ist. Auf Verlangen Ihres Vaters haben wir einen der besten Augenspezialisten des Landes hinzugezogen. Er hat alles menschenmögliche getan."

Steve fand keine Worte. Er verstand nicht, was man ihm gesagt hatte. Er wollte nicht verstehen. Es war schlimmer als ein Todesurteil. Nie mehr die Lämmer sehen oder Lig, wie er den Berg hinaufrannte, nie mehr an den Wettbewerben teilnehmen, die er so liebte, mit dem besten Hund, den er je gehabt hatte. Keine Hochzeit mit Mara. Niemals würde er sie dazu verurteilen, mit einem blinden Krüppel zusammenzuleben.

Der Arzt stand auf. Sein Gesicht war besorgt. Er war sehr viel jünger, als Steve annahm, und bereits gezeichnet von den Niederlagen, die sein Beruf immer wieder bereithielt.

Hatte er diesmal falsch gehandelt? Hätte er noch warten sollen? Hatte er die Fähigkeit dieses Mannes überschätzt, mit dem Schock fertig zu werden?

Er wußte es nicht. Einige ertrugen es, andere nicht, aber er wollte nicht, daß Steve sich den Verband vom Gesicht riß und die Wahrheit auf diese Weise erfuhr.

Sein Griff wurde fester. „Mr. Drake?" In seiner Stimme schwang Bedauern, das Eingeständnis, geschlagen zu sein. „Es tut uns allen leid."

Mitleid half niemandem. Steve rührte sich nicht. Er wollte toben und schreien, sich auflehnen gegen den Unfall, der ihm all das genommen hatte, wofür zu leben sich lohnte, wollte den Mann verfluchen, der es ihm gesagt hatte, doch er schluckte seinen Zorn hinunter.

Der Arzt wußte, daß es lange dauern würde, bis Steve die ganze Tragweite der Diagnose erkennen würde. Und es gab nichts, das irgend jemand hätte tun können, um den Schock zu mildern. Später würde man ihn auf eine Station legen, wo Gespräche mit anderen Kranken ihn von sich selbst ablenken konnten.

Steve wollte schlafen. Der Schlaf vertreibt die Gedanken. „Ich bin müde", sagte er.

Der Arzt nickte der Schwester zu. Der plötzliche Einstich der Nadel ließ Steve auffahren. Sie hätten ihm sagen sollen, daß er eine Spritze bekäme. Aber die Spritze brachte vorübergehende Erleichterung. Steve schlief ein.

Er erwachte und merkte, daß jemand an seinem Bett saß.

„Vater?"

„Ihr Vater war da und ist wieder gegangen, und Ihre Verlobte auch."

„Mara war hier?" Er wollte nicht, daß sie herkam, wollte sie nicht in seiner Nähe haben, voller Mitleid. Mitleid vertreibt die Liebe. Er wußte, daß sie ihn heiraten, daß sie zu ihm stehen würde, aber das würde er nicht zulassen. Wenn sie aber doch bei ihm wäre ... „Sie soll nicht herkommen, auf keinen Fall, hören Sie?"

„Schon gut, schon gut. Ich sorge dafür, daß sie nicht kommt."

Schwester Betty war seit dreißig Jahren im Dienst. Sie hatte alles schon gesehen, die Schmerzen und das Leid, hatte selbst Leid erlebt, und sie ahnte Steves Gründe. Er mußte unter allen Umständen Ruhe haben, und sie würde dem Mädchen beibringen müssen, daß ihre Besuche keine Hilfe waren. Lieber Gott, das ist nicht gerecht, sagte sie sich in ihrem Innern, aber als sie sprach, klang ihre Stimme fröhlich.

„Ich bin Schwester Betty. Ich sitze hier und stricke. Wollen Sie eine Tasse Tee?"

Steve verspürte urplötzlich das unbändige Verlangen zu lachen, und dann kam der Wunsch, loszuheulen wie ein Hund. Besser, er trank eine Tasse Tee. Trinken würde ihn ablenken.

„Ich bring ihn in einer Schnabeltasse, das ist leichter."

Er hörte ihre Schritte, als sie durch das Zimmer nach draußen ging. Dann drangen geheimnisvolle Laute an sein Ohr, die sich ganz plötzlich einordnen ließen als die Geräusche eines Teeautomaten.

„Zeit, daß wir aufhören, Sie zu bemuttern", erklärte Schwester Betty, als sie das Zimmer wieder betrat. „Richten Sie sich auf, und trinken Sie das."

„Ich kann mich nicht aufrichten", sagte Steve verstockt.

„Doch, Sie können. Schieben Sie sich einfach im Bett hoch. Sie sind nicht gelähmt."

„Fühlt sich aber genauso an", erwiderte Steve, der plötzlich wütend wurde.

„Sie sollten auch aufhören, sich selbst zu bemitleiden", sagte Schwester Betty mit energischer Stimme. „Das Leben ist nicht zu Ende. Es wird eine neue Richtung nehmen."

„Welches Leben?"

„Trinken Sie Ihren Tee, und seien Sie dankbar für das, was Sie haben", entgegnete Schwester Betty scharf. Rührende Anteilnahme hätte Steve nur in eine Orgie aus Selbstmitleid getrieben. „Sie können Ihre linke Hand benutzen. Hier, nehmen Sie den Griff. Ich führe Ihnen die Tasse an den Mund. Sie müssen lernen, allein zu trinken."

Steve stellte fest, daß er sich, gestützt durch die Kissen, aufrichten konnte. In dieser Position fühlte er sich nicht mehr so hilflos. Der Tee war heiß und tat ihm gut.

Er war froh über die Gesellschaft, über das emsige Klappern der Stricknadeln, das ihm die Gewißheit gab, daß Schwester Betty noch da war und antworten würde, wenn er etwas sagte.

„Ich werde nie wieder auf der Farm arbeiten können", sagte Steve.

„Vier Kinder leben noch und sind unverletzt. Machen Sie sich das mal in einer ruhigen Minute klar. Möchten Sie Ihr Augenlicht zu dem Preis wiederhaben? Die Polizei sagt, bei einem Zusammenprall wären alle tot gewesen. Ihr Wagen war groß und schwer, und die Kinder saßen in einer kleinen Blechkiste. Vielleicht wären Sie dabei auch umgekommen, dann wären es sechs Menschenleben gewesen. So ist keins verlorengegangen. Vielleicht halten Sie das jetzt für bedauerlich, aber die Zeit heilt alle Wunden."

„Woher, zum Donnerwetter, wollen Sie das wissen?" fragte Steve voll Bitterkeit.

„Ich habe meinen Mann im Krieg verloren. Er starb in einem japanischen Gefangenenlager. Wir waren erst ein paar Monate verheiratet. Er hat seinen Sohn nie gesehen. Ich hatte meinen Sohn dreiundzwanzig Jahre. Er starb, als eine Bombe in einer Wirtschaft hochging. Bestialisch und sinnlos. Das war erst letztes Jahr. Sie wissen wenigstens, daß durch Sie vier Frauen ihre Söhne behalten konnten. Diese Mutter hatte die Kinder von vier Familien im Auto."

Steve vermochte nichts zu erwidern. Ein Gefühl der Scham kam in ihm auf. Das Klappern der Stricknadeln dauerte an.

Es versetzte Steve zurück in die Zeiten, in denen er als Kind krank gewesen war und die Mutter an seinem Bett saß und dafür sorgte, daß es ihm wieder besserging.

„Meine Mutter ist gar nicht hiergewesen", sagte er.

„Sie hatte einen leichten Herzanfall, als sie von Ihrem Unfall erfuhr. Es geht ihr inzwischen schon sehr viel besser, aber der Doktor hält es nicht für ratsam, sie schon jetzt zu Ihnen zu lassen. Sie läßt liebe Grüße ausrichten. Sie hat die Blumen gekauft, die jetzt an Ihrem Bett stehen. Riechen Sie mal."

Der Duft von Gartennelken. Leuchtende Farben und zarte Blütenblätter. Steve berührte sie mit den Fingern.

„Das Herz Ihrer Mutter hätte ihr früher oder später sowieso einen Streich gespielt", sagte Schwester Betty. „Sie hat jahrelang viel zuviel gearbeitet."

Ja – sie hatte Heu eingefahren, beim Melken geholfen, die Kuhställe und den Melkstand getüncht, war seinem Vater bei allem zur Hand gegangen, hatte alle Arbeiten im Haus erledigt, geputzt, gekocht und die Wäsche gewaschen.

Zu einem solchen Leben konnte er Mara nicht verurteilen. Wenn er heiratete, würde er eine ständige Belastung sein, weit mehr Hilfe brauchen als die meisten Ehemänner und nicht in der Lage sein, seinen Teil an Verantwortung zu übernehmen. Mara stand plötzlich ganz lebhaft vor seinem geistigen Auge, schlank und zierlich, mit ihren schönen Gesichtszügen und den großen, ausdrucksvollen Augen, die ihn anlachten. Das Ausmaß seines Elends war mehr, als er ertragen konnte, doch es gab kein Entrinnen. Er konnte nur daliegen, dem Kreisen seiner Gedanken ausgesetzt. Die Hoffnungslosigkeit, die ihn befiel, war wie ein finsteres Loch, in das er stürzte.

Er sehnte Mara herbei, um sich an sie zu klammern, um in ihr einen Halt zu finden. Aber das wäre selbstsüchtig gewesen. Er konnte nicht auch noch ihr Leben ruinieren.

Ein Laut entrang sich ihm, und eine Hand ergriff die seine und hielt sie, drückte sie fest, brachte menschliche Nähe. Schwester Betty war froh, daß er ihr Gesicht nicht sehen konnte.

Steve schlief ein, und in seinen Träumen war er zu Hause in den Bergen mit dem dahinjagenden Lig und den kleinen Lämmern, die unten auf der Weide nach ihren Müttern blökten.

Er wachte auf und bemerkte Schritte, die sich seinem Bett näherten.

„Steve?" Es war die Stimme seines Vaters. Die große Hand griff fest nach der seinen, und Steve erwiderte den Druck. Sie würden das Kloster verkaufen und Andrews Viehbestand verringern müssen. Allein konnte Andrew das alles nie schaffen.

„Wo ist Lig?" fragte er.

„In unserm Haus. Bei Mara. Sie möchte dich besuchen."

„Nein." Steves Stimme wurde lauter. „Ich möchte sie nicht sehen. Mein Leben ist vorbei – ich will nicht auch noch das ihre zerstören."

„Ich würde diese Entscheidung Mara überlassen, Steve", erwiderte Andrew ruhig.

„Ich heirate nicht. Unter keinen Umständen", erklärte Steve. Ihm tat alles weh. Er würde auch entstellt sein, ein abstoßendes Monstrum, das nur noch dazu taugte, versteckt zu werden. Ein Wrack von einem Mann.

„Sie wartet darauf, dich zu sehen, Steve", sagte Andrew geduldig.

„Ich will sie nicht sehen", erklärte Steve. Zorn stieg in ihm auf, Zorn über das willkürliche Schicksal, das die Bremsen hatte versagen lassen. Wenn man den Gips an seinem Bein abnahm, was dann? Würde er verdammt sein herumzuhumpeln, nicht nur blind, sondern auch verkrüppelt? Er wagte nicht zu fragen.

Schwester Betty blickte zu Andrew Drake hinüber, der aufseufzte und gramgebeugt auf seinem Stuhl saß. Er war in den letzten drei Wochen um Jahre gealtert. Es gelang ihm nicht, Zuversicht zu heucheln. Steve hatte so viel für sie getan, für ihn und Nettie, und erst jetzt wurde ihm klar, daß Steve beide Höfe fast alleine versorgt hatte.

Nach Steves Unfall hatte Mara alles übernommen, wozu sie in der Lage war, und ihr Vater hatte einen seiner Männer geschickt. Hennessey sollte sich um die Schafe beim Kloster kümmern. Mara hatte auch Netties Arbeit übernommen, ohne sich zu beklagen. Jeden Tag ging sie zum Kloster hinüber, um sauberzumachen und zu lüften und beim alten Hennessey nach dem Rechten zu sehen, obwohl er ein viel besserer Schäfer war, als sie es je sein würde.

„Ist mit Lig alles in Ordnung?" erkundigte sich Steve.

„Lig geht es gut", erwiderte Andrew. Er dachte an den Hund, der still am Hoftor lag und sofort den Kopf hob, wenn ein Wagen die Straße entlangkam.

„Wann kann ich nach Hause?" fragte Steve.

„Das wird noch einige Zeit dauern", antwortete Schwester Betty. „Sie müssen lernen, Geduld zu haben."

Wieder klapperten ihre Stricknadeln. Es würde Wochen dauern, bevor Steve so weit war, daß er das Krankenhaus verlassen konnte. Die Gedanken rasten Steve durch den Kopf, und er meinte, alle Welt müßte ihn schreien hören, doch von seinen Lippen kam kein Ton. Er fing an zu lachen.

Schwester Betty war zur Stelle. Medikamente brachten schnellen Schlaf, aber er konnte sie nicht zeitlebens nehmen. Man ließ Andrew am Bett seines Sohnes sitzen, wo er für beide litt. Nichts konnte ihn trösten.

– 4 –

Die meisten Menschen unterschätzten Mara, wenn sie sie zum erstenmal sahen. Sie war klein und wirkte äußerst zerbrechlich, was jedoch ein völlig falsches Bild ergab. Mara schaffte es nicht nur, beide

Haushalte und den Hof zu führen, sondern vermochte als Farmerstochter auch mit den meisten Tieren fertig zu werden, ganz gleich, ob es sich um ein verängstigtes Pferd handelte, das sich weigerte, in seine Box zu gehen, oder um einen durchgehenden Bullen, den sie mutig mit einer Heugabel zur Räson brachte.

Mara hörte Andrew ruhig zu.

Sie hatte erwartet, daß es Probleme mit Steve geben würde. Er hatte einen zu unbändigen Drang nach Selbständigkeit, um sich von jemandem abhängig zu machen. Eine Hochzeit noch in diesem Jahr war völlig ausgeschlossen. Er würde am geplanten Termin noch im Krankenhaus liegen.

„Ich versuche noch einmal, mit ihm zu reden", sagte Mara. „Ich will nichts überstürzen. Er braucht Zeit ..., wir alle brauchen Zeit. Ich werde das Kloster von euch pachten und es weiterführen, bis Steve so weit ist, daß er nach Hause kommen kann. Und dann sehen wir weiter wegen der Hochzeit. Es hat für mich nie einen anderen Mann gegeben als Steve, und es wird nie einen anderen geben. Ich kann warten."

Andrew nickte.

Er und Nettie hatten früher oft über das kleine Mädchen mit dem Zopf gelacht, das Steve überallhin folgte. Sie hatte angefangen, hinter Steve herzulaufen, als sie vierzehn und er sechzehn war. Als Steve zwanzig war, brauchte sie ihm nicht mehr nachzulaufen; die beiden wußten, daß sie zusammengehörten, wollten aber nichts überstürzen. Mara, die Spaß am Unterrichten hatte, war zum Studium fortgegangen, während Steve sich um den Hof gekümmert hatte, der für sie beide da war. Sie hatten Zeit. Die Zukunft gehörte ihnen.

Mara hatte es in Amerika gefallen, sie hatte das hektische Getriebe von New York ebenso genossen wie die Weite eines Landes, das einen ganzen Kontinent einnimmt. Alle waren voller Anteilnahme gewesen, als die Nachricht von Steves Unfall eintraf. Ihr Gepäck war übergequollen von liebevoll ausgewählten Geschenken.

Sie sah sich im Zimmer um. Es war ihr so vertraut wie ihr eigenes Zuhause, und sie beabsichtigte nicht, es aufzugeben.

„Steve muß seinen eigenen Weg gehen", sagte sie. „Das hat er immer getan, aber ich sollte ihn am Ende doch etwas drängen. Ich mußte ihm auch früher schon auf die Sprünge helfen. Es ist eine Frage der Zeit. Er hat sich nie etwas sagen lassen, oder?"

„Nie", bestätigte Andrew und sah vor sich, wie Steve sich abmühte, selbst seine Schuhe zu schnüren, sich allein anzuziehen in einem Alter, in dem die meisten Jungen froh waren, angezogen zu werden; wie er allein essen wollte, lange bevor er den Löffel richtig halten konnte, gepackt von Wutanfällen, weil er oft etwas machen wollte, das eine Nummer zu groß für ihn war. Er hatte die Hütehunde abgerichtet, als er erst sieben war.

Lig lag am Fenster. Er ließ das Tor nicht aus den Augen. Steve würde wie immer mit dem Wagen die Straße entlangkommen, das Tor aufmachen und Lig heimnehmen. Der Hund gab die Hoffnung nicht auf. In den ersten beiden Wochen hatte er nicht gefressen. Mara hatte ihn mit Leckerbissen gelockt, versucht, seine Zuneigung zu gewinnen, aber er hatte nichts für sie übrig. Er akzeptierte sie alle, aber er brauchte seinen Herrn. Sobald er einen Motor hörte, erhob er sich erwartungsvoll und wedelte leicht mit dem Schwanz. Ein Fremder erschien, und Lig legte sich wieder hin, trostlos. Schließlich hatte Mara den Hund ins Haus geholt in der Hoffnung, das würde seinem zermürbenden Warten ein Ende setzen, doch Lig bezog einfach Position auf dem Sitzplatz am Fenster.

„Ich kümmere mich um das Kloster, egal, was passiert", erklärte Mara. „Steve braucht es gar nicht zu wissen. Du kannst ihm sagen, es sei verpachtet, was ja sogar stimmt."

„Du zahlst keinen Pfennig Pacht, Mädchen", sagte Andrew. „Gütiger Himmel, ich müßte eigentlich dir was zahlen."

Mara legte ihm die Arme um den Hals und gab ihm einen Kuß.

„Du wirst mein Schwiegervater", sagte sie. „Ich gehöre praktisch schon zur Familie. Ich werde Steve heute abend besuchen und ihn umzustimmen versuchen. Wenn wir im Krankenhaus heiraten könnten, würde ihm das vielleicht eine Zukunft geben, auf die er sich freuen kann."

„Ich bringe dich hin", sagte Andrew. „Hennessey macht es nichts aus zu bleiben."

Auf der Fahrt zum Krankenhaus sprach Mara kein Wort. Andrew wollte Nettie besuchen. Auch für ihn war es eine schwere Zeit. Nettie würde sich noch mehrere Wochen lang erholen müssen und Ruhe brauchen. Sie durfte, wenn sie nach Hause kam, am Anfang nicht einmal einen vollen Wasserkessel heben, hatte der Arzt gesagt.

Andrew trennte sich am Ende des Korridors von Mara und ging weiter zur inneren Abteilung, wo Nettie lag.

Mara wußte, daß Steve im Zimmer B 4 lag, noch immer allein. Es war eine Treppe höher, einen gebohnerten Gang entlang und an der Kinderabteilung vorbei.

Sie dachte an ihre Klasse in der amerikanischen Schule. Sie hatte die Kinder scherzhaft Räuberbande genannt. Nur Dummheiten hatten sie anfangs im Kopf, doch nachdem sie begriffen hatten, daß Mara keinen Unfug vertrug, hatten sie sich ihr zuliebe gut benommen. Mit Kindern, Hunden und Pferden hatte sie schon immer umgehen können. Der einzige Mensch auf der Welt, mit dem sie nicht so umgehen konnte, war Steve.

Sie hatte nichts mitgebracht. Auf dem Tisch in seinem Zimmer standen Blumen. Steve lag ruhig da. Sie konnte von ihm nur den Mund und die Nase sehen. Es gelang ihr, ihn mit ruhiger Stimme zu begrüßen.

„Hallo, Steve."

„Ich habe dir gesagt, du sollst nicht kommen", erklärte er nach einem Schweigen, das nicht enden zu wollen schien. „Bitte, Mara, geh wieder."

„Wir könnten hier im Krankenhaus heiraten, Steve", sagte Mara.

Steve hörte die Worte und stellte sich vor, wie er anderen erscheinen mußte: nutzlos, ein Gegenstand des Mitleids und der Nächstenliebe. Mara mußte einen richtigen Mann finden, einen Mann, der sehen, der ihr ein anständiges Leben bieten konnte. Er selbst würde von ihr abhängig sein wie ein Kind.

Er versuchte, das größte Opfer seines Lebens zu bringen und Mara freizugeben, und sie widersetzte sich ihm. Doch seine Zukunft war unrettbar zerstört. Er hatte Mara verloren. Zwar würde sie sich an ihn klammern, wenn er das zuließ; das wußte er. Aber er durfte Mara nicht dazu verurteilen, ein Leben lang für einen Mann zu sorgen, der nicht sehen konnte.

Steve konnte nichts sagen. Die Worte blieben ihm im Hals stecken. Er wünschte sehnlichst, allein zu sein mit seinen Schmerzen und seinem Leid. Hätte er doch nur darauf bestanden, daß die Bremsen richtig überprüft wurden. Hätten sie doch nur schon im Frühjahr geheiratet, dann bestünde jetzt keine Notwendigkeit mehr für eine Entscheidung. Er ballte die Fäuste. Mara bemerkte es und beugte sich über ihn.

Wenn sie ihm doch nur hätte in die Augen sehen, ihn an sich ziehen, sein Gesicht streicheln können. Stumm griff sie nach seiner Hand. Sie wagte nicht zu sprechen.

Seit Tagen hatte Steve das Bedürfnis aufzuschreien. Er hatte sich beherrscht, sein Entsetzen verborgen. Plötzlich traf ihn all das, was noch vor ihm lag, mit ganzer Macht. Er versuchte, Mara von sich zu schieben, sich von ihr abzuwenden, doch die Seilzüge hinderten ihn daran, der Gips umschloß ihn wie ein Sarg.

„Geh!" schrie er und stieß mit all seiner Kraft gegen den mit Rollen versehenen Nachttisch am Bett. Das Tischchen prallte gegen Mara, sie verlor das Gleichgewicht und stürzte gegen den Stuhl an seinem Bett. Während Mara vor Schmerz nach Luft rang, rollte der Nachttisch weiter, prallte krachend gegen den Wandschrank, und alles darauf fiel auf den Boden; die Siphonflasche zerbarst in tausend Stücke.

Da konnte Mara nicht mehr an sich halten. Der Zorn verdrängte alles andere. Die Wochen des Wartens, der Schmerz in ihrem Knöchel, Steves störrische, törichte Weigerung waren mehr, als sie ertragen konnte.

„Hör auf, nur an dich zu denken!" rief sie. „Denk mal an mich. Du weißt, daß ich dich heiraten will. Es macht mir nichts aus, wenn du blind, taub und verkrüppelt bist ... Es macht mir nichts aus ... Es macht mir nichts aus." Ein unbeholfenes Schluchzen nahm ihr den Atem. Sie weinte sonst nie, und die Tränen machten sie noch wütender.

Steve sagte nichts. Er lag mit geballten Fäusten da.

Schwester Betty und der Arzt hatten den Lärm gehört und waren im Nu zur Stelle. Der Arzt nahm Mara beim Arm und geleitete sie aus dem Zimmer und den Korridor entlang zum Fahrstuhl.

„Steves Vater wartet am Wagen", sagte er und blickte durchs Fenster hinunter zum Parkplatz, wo Andrew niedergeschlagen und mit hängenden Schultern stand, ohne die Blicke der Vorbeigehenden zu bemerken.

„Ich weiß, wo mein Platz ist, egal, was Steve denkt", sagte sie.

Der Arzt nickte. „Geben Sie ihm Zeit."

Am nächsten Tag holte sie ihr Pferd aus dem Stall. Ihr Vater hatte es ihr bringen lassen, damit sie reiten konnte. Im Sattel fand sie immer Entspannung und Ablenkung von ihren Sorgen. Nach dem Melken ritt sie hinaus in die Berge.

In der Nacht hatte es geschneit, und der Schnee lag glatt und unberührt auf den Gipfeln. Dort oben war noch Winter, und die kahlen Berge entsprachen ihrer Stimmung.

Sie kam zu einem flachen Stück Land und ließ dem Pferd freien Lauf. Der Wind blies ihr ins Gesicht, und unter sich spürte sie die geballte Kraft, die das Pferd vorwärts trieb, hörte das dumpfe Dröhnen der Hufe. Sie jagte dahin gegen den Wind, bis sie erschöpft war, verfiel dann in Trab und schließlich in Schritt.

Es wurde Zeit umzukehren. Ihr Vater stand am Tor. Er betrachtete das ermüdete Pferd.

„Tob dich nicht an den Tieren aus", sagte er und blickte ärgerlich drein. Mara fühlte sich schuldig. Sie nahm den Sattel ab und fing an, das schwitzende Pferd abzureiben. Anstrengende körperliche Arbeit half gegen die Gedankenmühle der Erinnerungen. Ihr Vater sah ihr zu und ging dann ins Haus, um Kaffee zu machen und ihn hinauszubringen, ein kleiner, ungewöhnlicher Dienst und die einzige Geste, zu der er fähig war. Er war ebenso wortkarg wie Steve und unfähig, seine Gefühle in Worte zu fassen. Er konnte nur über die Landwirtschaft reden, über Schafe, Rinder und Hunde.

Andrew war draußen auf der letzten Weide, wo die Ochsen, die dort grasten, ein Stück Zaun niedergetrampelt hatten. Der Klang seines Hammers untermalte die Geräusche der Farm. Irgendwo blökte ein Lamm nach seiner Mutter; ein tiefes „Mäh!“ antwortete.

Mara blieb nicht viel Zeit, ihren Gedanken nachzuhängen. Das Pferd brauchte etwas zu fressen, und die Ferkel mußten ihre Flasche bekommen. Magnolia hatte keine Milch, obwohl sie es fertiggebracht hatte, etwa viermal soviel zu fressen wie andere trächtige Säue.

Mara ging hinüber zum Schweinestall, die Flaschen im Arm. Andrew hatte seine Arbeit beendet und kam ihr zu Hilfe. Zusammen betrachteten sie die vierzehn Ferkel, die zu ihnen rannten und ihre Mutter nicht mehr beachteten. Selig nuckelten die Kleinen an den Flaschen; Mara und Andrew hielten in jeder Hand eine Flasche, und jetzt kam auch noch Hennessey mit seiner Colliehündin Sal dazu und nahm ebenfalls zwei Flaschen, während Sal mit der Schnauze eine dritte Flasche aufhob und sie würdevoll zwischen den Zähnen hielt. Sal war es gewohnt, verwaiste Lämmer zu füttern. Zu Ferkeln bestand da auch kein so großer Unterschied mehr. Sie war ganz Mutter, und sie lernte schnell. Hennessey hatte ihr viele Dinge beigebracht, die den meisten Hunden fremd waren.

Schließlich waren die Tiere gut für die Nacht versorgt, die Enten, Gänse und Hühner im Stall, und es war Zeit zu essen. Mara hatte tags zuvor um Mitternacht noch eine Pastete zubereitet, dazu gab es Salat und vorher eine heiße Suppe. Hennessey wusch sich die Hände und schnitt dicke Scheiben vom frischen Brotlaib ab. Der selbstgemachte Käse war ein Nachtisch, der jedem Feinschmecker gemundet hätte. Unter dem Tisch balgten sich die Katzen um die Krümel. Hennessey wünschte mit einem Nicken gute Nacht und ging.

„Wenn ich hier bleibe, wird man im Dorf anfangen zu reden“, sagte Mara zwei Tage später beim Frühstück. „Ich ziehe morgen rüber in das Kloster. Steve wird zumindest das erste Jahr nicht dort sein; der Arzt hat gemeint, daß er in ein Rehabilitationszentrum für Blinde gehen sollte. Mein Vater sagt, Hennessey kann weiter hier mithelfen.“

Mara blickte aus dem Fenster und streichelte das weiche Fell am Hals von Steves Collie. „Lig nehme ich mit und arbeite mit ihm. Ich kann mit ihm die Schafe hüten, und wenn er wieder dort ist, wo er hingehört, lernt er vielleicht, ohne Steve auszukommen."

Der Hund, der hörte, daß Steves Name genannt wurde, wedelte erwartungsvoll mit dem Schwanz und blickte auf.

Draußen hörte man das Geräusch eines Wagens. Mara öffnete die Tür, und Lig raste vor zum Tor, stellte sich mit den Vorderpfoten auf die zweite Stange und spähte, den Körper erwartungsvoll gespannt, auf die Straße. Maras Vater stieg aus dem Wagen und sah, wie der Hund zusammensank und mit eingezogenem Schwanz zum Haus zurückschlich, als hätte er soeben Prügel bezogen.

„Er erinnert uns ständig an Steve", erklärte Mara, als sie ihren Vater begrüßte, der oft herüberkam.

„Ein Brief für dich aus Amerika", sagte er.

Mara las, an das Tor gelehnt. Die Worte tanzten ihr vor den Augen. Es war ein Brief vom Rektor der Schule, an der sie unterrichtet hatte. Sie hatte ihm von Steves Erblindung berichtet und ihm mitgeteilt, daß sie nicht zurückkommen werde.

> An der Schule wird für einen Blindenhund für Ihren Verlobten gesammelt. Wir alle haben Sie sehr ins Herz geschlossen und wollen uns auf diese Weise bedanken. Ich habe mich hier nach dem Preis für Blindenhunde in England erkundigt, und es wurden mir 750 Pfund genannt. Diesen Betrag wollen wir Ihnen zukommen lassen, damit ein für Steve geeigneter Hund ausgewählt werden kann. Die Kinder haben für die nächste Woche ein Konzert geplant; jeder kommt mit Ideen, wie man Geld auftreiben kann. Wir haben schon knapp hundert Dollar zusammen, und auch einige der Eltern haben etwas beigesteuert. Wir alle fühlen mit Ihnen. Steve muß ein großartiger Mensch sein.

Sie hielt ihrem Vater den Brief hin, unfähig, ein Wort zu sagen. Sie dachte zurück an Abende, die sie bei anderen Lehrern verbracht hatte, an die Familien, die sie besucht hatte. Alle waren so reizend zu ihr gewesen und hatten gebannt ihren Erzählungen über das Kloster gelauscht, dem kleinen Häuschen auf dem Gelände eines alten Nonnenklosters. Sie hatten sie geliebt, die Geschichten von Steve und Lig und den Lämmern in den Bergen.

„Es sind großartige Leute", sagte ihr Vater anerkennend und reichte ihr den Brief.

Mara nickte und ging ins Haus. Sie wollte jetzt nicht reden.

Spätnachts lag sie bei brennendem Licht im Bett. Unruhige

Träume von Steve hatten sie aus dem Schlaf hochschrecken lassen. Sie hörte ein Kratzen an der Tür. Lig war draußen und suchte Trost. Sie machte ihm auf und ließ ihn sich neben ihr Bett legen.

Sie zog die Vorhänge zurück und blickte nach draußen auf den mondbeschienenen Hof. Der morgige Tag würde genauso einsam sein wie der heutige.

Lig wimmerte, und sie wünschte, sie hätte mit einstimmen können, aber sie hatte nie zu den wehleidigen Typen gehört. Es gab nur ein Mittel gegen den Schmerz, und das war die Arbeit.

Sie mußte Pläne machen. Sie würde von ihrem Vater einen Bock kaufen, den Viehbestand vergrößern, sich etwas für die Zukunft aufbauen, zeigen, aus welchem Holz sie geschnitzt war. Mara Hastings würde die besten Schafe des Landes züchten, und Mara Drake würde das dann vielleicht eines Tages fortsetzen. Mit diesem schwachen Hoffnungsschimmer legte sie sich wieder hin, drehte sich auf die Seite und schlief schließlich ein.

– 5 –

STEVES Knochenbrüche heilten. Auch die tägliche schmerzhafte Behandlung seiner Augen nahm ein Ende, wenngleich man ihm sagte, er müsse noch mehrere Monate lang jeweils für ein paar Tage zur Nachbehandlung ins Krankenhaus kommen. Tag für Tag hoffte er, nachdem ihm der Verband abgenommen worden war, daß die Ärzte sich geirrt hatten. Und Tag für Tag wurde er bitter enttäuscht. Die Dunkelheit, die ihn umgab, schien immer undurchdringlicher zu werden.

Täglich besuchte Andrew ihn und überbrachte Grüße von Nettie, die jetzt bald nach Hause kommen sollte, erzählte Neuigkeiten vom Hof und vom Kloster. Steve hörte teilnahmslos zu. Nach Mara und Lig erkundigte er sich nie. Der Gedanke an beide schmerzte zu sehr.

Er wurde auf eine Station verlegt, wo es lauter und hektischer zuging und sein Bettnachbar mit ihm sprach. Steve wollte allein gelassen werden mit seinem Leid. Er hatte sich immer am liebsten in freier Natur aufgehalten, und jetzt lag ein Leben vor ihm, das er in enge, geschlossene Räume verbannt verbringen mußte.

Steve wußte inzwischen, daß das Kloster seit einiger Zeit verpachtet war. Wer der neue Pächter war, verschwieg Andrew jedoch aus gutem Grund.

Die Nächte ohne Tag ließen die Zeit kein Ende nehmen. Nur die

Mahlzeiten bildeten noch feste Orientierungspunkte. Doch das Essen schmeckte nach nichts.

Steve fing an, mit Hilfe eines Pflegers an zwei Krücken zu gehen. Er würde neue Wege finden müssen, um Geld zu verdienen. Schreckensbilder von lebenslangem Mitleid und Mildtätigkeit ließen ihm keine Ruhe.

Schwester Betty verbrachte sehr viel ihrer freien Zeit an seinem Bett. Sie war voller praktischer Anregungen, half dem Blinden, neue Fertigkeiten zu erlernen, brachte ihm bei zu essen und seine Kleidung so über einen Stuhl zu legen, daß er sie in der richtigen Reihenfolge zur Hand hatte. Jeden Tag zog er sich jetzt mit ihrer Hilfe an.

Sie hielt ihn an, die Schritte zu zählen, die er bis zum Ende der Station brauchte, sich einzuprägen, wie sich die Türen öffneten, mit seinem Stock zu ertasten, ob sie geöffnet und festgestellt waren. Es war etwas Schreckliches, nach einer Tür zu tasten, die auf unerklärliche Weise plötzlich verschwunden war. Es gelang ihm, sich ohne fremde Hilfe zu duschen und wieder anzuziehen. Manchmal gab es Zwischenfälle. Einmal hatte jemand draußen auf dem Flur einen Rollstuhl stehengelassen, und Steve prallte dagegen. Er hatte ein paar Schrammen, aber sonst war nichts passiert. Schon bald konnte er den Korridor entlang und eine kleine Treppe hinauf zur Krankengymnastik gehen, wo er Übungen machte und Massagen erhielt. Er wußte nicht, daß hinter ihm immer ein Pfleger ging, bereit, gegebenenfalls sofort einzugreifen. Steve erkämpfte sich seinen Weg zurück zur Gesundheit.

Und dann wurde er für ein, höchstens zwei Wochen nach Hause entlassen. Das Blindenzentrum würde ihn aufnehmen, sobald dort ein Platz frei war. Man würde ihm beibringen, ein neues Leben zu führen. Er wollte kein neues Leben, doch ein Leben auf der Farm würde unmöglich sein.

„Ist Lig da?“ fragte er, als Andrew ihn über den Hof zum Haus führte. Es ging ein starker Wind, und er konnte die Schafe hören.

„Er hat furchtbar gelitten, mein Junge“, sagte Andrew. „Ich hab es dir gar nicht erzählt. Er hat fast zwei Wochen nichts gefressen und läuft noch immer zum Tor, wenn ein Wagen vorfährt, um zu sehen, ob du es bist. So langsam fängt er sich, und Hennessey beschäftigt ihn. Wenn du willst, kann ich ihn holen, aber in einer Woche bist du ja schon wieder weg.“

„Laß ihn“, sagte Steve. Es war eine bittere Enttäuschung, aber er konnte den Gedanken nicht ertragen, daß der Hund Tag für Tag verzweifelt nach ihm suchen würde, wenn er wieder fort war.

Selbst zu Hause war es schwierig. In der Stimme seiner Mutter hörte er Besorgnis. Er fiel über Gegenstände und stieß sich wiederholt den Kopf an Türen.

Den Weg zum Melkstand konnte er allein gehen. Zum Anlegen der Melkbecher brauchte er keine Augen und zum Melken mit der Hand auch nicht. Das Handmelken war Therapie: sich gegen das warme Fell der Kühe zu lehnen und dem rhythmischen Geräusch des Milchstrahls zu lauschen, der sich in den Eimer ergoß.

Außer dem Melken konnte Steve auch noch die Pferde striegeln. Dabei stolperte er allerdings oft im Stall umher, während er versuchte, Striegel und Bürste zu finden; er fluchte, wenn eine Harke ihm gegen das Schienbein schlug, und knurrte wütend seinen Vater an, wenn der ihm helfen wollte, obgleich er seine Gereiztheit stets im gleichen Augenblick noch bereute.

Wann immer es ging, entfernte er sich vom Hof, ertastete sich mit dem Stock den Weg vom Haus durch das Tor auf den Reitweg, der hinunter zur Bucht führte. Draußen im Wind, der über die Berge fegte, konnte er sich ein Bild vom Tag machen, sich die Form der Wolken vorstellen, die sich über den Himmel schoben, so daß die Sonnenwärme auf seinem Gesicht kam und ging. Er wußte, wie hinter ihm die hohen Gipfel der Berge in den Himmel ragten, deren Hänge gesprenkelt waren vom Grau der zottigen Schafe, die sich langsam auf dem Grün bewegten.

Oft saß er an der Bucht, lauschte dem Rauschen der auf den Strand laufenden Wellen, dem Schreien der Seevögel, die sich auf Beutefang ins Meer stürzten, und seine Ohren nahmen plötzlich Geräusche wahr, die ihm vorher nie aufgefallen waren. Einmal hörte er ein Klatschen auf dem Wasser und ahnte, daß nicht weit vom Ufer entfernt eine Robbe spielte. Er konnte die Vögel unterscheiden, Amseln, Drosseln und die zwitschernden Stare. Er fing an, die Geräusche zu bestimmen, und wurde sich feiner Einzelheiten bewußt, die niemand sonst bemerkte. Wenn er auf der Wiese saß und sich an einen Baum lehnte, versuchte er, sich anhand der Geräusche des Windes und des Meeres vorzustellen, was sich in seiner Umgebung tat. Selbst an Regentagen wollte Steve im Freien sein und Weite um sich spüren.

„Du solltest einen Blindenhund haben", meinte ein Besucher aus dem Dorf einmal.

„Wozu soll ein Hund gut sein, wenn ich ihn nicht sehen kann?" fragte Steve verbittert. „Außerdem möchte ich nicht von einem Hund abhängig sein; ich kenne mich zu gut mit ihnen aus. Man braucht die

Augen, um Hunde jederzeit überwachen zu können, sonst stiften sie Unheil. Ein Blindenhund wäre da nicht anders."

Es war sinnlos, ihn überreden zu wollen. Er war schon immer halsstarrig gewesen.

Steve bemühte sich, sich im Haus nützlich zu machen. Er kochte Tee für seine Mutter und brachte ihr mit viel Geschick die Tasse auf einem Tablett. Ihr Dank war übertrieben und reizte ihn. Sie sprach in dem Ton, in dem er selbst seinen Hund lobte, wenn er etwas Neues gelernt hatte.

Steve wurde immer übellauniger. Selbst die unscheinbarsten Geräusche irritierten ihn. Das Ticken der Uhr auf seinem Nachttisch klang gehetzt und aufdringlich. Er steckte sie zwischen die Hemden in einer Schublade, weil er das Geräusch keinen Augenblick länger ertragen konnte. Die Gasflamme zischte. Vorher war ihm das nie aufgefallen. Das Brennholz krachte und knisterte und fauchte. Er hörte das Atmen der Hunde, das wohlige Schnurren der Kätzchen im Korb am Fenster, zuckte aber jedesmal zusammen, wenn eines von ihnen ihm aufs Knie oder auf die Schulter sprang, weil er überhaupt nicht darauf gefaßt gewesen war.

Das Warten auf die Aufnahme ins Blindenzentrum wurde zum zermürbenden Geduldsspiel, und alle sehnten den Tag herbei, an dem es ein Ende hätte.

Andrew fuhr des öfteren nachmittags, wenn Nettie sich ausruhte und Steve zur Bucht ging und dabei wütend seinen Stock schwang, hinüber zum Kloster. Mara war noch schmächtiger geworden. Sie war sonnengebräunt, wirkte älter und selbstbewußter, lachte aber selten. Der Hof, um den sie sich kümmerte, war noch nie so gut geführt worden. Und noch nie war so gut für die Schafe gesorgt gewesen. Mara war fest entschlossen, den Hof rentabel zu machen, so daß er sie und Steve ernähren konnte.

Hennessey hatte ihr einen Schnellkurs in Schafhaltung gegeben. Über das Heu für den Winter zum Beispiel. „Schafen kann man kein Honiggras zu fressen geben", sagte er, „das ist gut für Pferde. Wir brauchen Heu von den Bergwiesen und müssen es zur richtigen Zeit schneiden, denn das hier sind Bergschafe, anders als bei deinem Vater."

Er sah sich die Wiesen genau an, wenn er umherging, und prüfte jede mit erfahrenem Blick.

Ihre einzige Abwechslung war jede Woche der lange Brief von ihren Schülern aus Amerika, in dem sie berichteten, wie sie mit dem Geldsammeln vorankamen. Mara hoffte, Steve würde seine Meinung hinsichtlich eines Blindenhundes noch ändern. Sollte er jedoch störrisch bleiben, dann wußte sie nicht, wie sie den Kindern die schlechte Nachricht beibringen sollte.

Eines Morgens fand Andrew, als er nach unten kam, einen Brief für Steve im Briefkasten.

„Lies vor", sagte Steve mürrisch. Einen privaten Bereich würde es für ihn nie mehr geben.

„Sie möchten, daß du am nächsten Montag ins Zentrum kommst", erklärte Andrew und hoffte, daß seine Stimme keine Erleichterung verriet. „Dort hat man allerdings keinen Platz für dich, weil es im letzten Jahr gebrannt hat und ein Teil des Gebäudes völlig zerstört wurde. Du wirst deshalb bei einer Mrs. Anna Leigh in einem Ort wohnen, der Setter-Tal heißt."

O Gott, dachte Steve. Er konnte es sich genau vorstellen. Ein geräumiges Vorstadthaus und eine viel zu freundliche, übertrieben fröhliche Gastgeberin, die sich mühte, ihn aufzuheitern. Und man würde ihm beibringen, Körbe zu flechten und Blindenschrift zu lesen.

Er ging ohne Stock nach draußen und stieß mit dem Kopf gegen die halboffene Tür. Er hatte vergessen, die Hand auszustrecken. Andrew hatte einen Eimer mit dem abendlichen Futter für die Hühner auf dem Hof stehenlassen. Steve stieß daran und gab dem Eimer wutentbrannt einen Tritt, daß er quer über den Hof flog und die Körner über den Boden verstreute. Er ging zu der die Farm umgebenden Grenzmauer, blieb dort stehen und schlug mit der Faust gegen die Steine, bis seine Knöchel blutig waren. Andrew, der in der Tür gestanden und zugesehen hatte, fühlte sich hilfloser denn je. Er holte Besen und Schaufel, fegte die Körner zusammen und brachte sie zum Hühnerstall.

Als Andrew über den Hof zurückkam, berührte Steve ihn am Arm. „Entschuldige", sagte er mit rauher Stimme und ging nach oben auf sein Zimmer, wo er sich ans Fenster setzte und in düstere Grübeleien versank.

„Steve?" meldete sich die Stimme seiner Mutter, die an seine Tür gekommen war. „Ist alles in Ordnung?"

„Natürlich ist alles in Ordnung", erwiderte er aufgebracht, hätte aber am liebsten geschrien: Wie zum Teufel kann alles in Ordnung sein? Er bemühte sich, seine Verzweiflung zu verbergen, doch es wollte ihm nicht gelingen.

Seine Mutter sagte nichts. Ihre Schritte entfernten sich, und im Haus wurde es still. Ein knarrendes Gebäude, in dem alle schliefen außer ihm. Oder waren sie alle gegangen, und er war ganz allein auf der Welt ohne eine Menschenseele? Er machte das Fenster auf und lauschte dem Rascheln des Windes in den Bäumen.

Die Tür ging auf.

„Hier ist was zu trinken", sagte sein Vater. „Ein paar Brote sind auch dabei. Du hast noch nichts zu Abend gegessen."

Als ob er irgend etwas gewollt hätte. Doch er gab sich einen Ruck, bedankte sich und bat darum, die Tür wieder zuzumachen und ihn allein zu lassen. Andrew sah seinen Sohn an, zögerte und ging dann hinaus, die Tür fest hinter sich zuziehend.

Steve setzte sich in den Sessel. Er konnte ja etwas essen und trinken. Das würde die Zeit schneller vergehen lassen. Er war überrascht, ein Glas anstelle einer Teetasse vorzufinden. Vielleicht dachte sein Vater, er könnte es besser halten, oder er hatte Netties selbstgemachte Limonade gebracht.

Der Whisky ließ ihn kurz nach Luft ringen. Er nippte und kostete den Geschmack aus. Glenfiddich, die Lieblingsmarke seines Vaters, die nur bei ganz besonderen Anlässen auf den Tisch kam! Und auch die Brote waren köstlich.

Steve war elender zumute denn je. Er haßte sich, weil er so unausgeglichen war, und er wollte weg von hier, wollte lernen, wieder ein Mann zu sein, kein Kind mehr, dem man alles nachsah und das mit solcher Fürsorge behandelt wurde.

Setter-Tal konnte auf keinen Fall schlimmer als das hier sein.

NUR die leichte Kühle in der Luft verriet Steve, daß es Herbst geworden war. Jetzt würden die meisten Schafe verkauft werden, die er gezüchtet hatte.

Seine Unzufriedenheit wuchs von Tag zu Tag. Er konnte es kaum erwarten, ins Zentrum zu kommen, wenngleich er sicher war, daß das Leben, das ihn dort erwartete, nicht das sein würde, das er sich erhoffte. Er konnte sich nicht vorstellen, daß er einmal in einer Werkstatt oder in einer Fabrik arbeiten würde. Was immer er tun würde, es würde irgendeine Plackerei fern vom wirklichen Leben sein.

Mara hatte gehofft, Steve zu sehen, bevor er zum Zentrum abreiste, aber es war allzu deutlich, daß das wenig ratsam gewesen wäre.

„Das bringt nichts, Mädchen", sagte Andrew bekümmert nach einem besonders schlimmen Tag, als alle Welt sich darauf geeinigt zu haben schien, überall Gegenstände herumliegen zu lassen, über die Steve stolperte und sich weh tat. „Wir können ihm nicht helfen, keiner von uns. Vielleicht schaffen die's im Zentrum. Sie haben Erfahrung."

Mara wußte, daß Andrew recht hatte. Es war unmöglich, sich in Steves Welt hineinzudenken, unmöglich, seine Einsamkeit aufzubrechen. Vielleicht würde es leichter für ihn, wenn er erst einmal weg war, in einer fremden Umgebung, die ihn nicht ständig an das erinnerte, was er einst gehabt hatte.

Steve hatte sich entschieden, allein mit dem Zug zu fahren. Er wollte nicht, daß Andrew übertrieben fürsorglich um ihn herumtanzte.

Die Nacht vor der Abreise war die längste, die Steve je erlebt hatte. An Schlaf war nicht zu denken. Er wälzte sich unruhig hin und her, schlug auf das Kissen und hörte das unermüdliche Ticken der Uhr vor seiner Tür. Er dachte plötzlich an Lig, und der Gedanke bereitete ihm unendliche Qual. Er wünschte sich, mit dem Hund über die Berge zu streifen und den Wind im Gesicht zu spüren.

Tausend Gedanken bedrängten ihn, Visionen einer Zukunft, in der er immer auf die Hilfe anderer angewiesen sein würde. Es hielt ihn nicht mehr im Bett. Lange Zeit saß er fröstelnd im Sessel, dann zog er sich an und tastete sich hinab zur Küche, um Kaffee zu kochen.

DAS Knarren der Küchentür ließ Andrew aufwachen. Besorgt stand er auf und eilte die Treppe hinab.

„Ich habe vergessen, den Wecker zu stellen“, erklärte er Steve. „Hab gedacht, ich hätte verschlafen und die Zeit fürs Melken wäre schon vorbei.“

„Wieviel Uhr ist es denn?“

„Viertel nach vier. In einer halben Stunde hätte ich sowieso aufstehen müssen. Aber du hättest ruhig noch schlafen können.“

„Ich war zu unruhig. Wollte eben Kaffee kochen. Du trinkst doch auch welchen, oder?“ sagte Steve. An seinem letzten Morgen zu Hause wollte er sich auf keinen Fall bedienen lassen. Drei Schritte nach links, dort stand der Kessel auf dem Tisch neben dem Herd. Steve stieß schmerzhaft gegen den Herd, weil er einen kleineren Schritt als sonst gemacht hatte. Vom Tisch zum Spülbecken, dort nach dem Wasserhahn tasten, warten, bis der Kessel sich schwer genug anfühlt, und dann den Deckel drauf. Zwei Tassen und Untertassen holen; Löffel und die Zuckerdose für seinen Vater, an der Kante des Bordes entlang fühlen und beten, daß dabei nichts runterfällt. Er hatte gelernt, vorsichtig zu sein. Der Kühlschrank, rechter Hand fünf Schritte weiter. Die Milchflasche, die in der Tür steht, und fühlen, ob der Deckel drauf ist. Sonst bekleckerte er sich wieder mit Milch.

Er hörte das Wasser kochen. Andrew hatte zur Vorsicht eine

Dampfpfeife gekauft. Sich vor dem heißen Dampf in acht nehmen. Vorsichtig tastete er nach dem Griff, schüttete das Wasser über den Kaffee, wobei er sich am Geräusch orientierte, hörte zu früh auf. Andrew goß die Tassen leise voll, bemüht, kein verräterisches Geräusch zu machen, und tat die Milch dazu.

„Mutter geht es schon besser", bemerkte Steve, der nicht recht wußte, was er jetzt noch reden konnte.

„Die Ärzte meinen, man muß viel Geduld haben. Sie hat immer zuviel gearbeitet." Andrew dachte zurück. Nettie war hübsch gewesen, ein schlankes junges Mädchen mit üppigem, dunklem rotbraunem Haar, das zu einem Pferdeschwanz gebunden war. Sie war immer gesund gewesen und quicklebendig. Zusammen hatten sie sich abgerackert all die Jahre, hatten ihre ganze Kraft der Farm und ihren Tieren gewidmet. Er hatte seinem Sohn einen guten Hof und fruchtbares Land hinterlassen wollen, wollte für den Sohn seines Sohnes eine Grundlage schaffen und für die, die danach kämen. Ein Zuhause für eine Familie, um die Vergangenheit in die Zukunft zu tragen. Der Kaffee schmeckte plötzlich bitter.

„Zeit fürs Melken", sagte Andrew und ging hinauf, um sich anzuziehen.

Als er wieder nach unten kam, hatte Steve schon die Milchkannen hereingeholt und den Hund losgeschickt, damit er das Vieh hertrieb. Mit schaukelnden Eutern kamen die Kühe aus den Ställen. Andrew säuberte die Zitzen, und Steve setzte die Melkbecher an. Bald war der Melkstand erfüllt vom Milchgeruch sauberer Kühe und vom geräuschvollen, zufriedenen Kauen schmatzender Mäuler.

Und dann war es Zeit, sich von den Eltern zu verabschieden. Das Taxi zum Bahnhof stand vor der Tür. Steve stieg ein und lehnte sich verkrampft zurück. Jock, der Fahrer, brachte Steve zum Lachen, als er ihm erzählte, wie er seine preisgekrönte Hündin zu der örtlichen Hundeschau angemeldet hatte.

„Nur zwei Hunde dieser Rasse waren dabei, und der andere gehörte dem Preisrichter", sagte er. „Raten Sie mal, wer gewonnen hat."

„Ich fürchte, der andere", antwortete Steve.

„Leider haben Sie recht. Der hat sich aufgeführt wie ein tollwütiger Fuchs. Und schlägt meinen trotzdem, obwohl meiner Preise bei viel größeren Wettbewerben kriegt. Ich hab nur mitgemacht, damit's was zu lachen gibt. Soll ich Sie noch zum Bahnsteig bringen, Mr. Drake?"

Jock verstand es, die Dinge im richtigen Ton zu sagen, seine Hilfe ohne Herablassung oder Mitleid anzubieten. Diese Unbefangenheit machte es Steve leicht, das Angebot anzunehmen, den Taxifahrer am Arm zu fassen und ihm seinen Koffer zu überlassen.

„Halten Sie sich gut fest. Es geht ein paar Stufen runter."

Die Treppe hinunter und durch die Unterführung. Stimmen und Schritte hallten von den Mauern wider, und es war schwer, die Entfernung zu schätzen. Unverständliche Durchsagen von Ankünften und Abfahrten über den Lautsprecher. Das Rattern der Gepäckwagen.

Überall um ihn waren Menschen. Sie stießen ihn an oder er sie. Einige entschuldigten sich, andere nicht. Niemand merkte, daß er nicht sehen konnte. Er war beinahe froh, so rücksichtslos behandelt zu werden. Es bedeutete, daß seine Behinderung für einen flüchtigen Betrachter nicht erkennbar war.

„Mr. Drake?" Ein Bahnbediensteter kam, um sich seiner anzunehmen. Der Mann nahm den Koffer, und Jock war verschwunden, bevor Steve Gelegenheit hatte, sich bei ihm zu bedanken. Er wurde zu einer Bank am Ende des Bahnsteigs geführt.

„Hier ist nicht soviel Betrieb, und Sie sind vor dem Regen geschützt. Ich komme kurz vor der Ankunft des Zuges wieder. Sie hören ja die Durchsage."

Steve setzte sich, ohne etwas von den neugierigen Blicken zweier Mädchen zu ahnen, die in seiner Nähe standen. Beide waren ausgesprochen hübsch und nicht gewohnt, daß ein Mann sie nicht beachtete. Steve mit seinem dunklen Bart, der die Narben von seinem Unfall verdeckte, war ein bemerkenswert gutaussehender Mann.

Eine Frau, die am anderen Ende seiner Bank saß, wunderte sich, daß er so ausdauernd auf das häßliche Plakat einer Baugesellschaft starrte. Sie war bestürzt, als der Bahnbedienstete zurückkam und Steve antippte, damit dieser seine Anwesenheit bemerkte.

„Der Zug kommt jeden Augenblick, Sir", sagte er. „Passen Sie auf beim Einsteigen. Das Trittbrett ist sehr hoch."

Steve hatte sich nicht klargemacht, wie eintönig die Fahrt sein würde. Er hatte keine andere Möglichkeit, sich die Zeit zu vertreiben, als dazusitzen und dem Dahinrasen der Räder zu lauschen und das Schaukeln zu spüren, wobei jeder Stoß ihn aus dem Gleichgewicht brachte.

Am nächsten Bahnhof stieg ein Mann ein und setzte sich neben ihn.

Steve bemerkte einen starken Geruch von Tabak und Schweiß. Als der Mann sich setzte, stieß er Steve mit dem Ellbogen an.

„Entschuldigung, bin so blind wie 'n Maulwurf. Ich seh die Dinge immer erst, wenn ich sie direkt vor der Nase habe", sagte eine rauhe, frohgemute Stimme. „Sie nehmen's hoffentlich nicht übel."

„Nein", erwiderte Steve steif. Er war noch blinder als ein Maulwurf.

„Zeitung?"

„Danke, nein."

Er lauschte auf das Rascheln der Zeitung und versuchte sich ein Bild von dem Mann zu machen. In der gegenüberliegenden Ecke sprach eine Frau.

Steves Begleiter kam. „Möchten Sie etwas essen, Mr. Drake?"

Steve war hungrig. Außerdem würde beim Essen die Zeit schneller vergehen. Er versuchte aufzustehen, hätte aber beinahe das Gleichgewicht verloren.

„Langsam, Kumpel, langsam", sagte der Mann neben ihm gut gelaunt. „Ein bißchen was geladen, was?"

„Der Herr ist blind", erklärte der Begleiter, bemüht, weitere Bemerkungen zu unterbinden. „Bitte, lassen Sie ihn zum Gang durch, meine Herrschaften."

Das Schaukeln des Zuges erschwerte das Gehen. Es war eine Erleichterung, als Steve sich im Speisewagen an einen Tisch setzen konnte.

„Ich glaube, belegte Brote wären das einfachste für Sie, Sir", sagte der Begleiter. „Es ist sicher nicht leicht, in einem fahrenden Zug ein Essen zu sich zu nehmen, das man nicht sehen kann."

Seine Sachlichkeit hatte nichts Verletzendes.

„Stimmt. Belegte Brote sind genau das richtige", antwortete Steve dankbar.

„Wie kommen Sie nur zurecht?" fragte eine weibliche Stimme. Noch eine Stimme ohne Mitleid; der Tonfall spiegelte nur Interesse wider. Eine ältere Frau, tippte er, vielleicht im Alter seiner Mutter.

„Ich bin dabei, es zu lernen", erklärte Steve.

„Ein Unfall?"

„Ja, ein Autounfall. Vor ungefähr sechs Monaten. Es ist das erste Mal, daß man mich rausläßt", sagte er und lächelte, verwundert darüber, daß es so leicht war, mit einer völlig fremden Frau zu sprechen. „Ist das ein Tisch für zwei?"

„Ja. Wir sind ganz unter uns. Ich glaube nicht, daß Sie mit einem Sandwich Probleme haben. Ich passe auf, daß man Ihnen die Tasse nicht zu voll macht."

„Danke", sagte Steve. „Wo sind wir jetzt?"

„Wir kommen jetzt in den Seendistrikt. Die herbstliche Färbung der Wälder ist wunderbar. Alle Blätter sind schon rotgold und gelb."

„Es ist kaum zu glauben, daß es Herbst ist", meinte Steve.

„Ihr Gesicht und Ihre Stimme kommen mir bekannt vor. Bloß weiß ich im Moment nicht, woher ich Sie kenne."

Es schmerzte, sich zu erinnern, aber Steve mußte antworten. „Mit meinem Hund habe ich bei vielen Wettbewerben mitgemacht. Wahrscheinlich haben Sie mich da gesehen."

„Natürlich. Sie sind Steve Drake. Der Bart hat Ihr Aussehen verändert. Und Lig. Jetzt erinnere ich mich wieder. Die Bremsen Ihres Autos haben versagt, nicht wahr? Es hat in allen Zeitungen gestanden."

Steve war sich bisher nicht bewußt gewesen, daß sein Unfall Schlagzeilen gemacht hatte und daß er für ein paar Tage ein Held gewesen war.

„Was ist denn inzwischen aus Lig geworden?" erkundigte sich die Frau weiter.

„Er ist wieder auf meinem Hof", erklärte Steve. „Ein Pächter betreibt ihn für mich und hat Lig zu sich genommen."

Es war etwas, das ihm schwer im Magen lag. Lig arbeitete mit jemand anderem. Er kannte Hennessey zwar und wußte, daß der alte Mann gut zu dem Hund sein würde. Aber wer wohnte eigentlich im Kloster? Andrew war der Antwort auf diese Frage immer ausgewichen. Und Steve hatte nicht weiter bohren wollen.

„Ihr Collie Lig ist ganz außergewöhnlich. Ich selbst züchte Schäferhunde. Ich habe auch einen von Ligs Rivalen gezüchtet, die kleine Ellie."

Steve erinnerte sich an sie; eine häßliche, kleine schwarze Hündin mit Spitzohren, die glänzende Anlagen besaß. Sie hatte durchaus das Zeug, Lig in ein oder zwei Jahren auszustechen.

„Ich erinnere mich an sie", sagte Steve.

„Wird Lig jetzt noch als Hütehund beschäftigt?"

„Ja", antwortete Steve. „Aber ich habe ihn nicht mehr gesehen –" Er brach ab. „Es fällt mir schwer, aber es geht nicht anders. Es ist furchtbar, einen Hund nur halb zu besitzen, der einem einmal ganz gehört hat."

Er wußte, daß er recht hatte, aber dieses Wissen half ihm wenig. Er sehnte sich nach Lig, den Schafen, den Bergen. Er wollte sein Augenlicht wiederhaben.

Die mit Schinken belegten Brote schmeckten ausgezeichnet, und der Kellner brachte noch Kekse und Käse. Steves Gesprächspartnerin, die eine warme Mahlzeit verzehrte, bestellte eine Karaffe Wein und lud ihn ein, ein Glas mit ihr zu trinken.

„Ich habe nie erwartet, einmal dem Besitzer von Lig zu begegnen", sagte sie. „Wenn das kein Grund zum Feiern ist! Ich würde mich gerne noch mit Ihnen unterhalten, denn ich habe nicht oft Gelegenheit, mit einem eingefleischten Colliezüchter zu reden."

Der Rest der Reise verging schnell. Seine Tischnachbarin kannte alle berühmten Hunde und deren Aufzucht – es war ihr Hobby. Als sie aussteigen mußte, war Steve allein mit seinen Gedanken und dem Rattern der Räder. Mit dem Abschied war die Dunkelheit wiedergekehrt. Seine Reisegefährtin hatte seine Isoliertheit durchbrochen, sein Interesse geweckt, hatte ihn zum Lachen gebracht, obwohl sie nur eine körperlose Stimme auf der anderen Seite des Tisches gewesen war.

„Wir sind da", sagte der Begleiter und berührte Steves Arm. Er hatte bereits den Koffer aus dem Abteil geholt.

Steve stand umständlich auf und streckte sich. Sie waren in Manchester, dem Ziel der Reise, und der Begleiter wartete, bis der Zug sich geleert hatte.

Ein Gepäckträger führte Steve den Bahnsteig entlang und dann ein paar Stufen hinunter nach draußen in die Sonne.

„Mr. Drake?" fragte eine Stimme ganz nahe bei ihm.

„Ja", antwortete Steve.

Es war eine gute Stimme mit menschlicher Wärme. Steve hatte angefangen, genau auf Stimmen zu achten.

„Ich bin Anna Leigh, und neben mir steht Susan. Sie arbeitet im Zentrum. Man hat ihr einen Tag freigegeben, damit sie mitkommen konnte. Sie wird Sie zum Wagen bringen. Er ist ganz in der Nähe geparkt."

„Anna hat Ihr Gepäck. Nehmen Sie meinen Arm", forderte eine Stimme ihn auf. Diese Stimme war jung und unbeschwert. Steve empfand plötzlich einen bitteren Neid, als er den Arm des Mädchens ergriff und dieses sicher ausschritt.

„Einen Moment", sagte sie. „Zanta sagt uns, daß wir warten müssen."

„Zanta?" fragte Steve verwirrt. Er hatte gar nicht gemerkt, daß noch jemand da war.

„Zanta ist mein Hund. Ich bin auch blind."

Steve brachte vor Erstaunen kein Wort heraus.

„Jetzt ist die Straße frei. Haben Sie den Wagen vorbeifahren hören? Sie werden lernen müssen, Ihre Ohren zu gebrauchen. Ich habe sehr viel Erfahrung, weil ich nie kennengelernt habe, was es heißt zu sehen. Es muß furchtbar sein, wenn einem das Licht genommen wird, in dem man jahrelang gelebt hat."

Steve konnte nichts antworten. Er bückte sich, als Susan ihn ans

Auto herangeführt hatte, und kletterte hinein. Anna und Susan saßen vorne. Zanta kam zu ihm nach hinten und lehnte sich an sein Knie. Er fuhr ihr mit der Hand über den Kopf. Weiches Fell und Hängeohren. Glattes Haar und glatter Schwanz. Eine Zunge, die begierig seine Hand leckte. Ein Labrador. Er dachte an Susan und ihr schnell geäußertes Mitgefühl. Sie hatte ihn bedauert, obgleich sie doch gar nichts hatte, an das sie sich hätte erinnern können, während er fast dreißig Jahre in der hellen, strahlenden Welt gelebt hatte. Er fühlte sich zutiefst beschämt.

– 6 –

ANNA, die sich ganz auf das Fahren konzentrierte, bekam nur am Rande mit, wie Susan versuchte, mit Steve eine Unterhaltung zu führen. Das Mädchen gab schließlich auf und verfiel in Schweigen, da sie merkte, daß die Zugfahrt ihn erschöpft hatte.

Steve, der sich zurückgelehnt hatte und die kalte Nase des Hundes an seiner Hand spürte, hatte das überwältigende Verlangen zu schlafen. Er fing an sich zu fragen, wie Setter-Tal wohl sein würde. Er hatte noch nie in einer Stadt gelebt und konnte sich kaum vorstellen, daß es ihm dort gefallen würde.

Als sie schließlich dort vorfuhren, hörte er das Meckern einer jungen Ziege, ein ausgelassenes Bellen, das Blöken eines ungeduldigen Lamms und im Hintergrund das Gurren von Tauben und das Maunzen einer Katze. Das Lamm blökte ausdauernd weiter.

„Das ist mein verrückter Schafbock“, erklärte Anna lachend, als sie Steve die Wagentür öffnete. „Er ist schon viel zu alt für die Flasche, aber er besteht drauf, sie immer noch zu bekommen. Es ist gleich Fütterungszeit.“

„Ist das ein Bauernhof?“ fragte Steve verdutzt. Das war das letzte, womit er gerechnet hatte.

„Ja, aber es ist nicht viel Land dabei“, sagte Anna. „Überhaupt gleicht es mehr einem Zoo – mit lauter verrückten Viechern. Die Stute frißt gern Eis und Süßigkeiten, das Lamm sollte längst entwöhnt sein, ist es aber nicht, und mein Zuchthund bemuttert die Kätzchen.“

„Hier lang“, sagte Susan und legte leicht die Hand auf Steves Arm. „Da ist ein Weg, und dann kommen vier Stufen. Ziehen Sie den Kopf ein, wenn Sie durch die Tür gehen.“

Steve sog die Landluft ein. „Sind hier in der Nähe Rinder?“ fragte er.“

„Hinter der Hecke“, sagte Susan. „Sie gehören nicht Anna. Nebenan ist ein großer Hof.“

Anna ging mit ihnen hinein und machte Tee. Sie hatte eine mit Marmelade gefüllte Biskuitrolle gebacken. Steve machte es sich in einem Ohrensessel bequem, und als er den Tee getrunken hatte, fielen ihm die Augen zu, und er schlief ein. Susan ging nach Hause, und Anna machte sich leise an die Hausarbeit; ihr war klar, daß es ihren blinden Gast sehr angestrengt haben mußte, zum erstenmal allein zu verreisen.

Sie erledigte die täglich anfallenden Arbeiten, setzte sich dann an den Kamin und nahm einen Karton auf den Schoß. Vier noch blinde, erst drei Tage alte Siamkätzchen lagen darin. Scott hatte die Mutter operiert, doch sie war während der Geburt gestorben. Der Besitzer war zu alt, um den Wurf aufzuziehen, und so hatte Anna einspringen müssen.

Sam betrachtete mit großem Interesse, wie Anna den Kätzchen die Flasche reichte. Steve hatte er angebellt, ihn aber dann akzeptiert, als klar war, daß der Mann dableiben würde.

Als Steve aufwachte, machte der Hund sich unverzüglich auf die Suche nach einem Geschenk. Es lag nur der Handbesen herum, den er mit großem Nachdruck auf Steves Knie fallen ließ.

Steve fragte sich, ob er am Ende in einem Irrenhaus gelandet sei, wo Verrückte mit Besen nach ihm warfen.

„Tut mir leid“, erklärte Anna. „Sam ist ein Apportierhund, und er ist wie besessen vom Apportieren, egal, was es ist. Sie haben Glück gehabt; er hätte auch einen feuchten Putzlappen erwischen können; er schreckt vor nichts zurück.“

Steve, der erleichtert war, nur das Opfer eines Hundeschabernacks geworden zu sein, tastete nach Sams weichen Ohren. Sofort legte sich Sams Pfote in seine Hand, und der Hund lehnte sich an ihn.

Das Kätzchen, das Anna gerade fütterte, gab ein schwaches Miauen von sich.

„Was ist das?“ fragte Steve.

„Ein drei Tage altes Siamkätzchen. Die Mutter ist gestorben, und ich ziehe es mit der Flasche auf. Manchmal wünsche ich mir, ich hätte es nicht genommen. Alle zwei Stunden die Flasche zu geben ist keine reine Freude, besonders nicht in der Nacht.“

„Vielleicht kann ich das Füttern nachts übernehmen und tagsüber schlafen“, meinte Steve. „Bestimmt werde ich in frühestens einer Woche im Zentrum anfangen müssen.“

„Ich wäre Ihnen mehr als dankbar dafür“, sagte Anna. „Es gibt hier sehr viel zu tun. Ich habe vier Hündinnen und einen Zuchtrüden und mehrere Welpen, um die ich mich kümmere. Dazu kommt noch meine Stute, eine weitere Hündin mit Jungen und eine trächtige Stute, deren ich mich annehme, weil der Besitzer im Krankenhaus liegt."

„Haben Sie nur eine Flasche?" fragte Steve.

„Ich bereite immer vier vor und stelle drei warm", erklärte ihm Anna. Sie nahm das zweite Kätzchen aus dem Karton und legte es Steve in die Hand. Er hatte noch nie ein so winziges Geschöpf gehalten, und für einen Augenblick fürchtete er, es zu fest zu packen. Das Junge bewegte sich in seiner Hand, und er fuhr mit einem Finger den Umrissen des Körpers nach, ertastete die kleinen Ohren, die zarten Pfoten und den Kopf, spürte die überraschend kräftigen Bewegungen. Anna reichte ihm die Flasche, deren Sauger von der kleinen Schnauze sofort umschlossen wurde, und dann fing das winzige Tier an zu saugen.

„Das schlimmste ist immer, sie nach dem Füttern sauber zu kriegen", sagte Anna. „Ich reibe sie immer mit in Olivenöl getränkter Watte ab, aber auf Dauer ist das keine Lösung."

„Warum versuchen Sie's nicht mit einer der Hündinnen?" fragte Steve. „Die kennen die Prozedur. Eine Katze ist vielleicht zu riskant, weil sie fremde Junge unter Umständen töten würde. Aber eine sehr mütterliche Hündin könnte die Kleinen durchaus sauber lecken."

„Sie haben recht. Mellie müßte sich dazu eignen, sie bemuttert alles. Ich weiß gar nicht, wieso ich auf so etwas Naheliegendes nicht selbst gekommen bin", stimmte Anna ihm zu.

Steve hörte das Ansaugen von Luft, das besagte, daß die Flasche leer war. Anna nahm ihm das kleine Wesen ab und reichte ihm das letzte Kätzchen samt Flasche.

Die Tür ging auf. Steve nahm das schnelle Tappen von Pfoten wahr, einen festen Körper, der sich an ihn drängte, ihn aufmerksam beschnüffelte und Rückschlüsse auf Steves Zuhause und die Hunde dort zog.

Plötzlich hatte Steve das Bild von Lig vor sich, der zu ihm kam und schnupperte, um herauszufinden, wo er gewesen war und welche Hunde er angefaßt hatte.

Lig. Er hatte den Gedanken an den Hund aus seinem Kopf verbannt. Jetzt kam mit einemmal die volle Erkenntnis. Lig war ihm für immer verloren.

Erfüllt von seinem Kummer saß er da, und Mellie, die Stimmungen stets spürte und der dieser Mann ein Rätsel war, weil er sie nicht ansah, sondern auf die Wand hinter ihr starrte, stellte sich mit beiden Pfoten auf Steves Knie und versuchte, ihm in die Augen zu sehen. Er wußte es nicht und hielt den Kopf starr. Sie stupste ihn mit der Schnauze und lehnte sich an ihn, leckte seine Hand, wollte ihn trösten, denn sie merkte, daß er traurig war. Gleich darauf kam noch Sam hinzu und stellte sich auch mit den Pfoten auf sein Knie.

Anna nahm das Kätzchen und setzte es mit seinen drei Geschwistern auf eine Decke auf dem Kaminvorleger. Dann rief sie Mellie herbei. Die Hündin lief zu ihr hin und senkte schnuppernd den Kopf. Sie roch erneut und nahm wahr, wie klein und schutzbedürftig diese Wesen mit Milch an ihren Schnauzen waren.

In ihrem Gedächtnis regte sich etwas, und sie legte sich zu den Kätzchen und leckte eins nach dem anderen sorgsam sauber. Die vier Winzlinge drängten sich sofort an das Fell der Hündin, und Mellie lag da und betrachtete sie mit leuchtenden Augen.

„Mellie hat sie angenommen", sagte Anna. „Bislang lagen die Kätzchen in einem Karton mit einem alten Teddybär als Ersatzmutter und einer Wärmflasche. Jetzt haben sie eine lebende Mutter. Gott sei Dank, daß Sie auf diese Idee kamen."

Draußen hörte man ein lautes Blöken.

„Das ist Racket, mein kindischer Schafbock", erklärte Anna. „Er will wieder seine Flasche haben."

„Das kann ich doch machen", bot sich Steve an. Es war gut, daß es Dinge gab, die er erledigen konnte. „Wie alt ist er denn?"

„Ungefähr sechs Monate."

Anna nahm Steve am Arm und führte ihn nach draußen zum Schuppen, wo Racket mit seinen kleinen, harten Hufen gegen die Bretterwand seines Verschlags trommelte. Sein zorniges, hungriges Blöken übertönte alles. Steve bewegte sich vorsichtig vorwärts, denn der Hof war mit Kopfsteinen gepflastert.

„Wir sind da", sagte Anna. „Ziehen Sie den Kopf ein. Der Schuppen ist sehr niedrig."

Steve bückte sich, und Anna öffnete die Tür zu einem Verschlag. Ein kleiner, drahtiger, wolliger Körper drängte sich an Steves Beine, so daß er fast zurückgewichen wäre. Er kniete nieder, hielt den Schafbock fest und streckte die Hand nach der Flasche aus. Das gierige Maul schnappte nach dem Schnuller und riß ihm die Flasche fast aus der Hand. Dann, als das Tier zu trinken begann, wurde es ruhiger.

Steve kniete sich nieder, sog den Schafgeruch ein, den Geruch von Bauernhof, und dann, als das Tier satt und zufrieden war, schob Anna es in den Verschlag zurück und legte den Riegel vor.

Sie führte Steve hinaus in den Hof und bat ihn, kurz auf sie zu warten. Die Abkühlung der Luft und die gedämpften Geräusche sagten Steve, daß es Abend war. Eine Schnauze drückte sich gegen sein Bein. Steve griff mit einer Hand nach unten und spürte Sam neben sich. Anna war fortgegangen, um die beiden Stuten zu holen und sie in den Stall zu bringen, hatte aber nicht berücksichtigt, daß Steve ihre Abwesenheit sehr lang vorkommen würde. Er war müde und hätte sich gern gesetzt. Das Bein, das bei dem Unfall gebrochen war, tat ihm weh. Einer Eingebung folgend, ergriff er mit einer Hand Sams Halsband und wartete. Der Hund, der gewohnt war, Susan zu führen, wenn Zanta spielte, führte Steve zum Haus. Er lief durch die Tür, und Steve, der vergaß, sich zu bücken, stieß sich den Kopf an und fluchte.

„Machen Sie sich nichts draus", sagte Anna hinter ihm. „Mein Mann konnte sehen, aber das ist ihm dauernd passiert. Er hat immer vergessen, sich zu bücken. Sie müssen sich einen Knoten ins Taschentuch machen."

„Wann ist Ihr Mann gestorben?" fragte Steve.

„Vor knapp einem Jahr. Ganz plötzlich. Es war ein furchtbarer Schock. Ich habe nie geglaubt, ich könnte mir ohne John ein neues Leben aufbauen. Aber irgendwie geht es doch. Ich merke, daß ich es schaffe. Und wenn ich niedergeschlagen bin, denke ich an Susan, die trotz allem einer der glücklichsten Menschen ist, die ich kenne."

„Vielleicht vermißt man nicht, was man nie gehabt hat", meinte Steve.

„Ich weiß es nicht. Ich frage mich oft, wie Susans Welt wohl aussehen mag. In mancher Hinsicht weiß sie doch weniger als die Hunde. Sie kann zwar die Form kleinerer Gegenstände ertasten, aber sie weiß nichts von Farben, kann nicht Gefühle in den Augen eines Menschen erkennen, kann nicht sehen, wie sich Sam äußerlich von Marcus unterscheidet, wenngleich sie tasten und einen Retriever von einem Schäferhund unterscheiden kann. Und was ist mit solchen Dingen wie Bäumen? Sie kann ein Modell ertasten, aber den wirklichen Baum, der sich hoch über sie erhebt? Es ist wohl unvorstellbar."

„Eine andere Welt", erklärte Steve. Es tat weh, daran zu denken. Er hatte sich nie das Los derer klargemacht, die von Geburt an blind waren.

Zwei Stunden waren vergangen, die Kätzchen mußten wieder gefüttert werden. Es war nur ein kleiner Anfang, aber er konnte wenigstens Anna etwas von ihrer Last abnehmen. Er befand sich in einer Umgebung, die ihm in vielerlei Hinsicht vertraut war, und es gab mehr für ihn zu tun, als er sich vorgestellt hatte. Er konnte den Schafbock füttern, die Stuten pflegen, dazu brauchte er keine Augen. Aber es war nicht das Leben eines Mannes. Ein Mann gehörte hinaus auf die Felder, mit dem Hund neben sich, umgeben von blökenden Schafen und Lämmern.

DAVE kam Anna ebenso häufig besuchen wie Susan. Er schätzte es, wie gut sich Anna um die jungen Hunde kümmerte, die er später trainieren würde. Dave hatte sich ganz seiner Arbeit im Zentrum verschrieben, dachte pausenlos darüber nach, wie man die Hunde zuverlässiger machen konnte, wie sie schneller lernten und wie man die neuen Besitzer besser unterwies, vor allem diejenigen, die noch nie in ihrem Leben einen Hund besessen hatten. Nur wenigen Menschen war bewußt, daß ein Hund weit mehr war als vier Beine, ein wedelnder Schwanz und eine Schnauze zum Fressen.

Beispielsweise war es notwendig, für jeden Hund einen Ernährungsplan auszuarbeiten, damit er nicht überfüttert wurde. Ein Blindenhund erforderte zu hohe Investitionen, als daß man hätte ein Risiko eingehen können, und es gab Hunde, die ganz wenig Nahrung brauchten, sonst wurden sie fett; andere dagegen blieben schlank und brauchten riesige Mengen. Man mußte darüber hinaus sicherstellen, daß die Hunde, die in der Ernährung am billigsten waren, an die Blinden mit den geringsten Einkommen gingen.

Der Brief mit Informationen über Steve hatte eines Morgens auf Daves Schreibtisch gelegen. Es würde lange dauern, bis Steve bereit für einen Hund wäre; er mußte zunächst lernen, ein ganz neues Leben zu führen. Und der Bericht des Arztes wies auch darauf hin, daß Steve vor allem sein Selbstvertrauen wiedergewinnen mußte. Erst dann würde er glauben, daß ein Leben in der gewohnten Umgebung möglich war.

Dave hatte sich an Scott gewandt, der versprach, dafür zu sorgen, daß Anna so viele Tiere zur Pflege bekäme, daß sie auf Steves Mithilfe angewiesen wäre. Damit war sichergestellt, daß Anna und Steve sich durch gemeinsame Aufgaben verbunden fühlten. Als Scott zwei Tage nach Steves Ankunft bei Anna vorbeischaute, fand er die beiden am Küchentisch mit je einem Kätzchen auf den Knien, dem sie die Flasche gaben.

„Hätte nie gedacht, einmal die Mutter eines Kätzchens zu werden", sagte Steve lachend zu dem Tierarzt. „Mir gefällt dieser kleine Bursche. Er ist immer so hungrig, daß er beim Warten an meinen Fingern saugt oder an meinem Ohr knabbert, wenn er auf meiner

Schulter sitzt. Sobald er gefüttert ist, fängt er an zu klettern. Was für eine Farbe hat sein Fell?"

„Es ist noch ganz weiß. Er ist ein reinrassiger Siamkater", antwortete Scott.

„Nimmersatt sieht aus, als würde er mal die Nummer eins beim Schönheitswettbewerb; er ist wundervoll", schwärmte Anna. „Wie die anderen einmal aussehen werden, ist heute unmöglich vorherzusagen. Sie schauen ja noch nicht einmal richtig wie Katzen aus."

„Heute morgen dachte ich, ich hätte eine erwürgt", erzählte Steve. „Es gab ein Geräusch wie eine verrostete Säge, aber dann merkte ich, daß das Kätzchen nur zu schnurren versuchte. Sie ist plötzlich dahintergekommen, wie es geht."

„Susan füttert sie auch gerne", sagte Anna. „Sie kommt später her. Und soweit ich weiß, wird sie Ihnen heute eine Stunde Unterricht in Braille geben, Steve."

Scott verabschiedete sich und fuhr unter dem Gebell der Hunde davon. Wieder erschien es Steve, als ob Racket glaube, ebenfalls ein Hund zu sein. Jedesmal wenn die Hunde bellten, fiel er mit seinem Geblöke ein. In seiner Verschrobenheit wurde Racket allenfalls noch von Sam übertroffen. Dieser war zum Apportieren gezüchtet, und da es an Fasanen fehlte, vertrieb er sich die Zeit damit, Gegenstände im Haus herumzuschleppen. Anna hatte sich schon daran gewöhnt, hinter ihrem Geldbeutel oder der Brille herzujagen, wenn sie vergessen hatte, sie vor Sam in Sicherheit zu bringen. Und es gab nicht viele Plätze, an die Sam nicht herankam. Der Retriever konnte sogar Schubladen öffnen.

Auch Steve hatte an diesem Morgen unliebsame Bekanntschaft mit Sams Apportiertrieb gemacht. Da er sich angewöhnt hatte, sich immer neben dem Stuhl im Schlafzimmer auszuziehen und jedes Kleidungsstück sorgfältig hinzulegen, war er sicher, daß seine Schuhe unter dem Stuhl standen. Er tastete danach. Nichts. Stirnrunzelnd setzte er sich auf den Stuhl und erkundete dann den Boden. Auch da nichts.

Ärger kam auf, und er fing an, auf dem Fußboden herumzukriechen. Er erhob sich wieder, aber näher am Bett, als er angenommen hatte, und stieß sich den Kopf an. Er fluchte.

„Irgendwas nicht in Ordnung?" erkundigte Anna sich vom Gang her.

„Ich kann meine Schuhe nicht finden!" rief Steve, seinen Zorn hinunterschluckend. „Ich bin sicher, daß sie unter dem Stuhl standen."

T. KLAUCKE

„War die Tür heute nacht offen?"

„Ja. Mir war heiß im Zimmer", erklärte Steve.

„Sam hat Ihnen garantiert einen Besuch abgestattet. Ich sehe mal unten nach."

Anna fand einen Schuh in der Küche und den anderen auf dem Hof. Sam zeigte trotz einer Strafpredigt keine Reue, trug stolz einen Schuh wieder nach oben und ließ ihn in Steves Schoß fallen. Es war unmöglich, dem Hund etwas übelzunehmen.

„Tut mir leid, Steve", sagte Anna. „Das ist eine der Strafen, wenn man einen Apportierhund hat. Freilich hat es auch seine praktischen Seiten. Wenn er nicht kommen will und ich ihn anweise, mir den Handschuh oder die Geldbörse reinzubringen, kommt er sofort angetrabt und ist hoch erfreut, daß er sich nützlich machen kann. Etwas zu tragen ist für ihn ein Grundbedürfnis."

Wie Ligs Bedürfnis, über andere Tiere zu wachen.

Anna ging nach draußen in den Garten, und Steve setzte sich ans Fenster, wo die Sonne sein Gesicht wärmte. Er erinnerte sich an Lig, als er zehn Wochen alt gewesen war und die Enten und Küken auf dem Hof zusammengetrieben hatte; wie er ganz schnell gelernt hatte, was er mit den Schafen machen sollte, und wie er als erwachsener Hund zu Steve gekommen war und gebellt hatte, wenn ein Lamm Hilfe brauchte oder ein Schaf sich in einem Dornenstrauch verfangen hatte.

„Ist jemand da?" rief Susan.

Steve antwortete und lauschte auf das Klappern ihrer Absätze und Zantas Hecheln.

„Erste Lesestunde heute", verkündete Susan. „Sie müssen das Alphabet lernen, und wenn Sie erst lesen können, werden Sie merken, daß Sie eine Art Notizbuch führen und Notizen machen können, die Sie sich dann selbst wieder vorlesen können. Und Sie können blind schreiben und auf diese Weise Ihre Briefe schreiben. Möchten Sie, daß ich Ihnen etwas vorlese, bevor wir anfangen?"

Das würde die Zeit vertreiben. „Ja, lesen Sie bitte", bat Steve und saß da und hörte der sanften Stimme zu. Susan las die Geschichte von einem Schafhirten und einem Hund, und Steve wußte, daß sie ihm eine Freude hatte machen wollen, doch sein Herz wurde schwer, und er hörte nicht mehr zu und sah nur noch Lig, der den Berg hinaufrannte.

„Sie sind mit Ihren Gedanken aber weit weg", sagte Susan, die wie immer empfänglich für Stimmungen war.

„Entschuldigung", sagte Steve.

„Ich mach uns einen Kaffee", erklärte Susan. „Los, Zanta, in die Küche."

Steve hörte ihre sich entfernenden Schritte und das Kratzen der Krallen des Hundes auf dem Linoleum.

„Ich habe ein paar Rosen für Susans Mutter gepflückt", sagte Anna, die aus dem Garten zurückkam. „Duften sie nicht herrlich?"

Es war die Sorte, die er für Mara an der Tür gepflanzt hatte. Der Duft ließ das Kloster und all das wiederaufleben, was er verloren hatte. Und Maras Gesicht.

Er ging nach draußen und lief vorsichtig zum Tor an der Koppel, wo, wie er wußte, die Stute kommen und ihren Kopf an ihn legen würde. Sie war ein sanftmütiges Tier und liebte es, gestreichelt zu werden.

„Ich habe was falsch gemacht", sagte Anna bekümmert zu Susan. „Ich dachte, er würde die Rosen gerne riechen."

„Düfte bringen Erinnerungen", meinte Susan. „Es wird sehr lange dauern, Anna. Ich habe heute aus dem falschen Buch vorgelesen. Ich dachte, es würde ihm helfen. Aber das Gegenteil war der Fall." Sie faßte nach Annas Hand. „Ich verschieb den Unterricht auf ein andermal", sagte sie. „Laß ihm Zeit, Anna."

Sie ging hinaus und durch das Tor. Ihr Hund führte sie. Anna sah, wie die beiden flott die Straße entlangschritten. Nur das weiße Geschirr verriet, daß Susan behindert war. Sie hatte die Rosen vergessen.

Anna nahm sie und warf sie am Rand der Koppel in den Graben.

Später kam Steve wieder herein, um die Kätzchen zu füttern. Sie waren schon kräftiger geworden, sogen fest am Sauger, stemmten sich gegen seine Hände, strotzend vor Leben. Sie schienen täglich zu wachsen. Steve konnte spüren, wie sich ihre Krallen härteten, die winzigen Schnurrhaare aufrichteten, fühlte das seidenweiche Fell, das immer dichter wurde, die nadelscharfen Zähne, die sich gelegentlich in seine Hand bohrten, wenn er sich mit dem Fläschchen zuviel Zeit ließ. Er lernte sie besser kennen als je ein Tier zuvor, obwohl er sie nicht sehen konnte. Er wußte, wer wer war; und besonders war er von Sukie angetan, der jüngsten des Wurfs, die viel mehr Zuwendung und Fürsorge brauchte als die anderen.

„Die werden wir für Sie behalten müssen", sagte Anna. „Sie hat Sie voll angenommen. Sie können sie sogar mit nach Hause nehmen, wenn Sie gehen. Mir wurde nämlich eins der Kätzchen als Dank versprochen."

Das alles war noch weit hin. Von zu Hause kamen Briefe; Andrew berichtete von den täglichen Ereignissen, daß Nettie sich gut erhole, daß die Herde vom Kloster sich vergrößere und der neue Pächter einen guten jungen Bock gekauft habe.

Steve hatte Racket am Abend zuvor gefüttert. Der Bock war gut und hätte in seine Herde gepaßt. Vielleicht konnte er Racket mit nach Hause nehmen. Er hatte eine blendende Gesundheit, wurde ein immer größerer Rabauke und stieß die Hunde mit dem Kopf, ohne die geringste Angst vor ihnen zu haben.

Anna ging täglich mit Gemma weg und blieb oft drei oder vier Stunden fort. Steve war zu sehr mit seinem eigenen Unglück beschäftigt, um sich Gedanken darüber zu machen, wohin sie gegangen war. Erst als Susan einmal sagte, daß Anna fort sei und die Hündin ausbilde, stellte er Fragen.

„Sie ausbilden? Wozu?"

„Gemma soll ein Blindenhund werden. Anna züchtet Blindenhunde für das Zentrum. Die übrigen aus dem Wurf werden von anderen Leuten abgerichtet. Die Abrichter müssen den Hunden grundlegende Dinge beibringen: sich setzen, sich hinlegen, stehenbleiben und laufen, ohne ruckartige oder stürmische Bewegungen zu machen. Die Hunde müssen ständig vorausgehen, nicht bei Fuß, daher läßt man sie ein bißchen ziehen. Und sie werden in Geschäfte, auf belebte Straßen und zu Hunden anderer Rassen mitgenommen. Sie werden an alles gewöhnt, was man sich bloß denken kann. Man kann keinen Hund gebrauchen, der plötzlich beschließt, einer Katze hinterherzurennen, und einen dann mitzieht. Sie müssen lernen, ihren Kopf zu gebrauchen, denn der Blinde ist ganz auf den Hund angewiesen."

„Meine Hunde waren immer abhängig von mir; schließlich bin ich der Herr", erklärte Steve.

„Ich bin auch Zantas Herrin", erwiderte Susan. „Trotzdem vertraue ich darauf, daß sie weiß, wenn Autos kommen oder ein Hindernis im Weg steht."

„Wird jeder Hund für eine andere Umgebung ausgebildet?" fragte Steve.

„Ja, das ist unbedingt notwendig. Einige sind Landhunde und müssen mit unbefestigten Wegen zurechtkommen, andere sind ständig mitten in der Stadt und an belebten Orten unterwegs. Wie würde Lig reagieren, wenn Sie ihn mit nach London nähmen?"

„Er würde wahrscheinlich durchdrehen bei dem Krach", meinte Steve. „Ich nehme an, Gemma ist für einen Besitzer auf dem Land bestimmt?"

„Ja“, sagte Susan. „Sie ist eigens dafür ausgesucht worden. Sie ist eine der intelligentesten Hündinnen, die Dave je untergekommen sind, und er kann es kaum erwarten, sie im Zentrum ausbilden zu lassen. In ein oder zwei Wochen soll sie anfangen. Sie wird Anna fehlen. Und dann, nach etwa vier Monaten, ist sie so weit, daß der neue Besitzer sie übernehmen kann. Dieser muß dann mit ihr zusammen üben. Es ist eine langwierige Angelegenheit.“

Alles war langwierig. Steve konnte den Brailleunterricht nicht ausstehen. Seine Finger waren nicht feinfühlig genug, und er verwechselte all die Punkte.

Aber dennoch machte er Fortschritte. Nach fünf Monaten bei Anna konnte er ganz ordentlich lesen.

Wenn junge Hunde ins Haus kamen, half er Susan, mit ihnen zu spielen und sie an Menschen zu gewöhnen. Auch an Lärm mußten die Hunde gewöhnt werden, und Steve nahm zum Füttern immer einen Wecker mit, den er manchmal klingeln ließ, zuerst in einiger Entfernung von den Zwingern, dann immer näher. Oft ließ Steve auch Freßnäpfe und Besen auf den Boden poltern, damit die Tiere in ihrem zukünftigen Zuhause auch dann zurechtkämen, wenn es dort sehr geräuschvoll zuging. Manchmal wurden Transistorradios beim Zwinger aufgestellt und auf volle Lautstärke gedreht; Anna wendete ihren Wagen neben dem Auslauf und hupte; Steve stand eines Morgens am Auslauf und klatschte laut in die Hände. Er kam sich dabei zwar komisch vor, aber er wußte, daß Annas Methoden richtig waren. Man mußte sich ständig vor Augen halten, daß die jungen Hunde einmal in einem Haus leben und dem Lärm und der Hektik des Alltags ausgesetzt sein würden.

Jeder Welpe war anders. Steve versuchte herauszufinden, worin sie sich unterschieden. Es gab Abweichungen in Körperbau und Ohrenstellung, Unterschiede in den Bewegungen, und er konnte spüren, daß der eine Hund leichtfüßig zu ihm gesprungen kam, während ein anderer behäbig dahertrottete. Einer der Welpen, der während Steves ersten Wochen in Setter-Tal auf die Welt kam, wurde verkauft, ohne daß der Besitzer wußte, daß er den Spitznamen „Iwan der Schreckliche“ trug, weil er ein solcher Rabauke gewesen war, wie weder Anna noch Steve es je erlebt hatten.

Er zerriß ein Kissen, so daß die Federn im ganzen Zimmer umherflogen; er fraß mehrere Teebeutel und mußte Paraffinöl verabreicht bekommen; er warf den Abfalleimer in der Küche um und verteilte den Inhalt über den gesamten frisch geputzten Boden; er versuchte, Scotts Autoreifen anzuknabbern, und zerriß Annas Schal, nachdem er ihn nach draußen geschleppt hatte, um mit seiner Schwester Tauziehen zu spielen.

„Ich kann nur hoffen, daß sie mich nicht verklagen oder verlangen, daß ich ihn zurücknehme“, seufzte Anna, als die neuen Besitzer mit Iwan dem Schrecklichen davonfuhren. Aber sie hörte nie wieder etwas von diesem mißratenen Zögling.

Seit Steves Ankunft hatte es drei neue Würfe gegeben, den letzten erst vor ein paar Tagen. Die Siamkätzchen waren alle verkauft worden bis auf die kleine Sukie, die jetzt Steves Liebling war, auf seinem Bett schlief und ihn morgens mit leichten Pfotenschlägen weckte.

Sie war ein Trost in langen schlaflosen Nächten, wenn ihn Erinnerungen quälten. Vorher hatte er nie erkannt, wieviel Charakter Katzen hatten, und Sukie war außerdem ganz besonders anhänglich. Sie verlangte nach Zuwendung, miaute kläglich nach Futter und folgte Steve wie ein Schatten. Sie verließ ihn nie.

– 7 –

MARA hatte mehr zu tun als jemals zuvor in ihrem Leben. Der Hof stellte ständig Anforderungen an sie, und sie war froh darüber. Es kam der Tag, an dem sie hätte heiraten sollen, und sie stand am Fenster, blickte auf die Berge und kämpfte mit den Tränen.

Das Hochzeitskleid hing unbenutzt in ihrem Schrank. Sie holte es heraus und betrachtete die zarte Stickerei. Wie viele Stunden hatte Nettie daran gesessen!

Unten lag Lig. Steve hatte den Hund nie im Haus gehalten, aber Mara brauchte ihn. Er war Gesellschaft und Schutz und hielt aufdringliche Vertreter fern, die sie zum Kauf von allerhand unnützem Zeug überreden wollten. Ein Schnippen mit den Fingern genügte, und Lig war bei ihr und knurrte drohend! Mara mußte sparsam mit ihrem Geld umgehen. Sie war fest entschlossen, den Hof wirtschaftlich zu führen und eine Existenz für Steve aufzubauen. Vielleicht änderte er seine Meinung noch.

Sie verscheuchte die trüben Gedanken und hängte das Kleid zurück in den Schrank. Langsam ging sie nach unten zu dem Korb, in dem ihr neuer Schwarm lag: Xoxes, eine Angorakatze mit einem herrlich dichten, langen Fell. Der Kater Xerxes befand sich draußen in einem geräumigen Käfig mit Auslauf. Beide Katzen hatten schon einige Preise gewonnen. Mara hatte sie von einer Züchterin gekauft, die umziehen mußte und die Katzen in der neuen Wohnung nicht mehr halten konnte.

Xoxes fauchte Lig an, der sich wohlweislich außer Reichweite hielt. Mara seufzte. Wenn Steve je wieder nach Hause kam, würde er die Katzen wohl in die Scheune verbannen. Steves Katzen waren auf dem Bauernhof groß gewordene Tiere, die nie im Haus gehalten wurden. Sie kamen nur herein, wenn sie Mäuse fangen sollten. Mara war sich nicht einmal sicher, ob er Katzen überhaupt mochte. Sie jedenfalls liebte sie. Zu Hause hatte sie immer ihre eigenen Birmakatzen gezüchtet, die sie vom zehnten Lebensjahr an ausgestellt hatte, wenn ihre Eltern die großen Landwirtschaftsschauen besuchten. Auch ihre Schafböcke hatte sie dort gezeigt. Einer von ihnen war jetzt draußen auf der Weide und bearbeitete mit seinem Kopf hingebungsvoll einen Zaunpfosten.

Die Berge ragten in makelloser Schönheit empor. Das herbstliche Farnkraut leuchtete fuchsfarben. Den Nordhang des höchsten Gipfels, der selten ohne eine weiße Kappe war, bedeckte bereits ein breites Schneefeld.

Sie nahm ihre Jacke und pfiff nach Lig. Sie mußte sich bewegen, sich Ablenkung verschaffen. Heute hätten die Glocken geläutet, sie hätte sich in ihrer hellen Mansarde zu Hause angekleidet, in der Gewißheit, daß Steve um elf Uhr vor der Dorfkirche auf sie warten würde.

Draußen lief sie den Berg hinauf, ließ die Erinnerungen hinter sich, blieb stehen, um aus dem Fell eines Lamms einen Dornenzweig zu entfernen, und verharrte, um hinunter auf das Kloster zu blicken, das sein graues Dach unter den Bäumen verbarg. Dann ging sie weiter zur zweiten Weide, um nach den Schafen zu sehen und jedes einzelne zu untersuchen.

Mara wußte, daß das jetzt ihr Leben war. Wenn Steve nicht zu ihr zurückkäme, würde sie sparen, bis sie den Hof kaufen und mit ihren Erinnerungen leben konnte.

Sie mußte die Vertragsscherer anrufen. Sie selbst konnte die Wolle der Schafe nicht abscheren. Und sie mußte hinübergehen zu Nettie, die noch immer nicht ganz bei Kräften war und an diesem Tag, den sie so herbeigesehnt hatte, Trost brauchte. Mara war für Nettie wie eine Tochter, die täglich vorbeisah und all die Arbeiten erledigte, die Nettie nicht bewältigen konnte.

Als sie nach ihrem Spaziergang wieder zu Hause anlangte, lag ein Brief aus Amerika im Briefkasten, diesmal von Jimmy Williams, dem Jüngsten aus ihrer Klasse.

Wir haben das Geld zusammen, das wir für einen Blindenhund für Steve brauchen. Der Rektor hat an das Blindenzentrum geschrieben, und sie haben uns ein Foto geschickt. Es ist eine wunderschöne Hündin, die Gemma heißt, eine Kreuzung, halb Labrador, halb Golden Retriever. Man hat uns gesagt, sie sei extra für ihn ausgesucht worden, nur wisse er noch nichts davon. Wir vermissen Sie. Es wäre schön, wenn Sie wieder einmal zu uns kämen. Und Steve soll auch kommen.

Vor der Tür hupte es. Es waren Maras Eltern, die sich feingemacht hatten und ausgehen wollten.

„Marsch ins Haus und umziehen! Wir nehmen uns mal einen Tag frei. Es wird Zeit, daß du rauskommst, Lig kannst du ja mitnehmen. Beeil dich." Ihr Vater war aus dem Wagen gestiegen, und ihre Mutter drängte sie zurück ins Haus, wählte ein Kleid für sie aus, holte einen Mantel aus dem Schrank und scheuchte sie herum, als wäre sie ein zehnjähriges Mädchen und keine erwachsene Frau, die an diesem Tag hätte heiraten sollen.

Und dann saßen sie zu dritt im Wagen und fuhren an der Bucht entlang, und ein Adler kreiste hoch über ihnen. Das Kloster war nur noch eine Erinnerung, die hinter ihnen zurückblieb. Sie fuhren nach Perth und aßen im „Royal George", fuhren denselben Weg wieder zurück und machten bei einem bekannten Schafhändler halt, wo Mara endlos mit ihrem Vater über die Vor- und Nachteile zweier Böcke diskutierte.

„Du kommst mit zum Abendessen und bleibst über Nacht", erklärte ihre Mutter. „Du warst lange genug allein. Ich habe dein Bett schon gerichtet, also keine Widerrede."

Es tat gut, sich zurückzulehnen und bedienen zu lassen, das zu essen, was die Mutter zubereitet hatte, und sich am offenen Kamin, Lig zu ihren Füßen, auszuruhen.

Sie sprach mit ihrem Vater über die Schafe, über den für geschorene Wolle erzielbaren Preis und ging dann zu Bett. Hellwach lag sie da, betrachtete den Mond in den Zweigen der Bäume und das unruhige Licht auf der Wand, wenn sich die Blätter im Wind bewegten, und wußte, daß Steve so etwas nie mehr sehen würde.

Sie stand auf und blickte hinaus auf die Berge. Lieber Gott im Himmel, warum ist das Leben so grausam?

Fröstelnd kroch sie wieder ins Bett und erhob keine Einwände, als Lig aus seiner Ecke im Zimmer kam und es sich behutsam auf der Decke neben ihren Füßen bequem machte.

Und dann pfiff sie leise, und der Hund kroch zu ihr, und sie legte den Arm um ihn, als könnte nur er sie vor der Verzweiflung bewahren, die sie überfiel. Zitternd lag sie im Bett, während der Mond vom Himmel verschwand und schwarze Finsternis sich im Zimmer ausbreitete.

Das war es, was Steve die ganze Zeit sah: furchtbares, trostloses Nichts.

Am nächsten Tag kehrte Mara zum Kloster zurück und zog sich sofort um. Sie arbeitete bis Mitternacht, ging dann ins Bett und schlief traumlos.

Jeden Abend sah sie die Sonne über den Bergen untergehen, in leuchtenden Farben oder hinter schwarzen, goldgeränderten Wolken verborgen. Und allmählich wurden sie und Lig ein neues Gespann, nachdem der Hund ihr die Treue erwies, die er einst Steve entgegengebracht hatte. Sie fragte sich, ob er sich wohl noch an Steve erinnerte, und erhielt eine eindeutige Antwort, als Lig im Schrank einen alten Handschuh von Steve entdeckte. Er blieb reglos davor sitzen und stieß heulende Klagetöne aus. Am liebsten hätte sie mit eingestimmt.

STEVE hätte nie gedacht, daß das Leben so viele Hindernisse bereithalten könnte. Er hatte nur einmal versucht, allein den unbefestigten Weg zum Dorf entlangzugehen, an einem herrlichen, sonnigen Morgen, nachdem es in der Nacht noch stark geregnet hatte. Zweige von Bäumen verfingen sich in seinen Haaren, und Wasser lief ihm in den Nacken. Dazu wurde ihm schmerzlich bewußt, daß der Weg nichts als eine Anzahl tiefer Fahrspuren und Löcher war, in deren eiskaltem Wasser er bis zu den Knöcheln versank.

Auch mit der Unebenheit war unmöglich fertig zu werden. Er stolperte von einer Seite des Weges zur anderen und verfing sich dann mit dem Ärmel in einem kräftigen Dornenzweig, der ihm die Haut aufriß, als er sich von ihm befreien wollte. Der Zweig haftete wie eine Klette, und sobald er ihn an einer Stelle des Ärmels gelöst hatte, krallte er sich wie ein Blutegel an einer anderen fest.

Scott, der gerade auf dem Weg zu Anna war, sah Steves Schwierigkeiten, sprang aus dem Wagen und kam ihm zu Hilfe. „Sie haben sich in Mrs. Halliwells Brombeerstrauch verfangen", erklärte er. „Es ist ein wahres Teufelsding. Ich hänge regelmäßig fest, wenn ich im Dunkeln hier vorbeikomme."

„Dieses stachlige Monstrum hat mir den Rest gegeben. Meine Schuhe sind durchweicht, und in meinen Händen stecken Hunderte von Dornen."

„Scheint, als ob ich zur rechten Zeit gekommen bin. Ich bringe Sie zurück nach Setter-Tal. Dort gibt es einen Kaffee, und Sie können Ihre nassen Schuhe und Strümpfe ausziehen. Steigen Sie ein.“

Steve war mit der Strecke so vertraut, daß er wußte, wann sie in den Hof einbogen. Das Bellen von Mellie war unverkennbar.

Anna arbeitete in den Zwingern und kam heraus, um sie zu begrüßen.

„Ich wollte Sie nicht entmutigen“, sagte sie zu Steve und nahm sich seiner nassen Füße und blutenden Hände an. „Aber unser Weg ist wirklich schlimm, selbst für diejenigen, die sehen können.“

„Ich glaube nicht, daß ich es noch einmal allein versuche“, meinte Steve. „Ich verstehe nicht, wie Susan das schafft.“

„Zanta ist ein kluges Tier“, sagte Scott. „Wenn Sie sehen könnten, wie sie den Boden mit den Augen abtastet, dann nach oben zu den Bäumen und Sträuchern schaut und ausweicht! Ein Hund würde Ihnen viel Freiheit verschaffen, Steve.“

Steve weigerte sich, auf dieses Thema einzugehen. Er wollte nichts als seinen Collie haben – und seine Sehkraft und seine Streifzüge durch die Berge. Bitterkeit überwältigte ihn, und lange Minuten saß er regungslos in seinem Sessel auf seinem Zimmer. Er erhob sich erst, als Scott rief, daß der Kaffee fertig sei, doch er war noch so in Gedanken, daß er vergaß, sich auf die Treppe zu konzentrieren. Es waren zehn Stufen, und solange er zählte, ging alles gut. Diesmal tat er dies nicht und glaubte zu früh, schon am Fuß der Treppe angekommen zu sein. Mit einem Riesengepolter stürzte er die beiden letzten Stufen hinunter. Scott und Anna kamen herbeigerannt, und Mellie, die spürte, daß Steve sich weh getan hatte, sprang bellend um ihn herum.

Steve hatte sich den Knöchel verstaucht und das Bein angeschlagen, das er bei seinem Unfall gebrochen hatte. Er hatte Schmerzen, vor allem aber war er wütend auf sich selbst. Er ließ sich von Scott zum Sessel am Radio führen, der inzwischen sein Stammplatz im Wohnzimmer geworden war. Sukie kam sofort herbei und rieb schnurrend ihren Kopf an ihm.

„Steve“, sagte Scott, „ich bin gekommen, weil ich Sie in ein paar Tagen brauche. Ich kann mir niemanden denken, der mir ähnlich gut behilflich sein könnte. Es geht um eine scheue junge Stute, die einer der Geschäftsleute im Dorf seiner Tochter zum Reiten gekauft hat. Sie hatten keine Ahnung von Pferden und haben sie auf einer Auktion ersteigert, als sie schon sechs Wochen trächtig war. Das Fohlen muß jetzt bald kommen. Der stolze Besitzer ist dabei nicht zu gebrauchen, er kann kein Blut sehen. Seine Tochter ist erst zehn, und die Mutter wäre erst recht fehl am Platze; sie jammert mir schon die Ohren voll, wenn ich ihrem Hund eine Spritze geben muß. Hätten Sie was dagegen, wenn ich Sie dazuhole, damit Sie die Stute für mich halten? Es wird keine ganz einfache Geburt, denn ich vermute, daß das Fohlen verkehrtherum liegt. Und die Stute wird Theater machen, denn sie ist völlig unerzogen. Sie ist ein halbes Wildpferd."

„Ist das nicht zu gefährlich für Steve?" fragte Anna.

„Das glaube ich nicht. Steve kennt sich mit Tieren aus, er wird wissen, was er zu tun hat. Ich geh jetzt rüber und sehe mir die Stute an. Kommen Sie doch mit, und lernen Sie sie kennen."

Die Stute war zierlich, zu leicht gebaut. Sie war ans Gatter ihres zugigen Unterstandes gekommen, und Steve nahm die Mohrrübe, die Scott ihm in die Hand gab, und hielt sie ihr hin. Weiche Lippen drückten sich gegen seine Hand. Er hauchte ihr leicht in die Nüstern, und sie wandte den Kopf und atmete ebenfalls aus, spürte, daß hier jemand war, dem sie trauen konnte. Seine Hand lag leicht auf ihrem Hals, und er sprach leise, einschmeichelnd.

Eine Stimme hinter ihm ließ ihn zusammenfahren. „Mr. Lewis, sind Sie sicher, daß das Fohlen durchkommt? Stellen Sie sich vor, die arme Ginny stirbt. Was soll ich dann nur meiner Tochter sagen?"

„Sie werden ihr die Wahrheit sagen müssen", erklärte Scott, und Steve spürte die Ungeduld in seiner Stimme. Die Frau gefiel ihm nicht, obwohl er sie nicht sah.

„Sie könnten mir mal Platz machen", sagte sie, und Steve vermutete, daß sie ihn meinte.

„Entschuldigung", sagte er, trat aber zur falschen Seite zurück.

„Aua, mein Fuß! Sind Sie denn blind, oder was?"

Die Worte trafen ihn wie ein Schlag ins Gesicht. „Ja", sagte er, „ich bin blind. Ich wußte nicht, daß Sie so dicht hinter mir waren."

„Sie Ärmster. Mr. Lewis, warum haben Sie mir das denn nicht gesagt?"

„Normalerweise ist das nicht nötig", bemerkte Steve. „Die meisten Menschen sind etwas rücksichtsvoller."

Es folgte ein angespanntes Schweigen. „Wird die Stute durchkommen?" fragte die Frau dann wieder.

„Ich werde tun, was ich kann", antwortete Scott. „Das Fohlen ist aber enorm groß für sie. Ich schaue täglich vorbei, und Mr. Drake wird mir helfen."

„Ihnen helfen?"

„Ich kann ihren Kopf halten und sie beruhigen", erklärte Steve. „Ich bin Pferde gewohnt, und dieses hier wird jemanden brauchen, der etwas Gespür mitbringt."

Er bebte vor Zorn und hätte diesem dummen Weibsbild am liebsten etwas um die Ohren gehauen. Sie hatte keine Ahnung von dem Tier, das ihr Mann gekauft hatte, wußte nicht, was es fraß oder wie man für es sorgte. Er streichelte die Stute noch einmal und wandte sich dann ab, um zum Wagen zurückzugehen. Diese Frau und alles, wofür sie stand, waren ihm zuwider. Er konnte sich genau vorstellen, wie sie wohnte und lebte, wie sie von einer Modetorheit zur anderen schwirrte, wie sie ihr Kind verwöhnte, das mit Ausnahme der Stute in einer künstlichen Umgebung aufwuchs. Wahrscheinlich betrachtete sie das Pferd als Prestigeobjekt und hatte es ihrer Tochter geschenkt, weil es ein standesgemäßes Präsent war.

Steve sehnte sich nach Mara, die oft geholfen hatte, wenn eine Geburt schwierig gewesen war, und die in ihrer praktischen, zupackenden Art eines Tages Anna ähneln würde. Sie und Anna waren vom gleichen Schlag. Frauen vom Land, die sich mit Tieren auskannten. Farmersfrauen ..., nur daß Mara einen anderen heiraten würde. Sie schrieb zwar noch immer, doch ihre Briefe waren zurückhaltend; da man sie ihm vorlesen mußte, wagte sie nicht zu sagen, was sie empfand, und die Notwendigkeit, so zu tun, als ob sie nicht auf dem Hof lebte, war zusätzlich hinderlich. Sie hätte ihm gern geschrieben, daß sein Lieblingsschaf wieder Zwillinge bekommen hatte, daß es in diesem Jahr mehr Lämmer auf dem Hof gab, daß Hennessey einen streunenden Hund erwischt hatte und daß sie lernte, Lig bei der Hütearbeit anzuleiten. Statt dessen schrieb sie über das Wetter und das Haus ihrer Eltern.

Während Steve mit Scott wieder nach Setter-Tal zurückfuhr, wunderte er sich über Mara. Sie schrieb, als ob sich gar nichts geändert hätte. Das bißchen Klatsch vom Hof ihrer Eltern waren Nachrichten aus der Vergangenheit. Er selbst traute sich nie zu schreiben.

Anna war nicht zu Hause, und Scott mußte einige Hausbesuche erledigen. Steve goß sich Kaffee aus der Kanne ein, die auf dem Abtropfbrett stand, und entdeckte die belegten Brote, die Anna ihm gemacht hatte. Sukie hüpfte wieder auf seinen Schoß und schnurrte. Er streichelte sie liebevoll.

Susan kam nur dreimal in der Woche. Sie fehlte ihm. Sie brachte ihn immer wieder zum Lachen und konnte als jemand, der Steves Schicksal teilte, Dinge sagen, zu denen Anna der Mut fehlte.

Ein Wagen preschte auf den Hof. Scotts Wagen, er hörte es am Klang. Und dann näherten sich schnelle Schritte auf dem Weg, und Scotts Stimme rief: „Steve, die Stute ist in Schwierigkeiten! Das Fohlen ist schon halb draußen. Sind Sie bereit?“

Steve tastete nach dem Stuhl, auf dem sein Anorak lag, fand ihn und schlüpfte hinein. Scott war inzwischen im Zimmer, machte ihm den Reißverschluß zu, nahm Steve ohne große Umstände beim Arm und führte ihn hastig zum Wagen. Sie brausten los und hielten wenige Minuten später mit quietschenden Bremsen beim Pferdestall.

Scott schickte den Besitzer fort. Steve griff unterdessen der aufgeregt tänzelnden Stute in den Halfter und fing an, mit ihr zu reden. Er fuhr ihr mit den Händen langsam über den Hals, während Scott versuchte, näher an sie heranzukommen, um sie zu untersuchen.

„Braucht ihr Hilfe?“ fragte eine Stimme. Steve erriet, daß sie zu einem alten Mann gehörte.

„Gunter! Dem Himmel sei Dank! Aber ja!“ rief Scott. „Die Gerüchteküche funktioniert noch, oder?“

„Und ob. Aber ich hab auch hin und wieder nach der Stute geschaut. Es ist eintönig, bei der eigenen Tochter zu wohnen, wenn man immer sein eigener Herr war und solche Pferde hatte wie ich. Also, dann mal los.“

Der Geburtsvorgang war Steve so vertraut, daß er gar nicht fragen mußte, was gerade geschah. Scott brummte zufrieden, als die Hinterbeine zum Vorschein kamen.

Dann wurde das Seil festgemacht, und sie zogen, halfen im Einklang mit der Stute dem Fohlen heraus. Schließlich spürte Steve, wie sich die Anspannung der Stute löste.

„Das Fohlen ist der reinste Koloß!“ rief Gunter. „Fast schon so groß wie die Mutter! Aber der Stall hier ist ein Schweinekoben“, setzte er ärgerlich hinzu. „Die Leute haben sich um nichts gekümmert. Ich geh erst mal frisches Stroh holen. Menschen wie denen dürfte nicht erlaubt sein, Pferde zu halten.“

„Können wir sie nicht zu Anna bringen?“ fragte Steve. Der Kopf der Stute war dicht neben ihm; sie leckte das Fohlen und hatte die Qualen der Geburt schon fast vergessen.

„Ich werd versuchen, sie dazu zu bewegen“, sagte Scott. „Am Geld wird's nicht scheitern, sie haben es reichlich. Und ich hätte gute Lust, ihnen das Doppelte zu berechnen. Ein Glück, daß ich Sie und Gunter als Hilfe hatte, sonst wäre ich in Teufels Küche gekommen.“

„Sie können jederzeit mit mir rechnen“, erklärte Steve. „Ich würde die Stute gern mitnehmen und ihr die Hufe ausschneiden lassen. Und die Eisen müssen runter. Die hängen nur noch an ein paar Nägeln.“ Seine Hände waren nicht untätig gewesen.

„Wenn Sie sie sehen könnten, wüßten Sie, daß sie insgesamt in einem entsetzlichen Zustand ist“, sagte Scott erschöpft. „Sie ist nicht so gefüttert worden, wie das bei einem trächtigen Tier nötig ist; ich bezweifle, daß man ihr zusätzlich Heu gegeben hat, und dieses Zeug hier . . ., riechen Sie mal."

Steve nahm das Heu und roch daran. Ein Gefühl unbändiger Wut überkam ihn. „Man müßte sie wegen Tierquälerei anzeigen."

Von der Tür her ließ sich eine Frauenstimme vernehmen. Sie klang unerwartet kleinlaut. „Geht es der Stute gut?"

„Nein", erklärte Scott. „Sie braucht sehr viel Pflege und Zuwendung. Ich gebe Ihnen eine ganze Liste, was alles nötig ist. Und Sie müssen die Nacht über bei ihr bleiben."

„Hierbleiben? Das könnte ich nicht . . ., ich habe keine Zeit . . ."

„Ich könnte Mrs. Leigh bitten, die Pferde zu nehmen", unterbrach Scott sie. „Aber sie hat sehr viel zu tun, und die Pflege der Stute und des Fohlens bescheren ihr noch mehr Arbeit. Sie müßte angemessen bezahlt werden."

„Ich wäre froh, wenn sich das arrangieren ließe", sagte die Frau. Sie hatte Steves zornige Worte gehört und hatte Angst, daß er sie anzeigen könnte. „Ich zahle, was Mrs. Leigh verlangt. Ich habe wirklich nicht die Zeit, die nötig ist . . ."

Beim Anblick des Fohlens war ihr fast übel geworden. Es war noch nicht sauber, und ihr graute vor dem verschmiert aussehenden, runzligen Ding, das versuchte, auf staksigen Beinen zu stehen, die das Gewicht noch nicht tragen konnten.

„Ich komme später mit meinem Pferdetransporter vorbei", sagte Scott.

„Ich bleibe solange bei der Stute", meinte Steve.

„Und ich bleib ebenfalls hier", schloß Gunter sich an. „Ich mach als erstes mal sauber."

Er verschwand und kam nach einer Weile mit einer leeren Kiste wieder, die er gegen Steves Bein lehnte. „Hier können Sie sich draufsetzen. Ich geh rüber zum Hof und hole etwas frisches Heu und Mischfutter mit Kleie."

Später, als Gunter mit der Gabel die Box ausmistete, redete er munter drauflos, glücklich, einen Zuhörer zu haben. Steve hielt der Stute den Futtereimer. Sie war völlig ausgehungert.

„Sie waren Farmer. Schafe, nicht wahr? Hab Sie mit dem Hund arbeiten sehen. Ein echtes As."

„Ich würde alles dafür geben, wenn ich wieder mit ihm arbeiten könnte", sagte Steve.

„Warum denn nicht? Sie brauchen keine Augen dazu. Er kann Ihnen die Schafe bringen. Sie schaffen das schon. Sie haben damals gute

Arbeit geleistet und wären jetzt auch allein mit dem Fohlen fertig geworden. Ich hab schon einer Kuh ein Kalb geholt, nachts, als es stockfinster war, mit einer kaputten Lampe und Augen, die dabei nichts genützt haben. Man braucht keine Augen, um ein guter Farmer zu sein."

„Ich wäre zu nichts nütze", sagte Steve.

„Denken Sie mal drüber nach. Braucht Zeit, bis man lernt zurechtzukommen, aber viele schaffen es; es gibt 'ne Menge Leute, die blind sind wie Sie und trotzdem ihren Mann stehn. Kaufen Sie sich einen Blindenhund, der kann Sie auf Ihre Berge bringen, Ihnen Freiheit verschaffen wie der jungen Susan. Geben Sie nicht auf. Sie haben eine Nase und Ohren und Arme und Beine; Sie können laufen und sprechen, und Sie können hören. Sie haben viele Jahre Erfahrung, haben von der Pike auf gelernt. Verstehn Sie mich nicht falsch", setzte er hinzu. „Ich mein's ja nur gut."

„Ich weiß", erwiderte Steve. Gunter nahm ihn so, wie er war. „Kommen Sie doch zu uns, wenn Sie Zeit haben, dann unterhalten wir uns", forderte er den Alten auf. „Es tut gut, über die Landwirtschaft zu reden."

„Zeit? Ich hab so viel Zeit wie Sie", sagte der alte Mann.

„Da kommt Mr. Lewis mit dem Pferdetransporter. Es gibt Arbeit." Steve hatte den Wagen gehört.

Er bemerkte, wie die Stute auf der Rampe tänzelte. Steve drehte sich um, suchte das Fohlen und führte es in den Transporter. Er hörte, wie die Stute sofort hinter ihm herlief, darum besorgt, bei ihrem neugeborenen Jungen zu bleiben.

„Steve, sind Sie wahnsinnig?" rief Scott. „Sie haben mir vielleicht einen Schreck eingejagt. Die Stute hätte Sie niedertrampeln können."

„Hab ich schon oft gemacht. Ich wußte, daß sie ihrem Jungen folgen würde", beschwichtigte Steve ihn, und das Gefühl, etwas vollbracht zu haben, ließ sein Herz höher schlagen und hielt sich den ganzen Tag. Und am Abend, als Gunter schüchtern an die Tür klopfte und zu einem Plausch hereinkam, fühlte Steve sich besser als all die Wochen zuvor.

In dieser Nacht schlief Steve fest und freute sich gleich beim Aufwachen darauf, daß Gunter wieder kommen würde. Der alte Mann hatte versprochen, jeden Tag vorbeizukommen. Die Gespräche mit ihm glichen Streifzügen durch jene Welt, die Steve in den Bergen zurückgelassen hatte. An diesem Morgen hielt er die schnurrende Sukie fest im Arm und sagte sich, daß es vielleicht doch eine Möglichkeit gab, sein Leben wieder in den Griff zu bekommen.

Mara hatte keine andere Wahl, als ganz in der Gegenwart zu leben. Erinnerungen brachten nur immer neue Verzweiflung, und die Zukunft lag im dunkeln. Steve schrieb nicht, und sie wußte nicht, daß es daran lag, daß er glaubte, sie versuche sich von ihm zu lösen und einen anderen Mann zu finden – einen Mann, der sehen und ihr das bieten konnte, was er selbst ihr zu bieten gehofft hatte. Er ließ unbedeutende kurze Mitteilungen überbringen, in der Gewißheit, daß Mara ihm nur schrieb, um ihn aufzuheitern. Anna schrieb für Steve. Er diktierte ihr Worte bar jeden Gefühls; Worte, die keine Hoffnung boten. „Genieße das Leben. Laß es Dir gutgehen." Worte, die Mara jedesmal trafen, wenn sie sie las, Worte, die weh taten, weil sie ihr zu zeigen schienen, daß er sie nicht brauchte und sie aus seinem Leben gestrichen hatte, als hätte sie ihm nie etwas bedeutet.

Sie ging zu Andrew und Nettie. Sie ging nach Hause. Sie sprach mit Hennessey. Nichts schien mehr wichtig. Sie arbeitete ebenso schwer wie Hennessey, wurde dünn und braun gebrannt und von Tag zu Tag mutloser.

Anna schrieb, daß Steve Blindenschrift lerne und auf dem Hof helfe. Mara war eifersüchtig auf Anna, eifersüchtig auf Susan. Sie waren ihm nah, nahmen an seinem Leben teil, während sie in den Bergen allein war, die Schafe und das sanfte Klagen der Brachvögel hörte, das ihre Gemütslage wiedergab.

Anna schrieb regelmäßig Briefe an Steves Vater, doch verschwieg sie ihm einiges. Vor allem sagte sie nichts von Steves Niedergeschlagenheit, die manchmal tagelang anhielt und die weder Scott noch sie durchbrechen konnten. Und auch Susan nicht, die nicht wußte, daß sie Steves Probleme noch um einige vermehrte, weil ihre Stimme ihn an die Maras erinnerte und weil sie ein Parfum benutzte, das Mara bevorzugt hatte und das er ihr immer zum Geburtstag geschenkt hatte. Mit Susan kamen Erinnerungen, so daß Maras Gesicht und die Vergangenheit immer wieder quälend vor ihm auftauchten.

Mara schrieb Steve fast täglich, berichtete von ihren Schülern in Amerika, aber nie von dem, was sie tat. Sie war zu Hause bei ihren Eltern – aber was für ein Leben führte sie dort? War sie dauernd unterwegs, oder wartete sie auf ihn und hoffte darauf, daß er seine Einstellung änderte? Erst jetzt wurde Steve klar, wie rücksichtslos er gewesen war. Er hatte nur an sich gedacht, nicht an sie. War es möglich, daß sie glaubte, er könne zu einem selbständigen Leben zurückkehren? Er wußte, daß Susan praktisch einen kompletten Haushalt führte, da ihre Mutter sich in eine Traumwelt zurückgezogen hatte und der Vergangenheit nachtrauerte, all dem, was hätte sein können, wenn ihr Mann sie nicht mit einem blinden Baby sitzengelassen hätte.

Susan erinnerte sich an all die Fürsorge, die ihre Mutter früher aufgebracht hatte, und verwöhnte sie jetzt. Niemand außer Dave ahnte, wie einsam Susan sich fühlte, sobald sie zu Hause war, oder wie schwierig ihre Mutter geworden war. Er hatte sie abends einmal besucht und hatte gesehen, wie die Dinge standen.

„Warum kommst du nicht ins Zentrum und wohnst bei uns?" hatte er Susan gefragt. „Es wird Zeit, daß deine Mutter lernt, ihr eigenes Leben zu führen."

„Sie will es nicht lernen", antwortete Susan. „Sie hat für mich auf vieles verzichtet, und jetzt bin ich an der Reihe. Es macht mir nichts aus. Ich werde niemals heiraten. Du weißt, daß die Erblindung, die ich habe, erblich ist. Die Großmutter meines Vaters hatte sie, und mein Vater wußte, daß auch seine Kinder betroffen sein könnten. Ich glaube, deshalb hat er uns damals verlassen. Er konnte der Tatsache nicht ins Auge sehen, daß das in seiner Familie lag."

Dave konnte sie nicht dazu bringen, ihre Meinung zu ändern. Manchmal wünschte er sich, nicht so in seiner Arbeit aufzugehen. Er überwachte jetzt Gemmas Ausbildung, die gute Fortschritte machte. Sie war genau der richtige Hund für Steve. Sie hatte die richtige Größe, er würde gut mit ihr umgehen können. Sie war eine äußerst sensible kleine Hündin. Man durfte sie niemals anschreien, wenn sie etwas falsch gemacht hatte. Das ging ihr viel zu nahe. Solange man sie fest, aber freundlich anpackte, machte sie sich hervorragend. Mit Steve würde es keine Schwierigkeiten geben. Er war an Hunde gewöhnt. Wenn man Steve erst einmal dazu gebracht hatte, dem Besitz eines Hundes zuzustimmen, würde die Zusammenarbeit reibungslos funktionieren. Schließlich hatte er nicht jene Scheu und Unsicherheit zu überwinden, die bei Leuten auftraten, die nie zuvor einen Hund gehabt hatten.

ANNA hatte die Tagesarbeit erledigt und zündete das Feuer im Kamin an. Dann setzte sie sich in einen Sessel und nahm ihr Nähzeug zur Hand.

Steve war in Gedanken wieder in der Vergangenheit, saß neben Mara auf dem Berg und blickte nach unten auf die von Gischt gesäumte Bucht. Ermutigt durch die Gespräche mit Susan, mit Anna, mit Gunter und Scott, wurde ihm mit einemmal klar, daß er in die Berge zurückkehren könnte und daß vielleicht auch Mara bei ihm sein würde. Er hatte sich zu einem Tod bei lebendigem Leib verurteilt und keine Zukunft mehr gesehen. Doch es gab eine Zukunft, wenn er nur die Hand ausstreckte und nach ihr griff.

„Ich will so einen Hund haben. Glauben Sie, daß man bald einen für mich findet?“ fragte er.

Anna sah ihn an, und in ihrer Stimme schwang Freude, als sie antwortete. „O Steve, ich bin so froh, daß Sie das sagen. Seit Monaten schon haben wir auf Ihre Zustimmung gewartet. Gemma ist schon vor langer Zeit für Sie ausgesucht worden, als man im Zentrum von Ihnen erfuhr und wußte, daß Sie Farmer sind. Sie wird in etwa fünf Wochen soweit sein.“

Er konnte die Wartezeit nutzen, um Pläne für die Zukunft zu schmieden und herauszufinden, was mit dem Kloster war.

„Maras Schüler in Amerika haben das Geld für Ihren Hund gesammelt“, erklärte Anna. „Sie haben Sie beide in ihr Herz geschlossen.“

Er empfand plötzlich ein wärmendes Gefühl; diese Kinder in den Vereinigten Staaten opferten ihre Zeit für ihn, sammelten Geld, um ihm zu helfen.

„Ich muß ihnen schreiben“, sagte Steve. „Das machen wir gleich morgen.“

Er fing an, sich mit der Zukunft zu beschäftigen. Es war zwar nur ein kleiner Plan, aber vorher hatte es ihm genügt zu warten, nichts zu unternehmen, obwohl er bereitwillig alles tat, worum Anna ihn bat. Es war der erste Schritt zu einer grundlegenden Besserung.

Nachdem Steve zu Bett gegangen war, schrieb Anna an Andrew Drake: „Steve hat sich bereit erklärt, einen Hund zu nehmen. Es wird gerade einer für ihn ausgebildet. Jetzt wird alles anders werden.“

– 8 –

Ein Jahr war seit Steves Unfall vergangen. Mara lebte nun in der Gegenwart ohne einen Gedanken an die Zukunft und die Vergangenheit.

An einem schönen Frühlingsmorgen sah sie Hennessey über den Hof kommen; er trug seine Arbeitskleidung aus grobem Leinen und in der Linken seinen Stab.

„Zeit, daß du mal ’n Tag ausspannst, Mädchen“, sagte er. „Hat keinen Zweck, sich kaputtzuarbeiten.“

„Was soll ich mit der freien Zeit anfangen?“ erwiderte Mara mißmutig. „Übrigens habe ich gestern mit Steves Arzt gesprochen.

Ich habe immer gehofft, man könnte ihn operieren, um seine Augen zu retten, aber als ich gehört habe, was los ist ..."

„Glassplitter in den Augen", meinte Hennessey.

„Nicht nur das. Er hat ganz hinten in den Augen eine Entzündung. Sie trauen sich nicht, etwas zu unternehmen. Deshalb muß er immer noch mit Tropfen behandelt werden. Anna hat das in ihrem Brief geschrieben. Wenn die Entzündung jemals zurückginge, könnten sie vielleicht etwas tun, aber Dr. Richards fürchtet, sie ist langwierig und richtet weiteren Schaden an, so daß sie am Ende gar nichts mehr machen können. Steve wird sein Leben lang blind bleiben, und damit hat sich's."

„Er ist nicht der erste blinde Farmer", sagte Hennessey. „Hier auf dem Hof könnten wir uns alle gegenseitig ergänzen, und er würde gebraucht. Er hätte eigentlich erfahren sollen, daß du zu ihm hältst." Der alte Mann pfiff Lig zu sich, der an der Mauer gelegen und auf das Kommando gewartet hatte.

Mara blickte ihnen nach, als sie den Hof verließen, und einen Augenblick führten ihre Gedanken sie in die Irre, und es war Steve, der dem vorauslaufenden Lig folgte. Sie wären jetzt schon ein halbes Jahr verheiratet gewesen.

„Ein Brief für Sie!" rief der Briefträger, lehnte sich über die Mauer und betrachtete sie. Hübscher denn je mit dem vollen, dunklen Haar, das ihr über die Schultern fiel, und dichtbewimperten braunen Augen. „Was macht Steve?" erkundigte er sich.

„Es geht ihm gut, er kommt bald heim", antwortete Mara und schalt sich insgeheim für die Lüge.

Der Briefträger nickte und stieg wieder auf sein Rad. Mara betrachtete den Brief. Wenn Steve doch nur schreiben könnte, wenn er doch nur eine ernstgemeinte Botschaft schickte. Der Brief war zuerst an ihre Anschrift im Elternhaus gegangen und dann nachgeschickt worden.

Sie legte den Brief auf den Küchentisch und machte für sich und Hennessey Kaffee. Hennessey würde zurückkommen, sobald er ein Schaf versorgt hatte, das sich am Bein verletzt hatte. Sie saß da, rührte in ihrer Tasse und starrte auf die Wand. Steve hatte die Tapeten ausgesucht. Es war weiße Rauhfaser, passend zur Atmosphäre des alten Hauses mit den dunklen Balken, dem Hufeisen an der Wand, dem Schaukel- und dem Korbstuhl.

Hennessey ließ auf sich warten. Schließlich riß sie widerwillig den Brief auf, der, wie sie wußte, die üblichen Floskeln enthalten würde; Steve ging es gut, und er schickte liebe Grüße.

Es war ein sehr viel längerer Brief als gewöhnlich. Und Steve hatte ihn diktiert. Sie las ihn langsam und dann noch einmal und rannte freudestrahlend nach draußen, wo Hennessey ihr entgegenkam. Es war das erste Mal seit fast einem Jahr, daß der Alte sie lachen sah.

„Gute Nachrichten, Mädchen?"

„Steve möchte, daß ich ihm schreibe, wer das Kloster betreibt und für wie lange es verpachtet ist. Er will nämlich einen Blindenhund, und, sobald es geht, will er zurückkommen und selbst hier arbeiten. Er möchte dann Landwirtschaftsschüler aufnehmen und ihnen was über Schafe beibringen; er hat auch Anna schon mit den Tieren geholfen und einen Schafzüchter kennengelernt, der Gunter heißt. Hennessey, das müssen wir feiern! Wir genehmigen uns einen Sherry, und dann muß ich gleich Andrew anrufen und es ihm erzählen und meinen Vater auch."

Sie war plötzlich wie verwandelt, voller Optimismus und Tatendrang. Sie goß lachend den Sherry ein und trank ihn, während sie gleichzeitig beschwingt in der Küche umherlief. Immer wieder betrachtete sie die Dinge, die Steve begonnen hatte und die sie zu Ende führen konnte, sah den kleinen Garten, den er für sie angelegt hatte, sah die Schafe am Berg und Lig, der geduldig in der Sonne lag und darauf wartete, daß er gebraucht würde.

Ihre Begeisterung steckte auch Andrew an, doch ihr eigener Vater blieb, nachdem er die Neuigkeiten erfahren hatte, nachdenklich am Telefon stehen. Steve kam vielleicht zurück, aber was würde aus Mara? Es war nicht davon die Rede gewesen, daß sie mit ihm im Kloster leben würde. Wo sollte ihr Platz sein?

MARAS Brief erreichte Steve zwei Tage später.

> Lieber Steve,
> ich habe es Dir bisher nicht verraten, aber ich lebe im Kloster und kümmere mich darum, bis Du wiederkommst. Es ist alles in bester Ordnung hier; Hennessey hilft mir. Auf die Herde können wir stolz sein. Mein Vater hat mir einen seiner Böcke gegeben, und wir haben in diesem Jahr guten Nachwuchs erhalten. Die Einnahmen aus den Lammverkäufen und von der Schur können sich sehen lassen. Ich glaube, es ist alles so, wie Du es gehalten hast. Mein kleiner Garten sieht wunderbar aus; ich habe noch Lavendel und Rosmarin, Petersilie und Thymian angepflanzt, und wir haben unsere eigenen Kartoffeln und sehr viel Salat. Dein Vater hat mir ein kleines Gewächshaus gebaut, und wir hatten im letzten Jahr eine Menge Tomaten. Er hat mir auch einen Schweinestall gebaut, und ich habe ein prächtiges Mutterschwein mit vierzehn Ferkeln.

Ich züchte auch Katzen. Ich habe zwei Cameo-Katzen; eine davon ist im Moment im Haus, aber wir können sie später im Freien unterbringen. Ich weiß, daß Du im Haus keine Katzen magst.

Ich schlafe in Deinem Bett. Es war einfacher, als ein neues für das Gästezimmer zu kaufen, und außerdem fühle ich mich dort mehr zu Hause. Mein Hochzeitskleid hängt noch immer im Schrank ...

Lig geht es gut und mir auch.

Meine amerikanische Räuberbande hat sich schon vor langer Zeit für Deinen Hund entschieden. Sie haben als erste von Gemma erfahren und sogar Fotos von ihr bekommen. Mir haben sie gleich eins geschickt; Gemma ist eine bildschöne Hündin. Ob ihr unsere Berge gefallen werden?

Steve hörte gebannt zu, während Anna vorlas. Mara wohnte im Kloster, betrieb es für ihn, wartete auf ihn! Und er hatte geglaubt, sie führe ihr eigenes Leben, habe ihn vergessen und schreibe nur aus Pflichtgefühl. Statt dessen hatte sie da weitergemacht, wo er aufgehört hatte.

„Was werden Sie ihr antworten?" fragte Anna, die sich mehr als Steve der Schwierigkeiten bewußt war, mit denen Mara hatte fertig werden müssen – eine Frau, die einen Bauernhof betrieb.

Steves Gedanken schwirrten wild durcheinander. Wie hatte er Mara nur so falsch einschätzen können. Er war plötzlich ganz beschwingt und sah das Kloster vor sich und die Schafe auf den Bergen, und Mara an seiner Seite, die ihn nicht mehr zu bemitleiden oder ihm zu helfen brauchte. Er hatte noch immer eine Menge Fähigkeiten, dazu all sein Wissen und seinen Verstand; er war kein Krüppel und würde wohl auch keiner werden.

„Können Sie mir Maras Nummer wählen?" fragte Steve.

Anna wählte die Nummer und reichte den Hörer Steve, der angespannt horchte und gar nicht richtig merkte, daß sich die Tür schloß, als Anna das Zimmer verließ.

„Mara?"

Es entstand ein Schweigen, und dann kam ein ungläubiges „Steve!"

„Ich bin in einem halben Jahr wieder zu Hause", sagte Steve. Er konnte nur die Hälfte von dem ausdrücken, was er wollte, vor allem am Telefon. Er war nie ein Mann schöner Worte gewesen. „Dann beginnt ein neues Leben", meinte er schließlich. „Wir heiraten, sobald ich heimkomme."

„Soll ich zu dir kommen?" fragte Mara. „Nur übers Wochenende?"

„Nein", sagte Steve. „Am liebsten hätte ich dich die ganze Zeit hier, aber ich habe jetzt das Trainingsprogramm mit dem Hund vor mir, und je eher ich damit anfange, desto schneller bin ich wieder daheim. Ich muß noch viel lernen, und ich will es schnell lernen. Aber ruf mich an. Wann immer du kannst ..." Steves Stimme klang überglücklich. Der Gedanke an eine Zukunft auf seiner Farm beflügelte ihn so, wie nichts seit dem Unfall es vermocht hatte. Und dazu noch der Gedanke an Mara, die auf ihn wartete.

Auch Anna, die sich im Freien mit den Hunden beschäftigte, war froh. Endlich machte Steve Fortschritte, hatte eine positive Einstellung und neue Hoffnung. Ohne Hoffnung hatte das Leben keinen Sinn.

Doch mit einemmal überkam sie Trauer. Sie wollte nicht ins Haus gehen. Ihre plötzliche Niedergeschlagenheit konnte Steve anstecken; er war inzwischen so empfänglich für Stimmungen, daß er sofort merkte, wie sie sich fühlte.

Steve würde demnächst gehen, und sie würde wieder allein sein und nichts vor sich sehen als die Notwendigkeit, am Leben zu bleiben. Tag für Tag nur mit den Tieren, für die sie zu sorgen hatte.

Dave kam durch das Tor herein.

„Steve und Mara sprechen wieder miteinander", sagte Anna, und ohne ersichtlichen Grund liefen ihr Tränen über die Wangen, so daß Dave seinen Arm um sie legte.

„Was ist los, Anna?"

„Mir ist plötzlich so schwer ums Herz. Steve geht, und ich komme mir nutzlos vor." Sie war wütend auf sich und liebte es gar nicht, anderen ihre Gefühle zu zeigen, vor allem Dave nicht, der selbst genug Probleme hatte.

„Sie sind sehr wertvoll für uns, Anna", sagte Dave. „Sie haben Steve geholfen, viel mehr als irgend jemand von uns. Unterschätzen Sie sich nicht. Außerdem werden andere kommen."

Anna lächelte ihm zu und ging sehr viel fröhlicher wieder an ihre Arbeit. Dave trat ins Haus und begrüßte Steve.

„Sie sind also doch endlich zur Vernunft gekommen und haben sich eine Frist gesetzt, bis zu der Sie wieder auf Ihre Farm zurückkehren", sagte er, und seine Stimme klang zufrieden. „Ihr Hund ist soweit. Sie kennen ihn ja schon. Wir haben Gemma schon vor langem für Sie ausgesucht."

„Eigentlich kann ich mich kaum an Gemma erinnern", meinte Steve. Er war bei seiner Ankunft zu sehr mit seinem Leid beschäftigt gewesen, um die Hunde richtig zur Kenntnis zu nehmen. Inzwischen hatte sich das geändert. Er hatte seine Freude an Sam und Mellie und spielte mit ihnen, warf den Ball, den Sam zurückbrachte und ihm fest in die Handfläche legte, als wüßte er, daß dies die einzige Möglichkeit für Steve war, ihn zu finden.

Es würde keine Schwierigkeiten mit Gemma geben, da war er sich sicher. Er hatte schon so viele Hunde abgerichtet. Eine ganze Reihe Collies, alle aus derselben Zuchtlinie wie Lig. Anfangs waren sie schwierig gewesen, halsstarrig und eigensinnig, doch er hatte ihre Sturheit besiegt, war die ganze Zeit über fest und beharrlich geblieben und hatte gezeigt, wer der Herr war. Kein Hund hatte ihn jemals zum Narren gehalten. Es würde keine Probleme geben, das wußten er und Dave.

Schlimmer hätten sie sich gar nicht irren können.

GEMMA hatte sich als die gute Schülerin erwiesen, die Dave sich erhofft hatte. Er hatte sich ganz besonders für ihre Ausbildung interessiert und sich immer wieder vergegenwärtigt, daß sie zusammen mit den Tieren eines Bauernhofs leben würde. Er selbst nahm sie während der Anlernzeit täglich mit nach draußen und bewegte sich mit ihr immer unter Schafen, Rindern und Pferden.

Auf einem Hof mit Schafen lief sie an einer langen Leine frei herum, die sofort arretiert werden konnte, wenn sie Anstalten zum Hetzen machte. Glücklicherweise war das Hetzen keine ihrer Leidenschaften.

„Sie macht sich hervorragend“, sagte Dave eines Tages zu Susan. „Meinst du, Steve kommt mit ihr zurecht?“

„Warum denn nicht?“ antwortete Susan, der nicht bewußt war, daß zwischen einem Collie und einer Kreuzung aus Labrador und Retriever ganz entscheidende Unterschiede bestanden.

Dave, der manchmal beim Unterricht im örtlichen Hundeverein half, kannte sich gut genug aus, um zu wissen, daß Collies sehr viel früher entwickelt waren als die Jagdhunde; sie waren klug und gesetzt und arbeiteten schon mit einem Jahr, während ein Jagdhund seine Jugendtorheiten teilweise bis zum Alter von vier Jahren und länger beibehielt. Doch das Training zeigte Wirkung, und Gemma wußte, daß sie nur dann verrückt spielen konnte, wenn sie nicht das weiße Geschirr trug. Das Geschirr war das Signal, das sie zur Vernunft rief.

Dave überwachte ihre Abschlußausbildung. Er ließ sich mit einem großen Koffer in der Hand von ihr durch die Hauptstraßen führen, durch schmale Torbögen und quer über eine Baustelle, wo Gemma anhalten und ihn vor Hindernissen warnen und daran vorbeidirigieren mußte. Sie wurde in eine ruhige Straße gebracht, wo ein dort auf und ab fahrender Lieferwagen ihre Aufmerksamkeit auf die Probe stellte. Er hielt genau in dem Augenblick direkt vor ihr, als sie die Straße überqueren wollte, bog in eine Einfahrt ein, als sie den Gehweg entlangkam, fuhr rückwärts, als sie annehmen mußte, daß der Wagen vorwärts fahren würde.

Sie lernte, auf Fahrräder zu achten, die unter Umständen von einem Auto verdeckt waren und schnell und unerwartet auftauchten; sie lernte, Geschwindigkeiten und Entfernungen abzuschätzen und ohne Angst eine Straße zu überqueren, wenn alles frei war. Sie lernte, Zebrastreifen zu benutzen und an Ampeln über die Straße zu gehen.

Sie fuhr mit Bussen und dem Zug, führte Dave durch Bahnhöfe oder zur Bushaltestelle. Sie kam nach London und lief zur Hauptverkehrszeit durch das Großstadtgewühl. Sie wurde auf hohe Gebäude mitgenommen und fuhr in Aufzügen. Sie ging in Banken, durch Schwing- und Drehtüren, die sie zunächst nicht mochte, ebensowenig wie automatische Türen, die sich auf geheimnisvolle Weise öffneten, wenn sie näher kam. Dave mußte viel Zeit opfern und immer wieder durch solch eine Tür ein und aus gehen, bis sie sich schließlich daran gewöhnt hatte.

„Sie ist ein As“, sagte er zu Susan.

Susan übernahm die nächste Ausbildungsphase des Hundes. Sie war inzwischen so an Blindenhunde gewöhnt, daß sie mit ihnen auf dem Gelände des Blindenzentrums übte. Für die Tiere war es eine erste Erfahrung mit einem blinden Ausbilder. Gemma bestand alle Tests mit Bravour.

Es war an der Zeit, daß sie mit Steve zusammenkam.

Und es war an der Zeit, daß Steve Anna verließ. Der Kurs würde ihn voll in Anspruch nehmen, und es gab mehr zu lernen, als Steve sich vorstellen konnte. Er mußte sich außerdem mit sieben weiteren Blinden arrangieren und enger mit ihnen zusammenleben, als er es je mit einer größeren Gruppe getan hatte, seit er die Schule hinter sich hatte. Und er mußte etwas über den Hund erfahren.

Steve kannte sich mit Hunden aus, und die ersten Stunden würden, da war er sich sicher, reine Zeitverschwendung sein. Er kannte alle denkbaren Eigenheiten eines Collies, und für ihn war ein Hund ein Hund, ganz gleich, welcher Rasse er angehörte.

Anna brachte ihn zum Zentrum. „Sie werden mir fehlen“, sagte sie. „Viel Glück.“

„Danke, daß Sie es mit mir ausgehalten haben“, erwiderte Steve. Er hielt ihre Hand und wünschte, er hätte sie sehen können, fragte sich, ob sie unscheinbar aussah oder hübsch und ob ihr Aussehen ihrer Stimme entsprach. Sie hatte ihn bemuttert, ohne viel Aufhebens zu machen, hatte seine Depressionen ertragen und ihm wieder auf die

Beine geholfen. Als er den Wagen wegfahren hörte, kam er sich verlassen vor.

Dann war Dave bei ihm, begrüßte ihn, zeigte ihm sein Zimmer, führte ihn zur Treppe. Steve war der erste Ankömmling, denn die anderen hatten alle eine lange Anreise. An dem Kurs würden drei Männer und fünf Frauen teilnehmen. „Drei sind schon älter und aufgrund von Krankheiten erblindet, die sich im Alter einstellen können", erklärte Dave. „Dann ist ein Junge dabei, der von Geburt an blind ist; er ist erst jetzt so weit, daß er einen Hund haben kann. Dann haben wir eine Frau, die schon zwei Jahre wartet; sie ist sehr klein, und wir brauchten einen kleinen Hund für sie, haben aber erst jetzt einen guten gefunden. Weiter noch ein junger Rennfahrer, der nach einem Rennunfall erblindet ist, und schließlich eine Schulrektorin; ich fürchte, sie wird ein bißchen problematisch, denn sie ist mir bei einem Kontaktgespräch als jemand erschienen, der immer alles besser weiß. Außerdem neigt sie dazu, jeden wie einen Schüler zu behandeln."

Steve, der mit Dave in dessen Zimmer einen Kaffee trank, fühlte sich für kurze Zeit privilegiert, wenngleich er wußte, daß Dave ihn, sobald die anderen kämen, als einen aus der Gruppe behandeln und niemandem ein Vorrecht einräumen würde.

„Wie sieht Gemma eigentlich aus? Wie ein Labrador oder mehr wie ein Retriever?" fragte Steve.

„Sie hat das Fell, den Kopf und den Schwanz eines Retrievers, und für einen Laien sieht sie wohl tatsächlich wie ein reinrassiger Retriever aus", erklärte Dave. „Sie ist eine hübsche Hündin. Wir haben viel Aufmerksamkeit erweckt, als sie ausgebildet wurde. Die Leute blieben immer stehen und wollten sie streicheln, aber das ist nicht erlaubt, wenn sie arbeitet. Ich nehme an, die ersten Tage werden Ihnen ein bißchen eintönig vorkommen; über das Pflegen und Füttern kann ich Ihnen ja nicht viel beibringen. Allenfalls ist zu beachten, daß Gemma schnell dick wird; weil sie sterilisiert ist, legt sie einen verstärkten Appetit an den Tag. In Wirklichkeit braucht sie aber nicht die Hälfte von dem, was in den Büchern steht."

Das erste gemeinsame Abendessen verlief ziemlich steif; Steve fühlte sich verunsichert wie seit Wochen nicht mehr, umgeben von diesen Menschen, mit denen er noch nie zusammengekommen war und die er nie sehen würde. Die Unterhaltung war beschwerlich und wurde, wie Dave befürchtet hatte, von der Rektorin beherrscht.

„Selbstverständlich bin ich, sobald ich meinen Hund habe, in der Lage, wieder zu meinen Mädels zurückzugehen, da gibt es gar keine Probleme", erklärte sie unverzüglich.

„Da werden sich die Mädels aber freuen“, sagte eine Stimme neben Steve leise.

Steve ließ ein ebenso leises Lachen vernehmen. „Ich heiße Steve Drake“, stellte er sich vor. „Bin Farmer, das heißt, ich war es“, fügte er trocken hinzu.

„Ich bin Lynn Ferguson. Ich war Tänzerin“, sagte das Mädchen neben ihm. „Ich war in der Ausstellung ‚Das schöne Heim‘, als die Bombe hochging.“

Sie hatte es ganz nüchtern gesagt. Zwei lange Jahre wartete sie schon auf einen Hund, der ihr wieder ein Stück Freiheit erschließen sollte. Trotzdem hatte in ihrer Stimme ein Lachen mitgeschwungen.

Später am Abend, als Steve sich mit Lynn unterhielt, wurde ihm klar, warum sie sich über ihre Erblindung lustig machte.

„Meine Mutter war am Boden zerstört“, erzählte sie. „Ich mußte die Tapfere sein und sie wieder aufrichten. Sie hatte so viel mit mir vorgehabt. Wenn ich einmal Kinder habe, mache ich überhaupt keine Pläne für sie. Das bürdet ihnen eine zu große Last auf.“

„Wollen Sie mal heiraten?“ fragte Steve.

„Aber ja, ich bin verlobt. Larry war auf der Ausstellung dabei. Er hat ein Bein verloren. Wir wissen nur noch nicht, ob künftig der Lahme die Blinde führt oder umgekehrt. Larry hat jetzt eine Prothese bekommen und lernt wieder gehen. Und ich kann inzwischen das meiste selbst machen; der Hund bedeutet für mich allerdings, daß ich auch allein irgendwohin gehen und Einkäufe machen kann.“

Als Steve in dieser ersten Nacht in einem fremden Zimmer lag und sich plötzlich wie in einer Falle fühlte, lenkte er seine Gedanken ganz bewußt auf Lynn. Sie war zweiundzwanzig, und ihre Erblindung war noch sinnloser als die seine. Er hatte zumindest die Gewißheit, vier Kinder und eine Frau vor dem Tod bewahrt zu haben. Sie wußte dagegen nur, daß ein paar kriminelle Wirrköpfe eine Bombe gelegt hatten, um Menschen umzubringen.

„Ich habe Glück gehabt“, hatte er Lynn zu jemand anderem sagen hören. „Einige Bombenopfer sind gestorben, und ein paar haben weit schwerere Verletzungen erlitten. Ich kann noch Musik hören und in der Sonne spazierengehen, ich kann noch heiraten und Kinder bekommen. Und ich habe mir schon immer einen Hund gewünscht, war aber früher nie lange genug zu Hause, um mich ausreichend um ihn kümmern zu können.“

Die ersten Unterrichtsstunden brachten nichts Neues für Steve: Pflege und Füttern, Üben und Betreuung. Dann das Ansprechen des

Hundes, Lob und Tadel, wobei zu bedenken war, daß der Hund sich nur des jetzigen Augenblicks bewußt war und sich höchstens vierzig Sekunden lang an ein Ereignis erinnerte; das Tadeln mußte also praktisch mit dem Fehler zusammenfallen und ein Lob sofort erfolgen, sonst verband der Hund es mit der falschen Handlung.

„Tadeln Sie nie einen Hund, wenn er zu Ihnen zurückkommt, selbst wenn er völlig verdreckt ist“, erklärte Dave. „Der Hund hat inzwischen alles vergessen, was passiert ist; er weiß nur noch, daß er Ihnen entgegengelaufen ist, um Sie zu begrüßen, und Sie haben ihn ausgeschimpft, weil er zu Ihnen gekommen ist. Weisen Sie ihn nie zurück. Sonst kommt er das nächste Mal nicht mehr.“

Dann kam der dritte Tag. Jeder wurde in sein Zimmer geschickt, um dort auf seinen Hund zu warten. Steve saß da und wußte, daß Gemma für längere Zeit noch nicht richtig zu ihm gehören würde; Anna war Gemmas erste Liebe gewesen, und Dave war an ihre Stelle getreten. Dave hatte den Großteil ihrer Ausbildung übernommen, er besaß ihren Respekt. Kein Hund übertrug seine Treue sofort auf einen neuen Besitzer. Einige taten das nie. Falls es dazu käme, stünde er wieder am Anfang. Er würde lange warten müssen und hatte doch schon ein ganzes Jahr verstreichen lassen. Er wurde ungeduldig.

Steve war mit Gemma nur ein paar Wochen bei Anna zusammengewesen, bevor der Hund dann zur Ausbildung gekommen war. Gemma war hereingekommen und hatte mit den anderen Hunden gespielt, aber die meiste Zeit war sie draußen gewesen. Er war neugierig, ob die Hündin sich an ihn erinnern würde. Gespannt und äußerst unruhig saß er da. Aus dem Nebenzimmer hörte er Lynns Stimme, die ihren Hund mit zärtlichen Koseworten begrüßte.

Er konnte einem Hund nicht so schwärmerisch begegnen. Ein Hund war ein Hund und hatte den ihm gebührenden Platz einzunehmen.

Und dann hörte er das Tappen von Pfoten vor seiner Tür, und die Tür öffnete sich, und Dave sagte: „Hier ist sie. Zeigen Sie ihr, daß Sie sie gern haben, Steve.“ Die Tür schloß sich wieder, und er war allein mit seinem neuen Hund.

„Gemma“, sagte er. Zögernd kam sie zu ihm und schnupperte mit ihrer kalten Nase an seiner Kleidung und an seiner Hand. Anna hatte seine Sachen gerichtet; Sam hatte sich an seine Beine gelehnt und Mellie auch. Er roch nach Sukie. Sukie fehlte ihm. Steve war gespannt, was Mara sagen würde, wenn er ihr erzählte, daß jede Nacht eine Katze in seinem Bett geschlafen und sich an ihn geschmiegt hatte und daß er sie häufig auf der Schulter mit sich herumgetragen hatte.

Gemma beschnupperte ihn noch immer, und dann kam das Wiedererkennen. Sie wedelte mit dem Schwanz und stellte sich mit den Pfoten auf seine Schultern. Sie lehnte sich an ihn, als er sie streichelte und dabei dachte, wie seltsam es doch war, plötzlich einen ausgewachsenen, ausgebildeten Hund zu haben und nicht mit einem Winzling zu beginnen, dem noch alles beigebracht werden mußte.

Es war kein Problem, die Hündin zu streicheln und zu hätscheln, still dazusitzen, während sie an seine Beine gelehnt lag, und den leisen Melodien aus dem Radio zu lauschen. Steve lehnte sich in den Sessel zurück, seinen neuen Hund dicht neben sich, und ließ sich von der Musik zum Träumen verleiten. Im Moment war er entspannt und hatte seinen Frieden, und alles, was er verloren hatte, war vergessen.

Ein neuer Abschnitt begann. Die Behandlung seiner Augen war abgeschlossen, die Tropfen und Besuche im Krankenhaus waren Bestandteil eines Kapitels, das der Vergangenheit angehörte. Und erst jetzt kam das Sichfügen, ein Akzeptieren, daß es für immer war und daß eine neue Art zu leben gefunden werden mußte.

„Wir haben eine Menge zu lernen, meine Gute“, sagte er, und Gemmas Schwanz schlug kräftig gegen den Boden. Gemma hatte gemerkt, daß Steve nach ihrer Mutter roch, und sie akzeptierte ihn vom ersten Moment an.

– 9 –

Es war ein leichtes, mit dem Hund zurechtzukommen, wenn sie nicht arbeiten mußten. Bei der Arbeit dagegen kam es immer wieder zu Schwierigkeiten. Gemma war verspielt, und an einem Morgen der zweiten Woche, als sie gepflegt wurde, zog sie ständig an der Bürste und ärgerte Steve. Er fuhr sie scharf an, in dem Ton, der Lig zur Räson gebracht hätte.

In der nächsten Sekunde war sie ihm entwischt. Er suchte überall in der winzigen Pflegezelle nach ihr, auf der Bank, in den Ecken. Dave, der sein „Hierher, Gemma, hierher“ hörte, kam herbeigeeilt.

„Sie weicht Ihnen aus“, sagte er. „Was haben Sie gemacht?“

„Sie hat herumgealbert. Ich habe sie nur ermahnt“, erklärte Steve, „dann hat sie sich verdrückt.“

„Sie ist eine sehr sensible Hündin“, sagte Dave. „Man braucht den Ton nur ein klein wenig zu ändern, um sie zu korrigieren. So etwa: ‚Hierher, Gemma. Ja, sehr brav.‘“

„Solch sensible Hunde bin ich nicht gewohnt“, erwiderte Steve gereizt. „Ich bin immer der Herr gewesen, ich kann mich jetzt nicht ändern."

„Sie bleiben auch weiterhin der Herr. Machen Sie sich nur klar, daß Sie nicht Lig vor sich haben und daß Gemma kein Collie ist. Sie ist sehr darauf aus, Sie zufriedenzustellen, und in gewisser Weise ist sie auch ziemlich unterwürfig. Andererseits ergreift sie aber die Initiative, wenn eine Situation sie zwingt, ihren Verstand zu gebrauchen. Sie müssen ganz neu lernen, Steve. Sie sind jetzt nicht mehr der Ausbilder, sondern Sie werden jetzt von Gemma ausgebildet. Ich hatte gedacht, daß Sie mit Ihrem Wissen es leichter hätten. Aber wenn ich mir jetzt überlege, was Sie mir über Lig und Ihre anderen Hunde erzählt haben, bin ich mir nicht mehr so sicher, ob Gemma der richtige Hund für Sie ist. Sie braucht jemanden, der sehr sanft ist. Leider ist sie für Lynn zu groß. Lynn hat einen etwas robuster gearteten Hund bekommen, und sie muß lernen, sich durchzusetzen, sonst tanzt Meggie ihr auf der Nase herum und wird verdorben."

„Haben Sie immer solche Schwierigkeiten?" fragte Steve entmutigt.

„Jedesmal. Aber das ist eine Herausforderung für uns beide. Ich muß Sie zu einer anderen Einstellung bewegen, und Sie müssen sich damit abfinden, daß jede Hunderasse ganz verschieden geartet ist. Achten Sie also auf Ihre Stimme, und seien Sie Gemma gegenüber nicht gereizt. Sie verträgt es nicht. Sie läßt dann Kopf und Schwanz hängen und sieht aus, als hätte sie Prügel bezogen."

Steve saß in seinem Zimmer und dachte über den Morgen nach. Es war überhaupt nicht gut gelaufen. Er war keinen Hund gewohnt, der immer vor ihm herlief. Er war versucht, mit den Fingern zu schnippen, um Gemma zurückzubeordern, direkt hinter sich, wo Lig immer gelaufen war. Ihm fehlte der Blickkontakt, die unmittelbare Nähe zum Hund. Das Geschirr schien das Tier noch weiter von ihm zu entfernen. Er hing daran wie ein Kind an einem Steckenpferd.

Mehrere Male, als Gemma anhielt, sprach er in einem schärferen Ton mit ihr als beabsichtigt. Ihm war nie aufgefallen, was für ein barscher Ton nötig gewesen war, um Lig zur Ordnung zu rufen.

„So geht's nicht", sagte Dave verzweifelt, nachdem Steve plötzlich wie angewurzelt stehenblieb, obwohl Gemma weiterzulaufen versuchte. „Probieren Sie es mal mit Zeichen, nicht mit der Stimme. Der Ton ist zu hart. Sie bringen sie völlig durcheinander. Machen Sie eine Faust für ‚Sitz' und eine Handbewegung nach unten für ‚Platz', und vertrauen Sie ihr um Himmels willen, denn sie weiß, wann die Straße frei ist. Es war eben völlig gefahrlos rüberzugehen."

Sie befanden sich auf dem Trainingsgelände des Zentrums, wo die Übungsfahrzeuge langsam hin und her fuhren. Steve war bisher kaum bewußt gewesen, wie empfindlich sein Gehör geworden war. Außerdem hatte er noch nicht gelernt, die Geschwindigkeit aufgrund des Geräusches abzuschätzen; er war ganz sicher, ein Fahrzeug sei in der Nähe, obwohl es sich in einiger Entfernung in einer anderen Straße befand, und er war stehengeblieben und hatte scharf „Nein, Gemma!" gerufen, überzeugt, sie würde ihn und sich in den Tod führen.

Das Training war sehr viel anstrengender als alles, was er bisher erlebt hatte. Er mußte alles neu lernen. Und als sie in sein Zimmer gingen, mied Gemma seine Nähe. Sie lag an der Wand, sah ihn verängstigt an und fürchtete, er würde sie wieder tadeln. Ratlos saß er da. Er scheute sich, sie zu rufen, da er fürchtete, sie dadurch noch mehr zu ängstigen. Mit dieser Hündin würde er niemals zurechtkommen. Man mußte einen robusteren Hund für ihn suchen. Einen Rüden, ein Tier, dem er Befehle geben konnte, wie er sie Lig gegeben hatte. Eine tiefe Sehnsucht nach Lig überkam ihn ganz plötzlich, und als Dave ins Zimmer trat, fand er Steve in den Sessel gekauert, mit versteinertem Gesicht und mit sich und seinem Schicksal hadernd.

Dave blickte hinüber zu Gemma, die einmal ganz kurz mit dem Schwanz gewedelt hatte. Ihre Augen waren noch immer auf Steve gerichtet. Irgendwie mußte er es doch schaffen, daß die beiden zusammenkamen.

Das Essen verlief sehr viel schweigsamer als sonst. Niemand fand das Training einfach. Für die Rektorin war es ein Schock gewesen, mit einem Wissensgebiet konfrontiert zu werden, das ihr völlig fremd war. Dave war sich nicht einmal sicher, ob man ihr überhaupt einen Hund anvertrauen konnte; sie war eigensinnig und lernte sehr langsam. Aber auch bei allen anderen war es zu Rückschlägen und Enttäuschungen gekommen.

Dave, der schon viele Gruppen wie diese betreut hatte, wußte, daß die Fortschritte dennoch im Rahmen des Üblichen lagen. Größere Sorgen bereitete ihm außer Steve nur noch Lynn, deren Hund ihre Nervosität gespürt hatte und sie ausnutzte. Außerdem empfand Dave es allmählich als schwierig, bei der Rektorin die Geduld zu bewahren. Sie hatte eine spitze Zunge und verschonte weder ihn noch ihren Hund mit abfälligen Bemerkungen.

Selbst Lynn war geknickt. „Ich war so sicher, recht zu haben", erklärte sie, als sie Steve erzählte, wie sie ein paar Stufen hinuntergefallen war. „Meggie blieb stehen, und ich konnte nichts vor mir fühlen. Ich habe gelernt, Hindernisse zu spüren, aber es war absolut nichts da.

Daher ging ich weiter, denn ich wußte ja, daß der Weg frei war, und rums, war ich unten. Ich habe überall blaue Flecken."

„Sie können noch von Glück sagen, daß Sie sich nichts gebrochen haben", schaltete Dave sich ein. „Sie müssen Meggie vertrauen. Sie wird Sie nicht ins Unglück laufen lassen. Und keiner von Ihnen lobt seinen Hund genug. Man muß ihnen immer wieder sagen, daß sie etwas richtig gemacht haben und man mit ihnen zufrieden ist."

„Sie sind wie Kinder", sagte einer der Männer.

„Wir müssen ganz schön komisch auf die Leute wirken, wenn wir herumlaufen und mit unseren Hunden reden", meinte die Rektorin.

„Ich rede gerne mit meinem Hund", erwiderte Lynn. „Nur scheine ich es irgendwie nicht zu schaffen, den richtigen Ton zu treffen. Ich brauchte Ihre Stimme, Steve, und ich nehme an, Sie brauchten meine."

„Ich würde wohl etwas komisch klingen mit Ihrer Stimme", meinte Steve.

„Nicht auszudenken", sagte Lynn lachend. „Steve, ich habe Ihnen noch gar nicht erzählt ..., ich bin heute morgen mit affenartiger Geschwindigkeit hinter Meggie hergerannt. Sie war einfach nicht zu bremsen. Immer wieder habe ich gerufen: ‚Nicht, Meggie, langsam, Meggie, um Himmels willen, bleib stehen!' Aber Meggie hatte so eine vermaledeite Katze gesehen und vergessen, was sie gelernt hatte."

„Nein, Sie haben vergessen, was Sie gelernt haben", warf Dave ein. „Ich werde einen Kassettenrecorder mitbringen und einmal aufnehmen, was Sie mit den Hunden reden. Dann können Sie sich selbst hören, und ich hoffe, Sie geloben Besserung."

Steve, der am nächsten Abend sein Band hörte, erkannte plötzlich, warum Gemma Angst vor ihm hatte. In seiner Stimme war eine Schärfe, die sie bei Lig sicher nie gehabt hatte, ein Ausdruck seiner Frustration und des Unmuts darüber, daß er von diesem Hund so abhängig war.

„Lassen Sie mir das Gerät einige Zeit, geht das?" fragte er Dave. „Ich möchte üben."

„Sie können Lynn kontrollieren und Lynn Sie", sagte Dave. „Bis der Hund Ihnen wieder vertraut, werden Sie sich doppelt anstrengen müssen. Es ist, als würden Sie noch mal von vorne beginnen."

Steve wurde es zur täglichen Gewohnheit, sich mit Lynn zusammenzusetzen und ihre Kommandos abzuhören, während sie die seinen kontrollierte.

„Das klingt, als ob Sie jeden Moment in die Luft gehen wollten. Leiser und sanfter, Steve", ermahnte Lynn ihn.

„Nein, das müssen Sie bestimmter sagen; Meggie muß Ihnen gehorchen und nicht umgekehrt", erklärte Steve.

Gemma war noch immer unsicher. Dave kam mit ein paar Stückchen gebackener Leber in Steves Zimmer.

„Spielen Sie mit ihr. Rufen Sie sie, und geben Sie ihr jedesmal ein Stück, wenn sie kommt", forderte er ihn auf. „Ich bleibe hier und höre zu. Kommen Sie, Steve, Sie sind doch ein intelligenter Mensch. Was ist in Sie gefahren?"

„Es fehlt mir an Selbstvertrauen, nehme ich an", sagte Steve. „Mir fällt es schwer einzusehen, daß man nach all den Jahren mit Hunden letztlich nichts über sie weiß."

„Kein Mensch weiß alles", sagte Dave. „Ich habe Ihnen einen Whisky gebracht. Trinken Sie einen Schluck, und dann reden Sie mit ihr. Und versuchen Sie es mit ein bißchen Spaß; Sie sind viel zu ernst. Seien Sie nicht so verkrampft."

„Ja, ja, Sie haben gut reden", setzte sich Steve wütend zur Wehr.

„O nein, mein Lieber, so ist das nicht", entgegnete Dave und wurde plötzlich zornig. „Ich quäle mich wieder und wieder mit jeder Gruppe, die hierherkommt. Alle verschließt ihr euch und leidet. Und dennoch bemerke ich mehr, als ich zuweilen möchte. Lynn ist fröhlich, aber Sie sehen morgens ihre geröteten Augen nicht, wenn sie die halbe Nacht geweint hat. Oder der Mann, der vor einem Jahr kam und sich jeden Abend vollaufen ließ. Wir konnten ihm keinen Hund anvertrauen. Auf dem Weg nach Hause ist er aus dem Zug gesprungen. Was glauben Sie, wie das auf mich wirkt? Manchmal so, daß ich aufgeben möchte. Im übrigen sind Sie besser dran als die meisten; Sie haben ein Zuhause, wohin Sie gehen können, eine Arbeit, die Sie weitermachen können, eine Frau, die auf Sie wartet, um Sie zu heiraten."

Dave verließ das Zimmer und schloß die Tür mit einem vernehmlichen Ruck, der ebensoviel sagte, als hätte er sie zugeschlagen. Die Grenze seiner Geduld war erreicht. Bevor er zu Steve gekommen war, hatte er eine Stunde bei der Rektorin verbracht. Sie war im Begriff, einer seiner Fehlschläge zu werden, denn sie ließ ihre ganze Frustration an ihrem Hund aus. Sie zog ihn sogar an den Ohren oder am Schwanz, wenn sie wütend war.

Steve saß in seinem Sessel und dachte nach. Dave hatte recht – er gab sich nicht genug Mühe; er mußte Lig vergessen; und er hätte besser zuhören sollen in den ersten Stunden, aber er hatte geglaubt, schon alles zu wissen. Jetzt war er erledigt, gescheitert an der sanften kleinen Hündin einer Rasse, mit der er nie zu tun gehabt hatte.

„O Gemma“, seufzte er, „was mache ich nur mit dir, Kleines?“

Sie kam und legte sich mit wedelndem Schwanz zu seinen Füßen. Er spürte die Unterwürfigkeit in ihrem Verhalten und wußte, daß das etwas war, was er nicht wollte. Sie war ein Weibchen, sie war jung, und es war sechs Jahre her, daß er Lig abgerichtet hatte. Er hatte von ihr erwartet, daß sie sich wie ein älterer Hund einer ganz anderen Rasse verhalten würde.

Er beugte sich vor, um sie zu streicheln. „Komm“, forderte er sie auf und schlug auf sein Bein.

Sie legte ihre Pfoten auf seine Oberschenkel, und er spürte ihren Körper an seinen Beinen. Er hob sie auf seine Knie.

Als Dave später zurückkam, um sich zu entschuldigen, erhielt er keine Antwort auf sein zaghaftes Klopfen. Er öffnete die Tür und fürchtete schon, Steve könnte hinausgegangen oder gar fortgelaufen sein, doch Steve war nur eingeschlafen, saß mit geschlossenen Augen und völlig entspannt in seinem Sessel. Gemma hatte sich auf seinen Knien zusammengerollt. Sie blickte auf, aber es war nur ihr Ausbilder, der ihr bedeutete, ruhig zu bleiben. Ihr Schwanz bewegte sich, doch Steve wachte nicht auf.

DIESER Abend brachte die Wende.

Steve konzentrierte sich auf seine Stimme. Er versuchte, leiser zu sprechen, sanfter, und immer daran zu denken, seinen Hund zu loben. Gemma reagierte wieder präzise, hatte Freude an der Arbeit.

Der Unterricht wandte sich schwierigeren Aufgaben zu: Das Überqueren von Straßen in belebteren Gegenden, der Versuch, die Verkehrsgeräusche auseinanderzuhalten, erkennen lernen, daß er sofort stehenbleiben mußte, wenn Gemma stehenblieb. Lernen, ihr zu vertrauen.

Als sie einmal anhielt, war er sicher, es sei unnötig, und er wollte sie veranlassen weiterzugehen. „Lassen Sie sie“, sagte Dave hinter ihm. „Jemand hat auf dem Gehweg vor einem Geschäft einen Kinderwagen abgestellt. Es ist nicht so viel Platz, daß Sie vorbeigehen könnten, ohne auf die Straße zu treten, und dort stehen die Autos und warten darauf, daß die Ampel grün wird.“

Er hatte nie bemerkt, wie viele Hindernisse es auf einem Gehweg geben konnte. Briefkästen und Telefonzellen, Dreiräder, die von Kindern stehengelassen wurden, Fahrräder, die am Bordstein abgestellt waren, Parkuhren, Laternen, Zelte von Straßenarbeitern, Pflanzen in Kübeln und Autos, die halb auf dem Gehweg parkten.

Es gab hohe und flache Bordsteine, und einige Gehsteige hatten eine entnervende leichte Wölbung, so daß er das Gefühl hatte, als würde er das Gleichgewicht verlieren. Es gab Stufen, die nach unten, und solche, die nach oben in ein Geschäft führten, und immer wieder stellte er fest, daß alles ganz anders war, als er erwartet hatte. Das Leben wurde zu einer fortwährenden Entdeckungsreise.

Sie alle hatten Fortschritte zu vermelden, Wissenswertes auszutauschen, etwas über ihre Hunde zu berichten. Lynn wußte, daß Meggie dazu neigte, Katzen zu jagen; Lisa rannte, wenn man ihr das Geschirr abnahm, zum nächsten Gewässer, sprang hinein und schüttelte sich dann, wenn sie wieder herauskam, so daß alle Umstehenden naß wurden; Tara mochte für ihr Leben gern Eiscreme und begann zu ziehen, wenn sie ein Kind mit einem Eis sah. Paddy brachte es nicht über sich, beim Metzger vorbeizulaufen, und beharrte darauf hineinzugehen, da immer ein Knochen für ihn bereitlag.

Die Rektorin hatte zur allgemeinen Erleichterung den Gedanken an einen Hund vollkommen aufgegeben. Sie verabscheute die Berührung mit dem Fell, und sie empfand es als lästig, den Hund pflegen und füttern zu müssen.

Dave war froh, daß die Entscheidung von ihr gekommen war und nicht von ihm. Einen Hund zu halten bedeutete weit mehr Arbeit, als die meisten sich vorstellten.

Steve wurde langsam bewußt, daß Gemma Fertigkeiten besaß, die bei Lig unvorstellbar gewesen wären. Nachdem er sein Vorurteil gegen andere Rassen abgelegt hatte und nicht mehr voller Stolz erklärte, ein „Collie-Mann“ zu sein, entdeckte er die Tugenden seiner Neuerwerbung. Außerdem merkte er, daß er bei dieser Hündin nicht um die Vorherrschaft kämpfen mußte, wie er das bei seinen Hunden hatte tun müssen. Er wurde vom ersten Augenblick an als Herr akzeptiert; Gemma gehorchte ihm jetzt sofort, wenn er Gehorsam von ihr forderte, und machte nie einen Fehler, wenn sie ihn führte.

„Die Instinkte Ihres Hundes kommen wieder“, erklärte Dave nach einer ihrer letzten gemeinsamen Stunden. Er hatte Stolz und Freude empfunden, als er hinter Steve hergegangen war und den Wandel bei ihm bemerkt hatte. Es war eine Genugtuung zu sehen, wie er selbstsicher ausschritt, stehenblieb, wenn der Hund stehenblieb, und Gemma lobte, wenn sie eine heikle Kreuzung gemeistert hatten. Das würde eine gute Partnerschaft werden, auch wenn noch viel Arbeit vor ihnen lag, aber der Anfang war gemacht, und für diese Aufgabe lebte Dave. Dafür und für Susan, die ihm seit langem unentbehrlich geworden war. Aber Susan war die Gefangene ihrer Mutter.

Auch Lynn und Meggie hatten sich aneinander gewöhnt, und Lynn entwickelte sich zu einer recht beeindruckenden Persönlichkeit. Dave würde sie vermissen, wenn sie ging. Ihr Humor und ihr frisches Lachen hatten dieser Gruppe sehr geholfen. Jetzt, wo die Fremdheit zwischen ihnen überwunden war, machten sie sich das Leben mit Scherzen leichter.

Steve merkte bald, daß der Hund ihm zwar seine Augen ersetzte, ihm aber nicht das Mitdenken ersparte, da schließlich er selbst bestimmte, wohin es gehen sollte.

Als er beispielsweise zum Drogisten wollte, um Rasiercreme zu kaufen – er hatte sich entschlossen, seinen Bart abzurasieren –, mußte er auswendig lernen, wann es nach links und wann es nach rechts ging, da Gemma den Weg noch nicht kannte. Allerdings konnte sie ihm einen Überweg oder eine Bushaltestelle suchen, wenn er sie dazu aufforderte, und sie fand von fast überall in der Stadt den Weg zurück zum Zentrum.

Er bekam allmählich Spaß daran herumzulaufen, einfach loszugehen, wobei sein Tempo immer flotter wurde, bis er wieder fast so sicher und schnell ging wie vor dem Unfall. Dave und er hatten in einer stillen Stunde einmal eingehend darüber gesprochen, wie er sich zu Hause nützlich machen könnte, und das Unterrichten von angehenden Schäfern und Tierärzten war nur eine der Möglichkeiten gewesen.

Er hatte festgestellt, daß er durchaus in der Lage war, lesbare Briefe zu schreiben, wenn er ein Lineal benutzte, um die Zeilen gerade zu halten. Zwar wirkten die großen Wortabstände etwas seltsam, aber er konnte Mara einen selbstverfaßten Brief schicken und ihr von seinen Fortschritten berichten. Ihre Antwortbriefe beflügelten ihn. Er fragte sich, wie Lig sich wohl Gemma gegenüber verhalten würde und ob Sukie sich noch an die Hündin erinnerte. Gemma war noch dagewesen, als er die Kätzchen mit der Flasche gefüttert hatte. Es kam ihm vor, als wären seitdem schon viele Jahre vergangen.

Anna besuchte ihn und sah, wie er voll Selbstvertrauen die Straße hinunter- und wieder zurückging. Sie hatte einen neuen Wurf Hunde und würde bald einen neuen Gast bekommen. Ein Mädchen, das infolge eines ärztlichen Kunstfehlers bei der Geburt im Laufe von zehn Jahren nach und nach ihr Augenlicht verloren hatte.

„Sie werden mir trotzdem fehlen“, sagte Anna, nachdem sie Steve alles erzählt hatte. „Aber ich habe einen neuen Helfer. Gunter kommt jetzt jeden Tag herüber. Trotz seines Alters ist er noch immer so stark wie ein Ochse, und er hebt alle schweren Sachen für mich und erledigt die nötigen Reparaturen am Auslauf und an den Zwingern. Als

Ausgleich koche ich für ihn, ansonsten nimmt er aber keinen Pfennig. Er sagt, es sei eine Wohltat, gebraucht zu werden. Racket können Sie übrigens nicht haben. Ich fange auf der großen Weide mit einer eigenen Herde an. Gott sei Dank will Racket jetzt nicht mehr die Flasche, das war ja allerhöchste Zeit. Nächstes Jahr wird er nämlich schon Vater."

„Was macht Sukie?" erkundigte sich Steve.

„Sie vermißt Sie und wird überglücklich sein, wenn Sie sie holen", sagte Anna.

Alle machten Pläne. Nur noch zwei Tage, dann würden sie wieder nach Hause fahren. Nach einem von ihnen selbst bestrittenen bunten Abend würden sie auseinandergehen, um jeder auf seine Weise mit seinem Hund ein selbständigeres Leben zu führen.

– 10 –

Mara wollte Steve abholen. Es sollte eine Überraschung werden, und so hatten sie ihm angekündigt, Andrew werde kommen. Natürlich hätte Steve auch mit dem Zug fahren können, aber mit der Katze hielten alle eine Fahrt mit dem Wagen für einfacher.

Mit einem Schmunzeln hatte Mara gelesen, daß Steve Sukie mitbringen würde und daß sie die ganze Zeit, die Steve bei Anna gewesen war, zu seinem Leben gehört hatte. Steve mußte sich ziemlich verändert haben.

Mara sollte bei Anna übernachten. Sie hatte inzwischen das Gefühl, Anna gut zu kennen, und Briefe zwischen ihnen waren häufiger geworden.

Trotzdem war sie unruhig, als sie dann im Auto saß und nach Süden fuhr. Solange sie sich aufs Fahren konzentrierte, war kaum Zeit zum Nachdenken, aber sobald sie in einer Raststätte saß, ein paar Bissen zu sich nahm und bitter schmeckenden Kaffee trank, gingen ihr viele Fragen durch den Kopf. Sie hatte Steve etwas zu beichten, und sie wußte nicht, wie er es aufnehmen würde. Zuerst war ihr alles ganz richtig vorgekommen, doch jetzt war sie unsicher. Eineinhalb Jahre waren eine lange Zeit. Und Steve hatte ganz allein an Erfahrungen wachsen müssen, die sie nie würde richtig einschätzen können. Sie konnte nur versuchen, sich ein Bild zu machen.

Anna hatte ihr eine narrensichere Beschreibung geschickt. Sie bog in den Feldweg ein, erkannte Scotts Haus aufgrund der Angaben, fuhr an einem kleinen Gehölz vorbei, und dann lag Setter-Tal vor ihr, und

Hundegebell drang an ihr Ohr. Gleich darauf kam Anna ihr entgegengelaufen, wie Mara sie sich vorgestellt hatte, gab ihr einen Kuß und führte sie ins Haus. Das Essen war schon vorbereitet.

Da Anna wußte, was Mara beschäftigte, plauderte sie fröhlich drauflos und ließ ihrem Gast gar keine Zeit nachzudenken. Sie stellte ihr Sara vor, die Nachfolgerin Steves. Das Mädchen war gerade vor zwei Tagen angekommen und hatte noch Schwierigkeiten, sich zurechtzufinden, mußte sich erst noch an die völlige Erblindung und eine Zukunft ohne Licht gewöhnen. Außerdem war Sara ein Stadtkind und hatte Angst vor Hunden. Anna sah sich vor neue Probleme gestellt.

Mara wollte nicht, daß Steve vor der Abschlußveranstaltung erfuhr, daß sie anstelle von Andrew gekommen war. Man hatte Steve mitgeteilt, sein Vater könne erst später im Zentrum eintreffen, würde aber noch vor der Schlafenszeit zu ihm aufs Zimmer kommen. Mara saß unter den Zuschauern. Ihr Mund war ausgetrocknet, und ihre Hände zitterten plötzlich. Aufmerksam verfolgte sie jeden Teil der Aufführung, den Sketch der beiden blinden Frauen, die sich bewegten, als könnten sie sehen, die Lieder, bei denen alle in den Refrain einstimmten, und dann Steve, der auf die Bühne ging, geführt von Gemma.

Ein hübscher Hund, dachte Mara und empfand eine Woge der Freude, als sie sah, wie gut Steve zurechtkam und wie der Hund, als er sich setzte, den Kopf wendete, um ihn anzusehen.

Steve sang eines jener alten Trinklieder, die er früher an vergnügten Abenden mit seiner kräftigen Stimme häufig angestimmt hatte. Der ganze Saal fiel in den Refrain ein. Beifall brandete auf, und Gemma sprang verwirrt auf und bellte. Steve lachte und legte beruhigend eine Hand auf ihren Kopf, und sie wedelte mit dem Schwanz, weil sie meinte, der Beifall gelte ihr.

Es gab freudige Begrüßungsszenen, Lachen und Glückwünsche, und nach einem kleinen Umtrunk im Aufenthaltsraum war es an der Zeit, daß jeder in sein Zimmer ging, um sich auf die nächste Etappe im neuen Leben vorzubereiten.

Steve brauchte jetzt niemanden mehr, um sich auf sein Zimmer führen zu lassen. Mara sah ihm zu, wie er mit Gemma neben sich die Treppe hinaufging. Er kannte das Treppenhaus so gut wie sein eigenes Zimmer, und er wußte, wie er Beulen und Schrammen vermied.

Mara ging hinter ihm her, während Anna unten blieb. Er wußte nicht, daß sie kommen würde, und vielleicht hätte sie es doch nicht so machen sollen, aber sie wollte die erste von zu Hause sein, die ihn begrüßte, und sie wollte wissen, wie er sich verändert hatte. Sie hatte ihn beobachtet und ihm zugehört und wußte, daß sich für sie nichts geändert hatte. Steve gehörte zu ihr, solange sie lebte. Und trotzdem hatte sie Angst.

Zaghaft klopfte sie an die Tür.

„Vater?“

Sie öffnete die Tür, und Gemma bellte kurz auf. „Ich bin's“, sagte sie.

Es trat ein Schweigen ein, das ewig zu dauern schien, und dann war er bei ihr und hielt sie in seinen Armen, als wolle er sie nie mehr loslassen, und sie wußte, daß sie das Richtige getan hatte.

„Du bist dünner geworden“, sagte er schließlich vorwurfsvoll. „Was hast du gemacht?“

„Gearbeitet“, erwiderte Mara. „Und das Kloster ist fast so, wie wir es geplant hatten. Im Garten gibt es inzwischen einiges mehr, und ich brauche dich, weil ich an meiner Mauer einen Steingarten haben möchte, und du mußt mir die Steine tragen. Mein Vater hat dir ein Hochzeitsgeschenk geschickt, ein zweites Pferd; es ist lammfromm, und vielleicht können wir bald schon zusammen ausreiten.“

„Was ist eigentlich, wenn ich jetzt heimkomme. Machen wir das Kloster dann zu einem Haus der Sünde?“ fragte Steve mit einem Lachen in der Stimme.

„Nein, ich hab mir was anderes ausgedacht. Ich gehe nach Hause, und du gehst bis Samstag zu deinen Eltern. Hennessey wohnt vorübergehend im Kloster, um in der Nähe der Schafe zu sein. Der Pfarrer ist informiert, die Gäste sind eingeladen, und am Samstag wird Hochzeit gefeiert. Deine Mutter ist bereits im siebten Himmel.“

„Eine Blitzheirat“, sagte Steve, und in seiner Stimme schwang Belustigung mit. „Was ist, wenn ich nein sage?“

„Das kannst du ruhig“, erklärte Mara. „Es ändert überhaupt nichts, denn das erste, was ich Gemma beibringe, ist der Weg zur Kirche.“

„Das ist aber ein langer Weg“, erwiderte Steve.

„Nein. Nur vom Kloster bis zur Dorfkirche. Übrigens ist auch der Pfarrer auf meiner Seite. Er hat gesagt, er würde kommen und uns notfalls auch auf der Weide trauen, falls du dich querlegst, denn es sei höchste Zeit, daß du deine Verpflichtungen mir gegenüber erfüllst.“

Sie versuchte, mit fester Stimme zu sprechen, versuchte, Ablehnung auf Steves Gesicht zu entdecken, aber sie sah nur ein amüsiertes Lächeln.

Steve setzte sich in seinen Sessel und zog Mara zu sich. Gemma lag neben ihnen und betrachtete sie.

„Erzähl mir vom Kloster“, bat Steve und atmete den Duft ihrer Haare ein, während er zuhörte und erkannte, daß die Entscheidungen, die Mara für sie beide getroffen hatte, gute Entscheidungen waren und daß er immer noch einen Platz in dieser Welt hatte.

DIE Heimreise am nächsten Tag erschien ihm wie ein Neubeginn. Sukie, die in einem Drahtkäfig saß, den Scott ihnen zum Abschied geschenkt hatte, beklagte sich jedesmal maunzend, wenn Mara den Wagen in eine Kurve lenkte. Gemma lag zu Steves Füßen. Sie war es gewohnt, sich vor dem Beifahrersitz zusammenzurollen, und würde sich nicht von der Stelle rühren, bis man ihr dies befahl.

Nach Hause. Steve war gespannt, wie Lig mit Gemma auskommen würde.

Ob Lig sich noch an ihn erinnerte? Der Collie kam allmählich in die Jahre, und sie würden bald einen neuen Hütehund auf dem Hof brauchen. Vielleicht konnte Steve Mara zeigen, wie man einen jungen Collie abrichtete, aber es würde mindestens zwei Jahre dauern, bis der Hund zuverlässig war.

Mara hatte, bevor sie losgefahren waren, die Sachen für Steve herausgelegt, mit Sorgfalt Hemd und Krawatte ausgewählt, um sicherzustellen, daß er auch wirklich gut aussah. Er hatte etwas zugenommen, sein Gesicht wirkte jetzt härter, verschlossener, und er lächelte selten. Er war immer noch ein gutaussehender Mann, und sie bemerkte die Blicke, die ihm folgten, als er ausstieg und hinter seinem Hund in das kleine Gasthaus ging, das sie bei der Hinfahrt zum Zentrum abseits der Autobahn entdeckt hatte. Gemma schritt würdevoll und voller Stolz voran, ihr Gesicht zeigte Eifer, der Schwanz wedelte.

„Ein schöner Hund“, sagte der Mann hinter der Theke. „Kann sie allein einen freien Tisch finden, Sir, oder brauchen Sie Hilfe?“

„Nein, sie macht das schon“, erklärte Steve. Gemma führte ihn zum Fenster, und er streckte die Hand aus, um einen Stuhl zu ertasten, während Mara an der Theke für sie beide Aufschnitt, Käse, Brot und Butter bestellte.

Gemma hatte sich in die Ecke neben Steves Stuhl gelegt, den Kopf auf den Vorderpfoten; sie beobachtete jede Bewegung, die Steve machte, und wartete darauf, daß er sie rief, um den Griff ihres Geschirrs in die Hand zu nehmen.

Mara sah belustigt und mit leichtem Staunen, wie Steve, der einen Hund nie verwöhnt hatte, einen kleinen Käsewürfel abschnitt und ihn Gemma reichte.

„Das ist ein ganz besonderer Leckerbissen für sie. Laß nie Käse herumstehen, wenn Gemma in der Nähe ist", sagte Steve.

Als sie schließlich gegessen hatten, waren fast alle Gäste zu Gemma gegangen, um sie zu bewundern, und Steve war gezwungen gewesen, auf Fragen zu antworten. Es fiel ihm immer noch nicht leicht, mit Menschen zu sprechen, die er nicht sehen konnte. Er merkte, daß er sich aufgrund ihrer Stimme ein Bild von ihnen zu machen versuchte, das jedoch keineswegs immer zutreffen mußte. Als sie zum Wagen zurückgingen, schilderte er Mara seine Eindrücke von einer Frau, und Mara fing an zu lachen.

Steve hatte sie für eine sehr kleine Frau gehalten, da ihre Stimme sanft und sehr schüchtern geklungen hatte. Sie war jedoch eine riesige Matrone gewesen, hatte ein Kostüm aus schwerem Tweed getragen und einen grimmigen Gesichtsausdruck gehabt, der erst verschwunden war, als sie sich vorgebeugt hatte, um den Hund zu streicheln. Ein Mann, den er für sehr groß gehalten hatte, war in Wirklichkeit nur gut einsfünfzig groß gewesen, hatte aber eine dröhnende, arrogante Stimme gehabt, die die fehlenden Zentimeter wettmachte.

Und dann waren sie zu Hause, und seine Mutter begrüßte ihn unter Tränen. Andrew umarmte ihn und hieß ihn mit warmer Stimme willkommen. Auch die Männer, die auf der Farm arbeiteten, und Nachbarn kamen, um ihn zu begrüßen, damit er merkte, wie sehr sie sich freuten, ihn wiederzusehen, und daß sich für sie nichts geändert hatte.

Bei Tee und Kuchen, bei Netties selbstgebackenem Brot und ihrem berühmten geräucherten Schinken wandte sich das Gespräch rasch den gewohnten Themen zu, den Tieren und den Fleischpreisen, dem neuen Bullen, den man auf dem Manneringshof mit Mistgabeln bändigen mußte, weil er den Bauern fast zu Tode getrampelt hatte, und den Dorfhunden, die in den Bergen herumstreunten und die Lämmer jagten.

Natürlich war auch von der Hochzeit am nächsten Morgen die Rede, und Nettie erzählte ganz aufgeregt von den Kuchen und Pasteten, die sie zubereitet hatte. Dann nahm sie Mara zur Seite und bat sie, ihr bei den letzten Vorbereitungen für die Feier zu helfen. Steves Vater holte seinen geliebten Glenfiddich hervor und goß großzügig ein. Dies war ein Festtag, an den man sich noch lange erinnern sollte.

Später gingen Steve und Andrew nach draußen auf den Hof. Gemma führte Steve sicher zwischen den Rindern hindurch, wich Wagenspuren und Pfützen aus, blieb am Tor stehen, damit Andrew es öffnen konnte, und dann waren sie unten am Berg, und Steve stellte fest, daß er so schnell laufen konnte wie früher und daß sein Hund ihn dorthin führte, wohin er gehen wollte.

Er war so beschwingt, als sie ins Haus zurückkamen, daß Mara ihn verdächtigte, einen Schluck Glenfiddich zuviel genommen zu haben, doch es war nicht der Whisky, der ihn berauscht hatte. Es war das Wissen um eine neue Freiheit, das beglückende Gefühl, wieder unabhängig und sein eigener Herr zu sein.

Die freudige Erregung hielt den Abend und den ganzen nächsten Tag über an, begleitete ihn während der Hochzeitszeremonie, während der anschließenden Feier und beim Besichtigen der Geschenke, als Mara ihn an den Tischen vorbeiführte, ihm erzählte, wer ein Geschenk geschickt hatte, ihm die Blumen beschrieb und ihn an ihrem Brautstrauß riechen ließ; es waren rote Rosen vom Kloster.

„Und das hier ist von den Kindern in dem Auto damals", erklärte Mara.

Es war ein Hirtenstab, dessen Knauf wie ein Hundekopf geschnitzt war.

„Er soll Lig darstellen. Die Kinder haben sich nämlich was dabei gedacht."

Steve hielt den Stab in der Hand und wußte nicht, was er sagen sollte. Das Holz war glatt und fühlte sich warm an, und der Stab lag gut in der Hand. Er konnte ihn in den Bergen benutzen, um den Weg zu erkunden.

Zusammen mit Mara fuhr er hinüber zum Kloster. Sukie war schon eingezogen. Sie hatte etwas gegen Xoxes, die ihrerseits jedesmal fauchte, wenn sie die Siamkatze sah, aber wenigstens gingen sie nicht aufeinander los. Sukie würde im Haus bleiben müssen, bis sie sich auskannte. Also wurde Xoxes im Freien bei Xerxes untergebracht, und damit war der Frieden wiederhergestellt. Mara fragte sich allerdings für wie lange, denn auch Lig war jetzt im Haus. Er half gerade Hennessey draußen bei der Arbeit. Wie würde Gemma Lig aufnehmen?

In der Küche hörte man Hennesseys Schritte und das Tappen von Pfoten. Gemma blickte aufmerksam zur Tür. Lig kam herein und hob im gleichen Augenblick den Kopf, denn er roch Steve. Einen Moment blieb er ungläubig stehen, und dann schoß er quer durch das Zimmer, stürzte sich in Steves Arme, warf ihn nach hinten in den Sessel. Der Schwanz schlug heftig auf den Boden. Der Hund konnte sich nicht fassen, wußte vor Begeisterung weder ein noch aus, leckte Steves

Gesicht und Hände und drängte sich immer wieder an ihn, während Gemma dastand und zusah.

Schließlich legte sich Lig so nahe zu Steve, wie es nur ging.

„Gemma!“ rief Steve, der fürchtete, daß die Hündin vielleicht eifersüchtig würde, und sie kam zu ihm. Lig erhob sich und beroch sie behutsam vom Kopf bis zum Schwanz. Ihr Geruch war an Steve, und Steves Geruch war an ihr. Außerdem war sie eine Hündin und bedeutete somit keine unmittelbare Konkurrenz. Lig schien bereit, den neuen Gast zu akzeptieren.

Hennessey ging wieder hinaus, um die Arbeiten zu erledigen. Mara bereitete eine Fleischpastete, die sie am Abend, am Kamin sitzend, essen wollten. Sie fütterte die beiden Hunde, und dann setzte sie sich neben Steve, erschöpft von den Ereignissen des Tages, und Steve lauschte auf das Knistern des Holzes im Kamin, und Mara und die Hunde blickten in die Flammen.

Steve dachte an Anna, die jetzt einsamer als er war, und an Susan, die mit ihrer Mutter fertig werden mußte. Wie gut war es, wieder zu Hause bei Mara zu sein.

– 11 –

STEVE hatte geglaubt, sich daheim wie im Schlaf auszukennen, doch jetzt merkte er, daß er sich gewaltig getäuscht hatte. Er hatte die beiden Stufen hinunter in die Küche vergessen, die vier Stufen vor der Eingangstür, und Mara hatte im Garten einen neuen Weg angelegt, damit sie besser an die Wäscheleine herankam.

Gemma führte ihn, aber Steve wußte es wieder einmal besser und versuchte gleich zweimal, sie um eine ihm von früher her vertraute Ecke zu dirigieren, mit dem Ergebnis, daß der Hund stehenblieb und sich nicht von der Stelle rührte, weil er wußte, daß ein Hindernis den Weg versperrte. Beim zweitenmal schien Gemma zwar seinem Befehl zu gehorchen und ging weiter, allerdings so langsam, daß er eine Hand ausstreckte und merkte, daß sich vor ihm eine Wand befand. Eine Wand aus Holz.

Steve wußte, daß er sich bei den Ställen befand, von denen Mara ihm erzählt hatte, einem neugebauten Pferdeschuppen. Neugierig ließ er sich von Gemma hineinführen.

Plötzlich stieß ihn etwas an. Er tastete. Sicher ein Fohlen. Mara hatte ihm gar nicht gesagt, daß ein Fohlen da war. Und dann bewegte es sich, und seine Hände ertasteten einen eckigen Schädel. Ein

Kalb, das aus einem ihm nicht bekannten Grund hierhergebracht worden war. Später erfuhr er, daß es gekränkelt hatte und isoliert worden war; die Pferde, die er hier erwartet hatte, waren draußen auf der Weide.

Von Tag zu Tag entwickelte sich in ihm das Gefühl immer mehr, keinen Platz in diesem Haus zu haben. Mara hatte alles in der Hand, hatte Veränderungen vorgenommen, ohne ihn je zu fragen, hatte ihn in die Ehe getrieben; er hätte niemals einwilligen dürfen. Er war zu nichts nutze, und all seine Pläne waren wertlos.

Wenn er seinem Ärger wenigstens hätte Luft machen können, doch Gemma zwang ihn, sich größte Beherrschung aufzuerlegen. Noch nie hatte er einen so sensiblen Hund gehabt. Sie reagierte auf die kleinste Verstimmung; sie ertrug es nicht, wenn er barsch redete, auch wenn es gar nicht ihr galt. Sofort war dann ihre Schnauze in seiner Hand als Ausdruck ihrer stummen Frage, was sie jetzt wieder falsch gemacht habe. Er mußte lernen, seine Gereiztheit zu unterdrücken.

Er igelte sich wieder ein, fing an, andere zu verdächtigen, sie seien nicht ehrlich zu ihm, und Mara mußte all ihre Geduld aufwenden, wenn sie ihn dazu bringen wollte, mit ihr ins Dorf zu gehen oder in das Wirtshaus zu seinen alten Freunden.

Zu Hause war es schlimmer als im Zentrum. Dort nahm jeder Blindheit als etwas Selbstverständliches hin, aber hier war er ein Fremdkörper in einer Welt von Sehenden. Er war abhängig von ihnen, darauf angewiesen, daß sein Stuhl nicht verrückt wurde, daß sein Glas richtig stand, daß er vor wackligen Gegenständen auf dem Eßtisch gewarnt wurde: vor einem Bierglas, das jemand dort stehengelassen hatte, vor einem Aschenbecher, der sich zu nah bei seiner Hand befand. Einmal sprang ihm eine Katze auf den Schoß und erschreckte ihn derart, daß er ihr den Inhalt seines Glases über das Fell goß und sie ihn kratzte.

Die Eingewöhnung ging so langsam vor sich, daß weder er noch Mara erkannten, wie vertraut er allmählich mit seiner Umgebung geworden war. Gemma war jetzt wie ein Teil von Steve. Er vertraute ihr vollkommen, und sie lernte, ihm zu vertrauen, da er seiner schlechten Laune nicht mehr einfach freien Lauf ließ. Er war unendlich sanft zu ihr, so daß sie mit großer Bereitwilligkeit reagierte und nichts sehnlicher wünschte, als ihn zufriedenzustellen, indem sie ihm zeigte, wie klug sie war.

Gegen Ende des Jahres konnte sie ihn ohne Maras Hilfe ins Dorf führen. Sie kannte den Weg zum Wirtshaus, zum Schmied, zur Drogerie, zur Bank, und sie war allen Dorfbewohnern ein vertrauter

Anblick. Jeder grüßte die beiden und wußte, daß Gemma während der Arbeit nicht abgelenkt werden durfte.

Steve hatte nicht den Wunsch, das Dorf zu verlassen. Hier war er sein eigener Herr, und hier waren die Leute, mit denen er über Schafe fachsimpeln konnte. Er kannte die verschiedenen Züchtungen und die Preise, und er verfolgte eifrig die Landwirtschaftssendungen im Radio, um sich auf dem laufenden zu halten. Abends saß man beisammen und unterhielt sich. Steve gewann Gefallen daran, mit Hennessey und dem alten McLeod, der am anderen Ende des Dorfs einen großen Hof mit Schafen hatte, sein stetig wachsendes Wissen auszutauschen, und er ließ sogar durchgehen, daß Jack Farthing ihn damit aufzog, daß er kein Collie-Mann mehr sei. Er war viel zu stolz auf Gemma, um sich daraus etwas zu machen.

Und auch Lig hatte seinen Platz. Es wurde Frühjahr, und Steve war wieder draußen auf den Bergen; Gemma führte ihn, und Lig lief neben ihm. Lig konnte ihm die Mutterschafe zutreiben, ein Lamm oder Mutterschaf verbellen, das in Schwierigkeiten war, und Gemma führte ihn dann hin. Er brauchte keine Augen, um ein Lamm aus einer Dornenhecke zu befreien, ein gestürztes Schaf wieder auf die Beine zu stellen, eine Verletzung zu fühlen und Lig zu schicken, damit er Hennessey holte, oder zu helfen, wenn sich die Geburt eines Lammes kompliziert gestaltete.

Manchmal, wenn er in sich hineinhorchte und sich zu erinnern versuchte, wie es früher gewesen war, wünschte er sich, wieder sehen zu können. Er stand da und ließ sich den Wind ins Gesicht blasen, fragte sich, ob die Berge wohl wolkenverhangen waren, und wußte, wenn Regen das Tal tränkte, daß der Himmel eintönig grau war.

Und der Herbst war voller Düfte von überreifer Vegetation und Kartoffelfeuern. Unten am Strand roch man das Meer. Er liebte es, dazusitzen und den Brechern an einem windigen Tag zu lauschen, dem Schreien der unsichtbaren Vögel, die kreisten und tauchten. Und vor allem fand er Gefallen an stürmischen Tagen, wenn er auf seinem Weg gegen die Naturgewalten ankämpfen mußte. Dann spürte er wieder deutlicher jene Welt, die er verloren hatte.

„Sieht aus wie der Herr der Winde", sagte Hennessey eines Tages zu Mara, als sie zu Steve hinaufblickten, der am Fuß des Berges mit windzerzaustem Haar umherlief. Das Gesicht hatte er zum Himmel gewandt. Gemma mochte den Wind gar nicht, doch sie lernte Steve zuliebe, auch bei Wind zu arbeiten, und Steve, der ihre Angst bemerkte, sprach ganz sanft mit ihr. Lig, der den Sturm liebte, rannte voraus, kam aber zwischendurch immer wieder zurück, um seine Schnauze in Steves Hand zu drücken, denn er hatte verstanden, daß sein Herr nicht mehr sehen konnte.

„Es ist schwer“, sagte Hennessey.

Es war schwerer, als Mara es sich vorgestellt hatte. Sie mußte viele Arbeiten leise und heimlich verrichten, damit Steve nicht merkte, wie sehr sie sich abmühte, oder sie mußte ihren Vater rufen, damit er ihr zu Hilfe kam. Andrew konnte keine schweren Säcke mehr heben und auch nicht mehr so ausdauernd arbeiten, und Nettie brauchte bei ihrer Hausarbeit schließlich auch ein bißchen Unterstützung. Die beiden Höfe und ein blinder Mann und ein Kind, das bald geboren würde, machten das Leben sehr viel beschwerlicher, als selbst Mara sich das vorgestellt hatte.

Lig gehörte wieder ganz Steve. Er hatte hingenommen, daß Gemma unersetzlich war, aber abends lag Lig zu Steves Füßen, während Gemma sich hinter seinem Sessel zusammenrollte; die immer anspruchsvolle Sukie dagegen machte es sich auf seinem Schoß bequem.

Allmählich erweiterte Steve seine Möglichkeiten, sich nützlich zu machen. Er lernte, mit einer Schreibmaschine für Blinde umzugehen, was er sich mit viel Mühe selbst beibrachte. Auf diese Weise konnte er die Buchhaltung und sonstige Schreibarbeiten übernehmen. Er fing an, im Auftrag des Schafzüchterverbands Vorträge zu halten. Er und Gemma waren sehr gefragt, und häufig kam auch Lig mit, um zu zeigen, daß auch er gelernt hatte, seinem Herrn zu helfen, indem er ihm Sachen vom Tisch brachte, die Brieftasche etwa, ein Taschentuch oder den Kugelschreiber.

Lig mußte jetzt keine Hüteaufgaben mehr übernehmen; Hennessey lernte einen jungen Hund an. Auch Mara bildete einen Hund aus, so daß sie zusammen mit den Männern arbeiten und diese ein wenig entlasten konnte. Die Herde wurde immer größer, und inzwischen kamen auch Landwirtschaftsstudenten auf den Hof, um hier ihr Praktikum zu machen. Steve war ein guter Lehrer.

Die Zeit verstrich, und jeden Monat lernte Steve etwas Neues hinzu. Das Essen war längst kein Problem mehr, und er lernte nun auch kochen. Wenn das Baby kam, mußte sich Mara mindestens zwei Wochen schonen. Er stand in der Küche, roch an Gewürzen, probierte mit den Fingerspitzen, was Salz und was Zucker war, und benutzte einen Wecker, damit nichts anbrannte oder zu lange kochte.

Schon war Weihnachten vorüber. Beim nächsten Weihnachtsfest würde ein Baby mit dabeisein. Und dann kam der Frühling. Maras

Sohn wurde am selben Tag geboren, als auch das erste Lamm kam. Der kleine David wurde getauft, und Dave und Susan waren Paten. Susan mußte sich allerdings vertreten lassen, da ihre Mutter schwer krank war.

Dave und Steve gingen zusammen am Strand entlang. Gemma war bei ihnen, hellwach und aufmerksam. Steve hat es doch noch geschafft, dachte Dave. Steve lauschte dem Schreien der Vögel; er hatte sich damit abgefunden, daß er nie mehr sehen würde, und hatte gelernt, sich aus den Geräuschen und Gerüchen seine eigene Welt zusammenzusetzen.

STEVES Sohn fing gerade an zu laufen, als der Arzt anrief. „Steve", meldete sich die vertraute Stimme. „Die Entzündung in Ihren Augen ist jetzt völlig ausgeheilt, wir könnten eine Operation vornehmen. Versprechen kann ich Ihnen natürlich nichts, aber einen Versuch sollten Sie wagen."

Steve war wie gelähmt. An die Möglichkeit einer Operation hatte er nie so recht zu glauben vermocht. Wieder sehen können! Aber angenommen, es ging schief. Könnte er dann noch die Zukunft ertragen?

Je mehr er darüber nachdachte, desto klarer wurde ihm, daß er eigentlich nichts zu verlieren hatte. Es ging ihm jetzt gut, und so würde es auf jeden Fall bleiben; er war es sich und Mara schuldig, die Chance zu ergreifen.

Es war ein seltsames Gefühl, wieder mit bandagierten Augen in einem Krankenhausbett zu liegen und Schmerzen zu spüren. Es weckte Erinnerungen, die er schon beinahe vergessen hatte. Die Ärzte hatten sich entschlossen, zunächst nur ein Auge zu operieren. Später würde dann eine zweite Operation folgen.

Das Krankenhaus war zu weit weg von seinem Dorf, als daß Mara ihn hätte besuchen können. Susan und Dave schickten ein Telegramm mit guten Wünschen. Alle dachten an ihn.

Steve wollte den Verband nicht abnehmen lassen. Es war besser zu hoffen, als zu wissen. Er saß in einem abgedunkelten Zimmer und zitterte, als der Verband abgenommen wurde.

„Öffnen Sie die Augen!" forderte der Arzt ihn auf.

Steve zwang sich, die Wahrheit herauszufinden. Er schlug die Augen auf und erspähte einen Lichtschein vom Fenster her, das Blinken eines Glases auf dem Tischchen neben dem Bett, ein verschwommenes Gesicht über sich.

„Ich kann sehen", flüsterte er.

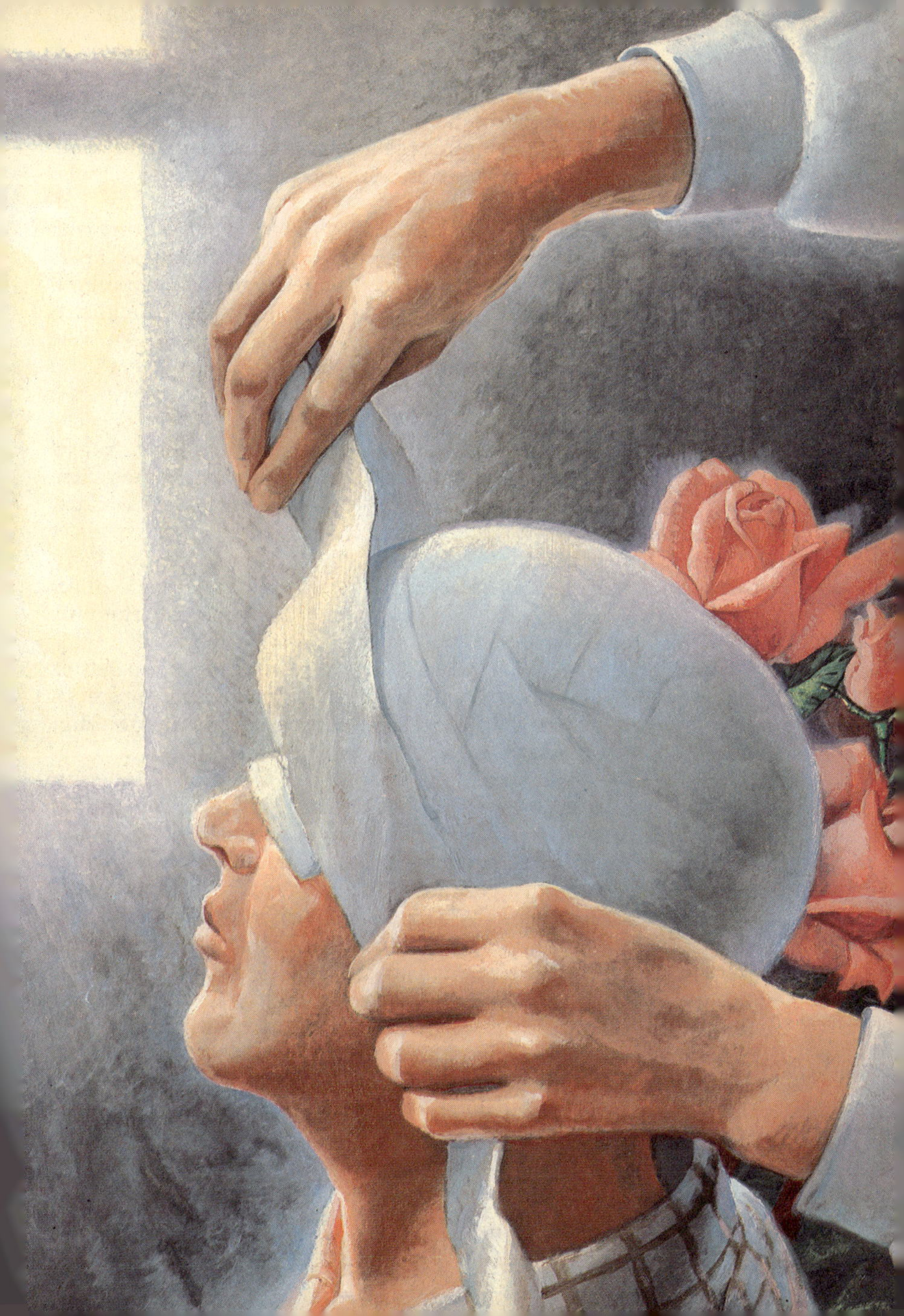

Der Verband wurde wieder angelegt. Jeder Tag enthüllte mehr von der Welt, die er für sich verloren geglaubt hatte. Er mußte vorsichtig sein; grelles Licht tat weh, und sein Auge auch nur zehn Minuten zu gebrauchen war eine Anstrengung. In jenen Minuten aber sog er jeden Eindruck in sich auf, dessen er habhaft werden konnte: die Gesichter der Menschen in seiner Umgebung, die Farben. Die Vorhänge in seinem Zimmer waren gelb und hatten ein blaues Muster. Er konnte die Rosen in der Vase an seinem Bett sehen.

Abends wurde der Verband entfernt, und dann lag er wie ein Kind da, starrte seine Hände an, seine Fingernägel, das Muster seines Schlafanzugs.

Mara weinte vor Freude, als er ihr sagte, was geschehen war. Sie rief ihn täglich an, und man brachte das fahrbare Tischchen mit dem Telefon an sein Bett. Er konnte mit dem kleinen Dave sprechen, dessen einzige Antwort jedoch nur ein fröhliches Krähen war, wenn er die Stimme seines Vaters hörte.

Jeder Tag brachte ihm ein Stück der Welt zurück. Und dann kam der Tag, an dem die Vorhänge zurückgezogen wurden, und er trat zum Fenster, blickte auf ein Meer von Farben, die seine Sinne betäubten. Im Garten leuchteten Blüten und Bäume, Menschen gingen in bunten Kleidern umher, es war eine Symphonie aus Gelb und Grün und Blau. Er ertrug es nicht und mußte sich abwenden, mußte die Vorhänge zuziehen. Bebend setzte er sich in den Sessel, starrte auf die geschlossenen Vorhänge, unfähig, sein Glück zu fassen. Bange fragte er sich, ob sein Auge jemals wieder helles Tageslicht würde vertragen können. Man brachte ihm eine dunkle Sonnenbrille.

Mit ihr trat er der Welt mutig entgegen und stellte fest, daß er seinen Gleichgewichtssinn verloren hatte. Nichts schien mehr am rechten Platz zu stehen, Entfernungen narrten ihn. Stufen waren steiler oder niedriger, als er gedacht hatte, Tische weiter entfernt, alles Perspektivische war verschwunden. Wenn er sich unter Menschen bewegte, entsetzte ihn immer wieder die Geschwindigkeit, mit der sie auf ihn zu kamen, und er war sicher, sie würden ihn umrennen.

Anna schrieb ihm, und er konnte den Brief selbst lesen. Sie hatte jetzt einen erblindeten Soldaten bei sich wohnen. Er war in Nordirland von einer Bombe verletzt worden. Anna hatte ein gebrauchtes Klavier gekauft, auf dem er spielte, denn er trug sich mit dem Gedanken, später Musikunterricht zu geben.

Auch Dave schrieb. Susans Mutter war gestorben, und Susan wohnte jetzt im Zentrum. Sie waren verlobt. Steve freute sich für

Susan. Sie hatte so viel für ihn getan. Er und Mara würden zu ihrer Hochzeit fahren. Er würde Susan sehen und Anna, würde die Orte sehen, die ihm so vertraut gewesen waren und ihm jetzt doch so fremd vorkommen würden.

Er würde seinen Sohn sehen, Gemma sehen und Lig wieder sehen. Gemma war für ihn inzwischen ebenso wichtig, wie Lig es gewesen war. Die Hündin gehörte so sehr zu ihm, wie er es noch nie erlebt hatte, nicht einmal mit Lig.

Und dann kam ihm ein erschreckender Gedanke: Er brauchte Gemma nicht mehr! Und weil es so teuer war, einen Hund für einen Blinden auszubilden, würde Gemma zu einem neuen Besitzer kommen, jemand anderem gehorchen müssen.

Es hätte ihm nicht soviel ausgemacht, einen Hund zu verlieren, dessen Lebenszeit abgelaufen war, doch er konnte den Gedanken nicht ertragen, daß sie bei einem anderen wäre, vielleicht bei jemandem, der nicht liebevoll genug war und ihr heillose Angst einjagte. Er hatte ihr so viel zu verdanken.

Auch Mara würde Gemma vermissen; sie war wie ein Familienmitglied gewesen. Und das Kind himmelte den Hund an. Steve konnte sich ein Leben ohne Gemma nicht vorstellen.

Er mußte sein ganzes Leben neu überdenken. Unmöglich und trügerisch war der Gedanke, er könne den Faden einfach dort wieder aufnehmen, wo er ihn vor vier Jahren verloren hatte. Er saß in dem abgedunkelten Krankenhauszimmer und grübelte. Wie sollte er sein künftiges Leben gestalten? Wie einer lichtdurchfluteten Welt begegnen?

Er setzte seine Sonnenbrille auf und ging in den Garten. Auf einer Bank ließ er sich nieder, beobachtete die Vögel, die über die Wiese hüpften, und sah eine Katze aus den Büschen schleichen, die sich dann setzte und putzte. Er wäre am liebsten immer so sitzen geblieben und hätte geschaut . . .

Doch dann mußte wieder Abschied genommen werden, von den Ärzten, den Schwestern, und er fuhr nach Hause, mit dem Zug und allein, aber diesmal dämpfte die dunkle Brille nur das Licht. Er beobachtete die Menschen auf dem Bahnsteig, las die Ankündigungen, sah ein hübsches Mädchen, das sich umdrehte und ihm zulächelte. Er stieg in den Zug, legte seinen Koffer in ein Abteil und ging den schwankenden Gang entlang zum Speisewagen. Er dachte an die Frau, die Schäferhunde gezüchtet hatte.

Er las die Ortsbezeichnungen an den Bahnhöfen. Und dann sah er Mara, die auf dem Bahnsteig stand und auf ihn wartete. Sie hatte den

Kleinen zu Hause gelassen und war allein gekommen. Angestrengt hielt sie nach ihm Ausschau, und er stand sprachlos da und sah sie an, erkannte die Veränderungen, die vier Jahre bewirkt hatten. Sie war nicht mehr ganz so schlank, und ihre Augen wirkten müde, doch sie lächelte zu ihm auf, konnte ihr Glück nicht fassen.

Sie fuhren heim, und er sah die Orte wieder, die er kannte. An der Bucht hielten sie an, und er blickte hinaus aufs Meer; weiße Wolken türmten sich am Himmel, die Wellen hatten weiße Mützen, und die Möwen kreisten über dem Wasser – ihr Aussehen hatte er fast vergessen.

Dann war er wieder zu Hause, und seine Eltern begrüßten ihn, und er konnte sehen, wie sie sich verändert hatten. Und dann ging er hinein, um seinen kleinen Sohn zu sehen, der gar nichts von einer Veränderung bei seinem Vater bemerkte und sich sofort an seinem Bein hochzog und auf sein Knie kletterte.

David hatte dunkle Haare wie seine Mutter und die leuchtendblauen Augen Andrews. Er lachte, krabbelte umher, strengte sich an, wollte auf den Boden zu den Katzen. Steve konnte nichts essen, denn er war zu sehr damit beschäftigt zu schauen. Vielleicht blieb es nur ein paar Tage so oder ein paar Monate. Er wollte Erinnerungen speichern.

Die alte Anrichte in der Küche und die Teller mit dem Weidenmuster. Die jungen Katzen, die sich auf dem schon arg mitgenommenen Kaminvorleger tummelten. Die Kissen waren neu, und die Vorhänge waren anders. Da hing die Kuckucksuhr, die so lustig bemalt war, und da stand noch der alte Handarbeitskorb, der ein Teil seiner Kindheit gewesen war. Jetzt war er abgenutzt und verschlissen.

Mara hatte ein blaues Kleid an, seine Mutter ein grünes. Das Kaminfeuer flackerte, warf Schatten an die Wände und spiegelte sich in den Augen der Anwesenden.

Es wurde Zeit, zurück zum Kloster zu fahren. Und wieder konnte er seinen Blick nicht losreißen von all den Dingen, die es dort zu sehen gab: den Garten, die Mauer und die Obstbäume, die hoch aufragenden Berge und seine Schafe, die grasten, Lig, der herbeirannte, um ihn zu begrüßen, und hinter ihm die kleine Hündin, die sein Leben erträglich gemacht und die er nie gesehen hatte.

Sie stürmte ihm entgegen, drängte sich an ihn, nahm sein Handgelenk in ihr Maul, ließ es wieder los und rannte dann fort, um mit ihrem Geschirr wiederzukommen.

Steve kniete sich hin, um sie zu betrachten, das goldfarbene Fell, das sich über ihren Schultern leicht wellte; sie hatte mehr von einem

Retriever als von einem Labrador. Sie hatte einen schönen Kopf, lange Ohren und einen klugen Gesichtsausdruck. Lig stieß ihn eifersüchtig mit der Schnauze an. Er streichelte den Collie.

„Das brauchen wir nicht mehr“, sagte er zu Gemma, legte das Geschirr beiseite und holte eine Leine. Sie hatte ihn aufgefordert, einen Spaziergang zu machen. Er pfiff auch Lig herbei, ging hinunter zur Bucht und ließ sich dort nieder, blickte staunend wie ein Kind auf das sich kräuselnde Wasser, auf den glitzernden Sand, auf die Blätter an den Sträuchern.

Er machte Gemma los, und sie und Lig streunten zusammen am Strand entlang. Auch Lig würde Gemma vermissen, das wußte Steve. Die Hündin war die erste, die von Lig morgens begrüßt wurde, noch vor Steve.

Er drehte sich um und blickte den Hang hinauf. Mara stand in der Tür ihres Hauses und winkte. Das Essen war fertig. Man konnte ihn jetzt aus größerer Entfernung herbeirufen. Er winkte zurück und machte sich auf den Heimweg. Eigentlich hätte er heiter und fröhlich sein müssen, aber als er die Hündin vor sich herlaufen sah, empfand er nichts als Kummer. Er stellte sich die bange Frage, wie lange man ihm Gemma wohl noch lassen würde.

Dave wußte, daß er wieder sehen konnte. Steve hatte ihm einen begeisterten Brief geschrieben, Gemma darin jedoch nicht erwähnt. Sie würden Maras amerikanischen Schülern schreiben und ihnen alles berichten. Der eine oder andere würde sich noch an ihn erinnern, wenngleich sie wahrscheinlich jetzt alle in verschiedenen Klassen waren. Vielleicht, überlegte sich Steve, konnten Mara und er das Geld für die Ausbildung eines anderen Blindenhundes aufbringen, aber siebenhundertfünfzig Pfund war ein stattlicher Betrag, und sie brauchten jeden Penny für den Hof.

Und dann traf ein Brief von Dave ein.

Er und Susan würden nach Schottland kommen, schrieb Dave. Ob sie ein paar Tage bei ihnen bleiben könnten? Und es täte ihm sehr leid, aber er müsse Gemma mitnehmen. Er war sicher, Steve werde dies verstehen.

Steve beobachtete Gemma, wie sie zu Lig rannte und dann zu ihm gesprungen kam, um ihn zu begrüßen und ihm ein Geschenk zu bringen, wie Sam es gemacht hatte; der Retriever in ihr kam doch immer wieder durch. Sie hatte einen der Hausschuhe des kleinen David im Maul.

Er nahm ihn entgegen, setzte sich an den Kamin und blickte in die tanzenden Flammen. Dann reichte er Mara Daves Brief.

„O Steve! Daran hab ich gar nicht gedacht. Müssen sie Gemma denn unbedingt mitnehmen?"

„Ja, ich glaube schon. Denk daran, wie wertvoll sie ist."

Dave und Susan blieben drei Tage.

Als sie wieder fort waren und Gemma mitgenommen hatten, wurde Steve eine neue Schwierigkeit bewußt. Weder er noch Mara hatten daran gedacht, daß David der Hündin nachtrauern würde. Sie war über ein Jahr sein Begleiter gewesen, hatte mit ihm gespielt und ihn behütet. Der Kleine schrie jetzt immer wieder nach Gemma; er war untröstlich.

Auch Lig vermißte Gemma, durchsuchte das ganze Haus nach ihr, saß schließlich mit dem Kopf auf Steves Knie da, verstört, daß die Hündin aus seinem Leben verschwunden war.

Steve streichelte den Hund und wünschte, er könnte es Lig klarmachen. „Mir fehlt sie doch genauso wie dir, alter Junge", sagte er.

Auch die zweite Operation verlief erfolgreich. Steve befürchtete immer noch, daß sein Glück nur von kurzer Dauer sein werde, daß die Sehkraft eines Tages wieder nachlassen und er wieder in Dunkelheit leben werde.

Mara und Hennessey wußten, daß er nie sagen konnte, wann er mit einer Arbeit fertig sein würde; ständig ließ er sich ablenken, hielt inne, um etwas zu betrachten – Gänseblümchen auf einer Wiese, ein Lamm, das in der Sonne umhertollte; er blieb stehen, um zu beobachten, und verlor sich in Farben, schwelgte in Bildern, war ein neugeborener Mensch.

Dave und Susan kündigten ihre Hochzeit an; Steve und Mara waren natürlich eingeladen. Sie konnten bei Anna wohnen.

Die Reise mit der Bahn war ungeheuer aufregend, eine einzige Entdeckungsfahrt. Steve konnte die Augen nicht vom Fenster wenden. Er wunderte sich über die Mitreisenden, die dasaßen, ins Leere starrten oder ein Buch lasen, während sich draußen vor dem Fenster die Welt entfaltete und jeden Augenblick neue, atemberaubende Anblicke bot.

Und dann waren sie in Manchester. Anna sollte sie abholen, und Steve betrachtete die Menschen, die an der Absperrung standen, und war gespannt, wer von ihnen wohl vortreten würde. Sie war größer, als er erwartet hatte, und ihr Haar war grauer; ihre Augen waren so freundlich, wie er sie sich vorgestellt hatte, und sie konnte nicht anders, als ihn immer wieder anzusehen und ihn plötzlich zu umarmen und ihm einen Kuß zu geben. „O Steve!" rief sie dann mit einer Stimme, die alles sagte.

Der Wagen fuhr durch eintönige Vororte, und bald lag Manchester hinter ihnen. Dann ging es durch eine häßliche Kleinstadt hinaus aufs Land, über ein schmales Sträßchen bis zu einem gemütlichen Bauernhaus.

Hier hatte er fast ein Jahr lang gelebt und erkannte doch kaum etwas wieder. Er blickte auf rote Backsteinmauern und ein Erkerfenster, sah einen kleinen Garten. Er ging zum Tor und wurde von bellenden Hunden empfangen.

Das Wohnzimmer war kleiner, als er es in Erinnerung hatte. Da stand der Tisch, an dem er sich so oft und schmerzhaft gestoßen hatte. Die Flammen im Kamin tanzten, das Holz brannte zu seiner Begrüßung. In der Ecke stand Annas neues Klavier. Ihr letzter Gast war abgereist, und der nächste sollte in der kommenden Woche eintreffen. Dave hatte den Tag seiner Hochzeit zwischen zwei Kurse gelegt. So würden er und Susan eine ganze Woche für sich haben, bevor die Arbeit mit einer neuen Gruppe und neuen Hunden begann.

Steve ging nach draußen auf den Hof, um nach Racket und nach der Stute mit ihrem Fohlen zu sehen. Mara und Anna ihrerseits sahen Steve bei seinen Erkundungen zu, wie er stehenblieb, um sich die Form der Gebäude einzuprägen und die Größe der umliegenden Felder.

„Es muß wie eine Wiedergeburt sein", meinte Anna.

„Vier Jahre Dunkelheit. Er schreckt manchmal nachts hoch und stöhnt, daß es wieder so dunkel ist, daß er nichts sehen kann. Wir lassen jetzt immer ein kleines Lämpchen brennen", sagte Mara.

Zum Mittagessen erschien Gunter, und Steve verschlug es die Sprache, als er den alten Mann sah, und dann lachte er los.

„Was gibt's da zu lachen?" fragte Gunter.

„Ich hab gedacht, du bist klein und ganz schmächtig."

„Klinge ich so?" grinste Gunter und klopfte sich auf seinen ansehnlichen Bauch, und sein Doppelkinn wackelte, als er lachte. Gunter war ein Riese von einem Mann, hatte ein gerötetes Gesicht und strahlende Augen und freute sich über alle Maßen, jetzt, da er Anna helfen konnte.

Nach dem Essen ging Steve den Feldweg hinunter zu Scotts Haus. Er kam gerade recht zum Ende der Sprechstunde. Scott war älter, als er gedacht hatte, grauhaarig, groß und kräftig gebaut.

Niemand hatte damit gerechnet, daß Steve eine ganz neue Note in die Hochzeitsfeier bringen würde. Seine Freude an Farben, an Susans zerbrechlicher Schönheit und Daves stattlicher Erscheinung sprudelte so begeistert aus ihm heraus, daß alle angesteckt wurden. Es war ein denkwürdiges Fest.

Später gingen alle zurück zum Zentrum. Dave führte Steve durch das stille Gebäude; nur die Hunde waren in ihren Zwingern. Einige befanden sich in der Ausbildung, einige waren noch ganz jung und würden zuerst angelernt werden; sie kamen geradewegs von Annas Hof. Es fiel schwer, sie zu betrachten, denn sofort war die Erinnerung an Gemma wieder da. Sie war jetzt wohl schon bei ihrem neuen Besitzer.

„Können Sie sich noch erinnern?“ fragte Dave. „An Ihre erste Begegnung mit Ihrem Blindenhund? Kommen Sie mal rüber zu dem Zwinger dort.“

Im Zwinger lag jetzt ein anderer Hund. Ein Hund, der ihn irgendwie sehr an Gemma erinnerte. Steve stand da und betrachtete das schlafende Tier.

„Ja, ich weiß noch“, sagte Steve und wünschte, er hätte es vergessen können.

Auf Steves Stimme reagierte der Hund wie von der Tarantel gestochen. Er sprang auf und raste zur Tür, die Dave öffnete, und dann stürzte er sich Steve entgegen, jaulte und winselte, leckte seine Hand und sprang immer wieder an ihm hoch.

„Das ist ja wirklich Gemma. Gemma, Gemma!“ rief Steve, kniete sich hin und hielt sie. „Ich wünschte, Sie hätten mich nicht zu ihr geführt“, sagte er einen Moment später. „Weder für sie noch für mich ist das gut.“

„Es gibt da ein Problem, Steve“, erklärte Dave. „Ich weiß nicht, was Sie mit ihr gemacht haben, aber sie ist für uns nicht mehr zu gebrauchen. Niemand kommt mit ihr zurecht. Wenn man ihr sagt, was sie machen soll, duckt sie sich ängstlich zusammen; sie erträgt es nicht, wenn man ihr etwas befiehlt, und auf belebten Straßen scheut sie. Sie waren nie mit ihr in einer Stadt, oder?“

„Nein, die ganze Zeit nicht“, bestätigte Steve.

„Wie sprechen Sie mit ihr?“ wollte Dave wissen. „Welche Worte gebrauchen Sie? Haben Sie die Befehle geändert?“

Steve blickte zu der Hündin hinunter. Sie sah zu ihm auf, wartete. Er schnippte mit dem Finger, und sofort war sie neben ihm, setzte sich und wartete ergeben auf ihr Geschirr. Er bewegte die Hand, und sie legte sich, und zwar über seinen Fuß, damit er wußte, daß sie gehorcht hatte. Er bewegte die linke Hand, und sie setzte sich, lehnte sich an sein Bein und wartete. Ein kaum hörbares Zischen durch die Lippen, und sie lief mit ihm den Weg hinunter und wieder zurück, setzte sich auf das Kommando einer Handbewegung und wartete auf weitere Anweisungen.

„Ich habe den richtigen Tonfall nicht finden können", erklärte Steve, „da hat Hennessey mir geholfen, mit Zeichen zu arbeiten. Er sagte die Befehle, und ich habe die Zeichen gemacht, und er berichtete mir dann, ob sie gehorcht hatte. Wir haben eine Menge zusammen erarbeitet."

„Sie hat hier keine Zukunft. Wollen Sie sie wieder mitnehmen? Diese amerikanischen Kinder haben sie schließlich ja auch für Sie gekauft. Vielleicht ist es besser, wenn sie zu Ihnen zurückkehrt. Oder sind Sie etwa immer noch ein Collie-Mann?"

Steve legte seine Hand auf Gemmas goldfarbenen Kopf. Braune Augen blickten zu ihm auf, wußten, daß er sie jetzt sehen konnte. „Nein, nicht mehr", sagte er. „Sie kann Dinge tun, die Lig nie für mich hätte machen können, aber Lig bewältigt andererseits Aufgaben, die Gemma unmöglich ausführen könnte."

Er ging, um Mara zu suchen.

Dave sah ihm und Gemma nach, die nicht von seiner Seite wich. Da drehte Steve sich noch einmal um.

„Mara hat ihre amerikanische Räuberbande zu uns eingeladen, einen nach dem anderen. Wir kriegen viel zu tun!" rief er.

Ein paar Wochen später fielen Steve seine Worte wieder ein, als er aus der Haustür trat. Eines der Kinder sollte an diesem Tag ankommen. Mara war zum Flughafen gefahren, um das Mädchen abzuholen. Es ging ein stürmischer Wind. Steve stieg den Berg hinauf und blickte hinunter auf die Weide, auf der sich neue Lämmer tummelten, auf Lig, der inzwischen einen grauen Fang hatte, ruhig neben ihm herlief und zufrieden mit dem Schwanz wedelte. Auch Gemma fehlte nicht. Sie stieß Lig mit der Schnauze an, und im nächsten Augenblick tobten die beiden Hunde am Hang herum.

Steve war rundum zufrieden und hätte mit niemandem auf der Welt getauscht.

Er pfiff seine Hunde herbei, und als sie kamen, lief er mit ihnen, noch immer pfeifend, den Hang hinunter und trat ins Haus. Sein kleiner Sohn kam ihm strahlend entgegengelaufen. Er wirbelte das Kind herum, lachte und beugte sich vor, um Nettie, die heute herübergekommen war, einen Kuß zu geben und den Arm um ihre Schultern zu legen.

„Die Welt ist herrlich", sagte er. Er schwieg und blickte auf den

Tisch, auf das herzhafte Essen mit Brot, Schinken und frischer Butter, auf den goldgelben Kuchen.

Solange er lebte, würde er die Dinge mit anderen Augen sehen.

Und dann hörte man draußen Maras Wagen vorfahren und schnelle Schritte und die begeisterte Stimme des amerikanischen Mädchens. Gleich darauf war das Zimmer erfüllt von Stimmengewirr und Lachen, und in all den Trubel mischte sich das Bellen der Hunde, die hereinstürzten, um zu sehen, wer gekommen war.

„Ist das Gemma? Wie hübsch sie ist!“

Mara blickte hinüber zu Steve und beantwortete sein Lächeln mit den Augen.

Foto: Liepman AG

Joyce Stranger

„Wohl kaum ein anderer Autor vermag das Verhalten und die Psyche von Tieren mit so viel Einfühlungsvermögen zu schildern, wie Joyce Stranger dies tut“, schrieb eine renommierte englische Zeitung nach der Veröffentlichung von *Schritt für Schritt*. Natürlich kommt diese besondere Fähigkeit der in London geborenen Schriftstellerin nicht von ungefähr, sondern beruht auf ihrer jahrzehntelangen Erfahrung im Umgang mit eigenen Haustieren. Neben ihren beiden anspruchsvollen Siamkatzen wird Joyce Stranger derzeit von drei bemerkenswerten Hundepersönlichkeiten auf Trab gehalten: von einem Golden Retriever namens Janus, der über ein robustes Wesen und eine gehörige Portion Eigensinn verfügt, von einem deutschen Schäferhund namens Puma und schließlich noch von Chita, einer sehr sensiblen Schäferhündin, die als Vorbild für Gemma diente.

„Chita stammt übrigens von einem bekannten Zuchtrüden mit einem klangvollen Namen ab“, erzählt Joyce Stranger schmunzelnd. „Er heißt ‚Elan von Michelstädter Rathaus of Dunoonaidh‘ und befindet sich im Besitz der schottischen Züchterin Miß Moncrieff of Moncrieff.“

Joyce Stranger lebt mit ihrem Mann in einem dreihundert Jahre alten Häuschen im grünen Wales, wo sie genügend Ruhe und Inspiration für ihre schriftstellerische Arbeit findet. Seit ihrem ersten, im Jahr 1961 erschienenen Roman hat die Autorin mehr als fünfzig Bücher veröffentlicht, darunter auch *Ein Hund für Tim*, das in die Auswahlbücher aufgenommen wurde.

„In meinen Büchern will ich zeigen, wie bereichernd ein echtes Miteinander von Mensch und Tier für beide Seiten sein kann“, meint Joyce Stranger. *Schritt für Schritt* mit seinem genau recherchierten Kapitel über die wertvolle Arbeit von Blindenhunden darf als gelungenes Beispiel für dieses Anliegen bezeichnet werden.

WEINPROBE

Eine Kurzfassung des Buches von ***Dick Francis***
Ins Deutsche übertragen von Peter von Wiese
Illustrationen von John Raynes

Stärker denn je fühlt sich Tony Beach als Versager. Zwar könnte er mit seinem Leben als Inhaber einer kleinen Weinhandlung in der Nähe von London zufrieden sein, doch seit dem Tod seiner geliebten Frau Emma ist ihm vieles gleichgültig geworden. Seinen Kunden gegenüber läßt er sich nichts anmerken, aber innerlich droht er am Kummer zu zerbrechen.

Da reißt ihn ein schreckliches Unglück, dessen Augenzeuge er wird, aus seiner Lethargie. Die Polizei, die an ein Verbrechen glaubt, bittet ihn um Mithilfe bei der Aufklärung der Hintergründe. Und als Tony schließlich eigene Nachforschungen anstellt, bleibt ihm für Selbstmitleid überhaupt keine Zeit mehr, denn ein kaltblütiger Killer heftet sich an seine Fersen.

Eins

Ein richtiger Mann weint nicht. Schon gar nicht, wenn er mit beiden Beinen im Leben steht und bereits zweiunddreißig ist; wenn seit dem Tod seiner Frau sechs Monate vergangen sind und alle anderen ihr Trauersoll längst erfüllt haben.

Abwarten, sagen sie, er kommt schon über Emmas Tod weg. Zeit heilt Wunden. Eines schönen Tages heiratet er wieder.

Sie haben recht, keine Frage.

Aber, o Gott ..., wie verlassen ist mein Haus! Wie entsetzlich, wie öde ist das Alleinsein! Wo früher Lachen erklang, herrscht jetzt Stille. Sechs Monate und kein Ende des Trauerns. Warum war ich damals nicht auch gestorben? Einen Teil von mir hatte ich begraben. Was von mir noch übrig war, drohte am Kummer zu zerbrechen.

Nach außen hin ließ ich mir jedoch nichts anmerken. Ich stand wie immer in meinem Laden, in einer Kleinstadt in Berkshire, und verkaufte Wein und Spirituosen. Bediente die Kunden und lächelte ... lächelte ... lächelte.

Es war ein kalter Sonntagmorgen im Oktober, und ich mußte Ware ausfahren. Mein erster Kunde war Jack Hawthorn, ein Rennpferdtrainer, der die Siege seiner Pferde alljährlich zum Ausklang der Saison mit einem großen Fest zu begießen pflegte. Über hundert Gäste waren eingeladen. Im September hatte er mich angerufen und mir atemlos Ort und Zeit der Party genannt. „Tony? Sonntag in drei Wochen, ja? Im Festzelt, wie immer. Du stellst die Gläser, klar?“

„Klar“, wiederholte ich, und schon hatte er aufgelegt. Ein paar Tage darauf kam dann Flora, seine Frau, zu mir in den Laden, um Einzelheiten zu besprechen.

An jenem Sonntag fuhr ich also um zehn Uhr zu Jack und Flora und parkte, so nahe es ging, bei dem großen grauen Zelt, das steil hinter ihrem Haus aufragte.

Jack Hawthorn, ein untersetzter Mann von etwa sechzig Jahren, kam geschäftig aus seinem Haus. „Hallo, Tony – pünktlich wie immer!“ Er klopfte mir auf die Schulter.

„Guter Tag für ein Fest“, sagte ich.

Er blinzelte zum klaren Himmel empor. „Wir brauchen Regen. Der Boden ist hart wie Beton." Rennpferdtrainer sind, genau wie Bauern, nie mit dem Wetter zufrieden. „Hast du auch Saft mitgebracht und Limonade? Der Scheich kommt nämlich, mit seinem ganzen abstinenten Troß. Hab vergessen, es dir zu sagen."

Ich nickte. „Champagner, Limonade und jede Menge Zeug zum Knabbern."

„Gut. Ich will dich im Augenblick nicht weiter aufhalten. Aber du bleibst doch hier, wenn die Party losgeht, nicht wahr?" Er eilte schon wieder weiter, nahm das Leben stets im Galopp.

Zu seinen Festen war ich immer eingeladen, einerseits, damit ich zur Stelle war, wenn der „Stoff" nicht reichte, andererseits aber auch, weil meine Eltern in Pferdesportkreisen keine Unbekannten waren. Zwar war ich dieser erlesenen Gesellschaft untreu geworden und in den Weinhandel abgewandert, doch betrachteten mich die Angehörigen dieser Kreise immer noch als einen der Ihren.

Trotzdem galt ich irgendwie als Versager; hinter vorgehaltener Hand hieß es: „Mumm hat er nicht gerade geerbt."

Mein Vater war Offizier gewesen und ein begeisterter Reiter. Nach dem Krieg hatte er den „Grand Military Gold Cup" gewonnen, eine schwere Prüfung der Military-Reiter. Im Sattel war er genauso mutig gewesen wie auf dem Schlachtfeld. Er starb auf dem Rennplatz von Sandown Park, als er sich das Genick brach. Ich war damals gerade elf und hatte alles aus nächster Nähe miterlebt.

Vater war ein großer, fröhlicher, lebenslustiger Mann gewesen, unempfänglich, wie mir heute noch scheinen will, für die Wunden, die das Leben schlägt. In vielem hatte er seinem Vater nachgeeifert, der als junger Mann Zweiter im „Grand National" geworden war, dem berühmten Hindernisrennen in Aintree. Aus dem Ersten Weltkrieg war er mit zahlreichen Orden heimgekehrt. Ich besaß ein Samtkästchen; darin lagen das Viktoriakreuz meines Großvaters und die Kriegsverdienstmedaillen meines Vaters einträchtig nebeneinander. Von ihrem Draufgängertum hatte ich nichts geerbt.

Als Kind lernte ich natürlich reiten, aber die Feinheiten der Reitkunst lernte ich nie. Außerdem wurde ich auf die Schule für Soldatenkinder in Wellington geschickt, doch niemand konnte sich vorstellen, daß ich jemals Soldat würde.

Ich entwickelte tiefsitzende Minderwertigkeitskomplexe, die ich nie ganz losgeworden bin. Nachdem Emma in mein Leben getreten war, verlöschten sie allmählich. Doch jetzt war Emma tot, und die Komplexe waren wieder da.

Jimmy, Jack Hawthorns Assistent, kam aus dem Haus geschlendert und sah zu, wie ich drei Zinkwannen aus dem Heck meines Lieferwagens wuchtete.

„Wofür sind die denn?" wollte er wissen.

Immer behandelt er mich von oben herab, dachte ich. Vielleicht hing es mit seiner Körpergröße zusammen, denn Jimmy war einsdreiundneunzig. Zudem sprach er in arrogant klingendem, näselndem Tonfall, und in seinen Adern floß blaues Blut. Sein Großvater hatte ihm ein Rennpferd und den Titel eines Grafen vererbt, aber nicht das nötige Vermögen dazu.

„Für Eis", erklärte ich. Ich schleppte die Wannen ins Zelt, wo bereits eine lange Tafel aufgebaut war. Am Fuß der beiden dicken Zeltmasten standen Blumentöpfe mit hübschen Chrysanthemen. Den Rasen hatte man mit Matten abgedeckt und die Zeltwände in regelmäßigen Abständen mit roten und goldenen Bändern und Schleifen dekoriert.

Jimmy sah ungerührt zu, wie ich einen Karton Champagner ins Zelt schleppte, die Flaschen auspackte und sie am Ende der Tafel in eine der Wannen stellte.

Ich arbeitete angestrengt. Über meinem Hemd trug ich nur einen hellblauen Pullunder mit V-Ausschnitt (die typische Kleidung der Rennsportwelt); mein Jackett hatte ich im Lieferwagen gelassen. Erst später sollte es mich in einen „richtigen" Gast verwandeln. Auch Jimmy war zurückhaltend gekleidet: leichter beiger Rollkragenpullover, darüber ein marineblauer Blazer. Er war kein Angeber – leider, denn dann hätte ich ihn wenigstens mit gutem Grund verachten können. So mußte ich mir dagegen dauernd einreden, daß er *mich* verachtete, um mein Bild vom arroganten Adelssproß aufrechterhalten zu können.

Ich holte den zweiten Karton Champagner und packte ihn aus. Dann schüttete ich aus großen Plastiktüten Eis in die Wannen zwischen die stehenden Flaschen.

„Haben Sie Whisky mitgebracht?" wollte Jimmy wissen.

„Vorn im Wagen."

Er schlenderte hinaus und kam mit einer Flasche wieder.

„Gläser?"

Wortlos ging ich zum Lieferwagen, holte einen Karton mit sechzig Gläsern und stellte ihn auf einen Tisch.

„Bedienen Sie sich."

Jimmy schenkte sich Whisky ein, füllte sein Glas mit Eiswürfeln bis oben hin und nahm einen Schluck.

„Gestern hat jemand in Schottland eine ganze Ladung von dem Zeug geklaut", bemerkte er. „Wußten Sie das?"

Ich hob die Schultern. „So was kommt vor."

„Kennen Sie sich bei Whisky aus, Tony?" fragte er und ließ die Eiswürfel in seinem Glas klirren.

„Na ja . . . ganz gut."

„Können Sie eine Sorte von der andern unterscheiden?"

„Ja, wenn auch nicht so sicher wie beim Wein. Warum?"

„Würden Sie es merken", fuhr er in auffallend beiläufigem Ton fort, „wenn Sie einen reinen Malzwhisky bestellten und bekämen eine gewöhnliche Whiskymischung vorgesetzt, so wie diese hier?" Er hob sein Glas.

„Malzwhisky schmeckt schon anders."

„Das heißt also, Sie könnten ihn von einer Mischung unterscheiden?"

„Nicht jetzt am Vormittag. Außerdem müßte ich erst üben. Dann vielleicht."

„Aber wenn Sie einen bestimmten Geschmack kennen, können Sie ihn aus verschiedenen Proben herausfinden, oder?"

„Vielleicht." Ich sah ihn abwartend an, aber er runzelte nur die Stirn und schwieg.

Schließlich zuckte ich die Achseln, ging hinaus, um noch mehr Eis zu holen, schüttete es in die zweite Wanne, schleppte einen weiteren Karton Champagner herbei und riß ihn auf.

„Sie sollten sich nicht um Ihren Champagner kümmern, sondern lieber mir zuhören." Er klang zugleich gereizt und ängstlich. Ich hatte gerade die dritte Wanne mit Flaschen gefüllt und richtete mich langsam wieder auf.

„Schießen Sie los", sagte ich.

„Ein Mann, der von Jack Pferde trainieren läßt, besitzt ein Restaurant", berichtete Jimmy. „Das ‚Silver Moon' in der Nähe von Reading. Massenbetrieb, mit Diskothek. Er hat Jack, Flora und mich dort letzte Woche zum Essen eingeladen. Das Essen war in Ordnung, aber die Getränke . . . Sie müssen wissen, Tony, Larry Trent ist ein guter Kunde von Jack. Er hat fünf Pferde bei uns im Stall. Bezahlt immer pünktlich. Ich will ihn nicht verärgern. Aber in mindestens einer Flasche in seinem Restaurant war was anderes drin als draufstand."

„Das ist gar nicht so selten", sagte ich.

„Aber verboten." Er war empört.

„Das stimmt . . . Sind Sie Ihrer Sache ganz sicher?"

„Na ja, ich glaube schon. Aber ich hab mir gedacht, ob Sie, bevor ich zu Larry Trent was sage, das Zeug mal probieren könnten? Man weiß ja nie, vielleicht wird er von seinen Angestellten hintergangen. Dann könnte er ganz schön in Schwierigkeiten kommen."

„Warum haben Sie sich damals nicht gleich beschwert?"

„Wir waren doch seine Gäste! Das wäre schrecklich unhöflich gewesen."

„Hm. Warum sprechen Sie nicht mit ihm, unter vier Augen? Er kann Ihnen doch nur dankbar sein." Ich sah ihn prüfend an. „Warum zerbrechen Sie sich überhaupt den Kopf darüber?"

„Wie bitte?" Er war überrascht. „Also, Betrug ist Betrug, oder? So etwas ärgert mich."

„Was haben Sie denn getrunken? Oder anders ausgedrückt: Was sollten Sie denn getrunken haben?"

„Ich fand den Wein nicht besonders, verglichen mit dem, was auf dem Etikett stand. Na ja, Sie wissen selbst, wie das ist, man denkt sich nichts dabei. Aber mit dem *Laphroaig* war es was anderes."

Ich runzelte die Stirn. „Der Malzwhisky von der Insel Islay?"

„Genau", sagte Jimmy. „Schwerer Malzwhisky. Als ich klein war, hat mich mein Großvater immer mal nippen lassen. Einen Geschmack, den man als Kind kennengelernt hat, vergißt man nie, komisch. Und ich hab natürlich auch später gelegentlich *Laphroaig* getrunken. Im Silver Moon stand er auf dem Getränkewagen, und als ich Kaffee bestellte, fand ich, daß ein guter Whisky dazu nicht schaden könnte."

„Wenn es kein *Laphroaig* war, was war es dann?"

Er blickte unglücklich drein. „Für mich war's gewöhnlicher Whisky, die übliche Mischung, nicht mal reiner Malzwhisky."

„Sie sollten das Mr. Trent erzählen", erklärte ich. „Soll er selber sehen, wie er damit fertig wird."

„Er kommt heute mittag her", sagte er. „Sie könnten wohl nicht mit ihm reden?"

„Nein", erwiderte ich, „keinesfalls. Wenn Sie es tun, ist es eine gutgemeinte Warnung, wenn ich es ihm sage, eine tödliche Beleidigung."

Enttäuscht meinte Jimmy: „Hab's mir schon gedacht. Nun, ich will's mal versuchen." Er goß sich noch einen Scotch ein und füllte sein Glas erneut mit Eiswürfeln. Whisky mit Eis, dachte ich, eine Todsünde für den echten Whiskykenner! Was war also wohl von Jimmys Beobachtungen zu halten?

Flora Hawthorn, fröhlicher denn je, betrat in einem kirschroten Wollkleid das Zelt und nickte beifällig.

„Sieht prima aus, nicht wahr, Tony?"

„Fabelhaft", sagte ich.

Sie blickte in die Wannen. „Ob der Champagner reichen wird?"

„Im Wagen habe ich noch mehr", erwiderte ich.

„Ausgezeichnet." Sie lächelte. „Jimmy, du brauchst doch keinen Whisky zu trinken. Mach eine Flasche Champagner auf. Ich hätte auch gern noch rasch ein Glas, bevor alle über uns herfallen."

Jimmy gehorchte freudig. Mit kundiger Hand löste er den Korken aus der Flasche. Schaum quoll aus dem Flaschenhals, und Flora streckte Jimmy ihr Glas entgegen. Er schenkte ihr ein, und sie nahm einen Schluck.

„Wunderbar!" rief sie begeistert. Mit dem Glas in der Hand spazierte sie durchs Zelt und verschwand durch den Eingang, der auf der dem Haus abgewandten Seite des Zeltes lag. Dort erstreckte sich freies Gelände, wo die Gäste hinter einer niedrigen Rosenhecke ihre Autos zu parken pflegten.

Doch schon wenige Augenblicke später kam Flora ins Zelt zurück. „Der Scheich ist da!" rief sie aufgeregt. „Jimmy – bitte lauf schnell los, und begrüße ihn auf dem Parkplatz. Zeig ihm die Ställe. Jack zieht sich noch um."

Jimmy nickte, setzte sein Glas ab und machte sich auf den Weg, um den Ölscheich und sein Gefolge in Empfang zu nehmen.

Nachdem die hohen Herrschaften ausgestiegen waren, parkte der livrierte Chauffeur den großen Mercedes mit den getönten Scheiben auf der Wiese, die hinter der Rosenhecke hügelartig anstieg. Immer mehr Gäste trafen ein, die Reihe der parkenden Autos wurde immer länger. Kellnerinnen und andere Hilfskräfte erschienen, und bald war das Festzelt von Leben erfüllt.

Man fuhr im Rolls-Royce, im Landrover, im Ford und im Kleinwagen vor. Ein Paar kam mit einem Pferdetransporter. Manche brachten ihre Kinder mit, manche Hunde, von denen die meisten im Auto bleiben mußten. Die Gäste waren in Cordsamt oder in Kaschmir gekleidet, manche lässig, manche elegant. So bewegte sich der Strom der Ankömmlinge den Hang herunter, durch ein Tor in der Rosenhecke und kam kurz darauf beim Zelt an.

Man traf, wie in der Welt des Galoppsports üblich, viele Bekannte. Der Geräuschpegel erreichte ohrenbetäubende Ausmaße. Der Scheich, eine untersetzte Gestalt in einem langen Gewand und einem arabischen Kopftuch, war stets von Leibwächtern umgeben. Er stand grundsätzlich mit dem Rücken zur Zeltwand und überblickte, mit einem Glas Orangensaft in der Hand, das Gewimmel mit halbgeschlossenen Augen. Jimmy tat sein Bestes, ihn zu unterhalten, erntete jedoch nur ernstes Kopfnicken. Auch andere Gäste – ausschließlich Männer – versuchten, eine Konversation mit dem Ehrengast anzufangen, gaben aber bald auf.

Nach einer Weile zog sich Jimmy höflich zurück und gesellte sich zu mir.

„Eine harte Nuß, der Scheich, was?“ fragte ich.

„Er ist gar nicht so übel“, antwortete Jimmy. „Sein Benehmen entspricht eben nicht unseren westlichen Vorstellungen. Außerdem hat er dauernd Angst vor Mordanschlägen. Aber er liebt Pferde. Sie hätten ihn sehen sollen, wie er unsere Stallungen besichtigt hat – da wurden seine müden Augen plötzlich munter und fingen schließlich richtig an zu funkeln.“ Jimmy ließ den Blick über die Menge schweifen. Plötzlich rief er: „Sehen Sie den Mann dort, der mit Flora spricht? Das ist Larry Trent.“

„Der mit dem *Laphroaig*, der vermutlich keiner ist?“

Jimmy nickte nur und verschwand in entgegengesetzter Richtung. Ein paar Minuten lang beobachtete ich Floras Gesprächspartner. Ein dunkelhaariger Mann mittleren Alters mit einem Schnurrbart, einer der wenigen, die sich richtig in Schale geworfen hatten. Er trug einen dunkelblauen Nadelstreifenanzug mit Krawatte; ein sauber gefaltetes seidenes Ziertaschentuch hob sich als schmaler Streifen über der Brusttasche ab. Bald verlor ich ihn im Gewühl aus den Augen. Ich plauderte mit ein paar Gästen, alles Leute, die ich kannte und doch nicht kannte.

Einer von ihnen stellte schließlich, ahnungslos und wohlmeinend, die unvermeidliche Frage: „Und wie geht es Ihrer bezaubernden Frau?“

Wahrscheinlich würde ich mich nie daran gewöhnen – immer wieder versetzten mir solche Fragen einen Stich ins Herz. Emma . . .

„Sie ist tot“, sagte ich leise, versuchte es ihm schonend beizubringen, ihm Peinlichkeiten zu ersparen.

„Mein Gott, das tut mir aber leid“, sagte der Gast. „Ich hatte ja keine Ahnung.“

Ich nickte. Er seufzte. Das Leben ging weiter. Bis zur nächsten Panne. Wenigstens hatte er nicht gefragt: „Aber wie . . .?“ Wenigstens hatte er mich nicht gezwungen, an die gräßlichen Schmerzen zu denken, an die Tage und Nächte, die Emma im Koma lag. Und an das Kind, das mit ihr gestorben war, ehe es das Licht der Welt erblickte.

Einige von Jacks Gästen gehörten auch zu meinen Kunden, und so ergab es sich, daß ich ebensoviel über Wein plauderte wie über Pferde.

Während eine ältere Dame meine Meinung darüber einholte, ob ein *Côtes du Rhône* einem *Côte de Nuits* vorzuziehen sei, kam Larry Trent wieder in mein Blickfeld. Jimmy stand jetzt bei ihm und sprach auf ihn ein. Jimmy winkte mich zu sich, doch da ich die ältere Dame, eine gute Kundin, nicht einfach stehenlassen konnte, bedeutete ich ihm mit einer Geste, daß er sich noch gedulden müsse.

Kellnerinnen zwängten sich mit silbernen Tabletts durch die Menge und boten allerlei leckere Häppchen an. Nach dem Appetit und der Aufgeräumtheit der Gäste zu schließen, konnte von meinen achtundvierzig Flaschen Champagner nicht mehr viel übrig sein. In der Tat waren die Wannen leer bis auf zwei einsame Flaschen in einem schmelzenden Eismeer, und ich begann, mich zum Lieferanteneingang des Zeltes durchzukämpfen.

Draußen, auf dem Weg zum Lieferwagen blickte ich den Hügel hinauf, wo die geparkten Autos standen. Keine Lücken in den Reihen – bis jetzt war also noch niemand gegangen. Beim Mercedes des Scheichs spielte ein Kind mit einem Hund. Unweit davon stand der große grüne Pferdetransporter.

Ich schloß die Hecktür meines Wagens auf und zog die drei Reservekartons samt den kühlenden Eisbeuteln, die darauf lagen, aus dem Laderaum hervor. Einen Eisbeutel warf ich ins Gras und hob den ersten Karton aus dem Wagen.

Aus den Augenwinkeln nahm ich eine Bewegung wahr, so daß ich mich kurz umwandte. In Sekundenschnelle verwandelte sich dieser herrliche Oktobersonntag in einen Alptraum.

Der Pferdetransporter hatte sich in Bewegung gesetzt und kam den Hügel herunter. Er rollte direkt auf das Zelt zu, immer schneller. Schon brach er durch die Hecke, walzte die Rosenbüsche nieder und polterte über den Rasen.

Mit wenigen Sätzen war ich am Zelteingang. Meine Warnungsschreie gingen jedoch im Lärm unter. Es war ohnehin viel zu spät.

Der letzte Augenblick prägte sich mir noch als das Bild einer heilen Welt ein, wie ein Schnappschuß: eine dichtgedrängte Gesellschaft heiterer, trinkender, lebendiger und ahnungsloser Menschen.

Dann brach die Katastrophe herein, als der Pferdetransporter mit voller Wucht in das Zelt raste.

Die erste Reaktion war Totenstille. Ungefähr fünf Sekunden lang hörte man keinen Laut. Dann begann jemand zu schreien und schrie und schrie.

Der Pferdetransporter hatte die Seitenwand des Zeltes in der Nähe des Eingangs durchbrochen, hatte die Menschen, die dort standen, überfahren und schließlich einen der beiden Masten des Zeltes gerammt. Dieser hatte dem Anprall nicht standgehalten und war umgeknickt, so daß ein Großteil des Zeltes in sich zusammengesackt war.

Wo sich vorher Gäste getummelt hatten, sah ich jetzt nur noch eine weite Fläche schweren grauen Tuches mit zahllosen Buckeln und Beulen, die sich krampfhaft hoben und senkten. Der Pferdetransporter bildete die höchste Erhebung; er war an der Stelle stehengeblieben, wo er auf den Mast geprallt war.

Weiter hinten, in dem Teil des Zeltes, der noch stand, kämpften sich die Menschen durch den Lieferanteneingang und durch Risse in der Zeltwand verzweifelt ins Freie.

Ich hielt immer noch die Champagnerkiste umklammert. Rasch setzte ich sie ab und rannte ins Haus zum Telefon. Meine Hände zitterten so stark, daß ich beinahe den Hörer fallen ließ.

„Polizei und Krankenwagen bitte sofort zu Jack Hawthorns Stallungen! Einen Arzt! Und einen Kran oder so was!" – „Wir kommen sofort", erhielt ich als Antwort.

Als ich wieder aus dem Haus eilte, kamen mir Gäste entgegen, die auch zum Telefon wollten.

„Der Krankenwagen ist schon unterwegs!" brüllte ich.

Im Zelt waren die Verzweiflungsschreie verstummt, doch immer noch riefen die Gäste durcheinander. Männer suchten ihre Frauen, Frauen ihre Männer, eine Mutter ihren Sohn. Manche versuchten, die Leinwand mit Taschenmessern aufzuschlitzen, um die darunter Eingeschlossenen zu befreien.

Flora, Jack und Jimmy, soviel wußte ich, hatten sich in dem Teil des Zeltes aufgehalten, der zusammengestürzt war. Plötzlich erklang das laute Wiehern eines Pferdes. Voller Entsetzen wurde mir klar, daß das Geräusch aus dem Inneren des Transporters kam.

Ich eilte am Zelt entlang zum noch stehenden Teil. Unterwegs kam ich an Leuten vorbei, die versuchten, die auf dem Boden liegende Zeltplane aufzuheben, damit die Eingeschlossenen herauskriechen konnten.

„Wir sollten einen Tunnel schaffen", sagte ich zu einem Mann, der entschlossen zugepackt hatte. Er begriff sofort, was ich meinte, und nickte. Gemeinsam zerrten wir ein Ende der Leinwand über unsere Köpfe. Andere legten mit Hand an. Langsam arbeiteten wir uns ins Innere der zusammengestürzten Hälfte vor und bildeten einen Tunnel, durch den ungefähr dreißig Menschen ins Freie gelangen konnten.

Manche hatten blutüberströmte Gesichter und Hände, zerschnitten von überall herumliegenden Glasscherben.

Endlich drangen wir auch zu Flora vor. Sie war nur halb bei Bewußtsein, lag mit dem Gesicht auf der Bodenmatte und rang nach Luft. Ich zerrte sie nach draußen und übergab sie einem Gast, den ich kannte und der sich um sie kümmerte. Dann kehrte ich ins Zelt zurück.

Die Idee mit dem Tunnel wurde allenthalben aufgegriffen. Überall standen Reihen von Menschen, die das zusammengestürzte Zelt hochhielten, während andere systematisch in alle Winkel des Inneren vordrangen, bis die Eingeschlossenen, die sich nicht in der Bahn des Transporters aufgehalten hatten, befreit waren.

In die Nähe des Transporters wagte sich niemand. Ich wechselte mit dem Mann, der mir als erster beim Tunnelbau geholfen hatte, einen Blick. Dann schickten wir die andern weg, doch drei oder vier von ihnen halfen uns beim Bau eines neuen Tunnels. Er war kürzer und niedriger als die bisherigen, denn hier hatte sich die Leinwand dicht über der Erde erheblich gestrafft. Die Menschen, die wir bei unserem Vorstoß zum Transporter befreiten, lagen flach an den Boden gepreßt.

Der erste, den wir erreichten, war ein Araber aus dem Gefolge des Scheichs. Er war außer sich vor Wut, und bei jeder anderen Gelegenheit hätte man sich über ihn totgelacht. Sobald er befreit war, fing er an, unverständliches Zeug zu brüllen, produzierte wie durch Zauberhand einen Revolver aus seinem Gewand und fuchtelte drohend damit herum. Das ist genau das, was uns noch fehlt, dachte ich – ein Amokläufer!

Dann fiel mir der Scheich ein. Er hatte mit dem Rücken zur Seitenwand gestanden, aus Sicherheitsgründen.

Beim Weiterkriechen stieß ich auf eine leblose Gestalt, und ich erkannte, daß es sich um Larry Trent handelte, den Mann im dunkelblauen Nadelstreifenanzug.

Ich hob die Leinwand von seinem Oberkörper und erblickte das seidene Ziertaschentuch. Er hatte den Arm ausgestreckt, und in der Hand hielt er ein zerbrochenes Sektglas. Dann ließ sich die Leinwand nicht weiter anheben, ein schweres Gewicht drückte sie nieder. Dennoch sah ich, daß dort, wo Larry Trents Hals hätte sein sollen, nur ein Rand blutigen Fleisches aus dem Anzug hervorschaute.

Ich ließ die Leinwand fallen. Mir war ganz schlecht.

„Sein Kopf muß unter dem Vorderrad des Transporters sein", sagte ich zu dem Mann hinter mir. Auf allen vieren seitwärts kriechend, arbeiteten wir uns an die Rückseite des Transporters heran.

Über uns, im Innern des Transporters, schlug das Pferd mit den Hufen gegen die Rückwand und wieherte schrill. Blutgeruch macht Pferde wild.

Schließlich fanden wir den Scheich beziehungsweise das, was wir von ihm sehen konnten. Es war sein Kopf, auf dem noch das weiße Tuch mit den goldenen Bändern saß. Der Rest seiner Leiche lag unter der blutgetränkten Zeltleinwand. Mein Gefährte sagte: „Schauen Sie gar nicht hin!"

Wortlos arbeiteten wir uns zum unversehrten Teil des Zeltes zurück. Dann begannen wir, einen neuen Tunnel zu bilden, der zur anderen Seite des Pferdetransporters führte.

Dort stießen wir auf Jack und Jimmy. Beide waren am Leben, lagen jedoch unter dem umgestürzten mächtigen Mast und konnten sich nicht rühren.

Jimmy sah besorgniserregend aus: Seine Augen waren fest geschlossen, Blut rann aus seinem Mund und tropfte vom Kinn herab. Jack dagegen war bei Bewußtsein und stöhnte vor Schmerzen.

Ich sagte zu meinem Gefährten: „Ich bleibe hier. Holen Sie Hilfe, damit wir das Zelt besser anheben können." Er verschwand und kam nach kurzer Zeit mit zwei weiteren Helfern wieder. Sie brachten eine Tischplatte und zwei Böcke mit.

So vorsichtig wie möglich hoben wir zuerst die Zeltplane und dann den schweren Mast von den beiden Verletzten. Jack wurde ohnmächtig, Jimmy rührte sich nicht. Doch beide atmeten – flach, aber stetig.

Wir stellten die Böcke rechts und links von ihnen auf und legten die Platte darüber, so daß die beiden Verletzten unter dem Tisch lagen. Bangen Herzens krochen wir weiter. Wir fanden eine junge Kellnerin. Sie war tot, lag quer über ihrem silbernen Tablett. Dann stießen wir auf einen weiteren Araber, der ebenfalls tot war. Seine Beine ragten unter dem Pferdetransporter hervor, und dahinter sahen wir nur undeutlich eine formlose blutige Masse.

Als wir endlich wieder an die frische Luft kamen, hörten wir die Sirenen der Einsatzwagen. Ich suchte Flora. Sie saß auf einem Küchenstuhl, den man ihr gebracht hatte. Ihr Blick war leer, und sie zitterte.

„Jack ist am Leben", sagte ich. „Wahrscheinlich hat er sich nur ein Bein gebrochen."

Sie starrte mich hilflos an. Ich nahm meine Jacke ab und legte sie ihr um die Schultern. „Flora ... Jack ist am Leben!"

„Alle diese Menschen ..." Ihre Stimme war kaum zu hören. „Bist du ganz sicher wegen Jack?"

Wie sollte ich sie trösten? Schließlich legte ich ihr den Arm um die Schultern und drückte sie an mich.

Was weiter geschah, nahm ich nur verschwommen wahr; die Zeit schien plötzlich stillzustehen.

Die meisten Gäste, die der Katastrophe entronnen waren, gingen ins Haus oder setzten sich in ihre Autos, um nach Hause zu fahren. Doch die Polizei machte ein Riesentheater, weil der Scheich unter den Toten war. Die Beamten wollten niemanden gehen lassen, solange ihre Kollegen von der Kriminalpolizei noch nicht eingetroffen waren.

Das war natürlich alles Unsinn. Kein Mensch hätte den Pferdetransporter absichtlich auf den Scheich losrollen lassen. Schließlich konnte von außen niemand auch nur ahnen, wo sich der Scheich gerade im Zelt befand. Bestimmt hatte sich irgendwie die Handbremse des Fahrzeugs gelöst – das war vermutlich die ganze Erklärung.

Das Ehepaar, dem der Transporter gehörte, war in Tränen aufgelöst.

Ich hörte, wie der junge Mann hilflos stammelte: „Aber ich hab doch den Gang dringelassen ... und die Handbremse ..., ich passe immer so auf."

Mir fiel mein Lieferwagen wieder ein. Ich war doch gerade beim Ausladen gewesen. Der Karton mit Champagner, den ich auf dem Rasen abgesetzt hatte, war verschwunden. Die beiden Reservekartons im Auto ebenfalls. Und der Gin und der Whisky auf dem Vordersitz auch.

Widerlich, dachte ich. Erst ereignet sich ein Blutbad, dann kommen die Plünderer. Sitten wie im alten Rom ...

Ein schweres Kettenfahrzeug mit einem großen Kran näherte sich auf der Landstraße. Eine Viertelstunde später schwebte der Pferdetransporter in der Luft; er wurde seitwärts geschwenkt und auf dem Rasen neben dem Zelt wieder abgesetzt. Das Pferd, das immer noch wild ausschlug, wurde endlich befreit, über eine Rampe herausgeführt und weggebracht.

Eine Gruppe von Menschen stand neben der am Boden liegenden Zeltplane und starrte schweigend auf den Schauplatz der Katastrophe. Sie wußten genau – sie mußten es wissen –, daß diejenigen, die jetzt noch eingeschlossen waren, nicht mehr lebten. Trotzdem blieben sie stehen und warteten, mit verweinten Augen und schmerzverzerrter Miene, klammerten sich an ein Fünkchen Hoffnung.

Einer kam schwankend auf mich zu. Er trug Jeans und ein schmutziges T-Shirt und sah nicht aus, als gehöre er zu den Gästen. Eher wie einer von Jacks Stallburschen.

„Sie waren doch da drin, oder?" fragte er und deutete auf die Überreste des Zeltes. „Haben Sie meine Frau gesehen?"

„Das weiß ich nicht." Ich schüttelte den Kopf.

„Sie hat serviert, Getränke und so."

Eine Kellnerin! Er las mir die Wahrheit vom Gesicht ab.

„Sie ist da drin, nicht wahr?"

Ich antwortete nicht gleich, und mit einer erschütternden Mischung aus Stolz und Verzweiflung fuhr er fort: „Sie ist hübsch, wissen Sie. So hübsch."

Ich nickte und schluckte. „Sie ist hübsch."

„O nein . . ." Der Schmerz brach aus ihm heraus – ein herzzerreißendes Stöhnen.

Ich sagte hilflos: „Meine Frau ist auch vor kurzem gestorben. Ich weiß Bescheid . . . Es tut mir so schrecklich leid."

Er starrte mich nur ausdruckslos an.

Ich kam mir schrecklich unbeholfen vor. Das Mitleid erstickte mich fast.

Das Schicksal hatte kurz vor halb zwei zugeschlagen – erst am späten Nachmittag, nach fünf, waren die Kriminalbeamten mit ihren ersten Ermittlungen fertig und ließen die Gäste gehen. Erschöpft, hungrig, zerzaust, manch einer bandagiert, machten sie sich auf den Heimweg. Erwartungsvoll und fröhlich plaudernd hatte ich sie den Hügel heruntermarschieren sehen. Jetzt blickte ich ihnen nach, wie sie bedrückt und stumm wieder hinaufstiegen.

Ein Mann stieß mich an, mein Tunnelgefährte. Er war groß, hatte graumeliertes Haar und intelligente Augen.

„Wie heißen Sie?" wollte er wissen.

„Tony Beach."

„Ich heiße McGregor. Gerard McGregor." Er hatte einen leichten schottischen Akzent. „Freue mich, Sie kennengelernt zu haben." Er hielt mir die Hand hin, und ich schüttelte sie. Wir lächelten uns flüchtig an, dann wandte er sich ab, legte den Arm um die Schultern der hübschen Frau an seiner Seite und entfernte sich mit ihr durch das Tor in der Rosenhecke. Ein netter Mann, dachte ich.

Ich ging ins Haus, um mich um Flora zu kümmern. Sie hatte sich schon vor einiger Zeit hingelegt. Das Haus sah aus, als hätte ein Regiment Soldaten darin gehaust. Keine Tasse, kein Teller, die nicht benutzt worden waren. In der Küche waren die hungrigen Gäste wie die Heuschrecken über alles Eßbare hergefallen. Leere Konservendosen überall, Eierschalen im Ausguß, ein abgenagtes Hühnchengerippe, zerknüllte Keksschachteln.

Von der Tür kam ein schwacher Laut. Dort stand Flora mit aschfahlem Gesicht; ihr rotes Wollkleid war zerknittert.

„Ich räume auf“, sagte ich.

„Nein, das reicht noch morgen.“ Sie ließ sich müde auf einen Küchenstuhl sinken. „Weißt du, wie viele tot sind?“

Ich schüttelte den Kopf. „Der Scheich, einer von seinen Leuten, Larry Trent und noch ein paar, die ich nicht kannte. Und eine Kellnerin. Ich glaube, sie ist mit einem deiner Stallburschen verheiratet.“

„Doch nicht Janey?“ flüsterte Flora unglücklich. „Sie und Tom Wickens haben erst im Sommer geheiratet. Mein Gott!“ Floras Gesicht wurde noch blasser. „Der Scheich ist mir egal. Ich weiß, das sollte man nicht sagen, außerdem verlieren wir seine Pferde, aber Janey ...“

„Du könntest Tom Wickens trösten“, sagte ich.

Sie starrte mich einen Moment an, dann stand sie auf und ging in den Garten hinaus. Durchs Fenster sah ich, wie sie neben den Mann im T-Shirt trat und seine Hände in die ihren nahm.

Ich beförderte inzwischen einen Großteil der Abfälle in den Mülleimer. Dann ging ich zu meinem Lieferwagen, um nach Hause zu fahren. Als ich die Tür öffnete, stand plötzlich ein junger Polizist neben mir.

„Verzeihung, Sir“, begann er und zückte Kugelschreiber und Notizbuch. „Würden Sie mir bitte Ihren Namen sagen?“

Ich gab ihm meinen Namen und meine Adresse, und er schrieb beides auf.

„Wo standen Sie im Zelt, Sir, als der Unfall passierte?“ Der *Unfall* ..., du lieber Himmel!

„Ich war nicht im Zelt“, antwortete ich, „sondern hier draußen beim Wagen.“

„Oh!“ Er runzelte die Stirn. „Würden Sie bitte hier warten, Sir?“ Er eilte davon, um gleich darauf mit einem älteren Beamten in Zivil wiederzukommen, der mit leicht gebeugtem Rücken ging.

„Sind Sie Mr. Beach?“ fragte er in sachlichem Ton.

Ich nickte. „Ja.“

„Sie waren hier draußen, als es passierte. Stimmt das?“

„Ja.“

„Haben Sie vielleicht sogar den Transporter den Hügel herunterkommen sehen?“

Ich nickte wieder.

„Aha!“ meinte er. Es klang äußerst zufrieden, als hätte ich ihm die

Antwort gegeben, nach der er lange gesucht hatte. Er schlug vor, ins Haus zu gehen und den Polizisten als Protokollanten mitzunehmen.

Sein Name sei Wilson, sagte er. Er zeigte sich enttäuscht, als er erfuhr, daß ich nicht gesehen hatte, wie der Transporter sich in Bewegung setzte.

„Eines steht jedenfalls fest", erklärte ich. „Das Fahrzeug ist nicht absichtlich an einer bestimmten Stelle abgestellt worden. Die Autos parkten der Reihe nach, so wie sie ankamen." Nach einer Pause fuhr ich fort: „Der Scheich ist vor den anderen Gästen angekommen, deshalb war sein Mercedes der erste in der Reihe. Der Scheich besuchte nämlich zuerst seine Pferde. Als dann die Gäste eintrudelten, kam auch er ins Zelt. Und in der Stunde, bevor sich die Katastrophe ereignete, ist er natürlich nicht immer an einem Fleck geblieben."

Ich hielt inne. Eine kurze Zeit herrschte Schweigen.

„Nach Ihrem Lieferwagen zu schließen, sind Sie Weinhändler, Mr. Beach", stellte Wilson fest. „Sie haben die Getränke für die Party geliefert?"

„Ja", bestätigte ich.

„Sie haben eine gute Beobachtungsgabe." Es klang nüchtern.

„Na ja ..."

„Können Sie sich noch erinnern, wo andere Gäste zum Zeitpunkt des Unfalls gestanden haben?"

„Natürlich ist mir der Scheich besonders aufgefallen. Aber ich war ja nicht privat hier, sondern geschäftlich, und da behielt ich auch die übrigen Gäste im Auge."

Er hörte mir ausdruckslos zu und fragte plötzlich: „Was hat der Scheich getrunken?"

„Orangensaft mit Eis und Mineralwasser."

„Und seine Leute?"

„Einer Limonade, die anderen beiden Coca-Cola."

Eine Weile starrte Wilson stumm auf den Boden, dann holte er tief Luft, als hätte er sich zu etwas durchgerungen. „Ich möchte Ihnen ein paar Kleidungsstücke beschreiben, Mr. Beach", sagte er. „Könnten Sie mir sagen, wer sie getragen hat?"

„Wenn ich die Personen kenne, gerne."

„Blauer Nadelstreifenanzug ..."

Darauf wußte ich die Antwort. „Der Mann heißt Larry Trent", erwiderte ich. „Hat Pferde in Jack Hawthorns Stall. Außerdem besitzt er – ein Restaurant: das Silver Moon in der Nähe von Reading."

„Weiter, Mr. Beach – ein blaues Tweedkostüm mit hellblauer Wollbluse und einer Perlenkette."

Ich versuchte krampfhaft, mich zu erinnern. „Oh, das muß Mrs. Fulham sein“, sagte ich. „Ich habe mich mit ihr unterhalten. Sie ist eine meiner Kundinnen.“

„*War,* Mr. Beach“, meinte Wilson bedauernd. „Das wäre alles. Die anderen haben wir alle identifizieren können.“

Ich schluckte. „Wie viele ...?“

„Acht Tote, leider.“ Er stand auf und schüttelte mir flüchtig die Hand. „Auf Wiedersehen, Mr. Beach.“

Er entfernte sich langsamen Schrittes und mit gebeugtem Rücken, und der Polizist folgte ihm. Schließlich machte auch ich mich auf den Heimweg.

Draußen dunkelte es, und in den Nachbarhäusern brannte schon Licht.

Nachdenklich ging ich zu meinem Lieferwagen, ließ den Motor an, schaltete die Scheinwerfer ein und fuhr über den Hügel zu meinem Haus, das nur wenige Kilometer entfernt lag.

Im Schlafzimmer legte ich mich einfach aufs Bett, ohne das Licht anzuknipsen. Tränen liefen mir übers Gesicht. War es Erschöpfung, Mitleid, Einsamkeit, Kummer? Ich wußte es nicht.

Zwei

Den Montagvormittag verbrachte ich damit, die Lagerbestände im Laden durchzusehen und aufzuschreiben, was nach dem Wochenendgeschäft nachbestellt werden mußte. Montagnachmittags klapperte ich immer mit dem Lieferwagen die Großhändler ab, um Nachschub an Wein, Spirituosen, Bier, Limonade, Zigaretten, Süßigkeiten und Knabberzeug zu holen. Montags mußte ich immer hart ran.

An diesem Montag vormittag machte ich mich ziemlich bedrückt an die Arbeit. Ich richtete die Ginflaschen sauber aus, schob unzählige Flaschen Moselwein ins Regal, staubte den Whisky ab, zählte die Rumflaschen, stellte fest, daß der *Moulin-à-Vent* ausgegangen war – alles automatisch, geistesabwesend. In Gedanken war ich noch bei den Hawthorns; ich fragte mich, wie es wohl Jack und Jimmy ginge und wann ich am besten anrufen sollte, um etwas zu erfahren.

Als ich den Laden übernahm, hatte ich gerade Emma kennengelernt, und wir hatten ihn gemeinsam geführt. Wir besaßen beide einen ausgeprägten Geschäftssinn, und die Arbeit machte uns großen Spaß. Seit Emmas Tod war ich alleiniger Ladeninhaber, doch konnte ich mich auf meine beiden Aushilfen verlassen: Mrs. Palissey und ihren Neffen Brian. Brian war ein kräftig gebauter, gutmütiger Junge, der nur einen kleinen Fehler hatte: Er konnte nicht lesen.

Mrs. Palissey, mit einer stattlichen Oberweite und einem ähnlich imposanten Mundwerk ausgestattet, erschien pünktlich um neun Uhr dreißig zusammen mit Brian und berichtete mir mit weit aufgerissenen Augen, was sie in den Frühnachrichten gehört hatte, nämlich daß der Scheich auf der Party ums Leben gekommen sei.

„Sie waren doch dabei, Mr. Beach, nicht wahr?" Sie war immer ganz wild auf Sensationsmeldungen. Widerstrebend gab ich ihr Auskunft, um ihre Neugier wenigstens zu einem kleinen Teil zu befriedigen. Brian, einen Meter fünfundachtzig groß, reckte den Kopf über ihre Schulter und hörte gespannt zu.

„Ach Gott, all die armen Menschen!" rief Mrs. Palissey, ohne ihren heimlichen Genuß an der Tragödie ganz verhehlen zu können. „Die arme Mrs. Hawthorn, so eine nette Frau!"

Ich stimmte ihr zu. Jawohl, das Leben müsse wohl weitergehen. Ein Leben, das mir auf einmal ganz nichtig vorkam, ein Alltag voller automatischer Handlungen. Im Augenblick mußte ich zum Beispiel Brian ins Lager schicken, damit er eine neue Kiste *Gordon's Gin* holte. Brian irrte sich nie, er brachte immer die richtige Kiste. Er konnte zwar nicht lesen, dafür aber die Flaschen nach Form und Etikett unterscheiden, und nachdem ich ihm anfangs eingetrichtert hatte, was das Lager alles enthielt, fand er sich dort gut zurecht. Immer wenn wir zusammen im Geschäft waren, bediente Mrs. Palissey die Kunden, während ich in Hörweite in meinem winzigen Büro saß, Bestellungen am Telefon entgegennahm und den Papierkram erledigte, jederzeit bereit einzuspringen, wenn Mrs. Palissey mich brauchte.

Ich hörte einen Mann fragen: „Ist Mr. Beach da?" und vernahm Mrs. Palisseys freundliche Antwort: „Jawohl, Sir, einen Moment." Ich stand auf und betrat den Laden.

Der Mann trug einen hellbraunen Trenchcoat, war vielleicht ein bißchen älter als ich und machte einen selbstsicheren Eindruck. Daher überraschte es mich nicht besonders, als er eine Erkennungsmarke zum Vorschein brachte und sich als Sergeant Ridger von der Kriminalpolizei zu erkennen gab. Ich überlegte blitzschnell, was ich vielleicht verbrochen haben könnte, bevor mir der naheliegende Gedanke kam, daß sein Erscheinen mit der Katastrophe von gestern zusammenhing.

„Kennen Sie einen Mr. d'Alban, Sir? Graf James d'Alban?"

Jimmy! „Ja, den kenne ich. Er war gestern auf Hawthorns Party. Er gehört zu den Verletzten. Er liegt doch nicht etwa . . . im Sterben?"

„Nein, Sir. Allerdings befindet er sich im Krankenhaus. Er hat Rippenbrüche, einen Lungenriß und eine Gehirnerschütterung."

Armer Jimmy, dachte ich.

Ridger trug das Haar kurz geschnitten, hatte wachsame braune Augen und offenbar kein Gespür für traurige Augenblicke. In unpersönlichem Ton fuhr er fort: „Graf d'Alban kam im Krankenwagen auf dem Weg in die Klinik halbwegs zu sich und begann, ohne Zusammenhang über einen Mann namens Larry Trent zu reden sowie über einen unaussprechbaren Whisky, der offenbar nicht das war, was er sein sollte, außerdem über Sie, Sir, und Sie hätten es sofort gemerkt, wenn Sie ihn probiert hätten."

Ich wartete ab. Ridger fuhr fort: „Bei Graf d'Alban im Krankenwagen saß ein Polizist, der uns davon berichtete, da er dachte, wir könnten uns dafür interessieren."

Mrs. Palissey spitzte gewaltig die Ohren, obwohl sie so tat, als ginge sie das alles nichts an. Ridger warf ihr einen ungeduldigen Blick zu und wollte wissen, ob wir unter vier Augen sprechen könnten.

Ich führte ihn in mein winziges Büro, wo gerade genug Platz für einen Schreibtisch, zwei Sessel und einen Heizofen war. Er nahm im Besuchersessel Platz und sagte: „Wir waren nicht in der Lage, Graf d'Alban zu verhören, da er auf der Intensivstation liegt und der Arzt uns den Zutritt verweigert." Er zuckte die Achseln. „Wir sollen morgen wiederkommen, doch morgen ist es für uns vielleicht zu spät. Können Sie bestätigen, Sir, daß Graf d'Alban mit Ihnen über diesen Whisky gesprochen hat?"

„Ja, genauso war es gestern vormittag."

„Sie wissen vielleicht nicht, Sir", sagte er, „daß Mr. Larry Trent bei dem gestrigen Unfall ums Leben gekommen ist."

„Doch, Sergeant."

„Nun, Sir . . ." Er räusperte sich und verlieh seiner Stimme einen beschwörenden Klang. Es war klar, daß er mich zu irgend etwas überreden wollte. „Um ehrlich zu sein, Sir, das ist nicht die erste Beschwerde über das Silver Moon. Dort sind früher schon Kontrollen durchgeführt worden, vom Eichamt, vom Zoll und vom Gewerbeaufsichtsamt, doch konnte nie ein Verstoß festgestellt werden." Er verstummte.

„Ja, und?"

„Nun halten wir es, angesichts von Mr. Trents Tod, für sinnvoll, noch heute vormittag eine weitere Kontrolle vorzunehmen."

„Aha."

Er war nicht mehr zu bremsen. „Wir sind überzeugt, daß vor den bisherigen Überprüfungen des Restaurants einer der Angestellten einen Wink bekommen hat. Deshalb haben mir meine Vorgesetzten den Befehl erteilt, diesmal polizeilich zu ermitteln, und zwar, wenn Sie nichts dagegen haben, zusammen mit Ihnen als einem unparteiischen Experten."

„Heute vormittag, sagen Sie?" erwiderte ich zweifelnd.

„Jetzt gleich, Sir, wenn Sie so gut sein wollen. Je schneller, desto besser."

Ich erklärte Mrs. Palissey, daß ich bald wieder zurück sei, und Sergeant Ridger nahm mich in seinem Wagen mit.

Von meinem Laden zum Silver Moon war es nicht sehr weit. Wir fuhren ein Stück an der Themse entlang, und bald sahen wir das Restaurant, ein großes, häßliches Gebäude am Hang oberhalb des Flusses. Es hatte im Lauf der Jahre die verschiedensten Verwandlungen durchgemacht, war Schule, Pflegeheim, Pension gewesen und hatte bei jedem Umbau einen neuen Flügel bekommen.

„Kennt man Sie in diesem Lokal, Sir?" fragte Ridger etwas verspätet, als wir in die Einfahrt einbogen.

Ich schüttelte den Kopf. „Ich glaube kaum. Als ich das letztemal hier war, hieß es noch ‚Gästehaus am Themseufer' und war voll mit alten Pensionären. Ich lieferte die Getränke."

Ridger schien an der Geschichte des Hauses nicht sehr interessiert zu sein. Er stellte den Wagen auf dem mindestens viertausend Quadratmeter großen, asphaltierten Parkplatz ab. „Das Restaurant müßte eben aufgemacht haben", erklärte er beim Aussteigen. „Sind Sie bereit, Sir?"

„Jawohl", antwortete ich. „Und, Sergeant – überlassen Sie mir das Reden. Wenn der Mann an der Bar Verdacht schöpft, schüttet er am Ende den *Laphroaig* in den Ausguß."

„Den was?"

„Den Whisky, nach dem wir suchen."

„Oh." Er dachte kurz nach. „Also gut", meinte er schließlich.

Wir spazierten durch ein chromblitzendes Portal in die vornehm wirkende, plüschige Eingangshalle. Ein schmiedeeisernes Schild wies den Weg zum „Silver Moon Saloon", und wir schoben uns durch halbhohe Schwingtüren in einen Raum, der ganz in Rot, Schwarz und Silber gehalten war. Keine Menschenseele war zu sehen. Viele Tische, am Ende eine Bar.

Keine Bedienung.

Ridger ging entschlossen zur Bar und klopfte mit der Faust auf den Tresen.

Niemand kam. Ridger klopfte lauter. Nach einer Weile tauchte ein blonder junger Mann in der Tür hinter der Bar auf. Schweiß stand ihm auf der Stirn, während er versuchte, hastig in sein weißes Jackett zu schlüpfen.

„Immer mit der Ruhe", sagte er mürrisch. „Wir haben erst vor fünf Minuten aufgemacht." Er fuhr sich über die Stirn. „Was darf's denn sein?"

„Ist das Restaurant offen?" fragte ich.

„Noch nicht. Vor zwölf wird dort nicht serviert."

„Und der Weinkellner? Ist der schon da?"

Der Barmann warf einen Blick auf die Uhr und schüttelte den Kopf. „Wofür brauchen Sie den? Sie können bei mir bestellen."

Als ich um die Getränkekarte bat, griff er unter den Tresen und brachte eine rote Mappe zum Vorschein. Der Mann ist nicht bewußt unhöflich, dachte ich, nur völlig durcheinander durch den Tod seines Chefs. Ich sagte freundlich: „Kann ich einen Scotch haben, bitte?"

Der Barmann nickte.

„Auch etwas für Sie?" fragte ich Ridger.

„Einen Tomatensaft, bitte."

Der Barmann goß Whisky, Marke *Bell's,* in ein Glas und stellte es auf den Tresen. Nachdem auch Ridger seinen Tomatensaft bekommen hatte, bezahlte ich, und wir setzten uns an den Tisch, der der Bar am fernsten lag.

„Wegen eines einzigen Gläschens sind wir aber nicht hergekommen", protestierte Ridger.

„Immer der Reihe nach", antwortete ich und schnupperte an meinem Whisky. „Unten anfangen und langsam hocharbeiten. Weinkennertaktik."

Ich ließ ein paar Tropfen Whisky über meine Zunge rinnen. Whiskygeschmack darf man nicht mit der Zungenspitze prüfen; vielmehr verläßt man sich auf die Geschmacksnerven an der Seite der Zunge und am Zungenrücken. Ich wartete, bis sich das volle Aroma entfaltet hatte, bevor ich die Probe hinunterschluckte. Dann wartete ich wieder, bis sich der Nachgeschmack einstellte.

„Und?" sagte Ridger. „Was jetzt?"

„Nun, das hier ist kein *Bell's*."

Ridger schaute verblüfft drein. „Sind Sie sicher?"

„Verstehen Sie was von Whisky?" fragte ich.

„Nein. Ich bin Biertrinker."

„Schottischer Whisky wird aus Gerste hergestellt", erklärte ich. „Man kann die Gerste mälzen, ähnlich wie es auch die Bierbrauer tun. Dazu läßt man das Korn keimen, bis die Keimlinge an die fünf Zentimeter lang sind. Für den Whisky werden diese sogenannten Grünmalzkörner über einem Torffeuer geräuchert, damit sie das Aroma annehmen und mürbe werden. Das zerkleinerte Malz rührt man dann mit Wasser zu einem Brei an und läßt ihn gären. Dieser Gärbrei wird schließlich destilliert. Der daraus entstehende Whisky kommt in Holzfässer, und wenn er mehrere Jahre gereift ist, dann haben Sie reinen Malzwhisky mit einem wunderbaren Geschmacksbukett."

„Kapiert", sagte Ridger und nickte.

„Es ist natürlich viel billiger", fuhr ich fort, „die Gerste direkt einzumaischen, ohne Mälzen und Räuchern. Dieses Verfahren geht viel schneller, denn der Reifeprozeß des Whiskys ist um Jahre kürzer. Einen solchen Whisky nennt man ‚Getreidewhisky'; er ist längst nicht so raffiniert im Geschmack."

„Aha", meinte Ridger.

„Gute Standardmarken wie *Bell's* sind eine Mischung aus verschiedenen Malz- und Getreidewhiskys. Das Zeug hier in meinem Glas hat jedoch so gut wie keinen Malzanteil."

Ridger ließ den Blick durch den leeren Raum schweifen. „Wenn es hier voll ist und es nach Rauch, Parfüm und verschüttetem Bier riecht, wer soll das dann unterscheiden?"

„Das kann noch nicht mal der beste Experte", sagte ich und grinste.

„Und was machen wir jetzt?"

„Wir schmuggeln den Scotch in Ihren Tomatensaft." Ich schüttete den Inhalt meines Glases in das seine. Ridger sah angewidert zu. „Ich kann den Whisky nicht austrinken", erklärte ich. „Oder wollen Sie einen betrunkenen Experten?"

„Wohl kaum", meinte Ridger beunruhigt.

Ich ging zur Bar und fragte den Barmann höflich, ob er Malzwhisky habe.

„Sicher", antwortete er und wies auf eine Reihe von Flaschen in einem Regal an der Wand. „*Glenfiddich,* dahinten am Ende."

„Hm", sagte ich zweifelnd. „Haben Sie keinen *Laphroaig*?"

„La-was?"

„*Laphroaig*. Ein Freund von mir hat den hier getrunken. Hat toll geschmeckt, meinte er."

Der Barmann schüttelte den Kopf.

„Mein Freund", fuhr ich fort, „hat gesagt, er hätte den Whisky nach dem Essen getrunken. Vielleicht finden Sie ihn auf dem Getränkewagen im Restaurant." Ich zog die Brieftasche heraus und öffnete sie langsam und vielversprechend. Der Barmann warf einen Blick auf die Banknoten und beschloß, meinen Wunsch zu erfüllen. Er verschwand im Restaurant und kam gleich darauf mit einer Flasche *Laphroaig* wieder. Beim Eingießen war er sparsam, beim Kassieren rundete er großzügig nach oben auf.

Ich trug mein Glas zu Ridger an den Tisch.

„Probieren Sie ihn", meinte er.

Ich ließ mir Zeit, schnupperte erst und kostete dann langsam wie vorher.

„Und?" sagte Ridger ungeduldig.

„Eindeutig kein *Laphroaig*. Der ist nämlich der rauchigste unter den reinen Malzwhiskys. In diesem hier ist jedoch so gut wie überhaupt kein Malz enthalten. Das ist derselbe Whisky wie der von vorhin."

„Haben Sie vielen Dank, Mr. Beach", sprach Ridger, zutiefst befriedigt. Er ging zur Bar und wollte die Flasche sehen, aus der sein Freund eben bedient worden sei. Der Barmann schob sie ihm hin, und Ridger zog seinen Dienstausweis aus der Tasche. Dem Barmann platzte der Kragen, und er wurde laut.

Es stellte sich heraus, daß Ridger ein Sprechfunkgerät in der Jacke hatte. Er wechselte ein paar Worte mit einer blechernen Stimme und eröffnete dann dem Barmann, der Verkauf von Alkohol sei ab sofort im Silver Moon polizeilich verboten und alle Vorräte seien zu Ermittlungszwecken beschlagnahmt.

„Schnüffler!" brüllte mir der Barmann haßerfüllt zu. Seine Lautstärke brachte einen jungen Mann im dunklen Anzug auf den Plan, der ein wenig hilflos aussah, sowie eine Kellnerin in kurzer, kesser Uniform. Der junge Mann stellte sich als Assistent des Geschäftsführers vor, was bei der Kellnerin und dem Barmann Befremden auszulösen schien. Vermutlich war er nur der Assistent des Assistenten. Ridger erklärte noch einmal mit Nachdruck, daß, solange ermittelt würde, kein Alkohol verkauft werden dürfe. Alle drei behaupteten, nichts zu wissen, und meinten, wir sprächen besser mit dem . . ., mit dem . . .

„Mit dem Geschäftsführer?" schlug ich vor. „Wo ist er?"

Der Assistent sagte schließlich, der Geschäftsführer sei auf Urlaub und der eigentliche Assistent sei krank. Die Zentralverwaltung wolle so bald wie möglich einen Vertreter schicken.

„Die Zentralverwaltung?" wiederholte ich. „Gehört das Lokal nicht Larry Trent?"

„Ich weiß es wirklich nicht", erklärte der junge Mann unglücklich. „Ich dachte auch immer, Mr. Trent sei der Besitzer. Aber als ich heute morgen herkam, klingelte das Telefon, und jemand von der Zentralverwaltung meldete sich. Er wollte den Geschäftsführer sprechen, und als ich ihm erklärte, was los war, sagte er, er würde sofort jemanden rüberschicken."

„Wer war denn gestern hier zuständig?" wollte Ridger wissen.

„Sonntagabend haben wir geschlossen, und mittags war der Stellvertreter des Geschäftsführers noch da. Aber er fühlte sich nicht wohl und ging nach Hause, um sich hinzulegen. Und Mr. Trent war nur hier, bis das Lokal aufmachte, dann ging er zu Mr. Hawthorns Party."

Alle drei wirkten ziemlich verunsichert; dennoch gaben sie sich uns gegenüber feindselig. Einen Polizisten betrachteten sie offensichtlich als natürlichen Gegner. Die Stimmung verschlechterte sich noch, als Ridgers Verstärkung eintraf: zwei uniformierte Polizeimeister. Sie brachten Etiketten und Klebstreifen mit und versiegelten alle Schnapsflaschen.

Ich schlug Ridger vor, auch die Weine zu untersuchen. Er befahl dem Assistenten, mich in den Weinkeller zu führen. Der junge Mann war offenbar zu der Erkenntnis gekommen, daß Hilfsbereitschaft das beste Mittel sei, um unschuldig zu erscheinen, und legte mir keine Hindernisse in den Weg. Er und einer der Polizisten halfen mir, zwei große Körbe voll Flaschen in die Bar zu schleppen. Ich stellte den Inhalt auf zwei Tischen auf, sechs Weißweine auf dem einen, sechs Rotweine auf dem anderen. Dann zog ich meinen Lieblingskorkenzieher aus der Jackentasche.

„He", protestierte der Barmann. „Das können Sie doch nicht machen!"

„Jede Flasche, die ich öffne, wird bezahlt", entgegnete ich. „Geben Sie mir zwölf Gläser und einen von den Zinnkrügen da." Der Barmann zuckte die Schultern und tat wie geheißen. Ich öffnete die sechs Weißweinflaschen und goß ein wenig vom Inhalt der ersten in ein Glas. *Niersteiner Domtal* stand auf dem Etikett – und Niersteiner war es auch. Ich spuckte die Geschmacksprobe in den Zinnkrug, was bei meinen Zuschauern Abscheu auslöste.

Auch der zweite Wein war in Ordnung, ein *Chablis*. Als ich mit dem sechsten, einem *Sauternes,* fertig war, hatte sich der Barmann etwas von seinem Schock erholt.

„Jetzt die Roten", sagte ich.

Die Rotweine waren ein *Saint-Emilion,* ein *Saint-Estèphe,* ein *Mâcon,* ein *Valpolicella,* ein *Volnay* und ein *Nuits-Saint-Georges,* alle Jahrgang 1979. Jeder wurde gewissenhaft beschnuppert und gekostet. Zwischen den einzelnen Proben ließ ich immer etwas Zeit verstreichen, bis sich der Geschmack des vorangegangenen Weins verflüchtigt hatte.

„Und? Sind sie in Ordnung?“ fragte Ridger.

„Alle ganz ordentlich“, antwortete ich, „aber alle gleich. In diesen Flaschen ist nichts von dem, was auf den hübschen Etiketten steht. Sie enthalten alle das gleiche Gemisch. Hauptsächlich italienische Weine, würde ich sagen, dazu französische und vielleicht auch jugoslawische Sorten.“

„Sind Sie sicher?“ hakte Ridger nach.

„Ja.“

Er nickte und befahl den Polizeimeistern, die sechs Rotweinflaschen zu versiegeln und mit Etiketten zu versehen, aus denen Datum, Zeit und Ort der Beschlagnahme hervorgingen. Ich hielt Wort und bezahlte den Wein. Der Barmann mußte mir eine Quittung mit dem Stempel des Hauses ausstellen, auf der jede Flasche einzeln aufgeführt war. Erst als „Betrag erhalten“ und seine Unterschrift darunterstanden, zückte ich meine Kreditkarte.

Ridger und die beiden Beamten packten inzwischen die Wein- und Whiskyflaschen in Kartons. In diesem Augenblick erschien der Mann von der Zentralverwaltung.

Auf den ersten Blick sah er gar nicht unsympathisch aus. Um die Vierzig, klein, dunkelhaarig, Brillenträger. Er betrat den Raum mit fragendem Ausdruck, als wisse er den Weg nicht genau.

Ridger hielt ihn für einen Gast und sagte: „Die Bar ist geschlossen, Sir.“

Der Mann reagierte nicht darauf, sondern kam plötzlich zielstrebig näher, bis er einen Blick in die Kartons werfen konnte. Ungläubig runzelte er die Stirn. Dann sah ich, wie er sich straffte. Er drohte jeden Augenblick zu explodieren.

„Ich bin Polizeibeamter“, erklärte Ridger streng und hielt ihm seinen Ausweis hin. „Die Bar ist bis auf weiteres geschlossen.“

„Ach, tatsächlich?“ fuhr ihn der Neuankömmling an. „Verraten Sie mir doch bitte, warum.“ Mein erster Eindruck war falsch, dachte ich. Dieser Mann konnte sehr unangenehm werden.

Ridger blinzelte. „Sache der Polizei“, meinte er. „Das geht Sie nichts an.“

„Und ob mich das was angeht“, gab der Mann zurück. „Ich komme von der Zentralverwaltung, um den Laden hier zu übernehmen.“ Er schien gewohnt zu sein, daß man ihm aufs Wort gehorchte.

„Ihr Name, Sir?“ fragte Ridger, ohne auf den scharfen Ton zu reagieren.

Der Mann von der Zentrale musterte Ridger von oben bis unten. Dann stellte er weitschweifig klar, daß er seinen Namen aus freiem Willen und nicht aus blindem Gehorsam preisgab. „Mein Name ist Paul Young“, sagte er schließlich mit Nachdruck. „Ich repräsentiere die Gesellschaft, zu der dieses Restaurant gehört. Und jetzt möchte ich gerne wissen, was hier eigentlich vorgeht.“

Ridger verkündete, das Silver Moon habe gegen das Lebensmittelgesetz verstoßen und werde deswegen belangt werden. Dann erklärte er, warum die Flaschen in den Kartons beschlagnahmt und versiegelt worden seien.

Paul Young wurde immer wütender. Doch diesmal galt sein Zorn nicht Ridger. Er richtete seinen stechenden Blick auf den Barmann und wollte zornig wissen, wer für den Verkauf der verfälschten Getränke verantwortlich sei. Der Barmann, die Kellnerin und der Assistent schüttelten nur nacheinander den Kopf und wiesen jede Schuld von sich.

„Und wer sind Sie?“ bellte er plötzlich und musterte mich von oben bis unten. „Auch Polizist?“

„Ein Gast“, antwortete ich ausweichend.

Er wandte sich wieder an Ridger und versicherte ihm, die Zentralverwaltung habe keine Ahnung von den Verfälschungen; der Betrug müsse hier im Hause ausgeheckt worden sein. Es bestand kein Zweifel: Paul Young war in hohem Maße beunruhigt und erregt.

Ridger bat um Adresse und Telefonnummer der Zentralverwaltung, und Young schrieb beides auf einen Rechnungsblock. Ich wunderte mich, daß er keine Geschäftskarten in der Tasche hatte. Seine großen Hände fielen mir auf, und als er sich zum Schreiben über den Block beugte, entdeckte ich, diskret hinter seinem rechten Ohr versteckt, ein hautfarbenes Hörgerät.

Eine schöne Bescherung, dachte ich, wenn man von der Tochtergesellschaft so in die Pfanne gehauen wird. Wer mochte auf die Idee mit dem Verkauf verfälschter Weine gekommen sein – der Geschäftsführer, der Weinkellner oder Larry Trent persönlich?

Die sechs Korken der Rotweinflaschen lagen noch auf dem Tischchen. Da ich ein ordnungsliebender Mensch bin, sammelte ich die Korken, ohne zu überlegen, ein und steckte sie in die Tasche.

Paul Young übergab Ridger das Blatt mit der Anschrift und der Telefonnummer.

„Und jetzt, Sir“, sagte Ridger, „schließen Sie bitte die Bar.“

Der Barmann blickte Paul Young unsicher an. Als er ein unwirsches Kopfnicken zur Antwort erhielt, zog er ein Rollgitter von der Decke herunter zum Tresen. Dann ließ er ein großes Vorhängeschloß zuschnappen und verschwand durch die Hintertür.

Ridger, die beiden Polizeimeister und ich ließen Paul Young mit seinem unglücklich dreinblickenden Personal allein. An der Tür drehte ich mich noch einmal um. Da stand der Mann von der Zentralverwaltung und schaute uns wütend nach.

Ridger fuhr mich zu meinem Laden zurück. Die Weine wollte er aufs Revier mitnehmen. Als ich ihn um einen Auslagenbeleg bat, schnappte er nach Luft.

„Ich habe bezahlt", meinte ich ruhig, „und ich will mein Geld wiederhaben. Sie haben selbst gesagt, daß die beschlagnahmten Getränke für ein Strafverfahren ausreichen."

Unwillig schnaubend schrieb er mir den gewünschten Beleg, gab mir die Adresse seines Reviers und fuhr, ohne das geringste Zeichen von Dankbarkeit für meine Hilfe, rasch davon.

Es war Mittag. Da montags der Kundenandrang meist besonders groß war, zeigte Mrs. Palissey bereits Zeichen von Erschöpfung.

„Gehen Sie essen", sagte ich.

Sie zog ihren Mantel an, nahm Brian ins Schlepptau und Kurs auf die nächste Imbißstube, auf zu Spiegeleiern mit Pommes frites, zu Klatsch und Tratsch.

Kunden kamen, und ich bediente sie mit gewohnter Freundlichkeit. Solange Emma noch lebte, hatte mir das Verkaufen immer Spaß gemacht, und meine gute Laune hatte sich auf die Kundschaft übertragen. Zwar hatte ich mir meine Freundlichkeit bewahren können, doch erschien sie mir inzwischen als ziemlich oberflächlich.

Als der Laden endlich einmal leer war, schrieb ich meine Einkaufsliste für den Großhändler, zu dem ich fahren wollte, sobald Mrs. Palissey zurückkehrte. Dann erschienen zwei Kunden gleichzeitig. Ich bediente die Frau zuerst, eine verschüchterte Dame mittleren Alters, die jeden Tag eine Flasche vom billigsten Gin kaufte. Sie händigte mir das Geld aus, genau abgezählt, die Münzen handwarm, und sah nervös zu, wie ich ihren stillen Tröster einwickelte.

„Vielen Dank, Mrs. Chance."

Sie schenkte mir ein schiefes, flüchtiges Lächeln, ließ die Flasche in ihrer großen Tasche verschwinden und zog ab. Der Mann hatte geduldig gewartet. Als ich ihn fragend ansah, erkannte ich Mr. Wilson wieder, den Beamten, der mich am Vortag verhört hatte.

bourne
Wines

„Ich möchte Ihnen noch ein paar Fragen stellen, Mr. Beach“, sagte er. „Können wir irgendwo ungestört reden?“

„Ich kann augenblicklich nicht weg“, sagte ich entschuldigend. „Wollen Sie sich nicht setzen?“

„Ja, bitte.“

Ich holte den Besuchersessel aus dem Büro und stellte ihn vor den Ladentisch. Prompt ging die Tür auf, und drei Kunden betraten das Geschäft. Als sich die Tür hinter dem dritten wieder geschlossen hatte, fragte Wilson ohne das geringste Zeichen von Ungeduld: „Haben Sie gestern auf der Party irgendwann mit dem Scheich gesprochen?“

Ich mußte lächeln. „Nein. Für den Scheich war all dies“ – ich wies mit der Hand auf die Flaschen an den Wänden rundum – „Sünde und Teufelswerk. Hätte ich mich ihm vorgestellt, ich hätte nur Verachtung geerntet.“

„Ich verstehe.“ Die Lehre des Islam schien ihn nachdenklich zu stimmen. Dann rückte er mit der Frage heraus, derentwegen er offenbar gekommen war. „Versuchen Sie, sich zu erinnern, was draußen vor dem Zelt geschah, als der Pferdetransporter ins Rollen kam. Warum waren Sie überhaupt da draußen?“

Ich erklärte ihm, daß ich neuen Champagner hatte holen wollen.

„Als Sie das Zelt verließen, war da der Transporter schon in Bewegung?“

„Nein. Als ich ins Freie trat, warf ich einen Blick auf die am Hang geparkten Wagen, und alles war in Ordnung. Ich weiß noch, daß ich dachte: Aha, alle Gäste sind noch da.“

„Hat sich in der Nähe des Transporters jemand aufgehalten?“

„Nein. Ich habe niemanden gesehen.“

Er seufzte. „War jemand in der Nähe der anderen Autos?“

„Nein. Außer ... nur ein Kind mit einem Hund. Beim Mercedes des Scheichs.“

„Können Sie das Kind beschreiben?“

„Hm ...“ Ich runzelte die Stirn. „Es war ein Junge.“

„Kleidung?“

Ich starrte auf die Weinregale und versuchte, mich zu erinnern. „Dunkle Hose – vielleicht Jeans – und ein dunkelblauer Pullover.“

„Alter?“

Ich überlegte. „Er mag vier, vielleicht fünf Jahre alt gewesen sein, würde ich sagen.“

„Woraus schließen Sie das?“

„Ich bin mir nicht sicher ... Aber der Kopf des Jungen war noch etwas zu groß im Verhältnis zum Körper.“

Wilson schien tatsächlich zu schmunzeln. „Der Hund – was für eine Rasse?"

Ich kniff die Augen zusammen und blickte erneut auf die Weinregale. „Ein kleiner Windhund – ein Whippet."

„Was für Schuhe trug der Junge?"

„Du lieber Himmel!" entfuhr es mir. „Ich habe ihn doch nur einen Moment lang gesehen."

Wilson spitzte die Lippen. „Sonst haben Sie niemanden beobachtet?"

„Nein."

Er bedankte sich und stand auf.

„Übrigens", sagte ich, „jemand hat kurz nach dem Unglück drei Kisten Champagner und ein paar Flaschen Spirituosen aus meinem Lieferwagen gestohlen. Bevor ich den Diebstahl der Versicherung melde, muß ich ihn bei der Polizei anzeigen. Kann ich das bei Ihnen tun?"

Er lächelte. „Ich mache eine Aktennotiz."

Als sich Wilson verabschiedet hatte, fielen mir plötzlich meine Weingläser ein. Hundertfünfzig Stück waren bei dem Unglück zu Bruch gegangen. Und morgen, Dienstag, so dachte ich voller Entsetzen, mußt du ebenso viele Gläser zur Herbsttombola des Wohltätigkeitsvereins anliefern. Total vergessen!

Zögernd wählte ich Hawthorns Nummer. Ich wollte Flora nicht behelligen, doch es konnte ja sein, daß einige Gläser heil geblieben waren. Nicht Flora meldete sich, sondern der Anrufbeantworter. Jimmys Stimme, laut und näselnd, bat mich, eine Nachricht zu hinterlassen.

Das tat ich denn auch. Wie es Jimmy wohl auf der Intensivstation gehen mochte?

Als Mrs. Palissey zurückkam, fuhr ich mit Brian zum Großhändler, und er half mir, zahllose Kartons ein- und später wieder auszuladen. Nach zwölf Jahren Übung konnte ich es dank meiner Muskeln mit einem Gabelstapler aufnehmen, und auch Brian war es gewohnt, tüchtig zuzupacken.

Später saß ich im Büro und schrieb Rechnungen, als das Telefon klingelte.

„Tony?" meldete sich zögernd eine Frauenstimme. „Hier spricht Flora."

„Liebe Flora", sagte ich, „wie geht es dir? Und vor allem Jack?"

„Ach du lieber Gott", erwiderte sie, „alles ist so unvorstellbar schrecklich!" Sie klang erschöpft.

Ich begriff sofort. „Ich komme gleich bei dir vorbei; außerdem wollte ich ohnehin meine Gläser abholen."

„Die meisten sind kaputt. Aber ja, bitte komm trotzdem."

Ich sah auf die Uhr. Sechzehn Uhr dreißig. Montags machten sich Mrs. Palissey und Brian um diese Zeit meistens mit dem Lieferwagen auf den Heimweg, wobei sie noch die Kunden belieferten, die in ihrer Nachbarschaft wohnten. Ich schlug vor, die Lieferungen heute selbst zu übernehmen, wenn Mrs. Palissey bis fünf im Laden bliebe, um abzuschließen. Sie konnte mit dem zweiten Firmenwagen nach Hause fahren, einem alten, geräumigen Rover.

„Aber natürlich, Mr. Beach", erwiderte sie großmütig.

Ich nahm die Lieferungen mit zu Jack Hawthorns Stallungen, wo sich seit gestern nicht viel verändert hatte. Der grüne Pferdetransporter stand immer noch auf der Wiese, dahinter lagen der riesige Haufen Zeltleinwand und die blutigen Matten. Und Hunderttausende von Glassplittern glitzerten in der Spätnachmittagssonne.

Als ich aus dem Wagen stieg, kam mir Flora schon entgegen. Sie hatte dunkle Ringe unter den Augen.

„Wie geht es Jack?" fragte ich und drückte sie kurz an mich.

„Vor ein paar Stunden wurde er am Bein operiert – es wurde genagelt, wie es hieß. Jack ist noch nicht wieder bei Bewußtsein, aber ich habe ihn heute morgen besuchen dürfen." Ihre Stimme zitterte. „Es scheint ihm sehr schlecht zu gehen. Ich bin völlig erledigt." Die letzten Worte stieß sie nur noch hervor, und Tränen rannen ihr übers Gesicht. „O Gott . . ."

Ich legte ihr den Arm um die Schulter. „Nicht die Nerven verlieren", sagte ich. „Er wird schon wieder. Bestimmt."

Sie nickte stumm und suchte nach einem Taschentuch.

Nach einer Weile fuhr Flora mit erstickter Stimme fort: „Er ist am Leben, und ich sollte wirklich froh und dankbar sein. Aber das Ganze . . ."

Ich nickte. „War einfach zuviel."

Sie trocknete sich die Augen und schien etwas getröstet. Ich fragte sie nach Jimmy.

„Es heißt, er sei bei Bewußtsein und sein Zustand habe sich nicht verschlechtert. Ich weiß nicht, was wir machen sollen, wenn er nicht bald wieder gesund wird . . . Ich fühle mich ohne die beiden so hilflos."

„Kann ich was tun?" fragte ich.

„O ja", antwortete sie sofort. „Als du meintest, du würdest gleich vorbeikommen, da hoffte ich . . ., hast du etwas Zeit?"

„Wofür?"

„Ich weiß nicht, wieviel ich dir zumuten kann, Tony, aber könntest du mit mir durch die Ställe gehen?"

„Natürlich", sagte ich überrascht. „Wenn du möchtest."

„Es ist Abendstallzeit", erklärte sie. „Jack will unbedingt, daß ich jeden Tag einen Rundgang mache. Ich soll ihm genau erzählen, wie alles läuft. Er weiß, daß ich nicht viel von Pferden verstehe, aber ich mußte es ihm versprechen."

„Kein Problem", meinte ich. „Wir machen den Rundgang zusammen und passen beide gut auf, und hinterher erstatten wir Jack Bericht."

Ich wußte ganz gut über Pferde Bescheid, denn ich war mit ihnen aufgewachsen, und auch nach meines Vaters Tod kannte meine Mutter kaum ein anderes Gesprächsthema. Sie war eine leidenschaftliche Jagdreiterin; Fuchsjagden waren auch heute noch ihre Passion, ein Hobby, das sie mit Vater geteilt hatte. Wie oft hatte ich ihre Begeisterung gespürt und versucht, sie nachzuempfinden! Aber wenn wir jedes Jahr im November über sumpfige Wiesen hinter den Hunden hergaloppierten, hatte ich meist nichts anderes im Sinn, als möglichst schnell wieder nach Hause zu kommen. Nur eines machte mir an Fuchsjagden wirklich Spaß: das Waschen und Füttern der Pferde nach dem Ritt. Diese riesigen Tiere, müde und schmutzig, waren so dankbare Geschöpfe. Nie meckerten sie an einem herum, immer schienen sie zufrieden.

Flora und ich gingen also ums Haus herum zu den Ställen und ihren etwa sechzig vierbeinigen Bewohnern. „Am besten schauen wir erst bei den Hengstfohlen vorbei", sagte Flora, „und danach bei den jungen Stuten. So macht es Jack auch immer."

Die Stallburschen waren schon halb fertig mit ihren Pflichten: dem Füttern und Tränken der kostbaren Vollblüter und dem Ausmisten der Boxen. Die Aufgabe des Trainers dagegen war es, begleitet vom Futtermeister, den Rundgang zu absolvieren: Er blieb bei jeder Box stehen, um das Rennpferd darin zu begutachten, prüfte, ob sich die Fesseln heiß anfühlten (ein schlechtes Zeichen) oder ob das Auge „klar" war (gutes Zeichen). Flora machte mich mit Jacks Stallmeister bekannt und erklärte ihm, ich würde sie auf ihrer Runde begleiten.

Seit dem vergangenen Vormittag, an dem Jack noch dagewesen war, schien sich wenig geändert zu haben. Ein Pferd war auf einen Stein getreten und lahmte ein wenig. Ein anderes hatte sich die Haut am Sprunggelenk aufgerieben – man würde die Wunde im Auge behalten müssen. Flora sagte in regelmäßigen Abständen „Ah, ich verstehe“ und „Ich werde es Mr. Hawthorn ausrichten“.

Schließlich kamen wir zu den Pferden, die der Scheich und Larry Trent Jack zur Ausbildung gegeben hatten. Sie waren das ganze Jahr hindurch sehr erfolgreich gelaufen.

„Diese Pferde werden wir jetzt wohl alle verlieren“, seufzte Flora. „Jack befürchtet einen schweren finanziellen Verlust. Die Pferde des Scheichs werden vermutlich verkauft, Larry Trents Pferde kommen wieder zu ihren Besitzern.“

Das verstand ich nicht.

„Larry Trents Pferde“, wiederholte sie. „Die waren nicht sein Eigentum. Er hat sie gepachtet. Angenommen, jemand besitzt ein Pferd, kann aber die Trainingskosten nicht bezahlen und ein anderer möchte ein Pferd unter seinem Namen laufen lassen, für das er die Trainingskosten übernimmt, ohne jedoch das Pferd selbst zu kaufen. Dann schließen diese beiden einen Vertrag und teilen sich die Preisgelder, die das Pferd gewinnt. Larry Trent hat auf diese Weise seine Pferde immer für ein Jahr gepachtet. Lief eines gut, hat er den Vertrag um ein weiteres Jahr verlängert, wenn es nichts gewann, hat er es mit einem anderen probiert.“

Das interessierte mich. „Woher weiß man denn, wer ein Pferd besitzt, das er nicht verkaufen, sondern verpachten will?“

„Es spricht sich herum“, antwortete Flora. „Die Besitzer bitten Jack zum Beispiel, jemanden ausfindig zu machen, der ihr Pferd pachtet, damit sie das Training nicht bezahlen müssen.“

„Nicht schlecht“, sagte ich.

Flora nickte. „Larry Trent war der richtige Mann für solche Geschäfte, denn er konnte auf diese Weise fünf Pferde für sich laufen lassen statt nur einem. Er war überhaupt ein großer Spieler. Hat einen Tausender da gesetzt, einen Tausender dort. Ich konnte es schon nicht mehr hören.“

Ich sah sie belustigt von der Seite an. „Konntest du ihn nicht leiden?“

„Er war wohl ganz in Ordnung“, meinte sie, aber es klang nicht sehr überzeugt. „Er hat regelmäßig bezahlt, und er hat kapiert, daß Pferde keine Roboter sind. Hat nie dem Jockey Vorwürfe gemacht, wenn das Pferd verlor. Aber irgendwie war er nicht offen ..., allerdings war er uns gegenüber sehr großzügig. Erst letzte Woche hat er uns zum Essen eingeladen, in ein Restaurant, das ihm gehört – ins Silver Moon. Aber das weißt du ja. Jimmy hat mir erzählt, daß er mit dir über den Whisky gesprochen hat.“

Ich berichtete von meinem Besuch im Silver Moon mit Sergeant Ridger.

„Du lieber Himmel!“ entfuhr es Flora.

„Irgend jemand dort hat sich diese Betrügereien einfallen lassen“, bemerkte ich. „Aber es steht noch nicht fest, ob Larry Trent davon wußte.“

Nach langer Pause sagte Flora: „Weißt du, einmal hatte er etwas gemacht, was ich nicht begriffen habe. Letztes Jahr war ich zufällig auf der Auktion in Doncaster und sah dort Larry Trent, aber er hat mich nicht entdeckt. Er bot für ein Pferd namens Ramekin und bekam prompt den Zuschlag. Ich dachte, wie schön, Jack wird es bestimmt zur Ausbildung bekommen. Aber es ist nie bei uns eingetroffen. Larry Trent hat das Pferd auch nie erwähnt. Jack meinte, ich hätte mich geirrt. Larry Trent habe nie Pferde gekauft.“

„Wer hat denn Ramekin später trainiert?“ fragte ich, denn Flora hatte meine Neugier geweckt.

„Niemand. Ich habe in der Galoppsportzeitung die Preise nachgesehen – Ramekin ist damals bei der Auktion für über dreißigtausend Pfund verkauft worden. Der Name des Käufers stand nicht dabei, doch ich bin ganz sicher, daß es Larry Trent war, denn der Gehilfe des Auktionators ging direkt zu ihm und wollte seinen Namen wissen, als er den Zuschlag bekommen hatte.“

„Nun ja ..., irgend jemand muß das Pferd ja haben“, sagte ich. Etwas Klügeres fiel mir nicht ein.

„Ich habe es nachgeprüft. Das Pferd ist bei keinem Trainer eingetragen, und es ist die ganze Saison über nicht gelaufen. Ramekin ist einfach verschwunden.“

Flora nahm mich mit in die Küche, um mir die heilen Gläser zu übergeben – genau neunzehn Stück.

„Tut mir leid“, sagte sie. Ihr liebes rundes Gesicht wirkte sehr unglücklich.

Ich zuckte die Achseln. „Eigentlich ein Wunder, daß es noch so viele sind. Kein Grund zur Beunruhigung, ich habe eine gute Versicherung.“

„Versicherung!“ rief sie. „Das Wort höre ich nun schon den ganzen Vormittag! Aber wer versichert einen gegen so eine Katastrophe? Wir sind ja nicht auf die Idee gekommen, für die Party extra eine Versicherung abzuschließen. Und die armen jungen Leute, denen der Pferdetransporter gehört. Sally hat mich heute mittag angerufen und mir mindestens zehnmal erklärt, daß Peter noch nie vergessen hat, die

Handbremse anzuziehen. Sie sind ruiniert, wenn ihnen die Versicherungsgesellschaft Fahrlässigkeit nachweisen kann." Sie sah mich an. „Er hat die Türen nicht abgeschlossen, verstehst du? Ich habe Sally gefragt, wieso. Sie meinte: ‚Wer schließt schon die Türen ab, wenn er bei Freunden zu Besuch ist?'"

Ich dachte an meinen gestohlenen Champagner und hielt den Mund.

„Sie sind mit dem Pferdetransporter gekommen, weil sie unterwegs ein neues Jagdpferd abgeholt hatten. Es ist noch hier; wir haben es in einer leeren Box untergebracht."

Ich trug die heil gebliebenen Gläser in einem Karton zu meinem Lieferwagen. Flora begleitete mich. „Die Polizei war den ganzen Vormittag hier, um sich den Transporter anzusehen", sagte sie und wies auf das grüne Monstrum, das einsam auf dem Rasen stand. „Sie haben es von oben bis unten vollgestaubt und immer nur die Köpfe geschüttelt."

„Wahrscheinlich haben sie nach Fingerabdrücken gesucht."

„Ja, aber ich weiß nicht, ob sie etwas gefunden haben."

Wir gingen über den Rasen auf den Transporter zu, wanderten einmal um das Fahrzeug herum und betrachteten den verschmierten rosafarbenen Staub, der überall daran haftete. Ich öffnete die Tür und kletterte auf den Fahrersitz. Auch hier war alles voller Staub und voller Fingerabdrücke.

Plötzlich fiel mir etwas auf. Viele von den Fingerabdrücken waren sehr klein. Kleine Fingerabdrücke überall auf den Sitzen. Auf dem Lenkrad. Auf dem Schaltknüppel. Auf der Handbremse.

Ich stieg wieder aus und erzählte Flora von meiner Beobachtung. Außerdem berichtete ich ihr von dem kleinen Jungen mit dem Hund, den ich gesehen hatte.

„Meinst du", sagte sie völlig verstört, „daß ein *Kind* diese Tragödie verursacht haben könnte?"

„Vielleicht. Du weißt doch, wie verrückt Kinder auf Autos sind. Ich könnte mir denken, daß der Junge die Handbremse gelöst und den Gang herausgenommen hat. Und dann ist er mit seinem Hund weggelaufen, und wenn der Transporter auch nur ein bißchen schräg gestanden hat, hat er sich durch sein eigenes Gewicht in Bewegung gesetzt."

„Lieber Gott!" Sie wurde immer aufgeregter. „Wie sah der Junge denn aus?"

Ich beschrieb ihr das Kind, doch sie konnte nichts damit anfangen.

„Ist auch egal", sagte ich. „Ein Polizeibeamter namens Wilson hat die Adressen von allen Gästen. Er wird es schon herausbekommen. Und wenn ein fremdes Kind die Bremse gelöst hat, dann sind deine Freunde Peter und Sally aus dem Schneider."

„Der arme kleine Junge!"

„Ich hoffe nur", meinte ich, „kein Mensch erzählt ihm, daß durch sein Verschulden acht Leute umgekommen sind. Das kann nur ein Volltrottel tun, doch davon gibt's leider viele."

Auf dem Heimweg kam ich gerade noch dazu, zwei Bestellungen abzugeben. Mein zweiter Kunde, ein pensionierter Anwalt, zeigte sich hoch erfreut, daß ich persönlich vorbeikam. Er bat mich sogar in sein Haus, wo ich eine frisch entkorkte Flasche *Château Palmer* mit ihm leeren mußte.

Der Anwalt hatte in seinem Urlaub so manche Weinreise mitgemacht und erwies sich als Kenner. Er lud mich zum Abendessen ein – es sollte kaltes Roastbeef und einen leichten roten *Bordeaux* geben, und beim Gedanken an die Einsamkeit, die mich zu Hause erwartete, stimmte ich freudig zu. Später öffnete er noch eine Flasche 1982er *Clos Saint-Jacques,* die ich ihm vor einem Jahr verkauft hatte. Als ich mich verabschiedete, war es fast Mitternacht. Ein Gläschen Wein pro Stunde – das ist ungefähr das Tempo, mit dem der Alkohol im Blut abgebaut wird. Nach sechs kleinen Gläsern in fünf Stunden fühlte ich mich infolgedessen nüchtern genug, um nach Hause fahren zu können.

War es der Wein, war es die halb durchwachte vergangene Nacht? Jedenfalls schlief ich lang und tief und sah am nächsten Morgen dem neuen Tag so gefaßt entgegen wie selten seit Emmas Tod. Meine Mutter hatte mir geraten, das Haus zu verkaufen und umzuziehen, doch das war mir unmöglich. Das alte Fachwerkhaus mit Blick über die Themse barg so viele Erinnerungen an Emma, daß es mir wie ein Treuebruch vorgekommen wäre, hätte ich es verlassen. Also blieb ich dort, schlief nachts schlecht, bezahlte brav die Raten und kam nicht zur Ruhe.

Die Wohnungen der Kunden, die ich beliefern mußte, lagen an diesem Vormittag besonders weit auseinander. Das bedeutete, daß ich viel hin und her fahren mußte und wieder einmal sehr viel Zeit verlor. Doch das nahm ich gern in Kauf, denn die Lieferung frei Haus kam dem Geschäft zugute.

Erst um zehn Uhr fünfzehn, bei der letzten Adresse, erfuhr ich, was im Silver Moon passiert war.

„Schrecklich, was?" sagte eine vergnügte Hausfrau, die mir am

Stadtrand von Reading die Tür öffnete. „Vergangene Nacht ist dort eingebrochen worden. Der ganze Wein, sämtliche Spirituosen – alles gestohlen. Der Milchmann hat's mir eben erzählt. Er brachte die Milch hin wie immer, und da sah er lauter Polizisten, die aus der Sache offenbar nicht schlau wurden."

Auf dem Rückweg zum Geschäft kam ich am Silver Moon vorbei. Ich nahm Gas weg, als ich mich dem Gebäude näherte. Ein Streifenwagen stand genau an derselben Stelle, wo Ridger am Vortag geparkt hatte. Einem spontanen Entschluß folgend, bog ich in die Einfahrt ein und stellte den Wagen ab.

Ich erblickte keine Menschenseele, als ich das Lokal betrat. Deshalb schob ich mich durch die Schwingtüren in die Bar, doch der Raum war dunkel und leer. Auch das Restaurant wirkte vollständig verlassen. Den Weg in die Kellerräume kannte ich ja schon vom Vortag. Von einem Vorraum zwischen dem Restaurant und Larry Trents Büro aus gelangte man in das kühle, fensterlose Weinlager. Vom Vorraum aus führte außerdem eine Tür in den Hinterhof. Gestern war sie schwer verriegelt gewesen, heute stand sie weit offen. Draußen im Hof entdeckte ich Sergeant Ridger.

„Was machen Sie hier?" wollte er wissen. Er wirkte leicht verärgert.

„Ich kam zufällig gerade vorbei."

Er sah mich mürrisch an, schickte mich aber nicht weg. „Wieviel Wein war gestern da drin gelagert?" fragte er und deutete auf die Kellerräume. „Der Assistent des Geschäftsführers hat von nichts eine Ahnung. Aber Sie haben sich doch bestimmt umgesehen, als Sie den Wein geholt haben. Wissen Sie noch, was im Lager war?"

Ich überlegte. „Eine ganze Menge", antwortete ich. „Warum sehen wir nicht in der Weinkarte nach?"

„Weit und breit keine zu finden. Sie müssen mir also eine Liste machen."

Ich versprach, es zu versuchen. Er führte mich in Larry Trents Büro, das ziemlich aufwendig eingerichtet war. Die gerahmten Fotos an den Wänden zeigten Schnappschüsse von Galopprennen, einige waren Zielfotos.

Ich setzte mich in Larry Trents Sessel hinter den Mahagonischreibtisch, Ridger gab mir eine Seite aus seinem Notizbuch, und ich schrieb alle Weinsorten auf, an die ich mich erinnern konnte. Dann ging ich in den vorderen Lagerraum, versuchte, mir das gestrige Bild wieder ins Gedächtnis zu rufen, und fügte meiner Liste noch ein paar Namen hinzu.

Durch eine Schiebetür traten wir in einen zweiten Raum, in dem

Whisky, Schnäpse, Liköre, Bier und Mineralwasser gelagert waren. Das Bier und das Mineralwasser waren noch da – Whisky, Schnäpse und Liköre waren verschwunden.

„Die haben ganze Arbeit geleistet", bemerkte ich, während ich mir Notizen machte.

„Den Getränkewagen im Restaurant haben sie auch abgeräumt", brummte Ridger. „Und die ganze Bar."

„Ein Einbruch mit Methode", meinte ich. „Die Leute von der Zentralverwaltung sind vermutlich außer sich vor Wut. Was sagt denn Ihr Freund Paul Young dazu?"

Ridger antwortete widerwillig: „Unter der Telefonnummer, die er mir gegeben hat, ist niemand zu erreichen. Ich lasse den Anschluß gerade überprüfen."

Ich blinzelte. „Er hat die Nummer aber doch selbst aufgeschrieben."

„Ja, ich weiß. Solche Irrtümer kommen vor."

Mein Kommentar dazu fiel unter den Tisch, denn in der Tür des Vorraums erschien ein junger Mann in einer Wolljacke, der sich als Polizist in Zivil entpuppte.

Er erstattete kurz Bericht: Zusammen mit dem Assistenten habe er die Nebengebäude durchsucht, dort fehle offenbar nichts. Der Assistent, fügte er hinzu, warte im Büro des Geschäftsführers neben der Eingangshalle, falls man ihn brauche.

„Haben Sie dieses Büro auch schon durchsucht?" fragte Ridger.

„Nein, Sir, noch nicht."

„Dann aber los!" befahl Ridger.

Aus dem Funksprechgerät in Ridgers Manteltasche ertönte ein kratzendes Geräusch. Ridger holte das Gerät hervor und zog die Antenne aus. Eine metallisch klingende Stimme sagte plötzlich klar und deutlich: „Zu Ihrer Anfrage von zehn Uhr vierzehn: Die von Ihnen angegebene Telefonnummer hat niemals existiert. Auch die von Ihnen angegebene Adresse existiert nicht. Diese Nachricht wurde um zehn Uhr achtundvierzig durchgegeben. Bitte bestätigen. Ende."

„Verstanden", erwiderte Ridger grimmig. „Ende." Er schob die Antenne zusammen und fragte: „Haben Sie das gehört?"

Ich bejahte und gab ihm meine Liste. Sie war auf einmal ein sehr wichtiges Beweisstück, denn dieser Einbruch war mehr als nur das Werk eines Gelegenheitstäters. „Ich bin in meinem Laden", sagte ich. „Wenn Sie mich brauchen, stehe ich Ihnen gern zur Verfügung."

„Gut, Sir", meinte er. „Vielen Dank."

Als ich auf dem Weg nach draußen an der Tür zum Büro des

Geschäftsführers vorbeikam, ging diese plötzlich auf. Der Assistent kam taumelnden Schrittes rückwärts aus dem Büro. Mit zwei Sprüngen war ich bei ihm und fing ihn auf, als er zusammensackte.

„Was ist los?“ fragte ich.

Er stöhnte leise und verdrehte die Augen. Ich ließ ihn auf den Teppich gleiten und lockerte seine Krawatte. Dann stieß ich, etwas außer Atem, die Tür zum Büro ganz auf und ging hinein. Auf dem Schreibtisch entdeckte ich Akten und Stöße beschriebenen Papiers. Offenbar waren es die Unterlagen, die in Larry Trents Zimmer fehlten. Ein Safe stand weit offen und war eindeutig leer, und auf dem Linoleumboden saß, mit dem Rücken zur Wand und dem Kopf zwischen den Knien, der Polizist in Zivil. Er war offenbar nicht bei Bewußtsein.

Das Zimmer sah keineswegs so aus, daß jeder gleich in Ohnmacht fallen mußte, der es betrat. Erst als ich um den Schreibtisch herumging und entdeckte, was geschehen war, wäre ich beinahe auch in Ohnmacht gefallen. Mein Mund wurde trocken – und mein Herz begann, wie wild zu schlagen.

Dort lag, auf dem Rücken, ein Mann in einer grauen Hose und einer blauen Steppjacke. Ich versuchte, mir jede Einzelheit einzuprägen: das gestickte Wappen auf dem einen Ärmel, der zugezogene Reißverschluß. Die Hände des Mannes waren auf der Brust gefaltet, wie bei einem aufgebahrten Leichnam.

Und tot war er auch. Er mußte tot sein. Denn da, wo der Kopf hingehörte, war nur eine weiße Kugel, eine große weiße Kugel. Ich mußte erst die aufsteigende Übelkeit niederkämpfen, ehe ich mich bückte und näher hinsah. Der Kopf war vom Hals an vollständig mit einem dicken, mittlerweile steinharten Gipsverband umwickelt.

Drei

MEINE Knie zitterten, als ich das Büro verließ, und ich mußte mich draußen an die Wand lehnen. Wie konnte jemand so brutal, so barbarisch sein?

Sergeant Ridger kam in die Halle und blickte eher irritiert als besorgt auf den noch immer am Boden liegenden Assistenten.

„Was ist los mit ihm?“ fuhr er mich an, wie es seine Art war.

Ich gab keine Antwort. Er blickte mich scharf an und wiederholte dann eindringlich: „Was ist los?“

„Ein . . . ein Toter“, stammelte ich. „Im Büro.“

Ich erntete einen nachsichtigen Blick, ehe Ridger stracks ins Büro ging. Als er wieder herauskam, war er zwar eine Spur blasser, hatte sich aber immer noch fabelhaft in der Gewalt.

„Haben Sie da drin was angefaßt?“ fragte er mich schroff.

„Nein“, antwortete ich.

„Gut.“ Er betrat wieder das Büro und erweckte seinen Kollegen zum Leben. Dann kehrte er zurück, holte sein Sprechfunkgerät hervor, zog die Antenne aus und verlangte eine Spurensicherungsmannschaft. Tod eines bisher nicht identifizierten Mannes unter verdächtigen Umständen.

„Von jetzt an ist es nicht mehr mein Fall“, erklärte er, nachdem er das Gerät ausgeschaltet hatte. „Mordfälle sind Sache des Morddezernats.“

„Haben Sie eigentlich in Ihrer Abteilung einen Mann namens Wilson?“ fragte ich.

„Bei uns gibt's mindestens vier Leute, die Wilson heißen. Welchen meinen Sie?“

Ich beschrieb den ruhigen älteren Beamten mit dem leicht gebeugten Rücken, und Ridger nickte. „Das ist Kriminalhauptkommissar Wilson, einer unserer ranghöchsten Beamten.“

Ich berichtete, daß ich ihn nach dem Unfall mit dem Pferdetransporter kennengelernt hatte. Ridger meinte, Wilsons persönliches Erscheinen sei wohl auf die Bedeutung zurückzuführen, die man dem Tod des Scheichs beimaß.

„Wird er auch hierherkommen?“ fragte ich.

„Kaum, Wilson ist ein hohes Tier.“

Ich fragte mich, warum ein so hohes Tier in meinem Laden auftauchte, um mir Fragen zu stellen, anstatt einen einfachen Polizisten zu schicken. Ich kam nicht dazu, dies Ridger gegenüber zu erwähnen, denn in diesem Augenblick erwachte der Assistent wieder zum Leben. Er setzte sich schwankend auf und starrte Ridger und mich mit glasigem Blick an.

„Was ist passiert?“ fragte er leise. Dann fiel es ihm ein. „O mein Gott ...“

„Haben Sie eine Ahnung, wer der Tote sein könnte?“ fragte Ridger.

Der junge Mann hatte die Hände vors Gesicht geschlagen und murmelte: „Es ist Zarac. Der Weinkellner. Jedenfalls seine Jacke ...“ Mühsam erhob er sich, begann plötzlich zu würgen und verschwand hinter der Tür mit der Aufschrift HERREN.

„Der Weinkellner“, wiederholte Ridger ausdruckslos. „Hätte ich mir denken können.“

Ich wandte mich zum Gehen. „Sie brauchen mich jetzt doch nicht unbedingt, oder? Ich muß nach Hause."

Er dachte kurz nach und nickte. Ich ließ ihn stehen und fuhr zu meinem Laden zurück.

WÄHREND der nächsten drei Tage passierte nichts Wichtiges.

Die Medien berichteten kurz über den Mordfall. Erst nachdem man bei der Autopsie den Gipsverband aufgeschnitten hatte, wußte man über die Identität des Opfers wirklich Bescheid: Es war in der Tat Feydor Zaracievesa, genannt Zarac, ein britischer Staatsbürger polnischer Abkunft. Eine gerichtliche Untersuchung war angesetzt; die Polizei ermittelte weiter.

Jeden Dienstag, Mittwoch und Donnerstag zogen Mrs. Palissey und Brian um vier Uhr mit den Bestellungen los. Gegen sechzehn Uhr dreißig klebte ich einen Zettel an die Ladentür: VON 18 BIS 21 UHR GEÖFFNET. Dann brauste ich los, um Flora zu besuchen und sie beim abendlichen Stallrundgang zu begleiten.

Meine Öffnungszeiten hatte ich nicht genau festgelegt. Als Emma noch lebte, war das Geschäft nur freitags und samstags geöffnet. Seit ihrem Tod stand ich auch an den übrigen Wochentagen im Laden. Ich fühlte mich dort nicht so allein. Die meisten Kunden kamen am Spätnachmittag oder Abend, um Wein zu kaufen – eine Flasche zum Abendessen oder als Mitbringsel zu einer Party. Der Ertrag, den die Weinhandlung abwarf, war bescheiden, doch ich gab mich damit zufrieden.

Ehrgeiz war sowieso noch nie meine Stärke gewesen, zur großen Sorge meiner Mutter und zur ständigen Beunruhigung meiner Lehrer. Als Jugendlicher hatte ich nur eine hervorstechende Begabung, mit der ich gelegentlich bei Partys Aufsehen erregte: Ich konnte mit verbundenen Augen die verschiedensten Schokoladensorten am Geschmack unterscheiden – gewiß kein Talent für eine vielversprechende Karriere.

Ein halbes Jahr nach dem Schulabgang beschloß ich, für drei Monate nach Frankreich zu gehen, angeblich, um die Sprache zu lernen, in Wahrheit jedoch, um nicht als totaler Versager zu Hause herumzusitzen.

In Bordeaux mietete ich ein Zimmer bei einer Familie, die mich wie einen eigenen Sohn aufnahm. Mein Wirt war Weinhändler. Monsieur Henri Tavel fand heraus, daß ich einen Wein, den ich einmal gekostet hatte, jederzeit am Geschmack wiedererkannte. Er war auch der erste Erwachsene, der sich wirklich beeindruckt zeigte, als ich ihm von meinem Kunststück mit der Schokolade erzählte. Der Weinhändler lachte schallend und machte von da an jeden Abend mit mir eine kleine Weinprobe.

Das blieb jedoch vorläufig nur ein Spiel. Als meine drei Monate abgelaufen waren, fuhr ich wieder nach Hause und hatte keine Ahnung, was ich anfangen sollte. Meine Mutter war zwar entzückt von meinem Französisch, fand das aber als Lebensleistung keineswegs ausreichend, und ich ging ihren Fragen nach meinen Plänen aus dem Weg.

Einen Monat nach meiner Rückkehr kam der Brief. Meine Mutter öffnete ihn und las ihn gleich dreimal, als könne sie nicht fassen, was darin stand.

„Monsieur Tavel möchte, daß du wieder zu ihm kommst", sagte sie schließlich voll Erstaunen. „Er will dich ausbilden. Worin denn nur, Tony?"

„Im Weinhandel, nehme ich an", erwiderte ich und spürte bei dem Gedanken ein leises Prickeln.

„Du lieber Himmel!"

„Darf ich wieder nach Bordeaux, Mama?" fragte ich.

„Soll das heißen, daß du endlich etwas gefunden hast, was dir wirklich Spaß macht?" meinte sie erstaunt.

„Ich wüßte nicht, was ich sonst machen sollte."

Monsieur Tavel unterrichtete mich ein Jahr. Er zeigte mir, wie man Wein herstellt und wie man ihn verschickt, und er brachte mir in Rekordzeit alles bei, was er im Laufe eines langen Lebens gelernt hatte. Der Wein wurde mein Metier: Den ganzen Tag beschäftigte ich mich damit, es wurde nur über Wein gesprochen, überall roch es nach Wein. Als ich Monsieur Tavel verließ, war mir Bordeaux zur zweiten Heimat geworden.

In England bekam ich eine Stelle bei einer Weinversandfirma. Die Arbeit dort beschränkte sich hauptsächlich auf eine Schreibtischtätigkeit und begann mich bald zu langweilen.

Eines Tages las ich im Fenster einer Weinhandlung: AUSHILFE GESUCHT. Dies war der Anfang einer steilen Karriere als Kisten- und Flaschenträger.

„Tony arbeitet in einem Geschäft", antwortete meine Mutter, wenn sich eine ihrer Freundinnen nach mir erkundigte. Überhaupt hielt sie tapfer zu mir. Sie lieh mir sogar zinslos Geld, damit ich mir einen eigenen Laden aufbauen konnte. Meine Mutter war wirklich nicht die schlechteste.

Floras Erschöpfung und Niedergeschlagenheit ließen langsam nach, und sie erholte sich von Tag zu Tag. Jacks Bein heilte wie erwartet, und Jimmys Lungenriß war zwar eine ernst zu nehmende, aber wenigstens nicht lebensgefährliche Verletzung.

Flora erzählte, Jimmy habe nicht viel von der Party im Gedächtnis behalten. Das letzte, woran er sich erinnern könne, sei das Gespräch, das er mit mir über den *Laphroaig* geführt habe. Die Nachricht von Larry Trents Tod sei ein ziemlicher Schock für ihn gewesen.

„Und Jack?" fragte ich. „Was machen seine Lebensgeister?"

„Du weißt doch, wie er ist. Stillsitzen ist nie seine Stärke gewesen, und seine Laune wird von Tag zu Tag schlechter." Floras Berichte, daß in den Ställen alles gut lief, manches sogar besser als sonst, schienen ihn kaum aufzuheitern. Vermutlich glaubte er, sie halte mit den üblichen Unglücksmeldungen – überdehnte Sehnen, verstauchte Fesseln und Sprunggelenke – hinterm Berg.

Am Dienstag wurde der Pferdetransporter abgeholt, danach wurden das Zelt und die Bodenmatten entfernt. Nur der zertrampelte Rasen und die klaffende Lücke in der Rosenhecke erinnerten noch an das Unglück.

„Wir können nie wieder barfuß über den Rasen gehen", sagte Flora. „Die Glassplitter sind überall."

Am Mittwoch erzählte sie mir, Sally und Peter wüßten jetzt, wer die Handbremse des Transporters gelöst habe. Die Eltern des kleinen Jungen gaben Peter die Schuld, weil er die Wagentür nicht abgeschlossen hatte. Sally dagegen meinte, die Eltern hätten das Kind nicht ohne Aufsicht lassen dürfen.

Donnerstag abend war Flora fast schon wieder die alte, und ich fragte sie: „Wäre es sehr schlimm für dich, wenn ich morgen zu Hause bliebe?"

„Aber nein, mein lieber Tony, du warst mir eine große Hilfe. Ein Fels in der Brandung." Sie gab mir zum Abschied einen ganz besonders herzlichen Kuß auf die Wange.

Der Freitag fing an wie alle Freitage: Am Vormittag kam besonders viel Kundschaft, und am frühen Nachmittag hatte ich alle Hände voll zu tun, die Wochenendlieferungen vorzubereiten. Brian und Mrs. Palissey fuhren kurz nach drei mit dem ganzen Zeug los, und ich bekam wieder einmal Besuch von Kriminalhauptkommissar Wilson.

„Guten Tag, Mr. Beach", begrüßte er mich und gab mir die Hand. „Ich hätte gerne eine gute Flasche Wein zum Abendessen. Was schlagen Sie vor?"

Er wollte einen vollmundigen Rotwein, und ich empfahl ihm einen *Rioja*.

„Spanischer Wein?“ murmelte er skeptisch, während er das Etikett studierte.

„Ein sehr guter Tropfen“, bemerkte ich. „Hervorragend sogar.“

Er verließ sich auf meine Empfehlung und bezahlte gleich. Ich wickelte ihm die Flasche ein, doch er schien es nicht besonders eilig zu haben.

„Dürfte ich mich bitte setzen?“ fragte er höflich.

Ich holte den Sessel aus meinem Büro, und er nahm dankbar Platz.

„Nur ein paar Fragen, Mr. Beach.“ Er sah mich forschend an. „Wie ich höre, waren Sie letzten Dienstag im Silver Moon und haben eine Liste der Weine angefertigt, die gestohlen wurden.“

„Ja“, erwiderte ich.

„Und am Montag davor waren Sie mit Sergeant Ridger dort und haben verschiedene Whiskys und Weine getestet?“

Erneut bejahte ich.

„Sie haben dort einen gewissen Paul Young kennengelernt. Können Sie ihn beschreiben, Mr. Beach?“

Seinetwegen ist er also hier, dachte ich. Ich schilderte ihm Young so, wie ich ihn in Erinnerung hatte. „Geschäftsmann, etwa fünfzig. Klein und stämmig, dunkles Haar, blasse Haut. Große fleischige Hände. Schwarze Brille und ein Hörgerät hinterm rechten Ohr.“

„Wie klang seine Stimme, Mr. Beach?“

„Er sprach ohne besonderen Akzent“, antwortete ich, „und er schien auch alles zu verstehen. Hätte ich das Hörgerät nicht zufällig gesehen, wäre ich nicht darauf gekommen, daß er schwerhörig sein könnte.“

„Und sein Benehmen, Mr. Beach?“

„Ruppig“, sagte ich. „Einer, der die Puppen tanzen läßt. Er versuchte sofort, Sergeant Ridger das Heft aus der Hand zu nehmen.“ Ich mußte lächeln. „Was ihm allerdings nicht gelang.“

Wilson blickte einen Moment zu Boden, enthielt sich aber jeden Kommentars. Dann fragte er weiter nach meinen Eindrücken.

Ich überlegte. „Paul Young wurde außerordentlich böse, als er erfuhr, daß so viele Flaschen verfälschten Wein enthielten.“

„Vielleicht war er auch nur wütend, weil Sie es entdeckt hatten?“

„Das kann auch sein, ich weiß es nicht.“

Wilson betrachtete gelangweilt das Einwickelpapier seiner Flasche Rotwein. „Hat Paul Young überzeugend auf Sie gewirkt, Mr. Beach?“

„Doch, ja", sagte ich. „Er war offenbar wirklich nur gekommen, um nach dem Rechten zu sehen. Der Geschäftsführer und sein Assistent waren ja nicht da. Und dieser Hilfsassistent war so ein hilfloses Würstchen – mir hat eingeleuchtet, daß der Chef persönlich erschien."

„Eigentlich eine ziemlich komplizierte Rangordnung, finden Sie nicht? Trent, ein Geschäftsführer, ein Assistent und ein Assistent des Assistenten?"

Ich erlaubte mir zu widersprechen. „Ein Betrieb wie das Silver Moon, der nachts lange geöffnet ist, muß gut organisiert sein."

„Würden Sie Paul Young wiedererkennen?"

„Aber ja", erwiderte ich mit Nachdruck.

Wilson beugte sich ein wenig vor. „Ich habe Sergeant Ridgers Berichte gelesen. Sie haben uns sehr geholfen, Mr. Beach."

„Sergeant Ridger hat mir verraten, wer Sie sind. Es überrascht mich, daß Sie persönlich in meinen Laden kommen."

Er lächelte geduldig. „Ich halte mich gern selbst auf dem laufenden, Mr. Beach. Vor allem wenn es sich so ergibt, daß ich zufällig irgendwo vorbeikomme. Zum Beispiel, um eine Flasche Wein zu kaufen ..."

Er stand langsam auf und schickte sich an zu gehen. Ich rückte mit der Frage heraus, die mich seit Dienstag nicht losließ.

„Zarac – der Weinkellner –, war er schon tot, als ..."

Er sprach den Satz für mich zu Ende. „... als der Gipsverband angelegt wurde? Nein. Zarac ist erstickt."

Wilsons Miene war ausdruckslos.

Er ist schon zu lange bei der Polizei, dachte ich. Den bringt nichts mehr aus der Ruhe.

Flora schickte Gerard McGregor zu mir.

Er kam am Freitag abend in meinen Laden und sah genauso aus, wie ich ihn vom Tunnelbau unter der Zeltleinwand am Sonntag in Erinnerung hatte: groß, kultiviert, etwa fünfzig, graue Schläfen. Wir lächelten uns an und schüttelten uns die Hand.

„Flora war gestern zum Abendessen bei uns", sagte er. „Sie meinte, sie habe es hauptsächlich Ihnen zu verdanken, daß es ihr wieder bessergehe. Stundenlang hat sie über Sie gesprochen."

„Wie entsetzlich langweilig!"

„Sie wissen ja – wenn Flora einmal anfängt." Seine Stimme bekam einen warmen Klang. „Außerdem hat sie uns alles über Larry Trents Lokal berichtet und was im Silver Moon los war. Faszinierend."

Er sah sich interessiert um. „Wir wohnen ganz in der Nähe von Flora", erklärte er. „Aber zum Einkaufen fahren wir immer in die entgegengesetzte Richtung. Hier war ich noch nie." Er wanderte an den Regalen entlang und sah sich die Weinflaschen an. „Nach dem, was Flora über Ihr Geschäft erzählt hat, habe ich mir Ihren Laden größer vorgestellt."

„Ein größeres Geschäft wäre nicht unbedingt von Vorteil", erklärte ich. „Der wahre Weinliebhaber mag keine großen, hellerleuchteten Läden. Hier ist Platz genug, um alle Sorten auszustellen, die ich verkaufe. Der Rest liegt im Lager."

Der Laden maß ungefähr neun mal fünf Meter. An einer Längsseite standen die Weinregale. Gegenüber der Ladentisch, dahinter die Regale mit den scharfen Sachen. Im übrigen war jeder freie Fleck mit Ständern für Sherry sowie mit Kisten für Bier und Mineralwasser ausgefüllt und was die Leute sonst noch verlangen mochten.

Am Ende der Ladentheke befand sich ein Tisch mit einem liebevoll bestickten Tischtuch, einer Handarbeit von Emma. Obenauf lag eine Glasplatte, und darauf stand eine ganze Batterie offener Likör-, Aperitif- und Weinflaschen zum Probieren.

Dieser Tisch war sehr wichtig für meinen Umsatz: Viele Kunden probierten, kauften spontan eine Flasche und bestellten sie schließlich immer wieder.

„Möchten Sie hinter die Kulissen blicken?" fragte ich.

„Sehr gern", meinte Gerard McGregor.

Ich zeigte ihm mein winziges Büro und den geräumigen Lagerraum dahinter. „Diese Tür führt auf den Hof, wo die Wagen zum Be- und Entladen stehen. Sie ist immer verriegelt. Und das hier ist das Lager. So große Bestände hatte ich nicht immer. Am Anfang haben wir ziemlich kämpfen müssen. Es hat lange gedauert, bis man uns kannte."

„Uns?" fragte er.

„Meine Frau und mich."

„Ach so, Ihre Frau . . . Flora hat es mir erzählt . . ."

„Ja", sagte ich knapp. „Sie ist gestorben."

Er machte eine etwas unbeholfene Geste, die Beileid ausdrücken sollte, und wir gingen in den Laden zurück.

„Wann machen Sie das Geschäft zu?" fragte er und schlug vor, gemeinsam zu Abend zu essen.

„Ist neun Uhr zu spät für Sie?"

Er verneinte und verabschiedete sich. Pünktlich um neun war er wieder da und fuhr mich zu einem Restaurant, das ziemlich weit draußen auf dem Land lag. Das gute Essen dort sei den weiten Weg wert, meinte er.

Unterwegs sprachen wir über das Unglück. Beim Essen unterhielten wir uns über Flora und Jack, über das Silver Moon und Larry Trent. Es gab Forellenterrine und als Hauptgericht Wildente, und ich durfte den Wein aussuchen. Ein richtig netter Abend – wie sich herausstellen sollte, nicht ganz ohne Hintergedanken, was Gerards Einladung anbelangte.

„Was würden Sie sagen", fragte er plötzlich beim Kaffee, „wenn ich Ihnen ein Gutachterhonorar anböte?"

„Wofür denn?"

„Für Ihr spezielles Talent, einen Whisky vom anderen unterscheiden zu können."

„Gegen ein Honorar hätte ich nichts einzuwenden, doch ich bin kein Experte."

„Aber Sie sind ein ausgezeichneter Beobachter, besitzen gute Nerven und haben schon einmal gezeigt, daß Sie die Initiative ergreifen können."

Unwillkürlich mußte ich lachen. „Ich doch nicht. Da sind Sie an den Falschen geraten."

„Nein, nein. Wissen Sie, ich dachte an einen bestimmten Auftrag ..."

Er griff in die Jackettasche und brachte ein Blatt Papier zum Vorschein, das er auseinandergefaltet auf den Tisch legte: die Fotokopie einer Seite aus dem Branchentelefonbuch.

DETEKTEIEN stand in fetten Buchstaben am oberen Rand. „Ich arbeite für diese Firma", sagte er und deutete auf ein größeres Inserat.

Ich las es. „Detektei Deglet – Ermittlungen aller Art, streng vertraulich. Schutz vor Industriespionage, Aufdeckung von Betrugsfällen, Beratung bei der Gebäudesicherung, Personenüberprüfung."

Darunter standen die Nummer eines Londoner Postfachs, eine Telex- und eine Telefonnummer, doch keine Adresse. Streng vertraulich, in der Tat.

Gerard McGregor sah überhaupt nicht aus wie ein Detektiv. Ich konnte mir ihn eher in der Vorstandsetage eines Großbetriebes vorstellen als bei der Ermittlung in schäbigen Nachtlokalen.

„Bedeutet das, daß Sie sich zum Beispiel als Strohmann in einen Betrieb einschleusen lassen?"

„Nicht ganz." Er schien sich im stillen zu amüsieren. „Wenn ein Kunde mit einem Problem an uns herantritt, prüfe ich den Fall und überlege, wie ich ihn am besten anpacke."

„Macht Ihnen Ihr Beruf Spaß?"

„Sehr", sagte er. „Gelegentlich müssen wir uns auf Neuland vorwagen. Das sind dann meistens Fachgebiete, in denen keiner unserer Leute wirklich Bescheid weiß. Jetzt brauchen wir zum Beispiel jemanden, der einen Malzwhisky von einem Getreidedestillat unterscheiden kann. Flora sagt, Sie könnten das."

„Soll das heißen, daß Sie jemanden brauchen, der für Sie die Kastanien aus dem Feuer holt?"

„Ich verlange nicht, daß Sie sich in Gefahr begeben."

„Na schön." Ich seufzte. „Also, schießen Sie los."

„Was machen Sie am Sonntag?" fragte er.

„Wein verkaufen, von zwölf bis zwei."

Er überlegte und fügte dann hinzu: „Würden Sie Ihren freien Nachmittag für mich opfern?"

Es klang ganz harmlos. Außerdem fühlte ich mich mit McGregor durch unsere gemeinsamen Anstrengungen im Zelt irgendwie verbunden.

„In Ordnung", antwortete ich. „Was soll ich tun?"

Er schien es nicht eilig zu haben, mich ins Bild zu setzen. Statt einer Antwort sagte er: „Apropos Getreidewhisky – schmeckt da einer wie der andere?"

„Nein, aber die Unterschiede sind geringfügig. Sie hängen von den Keimlingen ab, vom Wasser und vom Reifungsprozeß."

„Vom Reifungsprozeß?"

„Frisch destillierter Scotch", erklärte ich, „brennt entsetzlich im Hals. Er muß mindestens drei Jahre lang in Holzfässern reifen, bis man ihn trinken kann."

„Immer in Holzfässern?"

„Ja. Holz atmet. In Holzfässern wird das Destillat milder; in Metall- oder Glasbehältern bleibt es ewig gleich. Übrigens", fügte ich hinzu, „kaum jemand verkauft reinen Getreidewhisky. Die meisten Sorten sind Mischungen. Allerdings ist der Malzanteil in manchen nur etwa so groß, als würde man eine Messerspitze Salz in einem Swimmingpool auflösen."

„Flora haben Sie erzählt, der Scotch im Silver Moon sei solch ein minderer Whisky gewesen", meinte er.

„Ja, allerdings. In der Bar haben sie dieselbe Mischung aus einer *Bell's*-Flasche ausgeschenkt, die im Restaurant als *Laphroaig* verkauft wurde."

Gerard ließ sich die Rechnung geben. „Ursprünglich war das gar nicht mein Fall", sagte er fast geistesabwesend, während er seine

Kreditkarte hervorkramte. „Ein Kollege hat ihn an mich weitergegeben, weil ich in der Nähe wohne."

„Soll das heißen", fragte ich überrascht, „daß Ihre Firma schon seit einiger Zeit ein Auge auf das Silver Moon geworfen hat?"

„Genau. Und zwar im Zusammenhang mit gestohlenem Scotch, hinter dem wir her waren. Sieht so aus, Mr. Beach, als hätten Sie ihn gefunden."

„Ach herrje!" rief ich. „Und nun ist er schon wieder verschwunden!"

„Leider. Aber das ist natürlich nicht Ihre Schuld. Wir hatten uns mit dem Silver Moon bereits beschäftigt, bevor die Katastrophe mit dem Pferdetransporter passierte. Ich hatte keine Ahnung, daß jener Arthur Lawrence Trent, dem das Silver Moon gehörte, bei Jack Hawthorn Pferde trainieren ließ, und ich wußte auch nicht, daß er unter den Opfern war."

„Aber Sie haben Nachforschungen über Larry Trent angestellt?" fragte ich.

„Nein", erklärte Gerard freundlich. „Wir verdächtigten einen seiner Angestellten, einen Mann namens Zarac." Offenbar fiel ihm auf, daß ich erschrak. „Ja, er ist tot", fügte er hinzu. „Damit stehen wir wieder ganz am Anfang."

„Wenn mein Job bei Ihnen was mit Zarac zu tun hat", sagte ich mit Nachdruck, „dann ist er lebensgefährlich."

„Ich hatte schon befürchtet, Sie würden abspringen", meinte Gerard, als er mich am Sonntag nachmittag mit seinem Mercedes abholte.

„Hätte ich auch beinahe getan."

„Aber?"

„Meine Neugier war vermutlich stärker."

Er lächelte. Keiner von uns erwähnte, daß Neugier tödlich sein konnte.

Wir fuhren nach Watford, einer Stadt nordwestlich von London. Die Veränderung in Gerards Verhalten fiel mir erst auf, als es schon zu spät war umzukehren. An die Stelle höflicher Zuvorkommenheit war ein kühler Professionalismus getreten, der mich einschüchterte. Ich hörte mir schweigend seine Erklärungen an, während wir in seinem Mercedes dahinrollten. Gerard fuhr ruhig und sicher und nicht besonders schnell.

„Unser Kunde heißt Kenneth Charter", erklärte er. „Er ist der Geschäftsführer der ‚Spedition Charter', eines Unternehmens, das sich auf den Transport von Flüssigkeiten in Tanklastwagen spezialisiert hat. Die Spedition befördert praktisch alles, was flüssig ist, vorausgesetzt, der Tanklaster läßt sich nach dem Transport vollständig reinigen, um neue Fracht aufzunehmen. Die Salzsäure vom letzten Transport zum Beispiel darf das Schädlingsbekämpfungsmittel vom nächsten nicht verunreinigen. Hauptsächlich befördert die Firma leicht entzündliche Flüssigkeiten, einschließlich Whisky. Günstig ist es natürlich, wenn die Laster in der Nähe ihres Bestimmungsortes gleich neue Ware aufnehmen können, weil ja die Reinigung des Tanklastzuges ohnehin schon einen Zeitverlust bedeutet. Sie fahren zum Beispiel regelmäßig Gin nach Schottland, wo der Tank mit Wasser ausgewaschen wird, und nehmen Scotch mit zurück."

Er unterbrach seine Erklärungen, um den Wagen durch die Gassen eines kleinen Städtchens zu manövrieren. Als der Ort hinter uns lag, fuhr er fort: „Solange der Scotch im Tank ist, fährt der Laster unter Zollverschluß. Das heißt, es ist noch keine Steuer auf den Whisky erhoben worden. Charters Tankwagen fassen an die fünfundzwanzigtausend Liter, die Steuersumme beträgt also bei jeder Ladung knapp hunderttausend Pfund. Der Whisky selbst stellt im Vergleich dazu keinen besonderen Wert dar."

Ich nickte. Branntwein-, Mehrwert- und Einkommensteuer – wenn ich alles zusammenrechnete, gingen drei Viertel vom Erlös jeder Flasche Whisky, die ich verkaufte, an den Fiskus.

„In diesem Jahr", berichtete Gerard weiter, „haben drei von Charters Tanklastzügen ihren Bestimmungsort nicht erreicht. Alle drei tauchten wieder auf, aber der Inhalt – bester Scotch – war verschwunden. Die Zoll- und Finanzbehörden baten Charter natürlich sofort zur Kasse, denn der Scotch war ja nicht mehr im Tanklaster. Zweimal mußte Charter tief in die Tasche greifen."

Er ließ mir etwas Zeit, seine Erklärungen zu verarbeiten.

„Die Spedition Charter ist natürlich versichert – oder besser gesagt, sie war versichert, denn damit ging der Ärger erst richtig los. Die Versicherungsgesellschaft ist der Ansicht, daß das Maß voll sei, und hat Charter gekündigt. Ohne Versicherung kann Charter aber nicht arbeiten. Zu allem Überfluß hat er auch noch ständig die Zollfahnder auf dem Hals. Zoll und Finanzamt wollen ihm nämlich die Lizenz entziehen, Waren unter Zollverschluß zu transportieren. Das wäre ein schwerer Schlag für die Firma, und deshalb hat sich Kenneth Charter an uns gewandt."

Wir fuhren auf der Autobahn in Richtung London. Gerard schwieg lange, ehe er sich erkundigte: „Na, gar keine Fragen?"

„O doch, haufenweise sogar. Warum zum Beispiel wurde immer nur Scotch gestohlen? Wo hat man die Lastzüge wiedergefunden? War es immer dasselbe Fahrzeug? Oder vielleicht sogar immer derselbe Fahrer?"

„Nein, es war nicht immer derselbe Fahrer", erwiderte Gerard, „aber es war immer derselbe Tanklaster. Der leere Lastzug wurde jedesmal irgendwo in Schottland stehengelassen, auf Parkplätzen von Rasthäusern. Doch die Auswertung der Fahrtenschreiber ergab Strecken von mehreren hundert Kilometern, die die Diebe gefahren sein mußten." Nach einer Weile fuhr er fort: „Die drei Fahrer wissen nicht, was mit ihnen passiert ist. Sie erinnern sich nur, daß sie in der Nähe der Grenze zwischen Schottland und England an einer Tankstelle gehalten haben – an verschiedenen Tankstellen, genauer gesagt. Alle drei sind schließlich irgendwo in einem Graben wieder aufgewacht. Nach dem zweiten Diebstahl hat Kenneth Charter seinen Leuten verboten, Rasthäuser anzufahren. Die Fahrer mußten Essen und Getränke in der Kabine mitführen. Trotzdem, irgendwann muß schließlich jeder mal raus. Die Polizei meint, die Diebe müßten dem Tanklastzug jedesmal gefolgt sein. Während der Fahrer auf der Toilette war, haben sie einen offenen Gaskanister in die Kabine gestellt – vielleicht Lachgas, das keinen Geruch hat und rasch wirkt. Als dann der Fahrer wieder einstieg, wurde er bewußtlos, bevor er losfahren konnte."

„Wie lange ist der letzte Diebstahl her?" fragte ich.

„Letzten Mittwoch vor drei Wochen."

„Und die beiden davor?"

„Einer im April, einer im Juni."

„Das sind drei Diebstähle in sechs Monaten", bemerkte ich überrascht. „Kein Wunder, daß die Versicherungsgesellschaft nicht mehr mitspielt."

Nach einer Weile meinte Gerard: „Der Scotch war jedesmal für einen Abfüllbetrieb in Watford bestimmt. Der Whisky kam aber nicht immer aus derselben Brennerei oder aus demselben Lager. Dort können wir also nicht ansetzen. Auch der Abfüllbetrieb bringt uns nicht weiter. Aber es gibt eine heiße Spur, die zum Silver Moon führt. Deshalb möchte ich gerne dort mit den Ermittlungen beginnen."

„Was für eine heiße Spur?" fragte ich.

Er zögerte mit der Antwort. „Ich glaube, das sagt Ihnen besser Kenneth Charter selbst", erklärte er schließlich. „Sie müssen wissen, daß Firmen sich oft an uns wenden, weil sie nicht unbedingt alles der Polizei erzählen wollen."

„Verstehe."

„Charter hat mir verschiedenes berichtet, was er der Polizei, dem Zoll und dem Finanzamt verschwiegen hat. Er soll selbst entscheiden, wieweit er Sie einweiht."

„Gewiß", erwiderte ich höflich.

Wir verließen die Autobahn und fuhren durch das Labyrinth der Vorstadtstraßen von Watford.

„Sie sind sehr bescheiden", stellte Gerard fest.

„Wieso?"

„Sie fragen nicht nach Ihrem Honorar, nach Bedingungen oder Sicherheiten."

„Das Leben ist wie das Wetter", sagte ich seufzend. „Auch wenn Sonne angekündigt ist, kann man naß werden."

Zum erstenmal während der ganzen Fahrt wandte er mir einen Moment lang das Gesicht zu. Meine Worte hatten nicht unbedingt bitter geklungen, aber doch ein wenig enttäuscht, was mit meinem trostlosen Privatleben zusammenhing. Gerards Angebot interessierte mich durchaus, aber ich stürzte mich nicht gerade mit Begeisterung darauf.

Offenbar spürte er das, denn er fragte: „Werden Sie Ihr Bestes geben?"

„Ich tue, was ich kann", versicherte ich.

Gerard nickte zufrieden und bog in eine Seitenstraße ab, die ins Industriegebiet führte. Bald hielt er vor einem fabrikähnlichen Gebäude. SPEDITION CHARTER stand in großen roten Buchstaben auf einer weißen Tafel über dem Eingang. Im Hof entdeckte ich unzählige silberne Tanklastzüge. Säuberlich aufgereiht standen sie längs des Hauptgebäudes, als warteten sie schon ungeduldig auf ihren nächsten Einsatz.

LAUTLOS teilte sich die riesige Glasschiebetür vor uns. Der Mann, der uns in der Eingangshalle entgegenkam, war groß und mager. Er hatte rötliches Haar und sprach mit schottischem Akzent.

„Ist das unser Experte?" Anscheinend hatte Kenneth Charter mit einem Whiskykenner gerechnet, der älter war als ich. „Sie sind nicht gerade ein Graubart, was?" scherzte er und schüttelte mir kräftig die Hand. „Und wie geht es Ihnen, Mr. McGregor?"

Mr. Charter führte uns in ein cremefarben gestrichenes Büro und bat uns, in zwei Sesseln Platz zu nehmen. Er selbst setzte sich hinter den Schreibtisch.

„Was haben Sie denn unserem frischgebackenen Experten alles

erzählt?“ fragte er. Gerard wiederholte, was er mir berichtet hatte, und Kenneth Charter zeigte keinerlei Beunruhigung.

„Sie wollen also wissen“, sagte er vergnügt zu mir, als Gerard fertig war, „wonach Sie eigentlich suchen sollen. Dreimal dürfen Sie raten!“ Seine stahlblauen Augen blitzten mich herausfordernd an.

Ich überlegte rasch, welche Whiskysorte meine Kunden am liebsten kauften, dachte an die Bar im Silver Moon und sagte aufs Geratewohl: „*Rannoch*.“

Charter blickte skeptisch drein und sagte zu Gerard: „Das haben Sie ihm gesagt!“

Gerard schüttelte den Kopf. „Nein, ganz bestimmt nicht.“ Er lächelte selbstgefällig. Sein Experte hatte gleich den ersten Stich gemacht.

Ich sagte gelassen: „Es gibt nicht viele Sorten, die in Schottland gebrannt und in England abgefüllt werden. *Rannoch* ist ziemlich naheliegend.“

„Na schön.“ Er öffnete eine Schublade und brachte eine volle Flasche *Rannoch*-Whisky zum Vorschein. Auf dem Etikett prangte der mir wohlbekannte Mann im rot-gelben Schottenrock. Die Steuerbanderole am Hals der Flasche war noch heil.

„Ein Weihnachtsgeschenk des Abfüllbetriebes“, erklärte er.

„Ein Weihnachtsgeschenk?“ fragte ich ungläubig. „Und die Flasche ist noch voll?“

Er schmunzelte. „Ich trinke keinen Alkohol, lieber Mr. Beach. Schadet nämlich den grauen Zellen. Außerdem schmeckt das Zeug scheußlich, wie ich finde. Wir brauchen also einen echten Kenner wie Sie. Ich würde nämlich das gestohlene Feuerwasser nicht einmal als solches erkennen, wenn es in meinem Gartenteich auftauchte.“

„Haben Sie eine Analyse der Ladung?“ fragte ich.

„Eine was?“

„Eine genaue Aufstellung, aus welchen Sorten sie sich zusammensetzte. Sie müßten doch von der Brennerei eine genaue Liste bekommen, dazu eine chemische Analyse in Form einer graphischen Darstellung, ein sogenanntes Chromatogramm. Sieht ungefähr aus wie eine Fieberkurve. Jede Mischung zeigt einen anderen Verlauf.“

„Ich weiß nur, es waren achtundfünfzig Prozent Alkohol“, sagte Charter. „Wie immer bei *Rannoch*.“

„Wir werden uns nachträglich eine solche Analyse besorgen“, murmelte Gerard.

„Die Polizei hat das bestimmt längst getan“, erklärte ich. „Sie brauchen ja nur eine Probe vom Hersteller mit einer Probe vom Silver

Moon zu vergleichen, dann wissen Sie doch sofort Bescheid, oder nicht?"

Gerard räusperte sich und sagte zu Charter: „Vielleicht erklären Sie Mr. Beach, wie wir auf das Silver Moon gekommen sind." Dann fuhr er, an mich gewendet, fort: „Im Augenblick haben die Zollfahnder nämlich nicht den geringsten Grund, das Silver Moon mit dem gestohlenen Tankfahrzeug in Verbindung zu bringen, geschweige denn, Proben zu vergleichen."

Kenneth Charter blickte nachdenklich zur Decke empor. Eine Weile schwieg er. Dann sah er mir prüfend in die Augen und sprach: „Geben Sie mir Ihr Ehrenwort, daß Sie schweigen wie ein Grab, junger Mann!"

Ich blickte Gerard an. Der nickte.

„Mein Ehrenwort", sagte ich.

Charter zog einen Schlüssel aus der Tasche und schloß die Mittelschublade seines Schreibtisches auf. Er brachte ein dünnes schwarzes Notizbuch zum Vorschein und legte es auf den Schreibtisch. Es öffnete sich fast von selbst an einer bestimmten Stelle.

„Sehen Sie sich das an", sagte er und drehte das Notizbuch um, damit ich lesen konnte. Es handelte sich um eine Telefonnummer, die mit 0735 begann, der Vorwahl für Reading. Darunter waren zwei Zeilen eingetragen: *Z Bescheid sagen, UNP 786Y lädt B's Gin Mo. gegen 10.*

„Können Sie sich einen Reim darauf machen?" fragte er.

„Ich nehme an, daß es sich um die Telefonnummer des Silver Moon handelt. Und ‚Z' bedeutet Zarac vermutlich."

„Stimmt. UNP 786Y ist das Kennzeichen meines Tanklasters."

„Verstehe", sagte ich.

„*Berger's Gin* – Berger heißt die Brennerei, bei der der Tanker um zehn Uhr fünfzehn losgefahren ist, morgen vor einem Monat. Der Gin wurde nach Glasgow geliefert, und anschließend nahm der Lastzug in einem Lagerhaus bei Helensburgh Scotch auf. Am Mittwoch ist der Laster dort abgefahren, aber nie beim Abfüllbetrieb angekommen. Am Donnerstag stand er auf dem Parkplatz eines Rasthauses südlich von Edinburgh, doch seine Herkunft konnte erst am Freitag ermittelt werden, weil die Nummernschilder ausgewechselt worden waren. Die Zollfahnder haben das Fahrzeug schließlich beschlagnahmt."

Ich sah Gerard und dann wieder Kenneth Charter an. „Und Sie wissen", vermutete ich, „wer das hier geschrieben hat."

„Ja, Mr. Beach", sagte er. „Mein Sohn."

Ich versuchte, genauso unbeteiligt zu klingen wie Charter selbst. „Was meint Ihr Sohn dazu? Weiß er etwas über den Verbleib der heißen Ware?“

Charters blaue Augen funkelten. „Ich habe noch nicht mit ihm gesprochen. Er ist vor zwei Wochen nach Australien in Urlaub gefahren und kommt erst in drei Monaten wieder . . .“

Klingt, als sei der froh, ihn los zu sein, dachte ich und mußte grinsen. Zu meiner Überraschung grinste Charter ebenfalls.

„Sie haben recht“, fuhr er fort. „Wenn Sie mich fragen, so soll er ruhig dort unten bleiben. Schließlich habe ich nichts davon, wenn er hinter Gitter kommt. Es wäre eine Schande für die ganze Familie.“

„Wann“, fragte ich, „ist Ihr Sohn nach Australien gereist?“

„Gestern vor zwei Wochen. Hab ihn selbst zum Flughafen gefahren. Auf dem Rückweg von Heathrow fand ich das Notizbuch im Auto, es war ihm aus der Tasche gefallen.“ Charter schloß das Notizbuch wieder ein. „Es steht nicht viel drin, nur ein paar Telefonnummern und kurze, unwichtige Notizen. Aber die Autonummer des Tankfahrzeugs, die war ein echter Hammer. Mir war ganz schlecht, kann ich Ihnen sagen. Ich hatte das Haus voller Polizei, dazu Leute vom Zoll und vom Finanzamt. Alle suchten den Schuft, der den Dieben den Tip gegeben hatte, und dabei wohnte der mit mir unter einem Dach.“

Ich dachte nach. Kenneth Charters Sohn war zehn Tage nach dem Whiskydiebstahl nach Australien geflogen. Eine Woche bevor der Pferdetransporter in das Festzelt raste. Wenn er sich wirklich in Australien aufhielt, dann konnte er mit dem Einbruch ins Silver Moon und mit dem Mord an Zarac nichts zu tun haben.

Zögernd fragte ich: „Wäre es für Ihren Sohn schwierig gewesen, das genaue Abfahrtsdatum des Tankers in Erfahrung zu bringen?“

„Im April? Überhaupt nicht. Im Juni schon eher. Letzten Monat – fast unmöglich. Das ist es doch gerade! Ich konnte ja nicht wissen, daß ich mit der Geheimhaltung im eigenen Haus anfangen mußte!“ Kenneth Charter stand auf. An der Wand hing eine gerahmte Karte der Britischen Inseln.

Er öffnete den Rahmen wie eine Tür. Hinter der Landkarte kam ein zweites Blatt zum Vorschein, eine Seite aus einem großen Terminkalender. Links eine lange senkrechte Reihe von Autonummern, waagerecht am oberen Rand Termine.

„Das sind die Tankfahrzeuge“, erklärte Charter und deutete auf die Autonummern. „Vierunddreißig Stück. Da ist UNP 786Y, der sechste von oben.“

Von dieser Nummer aus verlief eine Zeile waagerecht durch sämtliche Datenfelder: „Tanklaster außer Betrieb". Bei den meisten anderen Fahrzeugen hingegen waren die Felder mit handbeschrifteten Klebeetiketten ausgefüllt.

„Die benutzen wir, um Zeit zu sparen", erklärte Charter. „Purpur zum Beispiel bedeutet Salzsäure. Man sieht auf einen Blick, welcher Tanklaster Salzsäure führt. Aus der Aufschrift geht hervor, woher und wohin. Grau bedeutet Gin, Gelb Whisky. Rot steht für Wein. Und so weiter. Das Diagramm wird von meiner Sekretärin geführt, die mein volles Vertrauen hat. Die Fahrer werden erst unmittelbar vor der Abfahrt über Ladung und Bestimmungsort informiert. Es ist eisernes Gesetz, daß die Wagentüren abgeschlossen sein müssen, wenn der Fahrer auch nur eine Sekunde aussteigt. Die Fahrer der drei gestohlenen Wagen schwören, daß sie diese Regel beachtet haben. Wir haben immer höllisch aufgepaßt, und bis zu diesem Jahr ist auch immer alles gutgegangen." Seine Stimme nahm plötzlich den Ton unterdrückter Wut an. „Ein todsicheres System. Wer rechnet schon damit, daß der eigene Sohn . . ."

„Er konnte dieses Büro wohl jederzeit betreten?" sagte ich.

„Ja, aber er war nicht oft hier. Ich habe ihm klargemacht, daß ich auf seine Anwesenheit keinen Wert lege, wenn er schon nicht für die Firma arbeitet. Das Diagramm kannte er natürlich. Aber nach den ersten beiden Diebstählen habe ich die Whiskyaufkleber, die gelben, nicht mehr beschriften lassen, damit nichts nach außen sickern konnte. Mein Sohn hat also allenfalls sehen können, daß dieser Tanklaster am Mittwoch Whisky führen sollte, wegen des gelben Aufklebers, aber nicht, von wo und wohin. Hier, am Montag: Der graue Aufkleber für Gin ist beschriftet, aber es steht nur drauf, wo die Ladung abgeholt werden soll, nicht der Bestimmungsort. Wenn also jemand die Ladung Scotch auf dem Rücktransport stehlen wollte, dann hätte er dem Tankfahrzeug von der Firma Berger, die den Gin herstellt, den ganzen Weg bis zum Bestimmungsort folgen müssen."

„Genau das ist offenbar passiert", sagte Gerard. „Bloß – an wen hat Zarac die Information weitergegeben? An dem Diebstahl selbst kann er nicht beteiligt gewesen sein. Er war immer im Silver Moon."

Ich richtete meine Aufmerksamkeit auf die wenigen roten Weinaufkleber. Alles, was darauf stand, war dick durchgestrichen.

Kenneth Charter erkannte, daß mir dies aufgefallen war. Er sah verdrossen drein, als er erklärte: „Die ganzen Weinlieferungen haben wir stornieren müssen. Normalerweise holen wir den Wein aus Frankreich und liefern ihn an Händler hier in der Nähe, die ihn selbst abfüllen. Inzwischen füllen aber die Franzosen das meiste selbst ab. Die Hälfte aller Abfüllbetriebe hier im Land sucht verzweifelt neue Kunden. Harte Zeiten, viele müssen dichtmachen."

Er ließ das Diagramm wieder hinter der Englandkarte verschwinden und wischte sich die Hände an der Hose ab, als wären sie durch den Verrat seines Sohnes beschmutzt. „Warum hat er das bloß gemacht?" fragte er nach einer Weile, und ich konnte nur hilflos die Achseln zucken. „Er wurde mit jedem Jahr widerspenstiger und außerdem stinkfaul. Ich habe versucht, nett zu ihm zu sein, aber manchmal war er so patzig, daß ich rausgehen mußte, sonst hätte ich ihm eine runtergehauen."

Er verstummte und schien zu grübeln. Wahrscheinlich suchte er die Schuld bei sich, was mir jedoch als Fehler erschien. „Schließlich habe ich ihm die Flugkarte nach Australien spendiert", fuhr er fort, „und Taschengeld dazu, bloß damit er verschwindet. Ich dachte, dort kommt er vielleicht zu Verstand." Ein Schauer überlief ihn. „Ich hatte keine Ahnung, daß er ein Betrüger ist. Hat er denn nicht gewußt, daß er mich damit an den Rand des Ruins bringt?"

„Mr. McGregor kann Ihr Unternehmen vielleicht retten", sagte ich.

Charter lachte laut auf, und seine Stimmung schlug plötzlich um. „Der junge Mann, den Sie da mitgebracht haben, Mr. McGregor, ist ja ein richtiger Diplomat! Na schön, Mr. Beach, soll er die Firma retten, warum auch nicht? Wir zahlen ihm ja auch eine Stange Geld."

Gerard lächelte nachsichtig. Dann lud uns Charter ein, die Tanklastzüge zu besichtigen, die offenbar sein ganzer Stolz waren. Er führte uns in den Hof, wo die Fahrzeuge geparkt waren. Keine Aufschrift verriet, wem sie gehörten; die Flotte fuhr vollständig anonym. Charters Sicherheitsmaßnahmen hatten sie hervorragend geschützt – nur nicht vor dem Verräter in den eigenen Reihen.

„Jetzt muß ich für jeden einzelnen Tanklaster riesige Versicherungssummen zahlen, die den ganzen Profit aufzehren", erklärte Charter. „Und der Zoll erlaubt uns keine Alkoholtransporte mehr. Wenn wir Glück haben, läuft der Laden noch knapp zwei Wochen." Schweigend wanderten wir an der endlosen Reihe silbrig schimmernder Ungetüme entlang, bis wir wieder am Eingang angelangt waren, wo Gerards Wagen stand.

„Zwei Wochen, Mr. McGregor", sagte Kenneth Charter und schüttelte uns kräftig die Hand. „Keine großartigen Aussichten, was?"

„Wir tun unser Bestes", versicherte Gerard mit ernster Stimme. Dann stiegen wir in seinen Wagen und fuhren los.

„Nun, was halten Sie davon?“ fragte er mich sofort, kaum daß wir auf der Hauptstraße waren.

Ich stellte ihm eine Gegenfrage: „Haben Sie auch die anderen Seiten im Notizbuch des Sohnes gesehen?“

„Ja, ich habe sie fotokopiert. Wir haben alle Telefonnummern darin nachgeprüft. Sie scheinen unverdächtig zu sein, gehören Freunden, einem Kino, einem Friseur. Keine Spur zu Zarac, falls Sie daran denken. Ich zeige Ihnen die Kopien. Vielleicht fällt Ihnen etwas auf, was wir übersehen haben.“

„Hält sich Charters Sohn wirklich in Australien auf?“

„Ja. Nach seiner Ankunft hat er in einem Hotel in Sydney übernachtet. Das konnten wir nachprüfen; danach haben wir ihn aus den Augen verloren. Aber wir können mit Sicherheit ausschließen, daß er sein Rückflugticket schon benutzt hat. Vielleicht weiß er gar nicht, daß Zarac tot ist. Kenneth Charter hat uns jedenfalls Anweisung gegeben, nicht nach seinem Sohn zu suchen. Wir müssen also die Spuren verfolgen, die vom Silver Moon ausgehen.“

Ich überlegte eine Zeitlang, dann fragte ich: „Haben Sie einen guten Draht zur Polizei?“

„Zu manchen Dienststellen schon. Warum?“

„Die Polizei sucht bestimmt nach Paul Young“, vermutete ich. „Nach dem Mann, der angeblich aus der Zentralverwaltung ins Silver Moon kam. Ich war gerade dabei, den *Laphroaig* zu testen, als er eintraf.“

Ausführlich berichtete ich Gerard von Paul Youngs Auftritt. Er hörte nachdenklich zu und fuhr immer langsamer.

„Das ist freilich was anderes“, meinte er fast geistesabwesend, als ich fertig war. „Was wissen Sie sonst noch?“

„Nun“, sagte ich, „Larry Trent hat für dreißigtausend Pfund ein Pferd gekauft. Hat Flora Ihnen das erzählt?“

„Nein. Ist es wichtig?“

Ich berichtete vom Verschwinden des Pferdes namens Ramekin. „Vielleicht ist das Silver Moon an dem Geschäft beteiligt, doch das glaube ich eigentlich nicht. Larry Trent hat fünf Pferde von Jack Hawthorn trainieren lassen, was einiges kostet, und er hat außerdem mit hohen Einsätzen gewettet.“

„Wann hat Larry Trent dieses Pferd gekauft?“ wollte Gerard wissen.

„Vor einem Jahr bei der Auktion in Doncaster.“

„Also vor dem Whiskydiebstahl“, folgerte er enttäuscht.

„Vor dem Whiskydiebstahl, ja. Aber nicht unbedingt bevor zum

Beispiel alle Rotweine in seinem Keller den gleichen Geschmack angenommen haben."

„Wollen Sie einen Ganztagsjob?" fragte er.

„Nein, danke."

„Was, glauben Sie, ist mit Ramekin passiert?"

„Höchstwahrscheinlich ist er nach Amerika verschifft und dort verkauft worden."

Vier

Auf der Rückseite der Häuserzeile, zu der mein Laden gehörte, lag ein großer Hinterhof, der über eine schmale Zufahrt von der Straße her zu erreichen war. Einen Teil des Hofes konnte ich für den Laden nutzen, und dort stellte ich auch gewöhnlich den Lieferwagen und mein Auto ab.

An jenem Sonntag hatte Mrs. Palissey den Lieferwagen; deshalb stand nur der Rover im Hof. Bei unserer Rückkehr aus Watford bog Gerard in die schmale Zufahrt ein, um mich direkt hinter meinem Laden abzusetzen.

Er fuhr langsam auf den Hof und sagte, er werde sich am nächsten Tag wieder melden, denn wir hätten noch viel zu besprechen.

Neben meinem Wagen erblickte ich einen mittelgroßen Lieferwagen mit weit offenen Hecktüren. Ich starrte überrascht darauf, als ein Mann mit einem Karton Wein sich seitwärts aus der Hintertür meines Ladens schob – aus der Tür, die ich bei Ladenschluß um zwei fest verriegelt hatte. Ich beeilte mich auszusteigen.

„Bleiben Sie hier", sagte Gerard mit Nachdruck, doch ich hörte ihn kaum. Deshalb fügte er rasch hinzu: „Ich suche ein Telefon und rufe die Polizei an!"

„Gegenüber dem Weinladen finden Sie das Chinarestaurant ‚Sung Li', dort können Sie telefonieren", erwiderte ich in Windeseile, ehe ich die Wagentür zuschlug und auf den fremden Kleintransporter zurannte. Ich war so wütend, daß ich überhaupt nicht an meine Sicherheit dachte.

Der Mann, der aus meinem Laden gekommen war, hatte mich noch nicht gesehen, weil er gerade den Weinkarton ablud und den Kopf im Wagen hatte. Ich schubste ihn mit einem kräftigen Stoß ins Kreuz nach vorn und knallte die Hecktüren voll auf sein Hinterteil. Er brüllte auf, doch außer mir war niemand da, der es hören konnte.

Ich hatte den Dieb in der Zange, festgeklemmt zwischen den Türen.

Mit den heraushängenden Beinen strampelte er wie wild, und ich dachte mit grimmiger Befriedigung, daß ich den Schuft festhalten würde, bis Gerard zurückkäme.

Dummerweise hatte ich nicht damit gerechnet, daß Einbrecher meist zu zweit arbeiten. Ich bekam plötzlich einen mächtigen Stoß in den Rücken, und ich stöhnte überrascht auf. Hinter mir stand eine Gestalt, die ebenfalls eine Kiste Wein trug und mich damit gegen die Hecktüren des Transporters drückte.

Der im Lieferwagen eingeklemmte Mann brüllte jetzt wie am Spieß. Seine Hilfeschreie veranlaßten seinen Komplizen, die Kiste fallen zu lassen, und zwar direkt neben meine Füße. Flüchtig nahm ich den dunklen Haarschopf des Mannes wahr, seinen dichten schwarzen Schnurrbart, und dann blickte ich ihm für Sekundenbruchteile in die Augen: Sein Blick verhieß nichts Gutes. Schließlich verpaßte er mir einen kräftigen Kinnhaken, während ich ihm voll gegen das Schienbein trat.

Kämpfen hatte ich nie gelernt, nie lernen wollen. Die Vorstellung, zusammengeschlagen zu werden, hatte ich immer erfolgreich verdrängt. Jetzt aber kämpfte ich wie ein Löwe. Nicht aus Tapferkeit, sondern aus Wut. Die Schweine klauen dein Eigentum! war mein einziger Gedanke.

Bald ließen jedoch meine Kräfte nach, und es gelang meinem Widersacher, die Wagentür aufzureißen und mit einem Arm ins Innere des Transporters zu greifen. Er richtete sich keuchend auf und brachte plötzlich eine abgesägte Schrotflinte zum Vorschein, mit der er zu meinem Entsetzen auf meine Brust zielte.

„Zurück!“ befahl er grimmig.

Ich trat ein paar Schritte zurück.

Schießeisen hatte ich nie leiden können. Blitzartig durchzuckte mich die Erkenntnis, daß es unsinnig war, wegen ein paar Kisten Wein zu sterben. Langsam ging ich weiter rückwärts, bis ich neben der Hintertür des Ladens stand. Die Tür war inzwischen zugefallen, aber nicht verschlossen. Hinter dieser Tür wärst du in Sicherheit, dachte ich.

Der Mann mit dem Gewehr war offenbar unentschlossen, ob er schießen sollte oder nicht. In diesem Augenblick kam Gerard in den Hof gefahren.

Der Mann mit dem Gewehr fuhr herum und feuerte einen Schuß auf den Mercedes ab. Ich riß die Hintertür auf. Schon sah ich die doppelläufige Flinte wieder auf mich gerichtet. Aus der Entfernung hätte der Mann damit einen Elefanten erschießen können. Noch nie in meinem Leben hatte ich mich so flink bewegt. Ich ließ mich blitzschnell seitwärts durch die Türöffnung fallen. Im selben Moment drückte er auf den Abzug.

Ich landete drinnen auf dem Boden. Die Schrotkugeln, die mich am Arm erwischt hatten, brannten wie Feuer. Währenddessen fiel zum Glück die Tür ins Schloß. Wenn du rasch den Riegel vorschiebst, dachte ich, bist du in Sicherheit. Gleichzeitig dachte ich jedoch voller Sorge an Gerard, der draußen im Auto saß.

Blut lief über meine rechte Hand. Ich rappelte mich auf und öffnete im Schutz der Hauswand einen Spaltbreit die Tür. Die beiden dunkelhaarigen Einbrecher kletterten gerade in Windeseile in ihren Lieferwagen. Ich versuchte nicht, sie aufzuhalten. Sie kurvten um Gerards Wagen herum und zur Hofeinfahrt hinaus, wo sie mit klaffenden Hecktüren und drei oder vier Kisten von meinem Wein verschwanden.

Gerards Windschutzscheibe war zersplittert. Das Schlimmste befürchtend, rannte ich zu seinem Wagen. Gerard lag quer über den Vordersitzen, mit blutender Schulter und schmerzverzerrtem Gesicht.

Ich riß die Fahrertür auf. In solchen Augenblicken sagt man manchmal die unpassendsten Dinge. „Es ... es tut mir so leid", stammelte ich.

Gerard stieß zwischen den Zähnen hervor: „Ich sah das Gewehr. Hab mich sofort geduckt, aber offenbar nicht schnell genug." Dann rappelte er sich auf, wobei die Splitter der Windschutzscheibe wie Hagelkörner von ihm abfielen. „Die Polizei wird gleich dasein, und Sie sind, wie ich sehe, am Leben. Hätte schlimmer ausgehen können."

In diesem Augenblick kam Mr. Sung Li um die Ecke gerannt, der Besitzer des Chinarestaurants. Sein breites Gesicht war ganz weiß vor Angst.

„Schüsse!" rief er. „Ich habe Schüsse gehört!"

Gerard bat ihn, einen Krankenwagen zu rufen, und er lief völlig verstört wieder zu seinem Restaurant zurück.

„Schon der zweite Sonntag, an dem Blut fließt", sagte Gerard. „Wird langsam zur Gewohnheit." Er blinzelte ein paarmal. „Haben Sie sich die Nummer des Lieferwagens gemerkt?"

„Ja", antwortete ich.

„Und die Täter? Könnten Sie sie beschreiben?"

„Sie trugen schwarze Wuschelhaarperücken", antwortete ich. „Außerdem hatten sie dichte schwarze Schnurrbärte, beide die gleichen. Und Gummihandschuhe. Wenn Sie mich aber jetzt fragen,

ob ich sie ohne diese Verkleidung wiedererkennen würde, muß ich Sie leider enttäuschen."

„Welchen Wein haben sie Ihrer Vermutung nach gestohlen?"

„Gute Frage. Ich sehe gleich nach. Das heißt – kann ich Sie überhaupt hier im Wagen allein lassen?"

„Ja."

Ich ging über den Hof auf meine Hintertür zu. Obwohl mir der rechte Arm höllisch weh tat, war ich erleichtert. Ich hatte glücklicherweise nicht die volle Ladung abbekommen.

Jetzt wurde mir auch klar, wie sich die Diebe Zugang zu meinem Laden verschafft hatten: Sie hatten einfach das Toilettenfenster eingedrückt, nachdem sie die Gitterstäbe, mit denen es geschützt war, durchgesägt hatten. Die Öffnung war groß genug zum Einsteigen. Ich ging in die Toilette – Glasscherben knirschten unter meinen Füßen – und wickelte mir erst einmal ein Handtuch um meinen blutenden Unterarm. Dann betrat ich den Laden, um nachzusehen, was mir gestohlen worden war.

Meinen kleinen Vorrat an Spitzenweinen hatten die Einbrecher Gott sei Dank verschont. Der preisgekrönte *Margaux,* der *Lafite* und die sechs Flaschen mit uraltem Cognac waren noch da.

Statt dessen hatten die Diebe gewöhnliche Flaschen aus den Regalen mitgenommen. Sie hatten sogar die halbleeren Probierflaschen vom Tisch gestohlen, außerdem den offenen Karton, der unterm Tisch gestanden hatte.

Vom Tisch fehlten der *Saint-Emilion,* der *Volnay,* der *Côtes du Roussillon* und der *Graves,* alles Rotweine. In den Regalen fehlten außerdem jeweils mehrere Flaschen *Saint-Estèphe, Nuits-Saint-Georges, Mâcon* und *Valpolicella* – ebenfalls lauter Rotweine.

Ich ging wieder in den Hof hinaus und sah mir die Kiste an, die der Einbrecher Nummer zwei mir ins Kreuz gestoßen und dann fallen gelassen hatte. Sie enthielt Probierflaschen vom Tisch.

Dann kehrte ich zu Gerard zurück und stellte aufatmend fest, daß sich sein Zustand offenbar nicht verschlimmert hatte.

„Na? Wie sieht's drinnen aus?" fragte er.

„Das waren keine gewöhnlichen Einbrecher. Sie haben hauptsächlich Sorten gestohlen, die ich im Silver Moon probiert habe."

Er sah mich stirnrunzelnd an und schien angestrengt nachzudenken.

Ich fuhr fort: „Die Flaschen, die ich damals im Silver Moon mitgenommen habe, habe ich aus eigener Tasche bezahlt. Irgend jemand hat sich wahrscheinlich gedacht, ich könnte sie hierhergeschafft haben, dabei sind sie längst bei der Polizei in Verwahrung."

„Sie meinen also“, sagte Gerard langsam, „wenn Sie diese Weine in Ihren Laden gebracht hätten, dann wären sie jetzt verschwunden. Warum haben Sie sie überhaupt gekauft?“

„Wegen der Etiketten. Ich wollte prüfen, ob sie gefälscht sind.“

Ein Streifenwagen rollte gemächlich in den Hof, zwei Polizisten stiegen aus und meinten, am Weinladen sei von der Hauptstraße her keine Spur eines Einbruchs zu entdecken. Ob wir wüßten, wer sie gerufen hätte.

Ich klärte sie auf, daß sie vor der Rückseite des Ladens stünden. „Hier sind die Diebe eingebrochen“, meinte ich. „Sie haben das Toilettenfenster eingedrückt, sind hineingeklettert und haben die Hintertür von innen aufgemacht.“

„Ah ja“, sagte der eine Beamte und ging in den Laden, um sich den Schaden anzusehen. Der andere zückte sein Notizbuch.

Ich berichtete: „Die Einbrecher hatten ein Gewehr und haben auf uns geschossen. Sie kamen mit einem grauen Bedford-Transporter mit braunen Streifen an der Seite. Das Kennzeichen lautet: MMO 229Y.“

Erst jetzt fiel dem Polizisten auf, daß Gerards Jacke ursprünglich nicht rot gewesen war. Nun handelte der Beamte, wie ich gerechterweise sagen muß, ungewöhnlich rasch. Denn schon eine Viertelstunde später saßen wir in der Unfallstation des Städtischen Krankenhauses. Gerard wurde in unbekannte Regionen entführt, während ich auf einem Untersuchungstisch Platz nehmen mußte. Eine Schwester mittleren Alters pickte mit einer funkelnden Pinzette Schrotkugeln aus meinem Arm.

„Sie machen das offenbar nicht zum erstenmal“, stellte ich nüchtern fest.

„Nein. Solche Unfälle kommen öfter vor, vor allem im Herbst, während der Jagdsaison.“ Sie stocherte weiter in meinem Arm herum, bis elf kleine schwarze Kügelchen, die aussahen wie Pfefferkörner, auf dem Tisch lagen.

Ein antiseptischer Verband ersetzte meinen zerfetzten Hemdsärmel; darüber kam eine Art gestrickter Pulswärmer. Ich hängte mir meine Jacke über die Schultern und machte mich auf die Suche nach Gerard.

Er saß in einem Krankenhausrollstuhl und trug ein Kliniknachthemd über der Hose. Bei ihm steckten, unerreichbar für die Pinzette, mehrere Schrotkugeln hinterm Schlüsselbein. Daher mußte er über Nacht bleiben, bis am nächsten Morgen ein Spezialist eintraf.

Er sagte, er habe schon seine Frau Tina angerufen. Sie werde ihm einen Pyjama bringen, außerdem den Wagen abholen und die Windschutzscheibe erneuern lassen. Ob er sie auch darauf vorbereitet hatte, daß die Kopfstütze am Fahrersitz zerfetzt war? Nicht auszudenken, was geschehen wäre, wenn Gerard sich nicht rechtzeitig hätte seitwärts fallen lassen . . .

Ich fuhr mit dem Taxi zum Geschäft zurück und konnte befriedigt feststellen, daß die Polizei, wie versprochen, das Toilettenfenster hatte vernageln lassen. Dann ging ich in den Laden und versuchte, das Ausmaß des Schadens abzuschätzen.

Mein Arm war im Augenblick nicht recht zu gebrauchen. Mit dem Heben von Weinkisten würde ich noch ein paar Tage warten müssen. Auch mit dem Zusammenfegen von Glassplittern. Ich dachte voller Dankbarkeit an Brian und verriegelte sorgfältig die Hintertür.

Schließlich knipste ich das Licht aus und verließ den Laden durch die vordere Tür.

Sung Li trat soeben aus seinem Restaurant.

„Oh, da sind Sie ja, Mr. Beach", sagte er erleichtert. „Möchten Sie etwas essen?"

Ich überlegte: Zwar hatte ich den ganzen Tag nichts gegessen, doch war ich nicht hungrig.

„Der Mensch muß essen", fuhr der Chinese fort. „Es gibt Huhn mit Ingwer, Ihr Lieblingsgericht."

Ich nahm sein Angebot an, und nach dem Abendessen fühlte ich mich gleich etwas besser. Eine Stunde später fuhr ich nach Hause. Allmählich ließ die Wirkung der örtlichen Betäubung nach, und mein Arm begann, wie Feuer zu brennen.

Ich schloß die Tür auf und betrat mein Haus. Das war nun schon der zweite Sonntag, an dem ich blutbefleckt und verstört nach Hause kam. Ich dachte an Emma. Hilf mir, Emma, dachte ich, um Gottes willen, hilf mir! Ich ging durch die leeren Zimmer und wünschte mir nichts sehnlicher, als Emmas Stimme zu hören, ihre liebevolle Umarmung zu spüren.

Reiß dich zusammen, sagte ich zu mir selbst. Leg dich ins Bett, und schlafe . . .

Doch mein Arm pochte unbarmherzig die ganze Nacht hindurch, und an Schlaf war nicht zu denken.

Der Montagmorgen brach an und entsprach genau meiner inneren Verfassung: trübe, neblig und trostlos. Steif und ungeschickt zog ich mich an, rasierte mich und machte Kaffee, immer mit der Versuchung kämpfend, wieder ins Bett zu gehen. Die elf kleinen Schußwunden in meinem Arm schienen miteinander um meine Aufmerksamkeit zu wetteifern; außerdem spürte ich auch noch die zahlreichen blauen

Flecken, die ich mir beim Kampf mit dem Einbrecher zugezogen hatte.

Ich fuhr zum Laden und parkte im Hof. Gerards Mercedes stand noch an derselben Stelle wie gestern. Ich ging außen herum zur Ladentür, vor der ich einen Streifenwagen erblickte. Hinterm Steuer saß Sergeant Ridger. Als ich näher kam, stieg er aus.

„Wie geht es Ihnen?“ Er räusperte sich. „Tut mir ... äh ..., tut mir sehr leid.“

Ich brachte ein gequältes Lächeln zustande. Der Mann nimmt ja regelrecht menschliche Züge an, dachte ich. Rasch schloß ich die Ladentür auf und sperrte sie hinter uns sofort wieder zu. Dann sah ich im Büro die Post durch, während Ridger mit Notizbuch und gezücktem Bleistift herumspazierte.

Nach einiger Zeit blieb er stehen und sagte: „Ist Ihnen klar, daß sich die Aufstellung der entwendeten Weine, die Sie meinem Kollegen zu Protokoll gaben, bevor Sie in die Klinik fuhren, bis auf wenige Ausnahmen mit der Liste der Rotweine deckt, die aus dem Silver Moon gestohlen wurden?“

„Ich weiß“, sagte ich. „Jetzt hoffe ich nur, daß Sie meine zwölf Flaschen auf der Polizeiwache gut verwahrt haben.“

„Aber natürlich“, erwiderte er pikiert.

„Eine davon hätte ich jetzt gern hier“, bemerkte ich nachdenklich.

„Welche?“

„Den *Saint-Estèphe*. Aber irgendeine andere wäre mir auch recht.“

„Wozu brauchen Sie sie?“

„Ich will sie nur noch mal anschauen. Daran riechen ..., den Geschmack prüfen. Es könnte nützlich sein. Vor allem für Sie.“

Leicht verunsichert zuckte er die Achseln. „Na schön. Ich will sehen, was ich tun kann. Aber vielleicht habe ich auch Pech und bekomme keine. Schließlich handelt es sich um Beweismaterial.“ Er blickte sich in meinem winzigen Büro um. „Haben die Kerle hier etwas angerührt?“

Ich schüttelte den Kopf. „Sie waren tatsächlich nur hinter den Weinen her, von denen sie annehmen konnten, daß sie vielleicht aus dem Silver Moon stammten. Die Flaschen, die sie mitgehen ließen, waren alle geöffnet und wieder verkorkt.“

Ich berichtete ihm von den Probierflaschen, die vom Tisch verschwunden waren.

„Können Sie Ihrer Beschreibung der Einbrecher noch etwas hinzufügen?“

Ich schüttelte den Kopf.

„Hätte einer von ihnen der Barmann aus dem Silver Moon sein können?"

„Nein. Der Barmann hatte Akne. Die Einbrecher nicht."

„Der Barmann wußte aber genau, was Sie gekauft hatten", gab Ridger zu bedenken. „Auf Ihrer Quittung hat er die Weine alle einzeln aufgeführt."

„Haben Sie ihn danach gefragt?" wollte ich wissen.

Ridger schien sich über meinen Status immer noch nicht klar zu sein: Gehörte ich zur „Allgemeinheit", oder war ich ein „freier Mitarbeiter", dem er Informationen zukommen lassen durfte? „Wir haben ihn noch nicht ausfindig machen können", sagte er nach einer Weile. „Offenbar ist er am letzten Montag gleich nach Dienstschluß fortgefahren und hat unseren Zuständigkeitsbereich verlassen. Wir suchen natürlich nach ihm."

„Aber nicht wegen des Mordes an Zarac", meinte ich.

„Nein, das nicht."

„Dieser Assistent und die Kellnerin", fuhr ich nachdenklich fort, „wissen auch, was ich gekauft habe, aber ..."

„Vergessen Sie die beiden", sagte Ridger nur.

„Gut. Bleibt also noch Paul Young. Haben Sie ihn aufgespürt?"

„Wir setzen unsere Nachforschungen fort." Solche amtlichen Floskeln hörten sich aus Ridgers Mund sehr bedeutsam an. Er war höchstens vier oder fünf Jahre älter als ich. Ob er außer Dienst ein anderer Mensch war?

„Sie haben doch sicher nichts dagegen, wenn ich hier aufräume?" meinte ich.

„Aber nein. Ich will mich nur noch mal im Hof umsehen, bevor ich gehe. Kommen Sie bitte mit, dann können wir feststellen, was vor dem Einbruch anders war."

Das Aufstehen machte etwas Mühe. Ridger entriegelte die schwere Hintertür und öffnete sie. Ich trat hinter ihm in die rauhe, kalte Luft hinaus und sah ihm zu, wie er mit langen Schritten die Entfernungen abmaß.

„Wo stand der Mann mit dem Gewehr, als er Sie bedrohte?"

„Ungefähr da, wo Sie jetzt stehen."

Er nickte, fuhr herum und zeigte mit ausgestrecktem Arm auf Gerards Mercedes. „Von hier aus hat er auf den Wagen geschossen", vermutete er.

„Ja."

„Und dann ..." Erneut drehte er sich herum, bis sein ausgestreckter Arm auf mich wies. „Dann hat er wieder geschossen."

„Aber zu diesem Zeitpunkt habe ich schon nicht mehr hier gestanden."

Ridger gestattete sich ein Lächeln. „Ungemütlich nah, was?" Er trat neben mich und ließ seine Hand über die Außenseite der Tür gleiten. „Wollen Sie sehen, was Sie beinahe erwischt hätte?"

Er deutete auf die Tür, auf eine Stelle direkt unterm Riegel. Hier war das Holz mit Dutzenden schwarzer Kügelchen gespickt und sah aus, als wären die Holzwürmer in Scharen darüber hergefallen.

„Dreihundert Bleikügelchen enthält eine normale Schrotpatrone", erklärte Ridger. „Da sind Sie mit elf Stück noch ganz gut weggekommen!"

Ich studierte das Einschußfeld mit den zahllosen schwarzen Punkten. Die Stelle, wo das Holz am dichtesten gespickt war, lag ungefähr in der Höhe meines Herzens.

Mrs. Palissey und Brian trafen pünktlich ein und bekundeten beide ihr Entsetzen. Ich bat Mrs. Palissey, den Laden aufzuschließen. Brian sollte aufräumen, während ich mit Ridger im Hof blieb. Als er mit seinen Ermittlungen fertig war, fuhr er weg und überließ mich Mrs. Palissey und ihrem Bedauern. Ihre Augen glänzten, und sie schien kaum erwarten zu können, daß die ersten Kunden eintrafen, mit denen sie schwatzen konnte.

Brian zeigte, wie so oft, eine leicht sorgenvolle Miene, während er den Laden ausfegte, aufräumte und schließlich wissen wollte, was er mit dem Weinkarton im Waschbecken machen solle. Die Einbrecher hatten ihn im Hof stehenlassen, und die Polizei hatte ihn gestern abend in der Toilette abgestellt.

„Nimm alle Flaschen, die noch ganz sind, heraus, und stelle sie ins Lager", sagte ich. Als er wiederkam und meldete, daß er fertig sei, sah ich mir die Flaschen genauer an. Da waren sie: acht von zwölf Flaschen *Saint-Emilion,* die unterm Tisch gestanden hatten.

Brian hielt einen Zettel in der Hand. „Der hat unten im Karton gelegen", erklärte er und reichte ihn mir – ein Blatt von einem Notizbuch, durchtränkt vom Rotwein aus den zerbrochenen Flaschen.

Darauf stand in steiler, krakeliger Schrift:

> Erstens: Alle offenen Weinflaschen.
> Zweitens: Alle Flaschen mit folgenden Namen: *Saint-Emilion, Nuits-Saint-Georges, Saint-Estèphe, Valpolicella, Volnay, Mâcon.*
> Falls noch Zeit ist: Schnäpse usw.; alles, was greifbar ist.
> Anbruch der Dunkelheit 8 Uhr 30! Kein Licht anmachen!

„Soll ich den Zettel wegschmeißen, Mr. Beach?" fragte Brian eifrig.

„Du bekommst sechs Schokoladenriegel als Finderlohn", erwiderte ich.

Das zauberte ein stolzes Lächeln auf sein Gesicht. Er folgte mir in den Laden, um seine Belohnung in Empfang zu nehmen.

Mrs. Palissey, immer noch aufgeregt ob des ungewöhnlichen Ereignisses, war ebenfalls sehr hilfsbereit. Ja, selbstverständlich, sie käme schon zurecht, wenn ich zehn Minuten weg müßte. Ich versicherte sie meiner Dankbarkeit und ging die Straße entlang, um Fotokopien von der „Einkaufsliste" der Einbrecher machen zu lassen.

Als ich wiederkam, wuchtete Brian Kartons mit Whisky, Gin und Sherry aus dem Lager in den Laden. Mrs. Palissey füllte die Regale wieder auf, und fünf Kunden gaben telefonisch Bestellungen durch. Das Schreiben fiel mir außerordentlich schwer, weil mein Arm immer noch schmerzte.

Irgendwie verrann der Vormittag, und Mrs. Palissey bot sich an, am Nachmittag mit Brian zum Großhändler zu fahren.

Als sie fort waren, wanderte ich in meinem Laden herum und dachte nach. Ich brauchte Nachschub für den gestohlenen Wein, ich brauchte ein neues Fenster . . ., und ich brauchte ein wenig Aufmunterung, da mein Selbstbewußtsein ziemlich gelitten hatte. Schließlich war ich selbst schuld, daß es mich erwischt hatte. Warum war ich auf den Mann zugelaufen, anstatt mich so schnell wie möglich zu verstecken, wie es der Selbsterhaltungstrieb geboten hätte?

Um drei kam Sergeant Ridger wieder. Aus einer Tüte zog er eine Flasche *Saint-Estèphe* und stellte sie auf den Ladentisch. Sie war mit Klebeband versiegelt und seit ihrer Beschlagnahme im Silver Moon unberührt.

„Kann ich die behalten?" fragte ich.

Er nickte. „Ja, wenn auch nur vorläufig."

„Ich habe auch was für Sie", sagte ich und drückte ihm die von Brian gefundene Liste in die Hand.

Er wuchs sichtlich um ein paar Zentimeter, als er begriff, was er da vor sich hatte und woher es stammte. „Das ist ein sehr wichtiges Beweisstück", erklärte er voller Genugtuung.

„Besonders interessant wäre der Zettel", meinte ich, „wenn es sich um Paul Youngs Handschrift handelte. Erinnern Sie sich, wie verkrampft er den Kugelschreiber hielt, als er seinen Namen und seine Adresse aufschrieb? Er hat in kurzen, steilen Zügen geschrieben. Die Handschrift auf der Liste hier sieht ganz ähnlich aus."

Sergeant Ridger starrte die Liste an. Kaum hörbar flüsterte er: „Sie könnten recht haben. Das wird dem Hauptkommissar Wilson sehr gefallen."

„Und im übrigen tappen Sie im dunkeln, weil Sie Paul Young nicht ausfindig machen können", vermutete ich.

Er blickte zu Boden. „Wir haben Schwierigkeiten, gewiß."

„Was ist mit seinem Wagen?"

„Mit welchem Wagen?"

„Er ist bestimmt nicht zu Fuß ins Silver Moon gekommen. Das Lokal ist doch ziemlich abgelegen. Als wir mit den Flaschen aus dem Haus traten, stand nur Ihr Wagen auf dem Parkplatz. Also hat er vermutlich hinter dem Haus geparkt wie die Angestellten auch."

Sergeant Ridger schaute auf und sah mich lange an. „Woher wissen Sie, daß die Angestellten hinterm Haus parken?"

„Als ich den Wein holen ging, habe ich durchs Fenster geschaut und draußen Autos stehen sehen. Irgendwie müssen die Angestellten ja zur Arbeit kommen, und der vordere Parkplatz war leer."

Er schien sich zu erinnern, denn er nickte.

„Paul Young war noch da, als wir das Silver Moon verließen", fuhr ich fort. „Vielleicht weiß der Assistent oder die Kellnerin, was für einen Wagen er besitzt."

Ridger faltete den Zettel sorgfältig zusammen und verstaute ihn in seinem Notizbuch. „Ich bin mit dieser Untersuchung nicht beauftragt", erklärte er, „aber ich nehme an, daß diese Personen schon alle befragt worden sind. Trotzdem werde ich das nachprüfen."

Er verabschiedete sich. Ich trug die Flasche *Saint-Estèphe* vorsichtig ins Büro. Dort setzte ich mich an meinen Schreibtisch, ohne jedoch fähig zu sein, etwas Vernünftiges zu tun. Eine Menge Bestellungen mußten dringend erledigt werden . . ., am Donnerstag sollte ich Sekt für eine Geburtstagsfeier liefern . . ., ob diese Mattigkeit in den Knochen, diese Schmerzen im Arm bis Donnerstag vorbei sein würden?

Eine Frauenstimme aus dem Laden. Ich stand langsam auf und ging hinüber, versuchte zu lächeln. Das Lächeln fiel mir leicht, als ich erkannte, wer im Laden stand.

Es war Flora. Mit liebevollem Blick sah sie mir in die Augen. Neben ihr, schlank und elegant, stand Gerards Frau Tina.

„Guten Tag, Tony!" rief Flora und kam mir durch den Laden entgegen. „Gehörst du nicht ins Krankenhaus? Du siehst nicht sehr gut aus."

„Hätte mir gar nicht gepaßt, wenn die mich dabehalten hätten", meinte ich. Dann begrüßte ich Mrs. McGregor. „Wie geht's Gerard?"

Tina McGregor lächelte mich an, obwohl ich doch eigentlich schuld an der Verwundung ihres Mannes war. Sie berichtete, daß am Morgen die Schrotkugeln entfernt worden seien, Gerard aber noch eine Nacht in der Klinik bleiben müsse.

„Er möchte Sie sprechen. Heute abend, wenn möglich."

Ich nickte. „Ich gehe hin."

„Ach, Tony", sagte Flora, „ich wollte dich um etwas bitten, aber jetzt sehe ich, wie blaß du bist. Es wäre bestimmt zuviel für dich ..."

„Was wäre zuviel?" fragte ich.

„Ich dachte ..., eigentlich dumm von mir ..., ob du mich vielleicht auf die Rennbahn begleiten würdest." Die letzten Worte kamen ganz schnell heraus.

„Auf die Rennbahn?"

„Ja, und zwar morgen. Wir haben ein Pferd im Rennen, und der Besitzer ist sehr eigenwillig. Jack findet, ich müsse unbedingt dabeisein. Du warst bei der Abendstallzeit eine so große Hilfe, und da habe ich mir gedacht, ein Tag auf der Rennbahn macht dir vielleicht Spaß. Aber jetzt sehe ich ein, daß es dir bestimmt zuviel würde."

Pferderennen? Ein Tag Urlaub? Das war vielleicht keine schlechte Idee. „Wo findet das Rennen denn statt?" fragte ich.

„In Martineau Park."

Diese herrliche Rennbahn liegt nordöstlich von Oxford.

„Aber ja, ich komme mit", sagte ich. „Mit Vergnügen."

Sie wirkte erleichtert. Wir verabredeten, daß sie mich am nächsten Tag um eins abholen und gegen sechs wieder zu Hause abliefern würde. Das Pferd, erklärte sie, liefe um halb vier im Hauptrennen des Tages und man müsse hinterher stundenlang mit dem Besitzer reden und das Rennen in allen Einzelheiten besprechen.

„Als ob ich viel dazu sagen könnte!" meinte Flora unglücklich.

„Hör dem Besitzer andächtig zu, pflichte ihm grundsätzlich bei, und er hält dich für eine Expertin", schlug ich vor.

„Wie kannst du so etwas behaupten!" rief sie entrüstet, wirkte aber trotzdem ganz zufrieden.

Tina McGregor war gekommen, um Gerards Wagen abzuholen, und ich führte die beiden in den Hof. Mrs. McGregor sah sich kommentarlos die zerschmetterte Windschutzscheibe und das zerfetzte Polster an, ohne sich ihre Besorgnis anmerken zu lassen.

Am Abend besuchte ich Gerard. Er trug den Arm in einer Schlinge und wirkte sehr gelassen. „Wie fühlen Sie sich?" erkundigte ich mich.

„Mies", antwortete er. „Ihnen wird's wahrscheinlich nicht viel bessergehen."

Ich nickte und entschuldigte mich für meine unüberlegte Handlungsweise, als ich die Einbrecher angegriffen hatte.

Er schüttelte steif den Kopf. „Machen Sie sich keine Vorwürfe. Ich hätte nie und nimmer in Ihren Hof fahren dürfen. Dabei wollen wir es bewenden lassen, ja?"

Ich war ihm dankbar für seine Großzügigkeit, fühlte mich aber trotzdem schuldig. Später erzählte ich ihm von dem Zettel, den die Einbrecher zurückgelassen hatten, gab ihm eine Fotokopie und äußerte meinen Verdacht, daß es sich wahrscheinlich um Paul Youngs Handschrift handelte.

„O je", sagte er und überflog die Liste. „Da hätte er ebensogut ein Geständnis unterschreiben können. Aber es ist klar: Die Einbrecher brauchten eine Liste – bei all den französischen Weinnamen. Sonst hätten sie ja nie die richtigen Sachen erwischt."

„Es sei denn, sie kannten die entsprechenden Etiketten genau."

Gerard blickte von dem Zettel auf. „Und da sie sie offenbar nicht kannten, scheiden sie als Urheber der Weinverfälschungen aus. Aber es könnte sich immerhin noch um die Mörder von Zarac handeln."

Ich schüttelte den Kopf. „Na, ich weiß nicht recht", entgegnete ich. „Es waren harte Burschen, doch als der Größere der beiden das Gewehr aus dem Auto holte und auf mich zielte, da hat er deutlich einen Moment gezögert. Wenn es Zaracs Mörder gewesen wäre, hätte er bestimmt nicht lange gefackelt."

Gerard ließ sich den Gedanken durch den Kopf gehen. „Er könnte aus Angst vor einem Zeugen gezögert haben. Trotzdem: Wer ein Gewehr zu einem Einbruch mitnimmt, muß immerhin die Möglichkeit in Betracht gezogen haben, im Ernstfall jemanden zu töten."

„Gerard", sagte ich, „wo fängt meine Beratertätigkeit an und wo hört sie auf?"

„Was meinen Sie damit?"

„Na ja, wir haben im Silver Moon keine Tankladung Whisky gefunden. Dieser gestohlene *Rannoch* muß aber doch irgendwo auftauchen – vielleicht als angeblicher *Laphroaig*. Oder eher als *Bell's*."

Gerard mußte grinsen. „Sie meinen, Sie könnten ihn finden, wenn Sie quer durch England führen und ein paar Stichproben in verschiedenen Kneipen machten?"

„Nein, wir beschränken uns auf Berkshire, Oxfordshire und die Gegend um Watford. Das macht höchstens noch fünfzigtausend Kneipen . . ."

„Bitte lassen Sie Ihre Scherze", protestierte Gerard. „Das Lachen tut so weh!"

„Selbst wenn ich in jedem Lokal einen Scotch bestelle, habe ich kaum eine Chance."

„Wer weiß? Irgendeine verschwiegene kleine Bar in einer dunklen Seitenstraße ..."

Ich schüttelte den Kopf. „Eher ein Betrieb wie das Silver Moon. Viel Rauch, viel Lärm, Tanzveranstaltungen und ein Riesenumsatz."

Gerards Blick wurde nachdenklich. „Hängt davon ab, wieviel Kenneth Charter ausgeben will. Wie Sie sagen: Die Chance ist minimal. Trotzdem werde ich ihm Ihren Vorschlag unterbreiten."

„Sergeant Ridger hat mir eine der Weinflaschen aus dem Silver Moon überlassen", fuhr ich fort. „Vielleicht hilft uns das Etikett weiter. Oder es führt sogar eine Spur vom Wein zum Scotch."

Er blickte auf die Fotokopie in seiner Hand. „Zu Paul Young, meinen Sie?"

„Vermutlich."

„Wein- und Whiskytests zählen zu Ihrer Beratertätigkeit", schloß Gerard. „Paul Young dagegen fällt in meinen Zuständigkeitsbereich."

Fünf

Henri Tavel bat mich abends am Telefon, meiner lieben Mutter seine herzlichsten Grüße zu bestellen. Ich versprach es.

Er sei entzückt, nach so langer Zeit wieder meine Stimme zu hören. Noch einmal drückte er sein Beileid zum Tod meiner Frau aus, wofür ich mich bedankte. Ich hätte doch im Herbst nach Bordeaux kommen sollen, meinte er. Die Weinlese sei diesmal besonders reichlich ausgefallen. Dazu gratulierte ich ihm. Schließlich vermutete er richtig, daß ich doch bestimmt etwas auf dem Herzen hätte, wenn ich ihn mitten in der Woche anriefe, und er wollte wissen, wie er mir helfen könne. Ich erzählte ihm von den Weinverfälschungen und der Flasche *Saint-Estèphe,* die Ridger mir gebracht hatte.

„Dieses Vergehen kommt leider nur allzu häufig vor", meinte er bedauernd.

„Können Sie feststellen, ob das Etikett dieser Flasche echt ist, wenn ich es Ihnen morgen vormittag beschreibe?" fragte ich.

„Aber sicher", antwortete er. „Also dann, bis morgen, mein lieber Tony."

Ich rief ihn anderntags wieder vom Büro aus an. Vor mir stand die Flasche *Saint-Estèphe* auf dem Schreibtisch.

„Der Wein heißt *Château Caillot.* Das Etikett muß also von der

Kellerei eines Schlosses in der Gegend von Saint-Estèphe stammen." Ich buchstabierte ihm den Namen des Weines. „Kennen Sie dieses Schloß?"

„Nein, Tony, denn es gibt mindestens zweihundert kleine Weinschlösser in dieser Gegend, dem Haut-Médoc. Aber ich sehe nach, wo es liegt."

„Prima", erwiderte ich. „Außerdem steht noch auf dem Etikett: ‚Abgefüllt von W. Thiery & Söhne GmbH, Bordeaux'."

In Henri Tavels Stimme lag Mißtrauen. „Diese Firma kenne ich leider auch nicht", meinte er. „Aber ich werde mich darum kümmern."

„Das Etikett trägt schließlich noch die Jahreszahl 1979", sagte ich. „Und es ist sehr hübsch: schwarz-goldene Buchstaben auf cremefarbenem Grund, dazu die Zeichnung eines zauberhaften Schlosses, das mir irgendwie bekannt vorkommt. Schade, daß Sie es nicht sehen können, Sie würden es bestimmt erkennen."

„Lösen Sie das Etikett ab, und schicken Sie es mir. Was für Wein versteckt sich denn dahinter?"

„Hauptsächlich italienische Sorten, vermute ich, vielleicht vermischt mit jugoslawischen. Ein leichter Wein mit wenig Körper und ohne Ausdruck. Trotzdem ganz gefällig."

„In Bordeaux abgefüllt ...", murmelte er nachdenklich.

„Wenn es das Château Caillot nicht gibt, kann der Wein überall abgefüllt worden sein", sagte ich. „Ich habe den Korken aufgehoben. Er sieht ziemlich neu aus, und es steht nichts darauf."

Die sechs Korken der Flaschen aus dem Silver Moon standen in einer Reihe vor mir auf dem Schreibtisch und glichen einander wie ein Ei dem anderen. Bei eigenen Abfüllungen stempelt das Weingut in der Regel seinen Namen und die Jahreszahl auf den Korken.

Die Namen auf den Etiketten der Silver-Moon-Weine waren – sofern es sich um Fälschungen handelte – jedenfalls geschickt erfunden: vornehme Namen von vertrautem Klang, Namen, die man sich gern etwas kosten ließ. Grob geschätzt, hatte der Wein etwa ein Fünfzigstel von dem gekostet, was Larry Trents Gäste dafür bezahlen mußten. Ich fragte Henri Tavel, wann ich ihn wieder anrufen dürfe.

„Morgen abend. Bis dahin habe ich alles geklärt."

Ich bedankte mich mehrmals, und wir legten beide auf.

AM NÄCHSTEN Tag holte Flora mich vom Laden ab und fuhr mit mir nach Martineau Park. Sie war sehr nervös, redete ununterbrochen und schärfte mir immer wieder ein, was ich alles nicht zu Orkney Swayle sagen durfte. Orkney Swayle war der Pferdebesitzer, vor dem sie solche Angst hatte.

Dabei hatte Flora das gar nicht nötig. Sie genoß durchaus Ansehen in der Welt des Galoppsports, sie sah auf ihre rundliche Art hübsch aus und war mit ihrem maßgeschneiderten Kostüm und den teuren Schuhen schick angezogen. Aber um ihr Selbstvertrauen war es nicht besonders gut bestellt.

„Lieber Tony, du mußt versuchen, möglichst weltmännisch aufzutreten, wie Jimmy – das wird Orkney imponieren", sagte sie. „Behandle ihn etwas herablassend, und sprich ein wenig durch die Nase, das klingt vornehm."

Ihre Vorstellungen von Vornehmheit amüsierten mich.

„Ich werde Jimmy perfekt nachahmen", versprach ich. „Wie geht's ihm übrigens?"

„Schon viel besser, Gott sei Dank!"

Das freute mich, und ich sagte es ihr.

„Habe ich dir schon erzählt, daß Orkney in Martineau Park eine eigene Loge auf der Tribüne besitzt?" fragte sie und bog in die Zufahrt zur Rennbahn ein. Ein Pförtner öffnete eine Schranke und grüßte, als er Flora erkannte. „Vergiß nicht", meinte sie unterdessen, „Orkneys Pferd heißt Palomino, ein zweijähriger Hengst. Er ist in dieser Saison schon neunmal gelaufen und hat zweimal gewonnen."

Sie hielt auf dem Parkplatz, doch sie stieg nicht aus. Statt dessen blickte sie in den Rückspiegel und rückte ihren schicken Hut zurecht.

„Ich habe dich noch gar nicht gefragt, was dein Arm macht, Tony", sagte sie. „Man merkt dir an, daß die Verletzung weh tut. Solltest du den Arm nicht lieber in einer Schlinge tragen?"

„Ich glaube, daß ich auf Dauer weniger Schwierigkeiten habe, wenn ich ihn gleich wieder bewege."

„Weißt du was, mein lieber Tony? Wir gehen jetzt erst mal zu den Sanitätern und borgen uns eine von den schmalen schwarzen Schlingen, die die Jockeys tragen, wenn sie sich was gebrochen haben. Dann brauchst du den Leuten nicht die Hand zu schütteln, und alle werden Rücksicht auf dich nehmen."

Wir gingen zum Sanitätsraum, wo Flora mit Charme und Hartnäckigkeit schließlich bekam, was sie wollte. Dankbar legte ich die Schlinge an.

„So ist es gut", meinte sie und nickte. „Jetzt gehen wir in Orkneys Loge." Schlagartig schmolz ihre Entschlossenheit wieder dahin. „Mein Gott, in seiner Gegenwart fühle ich mich immer so dumm und ungeschickt", meinte sie beunruhigt.

„Aber dazu besteht doch nicht der geringste Grund“, sagte ich mit Überzeugung, während wir in den Lift stiegen, der uns in die oberen Ränge der Tribüne beförderte.

Die beiden langen Reihen der privaten Logen erreichte man über eine verglaste Galerie an der Rückseite der Tribüne. Als wir aus dem Lift kamen, wimmelte es im Vorraum von Kellnerinnen, die Servierwagen mit Essen durch die Gegend schoben.

Flora ging voraus. Sie sah aus, als schwante ihr nichts Gutes. So schlimm kann Orkney Swayle doch gar nicht sein, dachte ich.

Die Tür seiner Loge stand offen. Wir blickten hinein. Zur Linken entdeckte ich ein niedriges Regal, das als Bar diente, sowie drei Tische mit Stühlen in der Mitte des Raumes. Eine Glastür führte auf den Balkon, von dem aus man die Rennen beobachtete. Rechts von der Eingangstür lag ein kleiner Servierraum.

An einem der Tische saß ein Mann und studierte die Rennzeitung. Flora räusperte sich, sagte zaghaft: „Orkney?“ und trat zögernd ein. Der Mann sprang keineswegs auf, um Flora zu begrüßen. Er ließ sich Zeit, als müsse er sich zum Aufstehen förmlich zwingen. Er war groß, hatte sandfarbenes Haar, blaue Augen und trug eine Brille.

„Das ist Tony Beach, Orkney“, sagte Flora.

Orkney musterte mich in aller Ruhe von Kopf bis Fuß. Sein Blick verweilte kurz auf der Schlinge. „Jacks Assistent?“ fragte er.

„Nein, nein“, entgegnete Flora, „ein Freund.“

„Wie geht es Ihnen?“ begann ich in meinem besten Jimmy-Tonfall. Ich erntete ein herablassendes Nicken, und Flora atmete erleichtert auf.

Tapfer fügte sie hinzu: „Jack läßt Ihnen ausrichten, daß Palomino in Topform ist.“

„Ich habe selbst mit Jack gesprochen“, erwiderte Orkney. Nach einer vielsagenden Pause fügte er hinzu: „Was zu trinken?“

Ich merkte, daß Flora ablehnen wollte, und erklärte rasch: „Aber gern, warum nicht?“

Orkneys Blick wanderte zur Bar. „Einen Gin-Tonic für dich, Flora?“

„Sehr gerne, Orkney.“

Flora sah nervös zu, wie Orkney ihr zwei Fingerbreit Gin eingoß und knapp die gleiche Menge Tonic-Wasser nachschenkte.

„Eis? Zitrone?“ fragte er und fügte beides hinzu, ohne die Antwort abzuwarten. Dann runzelte er die Stirn, blickte mich von der Seite an und meinte, während er Flora das Glas reichte: „Und Sie ... äh ... dasselbe?“

„Nein, danke“, sagte ich, „lieber einen Scotch.“

Es war Whisky der Marke *Teacher's*. Orkney goß mir ebenfalls zwei Fingerbreit ein, setzte die Flasche ab und deutete mit fragendem Blick auf eine Flasche Ginger Ale und den Sodasiphon.

„Pur", betonte ich. „Und ohne Eis."

Seine Miene verriet leichtes Erstaunen. Er gab mir das Glas und goß sich selbst einen Gin ein.

„Viel Glück", meinte ich und nahm einen Schluck. „Auf Palomino."

Das Aroma des Whiskys entfaltete sich auf meiner Zunge: Gerste, Malz und Eichenholz, ein wohlvertrauter Geschmack, der dem ebenso wohlvertrauten Nachgeschmack wich. Soviel war sicher: Was ich trank, war jedenfalls kein *Rannoch*.

In der Tür erschien eine Kellnerin mit einem Servierwagen. An Floras Gesichtsausdruck erkannte ich, daß wir nicht allzuviel erwarten durften. Ich sah mir das Angebot an und entdeckte belegte Brote, Kräcker mit Käse, Erdbeertörtchen – alles einzeln in Klarsichtfolie eingepackt. Die Kellnerin erkundigte sich, ob sie auspacken solle, doch Orkney verneinte und fügte hinzu, daß er das später selbst tun werde.

„Früher", erklärte mir Flora, „konnte man Getränke und Essen selbst mitbringen, doch jetzt haben die Restaurationsbetriebe den Laden fest im Griff; man muß alles bei ihnen kaufen, und manche Sachen sind furchtbar teuer. Orkney hat gesagt, inzwischen verlangten sie in den Logen Preise wie an der Bar."

„Das sind hundertfünfzig Prozent Gewinn pro Flasche Scotch."

Flora rechnete. „Dann muß Orkney also mehr als das Doppelte des Preises zahlen, den du für dieselbe Flasche in deinem Laden verlangst?"

„Wesentlich mehr als das Doppelte."

So gesehen waren die zwei Fingerbreit Scotch in meinem Glas eher großzügig bemessen. Später wurde mir auch klar, daß es sich bei Orkneys abweisender Wesensart nicht so sehr um schlechtes Benehmen, sondern eher um Gedankenlosigkeit handelte.

Orkney kippte seinen Gin hinunter, ohne den Blick von mir abzuwenden. „Verstehen Sie was von Pferden?" fragte er.

Ich wollte schon antworten: „Ein bißchen", doch Flora schob meiner Bescheidenheit sofort einen Riegel vor.

„Aber natürlich, Orkney", meinte sie. „Seine Mutter ist eine begeisterte Jagdreiterin, sein Vater war in den fünfziger Jahren der beste Amateurreiter des Landes, und sein Großvater hat beinahe das Grand National gewonnen ..."

In Orkneys Augen erschien ein kurzes Leuchten, das jedoch sofort wieder verschwand. Irgendwo tief in seinem Inneren schlummerten vielleicht doch menschliche Regungen.

„Donnerwetter, Flora!“ rief er. „Das sind ja erstklassige Referenzen.“

„Oh“, erwiderte Flora nur und verstummte, weil sie nicht wußte, ob er sich über sie lustig machte.

„Palomino“, erklärte Orkney in nüchternem Ton, „stammt von Desert Palm ab, einem Nachkommen von Breezy City, und von Draughty City, einem Halbbruder von Goldenburgh, dessen Vater, wie Sie wissen, den *Prix de l'Arc de Triomphe* gewonnen hat.“

Er schien auf eine Reaktion zu warten, und ich bestätigte: „Hochinteressante Abstammung.“ Mit dieser Antwort lag ich auf alle Fälle richtig.

Orkney verbreitete sich darauf minutenlang über Palominos Vorfahren, und ich machte von Zeit zu Zeit passende Zwischenbemerkungen. Flora schien sich allmählich zu entspannen und gewann an Sicherheit. Doch dann wurde ihr die Schau gestohlen, und zwar von einer hocheleganten Dame, die überraschend zu uns stieß.

Sie war ein gutes Stück größer als Flora, deutlich schlanker und etwa fünf Jahre jünger. Außerdem hatte sie wunderschöne große graue Augen, sie war perfekt geschminkt. Zu allem Überfluß war sie auch noch fast genauso angezogen wie Flora, nur viel, viel schicker. Eine blühende, sprühende Konkurrentin. Flora kam sich bestimmt wie ein Trampeltier neben ihr vor.

„Flora“, sagte Orkney, „Du kennst doch Isabella. Isabella, und dieser junge Herr hier . . . äh . . . wie war noch mal Ihr Name?“

Ich nannte ihm meinen Namen, und er sagte ihn Isabella weiter. Isabella und ich begrüßten uns mit einem mittelfreundlichen Lächeln.

Dann begann das Programm. Nach jedem Rennen verließen die meisten Zuschauer die Tribüne, um die Pferde des nächsten Wettbewerbs im Führring zu begutachten. Orkney schloß ein paar Wetten ab, meiner Meinung nach mit großem Sachverstand, während Isabella mit Wettscheinen nur so um sich warf.

Ich begleitete Flora, die Palomino in seiner Box besuchen wollte. In den Stallungen begrüßte uns Jacks Stallmeister, der orakelte, das Pferd sei in Bestform und Flora brauche keine Bedenken zu haben. Flora nahm sich diesen guten Rat freilich nicht zu Herzen, sondern fuhr fort, sich Sorgen zu machen.

Wir kehrten in die Loge zurück, wo Flora einen hungrigen Blick auf das klarsichtverpackte Essen warf. Und dann erzählte sie mir leise von Orkneys gespanntem Verhältnis zu den Restaurateuren.

Als wir auf dem Balkon aufs dritte Rennen warteten, fragte Orkney Flora, ob Jack inzwischen einen neuen Pächter für seine Stute gefunden habe.

„Sobald er aus dem Krankenhaus kommt, wird er sich darum kümmern", versprach Flora und fügte, an mich gewendet, hinzu: „Orkney gehört eins von den Pferden, die Larry Trent gepachtet hat."

Orkney nickte ernst. „Die Stute ist eine Tochter der berühmten Fringa. Inzwischen ist sie dreijährig; den breiten Brustkorb hat sie von ihrer Mutter."

Ich erinnerte mich an das Pferd. „Stimmt, ich habe sie in Jacks Stall gesehen."

„Tatsächlich?" Orkneys Interesse schien erwacht. „Ein Dunkelfuchs mit einer breiten Blesse und außerordentlich wachen Augen."

„Ich weiß", sagte ich. „Harmonischer Körperbau, kräftige, trokkene Sprunggelenke. Und die Narbe an der linken Schulter ist offenbar gut verheilt. Könnte eine Stacheldrahtverletzung gewesen sein."

Orkney wirkte gleichzeitig geschmeichelt und verärgert. „Als Zweijährige ist sie mal abgehauen. Mußte ausgerechnet in den einzigen Stacheldrahtzaun von ganz Berkshire hineinrennen. Pferde haben keinen Verstand."

„Sie drehen schnell durch", pflichtete ich ihm bei.

Orkney wurde mir gegenüber zusehends freundlicher, was Flora voller Dankbarkeit zur Kenntnis nahm.

„Ihre Stute ist gut für Larry Trent gelaufen", sagte ich.

„Nicht schlecht. Hat ein Hindernisrennen in Newbury gewonnen und eins in Kempton. Larry hatte einen guten Blick für Pferde. Der arme Kerl. Ein Jammer, daß er umgekommen ist."

„Haben Sie ihn gut gekannt?" fragte ich ihn.

„Ziemlich gut. Wir hatten ein gemeinsames Hobby: Vollblüter."

„Dann sind Sie ...", fuhr ich zögernd fort, „wohl auch einmal in seinem Restaurant gewesen, im Silver Moon?"

War er leicht zusammengezuckt, als ich das Silver Moon erwähnte? „Ich war tatsächlich einmal dort", antwortete er. „Zuerst im Büro, und hinterher haben wir im Restaurant gegessen. Bei schrecklich lauter Tanzmusik."

„Was halten Sie von den Weinen im Silver Moon?" fragte ich.

„Von den Weinen?" Er war überrascht.

„Ich bin Weinhändler", erklärte ich.

„Tatsächlich?" Als Weinhändler stand man bei Orkney offenbar in einigem Ansehen, wenn auch vermutlich auf Widerruf. „Ach, wie interessant. Also, soweit ich mich erinnern kann, war der Wein durchaus in Ordnung. Für eine Tanzveranstaltung jedenfalls."

Durchaus in Ordnung für eine Tanzveranstaltung – das paßte genau auf den drittklassigen Inhalt der verdächtigen Flaschen.

„Larry Trent hat manchmal Pferde auf Auktionen gekauft", erwähnte ich beiläufig, während ich mich scheinbar ganz auf die Pferde konzentrierte, die gerade zum dritten Rennen in die Startboxen geführt wurden. „Auch für Sie?"

„Nein, nein. Lediglich für seinen Bruder." Orkney wandte seine Aufmerksamkeit dem Geschehen auf der Rennbahn zu. „Dreijährige, Vier-, Fünfjährige", fuhr er fort. „Sind alle nach Amerika gegangen, glaube ich. Nein, ich kaufe nur Jährlinge."

Flora, die uns gespannt zuhörte, schien ein Licht aufzugehen. Ramekins mysteriöses Verschwinden war auf einmal sonnenklar.

„Haben Sie Larry Trents Bruder gekannt?" fragte ich.

„Nein, den habe ich nie kennengelernt. Einmal habe ich allerdings miterlebt, wie Larry ein herrliches Pferd für etwa fünfzigtausend Pfund ersteigert hat. Habe ihn gefragt, warum er Pferde pachte, wenn er soviel Geld habe. Das Geld gehöre seinem Bruder, hat er gesagt. Da könne er nicht mithalten. Aber er selbst habe eine gute Hand beim Pferdekauf und sein Bruder nicht. Das sei aber so ungefähr das einzige, worin ihm sein Bruder nachstehe. Klang irgendwie neidisch, wenn Sie mich fragen."

Bevor das fünfte Rennen gestartet wurde, begleitete ich Flora zum Sattelplatz, wo soeben Palomino gesattelt wurde. Über eine Schabracke mit einer aufgenähten Startnummer wurde der kleine, leichte Rennsattel geschnallt.

Palomino, ein Fuchs mit drei weißen Fesseln, sah aus, als wäre er noch nicht ganz ausgewachsen. Das Wachstum der Pferde vollzieht sich schubweise, mit Pausen dazwischen. Palominos Vorderbeine schienen mit dem letzten Wachstumsschub der Hinterbeine nicht mitgekommen zu sein.

„Breite, starke Kruppe", sagte ich in bester Jimmy-Manier.

Jacks Stallmeister, der das Aufsatteln überwachte, warf mir einen dankbaren Blick zu, doch Orkney zeigte sich kaum beeindruckt. „Im Juli hat er zweimal gewonnen, aber seitdem ist er sehr enttäuschend gelaufen. Nicht Jacks Fehler, das ist klar ..." Es klang trotzdem vorwurfsvoll. „Manchmal liegt's am Jockey, manchmal am Geläuf, Angst in der Startbox, eine Erklärung findet sich immer."

Der Stallmeister und Flora blickten unglücklich drein, schienen aber

keineswegs überrascht. Orkneys Pessimismus vor jedem Rennen gehörte wohl einfach dazu.

„Wir sollten längst im Führring sein", sagte Orkney ungeduldig. Er wandte sich um und ging in der entsprechenden Richtung davon. Flora wollte sofort hinterherrennen, doch ich hielt sie am Arm fest. Übereifer war genau das falsche Mittel, Orkney zu beeindrucken. Sie zwang sich zur Ruhe und mäßigte ihr Tempo. Zu dritt, Isabella, Flora und ich, schlenderten wir ebenfalls zum Führring, wo wir wieder zu Orkney stießen.

Endlich erschien Palomino in dem eingezäunten Bereich des Führrings. Der Jockey erhielt letzte Anweisungen: Er dürfe nicht mehr so auf Warten reiten, sondern solle schon früh mit dem Endspurt beginnen und in der Startbox gefälligst nicht schlafen. Ich überlegte kurz, ob dieser Ton mich zu Höchstleistungen anspornen würde, wenn ich im Sattel säße, und kam zu einem negativen Ergebnis.

Die Klingel zum Aufsitzen ertönte. Palominos Jockey stieg in den Sattel und ritt zum Start. Orkney lief noch eine Weile nebenher und drohte ihm, ihn vor der Rennleitung zur Rechenschaft zu ziehen, wenn er wieder so energisch von der Reitpeitsche Gebrauch mache wie beim letztenmal.

Dann verschwand Orkney aus dem Führring, ohne auf uns zu warten. Als ich mich nach Isabella umsah, war sie ebenfalls verschwunden.

„Beide sind zum Wettschalter gegangen", seufzte Flora. „Jack meinte, Palomino hätte starke Gegner. Ich habe solche Angst, daß er nicht gewinnt."

Wir fuhren mit dem Lift in die leere Loge und traten auf den Balkon hinaus, als die Pferde gerade in die Startmaschine geführt wurden. Gleich darauf traf Orkney ein, außer Atem, schob sich wortlos an uns vorbei und hob seinen Feldstecher, um zu kontrollieren, welcher Verbrechen sein Jockey sich gerade wieder schuldig machte. Ich warf einen Blick auf die flackernden Lichter des Totalisators, um zu sehen, wie Palominos Quoten standen. Sieben zu eins – immerhin.

Achtzehn Pferde lagen im Rennen, und einige davon hatten früher schon gewonnen. Palomino hatte eine gute Startnummer. Er ging ruhig in die Startbox. Das Rennen, das über eine Distanz von zwölfhundert Meter führte, begann. Die dunkelgrünen Startgitter flogen gleichzeitig auf, und das farbenfrohe Feld raste in die Bahn hinaus.

Ich brauchte einige Zeit, um Orkneys Jockey auszumachen. Seine Stallfarben waren Rot und Grau. Der Kommentator rasselte die

Namen der Pferde herunter. Palominos Name war auf halber Strecke noch nicht gefallen, doch ich konnte den Vollblüter zwischen den anderen Pferden deutlich erkennen.

Die Pferde flogen nur so dahin. Die jungen Hengste reckten die Hälse und kämpften um die Führungsposition wie in freier Wildbahn.

Palomino besaß den ungezähmten Willen, der erste zu sein. Seine technischen Fähigkeiten freilich waren noch unterentwickelt.

Orkney beobachtete das Rennen schweigend und konzentriert. Flora schien den Atem anzuhalten. Palomino verfolgte die drei Pferde, die noch vor ihm lagen, und lief die letzten hundert Meter wie entfesselt.

Auch Pferde können nur ihr Bestes geben. Palominos Leistung reichte an diesem Tag weder für den ersten noch für den zweiten Platz, doch er ging praktisch gleichzeitig mit einem anderen Pferd an dritter Position durchs Ziel. Von Orkneys Box aus war es jedenfalls unmöglich, die genaue Plazierung zu bestimmen.

Orkney ließ den Feldstecher sinken und starrte zum Ziel hinüber, wo sein Traum von einem siegreichen Rennen wie eine Seifenblase zerplatzt war. Dann drehte er sich wortlos um und verschwand.

„Komm, Tony“, sagte Flora und zupfte mich am Ärmel. „Wir müssen auch hinunter.“ Flora, Isabella und ich eilten Orkney nach. Wir fanden Palomino unruhig stampfend bei der Aufstellung zur Siegerehrung; der Jockey hatte das Pferd an die vierte Stelle dirigiert. Er lockerte gerade den Sattelgurt, und Orkney stand finsteren Blickes daneben.

„Ach Gott ...“, flüsterte Flora. „Die Jockeys wissen immer genau, an welcher Stelle sie liegen. Also doch kein dritter Platz!“

Die Durchsage über den Lautsprecher bestätigte Floras Befürchtung: Palomino war als vierter ins Ziel gegangen.

„Palomino ist sehr gut gelaufen“, meinte ich. „Und er hatte starke Gegner.“

„Er gehört nicht in ein solches Rennen“, erwiderte Orkney schroff. „Keine Ahnung, warum Jack ihn unbedingt in dieser Klasse haben will. Die andern waren viel zu gut für ihn, das sieht doch selbst ein Blinder.“

Auf ein Signal hin wurden die Pferde weggeführt, und wir kehrten alle in die Loge zurück. Dort wickelte Orkney endlich die längst fälligen Sandwiches aus. Er füllte unsere Gläser und lud uns ein, an einem der runden Tische Platz zu nehmen.

Zunächst herrschte eine Stimmung wie bei einer Beerdigung. Zum Glück besserte sich Orkneys schlechte Laune allmählich, und aus seinen Bemerkungen war zu erkennen, daß er begriffen hatte, was Palomino noch fehlte.

„Er hat an Aktion verloren", erklärte er. „Das kommt bei Zweijährigen immer wieder vor. Erst denkt man, da entwickle sich ein richtiger Weltrekordler, aber die Rennen decken dann die Schwächen auf."

„Es ist gut möglich, daß er im nächsten Jahr Boden gewinnt", sagte ich.

Orkney schüttelte den Kopf. „Ich will ihn nicht behalten. Nächste Woche geht er in die Auktion. Larry Trent hat auch gemeint, daß Palominos Aktion sich verbessert, wenn er erst einmal ausgewachsen ist. Aber das will ich nicht riskieren. Wenn ein Zweijähriger nichts taugt, verkaufen – eiserne Regel bei mir."

Die Kellnerin erschien und erkundigte sich nach Orkneys Wünschen. Orkney bestellte eine neue Flasche Gin.

„Marke *Seagram's*", sagte er. „Aber daß Sie mir ja nichts anderes bringen!"

Die Kellnerin nickte und verschwand. Orkney wandte sich an mich: „Ich bestelle immer *Seagram's,* weil die Restaurateure den extra ordern müssen. Wenn man nicht aufpaßt, servieren sie einem ihr eigenes Zeug und nehmen überhöhte Preise."

Ich sah Flora und Isabella an: Sie wußten offenbar, was jetzt kam. Und in der Tat, Orkney schimpfte volle zehn Minuten lang über die Restaurateure. Auch als die Kellnerin den Gin brachte, ließ er sich nicht bremsen. Irgendwann schien ihm mein Beruf einzufallen, denn er sagte zu mir gewandt: „Händler, die hier ansässig sind, so wie Sie, sollten die Getränke liefern, nicht diese Mafia. Sie sollten ein Konkurrenzangebot unterbreiten."

„Werde mir's überlegen", murmelte ich ohne rechte Überzeugung, und Orkney erging sich in endlosen Ratschlägen, was ich alles für die Logenmieter von Martineau Park tun könne.

Schließlich war sogar Isabellas Geduld erschöpft. „Wenn ich dich nach Hause fahren soll, Orkney, dann ist es höchste Zeit", sagte sie. „Das letzte Rennen ist seit zehn Minuten zu Ende."

„Tatsächlich?" Er sah auf die Uhr. Überraschenderweise stand er sofort auf und sammelte seine Wettscheine ein. „Gleich morgen früh rufe ich Jack an, Flora. War nett, Sie kennengelernt zu haben . . . äh . . . Tony." Er ersparte sich das Händeschütteln durch zweimaliges Nicken. „Wenn Sie mit Flora wieder einmal im Lande sind, schauen Sie ruhig hier bei mir vorbei."

Am Abend rief ich vom Laden aus Henri Tavel in Bordeaux an. Was er mir zu sagen hatte, überraschte mich nicht.

„*Mon cher* Tony", begann er. „In Saint-Estèphe gibt es kein Château Caillot. In Haut-Médoc gibt es auch kein Château Caillot. Im ganzen Anbaugebiet Bordeaux gibt es kein Château Caillot. Und was den Abfüllbetrieb Thiery & Söhne angeht" – ich konnte mir gut vorstellen, wie er in diesem Augenblick mit den Achseln zuckte –, „es gibt niemanden namens Thiery, der in Bordeaux Weine abfüllt."

„Sie waren mir eine große Hilfe, Henri."

„Fälschung von Weinetiketten – das ist eine ernste Angelegenheit." Seine Stimme wurde vor lauter Entrüstung zu einem volltönenden Baß.

In der Gegend von Bordeaux blickt der Weinbau auf eine mindestens zweitausend Jahre alte Tradition zurück; für Henri Tavel und seine Kollegen war der Wein etwas Heiliges. Sie waren stolz darauf, den besten Wein der Welt zu produzieren, und beriefen sich auf das strenge Reinheitsgebot, das aus dem Jahr 1855 stammte und seither nur geringfügig verändert worden war.

Alle guten Weine aus dem Anbaugebiet von Bordeaux führen ein Etikett, das neben einem Gütesiegel auch den Vermerk „Abgefüllt vom Erzeuger" trägt. Nur dann erweisen sie sich ihres Namens würdig. Bordeauxweine halten sich erstaunlich lange. Ich hatte einmal Gelegenheit, einen neunzigjährigen zu kosten, der noch immer im Glase schimmerte und ein schönes Bukett besaß.

Ein solches Etikett zu fälschen, um irgendein minderwertiges Produkt aus dem riesigen europäischen Weinsee damit auszuzeichnen, war ein schweres Verbrechen. Henri Tavel erwartete von mir die Zusicherung, daß die Fälscher bestraft würden. Ich versprach ihm, wir würden unser möglichstes tun.

Am nächsten Tag, am Mittwoch, ging das Leben seinen normalen Gang, wenn man einen unablässig schmerzenden Arm als normal bezeichnen will. Tags darauf sollte ich zur Routineuntersuchung ins Krankenhaus. Einstweilen machte ich fleißig von meiner Schlinge Gebrauch, denn sie war bequem und erlaubte es mir, das Kistenschleppen vollständig Brian zu überlassen. Brian entwand mir sogar fürsorglich einzelne Flaschen, die ich in den Laden tragen wollte, und Mrs. Palissey nahm mir das Notieren der telefonischen Bestellungen ab, weil sie mein ständiges Aufstöhnen beim Schreiben nicht aushalten konnte.

Da sehr viele Bestellungen eingegangen waren, machten die beiden sich früh auf den Weg. Kurz nach acht Uhr abends kam Gerard hereinspaziert. Er sah blaß und erschöpft aus. Ob ich den Laden nicht zumachen und mit ihm essen gehen könne? Irgendwohin, wo es ruhig sei. Er müsse mit mir reden.

Ich musterte ihn und überlegte: Ich war zwanzig Jahre jünger als er und hatte keine Vollnarkose hinter mir. Wenn ich mich schon so zerschlagen fühlte, war er bestimmt noch schlimmer dran.

„Wir könnten uns von Sung Li etwas einpacken lassen und es bei mir zu Hause essen“, schlug ich zaghaft vor.

Gerard war einverstanden. Er werde das Essen holen, während ich meine Kassenabrechnung machte. Wie lange ich dazu etwa brauchen würde?

„Eine halbe Stunde“, erwiderte ich. „Aber vorher trinken wir noch ein Glas Wein.“

Ich holte ihm den Sessel aus dem Büro. Dann goß ich unverfälschten *Saint-Estèphe* in ein Glas und etwas vom Silver-Moon-Verschnitt in ein anderes und stellte sie vor ihn auf den Ladentisch.

„Probieren Sie beide“, meinte ich. „Sagen Sie mir, was Sie davon halten.“

„Ich bin kein Experte“, protestierte er. Trotzdem nahm er einen Schluck aus dem ersten Glas, bewegte den Wein im Mund hin und her und verzog schließlich das Gesicht, als habe er auf eine Zitrone gebissen.

„Sehr trocken“, bemerkte er.

„Probieren Sie den anderen.“

Der zweite schien ihm zunächst besser zu schmecken, doch nach einer Weile hielt er das Glas nachdenklich gegen das Licht und setzte es dann ab.

„Na?“ fragte ich.

Er lächelte. „Der erste ist der anspruchsvollere. Der zweite ist nett, aber leicht. Jetzt werden Sie mir gleich erzählen, daß der erste der teurere ist.“

„Sehr gut! Der zweite stammt aus dem Silver Moon. Der erste schmeckt so, wie man es nach dem Etikett erwarten darf.“

„Viele mögen bestimmt den zweiten lieber. Leute, die nicht Bescheid wissen.“

„Ja, er ist durchaus trinkbar. Vollständig in Ordnung.“

Er nippte wieder an dem ersten. „Aber wer den hier erst einmal kennt, zieht ihn dem anderen vor.“

Ich goß mir auch zwei Proben ein und kostete sie. Dafür, daß der Wein aus dem Silver Moon schon einmal geöffnet und wieder verkorkt worden war, hatte er sich ganz gut gehalten. Doch jetzt, nachdem die Flasche noch weniger Wein enthielt, würde der Rest bald verderben. Je mehr Luft in der Flasche, desto schlechter für den Wein.

Ich berichtete Gerard, was Henri Tavel über den Etikettenschwindel dachte. Gerard hörte aufmerksam zu und sagte dann: „Warum messen Sie dem Etikettenschwindel beim Wein mehr Bedeutung zu als beim Whisky?"

„Weil ...", begann ich, wurde aber von einem Kunden unterbrochen, der den Laden betrat. Er wollte einen preiswerten Wein, der zu der Pekingente paßte, die er bei Sung Li, für zu Hause fertig zubereitet, gekauft hatte. Gerard hörte aufmerksam zu und wartete, bis der Mann mit einem *Bergerac* und einem *Côtes du Ventoux* abgezogen war.

Er fragte: „Sie verkaufen nicht nur Wein, sondern auch Weinverstand, stimmt's?"

„Ja. Die Beratung spielt eine große Rolle, ebenso der Spaß an der Sache. Das sind Dinge, die man im Supermarkt nicht bekommen kann."

Er nickte und mußte wieder warten, bis ich zwei weitere Kunden bedient hatte. Dabei gab es eine Diskussion, ob ein *Sauternes* zu Lammkoteletts paßte. Ich hielt die Kombination für unglücklich.

„Wozu trinkt man denn einen *Sauternes*?" wollte der Kunde wissen. „Ich mag ihn so gerne."

„Vornehmlich zu süßen Speisen", erklärte ich. „Zu einem Dessert oder etwa zu einem Edelpilzkäse."

„Du lieber Himmel!" rief Gerard, als wir wieder allein waren. „Pilzkäse mit süßem Wein! Gibt es eigentlich etwas, wozu man keinen Wein trinken darf?"

„Kaum. Wein ist schon ein eigenartiges Getränk: das Ergebnis eines Betriebsunfalls der Natur. Die Hefepilze auf den Trauben verwandeln nämlich den Zucker im Traubensaft zu Alkohol. Und das Resultat schmeckt köstlich."

„Aber es gibt doch unendlich viele verschiedene Weine."

„Natürlich, weil es viele verschiedene Traubensorten gibt. Champagner zum Beispiel wird oft aus dunklen Trauben gekeltert. Man erkennt nicht immer gleich, was hinter einem guten Tropfen steckt; das müßte Ihnen als Detektiv doch eigentlich gefallen."

„Ja, schon – aber ich suche immer nach Beweisen." Er ließ den Blick über die Flaschen in den Regalen schweifen. „Also?"

„Wenn man eine Flüssigkeit mit Schießpulver mischt und anzündet und sie brennt mit einer stetigen blauen Flamme, dann ist das ein Beweis, daß die Flüssigkeit mindestens fünfzig Prozent Alkohol enthält. Diese Methode wurde vor etwa dreihundert Jahren angewandt, als irgendein Landesherr zum erstenmal Steuer auf destillierten Alkohol erhob. Fünfzig Prozent Alkohol, das sind hundert Prozent Normalstärke. Heute mißt man den Alkoholgehalt allerdings nicht mehr mit Schießpulver und Feuer, sondern mit einem sogenannten Alkoholometer."

„Zum Glück", meinte Gerard, „denn vom Schießpulver habe ich eigentlich fürs erste genug." Er erhob sich steif aus seinem Sessel. „Ihre halbe Stunde ist um. Ich gehe das Essen holen."

GERARD fuhr in seinem Mercedes, der bereits eine neue Windschutzscheibe hatte, hinter mir her zu meinem Haus und brachte unser aluminiumverpacktes Abendessen aus Sung Lis Restaurant mit.

„Das nennen Sie ein Häuschen?" sagte er kopfschüttelnd. „Eher ein Palast."

„Es war ursprünglich ein Bauernhaus mit einer angebauten Scheune, aber leider sehr baufällig. Die Scheune war vor dem Umbau größer als das Wohnhaus, darum ist jetzt hier soviel Platz."

Ich dachte an die glücklichen Tage, als Emma und ich den Umbau geplant hatten. Hier wollten wir leben – zusammen mit unseren Kindern. Eine große Küche, wo die Familie sich zum Essen versammeln sollte; ein Wohnzimmer, ein Kinderzimmer, ein Eßzimmer, Schlafzimmer, Gästezimmer, ein großer Salon für Partys. Der Umbau hatte fast fünf Jahre gedauert. Kaum war unser Nest fertig, erwartete Emma ein Kind.

Ich wärmte das Essen auf und füllte es in Schüsseln. Dann stellten wir alles im Wohnzimmer auf den Couchtisch, setzten uns in zwei Sessel und balancierten die Teller auf den Knien.

Gerard fühlte sich nach dem Essen wesentlich besser und machte es sich in seinem Sessel bequem. Er nickte dankbar, als ich ihm eine Tasse Kaffee anbot. Schließlich genehmigte er sich sogar ein zweites Glas von dem kalifornischen Wein, den wir zum Essen getrunken hatten, einem 1978er *Cabernet Sauvignon*.

„Kommt von weit her", stellte er fest, als er das Etikett studierte.

„Und reist oft noch viel weiter", setzte ich hinzu. „Die besten kalifornischen Weine sind Weltklasse."

Er nahm einen Schluck. Dann sagte er: „Sie haben mir übrigens noch nicht erklärt, warum der falsche Wein im Silver Moon ebenso wichtig für uns ist wie der falsche Scotch."

Da meldet sich wieder der Detektiv in ihm, dachte ich. „Leute, die Whisky stehlen", meinte ich, „stehlen ihn normalerweise in

Flaschen beziehungsweise Kisten. So kann man ihn direkt weiterverkaufen und seinen Schnitt machen. Aber wer einen ganzen Tankwagen entführt, der muß den Inhalt erst einmal abfüllen, und das kostet einiges."

„Genau", bestätigte er und nickte.

„Jeder von den drei Tanklastern, die Kenneth Charter gestohlen wurden, enthielt ungefähr fünfundzwanzigtausend Liter achtundfünfzigprozentigen Whisky. Die Ladung ist also wesentlich hochprozentiger als das Endprodukt, das der Verbraucher kauft. Wenn die Ladung an ihren Bestimmungsort gelangt wäre, dann hätte die Firma Rannoch Wasser zugesetzt, um den Whisky auf die normale Stärke von etwa vierzig Prozent zu bringen."

Gerard nickte wieder.

„Das ergibt ungefähr fünfzigtausend Flaschen Whisky. Bei drei Tanklastwagen sind es ungefähr hundertfünfzigtausend Flaschen in sechs Monaten; da läßt sich das Abfüllen nicht einfach im Hinterhof einer Schwarzbrennerei erledigen."

Gerard dachte eine Weile darüber nach und sagte dann nur: „Weiter!"

„Bei jedem Diebstahl ist die Ladung ziemlich rasch aus dem Tank gepumpt worden, denn der Tanklaster ist am nächsten Tag leer aufgefunden worden. Der Whisky muß also in die Tanks eines Lagers gepumpt worden sein. Wo gibt es solche Lager? Im Abfüllbetrieb."

„Schon, aber da ist die Ladung ja nie angekommen."

„Sie ist nie in den Abfüllbetrieben der Firma Rannoch angekommen. Aber es gibt ja auch noch andere solcher Firmen."

„Aha." Über sein Gesicht huschte ein Lächeln.

„Dreimal fünfzigtausend Flaschen sind keine große Sache für einen richtigen Abfüllbetrieb. Was liegt also näher, als nebenbei auch noch Wein abzufüllen – genauer gesagt Wein für das Silver Moon?"

„Da wären wir also schon beim Kern der Sache."

„In einem Abfüllbetrieb macht es keine Schwierigkeiten, die verschiedensten Flaschenformen mit demselben Wein zu füllen. Und da im Silver Moon sowohl Whisky als auch Wein unter falschen Etiketten verkauft wurden ... Ich wette, sie sind im selben Betrieb abgefüllt worden."

„Wo?" fragte Gerard lakonisch.

„Es könnte sich zum Beispiel um einen jener Betriebe handeln, von denen Kenneth Charter gesprochen hat, einen, der in finanzielle Schwierigkeiten geraten ist, nachdem die Franzosen dazu übergegangen waren, ihre Weine selbst abzufüllen. Stellen Sie sich vor, Sie stehen am Rande des Bankrotts und plötzlich kommt jemand und bietet Ihnen einen großen Auftrag an. Da fragen Sie nicht lange, ob etwas an der Sache faul sein könnte, sondern machen mit und halten den Mund."

Gerard überlegte kurz. „Einstweilen suchen wir also nach einem bestimmten Abfüllbetrieb. Legen wir das erst einmal zu den Akten." Wieder dachte er eine Weile nach, dann fuhr er fort: „In meiner Firma lösen wir ein Problem oft durch Teamarbeit; jeder trägt seine Gedanken und Einfälle bei. Wir regen uns gegenseitig an, und manchmal kommen wir so auf Dinge, an die keiner von sich aus gedacht hätte. Haben Sie was dagegen, wenn ich Ihnen mitteile, was mir im Kopf herumgeht?"

„Aber nein, natürlich nicht."

„Sie müssen sofort einhaken, wenn Ihnen was dazu einfällt."

„In Ordnung."

„Und . . . haben Sie zufällig einen Cognac?"

Ich lächelte. „Aber klar." Ich goß jedem von uns einen *Hine Antique* ein, und Gerards Augen leuchteten vor Wohlbehagen.

„Also los", sagte er und ließ den Cognac in seinem Schwenker kreisen. „Zunächst einmal dürfen wir nie vergessen, daß unsere Aufgabe darin besteht, Kenneth Charters Unternehmen zu retten, ohne seinen Sohn ins Gefängnis zu bringen. Dafür werden wir schließlich bezahlt." Er machte eine kurze Pause, ehe er fortfuhr: „Zweitens: Kenneth Charters Sohn – er heißt übrigens auch Kenneth, nennen wir ihn also Charter junior – machte den Whiskydiebstahl erst möglich, indem er Zarac verriet, wo der Tankwagen zu finden war."

„Woher kannte Charter junior Zarac?"

„Auf diese Frage gibt es noch keine Antwort. Aber ich habe die Kopien des Notizbuchs mitgebracht, das Charter junior im Wagen seines Vaters liegenließ." Er zog einen Umschlag aus der Tasche und legte ihn auf den Tisch. „Sehen Sie sich's an. Vielleicht fällt Ihnen was auf, was wir übersehen haben."

„Gut", sagte ich.

„Damit kommen wir zur dritten Tatsache", meinte Gerard. „Zarac hat die Informationen weitergegeben, aber er selbst war nicht dabei, als der Tanklaster entführt wurde. Tatsache Nummer vier: Im Silver Moon ist gewöhnlicher Whisky als *Bell's* und *Laphroaig* verkauft worden, und Zarac als Oberkellner muß von dem Etikettenschwindel gewußt haben. Daraus ergibt sich folgende Vermutung: Der falsche Scotch stammte aus einem von Charters Tankwagen. Kein Kommentar?" Ich schüttelte den Kopf.

„Zweite Vermutung: Larry Trent wußte, daß sein Whisky und seine Weine Betrug an den Kunden darstellten."

„Das glaube ich auch", bestätigte ich.

„Dritte Vermutung: Larry Trent hat die Entführung der Tanklastzüge organisiert."

„Ich weiß nicht recht", zweifelte ich. „Auf jeden Fall hat er mit Summen jongliert, die das Silver Moon bestimmt nicht abgeworfen hat. Doch das Geld gehörte ja angeblich seinem Bruder." Ich berichtete Gerard, was ich von Orkney Swayle über Larry Trents Pferdekäufe wußte.

Gerard nippte an seinem Cognac. „Glauben Sie diese Geschichte?" fragte er.

„Eines klang auf jeden Fall glaubwürdig: Larry Trent hat erklärt, er kaufe die Pferde für seinen Bruder, weil der die guten von den schlechten nicht unterscheiden könne. In Larry Trents Augen war das so ungefähr das einzige, was sein Bruder nicht konnte. Orkney Swayle hatte das Gefühl, daß Larry auf seinen Bruder neidisch sei. Das klingt schon irgendwie nach einem echten Bruder oder zumindest nach einer existierenden Person. Vielleicht auch nach einem Geschäftspartner."

Ein kurzes Schweigen folgte. Wir dachten beide über den Geschäftspartner nach, der vielleicht Larrys Bruder war, vielleicht auch nicht, und schließlich gab Gerard ihm einen Namen.

„Paul Young."

Ich nickte.

„Vermutung Nummer vier", fuhr Gerard fort. „Als Larry Trent umgebracht wurde, kam Paul Young ins Silver Moon, um den Laden zu übernehmen – offenbar ohne eine Ahnung davon zu haben, daß die Polizei bereits an Ort und Stelle war, die Getränke untersuchte und die Entführungen der Tanklaster mit Zarac in Zusammenhang brachte."

„Das sind Tatsachen, keine Vermutungen. Ich war ja dabei, als Paul Young eintraf. Er wirkte völlig ahnungslos."

„Gut. Dem will ich noch ein paar Tatsachen hinzufügen. Ich habe einen ganzen Tag lang die Angestellten des Silver Moon befragt, besonders die Kellnerin und diesen selbsternannten Assistenten. Beide sagten aus, Paul Young hätte sie, nachdem Sie gegangen seien, nach Hause geschickt. Er hat ihnen erklärt, er werde das Lokal bis zur Rückkehr des Geschäftsführers aus dem Urlaub selbst führen. Danach werde die Zentralverwaltung einen Nachfolger für Mr. Trent bestimmen. Die Angestellten fanden das alle völlig in Ordnung. Er hat auch die Küchenbelegschaft nach Hause geschickt. Die Kellnerin hat ausgesagt, Zarac sei zur Arbeit erschienen, als sie gerade gehen wollte, und Paul Young habe ihn in Larry Trents Büro geschickt, wo er auf ihn, Paul Young, warten sollte."

Ich war überrascht.

„Wußte sie noch so genau, was die beiden miteinander gesprochen haben?" fragte ich.

Gerard konnte sich ein Lächeln nicht verkneifen. „Die Frau muß schließlich täglich Dutzende von Bestellungen im Kopf behalten. Außerdem hat sie ein feines Gehör. Sie hatte den Eindruck, daß die beiden einander kannten. Paul Young redete den Oberkellner mit Zarac an."

„Und wie hat Zarac ihn genannt?"

„Paul Young hat gleich bei der Begrüßung gesagt: ‚Ich bin Paul Young.' Der Kellnerin kam diese Bemerkung reichlich spanisch vor."

„Er gab Zarac zu verstehen, wie er genannt werden wollte."

„Genau. Paul Young muß sehr erbost gewesen sein; die Kellnerin hat gedacht, er würde Zarac tüchtig zusammenstauchen. Sie erinnert sich auch an Paul Youngs Wagen – einen Rolls-Royce. Ihre genauen Worte waren: ‚Ein schwarzer Rolls mit getönten Scheiben'."

„Ausgezeichnete Beobachtungsgabe."

„Jetzt kommen wir zu Vermutung Nummer fünf: Paul Young und Zarac haben anschließend den ganzen Nachmittag lang einen Plan ausgearbeitet und den Scheineinbruch im Silver Moon organisiert, um die Getränke verschwinden zu lassen."

„Zu zweit haben sie gewiß Stunden dazu gebraucht. Und einen Lastwagen."

„Vermutung Nummer sechs", fuhr Gerard fort. „Zarac stellte für Paul Young eine ernste Bedrohung dar."

„Und deshalb hat er das Problem für alle Zeiten gelöst."

„Genau", meinte er nachdenklich. „Klingt soweit einleuchtend. Oder nicht?"

„Ja, schon. Nur – wieso hatte Paul Young einen Gipsverband zur Hand? Er wußte doch gar nicht, was auf ihn zukommen würde. Und warum überhaupt der Gipsverband? Warum hat er ihm nicht einfach den Schädel eingeschlagen?"

„Eine Warnung für andere, vielleicht. Oder eine echte Psychose. Auf jeden Fall ziemlich übel." Er nahm wieder einen Schluck. „Unser Mr. Young ist also ein Geschäftsmann mittleren Alters mit einem Hörgerät und einem schwarzen Rolls-Royce sowie einer Neigung, Gipsverbände mit sich zu führen. Schade, daß wir das nicht in den Computer eingeben können."

„Ein halbwegs intelligenter Computer würde bestimmt einen Hals-Nasen-Ohren-Arzt auswerfen."

Gerard war überrascht. „Sie glauben doch nicht ...? Nein, das ist sehr unwahrscheinlich."

„Computer spucken nur aus, was man irgendwann einmal eingegeben hat."

Er seufzte resigniert. „Na schön. Jedenfalls neue Arbeit. Wir müssen feststellen, ob Larry Trent einen Bruder hat und wieso Charter junior Zarac kannte. Dann sollten wir alle Abfüllbetriebe überprüfen. Übrigens hat die Firma Rannoch uns die Chromatogramme der Ladungen in Charters Tankwagen geschickt. Wenn Sie Ihrem Freund Ridger eine Probe aus dem Silver Moon entlocken können, lasse ich sie vergleichen." Er wartete. „Noch etwas?"

„Hm ..." Ich zögerte. „Ramekin. Das Pferd, das Larry Trent vor einem Jahr in Doncaster gekauft hat. Wenn Ramekin nach Amerika verschifft worden ist, muß jemand den Vollblüter verfrachtet haben. Es gibt nicht viele Spediteure, die Aufträge dieser Art übernehmen können. Ramekin muß auf einer Liste stehen. Sobald wir den Spediteur finden, wissen wir, wohin Ramekin verschickt wurde. Der Abnehmer am Bestimmungsort weiß vielleicht, mit wessen Geld das Pferd gekauft wurde. Dann kennen wir den wahren Käufer."

Gerard hatte sehr aufmerksam zugehört. „O je", seufzte er, „wenn ich nur wüßte, wohin das alles führt."

„Soll ich ...?"

Er schüttelte den Kopf. „Wenn überhaupt, machen wir das vom Büro aus. Wir haben sämtliche Telefonbücher aus dem ganzen Land, und unsere Leute stellen Ermittlungen dieser Art Tag für Tag an. Aber zunächst sollen sie sich die Abfüllbetriebe vornehmen; das ist zwar langwierig, aber aussichtsreicher."

„Es wäre wahrscheinlich zu einfach", begann ich zögernd, „es erst einmal bei den Betrieben zu versuchen, die von Kenneth Charters Tanklastwagen mit Rotwein versorgt wurden."

Gerard sah mich eine Weile ausdruckslos an.

„Richtig", sagte er schließlich. „Dort fangen wir an." Er sah auf die Uhr und nahm den vorletzten Schluck von seinem Cognac. „Tina wird mich aussperren."

„Bei mir sind Sie jederzeit willkommen", meinte ich.

Ich wollte nicht, daß es so klang, als wäre ich einsam, aber Gerard schien es so aufgefaßt zu haben. Er blickte auf das Foto, das Emma und mich an unserem Hochzeitstag zeigte; es stand neben ihm auf einem Tischchen. Einer der Trauzeugen hielt eine überschäumende Flasche

Champagner in der Hand, und wir lachten aus vollem Hals. „Ein hübsches Paar", sagte Gerard leise. „Und glücklich."

„Ja."

„Woran ist sie gestorben?" Die Frage kam ganz direkt, und ich beantwortete sie so, als spräche ich über einen Fremden.

„Die Ursache war ein Aneurysma. Ein Blutgefäß im Gehirn hatte sich ausgeweitet."

„Aber . . ." Sein Blick glitt wieder zur Fotografie. „Wie alt war sie?"

„Siebenundzwanzig. Aneurysmen treten in jedem Alter auf."

„Es tut mir so leid."

„Sie war schwanger", sagte ich zu meiner eigenen Überraschung. Normalerweise war ich nicht so redselig. Doch Gerard gegenüber fiel es mir ganz leicht, über meinen Kummer zu sprechen. Ich hatte monatelang geschwiegen, jetzt kam alles heraus.

„Emma klagte immer wieder über Kopfschmerzen. Dann bekam sie auch noch Rückenschmerzen, und die Ärzte machten die Schwangerschaft dafür verantwortlich. Zeitweise gingen die Schmerzen wieder weg, traten in der Woche nur an ein, zwei Tagen auf. Eines Sonntags, sie war schon im sechsten Monat, wachte sie wieder mit schlimmen Kopfschmerzen auf. Sie nahm Aspirin, aber das half sowieso fast nie. Am Vormittag wurde es schlimmer. Ich mußte am Mittag kurz in den Laden, und Emma sagte, sie wolle sich ein wenig hinlegen. Als ich zurückkehrte, stöhnte sie vor Schmerzen. Es dauerte ewig, bis ich einen Arzt erreichte. Sonntag nachmittag . . . Schließlich kam ein Krankenwagen. Während der Fahrt hatte sie furchtbare Schmerzen und schlug sich dauernd mit den Fäusten gegen den Kopf. Gegen Ende der Fahrt wurde sie bewußtlos. Obwohl ich es allmählich mit der Angst zu tun bekam, war ich froh darüber, weil sie dann wenigstens die Schmerzen nicht mehr spürte . . ."

„Wie entsetzlich!"

Eine Zeitlang schwieg ich, dachte nur an die Vergangenheit. Dann schluckte ich und erzählte ihm die traurige Geschichte in nüchternen Worten zu Ende. „Emma lag vier Tage im Koma. Das ausgeweitete Blutgefäß hatte vermutlich schon seit einiger Zeit einen winzigen Riß, durch den Blut ins Gehirn und ins Rückenmark fließen konnte. Daher die Kopf- und Rückenschmerzen. Auch wenn die Ärzte früher darauf gekommen wären, hätten sie nicht viel tun können. Es war wahrscheinlich besser, daß wir nicht Bescheid wußten."

Ich hielt inne. Was ich in diesem Augenblick am wenigsten brauchen konnte, war Mitleid, und Gerard schien das zu spüren.

„Das Leben ist ungerecht", sagte er nur.

„Ja."

Er ersparte mir die üblichen Floskeln: Ich würde schon darüber hinwegkommen, eine andere Frau finden und so weiter. Gerard gefiel mir immer besser.

„Danke, daß Sie es mir erzählt haben", meinte er.

„Normalerweise spreche ich nicht darüber", erklärte ich. Es klang wie eine Entschuldigung.

„Ich weiß", erwiderte er. „Flora hat mir schon davon berichtet. Sie sagte, Sie zögen sich sofort zurück, wenn Sie danach gefragt würden. Aber reden kann auch gut sein."

Ich schwieg. Irgendwie fühlte ich mich erleichtert.

Er trank seinen Cognac aus und stand auf. „Wenn Ihnen noch was zum Fall Charter einfällt, rufen Sie mich an."

„In Ordnung."

Auf dem Weg zur Tür blieb er neben meinem Tisch stehen, auf dem andere gerahmte Fotos standen.

Er nahm ein Foto in die Hand. Es zeigte eine Reiterin mit Hunden. „Ihre Mutter?" fragte er. „Sieht sehr gut aus."

Er stellte das Foto zurück und betrachtete das nächste. „Ihr Vater?"

Ich nickte.

Er musterte die Gestalt mit den markanten Gesichtszügen, der ordengeschmückten Uniform, den funkelnden Augen, dem schmalen Mund und dem überlegen wirkenden Lächeln.

„Sie sind wie er."

„Nur äußerlich." Ich wandte mich ab. „Als Kind habe ich ihn sehr bewundert. Er starb, als ich elf war."

Er setzte das Bild ab. „Geschwister haben Sie keine?"

„Nein." Ich mußte lachen. „Durch meine Geburt versäumte meine Mutter eine ganze Jagdsaison. Es reiche, meinte sie, wenn man darauf einmal im Leben verzichten müsse."

Gerard nickte und ging in die Diele. „Für mich war es ein überaus ergiebiger und interessanter Abend", sagte er.

„Ich schätze Ihre Gesellschaft sehr."

Er schien fast überrascht. „Tatsächlich? Warum?"

„Sie erwarten nicht gleich ..."

„Was?"

„... daß man den Tisch deckt, zum Beispiel." Ich hatte eigentlich etwas anderes sagen wollen, aber diese Antwort tat es auch.

Gerard räusperte sich, bevor er weitersprach. „Ich erwarte mehr, als Sie denken. Sie unterschätzen mich."

Er setzte sich in seinen Mercedes und fuhr davon. Ich schloß die Tür ab, räumte im Wohnzimmer den Tisch ab und verstaute das schmutzige Geschirr in der Spülmaschine. Dann ging ich zu Bett.

Manchmal, wenn ich in den frühen Morgenstunden aufwachte, bildete ich mir ein, Emma sei noch da. Dann streckte ich unwillkürlich die Hand nach ihr aus oder glaubte im Dunkeln ihr leises Lachen zu hören.

Die Schwangerschaft hatte wahrscheinlich den Blutdruck in die Höhe getrieben, sagten die Ärzte. Und der Bluthochdruck war zuviel für das ohnehin schon geschwächte Gefäß im Gehirn ... das schließlich platzte.

Die Schwangerschaft, meinten die Ärzte, sei an Emmas Tod schuld gewesen. Wir hatten uns beide das Baby gewünscht. Trotzdem ... ich fühlte mich an Emmas Tod schuldig.

Als ich am nächsten Morgen den Laden aufschloß, überlegte ich, wie ich Sergeant Ridger dazu überreden könnte, mir eine Flasche Scotch aus dem Silver Moon zu verschaffen. Während ich mir darüber in meinem Büro noch den Kopf zerbrach, erschien Ridger höchstpersönlich.

„Guten Morgen", begrüßte ich ihn. „Was darf es denn sein?"

„Ich hätte gerne eine Auskunft." Er blieb ganz ernst, wie immer.

„Schießen Sie los."

„Ich habe von offizieller Seite den Auftrag, Sie zu fragen, ob Sie uns bei unseren Nachforschungen behilflich sein wollen." Ridger räusperte sich. „Es geht um Beschwerden, die diesmal nicht das Silver Moon betreffen, sondern andere Betriebe mit einer Schanklizenz beziehungsweise deren Angebot an Weinen und Spirituosen."

Ich zögerte. „Sergeant, könnten Sie sich allgemein verständlich ausdrücken?"

Ridger blickte überrascht drein. Sein Bürokratenhirn hatte offenbar keine Schwierigkeiten mit solchen Sätzen. Schließlich erklärte er: „Im Zuge der Ermittlungen im Mordfall Zarac sind wir auf den Gedanken gekommen, gewissen Beschwerden über die Verkaufspraktiken anderer Lokale in der Gegend nachzugehen. Hauptkommissar Wilson hat mir ausdrücklich aufgetragen, Sie um Ihre Mithilfe zu bitten. Wenn wir noch andere Lokale finden, die verfälschten Whisky verkaufen, und wenn ein solcher dem Whisky aus dem Silver Moon gleicht, dann führt uns das vielleicht zu Zaracs Lieferanten und zu seinem Mörder."

Ich riß entsetzt die Augen auf. „Soll das heißen, daß ich für Sie durch die Kneipen ziehen muß?"

„Wenn Sie es so ausdrücken wollen, ja."

Fabelhaft, dachte ich. Fünfzigtausend Gaststättenbetriebe gab es in der weiteren Umgebung; ein paar von ihnen standen auf der schwarzen Liste der Polizei. „Würden Sie wieder den Chauffeur spielen wie letztes Mal?" fragte ich.

„Das ist mein Auftrag. Darf ich Ihre Frage dahingehend interpretieren, daß Sie einverstanden sind?"

„Sie dürfen", erwiderte ich. „Wann fangen wir an?"

Er sah auf die Uhr. „Noch heute vormittag. Ich fahre jetzt aufs Revier, um Meldung zu machen, und hole Sie später ab."

„In Ordnung", sagte ich. „Und, Sergeant, wenn Sie wiederkommen, bringen Sie mir bitte die Flasche *Bell's* aus dem Silver Moon mit?"

Er sah mich skeptisch an.

„Ich will den Inhalt noch einmal probieren", erklärte ich. „Wenn ich nach dem fragwürdigen Zeug suchen soll, muß ich es ganz genau kennen. Anders geht es nicht."

„Gewiß doch." Er zückte sein Notizbuch und schrieb etwas hinein.

„Wie viele Betriebe sollen wir denn unter die Lupe nehmen?" fragte ich.

„Die Liste ist ziemlich lang." Sein Ton war ganz sachlich. „Hauptkommissar Wilson hofft, daß wir es in zwei Wochen schaffen, wenn wir jeden Tag von zehn Uhr dreißig bis vierzehn Uhr arbeiten – also während der behördlich genehmigten Ausschankzeiten."

„Ist das ein offizielles Angebot? Mit Honorar?"

Er überlegte, bevor er antwortete. „Früher hatten wir einen freiberuflich tätigen Gutachter, der jetzt allerdings pensioniert ist und in Spanien lebt. Der bekam Honorar."

„Alles klar, Sergeant. Sie fahren, ich trinke. Und heute um drei Uhr muß ich einigermaßen nüchtern zur Nachuntersuchung in die Klinik."

Sichtlich zufrieden verließ er den Laden. Um neun Uhr dreißig erschien Mrs. Palissey mit Brian. Ich erklärte ihr, daß ich eine Zeitlang über Mittag weg müsse, und bat sie, heute ausnahmsweise allein die Stellung zu halten, bis ich morgen eine zweite Aushilfe beschafft hätte.

„Eine Aushilfe?" Sie war richtig beleidigt. „Wir brauchen hier keine Aushilfe. Brian und ich kommen schon zurecht."

Eine Stunde lang arbeiteten wir zu dritt, füllten die Regale neu, fertigten Listen an, nahmen telefonisch Aufträge entgegen, bedienten Kunden, machten sauber. Als ich mit Ridger loszog, hinterließ ich ein blitzblank geputztes, einladend aussehendes Geschäft mit einer freundlich lächelnden Mrs. Palissey hinterm Ladentisch und einem gewissenhaft im Lager arbeitenden Brian.

In Ridgers Wagen lag die Flasche *Bell's*. „Bevor wir starten", sagte ich, „will ich den Whisky noch rasch im Laden kosten."

„Warum nicht hier?"

„In einem Auto riecht es immer ein wenig nach Benzin. Und Benzingeruch verträgt sich nicht mit dem Aroma von Whisky."

„Ach so. Klar." Er brachte die Flasche in den Laden und stellte sie auf die Theke.

Ich zog den Arm aus der Schlinge und nahm die Flasche mit ins Büro. Dort war schon alles vorbereitet. Durch einen Trichter goß ich eine Portion von dem Whisky in ein Fläschchen, anschließend einen Schuß in ein Glas. Fläschchen und Trichter versteckte ich hinter den Ordnern im Schrank. Dann kehrte ich gemächlich in den Laden zurück, den rechten Arm wieder in der Schlinge, das Glas in der Linken, und nippte gedankenvoll daran.

„Ich darf diese Flasche nicht aus den Augen lassen", meinte Ridger.

„Oh, Verzeihung." Mit dem Glas in der Hand deutete ich auf mein Büro. „Sie steht dort drinnen auf dem Schreibtisch. Dort ist sie in Sicherheit."

Ich kostete wieder. Es handelte sich eindeutig um *Rannoch*. „Den erkenne ich in jedem Fall wieder", erklärte ich Ridger. „Und jetzt schnappen wir uns die Flasche, und nichts wie los."

Er ließ den Wagen an und erklärte, wir würden zuerst die Lokale in der Nähe des Silver Moon besuchen. Etwa zwei Kilometer vor dem Restaurant bog er von der Hauptstraße ab und hielt vor einem Landgasthof, in dem Emma und ich früher gelegentlich eingekehrt waren. Wir mochten das windschiefe alte Haus mit den Butzenscheiben.

„Dieses doch nicht!" rief ich überrascht, als Ridger hielt.

„Sie kennen es?"

„Ja. Allerdings war ich seit über einem Jahr nicht mehr hier."

Ridger sah in seiner Liste nach. „Beschwerden wegen verwässertem Whisky, ebenso Gin. Ermittlungen vorläufig eingestellt, mangels Beweisen. Daten der Überprüfungen: 23. August und 18. September. Der Wirt heißt George Darnley."

„Das ist offenbar ein neuer."

„Stimmt." Wir stiegen aus, und Ridger schloß den Wagen umständlich ab. „Übrigens – wenn ich fahren soll, trinke ich lieber nur Tomatensaft."

„Wer bezahlt?" fragte ich.

Ridger schien ziemlich ratlos. „Ich habe nicht viel Geld dabei ..."

„Na schön", sagte ich. „Ich zahle, und Sie zeichnen die Quittungsbelege ab."

Damit war er einverstanden. Wenn mir die Polizei meine Auslagen nicht ersetzte, würde es bestimmt Kenneth Charter tun.

„Und was, wenn wir fündig werden?" fragte ich.

„Dann beschlagnahmen wir die beanstandeten Flaschen."

Schließlich betraten wir das Restaurant wie ganz normale Gäste, obwohl Ridger Anzeichen von Nervosität zeigte. Die Inneneinrichtung des Lokals hatte sich sehr verändert: Die knorrigen alten Eichenbänke hatten kunstledernen Sesseln weichen müssen, und auf den Simsen stand nicht mehr altes Zinn, sondern neues, funkelndes Messing.

„Einen Whisky. *Bell's* bitte", sagte ich zum Wirt, einem adrett gekleideten, farblos wirkenden Mann mittleren Alters, der hinter der Theke auftauchte. Ich ließ den Blick über die Flaschenreihe gleiten. „Und noch einen *Bell's* aus der Flasche da drüben und einen Tomatensaft bitte."

Er erfüllte wortlos meine Wünsche, und ich bezahlte gleich. Wir nahmen die Gläser mit an einen der kleinen Tische, wo ich meines Amtes waltete, indem ich einen prüfenden Schluck aus dem ersten Glas nahm. „Und?" fragte Ridger, nachdem ich ihn eine Minute hatte zappeln lassen.

Ich schüttelte den Kopf. „*Bell's,* ganz klar. Es schmeckt deutlich anders als das Zeug im Silver Moon." Ich trank aus dem zweiten Glas, und auch dieser Whisky war in Ordnung.

Ich ließ meine beiden Gläser stehen und ging zur Bar.

„Sie sind neu hier, stimmt's?" fragte ich den Wirt.

„Ziemlich." Er schien mißtrauisch.

„Kommen Sie mit den Einheimischen gut zurecht?"

„Wollen Sie Ärger machen?"

„Nein." Ich war überrascht über seine offene Feindseligkeit. „Wieso?"

„Ist ja schon gut. Mir ist nur aufgefallen, daß Sie zwei Whiskys aus verschiedenen Flaschen bestellt und beide so gründlich gekostet haben. Erst vor kurzem hat mich nämlich jemand beim Eichamt angezeigt und behauptet, ich schenkte falsch ein und verdünnte die Getränke. Manchen Leuten aus der Gegend paßt es anscheinend nicht, daß ich dieses Lokal übernommen habe. Aber sagen Sie selbst – anonym Anzeige erstatten, damit ich meine Lizenz verliere ..., das geht zu weit."

„Da haben Sie recht", bestätigte ich. Da ich bemerkte, daß sich sein Mißtrauen dennoch nicht legte, nickte ich Ridger zu, und wir gingen. Unsere halbvollen Gläser ließen wir auf dem Tisch stehen, was den Verdacht des Wirtes vermutlich noch erhärtete.

Im Auto studierte Ridger wieder seine Liste. „Unsere nächste Station ist ein Hotel, das ‚Peverill Arms', an der Straße von Reading nach Henley. Mehrere Beschwerden über zu dünnen oder zu faden Whisky. Kontrolle am zwölften September. Es wurden Stichproben gemacht, doch alle Whiskys hatten Normalstärke." Sein Tonfall machte mich stutzig.

„Kennen Sie das Hotel?" fragte ich.

„Ich war einmal da. Hat mir nicht gefallen." Er runzelte mißbilligend die Stirn und hielt den Blick unverwandt auf die Straße gerichtet.

Der Grund von Ridgers Vorbehalten war, wie ich bald belustigt feststellte, eine Frau. Und zwar eine Frau von beachtlichen Proportionen, groß und üppig wie eine Göttin von Rubens.

„Das ist Mrs. Alexis", murmelte Ridger. „Sie wird sich wohl nicht an mich erinnern."

In der Tat nahm Mrs. Alexis von uns kaum Notiz. Sie war damit beschäftigt, das Entzünden von Holzscheiten in dem riesigen Kamin zu überwachen, ein Vorgang, der beißenden Rauch in Fülle, aber nur wenige züngelnde Flammen hervorbrachte. Der Rauch zog ins Lokal, umwogte chintzbezogene Sessel und blitzende Kupferkrüge. Aus dem Kamin ragte der Hosenboden des glücklosen Brandstifters, und die wenigen Gäste, die in den Sesseln saßen, sahen seinen Bemühungen voller Interesse zu.

„Um Himmels willen, Wilfried, hol endlich den Blasebalg!" rief Mrs. Alexis mit Nachdruck. „Dein Gepuste ist doch idiotisch, außerdem sieht dein Kopf schon aus wie eine rote Rübe."

Sie mußte weit in den Fünfzigern sein. Eine richtige Chefin, dachte ich, sicher im Auftreten, befehlsgewohnt. Dabei attraktiv, teuer angezogen und selbstbewußt. Üppiges, rotbraun gefärbtes Haar, lackierte Fingernägel, lang und scharf wie Krallen. Eine lebenshungrige Frau von unbändigem Appetit. Mir fielen automatisch all die Tierarten ein, bei denen das Weibchen das Männchen zum Frühstück verspeist.

Ich fragte mich, ob der unselige Wilfried im Augenblick auf der Speisekarte stand. Jedenfalls machte er sich gehorsam und mit knallrotem Gesicht auf, den Blasebalg zu holen. Mrs. Alexis erkundigte sich nach unseren Wünschen.

„Was zu trinken", meinte ich vielsagend.

„Kommen Sie mit." Sie führte uns zur Bar. „Das ist das erste Mal in diesem Herbst, daß wir den Kamin anmachen. Qualmt immer am Anfang wie verrückt."

„Der Kamin müßte vielleicht gefegt werden", schlug Ridger vor.

Mrs. Alexis faßte ihn näher ins Auge – mit scharfem Falkenblick. „Er wird jedes Jahr im Frühling gefegt. Sie sind doch der Polizist, der so freundliche Worte für die Rugbymannschaft gefunden hat, die sich nach einem siegreichen Spiel hier von Kronleuchter zu Kronleuchter schwang und Bier ins Klavier schüttete."

Ridger räusperte sich. Ich unterdrückte gerade noch ein Auflachen. Dann traf mich ein Blick aus Falkenaugen.

„Sind Sie auch Polizist?" fragte sie gut gelaunt. „Ihr wollt wohl für euren Jubiläumsball sammeln?"

„Nein", antwortete ich, „wir wollen was trinken. Einen *Bell's* und einen Tomatensaft bitte."

Sie goß die gewünschten Getränke ein und stellte, ohne zu fragen, den Whisky vor mich hin und den Tomatensaft vor Ridger.

„Was war das für eine Geschichte mit der Rugbymannschaft?" fragte ich Ridger, als wir uns in zwei Sesseln niedergelassen hatten.

„Sie hat genau gewußt, daß es Ärger geben würde. Eine üble Bande. Die Burschen haben die Kronleuchter aus der Decke gerissen. Als wir auftauchten, standen alle an der Wand, und Mrs. Alexis hielt sie mit dem Gewehr in Schach."

„Mit dem Gewehr?" fragte ich erstaunt.

„Es war nicht geladen, aber keiner wollte es darauf ankommen lassen. Man kennt ihre Schießkünste von der Fasanenjagd. Sie hat immer ein Gewehr hinter der Bar. Wir können nichts dagegen machen, denn sie ist im Besitz eines Waffenscheins."

„Hat sie denn die Polizei zu Hilfe gerufen?"

„Nein, aber die Gäste. Mrs. Alexis war gar nicht begeistert, als wir auftauchten. Sie hat noch nicht einmal Anzeige erstattet. Der Rugbyverein hat allerdings brav für den Schaden bezahlt."

Es hätte viel Mut gebraucht, Mrs. Alexis ins Gesicht zu sagen, bei ihrem Whisky handle es sich nicht um *Bell's,* sondern um *Rannoch.* Gott sei Dank war das nicht nötig, denn es war tatsächlich *Bell's.*

„Schade", erwiderte Ridger nur, als ich ihn von dieser Tatsache unterrichtete.

Ich sagte nachdenklich: „Ganz oben im Regal über der Theke hat sie auch eine Flasche *Laphroaig* stehen."

Ridger horchte auf. „Werden Sie ihn versuchen?" fragte er hoffnungsvoll.

Ich nickte und ging zur Bar, doch Mrs. Alexis hatte wieder ihren Platz beim Kamin eingenommen, wo Wilfried mit dem Blasebalg weitere Rauchschwaden produzierte.

„Der Kamin muß verstopft sein", sagte er besorgt.

„Verstopft?" empörte sich Mrs. Alexis. „Woher denn?" Sie besann sich kurz. „Außer, es hat wieder so ein dämlicher Vogel sein Nest darin gebaut, wie vor drei Jahren."

„Warten wir lieber, bis der Kaminkehrer da war", schlug Wilfried vor.

„Warten? Keinesfalls." Mit triumphierendem Lächeln schritt sie hinter die Theke, brachte das berühmte Gewehr zum Vorschein und legte eine Patrone ein. Ridger sah mit offenem Mund fassungslos zu, wie sie zum Kamin ging, das Gewehr senkrecht hineinhielt und abdrückte. Es gab einen dumpfen Knall. Daraufhin kehrte Mrs. Alexis seelenruhig zur Bar zurück.

„Noch einen *Bell's*?" fragte sie und verstaute das Gewehr der Länge nach unter der Theke. „Noch einen Tomatensaft?" Offenbar sah sie mir an, daß ich sprachlos war, denn nun lachte sie. „Die einfachste Methode, den Kamin frei zu kriegen", meinte sie schließlich.

Sie hatte recht. Wilfried lag wieder auf den Knien, bediente den Blasebalg und produzierte Rauch, der diesmal nach oben abzog.

Jetzt bestellte ich meinen zweiten Whisky. „Einen *Laphroaig* bitte. Und – könnte ich die Weinkarte haben?"

„Alles, was Ihr Herz begehrt." Sie reckte sich nach der *Laphroaig*-Flasche und goß mir großzügig ein. „Sie und der Polizist . . ., was wollen Sie hier?" Ihr Blick ruhte forschend auf meinem Gesicht.

Ich bezahlte den *Laphroaig* und nahm die Weinkarte in Empfang. „Wir sind hinter einem Whisky her, den wir im Silver Moon in einer *Bell's*-Flasche entdeckt haben, der aber kein *Bell's* war", erklärte ich. „Deshalb nehmen wir an, daß es noch mehr davon gibt."

„Hier werden Sie keinen gepanschten Whisky finden", antwortete sie knapp.

„Nein, vermutlich nicht."

„Sie haben mir noch gar nicht Ihren Dienstausweis gezeigt." Es klang wie eine nüchterne Feststellung. Keine Feindseligkeit, dachte ich, also offenbar keine Schuldgefühle.

„Damit kann ich leider nicht dienen, ich bin Weinhändler." Ich nannte meinen Namen und die Adresse meines Ladens.

„Noch nie von Ihnen gehört", sagte sie fröhlich. „Würden Sie diesen Scotch erkennen? Am Geschmack?"

„Ja."

„Na, dann viel Glück." Sie warf mir noch einen belustigten Blick zu und wandte sich ab, um einen anderen Kunden zu bedienen, während ich mein Glas mit zu meinem Sessel nahm.

Ich kostete: rauchiger, torfiger, im Eichenfaß gereifter *Laphroaig*, durch und durch echt.

Ridger rutschte nervös in seinem Sessel herum, während ich die Weinkarte studierte. Sie war handgeschrieben und ziemlich lang. Dieselben Sorten wie im Silver Moon. Als ich Ridger darauf aufmerksam machte, entgegnete er kühl, er sei lediglich hinter Whisky her und weiter nichts. Dennoch ging ich mit der Weinkarte wieder zur Bar und bestellte bei Mrs. Alexis eine Flasche *Saint-Estèphe*.

Sie lächelte. „Aber gerne. Soll ich sie aufmachen?"

„Noch nicht." Ich überflog die Karte noch einmal und ließ mir auch je einen *Saint-Emilion, Mâcon, Valpolicella, Volnay* und *Nuits-Saint-Georges* geben.

„Gern", sagte sie unbefangen. „Wollen Sie alle sechs?"

„Ja, bitte."

Sie verschwand kurz und kam mit einem Weinkorb und den sechs Flaschen darin zurück. Ich überflog die Etiketten: Die Namen stimmten, aber die Jahrgänge entsprachen nicht der Weinkarte.

„Die Neunzehnhundertneunundsiebziger haben wir alle verkauft", antwortete sie geduldig, als ich diese Tatsache erwähnte. „Wir halten die Weinkarte immer auf dem neuesten Stand, deswegen lassen wir sie auch nicht drucken. Im Augenblick schreiben wir gerade eine neue. Diese neuen Jahrgänge sind besser. Wollen Sie den Wein nun haben oder nicht?"

„Tut mir leid", sagte ich. „In diesem Fall nicht."

Sie stellte den Korb kommentarlos auf den Boden und lächelte mich einfach an.

„Kennen Sie das Silver Moon?" fragte ich.

„Habe davon gehört. Bin aber nie dort gewesen. Soll sowieso am Ende sein. Die Bank hat angeblich die Kredite gesperrt."

„Im Silver Moon", erklärte ich freundlich, „ist ein einziger Wein unter sechs verschiedenen Namen verkauft worden."

Mrs. Alexis verzog keine Miene, sondern blickte nur auf den Korb mit Weinflaschen, der neben ihr stand.

„Genau diese sechs Sorten", fügte ich hinzu. „Oder vielmehr nicht die."

Jetzt blickte sie mich ernst an. „Also sind Sie auch hinter verfälschtem Wein her."

„Ja."

„Tut mir leid, daß ich Ihnen nicht weiterhelfen kann."

„Vielleicht ist das Ihr Glück", meinte ich. „Wer über diesen Wein Bescheid weiß, lebt gefährlich. Der Oberkellner im Silver Moon wußte offensichtlich zuviel, und nun ist er tot."

Immer noch verzog sie keine Miene. „Ich bin nicht in Gefahr", erwiderte sie. „Das können Sie mir glauben. Haben Sie noch einen Wunsch?"

Ich schüttelte den Kopf. „Wir müssen gehen."

Wilfried kniete unverändert vor dem Kamin und war mit dem Feuer beschäftigt. Während Ridger hinausging, blieb ich an der Tür noch einmal stehen und sah mich um, denn im Kamin gab es auf einmal einen weichen Plumps, als ein dicker Rußklumpen aus dem Schacht fiel und Wilfried in eine schwarze Wolke hüllte. Die Gäste in den Sesseln schauten fasziniert zu, wie Wilfried sich betreten erhob, schwarzen Staub von sich schüttelte und weit die Augen aufriß wie eine überraschte Nachteule.

„Den Kaminkehrer bringe ich vor Gericht", sagte Mrs. Alexis.

An diesem ersten Tag besuchten wir noch vier weitere Lokale, und allmählich konnte ich keinen *Bell's*-Whisky mehr sehen. Ridger machte sich jedesmal pedantisch Notizen und zeigte sich nicht im geringsten enttäuscht, als sich eine Probe nach der anderen als unverfälscht herausstellte. Unsere Kneipentournee war für ihn ein Auftrag wie jeder andere.

Gegen Ende unserer Rundfahrt fragte ich ihn, ob sich eine Spur des Lieferwagens gefunden habe, der beim Einbruch in meinen Laden benutzt worden war.

„Nein", sagte er. „Wir rechnen auch nicht damit."

„Wieso?"

„Das Fahrzeug gehörte einem Lebensmittelgroßhändler, der gar nicht bemerkt hatte, daß es gestohlen worden war. Erst als einer unserer Polizisten am Montag morgen nach dem Fahrzeug fragte, fiel ihm der Diebstahl auf. Der Wagen steht auf unserer Liste gesuchter Fahrzeuge, und zwar mit dem Vermerk ‚dringend', wegen der Verbindung zu dem Mord an Zarac. Den Tätern wurde er vermutlich zu heiß – er ist bestimmt irgendwo abgestellt worden und hat längst keine Nummernschilder mehr. Also finden wir ihn nie, es sei denn, Kommissar Zufall kommt uns zu Hilfe."

Er fuhr mich zum Laden zurück und versprach, am nächsten Morgen mit einer neuen Liste verdächtiger Schankbetriebe wiederzukommen.

„Sie haben doch sicher auch einen Vornamen, Sergeant?" sagte ich, als er sich verabschiedete.

Er wirkte leicht überrascht. „John", erwiderte er.

„Haben Sie was dagegen, wenn ich Sie von morgen an in den Kneipen mit John anrede? Heute hätte ich um ein Haar zweimal in aller Öffentlichkeit Sergeant zu Ihnen gesagt."

Er überlegte. „Gut. In Ordnung. Soll ich Sie Tony nennen?"

„Das wäre nur logisch."

Ich stieg aus, und er fuhr davon. Mrs. Palissey war völlig erschöpft. „So viele Kunden waren da, Mr. Beach", berichtete sie. Ob ich denn wirklich allein ins Krankenhaus fahren könne? „Denn, ehrlich gesagt, Mr. Beach", fuhr sie fort, „Sie riechen ein winzig kleines bißchen, als ob Sie was getrunken hätten."

Ich hatte zwölf Whiskys bestellt und von jedem ein, zwei Schluck genommen. Ich konnte nicht mehr ganz nüchtern sein, also fuhr ich mit dem Taxi ins Krankenhaus.

Nach meiner Rückkehr übernahm ich den Laden, bediente die Kunden, die nachmittags kamen, und sah mir zwischendurch die Kopien von Charter juniors Notizbuch an.

Gerards Detektei hatte beim Entziffern und Nachprüfen der Eintragungen ganze Arbeit geleistet. Der Umschlag enthielt eine kurze erklärende Notiz und etwa fünfzehn Blatt Schreibmaschinenpapier. Auf jedes Blatt war eine Seite des kleinen Notizbuchs aufgeklebt, und von jeder Eintragung führte eine saubere Linie zu einem Kommentar am Rand.

Gerards getippte Notiz lautete:

> Lieber Tony,
> sämtliche Erkundigungen wurden per Telefon eingeholt. Kenneth Charter hat auf alle Fragen bereitwillig geantwortet, ebenso seine Frau, seine Tochter und sein ältester Sohn. Trotzdem sind wir bei unseren Ermittlungen sehr vorsichtig zu Werke gegangen, vor allem auch bei Freunden und in Geschäften.
>
> Kenneth Charter datierte die erste Seite des Notizbuchs auf Anfang August, denn dort ist die Rede von Mrs. Charters Geburtstag, und der ist am 8. August. Man sollte annehmen, daß die folgenden Eintragungen nacheinander gemacht wurden, aber das ist nicht sicher.
>
> Bitte, schreiben Sie sofort alles auf, was Ihnen beim Lesen einfällt.
>
> G.

Ich nahm mir das Notizbuch vor. Die erste Eintragung lautete: *Karte für Mutters Geburtstag nächste Woche kaufen.*

Eine gerade Linie führte zu einer Randbemerkung: „8. August."
Beide Handschriften, die von Charter junior und die des Sachbearbeiters der Detektei Deglet, waren gut leserlich. Die Hausaufgabe, die Gerard mir zugedacht hatte, war somit nicht allzu schwierig.

Die zweite Eintragung auf der ersten Seite lautete: *D.N. besuchen, Ksp.*

Die Randbemerkung lautete: „D.N. ist David Naylor, Kenneth juniors bester Freund. Ksp. steht vermutlich für Kriegsspiele, denn die sind David Naylors Hobby."

Auf der ersten Seite war außerdem noch zu lesen: *Hose von der Reinigung holen. Paps um Geld bitten. B.T. zum Teufel schicken.*

Die Linie von der letzten Eintragung führte zu folgendem Kommentar: „Bei B.T. handelt es sich wahrscheinlich um Betty Townsend, eine ehemalige Freundin von Charter junior."

Auf der zweiten Seite stand eine Liste von Telefonnummern. Jede einzelne war am Rand erklärt und mit einer Adresse versehen. Hier fand ich die Nummern eines Kinos und eines Friseurgeschäfts, daneben die seiner Freunde David Naylor und Ronald Haleby. Naylor war arbeitslos, Haleby arbeitete in einer Diskothek als Rausschmeißer.

Die folgenden Seiten waren ein beredtes Zeugnis für das oberflächliche, inhaltslose Leben, das der Schreiber führte. Charter juniors Aufzeichnungen ähnelten entfernt einem Tagebuch: *Prise mit R.H. Sonntag Geld abholen. Neue Zahnbürste nötig, Mutter Bescheid sagen. Stecker der Stereoanlage reparieren.*

Später stand auf einer Seite: *Friseur. Halifax. Panzer für Ksp. kaufen, D.N. anrufen. Schlüssel von N.T. für Duplikate besorgen.*

Der Kommentar lautete: „Nach der Aussage der Angestellten des Friseurgeschäfts ist Charter junior ungefähr alle zehn Tage zum Waschen und Schneiden gekommen. Hat teure Produkte gekauft und üppige Trinkgelder gegeben. ‚Halifax' bezieht sich vermutlich auf die gleichnamige Bausparkasse. Kenneth' Eltern wissen allerdings nicht, ob ihr Sohn dort ein Konto hat. Charter senior glaubt, die einzigen Einnahmen seines Sohnes seien das Arbeitslosengeld und gelegentliche väterliche Zuwendungen gewesen. Das kann nicht stimmen, denn das hätte nicht gereicht, um Kokain (‚Prise mit R.H.') zu kaufen. ‚Schlüssel' und ‚N.T.': ungeklärt."

Ich grübelte eine Zeitlang über die Buchstaben N.T. nach, kam aber ebensowenig weiter wie der Ermittler der Detektei. Wofür braucht man Schlüssel? Haus, Auto, Koffer, Schließfach? Vielleicht war N.T. eine Person.

Auf der nächsten Seite stand nur eine einzige Eintragung – die Eintragung, mit der alles angefangen hatte: *Z Bescheid sagen, UNP 786Y lädt B's Gin Mo. gegen 10.*

Das war der Verrat an der väterlichen Firma, der uns allen soviel Kopfzerbrechen machte. Ich schnitt eine Grimasse und wandte mich den letzten drei Seiten zu.

D.N. mitnehmen zu Ksp. mit S.N.! Daneben der Kommentar: „S.N. ist Stewart Naylor, David Naylors Vater. Stewart Naylor gilt als hervorragender Kriegsspieler, daher vermutlich das Ausrufungszeichen."

Auf der letzten Seite stand: *Visum für Australien besorgen. Halifax. Paps um Geld bitten. Schlüssel bei Simpers abholen und abschicken.*

Es folgte noch ein letzter Kommentar: „Die Firma Simpers ist ein Eisenwarenladen mit einem Schlüsseldienst. Dort liegen jedoch keine Unterlagen über einen Auftrag von Kenneth junior vor. Normalerweise kann ein Kunde einen nachgemachten Schlüssel gleich mitnehmen. Nur wenn die Rohlinge für einen bestimmten Schlüssel nicht vorrätig sind, lassen sich die Angestellten von den Kunden Namen, Adresse und eine Anzahlung geben. Wenn Charter junior auf diese Weise Schlüssel von Simpers bezogen hat, dann hat er einen falschen Namen und eine falsche Adresse angegeben."

Ich schob die Fotokopien in den Umschlag zurück und betrachtete skeptisch meine paar Notizen, die ich für Gerard gemacht hatte. Als er eine halbe Stunde später anrief, entschuldigte ich mich, daß mir so wenig eingefallen war.

„Lesen Sie mir einfach vor, was Sie aufgeschrieben haben", meinte er ein wenig ungeduldig. „Jede Kleinigkeit kann nützlich sein."

„Na schön ... Wie sehen die Schlüssel von Charters Tanklastern aus?" Gerard am anderen Ende der Leitung schwieg. „Sind Sie noch da?" fragte ich.

„Ja, ich hab mir's notiert." Wieder eine Pause. „Bitte weiter."

„Bis heute habe ich mich immer gefragt, weshalb stets derselbe Tanklastzug gestohlen wurde. Aber jetzt ist mir natürlich alles klar – er war der einzige, für den die Diebe Schlüssel besaßen. Die Schlüssel brauchten sie, um bei der ersten Lasterentführung die Fahrertür aufzuschließen, das Betäubungsgas reinzustellen und wieder abzuschließen, während der Fahrer im Rasthaus saß. Vor dem ersten Diebstahl hatte Charter junior jederzeit Zutritt zum Büro seines Vaters. Vielleicht fragen Sie Charter senior mal, wo die Schlüssel der Tanklaster aufbewahrt werden."

„Ja, mache ich."

„Vielleicht waren es die Schlüssel für einen zweiten Tanklastzug, die Charter junior hat nachmachen lassen. Ich meine, N.T. könnte ‚Nächster Tanklaster' heißen. Oder ‚Neuer Tanklaster' oder so was. Auf jeden Fall lohnt es sich vielleicht, ein paar Tankerschlüssel mit zu Simpers zu nehmen und festzustellen, ob sie die entsprechenden Rohlinge vorrätig haben oder ob sie sie bestellen müssen. Und man sollte vielleicht Kenneth Charter warnen, daß jemand möglicherweise Nachschlüssel zu einem zweiten Tanklaster besitzt ..., vorausgesetzt natürlich, daß meine Annahme richtig ist."

„Ich werde ihn auf jeden Fall warnen."

„Viel mehr ist mir leider nicht eingefallen. Außer daß Charter junior ganz schön für sich gesorgt hat. Er hat Informationen verkauft und hat das Geld vermutlich wie ein braver Bürger in eine Bausparkasse eingezahlt. Er hat vielleicht ganz gern mal eine Prise Kokain mit dem Diskorausschmeißer geschnupft, aber er war nicht süchtig."

„Nein. Eine einigermaßen stabile Persönlichkeit. Habe ich mir auch gedacht. Kauft eine Geburtstagskarte für seine Mutter. Bewundert den Vater seines Freundes und verrät den eigenen."

„Die übliche Phase der Rebellion des Sohnes gegen den Vater – allerdings mit ernsten Konsequenzen."

„Stimmt", erwiderte Gerard. „Und wir verdienen Geld dadurch. Eine Ironie des Schicksals."

Ich lächelte und sagte: „Da habe ich auch eine auf Lager. Den gestohlenen Scotch suchen wir neuerdings mit freundlicher Genehmigung der Polizei." Ich erzählte ihm von meinen Ausflügen mit Ridger. Über meine Schilderung von Mrs. Alexis mußte er lachen.

„Diese Mrs. Alexis scheint mehr zu wissen, als sie zugibt", meinte ich. „Sie hatte alle Weine, nach denen wir suchen, auf der Karte. Aber sie behauptet, der Jahrgang 1979 sei restlos ausverkauft. Das kann doch beinahe kein Zufall sein! Vielleicht gehe ich noch mal hin."

„Sie muß ein furchtbarer Drachen sein."

„Trotzdem – sie ist ihr Geld wert", erklärte ich.

RIDGER kam am nächsten Morgen pünktlich wieder, und wir brachen auf, um die Gegend um das Städtchen Henley durchzukämmen, das für seine Ruderregatta berühmt ist, die jedes Jahr im Juli auf der Themse stattfindet. Jetzt, im späten Oktober und im kühlen Nieselregen, wirkte der Ort verschlafen. Enten schwammen stumm auf dem grauen Fluß; die Fußgänger auf der Uferpromenade duckten sich unter ihre Regenschirme. Wir besuchten ein Wirtshaus nach dem andern, und Ridger – oder besser gesagt, mein Freund John – bestand darauf, daß ich keine *Bell's*-Flasche ausließ, die uns vor die Augen kam.

Sie waren alle in Ordnung. Um halb drei brachte Ridger mich wieder zu meinem Laden zurück. Ich saß mit schwerem Kopf in meinem Büro und bedauerte, mich auf das ganze Unternehmen eingelassen zu haben. Wenn Kunden kamen, bediente ich sie, doch kaum waren sie zur Tür hinaus, ließ ich mich wieder todmüde in meinen Schreibtischsessel fallen. Als mich die Türglocke zum fünften Male aufschreckte, betrat ich den Laden mit einem Gähnen.

„So begrüßt man keinen lieben Besuch", sagte die Kundin, die zur Tür hereingekommen war.

Da stand Mrs. Alexis, in voller Lebensgröße und trotz des Regens mit viel Sonne im Herzen.

„Ich hatte vor, Sie bald zu besuchen", begann ich.

„Tatsächlich?" Sie lächelte spöttisch. „Hier also haust unser kleiner Weinhändler." Sie blickte sich gut gelaunt um und schien nicht zu bemerken, daß ihr „kleiner Weinhändler" einsdreiundachtzig groß war.

„Ich kam ganz zufällig vorbei", meinte sie.

Erstaunlich, wie viele Leute das behaupten, dachte ich.

„Nein, das stimmt nicht", verbesserte sie sich. „Ich bin absichtlich hergekommen." Sie schob herausfordernd das Kinn vor. „Sie gefallen mir."

„Das überrascht mich."

„Kühl wie eine Hundeschnauze, was?"

Ich fühlte mich immer noch leicht betrunken. Fast eine Drittelflasche Scotch auf leeren Magen – das hinterläßt Spuren.

„Was macht der Kamin?" fragte ich.

Sie grinste. „Wilfried kann mir immer noch nicht verzeihen."

„Und das Feuer?"

„Brennt wie Rom." Sie kniff die Augen zusammen. „Soll ich Ihnen was von diesen Weinen erzählen?"

„Ja, natürlich."

„In Gegenwart dieses aufgeblasenen kleinen Polizisten hatte ich keine Lust. Jawohl, ich hab sie gekauft, aber ich hab sie schnell wieder zurückgehen lassen."

Ich holte tief Luft und tat alles, um sie ja nicht zu unterbrechen.

„Der *Bell's*-Whisky war mir ausgegangen", fuhr sie fort. „Deshalb habe ich im Lokal gegenüber angerufen; wir helfen uns immer gegenseitig aus. Der Wirt hat mir einen vollen, ungeöffneten Karton gebracht. Kommt von einem neuen Lieferanten, hat er gesagt, der gute Preise macht, speziell bei französischem Wein. Dann hat er mir auch noch eine Telefonnummer gegeben und mir geraten, nach Vernon zu fragen."

Ich sah sie schweigend an.

„Hätte mir's ja denken können, nicht wahr?" meinte sie fröhlich. „Der Karton Whisky war bestimmt irgendwo vom Lastwagen gefallen."

„Aber Sie haben trotzdem angerufen?"

„Stimmt. Sehr gute Weine, etwas billiger als normal. Also habe ich eine Kiste von jeder Sorte bestellt."

„Und dann?"

„Eines Tages hat sich ein Gast beschwert, er hätte den falschen Whisky bekommen. Ich hatte ihm selbst eingeschenkt, aus einer von den *Bell's*-Flaschen von meinem Nachbarn. Also habe ich den Whisky probiert, leider kann ich das Zeug nicht ausstehen und deshalb natürlich auch nicht unterscheiden. Na ja, ich habe ihm einen *Glenlivet* spendiert und mich entschuldigt, und als er gegangen war, habe ich sofort meinen Nachbarn angerufen, aber der meinte, der Whisky sei garantiert in Ordnung, Vernon arbeite immerhin für eine bedeutende Firma."

„Welche Firma?"

„Ich habe nicht gefragt. Aber ich wollte kein Risiko eingehen, darum habe ich den Rest von dem Whisky in den Ausguß geschüttet. Gott sei Dank, denn am nächsten Tag kamen die Leute vom Eichamt. Dieser Mistkerl hat meinen *Glenlivet* getrunken und mich trotzdem angezeigt! Daraufhin habe ich einen Bekannten, der sich mit Wein auskennt, gebeten, all die schönen Weine zu probieren. Als er erklärte, in allen Flaschen sei der gleiche Wein, habe ich diesen Vernon angerufen und ihm gesagt, er solle den ganzen Kram sofort wieder abholen und mir mein Geld zurückgeben, sonst ginge ich zur Polizei."

„Und – was ist passiert?" fragte ich gespannt.

„Derselbe Mann, der die Sachen geliefert hatte, hat mir mein Geld zurückgebracht und die Weine wieder abgeholt. Hat gesagt, er sei ein Freund von Vernon, aber ich wette, es war Vernon selbst. Vernon hoffe, hat er gemeint, daß ich mein Wort hielte wegen der Telefonnummer. Wenn nicht, müßte ich mit großen Unannehmlichkeiten rechnen." Sie grinste. „Ich habe ihm geantwortet: ‚Wenn Vernon mir dumm kommt, fresse ich ihn auf!' Und am nächsten Tag sind Sie aufgekreuzt."

„Haben Sie die Telefonnummer noch?"

Ihre Augen leuchteten. „Ja, allerdings. Wieviel ist sie Ihnen wert? Einen Karton *Pol Roger*? *Dom Perignon*?"

Ich überlegte. „Einen Karton *Bell's*?"

„Abgemacht." Ohne weitere Umstände holte sie ein Stück Papier aus ihrer Handtasche und hielt es mir hin.

„Sie müssen den Karton selbst zu Ihrem Wagen bringen", sagte ich.

Sie warf einen Blick auf die Schlinge, die ich immer noch trug. „Haben Sie sich am Arm verletzt?"

„Ja, Schrotkugeln. An Ihrer Stelle würde ich niemandem sagen, daß Sie hier waren. Man hat auf mich geschossen – wegen diesem Wein. Vernon ist bestimmt nicht begeistert, wenn er hört, daß Sie mir seine Nummer gegeben haben."

Sie riß die Augen auf. „Eigentlich wollte ich mit Ihnen über den Oberkellner aus dem Silver Moon sprechen", erklärte sie. „Sie haben mir nicht erzählt, daß er . . ."

Ich nickte. „Ja, ich hätte es Ihnen vielleicht sagen sollen. Aber Ihnen passiert bestimmt nichts, wenn Sie den Mund halten. Im übrigen gibt es noch mehr Leute, die Vernons Nummer haben."

„Ja." Sie dachte nach. „Sie haben recht." Ihr Gesicht nahm wieder den gewohnten fröhlichen Ausdruck an. „Wenn Sie mal vorbeikommen, mein kleiner Weinhändler, schauen Sie doch zum Essen rein – wann immer Sie mögen."

„FABELHAFT!" rief Gerard am Telefon. Er versprach zurückzurufen, sobald seine Firma die Nummer geprüft habe.

Tatsächlich rief er mich bereits nach einer halben Stunde wieder an – doch nicht wegen Vernons Nummer.

„Dachte, es interessiert Sie vielleicht. Unser Büro hat beim Auktionator in Doncaster recherchiert. Ramekin ist bar bezahlt worden, deshalb gibt es auch keinerlei Unterlagen über den Käufer. Der Vollblüter ist nach Kalifornien an einen angesehenen Pferdehändler gegangen. Die Transportkosten wurden bar bezahlt, und zwar von einem Mr. A. L. Trent, der schon andere Pferde nach Kalifornien verschickt hat. Das Vermögen ist also in Kalifornien, entweder auf der Bank oder noch auf vier Beinen."

„Auf der Bank, darauf wette ich."

„Ja, glaube ich auch", bestätigte Gerard. „Übrigens – ich habe noch was für Sie: Kenneth Charter sagt, die Schlüssel zur Fahrerkabine und die Zündschlüssel seiner Tanklaster seien ganz normale Lkw-Schlüssel, lediglich die Einfüllstutzen für die neun Segmente der großen Tanks haben Spezialschlösser mit besonderen Schlüsseln. Die

Tanks sind unterteilt, damit die Lader auf einer Fahrt verschiedene kleinere Ladungen transportieren können. Jedes Segment hat ein eigenes Schloß mit einem eigenen Schlüssel, damit es beim Entladen keine Irrtümer gibt. Zu jedem Whisky-Lastzug gehören also neun Schlüssel. Wenn es sich um Ware unter Zollverschluß handelte, hat Charter jedesmal im voraus einen Satz Schlüssel an den Bestimmungsort geschickt. Die Fahrer selbst bekamen keine Schlüssel, aus Sicherheitsgründen. Charter hat bei Simpers nachgefragt, und dort wurde tatsächlich ein Satz von neun Schlüsseln nachgemacht, und zwar gleich zweimal; beide Male mußten die Rohlinge bestellt werden. Der junge Mann, der die Schlüssel anfertigen ließ, nannte sich Harrison. Bei Simpers weiß heute natürlich niemand mehr, was für Schlüsselformen geschnitten wurden. Kenneth Charter dreht fast durch, weil er nicht weiß, welcher von seinen Tanklastern in Gefahr ist." Er machte eine Pause und fuhr dann fort: „Schließlich haben wir noch von der Firma Rannoch das Chromatogramm des gestohlenen Whiskys bekommen. Zu Vergleichszwecken, falls wir fündig würden."

„Hm. Vielleicht hat Mrs. Alexis' Nachbar noch welchen."

„Gute Idee! Rufen Sie sie sofort an."

„Ein Jammer, daß sie ihren weggeschüttet hat."

Wir legten auf, und ich rief sofort Mrs. Alexis an. Sie versprach, sich gleich zu erkundigen. Nach zehn Minuten rief sie wieder an und sagte, ihr Nachbar habe den Whisky schon längst verkauft.

Zu blöd, dachte ich und rief Gerard an, um ihm Bescheid zu sagen.

„Jedesmal wenn wir dem Zeug auf die Spur kommen, verschwindet es urplötzlich", klagte er.

„Vielleicht haben wir morgen mehr Glück."

Er seufzte. „Wir suchen eine Stecknadel im Heuhaufen."

Sechs

KURZ nachdem ich am Samstag morgen aufgemacht hatte, kam Flora atemlos in den Laden. Sie war im Begriff, Jack nach Hause zu holen, und wollte sich nur rasch noch einmal dafür bedanken, daß ich ihr geholfen hatte, mit Orkney Swayle fertig zu werden.

„Keine Ursache. Hat mir Spaß gemacht."

„Trotzdem, ich möchte dir was schenken." Sie legte ein in Geschenkpapier gewickeltes Kästchen auf den Ladentisch. Ich wollte protestieren, doch sie sagte: „Lieber Tony, sei still. Es ist sowieso nicht genug, und wenn Jack erst einmal zu Hause ist, habe ich alle

Hände voll zu tun. Darum habe ich gedacht, ich bringe das Geschenk jetzt vorbei."

Ich bückte mich, um sie auf die Wange zu küssen. „Sehr ungezogen von dir. Trotzdem vielen Dank."

„Schone dich ein bißchen, mein Lieber. Und wenn du mal Zeit hast – wir brauchen Getränkenachschub." Sie kramte in ihrer Handtasche und brachte eine Liste zum Vorschein, die sie neben ihrem Geschenk auf den Ladentisch legte. Dann verkündete sie, sie müsse auf dem Weg ins Krankenhaus noch tausend Dinge erledigen, und verschwand.

Neugierig wickelte ich das Päckchen aus. Der Inhalt war klein, aber keine Kleinigkeit. Die Schachtel, die unter dem weißen Glanzpapier zum Vorschein kam, stammte von einem Juwelier in Reading und enthielt ein silbernes Taschenmesser, auf roten Samt gebettet. Es war schmal und elegant und besaß eine scharfe Stahlklinge auf der einen und einen Schraubenzieher auf der anderen Seite. Ich holte mein altes Messer aus der Tasche, steckte das neue ein und dachte den ganzen Vormittag über dankbar und liebevoll an Flora.

Meine gute Laune besserte sich sogar noch, als Ridger anrief und mir mitteilte, daß wir mit unserer Kneipentournee ein paar Tage aussetzen müßten, da er im Augenblick andere Pflichten habe. Mit nicht ganz reinem Gewissen verschwieg ich ihm den Besuch von Mrs. Alexis und den mysteriösen Vernon, doch ich hatte von Gerard gelernt, daß die Interessen des zahlenden Kunden an erster Stelle standen.

Halb im Scherz fragte ich Ridger, wem ich denn Bescheid sagen sollte, wenn ich in seiner Abwesenheit zufällig auf den verdächtigen Whisky stieße. Er erwiderte ganz ernsthaft, das beste wäre wohl, wenn ich Kriminalhauptkommissar Wilson persönlich anriefe. Er gab mir eine Telefonnummer.

Froh, nüchtern bleiben zu dürfen, verkaufte ich den Vormittag über eine Menge Wein an zahllose Kunden, und es sah aus, als sollte mir endlich mal wieder ein ganz normaler Samstag beschieden sein. Doch dann rief Tina McGregor an.

„Gerard ist unterwegs ins Büro", sagte sie. „Ich soll Ihnen ausrichten, daß die Telefonnummer, die Sie ihm gestern gegeben haben, dem Restaurationsbetrieb auf der Galopprennbahn in Martineau Park gehört. Wenn Sie Lust haben, könnten Sie dort vorbeigehen und sich erkundigen, ob Vernon noch dort arbeitet."

„Danke, Mrs. McGregor", erwiderte ich. „Wie geht es denn Gerards Schulter?"

„Er bekommt jetzt Antibiotika. Wenn er sich nur etwas Ruhe gönnen würde!"

Ihre Stimme klang nicht besonders besorgt. Offenbar war sie Kummer gewohnt. Schließlich bat sie mich noch, Gerard später zu Hause anzurufen und ihm Bericht zu erstatten.

Ich fuhr also nach Martineau Park. Heute ist Samstag, kein Renntag, dachte ich, also wird vermutlich auch der Restaurationsbetrieb geschlossen sein. Ich rechnete damit, gleich wieder zurückzufahren.

Der Parkplatz war immerhin geöffnet, wenn auch unbewacht. Ich parkte den Rover am Ende einer Reihe von Wagen, die in der Nähe des Sattelplatzes standen, und schlenderte über die Rennbahnanlage. Ich kam am Wiegeraum vorbei. Die Tür war offen; also trat ich neugierig ein und betrachtete interessiert die Waagen und die flachen Bleiplatten, die als Gewichtsausgleich in die Satteldecken geschoben wurden. Ich drang weiter in den Umkleideraum der Jockeys vor, in dem sich, wie im Wiegeraum, niemand aufhielt.

Schließlich kehrte ich wieder ins Freie zurück und entdeckte eine Tür mit der Aufschrift „Vorstand des Galoppsportvereins". Sie war nur angelehnt, und ich stieß sie zögernd auf. Ein Mann mit Glatze und buschigen Augenbrauen saß an einem Schreibtisch; er schaute auf und fragte: „Was kann ich für Sie tun?"

„Ich suche das Restaurant", sagte ich.

„Gehen Sie hinter der Tribüne entlang bis ans Ende. Dann rechts um die Ecke. Der Lieferanteneingang ist die grüne Tür auf der rechten Seite."

„Vielen Dank." Ich tat wie geheißen und fand die grüne Tür. Davor luden zwei Arbeiter in braunen Overalls Kartons mit Gin von einem großen Lastwagen. Sie packten die Kartons auf einen Gabelhubwagen, um ihn vermutlich ins Spirituosenlager zu fahren. Ich erinnerte mich, daß Orkney sich geweigert hatte, diesen Gin zu bestellen, und ging an den beiden Arbeitern vorbei durch die grüne Tür.

Sie führte in einen schwachbeleuchteten, schmalen Gang, der sich weiter hinten im Dunkel verlor und offenbar unter der Haupttribüne entlanglief.

Die Männer schoben den Gabelhubwagen mit den Ginkisten an mir vorbei, und ich folgte ihnen. Wir kamen an drei geschlossenen grünen Türen vorüber und schließlich an einer vierten, die offenstand. Ein paar Schritte später bogen sie plötzlich nach links ab – ich desgleichen. Ein breiterer Gang führte auf eine große, schwere Tür zu, die ebenfalls offenstand und den Blick in einen geräumigen Lagerraum freigab, in dem gearbeitet wurde. Ob auch Vernon am Samstag arbeitet, dachte ich und trat ein.

Dem Eingang gegenüber waren mannshoch Bierkisten gestapelt. Zu meiner Linken lag ein durch Glaswände abgetrenntes Büro mit einem Schreibtisch und zahllosen Regalen voller Akten. Rechts führte eine Tür in eine weitere Lagerhalle. Hier reichten die Stapel der Getränkekartons und -kisten fast bis zur Decke. In Martineau Park fand Anfang November die sogenannte „Herbstwoche" statt, eine Folge bedeutender Rennveranstaltungen mit internationaler Besetzung, und der Restaurationsbetrieb hatte offenbar gut vorgesorgt.

Der Gin wurde in die große Halle befördert und dort auf einen Stapel geladen, der schon mächtig angewachsen war. Ein Lagerarbeiter war damit beschäftigt, die Liefermengen zu notieren; ein anderer markierte mit einem schwarzen Filzschreiber jeden ankommenden Karton.

Niemand kümmerte sich um mich. Offenbar dachten die Lagerarbeiter, ich gehörte zu den beiden Männern im braunen Overall, die den Gin gebracht hatten, und diese wiederum meinten wohl, ich gehörte zum Lager. Ich beschloß, sie in diesem Glauben zu lassen. Diese Entscheidung hat mir wahrscheinlich das Leben gerettet.

Im Büro klingelte das Telefon; es klang entsetzlich schrill. Der Mann mit der Liste schaute erschreckt auf seine Armbanduhr und rief seinem Kollegen zu: „Mervyn, ich geh ran! Bring die Bierkisten ins Lager D. Und sag den beiden, sie sollen die nächste Ladung erst bringen, wenn ich wieder da bin." Sein Blick fiel auf mich, doch er nahm mich nur flüchtig zur Kenntnis. „Ach, das ist natürlich Ihre Aufgabe", meinte er im Vorübergehen. „Sagen Sie Ihren Leuten Bescheid."

Er eilte ins Büro, wo ich ihn telefonieren hören konnte. „Am Apparat. Ja, und?"

Während ich noch überlegte, ob ich mich zurückziehen oder lauschen sollte, vernahm ich vom Gang her eine andere Stimme, sehr laut und vom Geräusch rasch näher kommender Schritte begleitet.

„Vernon? Sind Sie da?"

Eine Männergestalt kam zur Tür herein und ging aufs Büro zu. Ich riß die Augen auf. Er war es, unverkennbar – Paul Young!

„Vernon!"

„Ja, ich komme gleich ..." Vernon legte die Hand über die Sprechmuschel und wandte sich dem Neuankömmling zu. Keiner von beiden blickte in meine Richtung. Ich mußte die Gelegenheit nutzen, schleunigst aus ihrem Gesichtsfeld zu verschwinden.

Paul Young! Ich war wie vom Donner gerührt, meine Glieder hatten sich in Blei verwandelt. Der Weg nach draußen führte an den Glaswänden des Büros vorbei. Paul Young hatte wahrscheinlich im Silver Moon kaum Notiz von mir genommen, aber mittlerweile bestimmt gründlich über mich nachgedacht. Er mußte mich wiedererkennen – ein Gedanke, der mich vollständig lähmte. Ich saß in der Falle! Verzweifelt sah ich mich nach einem Versteck um.

Schlupfwinkel gab es nicht, nur Blöcke von Kartons in langen Reihen. Dahinten am Ende, dachte ich panikartig, da kommen sie vielleicht nicht hin.

Aber wie dorthin gelangen? Jede Sekunde war kostbar, und der Weg schien unendlich weit. Wohin also?

Ich floh himmelwärts. Kurz entschlossen kletterte ich auf den nächstbesten Stapel von Getränkekisten. Es waren Kartons mit Champagner – keine schlechte Sorte, nebenbei gesagt. Oben legte ich mich mitten auf den Stapel und drückte mich so eng wie möglich an die Champagnerkartons.

Mein Kopf befand sich knapp einen Meter unter den Holzbalken der Decke. Vor und hinter mir erstreckte sich die Reihe der gestapelten Kartons wie eine Straße. Ich sah nichts als Pappe, und mein Herz pochte wie wild. Wenn Paul Young mich hier oben entdeckte, war es aus mit mir. Ob er immer einen Gipsverband bei sich hatte? Vielleicht in seinem Rolls-Royce?

Warum war ich nicht einfach weggelaufen? Hinaus auf die Rennbahn, dort wäre ich in Sicherheit gewesen. Jetzt lag ich in zweieinhalb Meter Höhe auf einem Berg von Champagnerkartons – in der Falle.

Die beiden Männer kamen aus dem Büro in die Lagerhalle. Mir brach am ganzen Körper der Schweiß aus.

„Damit gebe ich mich nicht zufrieden. Ich werde mich selbst überzeugen“, hörte ich Paul Young sagen. Seine Stimme klang herrisch und aggressiv. Außerdem klang sie erschreckend nah. Bloß nicht rascheln auf der Pappe, ganz flach atmen!

„Aber ich hab Ihnen doch erklärt . . .“, begann der andere.

„Ich pfeife darauf, was Sie mir erklärt haben, Vernon. Sie lügen, wenn Sie nur den Mund aufmachen. Meiner Berechnung nach müßten Sie noch vierundzwanzig Kisten Scotch hier haben und dazu noch jede Menge Wein. Wenn ich rauskriege, daß Sie Ware auf eigene Faust verkaufen und dabei in die eigene Tasche wirtschaften, dann sind Sie dran.“

Vernon erwiderte hilflos: „Ihre Liste ist nicht mehr auf dem

CHAMPAGNE

neuesten Stand. Ich habe einen großen Posten Wein an die Weinstube in Oxford geliefert."

„Unter wie vielen Etiketten?" fragte Paul Young scharf.

„Zwei."

„Hoffentlich stimmt das. Ich will die Rechnungen sehen."

Vernon wurde aufsässig. „Sie machen einem das Verkaufen verdammt schwer, wenn man jedem Kunden nur zwei Sorten liefern darf. Ihr Bruder hat jahrelang alle sechs verkauft, und niemand ist darauf gekommen, daß nicht drin war, was draufstand."

Paul Young sagte mit Nachdruck: „Irgend jemand muß sich aber beschwert haben. Warum sonst schnüffelt dieser Weinhändler hier herum, probiert alle Sorten und geht dann noch zur Polizei? Wenn Sie im Geschäft bleiben wollen, Vernon, dann halten Sie sich gefälligst an meine Anweisungen. Und jetzt prüfen wir die Bestände."

„Es steht alles dahinten", entgegnete Vernon trotzig, und ihre Stimmen wurden leiser, während sie dem anderen Ende der langen Halle zustrebten.

Ich fragte mich, ob sie von dort wohl meine Füße sehen konnten. An eine Flucht war immer noch nicht zu denken. Wenn es ganz schlimm kommt, dachte ich, schmeißt du mit Champagnerflaschen. Die wirken, wenn sie zerbrechen, wie kleine Handgranaten, weil die enthaltene Kohlensäure die Glassplitter wie wild durch die Luft sausen läßt.

Als sie nach mehreren Minuten zurückkehrten, fuhr Paul Young seinen Gesprächspartner an: „Sie hatten den ganzen Scotch aus dem Silver Moon hier. Was haben Sie damit gemacht?" Vernon schwieg. „Ich habe jeden einzelnen Karton mit einem roten Kreis markiert", fuhr Paul Young fort, „als Zarac und ich das Zeug verladen haben. Ich habe Ihnen zu Recht mißtraut, Vernon. Sie haben eine Zeitlang gut gearbeitet, aber Sie sind schließlich nicht der einzige Lagerverwalter, der ein paar Listen führen kann. Ihnen fehlen achtundzwanzig Kartons. Morgen lasse ich meine Bestände mit dem Lastwagen abholen, und wehe, Sie sind nicht rechtzeitig zur Stelle, um aufzuschließen!"

Alle Vorsicht vergessend, brauste Vernon auf: „Wenn Sie mit mir brechen, wird es Ihnen leid tun!"

Es folgte ein gespanntes Schweigen, ehe Paul Young zischte: „Der letzte, der mir gedroht hat, war Zarac."

Vernon antwortete nicht. Mir lief es eiskalt über den Rücken. Ich hatte zu viel gehört. Meinc Lage war jetzt doppelt gefährlich.

Paul Young sparte sich alle weiteren Erklärungen. Seine schweren

Schritte verklangen in der Richtung, wo das Büro lag, und gleich darauf hörte ich, wie Vernon, wesentlich zaghafteren Schrittes, ihm folgte. Schließlich vernahm ich Vernons Stimme, der vom Ende der Halle her laut schimpfte: „Was macht ihr da? Ich hab euch doch gesagt, daß ihr das Zeug vorläufig nicht hier reinbringen sollt!"

Aber die beiden Männer in den braunen Overalls steuerten ihren Gabelhubwagen unbekümmert an ihm vorbei in die Halle. Ganz in meiner Nähe maulte einer von ihnen aufsässig: „Wir hauen um halb eins von hier ab, und wenn das Zeug bis dahin nicht abgeladen ist, nehmen wir's wieder mit."

Vernon schien nervös zu werden. Ich hörte, wie er nach draußen rief: „Mervyn, komm rein!" Kurz darauf vernahm ich Schritte, und dann sagte Vernon etwas, was meine Situation noch verschlimmerte. „Ein Lastzug von Bakerton ist angekommen. Er bringt fünfzig Kartons *Pol Roger*."

Pol Roger war der Champagner, auf dem ich lag. Wenn die Kartons hier aufgestapelt wurden, würde ich unweigerlich entdeckt.

Vernon fuhr nervös fort: „Ach so ..., na ja, wenn das Zeug einmal da ist ..., geh raus und zähl mit, letztes Mal waren es zwei Kartons zuwenig. Und Sie da mit dem Gin, diese Kisten werden extra gestapelt."

Wenn ich hier liegenblieb, waren meine Chancen gleich Null. Ob im Versteck oder auf der Flucht – erwischt würde ich auf jeden Fall. Am aussichtsreichsten, so dachte ich, ist es noch, wenn du in Gegenwart der Lagerarbeiter ertappt wirst.

Also dann: Nichts wie weg!

Ich rutschte auf dem Bauch rückwärts und ließ mich in die enge Lücke zwischen dem *Pol-Roger*-Stapel und dem niedrigeren Stapel eines billigen Markensekts fallen. Unsicheren Schrittes verließ ich mein Sektversteck und ging auf die beiden Arbeiter mit dem Gin zu.

Die zwei Männer brachen ihre Unterhaltung ab, und der eine fragte erstaunt: „Nanu, wo kommen Sie denn her?"

„Kurzer Kontrollgang", meinte ich ausweichend. „Sind Sie fertig?"

„Fast." Mit sicherem Griff luden sie die letzten Kartons ab. „Das ist alles. Wollen Sie unterschreiben?"

„Äh ..., warten Sie ...", stotterte ich und fummelte nach meinem Kugelschreiber. „Ja." Ich legte den Lieferschein auf einen Ginkarton, unterschrieb unleserlich an der vorgesehenen Stelle und gab ihn zurück.

„Gut. Wir hauen ab."

Den Gabelhubwagen ließen sie im Mittelgang stehen. Ohne nachzudenken, umklammerte ich die Lenkstange und schob ihn hinter ihnen her. Im Schlepptau der beiden Arbeiter sah ich mich plötzlich Vernon gegenüber, der das Abladen des *Pol Roger* überwachte.

Er wirkte ziemlich abgespannt. Sein Blick war unstet, und er beachtete mich kaum. Ich ließ den Wagen stehen und folgte den Männern im braunen Overall in den Hauptgang. Nur noch ein paar Schritte ins Freie . . . Da stand er, Paul Young, draußen vor der grünen Tür.

Ich blickte zurück. Vernon kam hinter mir her.

„Sie da!“ rief er. „Ich hab Sie nicht reinkommen sehen!“

„Hausverwaltung“, sagte ich knapp. „Kontrollgang.“

Vernon runzelte die Stirn. Paul Young stand unverändert draußen vor der Tür; dort schien er irgend etwas zu beobachten.

Mir blieb nur ein Ausweg – der lange Gang unter der Haupttribüne. Vernon folgte meinem Blick und sah Paul Young. Seine Miene verzerrte sich. Ich gab ihm keine Gelegenheit zum Nachdenken, sondern entfernte mich den Gang entlang, als wäre ich hier zu Hause. Als ich mich nach etwa fünfzehn Metern umsah, hatte sich Vernon nicht vom Fleck gerührt. Ich winkte ihm zu. Hinter ihm stand inzwischen Paul Young, der jedoch immer noch nach draußen schaute. Ich setzte ruhig meinen Weg fort, unterdrückte das Bedürfnis, einfach loszurennen. Sieh dich nicht noch einmal um, sonst kommt Vernon hinter dir her!

Ich ging rascher. Immer tiefer hinein in die Höhle des Löwen.

DER Gang mündete in eine Küche: ein riesiger Raum mit einem mächtigen Herd und einer langen Reihe von Spülbecken aus Edelstahl. Ich kam mir vor wie in einem Science-fiction-Film: Der Raum wirkte kalt, keimfrei, silberglänzend. Ein paar Lampen brannten, doch niemand hielt sich hier auf. Allen guten Vorsätzen zum Trotz blickte ich mich um, bevor ich die Küche betrat, und sah, daß Vernon mir in der Tat folgte. Dann hörte ich ihn rufen: „He, Sie! Warten Sie!“

Er konnte nicht wissen, wer ich war, aber er hatte bestimmt Angst, ich könnte sein Gespräch mit Paul Young mitgehört haben. Vielleicht spürte er auch instinktiv, daß ich eine Gefahr für ihn bedeutete.

Irgendwo mußte es doch einen weiteren Ausgang geben. Ich konnte mir nicht vorstellen, daß das hier zubereitete Essen durch den Gang und hinaus ins Freie getragen würde.

Ich betrat die Küche und bog um eine Ecke: weitere Edelstahlmonster, Spülen, so groß wie Badewannen. Regale mit Tabletts bis zur

Decke. Kein Ausgang. Verzweifelt lief ich immer weiter. Ein kurzer Korridor – eine Sackgasse. Dann entdeckte ich in der Wand vier kleine Aufzüge, Speiseaufzüge ohne Türen. Neben jedem Aufzug Wählknöpfe: 1, 2, 3.

Ich kroch in den erstbesten Aufzug, drückte auf den Knopf mit der Zahl 3 und fragte mich, was ich machen würde, wenn Vernon jetzt auftauchte.

Er tauchte nicht auf. Offenbar suchte er mich am anderen Ende der riesigen Küche, denn von dort hörte ich ihn zornig rufen: „He, Sie! Antworten Sie!“ Inzwischen hatte sich der Speiseaufzug fast geräuschlos in Bewegung gesetzt und trug mich aufwärts – wie ein belegtes Brötchen.

Als er hielt, befand ich mich in einer Kantine, die hoch oben auf der Rückseite der Tribüne lag. Ich sprang heraus und blickte mich um. Kein Mensch war zu sehen. Vielleicht hatte Vernon das Liftgeräusch gehört und war bereits unterwegs. Trotz meiner Panik entschloß ich mich, den Lift rasch wieder nach unten zu schicken, um Vernon eventuell doch zu täuschen.

Dann entdeckte ich eine Tür, die auf einen Gang hinausführte. Dort stellte ich fest, daß ich mich auf der Höhe von Orkney Swayles Loge befand.

Jetzt konnte ich endlich rennen, und die Angst machte mir Beine. Mit Rekordgeschwindigkeit spurtete ich an den großen Personenaufzügen und gut zehn Logen vorbei. Mein Ziel war Orkneys Loge, denn die kannte ich.

Rasch schlüpfte ich hinein und versteckte mich in einer Ecke, wo man mich von der Rennbahn her nicht sehen konnte. Ich versuchte, möglichst leise zu atmen. Nur gegen das dröhnende Pochen meines Herzens konnte ich nichts machen.

Das Warten war qualvoll und endlos. Schon wollte ich meinen Platz wieder verlassen – da sah ich Vernon! Er stand unten, am entfernten Ende des Tribünenvorfelds, wo an Renntagen die Buchmacher ihre Geschäfte machten. Er ließ den Blick über die Tribüne schweifen, er suchte sie ab – nach mir.

Neben ihm stand Paul Young. Auch er schaute nach oben.

Wenn du sie sehen kannst, müssen sie dich auch sehen können, dachte ich. Nein, für sie stehst du im Dunkeln. Ich rührte mich nicht, wagte kaum, Luft zu holen. Wenn du dich bewegst, bemerken sie dich. Bleib ein regungsloser Schatten in der Ecke hinter der Glastür.

Ganz langsam wandte ich den Kopf, um nach meinem Wagen Ausschau zu halten, der neben dem Sattelplatz geparkt war. Ich konnte ihn gut sehen, und daneben entdeckte ich noch einen zweiten Wagen, der bei meiner Ankunft nicht dagewesen war.

Mir blieb fast das Herz stehen: Es handelte sich um einen schwarzen Rolls-Royce, der mir den Fluchtweg versperrte.

Paul Young konnte nicht wissen, daß der Wagen neben dem seinen mir gehörte – das war logisch. Er konnte auch nicht wissen, daß ich derjenige war, nach dem er suchte – das war auch logisch. Aber meine Angst kümmerte sich leider nicht um Logik.

Die beiden Männer gaben ihre Suche auf, gingen auf die Tribüne zu und verschwanden unter dem Balkon aus meinem Blickfeld. Sobald sie anfingen, systematisch nach mir zu suchen, würden sie mich unweigerlich entdecken! Immer noch rührte ich mich nicht. Sie warten auf dich, dachte ich. Auf einen Schritt, das Summen des Lifts, das Knarren einer Tür.

Katz und Maus. Bleib schön in deinem Loch, Mäuschen . . .

Nach zwei Stunden qualvollen Wartens in Orkneys Loge sah ich Paul Young wiederauftauchen. Er ging zu seinem Rolls-Royce und fuhr vom Parkplatz. Vielleicht nur bis zur nächsten Ecke?

Schließlich unternahm ich doch etwas – weil ich mich irgendwie schämte. Du kannst hier nicht ewig zittern, dachte ich. Ich spähte in den Gang hinaus. Niemand in Sicht. Zögernd verließ ich mein Versteck. Durch die Fenster im Gang konnte ich das Gelände hinter der Tribüne überblicken. Auch dort war niemand. Also schlich ich den Gang entlang, jederzeit bereit, wieder in einer Loge Unterschlupf zu suchen.

Kein Laut. Das letzte Fenster, ein letzter Blick nach unten. Da – wieder trat Vernon in mein Blickfeld. Er sah sich suchend um und schaute dabei immer wieder nach oben.

Ich hielt den Atem an und rührte mich nicht, während sich Vernon entfernte. Blitzartig rannte ich aus dem Gang in den Vorraum und die Treppe ins Erdgeschoß hinunter. An einer Tür stand „Zutritt nur für Züchter und Trainer“.

Ein schmaler Gang führte in eine Bar. Eine Fensterfront mit Blick auf den Führring. Dahinter das Tor zum Parkplatz, auf dem mein Wagen stand.

Ich hatte es beinahe geschafft. Eine Tür in der Fensterfront führte ins Freie. Wenn sie nicht abgeschlossen ist, dachte ich, bist du gerettet.

In diesem Augenblick trat Vernon hinter der Tribüne hervor. In kaum zwanzig Meter Entfernung eilte er an mir vorbei.

Wäre ich zur Tür in der Fensterfront gegangen, hätte er mich gesehen. Stocksteif und zitternd sah ich ihm nach. Er wandte sich nach links, wo das Büro des Galoppsportvereins lag, und klopfte an die Tür. Ein Mann mit Glatze, der dort am Schreibtisch gesessen hatte, kam heraus. Vernon schien ihn etwas zu fragen, doch der Mann schüttelte den Kopf und zog sich wieder in sein Büro zurück. Vernon entfernte sich und verschwand hinter der Tribüne.

Die Tür in der Glaswand war von innen verriegelt – oben und unten. Ich kämpfte mit den Riegeln, zog sie hektisch zurück, und die Tür ging nach innen auf. Endlich trat ich ins Freie. Wäre Vernon oder Paul Young jetzt aufgetaucht, hätte ich einen Schreikrampf bekommen.

Sie tauchten nicht auf. Ich schloß die Tür hinter mir und machte mich mit weichen Knien auf den Weg. Erneut öffnete sich die Tür des Vereinsbüros, und der Mann mit der Glatze erschien. „Wissen Sie, daß der Lagerverwalter nach Ihnen gefragt hat?" meinte er.

„Ja", erwiderte ich. Es klang wie ein Krächzen. Ich räusperte mich und wiederholte noch einmal: „Ja. Hab ihn eben da drüben getroffen." Ich wies in die Richtung, in der Vernon verschwunden war.

„Ach ja? Gut." Er runzelte verwundert die Stirn. „Er hat Ihren Namen wissen wollen. Komisch, wie? Ich hab gesagt, ich hätte keine Ahnung. Sie hätten sich schon vor Stunden nach seinem Büro erkundigt. Er müßte Sie doch kennen."

„Komisch, ja", stimmte ich zu. „Na, jetzt weiß er ja Bescheid. Hab mich ihm vorgestellt. Äh ... Peter Cash. Versicherungen."

„Aha."

„Ja. Na dann ... auf Wiedersehen."

Er nickte freundlich und kehrte hinter seinen Schreibtisch zurück. Ich ging weiter – immer noch mit zitternden Knien. Dort war das Tor zum Parkplatz, wo mein Rover stand.

Ich brauchte mehrere Anläufe, bis der Schlüssel endlich im Schloß steckte. Der Motor heulte auf, als ich zum Tor hinausfuhr. Martineau Park lag hinter mir.

Als ich wieder in den Laden kam, war es erst zwanzig Minuten nach vier. Mir kam es vor, als sei eine Ewigkeit vergangen. Ich suchte schnurstracks die Toilette auf und übergab mich. Dann wusch ich mir mit kaltem Wasser das Gesicht, trocknete mich ab und kehrte in den Laden zurück. Dort überschüttete mich Mrs. Palissey mit besorgten Fragen.

„Ich muß was Verdorbenes gegessen haben", erwiderte ich kleinlaut und schnappte mir ein Miniaturfläschchen Cognac vom Regal. In meinem Büro ließ ich mich in den Schreibtischsessel fallen und wählte Gerards Nummer.

„Wie ist es Ihnen ergangen?" fragte er. Er klang sehr erschöpft.

Ich berichtete ihm, was vorgefallen war. Schließlich gab ich ihm das Gespräch zwischen Vernon und Paul Young wieder.

„Paul Young?" fragte er entgeistert. „Ach du liebe Güte! Hören Sie, das tut mir aber leid! Ich hätte Sie nicht dort hinschicken dürfen."

„Das konnten Sie doch nicht ahnen", sagte ich. „Leider sind wir der Identität Paul Youngs keinen Schritt näher gekommen."

„Wir wissen inzwischen mit Bestimmtheit, daß er tatsächlich Larry Trents Bruder ist", erklärte Gerard. „Aber das hilft uns auch nicht weiter. Wir haben gestern Larry Trents Geburtsurkunde aufgetrieben. Er ist unehelich geboren. Name des Vaters unbekannt."

„Soll ich die Polizei informieren?" fragte ich.

„Nein, noch nicht. Ich rufe Sie zurück. Sind Sie im Laden?"

„Ja, bis neun."

Erst kurz vor Ladenschluß rief Gerard wieder an. „Hören Sie, Tony, können wir uns morgen früh um neun in Martineau Park treffen?"

„Äh . . . ja", antwortete ich schwach. Ein neuerlicher Besuch auf der Rennbahn war ganz und gar nicht nach meinem Geschmack.

„Prima", sagte Gerard, der sich über meinen seelischen Zustand keine Gedanken zu machen schien. „Der Besitzer des Restaurationsbetriebs erwartet uns dort morgen früh zu einem Gespräch. Ich habe ihn davon unterrichtet, daß ich Sie mitbringe und Sie Scotch und verschiedene Weine probieren werden."

Es klang alles ganz harmlos. „Sie haben aber doch nicht vergessen, daß Paul Young morgen nachmittag dort aufkreuzt?" wandte ich ein.

„Nein, aber das macht ja nichts. Ganz im Gegenteil: Wir sind bereits dort, bevor er Gelegenheit hat, die Ware fortzuschaffen."

„Was ich noch sagen wollte . . . Die Polizei könnte ihn doch einfach verhaften und seine Identität feststellen."

„Erst müssen wir wissen, ob unser Whisky tatsächlich auf der Rennbahn zu finden ist. Nur dann können wir die Polizei alarmieren. Kann ich mich darauf verlassen, daß Sie vorerst Schweigen bewahren?"

Ich bejahte.

„Gut." Er gähnte. „Also dann, gute Nacht. Wir sehen uns in zwölf Stunden."

Als ich auf der Rennbahn eintraf, saß Gerard in seinem Mercedes und erwartete mich in der Nähe des Haupttores. Seine Wangen waren blaß, und er hatte dunkle Ringe unter den Augen.

„Sagen Sie nichts", meinte er, als ich aus dem Auto stieg. „Diese Antibiotika machen mich fertig." Er gähnte. „Wie kommen wir da rein?"

Wir nahmen denselben Weg, den ich am Tag zuvor gegangen war. Auch diesmal standen alle Türen offen. Als wir zum Büro des Galoppsportvereins kamen, trat wie tags zuvor der Mann mit der Glatze heraus. Er runzelte die Stirn und fragte höflich, was er für uns tun könne.

„Wir sind mit Mr. Quigley verabredet", erklärte Gerard. „Mein Name ist Gerard McGregor, und dies ist Tony Beach."

Er schien verwirrt. „Aber gestern haben Sie sich doch als Mr. Cash vorgestellt", wunderte er sich.

Ich schüttelte den Kopf. „Tony Beach", wiederholte ich mit Nachdruck.

„Oh." Er zuckte die Achseln. „Na ja, Sie kennen ja den Weg."

„Wer ist Cash?" fragte Gerard, während wir weitergingen.

„Niemand." Ich beschrieb ihm, wie Vernon gestern nach mir gesucht hatte. „Ich wollte nicht, daß er meinen Namen erfährt."

„Soll das heißen", meinte er besorgt, „daß dieser Vernon Sie über die ganze Tribüne verfolgt hat?"

„Verfolgt ist vielleicht nicht das richtige Wort – eher gesucht . . ."

Wir kamen an die grüne Tür des Lieferanteneingangs, die aber jetzt fest verschlossen war. In diesem Augenblick fuhr eine große, dunkle Limousine vor. Ein beleibter Herr stieg aus, ein Unternehmer vom Scheitel bis zur Sohle: Er hatte schwarzes Haar und einen Schnurrbart, und man erkannte sofort, daß es sich um eine wichtige Persönlichkeit handelte. Statt einer Krawatte trug er einen weißen Seidenschal zum dunkelblauen Blazer.

„Gestatten, Miles Quigley", stellte er sich kurz vor. „Sind Sie Gerard McGregor?"

Gerard nickte.

„Ich bin Tony Beach", sagte ich.

„Aha." Er musterte uns mit abschätzigem Blick. „Na, dann wollen wir mal sehen, was es mit Ihrem Verdacht auf sich hat. Ich bin sicher, daß Sie sich irren. Vernon arbeitet seit zehn Jahren in unserem Familienbetrieb."

Der Schlüssel, mit dem Miles Quigley die grüne Tür aufschloß, war etwa fünfzehn Zentimeter lang. Nach dem Klicken zu urteilen, handelte es sich um ein schweres Steckschloß.

„Die erste verschlossene Tür, die ich hier sehe", bemerkte ich.

„Tatsächlich?" Miles Quigley blickte erstaunt drein. „Nach

Geschäftsschluß ist hier alles abgeschlossen, und ein Nachtwächter paßt auf."

In dem breiten Gang, der ins Lager führte, öffnete Quigley ein Schränkchen mit der Aufschrift „Erste Hilfe". Darin befand sich ein Schloß, für das er einen zweiten, nicht ganz so großen Spezialschlüssel aus der Tasche zog.

„Die Alarmanlage", erklärte er großspurig. „Das System reagiert auf Wärmestrahlung. Wenn jemand das Lager betritt, während die Anlage in Betrieb ist, geht sofort der Alarm los."

„Wer von Ihren Angestellten besitzt Schlüssel dazu?" fragte Gerard.

Quigleys irritierter Blick sprach Bände. „Zu Vernon habe ich absolutes Vertrauen", sagte er. „Nur er und ich haben Schlüssel für die Alarmanlage und fürs Lager. Und im Büro des Galoppsportvereins ist noch ein Schlüssel für die Außentür hinterlegt."

Gerard nickte kommentarlos. Quigley brachte noch einen dritten und einen vierten Schlüssel zum Vorschein, um die schwere Tür zur Lagerhalle aufzuschließen. Beide mußten abwechselnd zweimal umgedreht werden.

„Ein Familienbetrieb, sagten Sie?" fragte ich.

„Ja. Vor drei Jahren habe ich die Firma von meinem Vater übernommen. Wir beliefern nicht nur den Rennplatz, sondern auch andere Sportveranstaltungen, außerdem Hochzeiten und Tanzfeste."

„Sind alle Utensilien hier untergebracht?" wollte ich wissen. „Tischtücher, Geschirr, Gläser und so weiter?"

Er schüttelte den Kopf. „Nur die alkoholischen Getränke, wegen der Alarmanlage. Alles übrige befindet sich im Zentrallager, drei Kilometer von hier. Wenn nötig, werden die Sachen im Lastwagen hergebracht, unter Umständen jeden Tag."

Vernons Büro lag zu unserer Linken. Quigley erklärte, daß hier die gesamte Lagerbuchhaltung erledigt würde. Vernon hatte also freie Hand.

„Kümmert er sich auch um die Bestellungen?" fragte Gerard.

„Ja. Schon seit Jahren. Die Rechnungen laufen ausschließlich über Computer."

Gerard nickte.

„Hier lagern die Weine, der Champagner und die hochprozentigen Sachen", erklärte Quigley und ging voran in die Lagerhalle. „Sehen Sie selbst."

Gerard blickte sich um. Quigley war uns ein paar Schritte voraus, und Gerard fragte mich leise: „Wo waren Sie gestern?"

„Ich lag da oben, auf dem *Pol Roger*."

Er sah mich neugierig an. „Was ist los mit Ihnen? Sie wirken irgendwie verlegen."

Ich schluckte. „Ich hatte entsetzliche Angst."

Er schaute sich erneut um und sagte verständnisvoll: „Ist doch ganz klar, daß Sie Angst hatten. Wenn Paul Young Sie entdeckt hätte, hätte er Sie garantiert erledigt. Angst in so einer Situation ist ganz normal. Trotz der Angst die Nerven zu behalten, das ist Mut."

Ich fand seine Worte außerordentlich wohltuend.

„Sollen wir anfangen?" fragte er, als wir wieder zu Quigley stießen. „Tony, Sie haben gesagt, die verdächtigen Kartons seien irgendwo dahinten, nicht wahr?"

„Ja."

Wir wanderten den Mittelgang zwischen den hohen Reihen gestapelter Kartons entlang bis ans Ende des Lagers. „Also wo?" fragte Quigley gebieterisch. „Sieht alles aus wie immer."

Der Block mit *Bell's*-Whisky war so riesig, daß sogar mein Großvater gestaunt hätte. Gerard wurde bei der Aussicht, daß wir all diese Kartons würden öffnen müssen, noch blasser, als er ohnehin schon war.

„Vielleicht sind die Kartons mit dem gestohlenen Whisky irgendwie gekennzeichnet", erklärte ich. „Einer der Lagerarbeiter hat zum Beispiel den Gin markiert, als er angeliefert wurde."

„Mervyn wahrscheinlich", vermutete Quigley.

„Ja, stimmt, so hieß der Mann."

Ich ging zu den Ginkartons zurück und warf einen Blick auf Mervyns Arbeit: ein flüchtig hingeschmierter Kreis mit einem Kreuz darin auf der rechten Seite. Leider waren auch sämtliche *Bell's*-Kartons mit dieser Markierung versehen. Wenn es Unterscheidungsmerkmale gab, mußte man den ganzen Berg abtragen, um sie zu entdecken.

„Wir sollten es mal beim Wein versuchen", schlug ich vor. „Vielleicht haben wir dort mehr Glück." Der Wein war in kleineren Blöcken an der gegenüberliegenden Wand gestapelt. Hinter einer Mauer von zweifelsfrei unverfälschtem *Mouton-Cadet* entdeckte ich den *Saint-Estèphe* und den *Saint-Emilion*.

Quigley war damit einverstanden, daß ich einen Karton *Saint-Estèphe* öffnete. Prompt kam das wohlbekannte falsche Etikett zum Vorschein.

„Das ist er!" rief ich. „Soll ich ihn sicherheitshalber versuchen?"

Quigley runzelte die Stirn. „Sie müssen sich irren. Dieser Tropfen kommt von einer angesehenen Firma – einem Abfüllbetrieb namens Vintners."

„Kosten Sie den Wein", sagte Gerard. Ich öffnete eine Flasche mit meinem Korkenzieher. Im Büro entdeckte ich einen Plastikbecher. Selbst darin ließ sich der Geschmack des billigen Verschnitts noch eindeutig bestimmen.

„Es ist kein *Saint-Estèphe*", sagte ich mit Entschiedenheit. Dann kostete ich den *Saint-Emilion* und kam zu demselben Ergebnis.

Ich entdeckte auch die anderen vier Fälschungen; alle waren hinter einer Fassade unverdächtiger Sorten versteckt. Und alle sechs Weine stammten von der Firma Vintners.

„Liefert dieser Abfüllbetrieb auch *Bell's*-Whisky?" fragte Gerard nachdenklich.

„Ich glaube schon", erwiderte Quigley. „Aber Vintners ist ein Haus mit ausgezeichnetem Ruf."

„Diese Firma braucht nicht dafür verantwortlich zu sein", meinte Gerard. „Schließlich kann jedermann mit einer Schablone ‚Vintners' auf jeden beliebigen Karton schreiben."

Wir gingen zum Whisky zurück. Im Inneren des Blocks entdeckten wir einen Stapel, dessen Kartons ebenfalls die Aufschrift „Vintners" trugen.

„Verfälschter Whisky von Vintners? Unvorstellbar", meinte Quigley. „Aber bitte, probieren Sie ihn!"

Ich waltete meines Amtes. Wartete, bis sich das Aroma entfaltete. Testete die Geschmacksnuancen im Mund, am Gaumen und in der Nase.

„Sehen Sie, er weiß es nicht!" triumphierte Quigley. „Der Whisky ist ganz in Ordnung. Habe ich Ihnen ja gleich gesagt."

„Hat es nie Beschwerden gegeben?" fragte ich, als ich mit meiner Whiskyprobe fertig war.

„Natürlich", antwortete er. „Das kennt man doch. Waren alle unbegründet."

„Dieser Whisky ist kein *Bell's*", erklärte ich, „sondern die Mischung, nach der wir suchen."

„Was wollen Sie damit sagen?" fragte Quigley und fuhr, ohne eine Antwort abzuwarten, mit tiefgekränkter Miene fort: „Wie kann mir Vernon nur so etwas antun?"

Die Antwort folgte auf dem Fuß, und zwar in Gestalt von Vernon selbst, der breitschultrig, zornig und lautstark zur Tür hereinkam.

„Verdammt noch mal, was machen Sie hier?" brüllte er und marschierte mit finsterer Miene auf uns zu. Als er jedoch Quigley erkannte, blieb er wie angewurzelt stehen.

Er stammelte: „Oh . . ., Miles. Ich hab nicht gewußt . . ."

Unser Schweigen ließ ihn Schlimmes ahnen. Sein Blick irrte von Quigley zu Gerard und schließlich zu mir – und mein Anblick war ein schwerer Schock für ihn.

Sieben

„ICH fasse also zusammen", meinte Gerard später im Büro in sachlichem Ton. „Nach flüchtiger Prüfung der Rechnungen ergibt sich eindeutig der Tatbestand des Betruges. Doch vielleicht sollte ich Ihnen zuerst erklären", fügte er, an Vernon gewandt, hinzu, „daß die Aufdeckung von Betrug mein Beruf ist." Er lehnte sich entspannt in dem Schreibtischsessel zurück.

Vernon starrte ihn mit stechendem Blick und zusammengekniffenem Mund an. Er stand vor dem Schreibtisch, hatte die Arme vor der Brust verschränkt und schien entschlossen, alle Anklagen abzuwehren. Von seiner Stirn allerdings perlte Schweiß.

„Ihr Lieferant – wer immer es sein mag – hat Ihnen folgenden Plan unterbreitet", erklärte Gerard. „Sie sollten Großabnehmer sein und dafür eine beachtliche Provision einstreichen. Doch es wurde nicht das geliefert, was auf der Rechnung stand. Das wußten Sie, und dadurch erhöhten sich Ihre Einnahmen beträchtlich."

Quigley saß schweigend auf einer Weinkiste; er erweckte den Eindruck, als gingen ihn diese Erkenntnisse nichts mehr an.

Gerard fuhr inzwischen unbeirrt fort: „Der Lieferant benutzte den Namen einer angesehenen Firma; seine Lieferungen trugen den Stempel ‚Vintners'. Ihre Buchhaltung bezahlte die Rechnungen per Postscheck, ohne sich je Gedanken darüber zu machen, daß die Adresse auf den Rechnungen nicht die der Firma Vintners war."

„Wie heißt Ihr Lieferant, Vernon?" fragte Quigley.

Gerard verzog das Gesicht. Bestimmt hätte er nicht so direkt gefragt, sondern Vernon den Namen mit einem Trick entlockt.

„Es gibt keinen Lieferanten dieser Art", erwiderte Vernon.

„Er kommt um zwei Uhr hier vorbei", sagte ich.

Vernon fuhr auf.

„Dreckiger Spion!" zischte er haßerfüllt.

„Und Sie haben Angst vor ihm", fügte ich hinzu. „Sie wollen nämlich nicht Zaracs Schicksal teilen."

Er starrte mich an. „Sie heißen gar nicht Peter Cash, sondern sind dieser miese Weinhändler, der überall rumschnüffelt. Beach, Tony Beach!"

Über den schnüffelnden Weinhändler namens Beach konnte er nur Bescheid wissen, wenn Paul Young ihn informiert hatte. „Ich nehme an", sagte ich langsam, „daß Sie heute so früh gekommen sind, weil Sie all diese Kartons mit der Aufschrift ‚Vintners' verschwinden lassen wollten, bevor Ihr Lieferant um zwei eintrifft."

Vernon erwiderte: „Quatsch!" Doch es klang nicht sehr überzeugend.

„Möglicherweise", erklärte Gerard mit Nachdruck, „sieht Mr. Quigley von einer Anzeige ab, wenn Sie ein paar Fragen beantworten."

Quigley erhob sich steif. Ehe er widersprechen konnte, flüsterte ich ihm leise zu: „Sie haben doch bestimmt Aktionäre, oder?" Schon war es um seinen Widerstand geschehen.

Mit einem Anflug von Spott fragte Gerard: „Wie eng waren zum Beispiel Ihre Beziehungen zu Zarac vom Silver Moon, Mr. Vernon?"

Schweigen. Vernon zupfte nervös an seinem Schnurrbart, während sich der Schweiß auf seiner Stirn in dicken Tropfen sammelte.

Schließlich murmelte er: „Woher weiß ich denn, daß er nicht sofort die Polizei holt, kaum daß ich den Mund aufgemacht habe?" „Er" war offenbar Quigley.

„Wir sind nicht die Polizei", erklärte Gerard. „Was Sie uns gegenüber aussagen, kommt nicht zu den Akten. Einverstanden, Mr. Quigley?"

„Also gut", brummte Quigley. „Keine Anzeige."

„Ich habe Zarac eben gekannt", begann Vernon widerstrebend. „Er kam gelegentlich hierher, um Nachschub zu holen, wenn der Wein im Silver Moon alle war."

„Wein der Firma Vintners?"

„Ja natürlich."

„Warum natürlich?"

„Larry Trent, der Besitzer des Silver Moon, war der Halbbruder meines Lieferanten."

„Sein Name?"

„Paul Young."

Das ist doch alles viel zu einfach. Vernon lügt, dachte ich.

„Kannten Sie Larry Trent?"

„Flüchtig." Vernons Stimme klang gleichgültig. „Sein Bruder, Paul Young, war verdammt nett zu ihm. Er hatte zum Beispiel nichts dagegen, wenn Larry so tat, als gehöre ihm das Silver Moon. Und er hat ihm immer Geld für seine Pferde gegeben. Paul Young war viel zu großzügig, meinte Zarac."

„Warum hat Paul Young Zarac umgebracht?"

„Weiß ich nicht", flüsterte Vernon verstört. „Ich weiß es nicht."

„Na los", meinte Gerard. „Sie wissen es, und Sie können es uns sagen."

Plötzlich wurde Vernon geständig. Es schien, als wollte er sich von einem Druck befreien. „Paul Young hat gesagt, Zarac hätte Ansprüche gestellt. Offenbar wollte er das Silver Moon, und zwar geschenkt. Eine Art Erpressung." Nun war Vernon nicht mehr zu bremsen. Er redete wie ein Wasserfall, und wir hörten aufmerksam zu.

„Paul Young hat den Alkohol vom Silver Moon in seinem Rolls-Royce hierhergebracht", berichtete Vernon. „Zarac half ihm dort beim Einladen, und Paul Young mußte dreimal fahren. Als er beim drittenmal hier ankam, wirkte er irgendwie verändert – er war ganz rot im Gesicht ... aufgeregt ... Schließlich erzählte er, Zarac sei tot, aber ich dürfe es nicht weitersagen. Später habe ich erfahren, auf welch grausame Weise er ihn umgebracht hat. Und dabei fing alles als harmloses Spielchen an."

„Wie lange hat dieses Spielchen schon gedauert?" wollte Gerard wissen.

„Ungefähr fünfzehn Monate."

„Haben Sie je von einem jungen Mann namens Kenneth Charter gehört?"

„Wer?" fragte Vernon verunsichert.

„Zurück zu Paul Young", sagte Gerard. „Hat er den Einbruch in Mr. Beachs Laden mit Ihnen geplant?"

Vernon warf mir einen giftigen Blick zu. „Nein, nicht direkt. Er hat nur einen unserer Lieferwagen ausgeliehen. Ich habe ihm die Schlüssel gegeben."

„Was?" rief Quigley. „Der gestohlene Wagen?"

Quigley ..., der Lebensmittelgroßhändler! Ich nahm eine Preisliste vom Schreibtisch und las den Kopf: „Duval & Quigley GmbH, Lebensmittelgroßhandel." Der Lieferwagen der Einbrecher gehörte Quigley!

„Paul Youngs Leute wollten das Fahrzeug zurückbringen", verteidigte sich Vernon. „Sie haben nicht damit gerechnet, daß dieser Schnüffler am Sonntag nachmittag in seinem Laden aufkreuzt." Wieder starrte er mich böse an. „Sie dachten, er hätte sich vielleicht die Autonummer gemerkt, und wollten deshalb den Wagen eine Zeitlang behalten. Mir haben sie gesagt, ich solle ihn als gestohlen melden, aber ich kam gar nicht dazu, denn die Polizei stand schon im Büro, bevor ich bis drei zählen konnte."

„Sie sagten ‚Paul Youngs Leute'. Um wen handelt es sich dabei?" fragte Gerard ruhig.

„Sie arbeiten eben für ihn."

„Namen?"

„Weiß ich wirklich nicht. Es hieß nur, Danny hole den Wagen ab. Sie sollten mir Wein zum Aussuchen bringen. Aber dann hörte ich auf einmal, daß *er* aufgetaucht sei" – Vernon deutete auf mich –, „und seither haben sie sich hier nicht mehr blicken lassen."

„Hat Ihnen denn jemand gesagt, was bei dem Einbruch geschehen ist?" fragte Gerard ganz nebenbei.

„Nein. Ich weiß nur, daß Paul Youngs Leute in Panik geraten sind. Sonst weiß ich nichts."

Gerard schien ihm Glauben zu schenken, und ich glaubte ihm auch. Er hätte gewiß nicht mehr den Mut gehabt, uns ins Gesicht zu lügen.

„Können Sie Danny und seinen Kollegen beschreiben?"

Vernon zuckte die Achseln. „Sie sind jung."

„Frisur?"

„Nichts Auffallendes."

„Kein Afro-Look?"

„Nein." Vernon schien leicht verwundert. „Einfach normal."

„Wann haben Sie Paul Young kennengelernt?"

„Gleich am Anfang, kurz nachdem ich Zarac gesagt hatte, ich sei interessiert. Er meinte, der Boß würde persönlich kommen, um mich in Augenschein zu nehmen, und das tat er auch. Paul Young sagte, wir würden uns sicher gut verstehen. Das war auch meistens der Fall."

So lange, dachte ich, bis Vernon mit seinen kleinen Nebengeschäften anfing und seinen Chef betrog. Aber das gab er natürlich nicht zu.

„Und wie heißt Paul Young wirklich?" fragte Gerard.

Mit Vernons Geständnisfreudigkeit war es schlagartig zu Ende. „Er heißt Paul Young", beharrte er.

„Nein", erwiderte Gerard.

Der Schweiß rann Vernon jetzt über die Schläfen und übers Kinn. „Er hat der Polizei diesen Namen angegeben, als er nach dem Tod seines Bruders ins Silver Moon ging. Er hat gesagt, er hätte es getan, um Ermittlungen wegen der Getränke aus dem Weg zu gehen. Wir alle mußten ihn deshalb Paul Young nennen. Um Gottes willen, wenn ich Ihnen seinen richtigen Namen verrate, bringt er mich um!"

Seine Angst war begreiflich. Trotzdem war ich überrascht, daß Gerard nicht weiter auf ihn eindrang. Er meinte nur: „Na schön. Das wäre vorerst alles."

Schon wollte Vernon erleichtert das Lager verlassen, als ihn

Quigley aufhielt. „Geben Sie mir Ihre Schlüssel, Vernon!“ befahl er. „Und zwar sofort!“

Vernon zog einen Schlüsselbund aus der Tasche und händigte ihn Quigley aus.

„Morgen können Sie sich nach einem anderen Job umsehen“, fügte Quigley hinzu. „Keine Anzeige – aber auch kein Zeugnis!“

Vernon sagte nur: „Ich bin achtundvierzig.“ Seine düsteren Zukunftsaussichten schienen ihm zum erstenmal zum Bewußtsein zu kommen. Er blickte auf einmal noch gequälter drein als vorher.

„Besser arbeitslos als im Gefängnis“, bemerkte Gerard. Er legte so viel Strenge in seine Stimme, daß Vernon jede weitere Bemerkung im Hals steckenblieb.

Mit Quigleys Erlaubnis luden Gerard und ich einen Karton *Bell's* der Firma „Vintners“ in Gerards Mercedes sowie einen Karton von jeder Weinsorte. Genauer gesagt, ich schleppte die Kartons, und Gerard und Quigley sahen zu. Dein gewohntes Tagewerk, dachte ich seufzend und überließ soviel Last wie möglich dem Gabelhubwagen.

„Was soll ich denn jetzt machen?“ fragte Quigley hilflos, als er schließlich die grüne Tür hinter uns abschloß. „Ich meine ... wegen dem Mord?“

„Vernon hat uns nur *seine* Version der Unterhaltung mit Paul Young erzählt. Sie müssen selbst beurteilen, wie Sie verfahren wollen“, meinte Gerard. „Mr. Beach und ich werden die Polizei davon unterrichten, daß Paul Young in Kürze hier eintrifft. Was die Beamten dann unternehmen, ist ihre Sache.“

„Sie haben doch gesagt, er käme um zwei“, meinte Quigley.

„Ja. Aber vielleicht befürchtet er, Vernon könne vor seiner Ankunft mit der Beute abhauen. Er kann jede Minute hier sein.“

„Er kommt gar nicht rein, ich habe ja alle Schlüssel“, sagte Quigley. „Ich muß mich wohl bei Ihnen bedanken, Mr. McGregor. Jetzt will ich hoffen, daß wir keinen Ärger mehr haben, wenn Vernon einmal fort ist.“

„Das hoffe ich auch“, antwortete Gerard, und beide sahen wir zu, wie Quigley abfuhr – schon wieder mit hoffnungsvoller Miene und forsch vorgerecktem Kinn.

„Ich möchte nicht hier sein, wenn Paul Young kommt“, bemerkte ich.

Gerard lächelte. „Sehr vernünftig. Steigen Sie in meinen Wagen, dann rufen wir die Polizei von einem öffentlichen Fernsprecher aus an. Ihren Wagen holen wir nachher ab.“

Sieben Kilometer weiter hielten wir in einem Dorf neben einer Telefonzelle. Ich gab Gerard die Nummer, die ich von Ridger hatte, und hörte zu, wie er telefonierte.

„Möglicherweise", erklärte er der Polizei, „trifft der Mann, der als Paul Young bekannt ist, am frühen Nachmittag am Lieferanteneingang der Rennbahn von Martineau Park ein." Er lauschte kurz und fügte dann hinzu: „Nein. Keine Namen. Wiedersehen."

Lächelnd hängte er den Hörer ein. „Alles klar", sagte er. „Pflicht erfüllt." Er wirkte geradezu fröhlich, obgleich er immer noch ziemlich schlecht aussah. „Wir wissen jetzt, wo Charters gestohlener Scotch ist, wenigstens ein Teil davon."

„Aber immer noch nicht, welchen Weg er zwischen dem Diebstahl des Tanklasters und seiner Lagerung auf dem Rennbahngelände durchlaufen hat."

„Wahrscheinlich war die Zwischenstation ein Abfüllbetrieb, wie Sie vermutet haben."

Den Arm trug er in der Schlinge; nachdenklich lehnte er an seinem Wagen. Er sah müde aus, doch seine Augen blitzten. Ich sagte unvermittelt: „Sie wissen etwas, was Sie mir verschwiegen haben – bestimmt haben Sie den Abfüllbetrieb bereits entdeckt!"

„*Einen* Abfüllbetrieb, ja. Er könnte in Frage kommen. Vielleicht fahre ich heute nachmittag mal hin und sehe ihn mir an."

„Aber heute ist Sonntag. Kein Mensch wird dasein."

„Das ist manchmal ein Vorteil."

„Sie meinen – Sie wollen sich einschleichen?"

„Mal sehen", meinte er. „Kommt drauf an. Vielleicht gibt es einen Hausmeister. Ich kann sehr gut Regierungsbeamte nachmachen, sogar am Sonntag."

Entgeistert fragte ich: „Wo ist denn der Betrieb?"

„Ungefähr fünfunddreißig Kilometer von hier entfernt." Er lächelte. „Am Freitag nachmittag waren wir im Büro zu dem Ergebnis gekommen, daß Ihr Einfall, sich die Betriebe zuerst anzusehen, die Charters Tanklaster anfuhren, naheliegend war, aber falsch. Es handelt sich um fünf Firmen. Wir haben sie durchleuchtet, alle grundsolide. Dann ist mir vergangene Nacht eingefallen, daß von einer dieser Firmen zwei Spuren zu Charter führten und nicht nur eine. Der Betrieb gehört einem Mann namens Stewart Naylor."

„Stewart Naylor?" fragte ich. „Kommt der nicht in Charter juniors Notizbuch vor? David Naylors Vater, der hervorragende Kriegsspieler?"

„Ausgezeichnet! Ihm gehört der Abfüllbetrieb ‚Naylor & Co.', ein altes Familienunternehmen. Als ich aufwachte, ging mir immer noch der Name Naylor im Kopf herum. Ich habe gleich Kenneth Charter angerufen und mich nach der Freundschaft seines Sohnes mit David Naylor erkundigt. Charter meinte, er selbst kenne nicht nur David, sondern auch dessen Vater, mit dem er schon geschäftlich zu tun hatte. Er hatte den Eindruck, daß Naylors Firma floriere. Verdacht gegen Naylor hegte er keinen."

„Könnte es sein, daß Stewart Naylor einen Halbbruder hat?" fragte ich.

„Kenneth Charter wußte nichts darüber." Er zuckte die Achseln. „Naylors Firma ist nur ein Anhaltspunkt. Vielleicht ein Volltreffer, vielleicht aber auch eine peinliche Niete. Ich werde das herausbekommen, und zwar noch heute nachmittag in Martineau Park."

„Ist Stewart Naylor schwerhörig?" wollte ich wissen.

Gerard blinzelte. „O weh – das hatte ich ganz vergessen!"

„Fragen Sie Kenneth Charter", schlug ich vor. „Rufen Sie ihn gleich an, bevor wir hinfahren."

„Wenn er tatsächlich schwerhörig ist", meinte Gerard und schüttelte den Kopf, „haben wir um so mehr Grund hinzufahren."

„Es grenzt an Selbstmord", erwiderte ich.

„Ach nein, es wird schon nicht so schlimm werden." Er ging wieder in die Telefonzelle, bekam aber keine Verbindung.

„Pech gehabt", sagte er ruhig. „Also – ich fahre jetzt los."

„Sind Sie je in einem Abfüllbetrieb gewesen?" fragte ich beunruhigt. „Ich meine, wissen Sie überhaupt, wonach Sie suchen müssen?"

„Nein."

Und schließlich gestand ich: „Ich habe ein Jahr bei einem Weinhersteller in Bordeaux zugebracht."

„Dann können Sie mir ja sagen, wonach ich suchen muß."

Ich dachte an Pumpen und Maschinen, an Fässer und deren möglichen Inhalt. „Sie brauchen mich bei dieser Unternehmung, nicht wahr?"

„Es wäre gut, wenn Sie mich begleiteten", erklärte er. „Aber ich bitte Sie nicht darum."

„Selbst wenn Sie in ein Faß hineinfielen, wüßten Sie doch nicht, um was für einen Wein es sich handelt, oder?" sagte ich. „Und bei Scotch gilt dasselbe."

„Richtig", bestätigte er mit einem Schmunzeln.

„Sie sind ein gerissener Schurke!" rief ich.

Er lachte. „Ich dachte mir schon, daß Sie mitkommen würden, wenn ich es Ihnen erzähle."

Ich klebte einen Zettel an die Ladentür, auf dem stand: Heute wegen Krankheit leider geschlossen. Montag ab 9 Uhr 30 wieder geöffnet.

Du bist verrückt, dachte ich. Glatt wahnsinnig. Wenn du ihn nicht begleitest, fährt er allein. Ich konnte ihn nicht allein ziehen lassen, weil er sich im Gegensatz zu mir nicht auskannte. Und weil er noch durch seine Verwundung geschwächt war, ich aber nicht mehr.

Ich setzte mich an den Schreibtisch und schrieb einen Brief an Sergeant Ridger, in dem ich ihm mitteilte, ich sei in den Abfüllbetrieb Naylor & Co. gefahren, um dort nach dem Scotch aus dem Silver Moon zu suchen. Ich sei in Begleitung von Gerard McGregor. Schließlich gab ich noch Gerards Adresse an. Auf den Umschlag schrieb ich eine Anweisung für Mrs. Palissey, die morgen früh in den Laden kam: „Wenn Sie heute vormittag bis zehn Uhr nichts von mir gehört haben, bringen Sie diesen Brief bitte zur Polizei. Dort soll man ihn öffnen." Ich legte den Umschlag an eine Stelle, wo sie ihn nicht übersehen konnte, dann schloß ich den Laden ab und fuhr los.

Vermutlich erwies sich der ganze Ausflug als überflüssig. Für melodramatische Briefe an die Polizei war wahrscheinlich kein Anlaß. Wir würden zum Abfüllbetrieb fahren, alles in bester Ordnung vorfinden und in aller Ruhe nach Hause zurückkehren. Mit einem dritten Schreckenssonntag war nicht zu rechnen.

Auf dem Parkplatz, wo wir uns verabredet hatten, wartete Gerard schon auf mich. Er war inzwischen zu Hause gewesen, um unsere Beute aus Martineau Park in seiner Garage zu verstauen. Wieder fuhren wir in seinem Mercedes in Richtung London, nur saß diesmal ich am Steuer.

„Angenommen, Sie wären Stewart Naylor", sagte Gerard, „und hätten zeitlebens Ihr ganzes Geld, Ihre ganze Arbeitskraft in den Familienbetrieb gesteckt. Auf einmal versiegt die Weinflut, die Ihren Abfüllbetrieb am Leben erhalten hat, weil die Franzosen ihre Bestimmungen ändern. Von Kenneth Charter weiß ich, daß er nur noch ein Fünftel der früheren Menge in Naylors Abfüllbetrieb schickt – und das ist noch ziemlich viel, verglichen mit anderen Betrieben, mit denen er zusammenarbeitet. Darum weiß er auch, daß es Naylors Betrieb noch ziemlich gutgeht, während andere vor dem Bankrott stehen."

„Ach ja?"

„Jawohl, so ist es. Angenommen, Sie wären Stewart Naylor und machten sich vorsorglich Gedanken darüber, was Sie außer Wein, Gin und Whisky noch abfüllen könnten . . . Tomatensaft, Spülmittel oder ähnliches . . ., und es stellt sich heraus, daß die gesamte Konkurrenz dasselbe tut. Sie können sich ausrechnen, wann Ihre Firma am Ende ist. Da braucht doch nur im richtigen Moment der richtige Ganove zu kommen, der sich anbietet, die Firma zu sanieren. Aber vielleicht hat Stewart Naylor auch selbst krumme Dinger gedreht."

„Was auch wahrscheinlich ist", ergänzte ich. „Er hat auf eigene Faust Wein gekauft, ihn abgefüllt, falsche Etiketten auf die Flaschen geklebt und sie verkauft." Ich runzelte die Stirn. „Aber er muß damit rechnen, jeden Augenblick erwischt und vor Gericht gestellt zu werden."

„Nicht wenn man einen Halbbruder hat, der ein Pferdenarr ist. Man schenkt ihm ein Restaurant wie das Silver Moon. Dafür muß er Ihren Wein absetzen. Der Wein verkauft sich gut, bringt ungefähr zwanzigmal soviel, wie er gekostet hat. Das Geld beginnt zu fließen. Jetzt kommt der spannende Augenblick. Angenommen, unser Stewart Naylor verfällt auf die Idee, nach anderen Abnehmern zu suchen, um seine Einnahmen zu verdoppeln oder zu vervielfachen. Dazu braucht er einen Helfershelfer, einen Zarac. Zu dessen Aufgaben gehört es, neue Kunden ausfindig zu machen, und eines Tages steht Zarac vor Vernons Tür in Martineau Park. Er zieht den Fisch an Land und sagt Paul Young – oder Stewart Naylor – Bescheid. Im Handumdrehen verdoppelt sich das Geschäft mit dem falschen Wein. Unser Mann weiß nicht mehr, wie er das Geld verstecken soll. Also gibt er es Larry, verwandelt es hokuspokus in einen Vollblüter, verschifft ihn nach Kalifornien, verwandelt ihn zurück in harte Dollars, die er auf ein Konto einzahlen läßt . . . mit der Absicht, nehme ich an, das Guthaben eines Tages abzuheben und sich damit einen Platz an der Sonne zu sichern."

„Seinen Schnitt machen und abhauen", sagte ich.

„Genau. Aber dazu kommt es fast nie. Der Kriminelle wird gewissermaßen süchtig, er kann nicht aufhören. Angenommen also, Stewart Naylor sagt sich, Charters Tanklaster transportieren nicht nur Wein, sondern auch Scotch und Gin. Das Weingeschäft ist gut, aber die Einkünfte aus gestohlenem Scotch müssen astronomisch sein."

„Er kann aber den Freund seines Sohnes, Charter junior, nicht einfach bestechen, damit dieser ihm die Fahrpläne von Papas Tanklastern besorgt. Am Ende ist Charter junior ein braves Söhnchen und verpetzt ihn zu Hause."

„Trotzdem, Charter junior ist so brav nun doch nicht, und unser Mann hat ihn auch über den Herrn Papa schimpfen hören . . ."

„Also schickt er ihm Zarac auf den Hals", fuhr ich fort. „Und Zarac sagt: Schau mal, Kleiner, hier ist ein Haufen Geld. Besorg mir die Schlüssel von einem Tanklastzug, dessen Route du kennst, und du kriegst noch mehr. Und drei Monate später spuckt er wieder was aus. Und wieder. Und dann heißt es: Besorg mir die Schlüssel von einem anderen Tanklaster, Kleiner, der erste ist inzwischen zu gefährlich ..."

Die Autobahn war zu Ende. Ich bog auf eine Landstraße ab, die uns nach Ealing führen würde.

„Kennen Sie den Weg?" fragte ich. „Oder sollen wir lieber einen Polizisten fragen?"

„Wozu haben wir denn eine Landkarte", meinte Gerard lakonisch und zog ein Faltblatt aus dem Handschuhfach. „Wenn wir nach Ealing kommen, halten Sie die Augen offen. Fahren Sie erst mal an der Firma vorbei. Sobald wir die Lage gepeilt haben, sehen wir weiter."

Je näher wir Naylors Abfüllbetrieb kamen, desto nervöser wurde ich. Jetzt wünschte ich mir ein bißchen vom Mut meines Vaters, denn mein Mund wurde plötzlich ganz trocken, und ich bekam Herzklopfen.

„Biegen Sie hier links ab", sagte Gerard nach einer Weile. „Dann die dritte Straße rechts."

Ich versuchte, mich zu entspannen, um genauso beherrscht zu wirken wie Gerard. Es war aussichtslos.

„Da drüben ist es", rief Gerard schließlich. „Sehen Sie?"

Ein riesiges geschlossenes Tor in einer überhohen Backsteinmauer. Über dem Tor stand in verblichenen weißen Buchstaben NAYLOR & CO., ABFÜLLBETRIEB. Das Tor selbst war verriegelt und mit einem Schloß von der Größe einer Bratpfanne gesichert.

Da kommen wir nie rein, dachte ich. Gott sei Dank.

„Biegen Sie am Ende der Mauer links ab", sagte Gerard. „Parken Sie dort, wenn es geht."

Wir befanden uns in einem Vorort von Ealing, einer Wohngegend, die von gewerblich genutzten Gebäuden durchsetzt war. Nachdem ich den Mercedes abgestellt hatte, gingen wir an niedrigen Häusern mit liebevoll bepflanzten Vorgärten vorbei. Hinter diesen Fenstern sitzen Menschen friedlich und ahnungslos beim Mittagessen, dachte ich, während ich mich in ein sinnloses Abenteuer stürze ...

Dann stießen wir auf die hohe Backsteinmauer und standen schließlich vor dem Tor. Es war fast drei Meter hoch und ursprünglich einmal dunkelgrün gewesen. Gerard beugte sich zurück, als wollte er noch einmal die großen weißen Lettern des Firmennamens lesen.

„Die Mauer ist oben mit Glasscherben gespickt", gab ich zu

bedenken. „Stacheldraht auf dem Tor. Behaupten Sie bloß jetzt nicht, Sie könnten dieses zentnerschwere Schloß knacken."

„Nicht nötig", erwiderte Gerard ruhig. „Die meisten Werkstore der Welt besitzen eine kleine, ins Tor eingelassene Extratür für den Personenverkehr. Sehen Sie, wir stehen direkt davor. Sie hat ein normales Schloß, und wenn ich das nicht aufkriege, dann gebe ich meinen Beruf auf."

Er blickte sich kurz um und meinte dann plötzlich: „Rauchen Sie eigentlich?"

„Nein", antwortete ich überrascht.

„Na gut, dann binden Sie sich wenigstens den Schnürsenkel zu."

Jetzt verstand ich. „Ach so", sagte ich, bückte mich gehorsam und tat so, als besäßen meine Slipper Schnürsenkel.

„Bitte nach Ihnen", meinte Gerard, als ich fertig war.

Zu meiner Verblüffung stand die kleine Tür bereits offen, und Gerard ließ einen Dietrich in seiner Brusttasche verschwinden. Alles war unglaublich schnell gegangen. Er betrat den Hof des Abfüllbetriebs, und ich folgte ihm mit pochendem Herzen. Hinter mir ließ er die Tür klickend ins Schloß fallen. Er mochte erschöpft sein, aber dieses Abenteuer machte ihm offensichtlich Spaß.

„Was tun wir, wenn jemand kommt?" fragte ich.

„Die Tür war offen, und die Neugier hat uns übermannt."

Wir befanden uns in einem weiten gepflasterten Hof, den zu unserer Rechten ein hoher Backsteinbau mit kleinen vergitterten Fenstern begrenzte. An der gegenüberliegenden Seite des Hofes lag ein einstöckiges modernes Bürogebäude, links ein unbesetztes Pförtnerhaus.

Gerard spähte erst von allen Seiten durch das Fenster des Pförtnerhäuschens, bevor er auf die Tür zuging. „Ein Steckschloß", sagte er nach kurzer Inspektion des Schlüssellochs. „Schade."

„Was spielt das für eine Rolle?" fragte ich. „Ich meine, was soll da drin schon Interessantes sein?"

Gerard blickte mich nachsichtig an. „In einer alten Fabrik wie dieser hängen meistens alle Schlüssel an einem Brett im Pförtnerhaus."

Fasziniert sah ich zu, wie er eine Stahlsonde in das Schlüsselloch einführte und sich damit prüfend ins Innere des Schlosses vortastete. Dabei verdrehte er die Augen, schien sich ganz auf seine Finger zu konzentrieren. Dann machte es plötzlich *klick*!, und Gerard steckte mit einem Seufzer der Erleichterung die Sonde wieder ein.

„So ist's brav", sagte er befriedigt, als sich die Tür öffnete.

Der Raum, den wir betraten, enthielt einen Stuhl, eine Stechuhr, ein

Plakat mit Unfallverhütungsvorschriften und ein unverschlossenes Hängeschränkchen. Darin waren vier Reihen numerierter Haken, und an jedem hing ein Schlüssel mit einem beschrifteten Anhänger.

„Alle da“, meinte Gerard. Er ging rasch die Anhänger durch. „Wir fangen mit den Büros an. Und dann?“

Ich las die Anhänger ebenfalls. „Hauptwerk“, „Flaschenlager“, „Etikettenlager“, „Tankraum“, „Verteiler“. Schließlich fragte ich: „Wieviel Zeit haben wir?“

„Wenn es sich bei Stewart Naylor um Paul Young handelt, dann ist er jetzt unterwegs nach Martineau Park. Wenn die Polizei ihn dort festnimmt, bleiben uns mindestens zwei oder drei Stunden.“

„Mir ist gar nicht wohl zumute“, sagte ich.

„Beim erstenmal hat man immer ein wenig Angst.“

Ich war sprachlos. Er nahm alle Schlüssel vom Haken. Dann verließen wir das Pförtnerhaus und zogen die Tür hinter uns ins Schloß.

Wie wir jetzt erst sahen, lag zu unserer Linken noch ein anderes großes Backsteingebäude. Der letzte Hoffnungsschimmer, Stewart Naylor könnte unschuldig sein und wir könnten uns in aller Stille zurückziehen, verblaßte in diesem Augenblick. In einem Winkel des Hofs stand ein grauer Lieferwagen mit braunen Seitenstreifen und ohne Nummernschilder.

„Mein Gott!“ rief Gerard. „Das ist er, nicht wahr?“

„Sieht jedenfalls genauso aus.“

Er seufzte und sah sich um. „Dann nehmen wir uns mal die Büros vor und versuchen, keine Spuren zu hinterlassen.“

Wir gingen über den Hof. Unsere Schritte hallten so laut auf dem Pflaster, daß ich es kaum aushalten konnte. Gerard schloß die Tür zum Hauptgebäude auf.

Zunächst kamen wir an sechs kleinen Büros vorbei. Auf den Schreibtischen lagen Akten und Büromaterial. Am Ende des Flurs entdeckten wir eine Tür mit der Aufschrift „Geschäftsleitung“, die verschlossen war, jedoch für Gerard kein Hindernis darstellte.

Nun gelangten wir zu einer Reihe weiterer Büros. Im ersten waren die Wände mit Plakaten französischer Weinbaugebiete geschmückt. Auch hier häuften sich Briefe und Rechnungen auf dem Schreibtisch.

Gerard machte sich über die Rechnungen her, und ich drang weiter vor. Das nächste Büro war elegant möbliert: ein Schreibtisch mit lederbezogener Platte, grüne Ledersessel, gerahmte alte Fotos an den Wänden, die zeigten, wie die Firma vor fünfzig Jahren ausgesehen hatte.

Von hier führte eine Tür in einen Raum, der wohl ursprünglich als Sitzungszimmer vorgesehen war. In der Mitte stand ein riesiger Tisch, der vollständig mit dem Modell einer Landschaft bedeckt war: Hügel, Täler und Ebenen, alles in Grün und Braun; ein blaues Band wand sich als Fluß durch ein Tal.

Gerard steckte den Kopf zur Tür herein, warf einen Blick auf den Tisch und fragte: „Was ist denn das?"

„Das Spielfeld unserer Hobbykriegsspieler", sagte ich.

„Tatsächlich?" Er kam herein. „Wo sind die Soldaten?"

Die Soldaten entdeckten wir in einem Hängeschrank – ganze Hundertschaften, ordentlich in Schiebefächern gestapelt. Es gab auch Miniaturpanzer, Lafetten mit drohend aufgerichteten Raketen, Hubschrauber, Krankenwagen und winzige Stacheldrahtrollen.

Wir schlossen den Schrank und wandten uns noch einmal dem Tisch zu. Ich fuhr mit der Hand leicht über die Konturen eines Hügels, der dadurch verrutschte. Deshalb hob ich den Miniaturberg hoch, um ihn wieder an die richtige Stelle zu setzen. Ich erstarrte, als mein Blick auf die Unterseite des Hügels fiel.

„Was ist los?" fragte Gerard.

„Schauen Sie mal, woraus dieser Hügel gemacht ist."

Ich hielt ihm die Unterseite hin, so daß er die harte weiße Innenwand sehen konnte. „Es ist Gips", erklärte ich. „Schauen Sie sich die Kanten an."

„Du lieber Gott!"

„Unser Mörder war kein Hals-Nasen-Ohren-Arzt, sondern ein leidenschaftlicher Kriegsspieler. Das Material ist leicht zu formen und wird hart wie Stein."

Ich setzte den Berg sorgfältig wieder an die alte Stelle. „In diesem Modell muß eine ganze Menge Gips stecken. Und ich hoffe, Sie sind mit mir einer Meinung, daß wir hier so schnell wie möglich verschwinden."

„Ja", stimmte Gerard zu. „Wahrscheinlich hatte Naylor, als er ins Silver Moon ging, gerade Nachschub gekauft. Hatte das Zeug zufällig in seinem Rolls-Royce."

Aber wer „zufällig" anderer Leute Köpfe darin einwickelt, muß ein übler Psychopath sein, dachte ich.

Wir schlossen die Tür zum Reich der Kriegsspiele hinter uns, schlichen an den grünen Ledersesseln vorbei und kehrten zum ersten Büro zurück.

„Soweit ich es überblicken kann", meinte Gerard, „gehen die legal abgewickelten Geschäfte gerade so gut, daß sich die Firma über

Wasser halten kann. Ich habe keine Unregelmäßigkeiten entdeckt, aber wahrscheinlich sind die Unterlagen in diesen Büros ohnehin nur für Zollfahnder und Steuerprüfer bestimmt. Leider nichts für uns – abgesehen von zahllosen Beispielen Naylors alias Youngs Handschrift. Gehen wir ins Lager."

Sein Dietrich verschaffte uns Einlaß. Es war ein alter Bau mit halbhoch gekachelten Wänden. Links vom Eingang führte eine Wendeltreppe nach oben, und Gerard entschied sich für diesen Weg. Oben stießen wir auf eine verschlossene Tür, die der Schlüssel mit dem Anhänger „Etikettenlager" öffnete.

„Du lieber Himmel!" rief Gerard. „Sieht das in solchen Betrieben immer so aus?"

Der Fußboden war übersät mit Stapeln von Etikettenbündeln, Tausenden und aber Tausenden von Etiketten.

„Ja", meinte ich. „Es lohnt sich nicht, Etiketten in genauen Stückzahlen zu bestellen. Was nicht gebraucht wird, stapelt sich eben. Etiketten, die ständig gebraucht werden, finden wir vermutlich in den schmalen Schubladen da drüben."

„Was wir suchen, sind die gefälschten Etiketten des *Saint-Estèphe*. Und die anderen, die von *Bell's* zum Beispiel."

Leider entdeckten wir nicht ein einziges gefälschtes Etikett.

„Wir brauchen Beweise!" sagte Gerard.

Die Tür am anderen Ende des Raums war verschlossen, und keiner der Schlüssel aus dem Pförtnerhäuschen paßte. Gerard setzte wieder seinen Dietrich ein, und nach einiger Zeit – mir kam es vor wie eine Ewigkeit – ging die Tür auf.

Zu unserer Überraschung entdeckten wir eine Druckerpresse, eine moderne, leistungsfähige Maschine. Manches war schon gedruckt, aber noch nicht geschnitten: riesige Bogen von *Bell's*-Etiketten, von echten nicht zu unterscheiden.

In Schränken und Schachteln entdeckten wir Etiketten mit Aufschriften wie „Saint-Estèphe", „Saint-Emilion", „Valpolicella", „Mâcon", „Volnay" und „Nuits-Saint-Georges".

„Das ist das Schloß von Chenonceaux", sagte ich plötzlich.

„Was?"

„Auf diesem *Saint-Estèphe*-Etikett. Ich wußte, daß ich es schon mal gesehen hatte. Es ist das Schloß von Chenonceaux im Loiretal, nur ohne Brücke."

„Sie kennen sich aber gut aus! Das freut mich."

Er nahm ein Etikett von jeder Sorte und verstaute sie sorgfältig in seiner Brieftasche. Dann kehrten wir rasch ins Etikettenlager zurück.

Dort schlossen wir eine Tür zu unserer Linken auf, die die Aufschrift „Tankraum" trug.

Man roch den Wein sofort. Ein warmes, blumiges Aroma erfüllte die Luft, erdig und fruchtig. Ich kam mir vor, als wäre ich heimgekehrt.

Hinter einem schmalen Vorraum erstreckten sich zwei lange Hallen. Die größere der beiden beherbergte auf jeder Seite eine Reihe riesiger runder Tanks. Sie waren dunkelrot gestrichen, maßen knapp zwei Meter im Durchmesser und reichten bis zu einer Höhe von beinahe drei Metern, denn sie ruhten auf soliden Backsteinsockeln von etwa einem Meter Höhe. Alle hatten dicke Ventile zum Füllen und Leeren, einen kleinen Hahn für Kostproben, eine Mengenanzeige und eine Tafel, auf der der Inhalt vermerkt war.

„Die sind ja riesig", entfuhr es Gerard.

„In Kenneth Charters Tanklastzüge geht beinahe viermal soviel rein. Ein Tank dieser Größe besitzt einen Rauminhalt von etwa sechstausend Litern. Mal sehen, was drin ist."

Wir studierten die Aufschriften auf den Tafeln. Auf den meisten lasen wir „leer", und die Mengenanzeigen standen auf Null. Drei Tanks links waren ebenfalls leer, trugen aber noch die Aufschrift: „Italienischer Tafelwein. Versand: 1. Oktober". In den übrigen Tanks befanden sich verschiedene Sorten, die jedoch unverdächtig erschienen.

„Sie sind alle im Büro registriert", meinte Gerard mit bedauerndem Achselzucken.

„Dann wollen wir uns mal die leeren Tanks genauer ansehen", schlug ich vor. „Die Füllmengenanzeige kann man nämlich lahmlegen."

Ich fing am anderen Ende der Halle an, weil ich mir sagte, Paul Young würde es hier wahrscheinlich nicht anders machen als in Martineau Park: Gewiß lagerte er seine Diebesbeute so weit wie möglich vom Eingang entfernt. So war es auch. Gleich der erste Tropfen, den ich aus dem Probierhahn auf meine Finger rinnen ließ, roch unverkennbar nach Scotch.

„Volltreffer!" rief ich stolz. „Wir nehmen eine Probe, wenn's recht ist."

„Später. Versuchen Sie erst die anderen."

Ich ging die Reihe der Giganten durch, die die Aufschrift „leer" trugen. Fünf enthielten Scotch und drei Wein. Der Wein, den ich von meiner Handfläche aufsaugte, glich verdächtig unserem guten alten Bekannten, dem verfälschten *Saint-Estèphe,* und der Scotch war

Rannoch. Gerard meinte, wir hätten nun alles gesehen bis auf den eigentlichen Abfüllbetrieb. Wo der wohl sei.

„Immer den Schläuchen nach“, sagte ich.

Durch die Halle liefen vier graue Plastikschläuche. Sie sahen aus wie riesige Würmer und waren so dick wie mein Unterarm.

„Die Enden dieser Schläuche passen auf die Ventile der Tanks“, erklärte ich. „Einer ist angeschlossen, sehen Sie? An einen Tank mit der Aufschrift ‚leer‘. Der Wein wird aus den Tanks in die Abfüllanlage gepumpt.“

Die Schläuche schlängelten sich um die Ecke und durch ein breites offenes Tor. Wir folgten ihnen und kamen in eine lange, helle und luftige zweigeschossige Halle, in der Weine und Spirituosen in Flaschen gefüllt wurden. Hier wurden die Flaschen auch verkorkt, mit Etiketten versehen und schließlich in Kartons verpackt. Alles sah sauber und ordentlich aus, die Anlagen waren gut in Schuß.

„Irgendwie habe ich mit dunklen, unheimlichen Kellergewölben gerechnet“, sagte Gerard. „Wo fangen wir an?“

„In den großen Lattenkisten, die hier herumstehen, befinden sich neben leeren Flaschen vielleicht auch volle, noch ohne Etikett. Nehmen Sie sich diese Kisten mal vor. Und sehen Sie die vier Tanks da oben im ersten Geschoß hinter dem Steg? Der Wein wird aus den großen Tanks im Lager durch die Schläuche in diese vier Behälter da oben gepumpt. Aus diesen Zwischentanks läuft er von selbst nach unten in die Flaschen. Die Pumpen müssen ebenfalls da oben auf dem Gang sein. Ich gehe mal rauf und sehe nach, ob etwas in den Tanks drin ist.“

Ich eilte die Treppe hinauf, die auf den Steg führte. Dieser ähnelte einer Brücke und erstreckte sich von einer Seite der Abfüllhalle zur andern. Er war etwa drei Meter breit; Geländer liefen an den Seiten entlang.

Die vier Tanks, die man über den Steg erreichte, waren höher als ich. Jeder war mit einer Leiter versehen, über die man zu den oben liegenden Einlaßventilen gelangen konnte.

Auf dem Steg befanden sich vier elektrische Pumpen, eine für jeden der vier Zwischentanks; aber nur eine der Pumpen war angeschlossen. Ein Schlauch führte aus dem Tankraum herüber zur Pumpe und einer von der Pumpe zum Einfüllstutzen im Zwischentank. In diesem Tank könnte vielleicht mehr von deinem *Saint-Estèphe* sein, dachte ich, hockte mich vor den Behälter und ließ ein paar Tropfen aus einem kleinen Hahn an der Unterseite rinnen.

Gerard suchte in den Lattenkisten nach vollen Flaschen, schien aber keine zu finden. Die Kisten waren über einen Meter hoch, sehr schwer und enthielten jeweils Hunderte von Flaschen.

Ich hatte inzwischen Spaß an unserem Abenteuer gefunden, und meine Angst war verflogen. Das war ein schwerer Fehler, denn plötzlich hörte ich direkt unter mir eine Stimme. Sie klang barsch, laut und bedrohlich.

„Was zum Teufel machen Sie denn da? Drei Schritte zurück, Hände hoch und umdrehen!"

Acht

ER MEINTE nicht mich, sondern Gerard.

Unter der Brücke trat ein bulliger junger Mann in Jeans und wattierter Jacke hervor. Er trug ein kurzläufiges Gewehr und stand jetzt mit dem Rücken zu mir. Ich kauerte mich auf dem Steg so krampfhaft zusammen, daß mir alle Muskeln weh taten. Angstschweiß brach mir am ganzen Körper aus. Ich wußte genau, daß das der Kerl war, der schon einmal auf uns geschossen hatte. Wahrscheinlich der, den Vernon als „Danny" bezeichnet hatte.

Gerard drehte sich langsam zu ihm um und hob eine Hand; die andere behielt er in der Schlinge. Er blickte nicht zu mir hoch, vermied alles, was Dannys Aufmerksamkeit auf mich lenken könnte.

„Keine Bewegung!" befahl Danny. „Oder ich lege Sie um."

Eine andere Stimme fragte: „Wer ist es? Ist es Beach?" Es kam also noch schlimmer, denn diese Stimme kannte ich genau: Paul Youngs Stimme. Paul Young alias Stewart Naylor.

„Das ist nicht Beach", sagte dieser nun, nachdem er ebenfalls unter der Brücke hervorgetreten war und sich neben Danny gestellt hatte.

Ich erkannte sein schwarzes Haar, die schweren Schultern, sah seine Brillengläser blitzen. Und ich entdeckte das Hörgerät hinter seinem Ohr.

„Wer sind Sie?" fragte Naylor herrisch. „Was soll die Schlinge?"

Gerard antwortete nicht. Nach kurzem Schweigen wandte sich Naylor an Danny: „Du hast doch bei Beachs Laden jemanden in einem Auto angeschossen. War das der?"

Danny sagte: „Hab nicht sehen können, wer es war."

„Wir können ihn hier nicht umlegen", meinte Naylor. „Die Schweinerei ist zu groß. Nur immer den Finger am Abzug behalten. Und Sie, nehmen Sie den Arm aus der Schlinge, drehen Sie sich um, und legen Sie beide Hände auf den oberen Rand der Flaschenkiste."

Gerard befolgte seine Anweisung. Du mußt etwas unternehmen, dachte ich, aber mir fiel nichts ein. Ich lauschte in hoffnungslosem Schrecken.

Stewart Naylor trat hinter Gerard und tastete ihn nach Waffen ab. Gerard rührte sich nicht. Naylor griff in Gerards Jacke und zog die Brieftasche heraus. Dann trat er ein paar Schritte zurück und inspizierte den Inhalt.

„Gerard McGregor", brummte Naylor. „Wo ist Beach?"

„Weiß ich nicht", antwortete Gerard und zuckte die Achseln.

„Wie ist der denn hier reingekommen, verdammt noch mal?" fragte Danny.

Naylor geriet plötzlich in Wut und zischte böse: „Das wird ihm noch leid tun!" Offenbar hatte er in Gerards Brieftasche die gefälschten Weinetiketten entdeckt. „Er hat die Druckerpresse gesehen, also weiß er zuviel. Wir legen ihn um und schaffen ihn weg."

Gerards Stimme klang gleichmütig. „Ich habe natürlich eine Mitteilung hinterlassen, wohin ich gegangen bin. Wenn ich nicht wiederkomme, wird hier bald die Polizei nach mir fragen."

„Das behaupten sie im Kino auch immer", sagte Danny. „Das stimmt nie."

Nach einer Pause fuhr Naylor fort: „Halt ihn hier fest, Danny. Ich bin gleich wieder da." Er drehte sich um, verschwand unter der Brücke und verließ die Abfüllhalle.

Ich überlegte, ob ich mich auf Danny stürzen sollte, aber er stand zu weit weg. Beim ersten Geräusch würde er herumfahren und schießen, bevor ich ihn außer Gefecht setzen konnte. Springen kam also nicht in Frage. Ich überlegte verzweifelt, was ich sonst tun könnte, und hatte entsetzliche Angst.

Stewart Naylor kam mit einem Päckchen zurück, das er im Gehen aufriß. Es enthielt zwei breite, aufgerollte weiße Bandagen. Mir wurde übel.

Naylor trat neben Gerard und band ihm blitzschnell das Handgelenk des verletzten Armes an der obersten Latte der großen Flaschenkiste fest. Ich sah, wie ein Zittern durch Gerards Körper lief, während er versuchte, den Arm freizuzerren.

Gerard hat noch mehr Angst als du, dachte ich. Er weiß, was für eine Binde das ist.

Trotzdem – er blickte nicht zu mir hoch. Du mußt etwas unternehmen, dachte ich. Gerard ..., der Gipsverband ...

Naylor schlug Gerard mit der Faust ins Gesicht. Gerard taumelte gegen die Flaschenkiste, und Naylor band ihm auch die andere Hand an die oberste Latte. Ich konnte Gerard jetzt nur noch von hinten sehen, doch wußte ich genau, was Naylor mit ihm vorhatte.

Tu's nicht, tu's nicht, nein ..., betete ich inständig.

Naylor wand die Binde nun um Gerards Hals, einmal, zweimal, dreimal. Er konzentrierte sich ganz auf seine Arbeit. Danny, ebenfalls mit dem Rücken zu mir, sah aufmerksam zu und ließ das Gewehr sinken.

Gerard trat nach den beiden aus und begann zu schreien.

Endlich raffte ich mich auf. Meine Glieder waren ganz steif, doch ich quetschte mich in die Lücke zwischen dem Tank mit dem *Saint-Estèphe* und dem Nachbartank. Auf der Rückseite befand sich die Leiter, die zu den Ventilen führte. So leise wie möglich kletterte ich hinauf.

Schrei weiter, Gerard, dachte ich. Schrei ihnen ruhig die Ohren voll. Hör nicht auf, nach ihnen zu treten. Lenke sie ab.

Ich griff nach dem großen Flansch, der den Schlauch mit dem Auslaßventil verband. Meine Hände zitterten und waren ganz naß vor Schweiß. Aber ich mußte den Schlauch abschrauben.

Ich arbeitete wie ein Besessener. Endlich gab der Flansch nach und drehte sich. Ich schleppte das freie Ende des schweren Schlauches die Leiter hinunter, versuchte, so leise wie möglich zu sein. Trotzdem hatte ich das Gefühl, der Lärm, den ich machte, müßte Tote aufwecken. Doch die beiden da unten schienen nichts zu hören.

Jetzt stand ich am Fuß der Leiter – neben der Pumpe! Von der Pumpe aus führte der Hauptschlauch abwärts und verschwand in der Wand, hinter der die riesigen Tanks der Haupthalle lagen. Es war ein langer, dicker Schlauch, der gewiß eine Menge Wein enthielt.

Ich schaltete die Pumpe ein. Betete. Flehte. Wurde beinahe ohnmächtig vor Angst.

Die Pumpe setzte sich in Bewegung und arbeitete wunderbar. Rotwein schoß aus meinem Schlauch hervor wie Wasser aus den Schläuchen der Feuerwehr. Ich richtete den starken Strahl direkt auf Naylor und traf dabei auch Danny. Rasch klemmte ich den kräftig spritzenden Schlauch unter dem Geländer fest. Dann schwang ich mich blitzschnell über das Geländer, sprang auf den Betonboden hinab und stürzte mich auf Danny, der wie Naylor mit dem Weinstrahl kämpfte. Ich entriß Danny das Gewehr und hieb ihm mit dem Kolben über den Schädel.

Inzwischen war Naylor der Weinflut entkommen. Einen Augenblick blieb er völlig überrascht stehen, ehe er auf mich losging. Doch meine Wut war so grenzenlos, daß er Bärenkräfte gebraucht hätte, um mich zu bezwingen. Ich packte ihn bei den Jackenaufschlägen und stieß ihn in den Weinstrahl zurück. Dann zerrte ich seinen Kopf an den Haaren nach hinten, so daß ihm der Wein voll ins Gesicht spritzte, ihm über die Brille und in Nase und Mund lief, bis er nach Luft schnappte wie ein Fisch auf dem Trockenen.

Nun schob ich ihn auf die Lattenkiste zu, an die er Gerard gefesselt hatte; ich stieß ihn ein paarmal kräftig dagegen, bis er jeden Widerstand aufgab.

Jetzt erst merkte ich, daß er kaum noch Luft bekam und zu ersticken drohte. Kurz entschlossen versetzte ich ihm mit der Handfläche einen heftigen Schlag zwischen die Schulterblätter, der ihm die Luft aus der Lunge trieb. Er stöhnte laut auf und begann dann wieder keuchend zu atmen.

Endlich konnte ich Gerard befreien. Ich wickelte die Binde los, die von Gerards Hals zu seinen Handgelenken führte. Dort war sie jedoch fest verknotet, und ich schaffte es nicht, sie aufzukriegen.

Ich brauche etwas, um sie aufzuschneiden, dachte ich.

Mein altes, stumpfes Taschenmesser! Ich griff in die Tasche und bekam Floras neues Silbermesser zu fassen. Du bist ein Goldstück, Flora . . .

Ich schnitt die Bandage auf und befreite Gerard endgültig. Die Reste der Bandage, mit der er gefesselt war, benutzte ich, um Naylor, der immer noch benommen über der Flaschenkiste hing, an der obersten Latte festzubinden. Er schien es gar nicht zu bemerken.

Inzwischen erwachte Danny auf dem Fußboden wieder zum Leben. Ich holte eine leere Flasche aus der Kiste und schlug ihm zur Abwechslung diese über den Schädel.

Die Flasche zerbrach, und die Scherben fielen in die Weinlache, die sich zu einem großen roten See ausgebreitet hatte. So viel Wein konnte nicht im Schlauch gewesen sein – bestimmt war das Hauptventil des großen Tanks in der Halle offen.

Danny lag auf dem Bauch. Ich zerrte ihn zur Kiste hinüber, drehte ihn auf den Rücken und zog ihm die Arme hoch. Mit der völlig durchnäßten zweiten Bandage, die Naylor mitgebracht hatte, fesselte ich ihm beide Handgelenke an eine der unteren Latten.

Gerard stand gegen die Kiste gelehnt und sah mir zu.

Der Wein hatte den Gips aus den Bandagen zum Teil herausgewaschen, und meine Hände waren mit hellrosa Schleim bedeckt. Ich schnappte mir noch eine leere Flasche aus der Kiste und hielt sie unter den immer noch sprudelnden Schlauch, bis sie halb voll war. Dann goß ich Wein über die Fesseln meiner beiden Gefangenen, ganz langsam und liebevoll, bis sich die Gipsbandagen richtig vollgesogen hatten.

Gerard sah mir sprachlos zu.

Nun lief ich die Treppe hinauf und schaltete die Pumpe aus. Der Weinfluß versiegte. Auf einmal war es ganz still – nur Naylor war noch zu hören, der keuchend nach Luft rang.

Einen Augenblick lang sah ich vom Steg aus auf die Szene unter mir – auf den von Wein überschwemmten Boden, auf Danny und Naylor, die an die Kiste gefesselt waren, auf das Gewehr, das im Wein lag, und auf die Scherben der zerschlagenen Flasche.

Außer einem Messer oder einer Schere gab es noch ein Hilfsmittel, mit dem man einen hart werdenden Gipsverband auftrennen konnte – Glasscherben.

Ich lief die Treppe wieder hinunter und entfernte sorgfältig alle Scherben aus Dannys Nähe. Dann nahm ich so viele Flaschen aus der Kiste, bis Naylor an keine mehr herankommen konnte.

Das Gewehr schob ich mit dem Fuß außer Reichweite.

Ich war, ebenso wie Naylor und Danny, von Kopf bis Fuß in Wein gebadet. Dunkelrote Kleider, dunkelrote Haut. Gerard dagegen hatte Glück gehabt: Ich hatte ihn kaum getroffen, und er war relativ trocken.

„Könnten Sie mich bitte mit dem Wagen am Fabriktor abholen?" fragte ich. „In diesem Zustand traue ich mich nämlich nicht auf die Straße."

„Was wird aus denen?" fragte er und blickte auf unsere Gefangenen.

„Wir rufen die Polizei. Aber erst will ich hier weg. Danny hat schließlich noch einen Komplizen."

„Alles klar. Ich hole sofort den Wagen." Er klang erschöpft und vermied es, mir in die Augen zu blicken.

Danny bewegte sich und stöhnte. Naylor keuchte. Die Bandagen an ihren Handgelenken würden in kürzester Zeit zu rosafarbenem Stein erstarren.

Gerard brachte den Wagen zum Tor und überließ mir das Steuer. Ich entschuldigte mich für die Weinflecken, die ich auf seinen Sitzen hinterlassen würde. Er meinte, Flecken seien nebensächlich. Sonst sprach er nicht viel.

Wir hielten bei der nächsten Telefonzelle. Ich stieg aus, wählte die Nummer, die Ridger mir gegeben hatte, und verlangte dringend, Kriminalhauptkommissar Wilson zu sprechen.

„Einen Augenblick bitte."

Ich wartete. Nach einer Weile vernahm ich eine sanfte, wohlbekannte Stimme am anderen Ende der Leitung: „Mr. Beach? Sind Sie es?“

„Ja, Mr. Wilson.“

„Und waren Sie es auch, der uns nach Martineau Park bestellt hat?“

„Nicht direkt.“

„Das war Mr. McGregor, nicht wahr?“

„Ja. Woher wissen Sie das?“

„Ein Angestellter des Galoppsportvereins hat ausgesagt, ein Mr. Beach sei gestern auf dem Rennbahngelände aufgetaucht. Heute zum zweiten Male, und zwar in Begleitung eines Mr. McGregor.“

„Was ist passiert?“ fragte ich.

„Paul Young ist nicht eingetroffen, Mr. Beach.“ Es klang halb bedauernd, halb tadelnd.

„Ist vielleicht jemand an seiner Stelle erschienen?“ fragte ich.

„Ein Mann namens Lew Smith ist aufgetaucht, und zwar mit einem Lieferwagen der Firma ‚Vintners‘. Er konnte uns nicht erklären, was er dort wollte, aber er war auch nicht Paul Young. Wir hatten keinen Grund, ihn festzuhalten. Und jetzt, Mr. Beach, könnten Sie mir bitte erklären, warum Sie mit Paul Youngs Erscheinen in Martineau Park rechneten?“

„Mr. Wilson“, antwortete ich, „ich weiß, wo sich Paul Young im Augenblick aufhält.“ Ich erklärte ihm genau, wo der Gesuchte zu finden war. „Hinter dem Etikettenlager finden Sie eine Druckerpresse“, fuhr ich fort, „außerdem *Bell's*-Etiketten und die gleichen falschen Weinetiketten wie im Silver Moon. Einige Tanks enthalten gestohlenen Whisky. In Paul Youngs Büro finden Sie Gipsverbände. Paul Young ist Larry Trents Halbbruder und heißt in Wirklichkeit Stewart Naylor.“

„Mr. Beach ...“

„Auf Wiederhören, Mr. Wilson“, schloß ich. „Vergeuden Sie bitte keine Zeit. Sonst kommt Lew Smith und befreit ihn. Und – ach ja, Sie erinnern sich, daß diese Einbrecher vor meinem Laden auf Gerard McGregor und mich geschossen haben? Einen der beiden können Sie zusammen mit Stewart Naylor festnehmen. Ich glaube, er heißt Danny, und Lew Smith ist wahrscheinlich sein Komplize.“

Ich legte auf, obgleich ich ihn noch weitersprechen hörte, und setzte mich wieder ans Steuer von Gerards Mercedes. Ich ließ den Motor an, und wir fuhren auf die Autobahn. Bald waren wir hoffentlich zu Hause ...

Lange Zeit sprach keiner von uns. Der Schrecken der vergangenen Stunde saß uns noch zu sehr in den Gliedern.

Gerard rutschte unruhig auf seinem Sitz herum und sagte schließlich: „Ich bin froh, daß Sie da waren."

„Tja ..."

Fünf Minuten später meinte er: „Ich hatte Angst."

„Ich weiß. Ehrlich gesagt, ich auch."

„Der Gipsverband ..." Er schauderte. „Ich habe noch nie in meinem Leben die Hosen so voll gehabt."

„Ist doch ganz natürlich."

Er schluckte. „Ich hatte vor allem Angst, Sie würden mich nicht retten."

„Haben Sie befürchtet, mir würde nichts einfallen, oder haben Sie mir's nicht zugetraut?"

„Das erstere natürlich." Die Frage schien ihn zu überraschen. „Es wäre sinnlos gewesen, wenn Sie Ihr Leben aufs Spiel gesetzt hätten, nur um den Helden zu spielen."

„Und dabei zu sterben."

„Wer sein Leben läßt, nur um den Helden zu spielen", sprach er feierlich, „ist in meinen Augen der größte Dummkopf aller Zeiten."

Wieder ein langes Schweigen. Bald mußten wir zu dem Parkplatz kommen, wo ich meinen Wagen abgestellt hatte. „Sind Sie in der Lage, nach Hause zu fahren?" fragte ich.

„Aber ja, kein Problem."

Gerard sah schlecht aus. Er war leichenblaß, die Strapazen hatten deutliche Spuren hinterlassen. Aber er schien unerschöpfliche Reserven zu haben.

Ich kannte Gerard jetzt seit zwei Wochen. Seit fünfzehn Tagen, um genau zu sein, nämlich seit dem Tag, als wir auf Jacks und Floras Party einen Tunnel unter dem eingestürzten Zelt gebaut hatten. Durch ihn hatte ich viele Einsichten gewonnen, auch über mich selbst. Ich verdankte ihm viel und wußte nicht, wie ich es ihm sagen sollte.

Ich hielt neben meinem Wagen. Wir stiegen aus und blickten einander wortlos an. Nach unserem schrecklichen gemeinsamen Erlebnis hatte offenbar keiner von uns das Bedürfnis, viele Worte zu machen.

„Ich stehe in Ihrer Schuld", sagte Gerard schließlich.

„Nein", erwiderte ich und schüttelte den Kopf. „Ich in Ihrer."

Er lächelte verlegen. „Sagen wir, wir sind quitt."

Schon stieg er wieder in seinen Wagen, winkte mir kurz zu und fuhr davon.

Ich sah ihm nach, bis er außer Sicht war. Dann schloß ich meinen Wagen auf und fuhr ebenfalls nach Hause.

Als ich zu Hause ankam, brach gerade die Sonne durch die Wolken und tauchte das alte Fachwerkhaus in ein herbstlich goldenes Licht.

Ich ging in die Diele und betrachtete mich im Spiegel.

Mein Haar war weinverklebt, im Gesicht hatte ich unzählige dunkelrote Flecken, und meine Augen saßen tief in ihren Höhlen. Ich grinste, daß meine Zähne aufblitzten. Du siehst aus wie ein roter Teufel, dachte ich.

Urplötzlich wurde ich ganz aufgeregt und übermütig. Ich lief durch mein sonnendurchflutetes Haus und rief laut: „Emma . . . Emma . . . Emma . . .!“ Meine Stimme hallte von den Wänden wider.

Ich rief nach ihr, weil ich ihr von meinen Erlebnissen berichten wollte. Weil ich ihr erzählen wollte, daß ich einmal, endlich einmal meinen Mann gestanden, nicht gekniffen hatte. Daß ich zufrieden mit mir war und mich ganz eins mit ihr fühlte. Und noch etwas wollte ich ihr sagen: Wenn ich von jetzt an weine, dann weine ich nicht um dich, Emma, sondern für dich, weil du mich nie so erlebt hast. Nie mehr aus Einsamkeit, nie mehr aus Schuldgefühl.

Neun

Nach und nach erfuhr ich, was sich zugetragen hatte, seitdem wir den Abfüllbetrieb verlassen hatten.

Kriminalhauptkommissar Wilson kam persönlich im Laden vorbei, um mir zu berichten, daß man die Kiste hatte zersägen müssen, um Naylor und Danny ins Krankenhaus zu schaffen. Erst dort habe man sie von ihren ungewöhnlichen Handschellen befreien können. Wilson schien zugleich belustigt und hoch zufrieden und nahm eine Flasche Wein zum Abendessen mit.

Sergeant Ridger berichtete mir, daß bei der Polizei Beschwerden über die Schankbetriebe in Martineau Park vorlägen. Martineau Park, meinte er, wäre die nächste Station unserer Kneipentournee gewesen und dort wären wir bestimmt fündig geworden. Ich brachte es nicht fertig, ihm zu sagen, daß ich darüber längst Bescheid wußte, dank Mrs. Alexis.

Mrs. Alexis lud mich zum Mittagessen ein. Ich nahm die Einladung an, amüsierte mich königlich und kam mit einem Vertrag in der Tasche nach Hause, der mich zum alleinigen Weinlieferanten ihres Lokals machte.

Auch Gerard versorgte mich ständig mit Neuigkeiten. Das Chromatogramm des Whiskys in den großen Lagertanks stimmte mit dem der gestohlenen Ladung des dritten Tanklasters überein. Zoll und Finanzamt hatten nun alle Hände voll zu tun. Die beste Nachricht jedoch war, daß Kenneth Charters Versicherung sich bereit erklärt hatte, die alten Verträge wiederaufleben zu lassen – die Tanklastzugflotte durfte wieder rollen.

Die Mittäterschaft von Charter junior blieb der Polizei verborgen und würde es hoffentlich auch bleiben. Auftrag ausgeführt, wie Gerard es zufrieden ausdrückte.

Von dem kalifornischen Pferdehändler erfuhr Gerard, daß er regelmäßig für Larry Trent Pferde verkauft hatte. Den Erlös habe er je nach Anweisung auf drei verschiedene Konten eingezahlt, die allesamt auf den Namen Stewart Naylor lauteten. Es sei alles rechtens zugegangen, versicherte er.

Flora kam vorbei und berichtete, sie und Jack würden für einen Monat zur Erholung nach Barbados fliegen. Später bekam ich von dort eine Ansichtskarte. Orkney Swayle und die schöne Isabella wohnten zufällig im selben Hotel, aber man könne eben nicht alles haben, oder?

Miles Quigley bot mir Vernons Posten als Manager in seiner Firma an. Doppelt soviel Gehalt wie Vernon und einen Sitz im Vorstand des Unternehmens.

Ich lehnte höflich ab. Bleib lieber in deinem Laden, dachte ich, der ist genau richtig für dich. Nicht zu groß und nicht zu klein – wir beide passen zusammen. Außerdem kannst du doch auf die gute Mrs. Palissey und ihr Mundwerk nicht verzichten. Vielleicht bringst du Brian sogar eines Tages bei, seinen Namen zu schreiben.

Eines Abends ging ich nach Ladenschluß nach Hause und fand ein Päckchen von meiner Mutter vor der Tür, das der Postbote dort hingelegt hatte.

Sie schrieb sehr selten, telefonierte lieber. Der Brief, der dem Päckchen beilag, war denn auch entsprechend kurz.

> Mein Liebling,
> habe im Keller eine alte Truhe ausgeräumt und dabei diese Sachen von Deinem Vater gefunden. Wenn Du sie nicht behalten willst, wirf sie weg.

Bei den „Sachen“ handelte es sich um Erinnerungsstücke: ein Paar goldene Uniform-Manschettenknöpfe, eine bronzene Gürtelschnalle mit dem Wappen des Regiments und ein in Leder gebundenes Notizbuch.

Ich blätterte es durch. Kurze Bemerkungen über Dienstpläne und den Regimentsalltag. Nur durch Zufall stieß ich auf eine Seite, die sich von den anderen unterschied.

Ich starrte wie gebannt auf die wenigen Zeilen. Es war kaum mehr als ein Gekritzel, ein flüchtig hingeworfener Gedanke. Ob meine Mutter mir das Notizbuch geschickt hätte, wenn sie gewußt hätte, daß es diese Seite enthielt? Diese Seite, die Vaters Mythos zerstörte?

Ich fühlte mich meinem Vater näher denn je. Zum ersten Male glaubte ich zu spüren, daß ich sein Sohn war.

Dies hatte er geschrieben – etwa in dem Alter, in dem ich heute war:

> Die Schlacht steht unmittelbar bevor. Es ist so wichtig, vor den Männern keine Angst zu zeigen. Aber, großer Gott, ich habe Angst!
>
> Warum habe ich nichts vom Heldenmut meines Vaters geerbt?

Irgendwann in der Schlacht, dachte ich, muß er ihn gefunden haben.

Foto: Mary Francis

Dick Francis

Edle Pferde dürfen in Dick Francis' Romanen nie fehlen – schließlich war der englische Autor, ehe er Schriftsteller wurde, ein gefeierter Jockey. Die Geheimnisse um die Gewinnung manch „edlen Tropfens" hingegen, die es beim Schreiben von *Weinprobe* zu entschlüsseln galt, waren auch für Dick Francis Neuland. Doch ähnlich wie sein Held Tony Beach ist auch der Autor gewohnt, den Dingen mit Gewissenhaftigkeit und Scharfsinn auf den Grund zu gehen. Daher nimmt die gründliche Recherche bei der Arbeit des Schriftstellers, dessen Romane *Galopp in Gefahr, Reflex, Handikap, Die ganze Palette des Todes* und *Die letzte Hürde* bereits in den Auswahlbüchern erschienen sind, breiten Raum ein.

Allerdings gibt Dick Francis zu, daß er sich gerne helfen läßt. Wenn zu irgendeinem Wissensgebiet, das er in einem Roman verarbeitet, knifflige Fragen auftauchen, ruft er Freunde an, die sich in diesem Spezialfach auskennen. Oder er erkundigt sich bei Familienmitgliedern wie etwa seinem Sohn, einem erfolgreichen Rennpferdetrainer. Aber die Hauptlast bei der Recherchearbeit trägt seine Frau Mary, mit der der Autor seit nicht weniger als siebenunddreißig Jahren verheiratet ist.

„Viele Themen, mit denen ich mich Dicks Büchern zuliebe beschäftige, machen mir großen Spaß", berichtet Mary Francis. „Für seinen Roman *Reflex* zum Beispiel lernte ich das Fotografieren, das auch heute noch mein Hobby ist, und für eines seiner früheren Bücher erwarb ich sogar den Pilotenschein!"

Während Dick Francis an *Weinprobe* arbeitete, unternahm das Schriftstellerehepaar mehrere Reisen in die Weinbaugebiete Frankreichs. „Am meisten hat mich das sichere Urteilsvermögen der Weinexperten beeindruckt, die ich in Bordeaux kennenlernte", erzählt der Autor. „Zwar kann auch ich einen guten Wein von einem minderwertigen unterscheiden, aber wie jemand allein aus dem Geschmack, dem Geruch und der Färbung eines Weines auf die genaue Lage und den Jahrgang zu schließen vermag ist mir bis heute ein Rätsel."

Die ungekürzten Ausgaben von
„Eleni“ und
„Bis ans Ende der Fährte“
sind im Buchhandel erhältlich.
Die ungekürzte Ausgabe von
„Weinprobe“ wird in Kürze
im Buchhandel erhältlich sein.